中国人民大学“十三五”本科规划教材-哲学系列

新编21世纪哲学系列教材

中国哲学史教程

History of Chinese Philosophy

张立文 罗安宪 主编

中国人民大学出版社
·北京·

主 编 简 介

张立文，浙江温州人，著名哲学家、哲学史家，中国人民大学一级教授、孔子研究院院长。长期致力于中国哲学史研究，率先提出并建构“和合学”，提出以和生、和处、和立、和达、和爱五大原理化解人类共同面临的人与自然、人与社会、人与人、人的心灵、不同文明间的五大冲突，强调并致力于中国哲学的创新性发展。主要学术成果有：《周易思想研究》《朱熹思想研究》《宋明理学研究》《中国哲学逻辑结构论》《和合学》《中国哲学范畴发展史》《中国哲学思潮发展史》等。

罗安宪，陕西西安人，中国人民大学哲学院教授。长期致力于中国哲学史研究，多年来在中国人民大学系统讲授“中国哲学史”“儒家经典”“道家经典”等课程。主要学术成果有：《中国孔学史》《虚静与逍遥——道家心性论研究》《老庄哲学精神》《儒道心性论的追究》《和谐共生与竞争博弈》等。

内 容 简 介

《中国哲学史教程》是中国人民大学第三版中国哲学史教材。全书分为先秦哲学、秦汉南北朝隋唐哲学、宋元明清哲学、近代哲学四编，共二十九章，上起殷商之际，下至“五四”之前；系统梳理了中国各个时代重要人物的基本哲学思想，以学派为纲，以人物为序，强调思想解说，突出理论分析，以彰显中国哲学的逻辑发展为基本要务，对先秦子学、佛教哲学、宋明理学之解说尤为精细、深入。在延续中国人民大学前两版教材及广泛吸收学界最新研究成果的基础上，《中国哲学史教程》突出了三个基本特色：第一，突出人物思想学说的内在逻辑结构，强调思想的系统性；第二，突出前后人物思想的历史关联，强调思想的历史性；第三，突出思想学说的历史发生、发展与演变，强调学说的绵延性。

目　录

第一编　先秦哲学

第二编　秦汉南北朝隋唐哲学

第四编　近代哲学

第一编

先秦哲学

第一章

中国哲学的萌芽与产生

哲学对世界的理解，不同于文学、艺术、宗教，它是透过理论思维的方式，即透过概念、范畴和命题来解释客体的存在，并进而解释主体的存在。从发生学角度说，哲学是在反思、超越宗教意识形态的过程中不断发展的，所以，考察中国哲学的起源，不得不从考察中国古代的宗教开始。

第一节　殷周时代的宗教思想

上古时代的宗教信仰，由于史阙有间，已不可详考。目前所能见到的最早的宗教传说，当为颛顼“乃命重黎，绝地天通”（《尚书·周书·吕刑》）。据春秋末期楚国思想家观射父解释，“绝地天通”是指改变“夫人作享，家为巫史”（《国语·楚语》）的混乱现状，将沟通神人关系的权利限制在巫、祝、史的手中。而在上古时代，国王通常就是这些巫、祝、史的首领，如史载殷商开国之君商汤就曾为解决当时的旱灾而“以身祷于桑林”（《吕氏春秋·顺民》）。所以，“绝地天通”意味着原始宗教正在渐渐地发展成为统治集团服务的国家宗教。

一、殷人的“祖”与“帝”

夏代及夏代之前的史实已不可知，殷商宗教则的确表现出了这一特征，《管子·国准》篇载：“殷人之王，诸侯无牛马之牢，不利其器……诸侯无牛马之牢，不利其器者，曰淫器而壹民心者也。”不准诸侯具备“牛马之牢”，说明殷王朝对诸侯方国的祭祀权是有所限制的。

就殷人的宗教信仰系统而言，可分为神灵崇拜与祖先崇拜。就神灵而言，于天神有上帝，有日，有东母、西母，以及风、云、雨、雪神等；于地祇有社，有方（四方），有山、岳、河、川神等。对于所有神灵，殷人均采取敬仰的态度。

祖先崇拜是一种较为原始的文化现象。祖先崇拜脱胎于图腾崇拜，图腾崇拜至少有两种功能，即生殖功能和始祖神功能，祖先崇拜也基本如此。殷人十分重视对生育神的祭祀，他们的“高媒神”（司掌生育的神灵）就是女始祖简狄。这种生殖崇拜现象反映了殷人对“人的生产”以及族类存在的自觉，它是由图腾崇拜转向祖神认同过程中必不可少的环节。

祖神崇拜有两个思想来源，一是将传说中的先祖功绩神化，二是从图腾神观念中分化出来的始祖神观念。前者提供的是历史的根据，后者提供的是思维的根据，用后者加工前者，即把图腾信仰中充当自然、氏族、个人之生命关联的中介物图腾神变成祖先，便形成了具有原始宗教意义的祖神崇拜。祖神崇拜作为一种纯文化现象，摆脱了人们认同某个神化自然物（图腾）的思维模式，而直接认同祖先。只到这时人们才真正意识到人与自然的差别，人们信靠祖先，事无巨细都向祖神祈祷，希望从它们那里得到帮助。这实际是意图通过祖神来实现人对自然的支配。因此，在祖先崇拜的宗教形式中，祖神只不过是一个价值转换体，人们通过与超验世界中祖神的关系便可以寻找到自身存在的价值、依据以及方式。祖神作为天神在人间的代表，实乃人类本质的体现，对它的崇拜曲折地反映了人类自我认识的深化过程。

在殷人的观念世界中，帝神（至上神，又称天帝、上帝）的作用十分巨大。帝神观念的形成与祭祀活动的内化有关。甲骨文“帝”通“禘”，“禘”本为祭祀形式的一种，它在多数情况下可以与燎祭等其他祭法通用，如被文字学家释为祭祀道具——燎柱——的“示”字，在殷人的祭祀占卜中，既可以指天神，又可以指地祇，还可以指先公、先王，是这些神灵的“通称”。这表明殷人在不断的宗教实践活动中逐渐发现了诸神所具有的同一性，把这种“通称”的祭祀形式内化为人的观念，就为帝神观念的形成提供了思维依据。然后，再借助于地上王权的摹本和方国联盟政体的需要，便创造出了不同于祖神的、诸方国都能接受的统一至上神。帝神作为至上神，是一种“共相”，因而可以被赋予极大的权能；但由于它的非具体性（不像祖神、山神、河神等神祇那样），它几乎得不到人们的享祭。在殷人的宗教信仰系统中，人并不直接向帝神行祭，每有所求，必须通过祖神这个中介来实现。之所以这样，是由于在“绝地天通”之后，人不能直接和天神交通，祭祀必须祈求高祖。这表明，在殷人的观念中，祖神的地位十分突出，人直接面对祖神，而不向帝神负责，因此帝神与人之间就没有共同遵循的准则。这种文化现象以宗教的形式反映了神与人、自然与人之间的复杂关系。

二、周人的“德”与“天”

殷周之际，思想界发生了大变革，在周公的直接领导下，周初统治者对殷商宗教进行了一系列改革。实在说来，在天神信仰方面，周公与殷人并没有实质的区别，他的独特之处在于对王朝兴替、天命转移的原因进行了十分理性的思考。周公戎马一生，又摄政多年，历史经验和现实教训告诉他，单纯地相信天命，无助于永保周祚。因为天命也曾与夏、商两朝同在，现在又转移到周人身上。天命转移的原因是什么？是天帝的好恶吗？如果是，根据又是什么？周公反思的结果是：天之赏罚及天命转移的根据乃是统治者的“德行”。周公说：“我不可不监于有夏，亦不可不监于有殷。我不敢知曰，有夏服天命，惟有历年；我不敢知曰，不其延。惟不敬厥德，乃早坠厥命。我不敢知曰，有殷受天命，惟有历年；我不敢知曰，不其延。惟不敬厥德，乃早坠厥命。”（《尚书·周书·召诰》）周公把夏、商失国的原因归结为“惟不敬厥德”，因而谆谆告诫周初统治者“王其疾敬德！”（同上），并强调指出，他们的祖先就是因为自己的德行而赢得了天帝的信任。这就是所谓的“以德配天”说。

“德”字见于甲骨文，为依天帝之命循行视察之义。周公从三个方面对此进行了重塑：其一，“损”殷人对祖神的盲目依赖，“益”之以对祖神的效法，使祖神由权威型守护神变为有道德榜样作用的守护神；其二，“损”殷统治者之“诞淫厥泆”（《尚书·周书·多士》），“益”之以“明德慎罚”（《尚书·周书·康诰》），使祖神的榜样作用与统治者的政治行为统一起来；其三，“损”殷人帝神观念中的非理性因素，“益”之以“天若元德”（《尚书·周书·酒诰》），使天帝成为人的道德行为的终极裁判。

通过这三个方面的损益，大致塑造出了“德”的四个方面的内涵：对天的态度——“以德配天”，对祖的态度——效法祖先，对民的态度——“敬德慎罚”，对自己的要求——“疾敬德”“无逸”“孝”“友”等。这种新观念的重心不在神的权威方面，而在人的行为自觉方面。这就把命运的主动权部分地转移到了人的手中，为春秋时期理性的觉醒准备了条件。

“天”是周人对至上神的称谓。“天”与“帝”既相通又有差别，周人以“天”代“帝”，是基于两个传统：一是重视以天文、星占、数学为基础的筮占传统（殷人重龟卜），二是重视农业生产的传统（周人的祖先是搞农业的专家）。这两个传统共同培养了周人观察、认识和崇拜天的传统，同时又培养了周人浓厚的理性精神。周人重塑至上神，主要表现在：其一，削弱殷人至上神观念中天帝作用的自然特征，把天帝的权威局限在“命哲、命吉凶、命历年”（《尚书·周书·召诰》）三个方面，突出了它对社会人事的意义；其二，抛弃殷人至上神观念中的非理性因素，纳德于天，以作为“命哲、命吉凶、命历年”的依据；其三，改变殷人观念中的祖帝二元性，在周先祖与天帝之间建立起血缘关系（《诗经·生民》），在天与时王之间建立起密切关系（把时王称为“天子”）；其四，抛弃殷人对天帝的盲从，以理性的态度提出“天不可信”“惟人”（《尚书·周书·君奭》）的命题。

纳“德”于宗教信仰系统之中，作为天人沟通的根据，是周公的一大创新。由于这一创新，天神与统治者靠着“德”被统一起来，“德”也因此而成为沟通天神与统治者的桥梁，成为天神与统治者“共同遵守”的原则。这一“原则”，就其理论意义来说，至少可以演绎出两层含义：其一，天命因统治者的“德行”而转移，天应该且必须是“德”之化身；其二，统治者因“德行”而配天，统治者应该且必须把“敬德”作为第一要务。就前者来说，天神的内涵较之殷商时期有所增加，它除了是一种自然神、人格神，还是“至善”；但其外延却因此而缩小了，即并非如殷商时期那样毫无规律、乱行赏罚，而是有德行方面的依据。就后者来说，统治者的行为受到了某些方面的限制，即必须“明德慎罚”“疾敬德”“克慎明德”；但主动权却更大了，可以通过自己的德行谋求上天的悦纳，可以通过把握自己的行为来把握天命。这样，殷人信仰系统的基本结构就发生了如下变化：

朝代	天神	祖神或时王	天人关系
殷	自然神、人格神	祖神或时王	靠祖神来沟通
周	自然神、人格神、至善	有德的（祖神和）时王	靠德行来沟通

“以德配天”是周公的一大发明，也是周公对传统天命观的一种“维新”。这种“维新”把统治者的德行好坏作为天命转移的根据，从而将人们对“天命”的信仰转变为统治者对自身行为的自觉。春秋时期理性的觉醒，其思想发展的逻辑根据，就隐藏在周公的这种“维新”之中。

第二节 《周易》

周初的宗教变革，用一句话概括就是：“以德为本，以天为宗。”从哲学的意义上看，最能反映这一思想宗旨的当数《周易》这部典籍。当然，《周易》并非一部哲学著作，而是一部占筮之书。但透过其特殊的表现形式，我们还是能够从中窥见殷周之际人们对世界、社会以及人生的哲学思考。

一、《周易》的作者与结构

《周易》究竟出于谁之手，成书于什么时代，一直没有定论，传统经学认为它与文王、周公有关。文王对《周易》的贡献可能主要集中在卦序的重新编排方面。我们知道，《周易》之前，夏有《连山》，殷有《归藏》，结构形式都与《周易》大体一致，只是卦序以及个别卦爻辞的内容有所不同。通常的说法是，《连山》首《艮》，《归藏》首《坤》，《周易》则首《乾》。《归藏》首《坤》与《周易》首《乾》的不同，反映了殷、周二代在政治思想方面的差别：首《坤》反映了对母统的重视，首《乾》反映了对父统的重视。《史记·梁孝王世家》褚孝孙补：“太后谓帝曰：‘吾闻殷道亲亲，周道尊尊，其义一也。安车大驾，用梁孝王为寄。’……袁盎等曰：‘殷道亲亲者，立弟；周道尊尊者，立子。……周道，太子死，立適孙。殷道，太子死，立其弟。’”① 结合《礼记·表记》中“母亲而不尊，父尊而不亲”的说法，可以认为“殷道亲亲”是重母统，“周道尊尊”是重父统。唯其重母统，故《归藏》首《坤》；唯其重父统，故《周易》首《乾》。《周易》首《乾》次《坤》，是周人君尊臣卑、父尊子卑、夫尊妻卑思想的集中反映。

当然，文王的工作当不止于颠倒《坤》《乾》的位次，对于其他诸卦的卦序也可能重新做过编排。《序卦传》对《周易》的卦序有过非常哲理化的解释，虽然未必反映了文王、周公的思想，但确实揭示了文王卦序的特征，例如对对立和变化的认识。文王卦

① 司马迁．史记：第6册．北京：中华书局，1959：2091．

序包含着丰富的哲学思维，体现了古人的智慧。当然，由于《连山》《归藏》的卦序我们已不得而知，所以很难在一个参照系中透视《周易》卦序的独特性，但就《连山》《归藏》失传、《周易》独得其传这一历史现象而论，可以肯定《周易》应该较《连山》《归藏》有更多的优点。文王之后，周公于周初“制礼作乐”(《礼记·明堂位》)，在这期间可能组织有关专家进一步完善了《周易》的内容，因为《周易》卦爻辞中包含的思想与周公的思想如出一辙。因此，《周易》的成书可能的确与文王、周公有关，成书的年代大概是殷周之际或西周初年。

《周易》一书分为上下两篇，上篇三十卦，下篇三十四卦，共六十四卦，每卦六爻，共三百八十四爻。《周易》每卦基本由四个部分组成，即卦象、卦名、卦辞、爻辞。卦象就是卦爻画，也称卦符。《周易》六十四卦，由六十四个卦符构成，而其中的每一个卦符又均由六个爻画构成。六个爻画分别由两种最基本的符号单位“—”“- -”构成。“—”被称为阳爻，用“九”表示；“- -”被称为阴爻，用“六”表示。一卦六爻自下而上，若均为阳爻，依次为初九、九二、九三、九四、九五、上九；若均为阴爻，依次为初六、六二、六三、六四、六五、上六。第一爻不言“一”而言“初”，喻开始之义；第六爻不言“六”而言“上”，喻完成、变化之义。卦名即每一卦的名称。卦名与一卦的内容大体一致，可以说是一卦主题的概括。例如《乾》卦六爻皆阳，有刚健之义，所以用“乾”来命名，“乾”即“健”。卦辞又称“彖辞”，“彖”是断的意思，是对一卦六爻的总体说明。爻辞是对每一爻的爻象所代表的吉凶之义做出的说明。

一般而言，《周易》的卦爻辞由两个部分组成，一部分是取象说事，另一部分是断语。“取象说事”，指透过对一件事或一个自然现象的描述来衬托、比喻一个境遇。“断语”，是下结论，也就是对前者的吉凶休咎做出判断。“取象说事”内容很丰富，千变万化，但“断语”基本上就吉、利、吝、厉、悔、咎、凶等几种。“吉”代表善、福祥，“利”代表顺利、适宜，“吝”代表困厄，“厉”代表危险，“悔”代表悔恨，“咎”代表灾患，“凶”代表祸殃。如《乾》初九：“潜龙勿用。”“潜龙”是取象，暗示客观条件不利；“勿用”是断语，指出在客观条件不利的情势下不要冒险行动。又如《乾》九三：“君子终日乾乾，夕惕若，厉无咎。”“君子终日乾乾，夕惕若”是说事，强调每天要勤勉不倦，因时而动；“无咎”是断语，指如既能勤勉不倦又能因时而动的话，那么即便危险也不至于发生灾祸。

《周易》卦爻辞并不都由两个部分组成，情况比较复杂。有时没有取象说事部分，直接下断语，如《恒》九二“悔亡”；有时没有断语，如《大畜》九二“舆说輹”；有时断语很长，如《坤》“利牝马之贞”；等等。但大致思路都一样。

《周易》一卦六爻，表现力很丰富。如《乾》卦，初爻讲“潜”，二爻讲“田”，暗示了“地”；三爻讲“君子”，四爻讲“或”(审时度势)，暗示了“人”；五爻讲“天”，上爻讲“亢”，暗示了“天”。这可能就是天、地、人“三才”思想的根源。另外，各爻所处位置也反映着事物发展、变化的不同阶段，如初爻代表开始，二爻代表崭露头角，三爻代表小成，四爻代表进入更高层次，五爻代表成功，上爻代表发展的终极等。

在《周易》中，爻所处的位置不同，其所代表的吉凶等的性质差异很大。一般而言，二爻、五爻居中，多荣誉，多功绩，吉辞最多；三爻居内卦之上，过中，多凶险，凶辞最多；四爻近五爻，五爻为天子，近天子之人多恐惧，所以疑惑之辞最多。初爻和上爻，一个表示开始或不及，一个表示完成或太过，用词也很讲究。总之，《周易》的结构，尤其卦爻辞的编纂，带有很强的规律性。

二、《周易》的思想

殷周之际，思想界发生了大变革，周公根据政治需要和本民族的文化传统，“损益”“殷礼”，建构了适合周初社会需要的“以德为本，以天为宗”的宗教思想。《周易》虽为占筮典籍，但与殷商骨卜不同，它不仅重视“鬼谋”，而且更强调“人谋”，体现了周公的思想特征。

表现之一是天帝信仰十分明确。例如《大有》上九：“自天佑之，吉无不利。”《大有》是讲大丰收的，上九系以“自天佑之，吉无不利”之辞，颇有总结原因、理论归纳，把大丰收的原因归结为“自天佑之”之意。它既表示了对天神的敬畏，又表示了对天神的感谢、赞美，还体现了筮者因得到“天助”而颇感自豪。

表现之二是人鬼信仰很受重视。例如《睽》上九：“睽孤。见豕负涂，载鬼一车。先张之弧，后说之弧。匪寇婚媾。往遇雨则吉。”这里的“载鬼一车”，虽属错觉，但表明当时人鬼信仰是十分盛行的。这一点从四条“王假有庙”的卦辞或爻辞中可以得到进一步的证实。

表现之三是祭祀形式多种多样。《周易》乃筮占专书，非祭祀之书，但其中涉及的祭祀形式也颇具启发意义。如“享”，如“禴”，如“盥”（祭祀时洗手灌酒于地以迎神），等等，都隐约表现出了当时祭祀形式的复杂和祭祀活动的频繁。

在《周易》有关祭祀的卦爻辞中，“德”性价值也正在凸显。如《损》：“二簋可用享。”“簋”是内圆外方的盛黍、稷的祭器。享祀之礼，最多用八簋，一般用四簋，最少用二簋。卦辞说“二簋可用享”，主要是为了强调诚敬乃享祀之礼的根本。只要心存诚敬，即便最简约的二簋，也可以用以享祀天帝、鬼神。又如《中孚》：“豚鱼吉。利涉大川，利贞。”“豚鱼”喻礼之薄，只要有忠信之德，虽“豚鱼”薄礼，也可以荐而获吉。再如《既济》九五：“东邻杀牛，不如西邻之禴祭，实受其福。”也是强调祭祀中“德”性的地位。由此不难看出，在《周易》有关祭祀的卦爻辞中，祭祀主体的“德行”与祭祀对象的赐“福”是密切联系在一起的。这正反映了周初“以德配天”的宗教思想。

不但有关祭祀的卦爻辞凸显了“德”性价值，其他卦爻辞也大量涉及主体修养、道德意识等问题。可以说，《周易》中靠反省自我、加强品德修养来转化祸福的观念是十分强烈的。就主体修养层面来说，《周易》主张奋勉、敬慎、谦卑、诚信，如“君子终日乾乾，夕惕若厉，无咎”（《乾》九三），“入于穴，有不速之客三人来，敬之，终吉”（《需》上六），“履虎尾，愬愬，终吉”（《履》九四），“谦谦君子，用涉大川，吉”（《谦》初六），等等。这些例子侧重于体现主体的修养意识。《周易》还十分重视政治层面的“德”性意识，主张诚信、忧患、明察、谦虚、任用君子、广泛和同、赏罚分明等，如“有孚，窒惕，中吉，终凶。利见大人，不利涉大川”（《讼》），“大君有命，开国承家，小人勿用”（《师》上六），“其亡其亡，系于苞桑”（《否》九五），“鸣谦，利用行师，征邑国”（《谦》上六），等等。

《周易》卦爻辞所体现的宗教信仰、“德”性价值、政治理念等，与周初统治者的思想观念完全一致。

《周易》卦爻中的两个最基本的符号是否代表阴和阳，《周易》没有说明，不过阴阳观念在这里有了开端却是可以肯定的。《周易》试图用两个具有对立性质的符号以及它们之间的排列组合来概括自然界和人类社会的种种现象。《周易》六十四卦是由八卦重叠演变出来的，而八卦又是由阴阳两爻排列组合而成的。所以，《周易》是把阴阳两爻作为两个最基本的“对立”物来看待的，《周易》中所有卦象的变化都可以归结为阴阳两爻的变化。《周易》中关于“对立”的思想也反映在某些卦象相反的卦的吉凶对立上。如《泰》与《否》是一对矛盾，《泰》讲“小往大来”，《否》则讲“大往小来”。其他如《剥》与《复》等，也都体现了矛盾对立的观念。

《周易》的一些卦包含了由低向高发展、变化的思想和“物极必反”的思想。如《乾》卦：初九“潜龙”，用潜伏期的龙比喻事物的开端；九二“见龙在田”，用龙出现在田野比喻事物的崭露头角；九三“君子终日乾乾”，用君子的勤勉不倦来告诫在事物小成之时需要防范骄傲、小心谨慎；九四“或跃在渊”，用龙的飞腾升空比喻新旧更替之际应当审时度势；九五“飞龙在天”，用龙飞在天空比喻时机成熟，君子应当大有作为；上九“亢龙”，用龙飞得过高来暗示事物发展到终极有向反面转化的可能。《泰》卦九三所谓“无平不陂，无往不复”，也看到了事物发展、变化过程中的一些带有规律性的东西。《周易》中的这些思想是很有哲学智慧的。

第三节　春秋时期的两大思潮

周公的“以德配天”理论为后世思想的变革埋下了种子，并由此引发了春秋时期的两大思潮，一是天道自然观的发展，二是人文思潮的勃兴。

一、天道自然观的发展

周公“维新”传统宗教，透过“以德配天”，找到了神（天命）人（统治者）统一的基础，但又何尝不是埋下了神人分裂的种子？由于把天命是否眷顾与人的德行联系了起来，人们便开始注意自己，而不是在神的意志方面寻找祸福的根源。西周末年，出现了一批“变风变雅”的诗歌，怨天尤人，对传统天命观发起冲击，即与此有关。

揭露社会矛盾的诗如：“不稼不穑，胡取禾三百廛兮？不狩不猎，胡瞻尔庭有县貆兮？彼君子兮，不素餐兮？”（《诗经·魏风·伐檀》）议论时政的诗如：“日月告凶，不用其行。四国无政，不用其良。彼月而食，则维其常。此日而食，于何不臧！”“烨烨震电，不宁不令。百川沸腾，山冢崒崩。高岸为谷，深谷为陵。哀今之人，胡憯莫惩！”（《诗经·小雅·十月之交》）怀疑天命的诗如：“昊天不佣（均，公平）……昊天不惠……昊天不平”（《诗经·小雅·节南山》），“疾威上帝，其命多辟”（《诗经·大雅·荡》），“民莫不谷，我独于罹。何辜于天，我罪伊何”（《诗经·小雅·小弁》），“凡百君子，各敬尔身。胡不相畏，不畏于天”（《诗经·小雅·雨无正》）；“黾勉从事，不敢告劳。无罪无辜，谗口嚣嚣。下民之孽，匪降自天。噂沓背憎，职竞由人”（《诗经·小雅·十月之交》)，等等。其中尤其是“下民之孽，匪降自天。噂沓背憎，职竞由人”这样的诗句，显示出周人开始在人的社会中，而不是在天命中去寻找社会灾难的直接原因。人们有时也会通过批评上帝来讽刺腐败的时王，如“上帝板板，下民卒瘅”，“天之方虐，无然谑谑”(《诗经·大雅·板》)，等等，虽然这并不表明至上神的信仰已经受到怀疑，但批评和抱怨意味着反思的开端，所以，这至少预示着天帝的威信开始打折扣了。

春秋时期，随着社会转型的外缘助力，传统天命观的内部矛盾进一步突出，遂逐渐发生了分化：以天道自然为特征的自然主义思潮和以民本主义为特征的人文主义思潮由此产生。

天道问题本来是传统天神信仰中自然神崇拜的内容之一，自然诸神当然包括日月星辰等天文、天象在内。日月星辰等天文、天象有自身的运行规律，其运行所遵循的轨道被称为天道。中国古代，天文、天象学十分发达，早在尧帝时期就曾“乃命羲和，钦若昊天，历象日月星辰，敬授人时”(《尚书·虞书·尧典》)。在神学时代，天时的变易、星象的变化常常被视为与社会人事有关，天道也因之包含了天命神学和道德至善等多方面的内容。但天文、天象学毕竟不同于一般宗教，在一定范围内还保持着客观自然性，也就是仍然保留着自然主义的理解空间。春秋时期，随着传统宗教内部矛盾的进一步激化，传统天道观中天人感应的两极开始出现分裂，导致了具有宗教色彩的天道观向自然主义方向的发展。范蠡说：“天道皇皇，日月以为常……阳至而阴，阴至而阳。”(《国语·越语下》)这就体现了古人从自然的意义上对天道的理解。鲁僖公时，周内史叔兴把“阴阳之事”与人事分开，强调“吉凶由人”(《左传·僖公十六年》)，对传统天人感应思维模式有所超越。昭公时，子产提出“天道远，人道迩”(《左传·昭公十八年》)的命题，正是这种“超越”的必然结果。可见，自然主义的“天”是在春秋时期的天学和星象学中渐进转出的。

与自然主义的“天”的渐进转出相适应，这一时期用来理解自然现象的概念范畴，如五行、阴阳、气等，其内涵也得到了丰富和发展。五行观念渊源甚古，与原始宗教信仰关系密切。这一时期，五行观念的神学色彩渐被抹去，成为人们理性地解释自然现象的思维工具。人们或把五行看作和成百物的五种质料，或把五行看作切于民用的五种东西，总之都已超越了祭祀意义上的五行观念。至于“阴阳”和“气”的观念，这一时期“在智者群中已普遍流行”并渐渐与人事吉凶发生分化，成为人们解释自然现象的基本要素。

二、人文思潮的勃兴

春秋时期的人文思潮是伴随着天道自然观的出现而产生的，但其思想渊源也很古老，大致说来，有两个方面，即三代民本思想和西周天命论中的“敬德”思想。《尚书·虞书·皋陶谟》载：“天聪明自我民聪明，天明畏自我民明威。”这种思想，在周公“以德配天”观念的支配下，渐渐转化为“民之所欲，天必从之”(《尚书·周书·泰誓上》)的“天意在民”的思维模式。春秋初年，随国大夫季梁提出“夫民，神之主也，是以圣王先成民而后致力于神”(《左传·桓公六年》)。四十余年后，史嚚又说：“国将兴，听于民；将亡，听于神。神，聪明正直而壹者也，依人而行。”(《左传·庄公三十二年》）这些议论，虽然仍然承认神的存在和其至善的本性（“聪明正直而壹者”），但神意“依人而行”。所以，到了僖公时期，终于发展成“吉凶由人”说。郑国的子产则进一步将天道与人道区分开来。《左传》鲁昭公十八年记载，当年五月的一个傍晚，大火（星名）出现，丙子日刮风，后来宋、卫、陈、郑均发生了火灾。郑国的裨灶建议拿出郑国的宝物来祭祀，以免火灾再次发生。他还警告说：“不用吾言，郑又将火。”但遭到政治家子产的反对：

> 大叔曰：“宝，以保民也。若有火，国几亡，可以救亡，子何爱焉！”子产曰：“天道远，人道迩，非所及也，何以知之？灶焉知天道？是亦多言矣，岂不或信！”遂不与，亦不复火。（《左传・昭公十八年》）

这是一种很有价值的思想，表明传统天命论中以德合天的神人合一观开始发生分化。这一时期，“依人而行”的一个突出表现是大批界定人的行为的德目的产生。周公提出“以德配天”，目的是让统治者谨慎自守，以获得上天的悦纳。在《尚书》及西周金文中，“德”字频繁出现，但内涵仍嫌贫乏。有学者甚至认为，周初“德”字只在一种“行为”或“作为”的意思上使用，所以《周书》里“德”字前面往往加上各种修饰词，以便知道是什么行为。这种情况到了春秋时期发生了很大变化，周公种下的“敬德”的种子，此时已是硕果累累。有学者根据《逸周书》《左传》《国语》中的相关材料做了很详细的排列，涉及德目达四十多项，如：孝、悌、慈、惠、忠、恕、中、正、恭、宽、温、静、理、智、清、武、信、让、名、果、贞、仁、行、言、固、始、义、意、勇、治、禄、赏、刚、柔、和、顺、友、咨、询、度、诹、谋、周、祥、衷、敏、事、罚、临。[①] 重视德行必然反思主体，所以，春秋时期伦理德目的丰富发展为“人”的进一步发现提供了基础。

总之，天道自然观的发展和人文思潮的勃兴，以及由此引发的观念“大爆炸”，表明在传统天命观的分化过程中，构成天命观的各种要素，特别是天、人二要素都得到了相对独立的发展。这无论从思维观念方面，还是从思想范畴的建构方面，都为春秋末期开始的哲学创作提供了丰富的文化资源。春秋战国之际兴起的诸子百家，正是在反思、梳理这些文化资源的过程中建立起了自己的哲学体系。

春秋战国之际，随着社会变化的进一步加剧，学在官府的体制被打破，“私家”学术渐渐兴起。这是一个“道术将为天下裂”（《庄子・天下》）的时代，不同阶层、不同知识背景的知识分子，基于自己对历史、对现实、对未来的理解，自由地反思三代宗教、政治，自由地建构自己的理想国，形成了一个百家争鸣的局面。据《庄子・天下》篇所载：

> 天下之治方术者多矣……其明而在数度者，旧法世传之史尚多有之。其在于《诗》《书》《礼》《乐》者，邹鲁之士、搢绅先生多能明之。……
>
> …………
>
> 不侈于后世，不靡于万物，不晖于数度，以绳墨自矫，而备世之急，古之道术

① 陈来. 古代思想文化的世界. 北京：三联书店，2002：269.

有在于是者。墨翟、禽滑釐闻其风而说之。……

…………

不累于俗，不饰于物，不苟于人，不忮于众，愿天下之安宁以活民命，人我之养毕足而止，以此白心，古之道术有在于是者。宋钘、尹文闻其风而悦之。……

…………

公而不当，易而无私，决然无主，趣物而不两，不顾于虑，不谋于知，于物无择，与之俱往，古之道术有在于是者。彭蒙、田骈、慎到闻其风而说之。……

…………

以本为精，以物为粗，以有积为不足，澹然独与神明居，古之道术有在于是者。关尹、老聃闻其风而悦之。……

…………

芴漠无形，变化无常，死与生与！天地并与！神明往与！芒乎何之！忽乎何适？万物毕罗，莫足以归，古之道术有在于是者，庄周闻其风而悦之。……

…………

惠施多方，其书五车，其道舛驳，其言也不中。

儒家主要是发明《诗经》《尚书》《礼记》《周易》《春秋》，墨子、禽滑釐的墨家学派主要提倡非乐、节用、兼爱、节葬，宋钘、尹文则“不累于俗”“不饰于物”“不苟于人”“不忮于众”，彭蒙、田骈、慎到的思想核心是“公而不当，易而无私”等等。可见，这一时期是百家竞说、思想空前发展繁荣的时期。关于这一点，《汉书·艺文志》转述的刘歆《七略》中有更详细的说明：

儒家者流，盖出于司徒之官。……游文于六经之中，留意于仁义之际，祖述尧舜，宪章文武，宗师仲尼，以重其言，于道最为高。孔子曰：“如有所誉，其有所试。”唐虞之隆，殷周之盛，仲尼之业，已试之效者也。……

…………

道家者流，盖出于史官。历记成败、存亡、祸福、古今之道，然后知秉要执本，清虚以自守，卑弱以自持……此其所长也。……

…………

阴阳家者流，盖出于羲和之官。敬顺昊天，历象日月星辰，敬援民时，此其所长也。……

…………

法家者流，盖出于理官。信赏必罚，以辅礼制。……此其所长也。……

…………

名家者流，盖出于礼官。古者名位不同，礼亦异数。孔子曰：“必也正名乎！名不正则言不顺，言不顺则事不成。”此其所长也。……

…………

墨家者流，盖出于清庙之守。茅屋采椽，是以贵俭；养三老五更，是以兼爱；选士大射，是以上贤；宗祀严父，是以右鬼；顺四时而行，是以非命；以孝视天下，是以上同。此其所长也。……

…………

从横家者流，盖出于行人之官。孔子曰：“诵《诗》三百，使于四方，不能专对，虽多亦奚以为?”又曰：“使乎！使乎!”言其当权事制宜，受命而不受辞。此其所长也。……

…………

杂家者流，盖出于议官。兼儒墨，合名法，知国体之有此，见王治之无不贯。此其所长也。……

…………

农家者流，盖出于农稷之官。播百谷，劝耕桑，以足衣食。……此其所长也。……

…………

小说家者流，盖出于稗官。街谈巷语，道听涂说者之所造也。……如或一言可采，此亦刍荛狂夫之议也。

这里对百家之说的概括和分析明显带有汉代学人的偏见，其所谓诸子皆出于王官的说法未必可信，其对各家思想的总结也未必反映了先秦诸家思想的本来面目，但其对先秦诸子流派的分类已为中国学术史认可。所以，本书先秦部分仍沿用上述分派思路并袭其名词，对先秦诸家中哲学思想较为突出的部分哲学家及其思想进行介绍。

第二章 道　家

在先秦哲学中，道家的影响是相当广泛而深入的，《庄子·天下》《荀子·解蔽篇》《尸子·广泽》，以及《吕氏春秋·审分览·不二》等先秦学术史著作中均大篇幅涉及了先秦道家人物及其思想。《汉书·艺文志》罗列先秦诸子文献，列有道家三十七家，共计九百九十三篇，为诸子九家之冠，可见在先秦道家的队伍相当庞大。但可惜的是，道家的作品流传下来的很少，这对今天的研究造成了史料方面的困难。限于篇幅，本章主要对老子、庄子的思想，以及《管子》、战国楚竹书中的道家、帛书《黄帝四经》中的部分思想进行介绍。

第一节　老子

老子是道家学派的创始人。老子的生平，早在汉代司马迁著《史记》时就不十分清楚了。司马迁在《史记·老子韩非列传》中提到三个人：较孔子年长的老聃，与孔子同时代的老莱子，后孔子129年的周太史儋。三人之中，司马迁对较孔子年长的老聃着墨最详：

> 老子者，楚苦县厉乡曲仁里人也，姓李氏，名耳，字聃，周守藏室之史也。孔子适周，将问礼于老子。……孔子去，谓弟子曰："鸟，吾知其能飞；鱼，吾知其能游；兽，吾知其能走。走者可以为罔，游者可以为纶，飞者可以为矰。至于龙，吾不能知其乘风云而上天。吾今日见老子，其犹龙邪！"老子修道德，其学以自隐无名为务。居周

> 久之，见周之衰，乃遂去。至关，关令尹喜曰：“子将隐矣，强为我著书。”于是老子乃著书上下篇，言道德之意五千余言而去，莫知其所终。

依司马迁的介绍，这个老聃姓李名耳，楚国苦县（今河南鹿邑县）人，曾做过周守藏史，是东周掌管图书的史官，孔子曾向他请教周礼的问题，并对他评价很高。晚年因有感于周室的衰落，辞官隐居，行前应关令尹喜之请，著述言道德之意五千余言。本书基本认可《史记》的第一种说法。

由于老子的生平不甚清楚，《老子》一书的著者及成书年代便成了问题，约有三种观点：其一，《老子》是老聃所著，成书于春秋晚期；其二，《老子》是战国前期或中后期的作品；其三，《老子》成书于秦汉之间。1973 年，长沙马王堆汉墓出土了两种帛书本《老子》，学者称之为《老子》甲本和乙本。二者均抄写于汉初，不分章，是目前所见最古的完本。1993 年，在湖北郭店出土了竹简《老子》甲、乙、丙三种，但与通行本相比，字数较少，仅有通行本的五分之二。学者推定，竹简《老子》下葬年代当为公元前 300 年左右，其写定时间当更早。但可否早至春秋末期的老聃，学者尚有争议。本书认可《老子》一书基本为老聃自著，流传过程中有所损益的观点。

一、道之为物

在中国哲学史上，老子是第一个把“道”作为哲学最高范畴的哲学家，“道”是老子哲学体系的核心，老子对“道”的基本特征及其哲学意义均有论述。

对于“道”，老子有如下描述：

> 视之不见，名曰夷；听之不闻，名曰希；搏之不得，名曰微。此三者不可致诘，故混而为一。（《老子》十四章）

“视之不见”，“道”是超形象的；“听之不闻”，“道”是无声无臭的；“搏之不得”，“道”是超感觉的。这样一个“道”，“其上不皦，其下不昧，绳绳不可名，复归于无物。是谓无状之状，无物之象，是谓惚恍。迎之不见其首，随之不见其后”（十四章）。它没有上下之别，也没有首尾之分，无法用语言命名，只能用“无”——没有形状的状态，没有实体的样象——来形容。老子说，对于这样一个东西，用“道”等名称来命名也是不得已的事情，“吾不知其名，字之曰道，吾强为之名曰大”（二十五章）。

“道”虽然是“无状之状，无物之象”，但它毕竟还是一种“状”、一种“象”，所以老子又说：“道之为物，惟恍惟惚。惚兮恍兮，其中有象；恍兮惚兮，其中有物；窈兮冥兮，其中有精，其精甚真，其中有信，自今及古，其名不去，以阅众甫。”（二十一章）“道”这个东西恍惚而不确定，但确实是一个真实的存在。基于这一似无而有的特征，老子又用“有”“无”这对范畴来描述道：“无，名天地之始；有，名万物之母。故常无欲以观其妙，常有欲以观其徼。”（一章）“妙”为神妙，指大化流行的神妙莫测；“徼”为边界，指大化流行的轨迹。道作为万物之本，其出无入有，神妙莫测，但却有轨迹可循。“无状之状，无物之象”是从“道”的存在形式来描述“道”的特征，“有”与“无”是从“道”的存在意涵来描述道的特征。

在老子的哲学中，“道”比天地更原始，“先天地生”，“可以为天下母”（二十五章）；不但比天地更原始，而且似乎也早于传统信仰中的“帝”：“吾不知谁之子，象帝之先。”（四章）因此，可以将“道”看作一个具有根源意义的哲学范畴。

> 道冲而用之，或不盈。渊兮，似万物之宗。（同上）

“冲”即“盅”，是虚的意思。这是说道好比是一个虚器，但用起来却取之不尽；又好比是一个具有生殖意义的深渊，万物都从它那里产生出来。老子又说：“无，名天地之始；有，名万物之母。”（一章）前面已经说过，“无”与“有”都是用来形容道的，但从经验层面来看，物的产生总表现为一个从无到有的过程，所以老子把“无”界定为万物的开始，把“有”界定为万物的母亲。老子谓之“天下万物生于有，有生于无”（四十章），其生成的过程是：

> 道生一，一生二，二生三，三生万物。万物负阴而抱阳，冲气以为和。（四十二章）

“一”指从无入有先于天地的浑沌；“二”指天地，也就是阴阳；“三”指天地的结合。所以，由“三”生出的万物都是“负阴而抱阳，冲气以为和”的，“冲气”就是阴阳中和之气。道生万物，却并不主宰万物，也不居功自傲，它不过是一种无意欲的自然而然而已。“长之育之，亭之毒之，养之覆之。生而不有，为而不恃，长而不宰。”（五十一章）生养了万物却不据为己有，为万物尽了力却不自恃其能，助万物成长却不宰割它们，老子谓之“莫之命而常自然”（同上）。正因为“常自然”，天地才能长久，万物才能生生不息。

“道”不仅是万物生成的根源，还是万物存在的根据。老子说：

> 昔之得一者：天得一以清，地得一以宁，神得一以灵，谷得一以盈，万物得一以生，侯王得一以为天下正。（三十九章）

“一”指“道”，因为不是从本源处说，而是从天地万物说，所以用“一”不用“道”。在老子看来，天因为得着这个“一”才有它的清虚，大地因为得着这个“一”才有它的安稳，神祇因为得着这个“一”才有它的灵明，深谷因为得着这个“一”才有它的充盈，万物因为得着这个“一”才有生生不息，侯王因为得着这个“一”才有他的天下正长的位置。“一”是天、地、神、谷、侯王等得以合理存在的根据。相反，如果没有这个“一”，也就是没有“道”作内在根据，则“天无以清，将恐裂；地无以宁，将恐废；神无以灵，将恐歇；谷无以盈，将恐竭；万物无以生，将恐灭；侯王无以高贵，将恐蹶”（同上）。即天不清而将要裂开，地不宁而将要塌陷，神祇不灵明而将要消失，深谷不能充盈而将衰竭，万物不生长而将灭绝，侯王不再高贵而遭颠覆。可见，天地万物包括人都是离不开“道”的，离开了“道”，天地万物存在的合理性就会消失。老子又说：

> 大道泛，其可左右。万物恃之以生而不辞，功成不名有。衣养万物而不为主，常无欲可名于小；万物归焉而不为主，可名为大。以其终不自为大，故能成其大。（三十四章）

万物依靠“道”生存，但“道”又不自恃其功，自作主宰，它是一个无为而无不为的万物之本。正是“道”的“无为”“不辞”“不为主”“终不自为大”，成就了“道”的“本”的价值而“能成其大”，即造就了自己的伟大。

二、反者道之动

从静态的角度分析，“道”最大的特征在于超越性、根源性、本体性；从动态的角度分析，“道”最鲜明的特点莫过于“反”，即“反者道之动”（四十章）。“反”的内涵十分丰富，既指复归，又指相反相成，还指转化。

“道”是万物的根源，万物最后要都复归于“道”。老子说：“吾不知其名，字之曰道，吾强为之名曰大。大曰逝，逝曰远，远曰反。”（二十五章）“逝”指流行不息，“远”指流行的范围广袤深远，但“远”的结果却是“反”，即“返”，也就是返回“道”自身。老子把这一现象描述为“周行而不殆”（同上），并称之为“归根”“复命”。

> 致虚极，守静笃，万物并作，吾以观复。夫物芸芸，各复归其根。归根曰静，是谓复命。复命曰常，知常曰明。不知常，妄作凶。（十六章）

“观复”就是观察循环往复的道理。透过什么来观呢？透过“万物并作”来观。因为万物虽然纷纷芸芸，但终究要各自返回到自己的本根。返回到本根就是回到本然的状态，回到了本然的状态就叫“复命”，即复归到了生命的所以然。复归到了生命的所以然就叫“常”，也就是回到了自然（亦可谓之“必然”）。老子的这一思想，可以说是从“道”到万物，又由万物返（复归）“道”的一个循环。复归于“道”，老子还称之为“复归于朴”：“常德不离，复归于婴儿。……常德不忒，复归于无极。……常德乃足，复归于朴。”（二十八章）对于人的生命来说，婴儿是起点，把“道”内在于自身而不使之离开，就能复归到婴儿般的自然状态。不但如此，把“道”内在于自身而不使之发生差错，还能复归到无以复加的至高境界。可见，“归根”“复命”是万事万物（包括人）共同遵循的理则。

老子的“反”，也指相反相成。老子说，天下人都知道美之所以为美，是由于有丑的存在；都知道善之所以为善，是由于有恶的存在；都知道有与无是互相转化的，难与易是互相形成的，长与短是互相显现的，高与下是互相充实的，音与声是互相谐和的，前与后是互相接随的。（二章）美丑、善恶、有无、难易、长短、高下、音声、前后等之间，因为是相反的，所以才相互成就。老子特别举了“有与无”的例子：

> 三十辐共一毂，当其无，有车之用。埏埴以为器，当其无，有器之用。凿户牖以为室，当其无，有室之用。故有之以为利，无之以为用。（十一章）

有与无是一对矛盾，但恰恰由于无，有的作用才能发挥出来。比如车轮，三十根辐条辐辏在毂上，车毂的中间是空的，才有了车轮的作用。又比如陶器，器具中有空的地方，才有了器皿的作用。再比如房屋，四周墙壁的内部有虚空的部分，才有了房屋的作用。所以，有与无是相反相成的。

老子把相反相成视为一种规律，并内化为一种思维。他认为，最完满的东西，只有好似有残缺一样，它的作用才永远不会衰竭；最充盈的东西，只有好似空虚一样，它的作用才不会穷尽（四十五章），即所谓“曲则全，枉则直，洼则盈，敝则新，少则得，多则惑”（二十二章）。老子由“道”的“周行而不殆”发现了事物之间相反相成的规则，并对这种规则进行了描述，这是一种很有洞见的思想，也是一种非常睿智的思维方式，对后来中国思想的发展影响很大。

老子的“反”还有“物极则反”的意思。“周行而不殆”是一个反复的过程，但从哪里反复，反复的关节点（转化点）是什么，老子对此进行了分析：

> 人之生也柔弱，其死也坚强。万物草木之生也柔脆，其死也枯槁。故坚强者死之徒，柔弱者生之徒。（七十六章）

生与死、柔脆与枯槁、柔弱与坚强等，是事物发展过程中的两极，老子认为两极之间的转化点不是“生”，不是“柔脆”或“柔弱”，而是“死”，是“枯槁”或“坚强”。后者是事物发展的尽头，在这个尽头，事物会向自身的反面转化，如：“物或损之而益，或益之而损”（四十二章），“物壮则老”（五十五章），“甚爱必大费，多藏必厚亡”（四十四章），“兵强则不胜，木强则兵”（七十六章），“祸兮，福之所倚；福兮，祸之所伏。孰知其极，其无正。正复为奇，善复为妖”（五十八章），等等。“祸”是坏事，但“福”恰恰倚靠在里面；“福”是好事，但“祸”恰恰伏藏在其中。正与奇、善与妖等，莫不如此。有鉴于此，老子主张：“持而盈之，不如其已；揣而锐之，不可长保；金玉满堂，莫之能守；富贵而骄，自遗其咎。”（九章）拥有财物达到盈满状态，不如适可而止；把兵器磨得非常锐利，恰恰不利于长期保存；金玉堆满了堂屋，不一定守得住；富贵而产生骄横，肯定会自找麻烦。因为一切都在发展、变化之中，而发展、变化的表现形式之一就是向反面转化，所以老子强调：“功遂身退，天之道。”（同上）

由于看到了事物发展的尽头是“转化”，所以老子对“始点”特别关注：“合抱之木，生于毫末；九层之台，起于累土；千里之行，始于足下。”（六十四章）合抱之木很粗，却是从一根幼苗长起来的；九层高的楼房很高，却是一筐土一筐土堆出来的；一千里很远，却是一步一步走出来的。也就是说，不管后来的结果多么硕大，它的起点总是很柔弱、很微小的，所以老子主张“图难于其易，为大于其细。天下难事必作于易，天下大事必作于细”（六十三章）。老子把这称为“其安易持，其未兆易谋”（六十四章）。

老子讲“弱”，一方面是看到了万事万物的始点都是“弱”的，另一方面是看到了“弱”的状态最接近自然，最接近“道”。老子说：

> 天下莫柔弱于水，而攻坚强者莫之能胜，以其无以易之。弱之胜强，柔之胜刚，天下莫不知，莫能行。（七十八章）

天下没有比水更柔弱的了，但滴水穿石，它的力量十分之大。老子特别赞美“水”的性格：“上善若水。水善利万物而不争，处众人之所恶，故几于道。”（八章）水的特点是滋养万物而不争功，甘居众人最厌弃的地方，所以水的性格最接近大道。因此，上等的善就好比水一样。基于这样的认识，老子特别重视“弱”或者“反面”的作用，他说：“知其雄，守其雌”，“知其白，守其黑”，“知其荣，守其辱”（二十八章），等等。而且，老子特别推崇婴儿状态，他说：“专气致柔，能婴儿乎？”（十章）“我独泊兮，其未兆，如婴儿之未孩。”（二十章）“常德不离，复归于婴儿。”（二十八章）这些地方都拿婴儿做比喻，追求自然而然的状态。老子十分善于发现并运用“弱”或曰“反”的价值：“将欲歙之，必固张之。将欲弱之，必固强之。将欲废之，必固兴之。将欲夺之，必固与之。是谓微明。柔弱胜刚强。”（三十六章）这固然有阴谋、手腕之嫌，但也是老子对“道”之“反”的规律性的真切体认。

三、道与德

《老子》又叫《道德经》，在老子的哲学中，“德”的地位是十分重要的。老子说：

> 道生之，德畜之，物形之，势成之。是以万物莫不尊道而贵德。道之尊，德之贵，夫莫之命而常自然。故道生之，德畜之。（五十一章）

“道”的作用是生化，“德”的作用是蓄养，所以万物无不尊崇“道”而珍重“德”。对于“道”与“德”的关系，老子还有如下描述：

> 天得一以清，地得一以宁，神得一以灵，谷得一以盈，万物得一以生，侯王得一以为天下正。（三十九章）

“得”与“德”相通。《管子》载：“德者，得也；得也者，其谓所得以然也。”（《心术上》）王弼在注释《老子》三十八章的“德”字时也指出：“德者，得也。常得而无丧，利而无害，故以德为名焉。何以得德？由乎道也。”又于《老子》第五十一章的注释中说：“道者，物之所由也；德者，物之所得也，由之乃得。”据此则三十九章中的“得”是得道的意思，得道就是“德”。把“道”内化或“得”到天上，就形成了天的“清”之“德”，把“道”内化或“得”到地上，就形成了地的“宁”之“德”。……很显然，“道”在化生万物的过程中，把自己落实到具体事物中就是“德”。用王弼的话说，“道”是“物之所由”，“德”是“物之所得”，由“道”才有“得”，所以“万物莫不尊道而贵德”。“道”是本体，“德”是流行。“德”的流行中始终贯串着“道”的本体，所以“孔德之容，惟道是从”（二十一章），即大德的容止处处以“道”为标准。最符合“道”的“德”，老子又称为“玄德”：“生而不有，为而不恃，长而不宰，是谓玄德。”（五十一章）“生而不有，为而不恃，长而不宰”，从本体层面说，是“道”的特征；从流行层面说，是“德”（得道）的表现。老子说：“玄德深矣，远矣，与物反矣，然后乃至大顺。”（六十五章）“深远”，就是“大曰逝，逝曰远”，“与物反”就是“远曰反”。反于道，自然是“大顺”。可见，“德”不但唯“道”是从，而且最后还要回归于“道”。

“德”是道体的流行，从天人层面说，人若得“道”而有“德”，则可以具有巨大的能力：

> 含德之厚，比于赤子。蜂虿虺蛇不螫，猛兽不据，攫鸟不搏，骨弱筋柔而握固。（五十五章）

“德”的涵养如能醇厚，就好比初生的婴孩。毒虫不螫他，猛兽不伤害他，凶恶的鸟不搏击他。他的筋骨柔弱，但拳头却握得很牢固，所以老子主张“常德不离，复归于婴儿”，“常德乃足，复归于朴”。

《老子》一书中用来形容“德”的词颇为丰富，除了前面提到的“孔德”“玄德”，还有“上德”，“广德”“建德”等。“上德”，即崇高的道德，“上德若谷”，这种“德”的表现像大深谷；“广德”，即广大的“德”，“广德若不足”，这种“德”的表现像“不充足”；“建德”，即刚健的“德”，“建德若偷”，这种“德”的表现像很怠惰。（四十一章）

这是老子惯用的思维方式——“反”，老子认为，只有这样才能“善贷且成”（四十一章），即善始善终。

老子讨论“道”与“德”，是为了给人和社会的合理存在找到一个价值基础，所以整部《老子》在理论思维方面表现出一个鲜明的特征，就是推“道”以明“德”，“道”有什么样的特性，人就应该有与之相应的行为。

例如，“道”的特性之一是“无为”，因此，“是以圣人处无为之事，行不言之教”（二章），“为无为则无不治”（三章），“上德无为而无以为”（三十八章），“我无为而民自化”（五十七章）。“道”的特性之二是“自然”，因此，“圣人不仁，以百姓为刍狗”（五章），“是以圣人欲不欲……以辅万物之自然，而不敢为”（六十四章）。“道”的特性之三是“无欲”，因此，“常使民无知无欲”（三章），“我无欲而民自朴”（五十七章）。“道”的特性之四是“无名”，因此，“吾将镇之以无名之朴”（三十七章）。总之，“道”有什么样的特性，人就应该有什么样的行为，社会就应该有什么样的存在样式。在老子这里，人的一切智慧、社会存在的一切根据都源于“道”。老子提出“道”，也正是为了给人的行为、给社会存在的理想样式找到一个可靠的根据。

四、自然与无为

在老子的哲学体系中，“自然”是一个相当重要的范畴。老子曾在不同的层次使用“自然”这一概念。例如，“太上，下知有之。其次，亲而誉之。其次，畏之。其次，侮之。信不足焉，有不信焉。悠兮其言贵。功成事隧，百姓皆谓我自然”（十七章），这里的“自然”是就君主的行为说的，“我自然”指事情本来怎样我就怎样。又如，“希言自然。故飘风不终朝，骤雨不终日”（二十三章），这里没有说“希言自然”的主体是谁，但就“少说话才合乎自然”的意思来推测，主体还是指人，只是没有像前句那样明确指出是什么人而已。再如，“道之尊，德之贵，夫莫之命而常自然”（五十一章），这里的“自然”是就“道德”特性而言的，意思是说道德虽然尊贵，但没有尊贵的名号，完全是遵循自然。还如，“是以圣人……学不学，复众人之所过。以辅万物之自然，而不敢为”（六十四章），这里虽然行为的主体是圣人，但“自然”则是针对“万物”而言的，“辅万物之自然”即顺着万物的自性以成就万物的发展。

在《老子》一书中，论“自然”最著名的一句话是：

> 人法地，地法天，天法道，道法自然。（二十五章）

“法”可以理解为效法，人效法地，地效法天，天效法道，这是比较好解释的，但“道法自然”似乎不可以解释为“道”之外还有一个可以效法的“自然”。因为“道”是老子哲学的最高范畴，不存在比“道”更高的范畴，所以“自然”不应该是外在于“道”的另一个实体。元代学者吴澄对此解释说：“道之所以大，以其自然，故曰‘法自然’，非道之外别有自然也。自然者，无有无名也。”（《道德真经注》二十一章）“自然”不是“道”之外的另一个实体，而是对“道”之状态与作为的形容。《玉篇》：“然，如是也。”“自然”就是自己如此。“道法自然”，是说“道”作为最高范畴，自己如此，或者说道以自己本来的特性（如无形、无名、无为等）为法。当然，从“人法地，地法天，天法道，道法自然”这句话的整体思路来看，老子所谓的“道法自然”是以整体宇宙论为基础的，从这个角度说，“道法自然”也可以理解为道效法天、地、人之整体宇宙的本性。

“道法自然”，所以“道”虽然成就万物，但并不是有意为之，乃是顺遂万物之性而自然成就，老子称之为“无为”：

道常无为，而无不为。侯王若能守之，万物将自化。（三十七章）

这是说“道”总是顺遂宇宙的本性而不造作，虽然不造作，却可以使宇宙万物各得其是。侯王如果能遵守“道”的这一原则，万事万物就会自我化育、自然生灭。这方面老子讲了很多，如“万物作焉而不为辞，生而不有，为而不恃。功成而弗居”（二章），“天地不仁，以万物为刍狗；圣人不仁，以百姓为刍狗”（五章），“大道泛兮，其可左右。万物恃之而生而不辞，功成不名有，衣养万物而不为主”（三十四章），等等。这三段材料基本都是讲“道”或天地与万物之间的关系，老子的核心观念是，“道”或天地虽然生育万物、长养万物，但却不是出于对万物的情义，也不是有什么私心，更不是为了有所回报，一切都是自然而然，也就是无为。

万物归焉而不为主，可名为大。以其终不自为大，故能成其大。”（同上）

天长地久。天地所以能长且久者，以其不自生，故能长生。（七章）

“道”正因为没有私心，“不为主”“不自为大”“不自生”，所以才成就了“道”的“大”和“生”。由“道”之无为推演开去，老子考察了圣人或侯王之无为的具体表现，老子说：

是以圣人抱一，为天下式。不自见，故明；不自是，故彰；不自伐，故有功；不自矜，故长。夫唯不争，故天下莫能与之争。（二十二章）

圣人的无为主要表现在“不自见”“不自是”“不自伐”，也就是不自我膨胀，不自以为是，不自我夸耀。老子说：“是以圣人后其身而身先，外其身而身存。非以其无私邪？故能成其私。”（七章）圣人之所以能“身先”“身存”，乃是由于“后其身”“外其身”；圣人之所以能“成其私”，乃是由于圣人的“无私”。老子又说：“我无为而民自化，我好静而民自正，我无事而民自富，我无欲而民自朴。”（五十七章）这里的“我”是指侯王，意思是：我不造作，老百姓就会自然归化；我喜欢清静，老百姓就会规规矩矩；我不劳民用事，老百姓就会自然致富；我无欲无求，老百姓就会自然纯朴。这些是在演绎无为思想及其好处。从中不难看出，老子无为思想的政治哲学意味是十分浓厚的。老子还说：“不尚贤，使民不争；不贵难得之货，使民不为盗；不见可欲，使民心不乱。是以圣人之治，虚其心，实其腹，弱其志，强其骨，常使民无知无欲，使夫知者不敢为，为无为，则无不治。”（三章）这表现了老子无为思想在政治哲学层面的局限性。

如何做到无为？老子有一个著名观点，叫“为道日损”：“为学日益，为道日损，损之又损，以至于无为。”（四十八章）老子并不反对学习的目的是增加知识（“为学日益”），但认为这种为学思路对于认识“道”并没有帮助，非但没有帮助，而且有害。为道之方是“日损”，天天减少、排除，再减少、再排除，以至于没有了主体意识。在

"道"的认识方面，主体的思想活动是最大的绊脚石，只有把它减少、排除到最低限度，才能理解"道"。为此，老子提出了虚静说：

> 致虚极，守静笃，万物并作，吾以观复。夫物芸芸，各归其根。归根曰静，是谓复命。复命曰常，知常曰明。（十六章）

"虚"和"静"都是形容心灵的状态的，"虚"谓无成见，"静"谓无造作。心灵达到了虚静的极致，就可以在"万物并作"的纷扰情状中直观"道"。老子的逻辑是，万物的蓬勃生长虽然十分复杂，但它们都要返回自己的本根，返回自己的本然和所以然。心灵在纯粹虚静的状态下，透过对"复"的直观，就可以把"道"呈现出来。这种"观复"，老子谓之"知子守母"（五十二章）。

老子特别重视心灵的虚静，倡用"涤除"的方法使心灵达到"无疵"状态。"涤除玄览，能无疵乎？"（十章）"涤除"，洗垢之谓涤，去尘之谓除；"玄览"，即妄见。在老子看来，人的心灵若能常常涤除，无一垢之污，无一尘之染，也就是没有丝毫妄见，那么就能虚静体道。

为了避免"疵"的产生，老子主张"塞兑闭门"："塞其兑，闭其门，终身不勤。开其兑，济其事，终身不救。"（五十二章）"塞其兑，闭其门，挫其锐，解其纷，和其光，同其尘，是谓玄同。"（五十六章）"兑"，指口，引申为孔穴；"门"，指门径。塞住嗜欲的孔穴，闭上欲念的门径，一辈子都不会有烦扰。相反，如果打开欲念的孔穴，忙碌于纷杂的事物中，一辈子都不会得到解脱。所以，要塞住嗜欲的孔穴，闭上欲念的门径，锉掉其锋芒，消解其纷争，收敛光耀，混同尘俗，达到与"道"和同的境地。为此，老子甚至主张"不出户"：

> 不出户，知天下；不窥牖，见天道。其出弥远，其知弥少。是以圣人不行而知，不见而名，不为而成。（四十七章）

"道"的呈现是经验知识无法完成的，跑得越远，知道得就越少。所以，圣人不靠知识的积累和实践来扩充对"道"的认知："不出户""不窥牖"。因为经验是靠不住的，经验对于"为道"派不上用场。当然，老子并不反对经验，拒斥经验仅仅是就体"道"的意义而言的。老子主张回到万物芸芸的现象本身，透过"反复"之"观"呈现"道"体。这种认知思路很有特点，也很值得研究。

"道"的体知掺不得半点成见，"道"的贯彻也不需要主体的造作。所以，老子反对用"智"，主张"绝圣弃智"（十九章），认为"智慧出，有大伪"（十八章）。智慧的产生既需要主体的认知能力，又需要主体的分析、判断、综合能力，但在老子看来，突出了主体的能力，就难免肯定主体的欲望，因而也难免让智慧成为实现欲望的手段，所以老子反对"智"，主张"绝学无忧"：

> 绝圣弃智，民利百倍；绝仁弃义，民复孝慈；绝巧弃利，盗贼无有。此三者以为文不足，故令有所属，见素抱朴，少私寡欲，绝学无忧。（十九章）

抛弃了聪明智巧，老百姓可以得到百倍的好处；抛弃了仁爱正义，老百姓可以恢复本然的孝慈；抛弃了巧诈货利，盗贼也就没有了。圣智、仁义、巧利这三种东西全是巧饰，作为治理社会病态的法则是不够的，应当使人们的思想认识有所归属，保持纯洁朴实的本性，减少私欲杂念，抛弃圣智礼法，这样才能免于忧患。“民之难治，以其智多。故以智治国，国之贼；不以智治国，国之福”，所以要“非以明民，将以愚之”（六十五章），也就是采取愚民政策：

> 不尚贤，使民不争；不贵难得之货，使民不为盗；不见可欲，使民心不乱。是以圣人之治，虚其心，实其腹，弱其志，强其骨，常使民无知无欲。（三章）

这是老子开出的天下太平的药方：就消极层面说，不推崇有才德的人，使百姓不竞争；不看重珍宝奇货，使百姓不偷窃；不炫耀勾人欲望的东西，使百姓不迷乱。就积极层面说，涤除百姓的心机，填饱百姓的肚腹，削弱百姓的意志，增强百姓的筋骨，让他们没有智巧，没有欲望。在这里，老子治理百姓的法子就是“无知无欲”。“罪莫大于可欲，祸莫大于不知足，咎莫大于欲得”（四十六章），而“不欲以静，天下将自定”（三十七章）。所以，老子的结论是：“见素抱朴，少私寡欲。”为了做到这一点，老子提出了“小国寡民”的政治主张：

> 小国寡民，使有什伯之器而不用，使民重死而不远徙；虽有舟舆，无所乘之；虽有甲兵，无所陈之。使人复结绳而用之。甘美食，美其服，安其居，乐其俗，邻国相望，鸡犬之声相闻，民至老死不相往来。（八十章）

国要小，民要少，器具、车船、武器都派不上用场，甚至连文字也不用。除了维持生存的基本欲望之外，其他都不需要。“朴”到这个程度，国家的治理自然不需要铺张，人们的欲望自然也会降到最低限度，天下自然也会太平许多。

第二节　庄子

庄子（约公元前 369—前 286），名周，宋国蒙（今河南商丘东北）人。庄子做过管理漆园的小吏，但似乎不久就隐居了，过着贫困的生活。相传“庄周家贫，故往贷粟于监河侯”（《庄子・外物》），“处穷闾阨巷，困窘织屦，槁项黄馘”（《列御寇》）。虽然如此，他仍然瞧不起当官的，认为主体的自由比地位、金钱重要得多。据载：“楚威王闻庄周贤，使使厚币迎之，许以为相。庄周笑谓楚使曰：千金，重利也；卿相，尊位也。子独不见郊祭之牺牛乎？养食之数岁，衣以文绣，以入太庙。当是之时，虽欲为孤豚，其可得乎？子亟去，无污我。我宁游戏污渎之中自快，无为有国者所羁，终身不仕，以快吾志焉。”（《史记・老子韩非列传》）他终生过着隐居的生活。庄子的哲学保存在《庄子》一书中，《汉书・艺文志》著录《庄子》五十二篇。今本《庄子》三十三篇，为西晋郭象编注本，计内篇七篇，外篇十五篇，杂篇十一篇。该书包括庄周本人及其后学的作品。历来研究者对哪些篇是庄子本人的作品有不同看法，但传统的多数意见认为“内篇”七篇基本代表了庄子的思想体系。

一、本根说

庄子作为先秦道家的代表人物之一，继承了老子关于“道”的思想，并把它称为“本根”，给予了更深入的讨论。与老子一样，庄子很重视对根源性问题的探讨。庄子考察了思想发展的历史，指出：

> 古之人，其知有所至矣。恶乎至？有以为未始有物者，至矣，尽矣，不可以加矣。其次以为有物矣，而未始有封也。其次以为有封焉，而未始有是非也。(《齐物论》)

庄子列举了几种观点，第一种认为“未始有物”，第二种认为“有物矣，而未始有封”，第三种认为“有封焉，而未始有是非”。庄子最赞成第一种观点，认为这种观点看到了物存在之前的状态，是对根源的最高、最完善的认识。第二种观点看到了物之存在尚无分别的状态，次于第一种观点。第三种观点看到了分别但尚无是非的状态，则等而下之。庄子很重视对“未始有物”的探讨，他说：

> 有始也者，有未始有始也者，有未始有夫未始有始也者。有有也者，有无也者，有未始有无也者，有未始有夫未始有无也者。(同上)

宇宙在时间上很难推出一个开始，因为开始之前总还有一个没有开始的阶段，推上去甚至还有没有开始的阶段。“有无”也是如此，所以庄子干脆超越“有无”这一范畴，用“物物者非物”来推证宇宙的根源：“有先天地生者物邪？物物者非物。物出，不得先物也，犹其有物也。犹其有物也，无已。”(《知北游》)庄子认为，产生宇宙万物的这个东西一定不同于万物，那它是什么？就是“神鬼神帝，生天生地”的“道”。庄子说：

> 夫道，有情有信，无为无形；可传而不可受，可得而不可见；自本自根，未有天地，自古以固存；神鬼神帝，生天生地。(《大宗师》)

“道”很真实，自然而没有形态，可体知而不可触摸，可领会而不可闻见；自生自长，没有天地之前就一直存在，鬼与帝因之而灵，天与地因之而生，不但因之而生，还须臾不可离。“天不得不高，地不得不广，日月不得不行，万物不得不昌，此其道与。”(《知北游》)天地万物须臾不可离“道”，人事也莫不如此：“豨韦氏得之，以挈天地；伏戏氏得之，以袭气母；维斗得之，终古不忒。”(《大宗师》)可见，“道”还是人和社会合理存在的根据。所以，庄子说：“且道者，万物之所由也。庶物失之者死，得之者生。为事，逆之则败，顺之则成。”(《渔父》)“道”是“万物之所由”，万物任何时刻都离不开它。所以，在庄子的哲学中，“道”是宇宙的根源，是包括人和社会在内的万事万物存在的根据。

老子在描述“道”的特征时特别强调它的形上性，庄子继承了这一点，如他说：“道不可闻，闻而非也；道不可见，见而非也”(《知北游》)，“可传而不可受，可得而不可见”(《大宗师》)，等等。庄子进一步认为，“道”在时间上无始终，在空间上无处不在：“道无终始，物有死生”(《秋水》)，“夫道……在太极之先而不为高，在六极之下而不为深，先天地生而不为久，长于上古而不为老”(《大宗师》)。宇宙万物都是有局限性的，这个局限性既表现在空间方面，又表现在时间方面。就空间来说，有大小之别；就时间来说，有生死之殊。“道”则不然，太极之上，六极（四方上下）之下，无法状其广大；先于天地，长于上古，无法喻其长久。“道”正因为超越时空，所以才具有本根的意义。

> 六合为巨，未离其内；秋豪为小，待之成体；天下莫不沉浮，终身不故；阴阳四时运行，各得其序；惛然若亡而存，油然不形而神，万物畜而不知。此之谓本根。（《知北游》）
>
> 行于万物者，道也。（《天地》）

“六合”就是“六极”，六极之大，超不出“道”的范围；秋毫之小，也离不开“道”；宇宙万物无时不在生灭，它却始终如一。它浑沌昧暗，仿佛并不存在，却又无处不在；它生机旺盛，神妙莫测，却又没有具体的形象。虽然没有形象，却又“行于万物”。庄子说，这就是“本根”。关于“道”的无处不在，《庄子》书中还有一段著名的描述：

> 东郭子问于庄子曰：“所谓道，恶乎在？”庄子曰：“无所不在。”东郭子曰：“期而后可。”庄子曰：“在蝼蚁。”曰：“何其下邪？”曰：“在稊稗。”曰：“何其愈下邪？”曰：“在瓦甓。”曰：“何其愈甚邪？”曰：“在屎溺。”东郭子不应。庄子曰：“夫子之问也，固不及质。正获之问于监市履狶也，每下愈况。汝唯莫必，无乎逃物。至道若是，大言亦然。周、遍、咸三者，异名同实，其指一也……”（《知北游》）

“道”在哪里？蝼蚁、稗草、瓦砾，甚至屎溺之中都有“道”，它“无所不在”。在庄子看来，东郭子的提问根本没有触及“道”的本质。庄子告诫东郭子，不要只在某个事物里寻找“道”，万物之中没有什么东西可以离开它，它遍及各个角落，虽然名称各异，但实质却是相同的。

二、齐物说

战国之时，百家争鸣，“大知闲闲，小知间间。大言炎炎，小言詹詹”（《齐物论》），庄子从“道”的立场出发，用“齐物论”的方式表明了自己的观点。

庄子区分了两类认识，一类是“以道观之”，另一类是“以物观之”“以俗观之”“以差观之”“以功观之”“以趣观之”。相较于“道”而言，后面的观法都是站在分别的立场看问题。

> 以道观之，物无贵贱；以物观之，自贵而相贱；以俗观之，贵贱不在己。以差观之，因其所大而大之，则万物莫不大；因其所小而小之，则万物莫不小。知天地之为稊米也，知毫末之为丘山也，则差数等矣。以功观之，因其所有而有之，则万物莫不有；因其所无而无之，则万物莫不无。知东西之相反而不可以相无，则功分定矣。以趣观之，因其所然而然之，则万物莫不然；因其所非而非之，则万物莫不非。知尧、桀之自然而相非，则趣操睹矣。（《秋水》）

从一事一物或世俗等“分别”的立场看问题，自然存在着贵贱、是非、大小、有无等的不同。但正是因为是“分别”的立场，所以这些不同都是相对的。从不同的视角自然得出不同的结论，这就是“不齐”。庄子并不否认“不齐”是一种客观存在，他说：“夫大块噫气，其名为风，是唯无作，作则万窍怒呺。而独不闻之翏翏乎？山林之畏佳，大木百围之窍穴，似鼻，似口，似耳，似枅，似圈，似臼，似洼者，似污者。激者，謞者，叱者，吸者，叫者，譹者，宎者，咬者，前者唱于而随者唱喁。泠风则小和，飘风则大和，厉风济则众窍为虚。而独不见之调调、之刁刁乎？”（《齐物论》）同样是风，从不同的孔窍里吹出来便发出不同的声音，有的像湍急的流水声，有的像迅疾的箭镞声，有的像大声的呵斥声，有的像细细的呼吸声，有的像放声叫喊声，有的像号啕大哭声，有的像鸟儿鸣叫叽喳声。这叫“吹万不同”。“吹万不同”就是“不齐”。然而，“夫吹万不同，而使其自已也，咸其自取，怒者其谁邪？”（同上）虽然有万般不同，但使它们发生和停息的都是自身，并没有谁来主使。所以，发生“不齐”的主要原因还是在于“自取”，就人而言则是“随其成心而师之”（同上）。

> 言者有言，其所言者特未定也。果有言邪？其未尝有言邪？其以为异于鷇音，亦有辨乎？其无辨乎？道恶乎隐而有真伪？言恶乎隐而有是非？道恶乎往而不存？言恶乎存而不可？道隐于小成，言隐于荣华。故有儒、墨之是非，以是其所非，而非其所是。（同上）

说话辩论，大家都认为自己讲得有道理，但其实都是师心自用。像儒家与墨家，辩来辩去，无非在肯定对方所否定的东西而否定对方所肯定的东西。究竟谁对？标准在哪里？谁来确定标准？在庄子看来，这些其实是无法确定的。辩论的双方无法决定谁对谁错，找个第三者也无法解决。如果让观点跟你相同的人来判定，但既然观点跟你相同，怎能做出公正的评判！如果让观点跟我相同的人来判定，但既然观点跟我相同，怎能做出公正的评判！或者可以找个观点不同于你、我的人来判定，但既然观点不同于你、我，又怎能做出公正的评判！所以，庄子认为从“以物观之”的视角根本找不到判定是非的标准。

由于“以物观之”只能产生思想上的混乱，所以庄子主张“以道观之”。《庄子》载：

> 以道观之，何贵何贱，是谓反衍；无拘而志，与道大蹇。何少何多，是谓谢施；无一而行，与道参差。严乎若国之有君，其无私德；繇繇乎若祭之有社，其无私福；泛泛乎其若四方之无穷，其无所畛域。兼怀万物，其孰承翼？是谓无方。万物一齐，孰短孰长？道无终始，物有死生，不恃其成。一虚一满，不位乎其形。（《秋水》）

庄子认为，“分别”是相对而言的，是相比较而存在的，如果你的心思拘泥于“分别”，就有各种“分别”，但这是与大道相抵牾的。从“道”的角度观察，没有贵贱之分，没有多少之别，也没有长短、始终等的不同，这就是“万物一齐”。可见，视野的不同决定了贵贱、多少、长短、始终等的有无。而“以道观之”，就能“道通为一”：“物固有所然，物固有所可；无物不然，无物不可。故为是举莛与楹、厉与西施、恢恑憰怪，道通为一。”（《齐物论》）万物的存在都有其合理性，小草与堂前的柱子、丑妇与美女以及任何奇形怪状的东西，虽然看上去是那么不同，但从“道”的角度观察，它们在本质上都是没有差异的。这里可以看出庄子并不否认现实中存在着差异，只是强调透过“道”的体认，可以超越差异，可以发现差异后面的同一。庄子说：“天下莫大于秋毫之末，而太山为小；莫寿于殇子，而彭祖为夭。天地与我并生，而万物与我为一。既已为一矣，且得有言乎？既已谓之一矣，且得无言乎？一与言为二，二与一为三。自此以往，巧历不能得，而况其凡乎！故自无适有，以至于三，而况自有适有乎！无适焉，因是已。”（《齐物论》）秋毫之末与高山峻岭、夭折的婴儿与长寿的彭祖，从“道”的角度看是一样的，既然一样，就没有必要再议论出一个“二”或“三”，这样下去的话，最精明的计算也不可能求得最后的数字。所以，庄子认为没有必要分来分去，顺应事物的本然最好。“无适”，就是不要追逐分别，也就是无为。《庄子》载：

> 无为可以定是非……天无为以之清，地无为以之宁，故两无为相合，万物皆化。芒乎芴乎，而无从出乎！芴乎芒乎，而无有象乎！万物职职，皆从无为殖。故曰：“天地无为也，而无不为也。”人也，孰能得无为哉！（《至乐》）

庄子把“无为”视作判定是非的基础，认为天地因其无为而“清”，而“宁”，而孕育万物，这是天地的无为而无不为。人谁能做到无为呢？在庄子看来，做不到无为，就是“劳神明”（《齐物论》），即瞎操心。庄子认为，事物本来是有同一性的，根本无所谓区别。如果不知道这一点，那就无异于一群猴子，朝三暮四，它们愤怒，朝四暮三，它们高兴。其实内容一点都没有变化，之所以一怒一喜，原因就是“不知其同”（同上）。“是以圣人和之以是非而休乎天钧，是之谓两行。”（同上）意思是，把是与非混同起来，优游自得地生活在自然而又均衡的境界里，物我各得其所，自行发展。庄子又将此称为“和之以天倪”：“何谓和之以天倪？曰：是不是，然不然。是若果是也，则是之异乎不是也，亦无辩；然若果然也，则然之异乎不然也，亦无辩。”（同上）对错、真假无须争辩，只要顺从天地万物的自然区别，就无所谓区别了，也就无所谓是非了。这样，就可以畅游于无穷无尽的境界。

三、逍遥说

庄子主张对这个世界要“以道观之”，以此为基础，他还为人的生命存在提供了一种理想的生活方式——“逍遥游”。

庄子追求自由自在的生活，他认为，现实的人生之所以不自由、不自在，乃是由于“有待”，像大鹏鸟虽然能“抟扶摇而上者九万里”，像列御虽然能“御风而行”，但它们都得有所凭借，即“犹有所待”（《逍遥游》）。有所凭借就有所约束，就不自由，所以最好是不受任何约束。庄子说：“若夫乘天地之正，而御六气之辩，以游无穷者，彼且恶乎待哉？”（同上）庄子十分向往这样的“逍遥游”，但做到这一点并不容易，需要“无己”“无功”“无名”，即“至人无己，神人无功，圣人无名”（同上）。

庄子认为，“有待”乃是由于“有己”，如能“无己”，就可以“无待”。那如何做到“无己”呢？庄子说：

> 藏大小有宜，犹有所遁。若夫藏天下于天下，而不得所遁，是恒物之大情也。特犯人之形而犹喜之。若人之形者，万化而未始有极也，其为乐可胜计邪？（《大宗师》）

人之所以有“己”，乃是因为喜有“人之形”，但“人之形”不过是无限种形中的一“形”而已，有“人之形”而喜，有别种“形”又何尝不可喜？何况“今大冶铸金，金踊跃曰：‘我且必为镆铘。’大冶必以为不祥之金。今一犯人之行，而曰‘人耳！人耳！’，夫造化者必以为不祥之人”（《大宗师》）。所以，“人之形”不过是造化之一端，并非“我”之所有，执着于它无异于执着于“附赘县疣”（同上）。与其如此，倒不如“以天地为大炉，以造化为大冶，恶乎往而不可”（同上）。

庄子认为，破除了对“自我”的执着（有己），还要无心于事端，无情于万物。《庄子》载：

> 惠子谓庄子曰：“人故无情乎?”庄子曰：“然。”……惠子曰：“既谓之人，恶得无情?”庄子曰：“是非吾所谓情也。吾所谓无情者，言人之不以好恶内伤其身，常因自然而不益生也。”（《德充符》）

庄子说，“情”是好恶，是一种与是非联系在一起的东西。“是非之彰也，道之所以亏也。道之所以亏，爱之所以成。”（《齐物论》）有是非，就亏损了本来的完满。这就好比著名音乐家昭氏，他弹曲子，弹得再好，也不可能同时呈现所有的音符，总会有所遗漏，要想没有遗漏，最好不弹。不弹就是“无情”，“无情”就超脱了喜怒哀乐，一切因其自然而发展。“有人之形，无人之情。有人之形，故群于人；无人之情，故是非不得于身。眇乎小哉，所以属于人也！謷乎大哉，独成其天。”（《德充符》）“成其天”，就是成就本来的“我”。“牛马四足，是谓天；落马首，穿牛鼻，是谓人。故曰：无以人灭天，无以故灭命，无以得殉名。谨守而勿失，是谓反其真。”（《秋水》）按照天生的样式原原本本地生活，不要将人为因素强加于物，这就是天然，这就是所谓的“天”。将人为因素强加于物，如强给赤身裸首的马戴上笼套，强给无孔的牛鼻穿上孔，拴上绳子，这就是人为，这就是“人”。庄子是反对“人”而崇尚“天”的。他认为，只要不违反天然，就可以与天和而得天乐。“夫明白于天地之德者，此之谓大本大宗，与天和者也；所以均调天下，与人和者也。与人和者，谓之人乐；与天和者，谓之天乐……天乐者，圣人之心以畜天下也。”（《天道》）可见，“天乐”是一种包容天下的心境。有好恶就无法包容天下，所以这种心境是一种无分别的、无好恶的、浑然天成的心境。

“天乐”的心境是如何获得的？庄子认为，透过心斋、坐忘等方法便可以获得。与老子特别强调“涤除玄览”一样，庄子特别重视“心”的修养。他说：

> 水静则明烛须眉，平中准，大匠取法焉。水静犹明，而况精神！圣人之心静乎！天地之鉴也，万物之镜也。（同上）

平静的水面可以像镜子一样照出人的须眉，还可以起到准平的作用。人的心灵如果宁静的话，则可以照天地万物。为此，庄子提出“心斋”的主张：

> 若一志，无听之以耳而听之以心，无听之以心而听之以气。听止于耳，心止于符，气也者，虚而待物者也。唯道集虚，虚者，心斋也。（《人间世》）

专心，不受感官刺激（“耳”）的影响，不受思维忧虑（“心”）的干扰，凝神于虚静的气息，就可以在道的层面实现心灵的虚静。据庄子讲，这种状态表现为与道为一的“坐忘”状态：

> 颜回曰：“回益矣。”仲尼曰：“何谓也?”曰：“回忘仁义矣。”曰：“可矣，犹

> 未也。”他日复见，曰：“回益矣。”曰：“何谓也？”曰：“回忘礼乐矣。”曰：“可矣，犹未也。”他日复见，曰：“回益矣。”曰：“何谓也？”曰：“回坐忘矣。”仲尼蹴然曰：“何谓坐忘？”颜回曰：“堕肢体，黜聪明，离形去知，同于大通，此谓坐忘。”仲尼曰：“同则无好也，化则无常也。而果其贤乎，丘也请从而后也。”（《大宗师》）

不难看出，这种“忘”是在不断超越分别的过程中得到的。忘了礼仪，就没有了贵贱之分；忘了仁义，就没有了你我之分。把一切分别都消解了，就达到了一种无思无虑的、同于大通的境界。庄子说，在这种境界里就可以见到独一无二的东西。《庄子》载：

> 南伯子葵问乎女偊曰：“子之年长矣，而色若孺子，何也？”曰：“吾闻道矣。”曰：“……吾犹守而告之，参日而后能外天下；已外天下矣，吾又守之，七日而后能外物；已外物矣，吾又守之，九日而后能外生；已外生矣，而后能朝彻；朝彻，而后能见独；见独，而后能无古今；无古今，而后能入于不死不生。”（同上）

“外天下”“外物”“外生”，不断排除主客差异，最后达到“朝彻”，一种浑然一体、无分别、无形象的本然状态。能这样，就能见到独一无二的东西；见到了这个东西，就能超越古今，进入不生不死的玄妙境界。超越了古今，一同了生死，自然就是一种逍遥了。

精神的逍遥并不能代替身体的自由，虽然“人形”并不重要，但“人形”要天天面对，所以庄子又提出“无用”之说，以超越有形的“困苦”。《庄子》载：

> 惠子曰：“吾有大树，人谓之樗。其大本拥肿而不中绳墨，其小枝卷曲而不中规矩，立之涂，匠者不顾。今子之言，大而无用，众所同去也。”庄子曰：“子独不见狸狌乎？卑身而伏，以候敖者；东西跳梁，不辟高下；中于机辟，死于网罟。今夫斄牛，其大若垂天之云。此能为大矣，而不能执鼠。今子有大树，患其无用，何不树之于无何有之乡、广莫之野，彷徨乎无为其侧，逍遥乎寝卧其下；不夭斤斧，物无害者，无所可用，安所困苦哉！”（《逍遥游》）

惠子为自己那棵形大而无用的大树发愁，庄子却认为这是不明智的。庄子说，如果把它种在无何有之乡，立于没有人烟的旷野，在它旁边徘徊散步，在它下面逍遥寝卧，是何等快乐！所以，我们在《庄子》中经常见到对“无用”“不材”的赞美。《人间世》中甚至认为“神人以此不材”：

> 南伯子綦游乎商之丘，见大木焉，有异，结驷千乘，隐将芘其所藾。子綦曰：“此何木也哉！此必有异材夫！”仰而视其细枝，则拳曲而不可以为栋梁；俯而见其大根，则轴解而不可以为棺椁；咶其叶，则口烂而为伤；嗅之，则使人狂酲三日而不已。子綦曰：“此果不材之木也，以至于此其大也。嗟乎！神人以此不材！”

南伯子綦在商丘看到的这棵大树，枝条卷卷曲曲不能做栋梁，根干疙疙瘩瘩不能做棺材，叶子苦辣，气味还有麻醉作用，简直一无是处。然而，在庄子看来，正是它的“不材”成就了它的高大。庄子由此联想到，那些超然物外的神人不就像这“不材之木”吗！

可见，精神的逍遥一旦回到生活层面，就需要像“无何有之乡”或商丘的大树一样，靠“无用”来超越形体的牵累。

四、达命说

在现实的生活世界，“无何有之乡”是很难找到的，所以庄子又主张“安之若命”和“安时处顺”。庄子对“命”的存在持肯定态度，他说：

> 死生，命也。其有夜旦之常，天也。人之有所不得与，皆物之情也。(《大宗师》)

庄子认为，人的生死都取决于“命”，犹如黑夜和白天的交替，完全出于自然。不但生死，诸如存亡、穷达，乃至于饥渴、寒暑，也都取决于“命”：“死生、存亡、穷达、贫富、贤与不肖、毁誉、饥渴、寒暑，是事之变，命之行也。”(《德充符》)可见，在庄子这里，一切都逃脱不了命运的安排。《庄子》载：

> 子舆与子桑友，而霖雨十日。子舆曰：“子桑殆病矣！”裹饭而往食之。至子桑之门，则若歌若哭，鼓琴曰：“父邪？母邪？天乎？人乎？”有不任其声而趋举其诗焉。子舆入，曰：“子之歌诗，何故若是？”曰：“吾思乎使我至此极者而弗得也。父母岂欲吾贫哉？天无私覆，地无私载，天地岂私贫我哉？求其为之者而不得也。然而至此极者，命也夫！”(《大宗师》)

子桑在极度贫困之时试图探索自己极度贫困的原因，但找不到。他想：父母肯定不会希望自己贫困，覆万物、育万物、无偏无私的天地不会单单让自己贫困，可我还是这样的贫困，原因在哪里？“命也夫”，还是“命”啊！子桑把“命”看作最后的原因，也就意味着“命”是一种更本质的决定力量。

那么，在命运面前，人能有什么作为吗？庄子认为，无可奈何，只有顺之安之，“知其不可奈何而安之若命，德之至也”(《人间世》)，“知不可奈何而安之若命，惟有德者能之”(《德充符》)。对于无法改变的现实，要像命中注定一样安然接受，庄子认为，这是最高的道德境界。

“安之若命”，庄子又称之为“安时处顺”：

> 俄而子舆有病，子祀往问之。曰：“伟哉！夫造物者将以予为此拘拘也！曲偻发背，上有五管，颐隐于齐，肩高于顶，句赘指天。”阴阳之气有沴，其心闲而无事，跰𨇤而鉴于井，曰：“嗟乎！夫造物者又将以予为此拘拘也！”子祀曰：“汝恶之乎？”曰：“亡，予何恶！浸假而化予之左臂以为鸡，予因以求时夜；浸假而化予之右臂以为弹，予因以求鸮炙；浸假而化予之尻以为轮，以神为马，予因以乘之，岂更驾哉！且夫得者时也，失者顺也，安时而处顺，哀乐不能入也。此古之所谓县解也，而不能自解者，物有结之。且夫物不胜天久矣，吾又何恶焉！”(《大宗师》)

“安时处顺”，就是“安之若命”。庄子认为，命运的安排犹如天地的造化，人在它面前是无能为力的，事物的变化不能超越自然的力量（“物不胜天”），与其恶而哀之，不如乐而顺之。生病的子舆腰弯背驼，五官穴口朝上，下巴隐藏在肚脐之下，肩部高过头顶，弯曲的颈椎形如赘瘤朝天隆起，其痛苦可想而知。但子舆却十分闲逸，好像没有生病似的，并调侃自己说：假令造物者把我的左臂变成公鸡，我便用它来报晓；假令造物者把我的右臂变成弹弓，我便用它来打斑鸠烤熟了吃；假令造物者把我的臀部变成为车轮，把我的精神变成骏马，我就乘着它们遨游。庄子认为，这就是“安时处顺”，能这样，悲哀、快乐的情感就不会干扰自己了。所以，庄子在他的妻子死后不但不哭，反而鼓盆而歌，并说：“察其始而本无生，非徒无生也，而本无形，非徒无形也，而本无气。杂乎芒芴之间，变而有气，气变而有形，形变而有生。今又变而之死，是相与为春秋冬夏四时行也。人且偃然寝于巨室，而我噭噭然随而哭之，自以为不通乎命，故止也。……生者，假借也。假之而生生者，尘垢也。死生为昼夜，且吾与子观化而化及我，我又何恶焉。”（《至乐》）在庄子看来，生死就如同昼夜的变化一样，人死之后，嗷嗷大哭，那是“不通乎命”即不明白天命的表现。所以，与其哀伤痛苦，不如“观化”，即借此观察天地的大化。由“观化”，再进一步达到“与物化”的境界，就没有什么不可以的了。《庄子》载：

> 工倕旋而盖规矩，指与物化，而不以心稽，故其灵台一而不桎。忘足，屦之适也；忘腰，带之适也；知忘是非，心之适也；不内变，不外从，事会之适也。始乎适而未尝不适者，忘适之适也。（《达生》）

工倕之所以用手指画方圆比用规矩画得还要准确，是因为他的手指总能随着物件的变化而变化，所以他的心境自由自在，从来不受内心感受和外物的制约。这就好比忘掉了脚，穿什么鞋子都感到舒服；忘掉了腰，系什么带子都觉得合适；忘掉了是非善恶，遇到任何事情都会感到舒畅。内不动摇心，外不追随物，事情到来，也就感到适宜。开始还追求合适，久而久之，连追求合适的心也忘掉了，就达到了真正的合适。这样的“合适”，实际就像坐忘的境界一样，但它是一种不“坐”之“忘”，虽然没有“坐”，但也已经达到与道为一、物我两忘的境界。这样，不但做到了安时处顺，也超越了“时”和“命”带给人们身心的枷锁。

第三节 道家思想的拓展

先秦道家，老庄之外，还有一些学者或学术团体值得注意，如文子、杨朱、列子，以及稷下道家等。另外，20 世纪 70 年代以来，有一些与道家有关的出土文献也值得关注。限于史料，本节只对稷下道家以及几篇出土文献做一些简单考察。

一、《管子》四篇的静因之道

稷下道家是一个内涵颇为复杂的名称，《太平寰宇记》卷十八引刘向《别录》说：“齐有稷门，齐之城西门也，外有学堂，即齐宣王所立学所也。故称为稷下之学。”《史记・田敬仲完世家》中说：“宣王喜文学游说之士，自如驺衍、淳于髡、田骈、接子、慎到、环渊之徒七十六人，皆赐列第，为上大夫，不治而议论。是以齐稷下学士复盛，且数百千人。”稷下是个学术团体，本小节主要根据稷下学术中心的一部论文总集——

《管子》来讨论稷下道家的思想，并主要围绕学界公认的《白心》《内业》《心术上》《心术下》四篇来讨论稷下道家的"精气"说和"静因之道"的思想。

老子在描述"道"之特征的时候用到了"惟恍惟惚""其中有精""其精甚真"等词汇，但"道"究竟内在地包含着什么，老子并没有说清楚。稷下学者在思考这个问题的时候引入了"精气"概念。稷下学者认为，"道"不是一个具体的存在，但却可以使具体的存在得以生、得以成，即成为具体的存在。"凡道，无根无茎，无叶无荣。万物以生，万物以成，命之曰道。"（《内业》）《管子》对道的这一认识与老子的思想是完全一致的。但"道"是如何使"万物以生，万物以成"的？《管子》认为是通过"气"：

> 道之在天者，日也；其在人者，心也。故曰：有气则生，无气则死，生者以其气。（《枢言》）

这里明确提出了"生者以其气"的观念，认为万物之生是因"有气"而生，万物之死是因"无气"而死，"气"在生死大化中起着至为关键的作用。稷下学者又把"气"称为"精"：

> 凡物之精，此则为生。下生五谷，上为列星；流于天地之间，谓之鬼神；藏于胸中，谓之圣人；是故民气。杲乎如登于天，杳乎如入于渊，淖乎如在于海，卒乎如在于己。是故此气也，不可止以力，而可安以德；不可呼以声，而可迎以音。（《内业》）

这里的"精"指"气"，所谓"是故民气"，"是故此气也"，说的就是"精"字。这个"精""下生五谷，上为列星"，具有生的能力；它"流于天地之间，谓之鬼神；藏于胸中，谓之圣人"，是万物之所以存在的根据；它的特点则是，登天入渊，上山下海，无处不在。人力无法阻止它，但却可以用"德"来安置它。

这个"精"指"气"，但又不是一般的"气"，"精也者，气之精者也"（同上），即"精"是指"气"中特别精细的那一部分。稷下学者认为，这种"精气"对于人尤为重要。在人之生命的形成过程中，一般的气（或曰相对于"精"气的"粗"气）或许是必备条件，但没有精气则绝对不会有人的生命形式："凡人之生也，天出其精，地出其形，合此以为人。和乃生，不和不生。"（同上）

基于精气说，稷下学者进一步思考了"道"与"德"的关系，提出了"德者，道之舍"的命题：

> 虚无无形谓之道，化育万物谓之德。（《心术上》）
>
> 天之道，虚其无形。虚则不屈。无形则无所位赶，无所位赶，故偏流万物而不变。德者，道之舍，物得以生生，知得以职道之精。故德者，得也；得也者，其谓所得以然也。以无为之谓道，舍之之谓德。故道之与德无间，故言之者不别也。（同上）

"道"的特点是无形无限，遍流万物。但它在"流"的过程中，不断地停下来成就具体事物。"德"就是表述这种停留的，所以谓之"舍"。"舍"，作名词用，指馆舍；作动词用，指入馆舍而停下来。"道"不断地停下脚步，又不断地周流万物，所以形成了多姿多彩的世界。很明显，一个具有普遍意义的“道”，透过“德”不断地具体化了。这表明“道”不仅是本原，而且是万物之统一性的根源。

老子曾经提出“为学日益，为道日损”的命题，把“为学”与“为道”严格对立起来。稷下学者与此不同，他们没有严格区别“为学”与“为道”，而是提出了一种“因”的认识方法和原则。《管子》载：

> 无为之道，因也。因也者，无益无损也。以其形，因为之名，此因之术也。（《心术上》）

这里的“因”，就是以事物的本来面目为依据。“以其形，因为之名”，是说“名”是人根据事物本身的形状命名的。稷下学者认为，“物固有形，形固有名。此言不得过实，实不得延名”（同上），事物本身都有一定的形状，一定的形状都有一定的名称，所以“名”不能超过它所代表的事物，事物也不能有虚出它本身的“名”，这就是“无益无损”，也就是“名当”。

那么，如何做到“无益无损”？《管子》载：

> 因也者，舍己而以物为法者也。感而后应，非所设也。缘理而动，非所取也。（同上）

这里有三层意思：第一层是“舍已”，就是不要有主观的成见；第二层是“感而后应”，就是不要有主观的设计；第三层是“缘理而动”，就是不要有主观的好恶。这三层意思归结为一点，就是要客观地反映事物。稷下学者之所以特别强调要预防主观的成见、设计、好恶，是因为在他们看来，“人皆欲知，而莫索之其所以知，彼也。其所以知，此也。不修之此，焉能知彼？”（同上）这是说，认识的完成需要“所知”和“所以知”两个方面，“所知”指主体，“所以知”指对象。稷下学者认为，这两个方面只有修“此”才能“因”彼。

如何修“此”？稷下学者提出了“治心”说。他们首先强调了“心”在人体中的特殊地位：“心之在体，君之位也；九窍之有职，官之分也。心处其道，九窍循理。”（同上）这是说，“心”在人体内处于“君”的地位，“九窍”则是各有专职的“官”。心如果能够把握总的规律，“九窍”就能按照一定的规律行动。所以，“心”的作用很关键，它好比中枢，统率着其他感觉器官。“我心治，官乃治；我心安，官乃安”（《内业》），所以要“治心”。

如何治“心”？稷下学者认为方法是“虚”“一”“静”。所谓“虚”，就是去掉心中的成见：“虚者，无藏也。”（《心术上》）就是心中没有任何先在的东西，这里主要指人的欲望，所谓“虚其欲，神将入舍”（同上）。稷下学者认为，“夫心有欲者，物过而目不见，声至而耳不闻也”（同上），这就是说，如果心里不干净，被某种欲望纠缠着，那就会视而不见、充耳不闻。治“心”，就是去除心中的忧、乐、喜、怒、利、欲：“凡心之刑，自充自盈，自生自成。其所以失之，必以忧乐喜怒欲利，能去忧乐喜怒欲利，心乃反济。彼心之情，利安以宁，勿烦勿乱，和乃自成。”（《内业》）

所谓“一”，主要指专一。“专于意，一于心，耳目端，知远之证。”（《心术下》）“执一不失，能君万物。”（《内业》）“四体既正，血气既静，一意抟心，耳目不淫，虽远若近。”（《内业》）在稷下学者看来，“心”只要专一，就可以“知远若近”，就能够“君万物”；不但如此，还可以通神。“思之，思之，又重思之，思之而不通，鬼神将通之。非鬼神之力也，精气之极也。”（同上）也就是说，只要专心一意，即使再困难的问题也能想通，哪怕想不通，“精气”也能把它打通。所以，要“耳目不淫，心无他图，正心在中”（同上）。这样的话，“万物得度”（同上），即没有认识不了的事物。

所谓“静”，就是不急躁、不妄动，“感而后应”（《心术上》）。“毋先物动，以观其则。动则失位，静乃自得。”（同上）不要在事物到来之前急躁妄动，这样就破坏了内心的宁静，就无法观察事物的法则。“静则得之，躁则失之”（《内业》），所以要“静身以待之，物至而名自治之”（《白心》）。只要“心能执静，道将自定”（《内业》）。稷下学者认为，保持心静的办法是寡欲：“去欲则宣，宣则静矣。静则精，精则独立矣。独则明，明则神矣。”（《心术上》）只要去掉了过多的欲望，就能保持内心的平静，就能专心，就能一意，就能头脑清醒，就能得到最高的智慧。稷下学者关于“虚”“一”“静”的思想对后来的荀子影响较大。

二、《太一生水》与《恒先》

在近年来发表的出土文献中，有两篇道家的作品很值得重视，一篇是《太一生水》，另一篇是《恒先》。前者来自郭店简，因与《老子》丙组竹简抄在一起，加之其独特的宇宙生成模式，颇引起了学者们的遐想。后者来自上博简，因其完整性和思想的独特性，也很受研究者的重视。

《太一生水》篇竹简已有残缺，但其有关宇宙生成论的部分相对系统完整：

> 太一生水，水反辅太一，是以成天。天反辅太一，是以成地。天地［复相辅］也，是以成神明。神明复相辅也，是以成阴阳。阴阳复相辅也，是以成四时。四时复［相］辅也，是以成寒热。寒热复相辅也，是以成湿燥。湿燥复相辅也，成岁而止。故岁者，湿燥之所生也。湿燥者，寒热之所生也。寒热者，［四时之所生也］。四时者，阴阳之所［生］也。阴阳者，神明之所生也。神明者，天地之所生也。天地者，太一之所生也。是故太一藏于水，行于时，周而又［始，以己为］万物母。一缺一盈，以己为万物经。此天之所不能杀，地之所不能埋，阴阳之所不能成。①

这段话涉及的概念人们并不陌生，但把这些概念以这样的逻辑关系串通起来，描述宇宙生成的过程，却是比较新颖的。“太一”是道家的哲学范畴，而且是楚文化色彩较浓的道家哲学的范畴。《太一生水》把它作为本原，但并没有对这个本原的特性及功用进行说明，这可能表明在作者那里和在作者的那个时代，“太一”已经是一个不言自明的、流派内公认的概念了。“水”虽然在后来的哲学发展中并没有受到重视，只是五行之一，但在先秦尤其在道家那里的确是一个很受重视的名词。老子曾说“水”“几于道”。稷下论文集《管子》更是说过“水者何也，万物之本原也，诸生之宗室也，美、恶、贤、不肖、愚、俊之所产也”（《水地》）的话。至于天地、阴阳、湿燥、四时等，也都是经常

---

① 关于出土文献，学界尚未达成共识，此处引文根据学界研究成果，有取有舍。读者可参照李零的《郭店楚简校读记》（中国人民大学出版社，2007）。另外，引文［ ］中的文字为增补内容，余同。

在文献中出现的概念。这里比较不好理解的是“神明”二字。虽然在先秦典籍中这一概念的出现频率也颇高，但在《太一生水》这一生成论的环节中，它究竟指什么，确实不太容易说明白。本书比较倾向于“神明”指日月的说法。

从生成论角度分析，这段材料大致有四层意思：“太一生水，水反辅太一，是以成天。天反辅太一，是以成地”，是第一层。这一层的每个生成环节都有一个特点，就是离不开“太一”，被生成者都是透过“反辅”太一而完成下一个生成环节的。

“天地［复相辅］也，是以成神明。神明复相辅也，是以成阴阳。阴阳复相辅也，是以成四时。四时复［相］辅也，是以成寒热。寒热复相辅也，是以成湿燥。湿燥复相辅也，成岁而止”，是第二层。这一层的生成环节已经不需要“反辅太一”了，而是前者“相辅”而成后者。“故岁者，湿燥之所生也。湿燥者，寒热之所生也。寒热者，［四时之所生也］。四时者，阴阳之所［生］也。阴阳者，神明之所生也。神明者，天地之所生也。天地者，太一之所生也”，是第三层。这一层表明前面的“反辅”和“相辅”都是“生”，整个生成过程表现为太一→天地→神明→阴阳→四时→寒热→湿燥→岁。“是故太一藏于水，行于时，周而又［始，以己为］万物母。一缺一盈，以己为万物经。此天之所不能杀，地之所不能埋，阴阳之所不能成”，是第四层。这一层的意思不太好理解，“太一”和“水”的关系比较复杂，但“太一”“行于时，周而又［始，以己为］万物母”，其本原的意义还是十分明确的。

上面的四个层次，从“太一”到“天地”，显然是从本原层面说的。虽然“太一”更加根本，但没有“天地”两股势力的出现，也是很难成就第二层次的“相辅而成”的。这表明《太一生水》的作者完全认同春秋以来“天地生万物”的观念，只是像老子一样，认为“天地”不太根本，“天地”之上还应该有一个更根本的本原罢了。这也从另一个方面说明了这样一个现象，即先秦的哲学家在探讨宇宙生成的时候，虽然在究极的本原上倾向于一元，但在成就万物生成的环节上是必须有二元参与的。这是“阴阳”观念在春秋以来十分受到重视的根本原因。

其实，从“太一”到“天地”，也很难说没有二元生成的色彩，除了“太一”生“水”（“太一”和“水”究竟是什么关系，还很难说清楚），天地的形成都经历了“反辅”的过程。“反辅”说明单纯的一种力量并不能完成下一环节的生成。“辅”，即辅佐。古代天文学有“辅星”，为北斗七星第六颗星（古籍称“开阳”）的伴星。《晋书·天文志》载：“辅星傅乎开阳，所以佐斗成功，丞相之象也。七政星明，其国昌；辅星明，则臣强。”可见，“辅”乃臣职。“水反辅太一”，表明“水”和“太一”不在一个层次上，“太一”为君，“水”为臣。这说明，与“水”和“天地”相比，“太一”的地位更特殊、更根本。不过，虽然更特殊、更根本，但如果没有后者的辅佐，也完成不了下面的环节。这里虽然“反辅”双方的地位是不平等的，但相互作用是绝对不可少的，这一点很值得深思。

与“反辅”不同，“相辅”双方的地位是平等的，“相辅”就是相互作用，实际就是阴阳交感。天地→神明→阴阳→四时→寒热→湿燥，除了“四时”，都是两两相对，其实“四时”也是两两相对，即春秋、冬夏。两两相对，相交相感，相辅相成，这在春秋战国时期应该算是一种“大众哲学”了。可见，《太一生水》的生成思想并没有脱离春秋战国时期思想发展的格局，只是由于一些今天尚未发现的术数的背景，使这套生成论蒙上了一层神秘面纱。

《恒先》是上博简中的一篇，保存较为完整，没有缺简，没有残断，字迹也十分清晰，文本的可信度较高。这篇文献保存了许多独特思想，为研究早期道家思想提供了极为珍贵的材料。

先秦道家比较重视宇宙本原的探讨，《恒先》也不例外。在《恒先》中，“恒先”二字就是用来描述宇宙的究极本原的。与《太一生水》不同，《恒先》先对“恒先”的存在状态进行了描述：

> 恒先无有，朴、静、虚。朴，大朴。静，大静。虚，大虚。自厌不自牣，或作。

这是说，“恒先”没有“有”，它是一种“朴”“静”“虚”的状态。“朴”“静”“虚”都是早期道家的哲学术语，“朴”指“道”的本然未分别，“静”指“道”的本然无做作，“虚”指“道”本然的无自我。《恒先》借用这三个范畴来形容“恒先”，显然把“恒先”看成了与“道”的存在状态相类似的东西。所以，《恒先》又特别解释说：“朴，大朴。静，大静。虚，大虚。”老子曾感叹“道”的无法界定，认为不得已给它一个字号的话，可称之为“大”。这里讲“大朴”“大静”“大虚”，目的是进一步明确，“恒先”的“朴”“静”“虚”不是一般的“朴”“静”“虚”。但为什么称之为“恒先”而不称之为“道”，或者甚至有意避免用“道”这个概念，的确颇令人费解。或许作者认为“道”不可言说，所以用了这样一个“本原”色彩更浓的“恒先”范畴。

《恒先》认为，“恒先”自然而然（“自厌不自牣”），是一种似无而有、似有而无的“虚霏”。

> 有或焉有气，有气焉有有，有有焉有始，有始焉有往者。未有天地，未有作行、出生。虚静为一，若寂寂梦梦。静同而未或萌，未或滋生。

这是说，“恒先”自然而然，而有虚霏，有了虚霏就有了气；有了气，就有了“有”（从后面“未有天地”一语来看，此“有”当指“天地”）；有了“有”就有了开始；有了开始，就有了发展的方向。没有“有”就没有天地，也就没有“始”和“往”，当然也没有萌发和生命。这个时候是既“虚”且“静”，浑浑沌沌，静寂暗昧，没有什么东西“被”滋生。这是《恒先》对“朴”“虚”“静”状态的具体描述。在这里，“未或滋生”，并不是说没有东西生成，而是说没有什么东西是在被主使之下生成的。所以，《恒先》紧接着特别谈到了“气是自生”的话题：

> 气是自生，恒莫生气。气是自生、自作。

“自生”，没有外在的力量使之生，自然而然地生。《恒先》认为，在虚霏之中，“气”是自然而然地出现的，不是“恒”或“恒先”使之出现的。“气”是自然而生、自然开始的。这样，其中“浊气生地，清气生天”，展开了天地万物奇妙的生化历程。《恒先》作者感叹：“气信神哉，云云相生，信盈天地。”意思是说，“气”的确很奇妙，世界万千由此产生，充满了天地。

不难看出，《恒先》在宇宙生成论上的基本思路仍来自《老子》，但对于从“无”到“有”的变化环节，《恒先》给予了较《老子》更为详细的描述，并进一步强调了这个变化过程的自然性，应该算是在老子思想基础上的一种发展。

先秦各家哲学有个共同点，无论讨论道、讨论天，还是讨论宇宙，都是为了给人和社会的合理存在找到一个根据，这就是所谓的“天人”问题。《恒先》基于气的“自生”论，在人事方面提出了“自为”说：“祥义利主，采物出于作。作焉有事，不作无事。”“祥义”，《左传·成公十六年》载：“详以事神，义以建利。”可知二者均与统治者有关。在《恒先》看来，烦琐的礼俗、贪婪诡诈和尊卑高下的等级，都是出于人为，所谓“乱出于人”，因此《恒先》主张“自为”：

> 举天下之为也，无舍也，无与也，而能自为也。

这是说，就治理天下而言，最好是按老百姓的特点自然而为（“自为”），而不要按统治者的意志而为，那样会违背自然之道。因为“天下之作也，无忤恒，无非其所”。“无忤恒”，就是不违反常道；“无非其所”，就是各得其所。这也是强调不要过分彰显自我意志，而应当更多顺应自然法则。可见，《恒先》的“自为”说是老子“无为”说的一种深化，“无为”强调无意志，“自为”强调不干扰，虽侧重点不同，但目的却是一样的。

三、《黄帝四经》

除了竹简材料外，20世纪70年代出土的帛书材料中道家的资料也不少，其中影响最大的当推马王堆帛书《黄帝四经》。《汉书·艺文志》有著录此书，但汉以后就失传了。学者根据对帛书《黄帝四经》的内容、文字、篇章数目等的研究，认定此书成书时期当晚于《老子》，早于《管子》《孟子》《庄子》，它体现了道家学说由老子一派向黄老学派的转变。

《黄帝四经》由《经法》《十大经》《称》《道原》四篇构成，主要是站在君主的立场讨论致治术，内容涉及道法、法术思想，德刑统一，以及虚柔无为之道等。

《十大经·前道》中说：“道有原而无端。”意思是说，“道”有本原，但没有边际。这个本原是什么？《道原》中说：

> 恒先之初，迵同大虚。虚同为一，恒一而止。湿湿梦梦，未有明晦。神微周盈，精静不熙。

这里也出现了“恒先”概念，看来《黄帝四经》的作者是把“恒先”作为“道原”的。这段话是说，“恒先”或“道原”的原始状态是虚霩而没有分别的一体，浑浑沌沌，明暗不分，但却并不死寂，其中有神妙细微的东西到处充塞着。“神微周盈，精静不熙”，有点像老子对“道”之“其中有精，其精甚真”的描述。不过，虽然“神微周盈”，但仍处于“无”的状态：“故未有以，万物莫以。故无有形，大迵无名。”（《道原》）然而，这样一种存在，“天弗能覆，地弗能载”（同上），天不能范围它，地也不能包裹它。这表明，“道”具有极大的普遍性：

> 小以成小，大以成大。盈四海之内，又包其外。在阴不腐，在阳不焦。一度不

变，能适蚑蛲。鸟得而飞，鱼得而游，兽得而走。万物得之以生，百事得之以成。（《道原》）

这是说，“道”不受任何外在形状、性质的限制，可大可小，在阴暗潮湿的地方不腐烂，在阳光曝晒的地方不焦脆，飞禽、动植等万物都靠它而有自己的存在样式，社会人事也都靠着它而得以成就。

一者其号也，虚其舍也，无为其素也，和其用也。是故上道高而不可察也，深而不可测也。显明弗能为名，广大弗能为形。（同上）

“道”的名号是“一”，居所是“虚”，本体是“无为”，大用是“和”。它高不可察，深不可测。它是毋庸置疑的存在，却无法命名；它浩大无边，却无法描述出形状。它“独立不偶，万物莫之能令”（同上），但万物又离不开它。

天地、阴阳、四时、日月、星辰、云气、蚑行、蛲动、戴根之徒，皆取生，道弗为益少；皆反焉，道弗为益多。

“取”，资取。天地、阴阳、四时、日月、星辰、云气，以及飞禽、动植，都靠着资取“道”而获得生存，但“道”并不因此而有损失。上述种种复归于“道”时，“道”也没有任何增加。透过上面的描述，大致可以看出，《黄帝四经》中的“道”既是本原，又是本体，而其本身则是虚静浑沌的“一”。

《黄帝四经》作为早期黄老学的著作，带有明显的“撮名法之要”（《史记·太史公自序》）的特点。这表现在它对道法形名的讨论中。《黄帝四经》第一篇《经法·道法》开篇即说：“道生法。”这里的“法”，主要指社会的法则或法度。这是一个很有特点的命题。“道”是早期道家的核心命题，“法”则法家谈得比较多。这个命题把“道”和“法”结合起来，明显具有兼容道、法的倾向。不少学者甚至认为，《黄帝四经》的思想可以称为“道法家”。

在《黄帝四经》中，“道”是本原、本体，自然、人类社会都离不开它，“故同出冥冥，或以死，或以生；或以败，或以成。祸福同道，莫知其所从生。见知之道，唯虚无有”（《经法·道法》）。即是说，宇宙万物或生或死，或成或败，等等，都是依靠“道”。所谓“万物得之以生，百事得之以成”，社会的法则、法度自然也不例外，所以说“道生法”。在这里，“道生法”的“生”，并不是生成、化生的“生”，而是因之而生的“生”。也就是说，“法”是根据“道”而生。所以，《经法·道法》紧接着说：“故执道者，生法而弗敢犯也。”这是说“法”是“执道者”制定出来的。“执道者”，泛指圣人。是圣人根据“道”而制定了社会的法则：

虚无有，秋毫成之，必有形名。形名立，则黑白之分已。故执道者之观于天下也，无执也，无处也，无为也，无私也。是故天下有事，无不自为形名声号矣。形名已立，声号已建，则无所逃迹匿正矣。（《经法·道法》）

《黄帝四经》认为，靠着对“道”的体察，圣人就能确定事物的形体和名称，并因此而分别是非。所以，圣人能做到不偏执、不居功、不妄为、无私念，并因此而使天下之事都可以在形名确立、名实相符的情况下自然而然地得到治理。在这里，《黄帝四经》特别提到了圣人的“无执”“无处”“无为”“无私”，这是“执道者”即圣人能够“生法”的基本前提。所以，《黄帝四经》紧接着对此进一步申论：

公者明，至明者有功。至正者静，至静者圣。无私者智，至智者为天下稽。（《经法·道法》）

不偏则明，至正则静，无私则智。能做到“明”“静”“智”，就可以成为天下取法的榜样。天下的权衡、斗石、尺寸等的确立，也正是为了“公”，为了“静”（明确），为了“无私”。

由于强调“公”“正”“静”，所以《黄帝四经》特别强调名实的一致性。在《黄帝四经》看来，“秋毫成之，必有形名”，而“形名立，则黑白之分已”。所以，必须审查实体，分别名号。“谨守吾正名，毋失吾恒形。”（《十大经·正乱》）然而，天下的名号何其繁复，如何才能“守正名”？《黄帝四经》提出了“循名复一”的命题：

吾闻天下成法，故曰不多，一言而止。循名复一，民无乱纪。（《十大经·成法》）

“复一”的“一”，就是“道”。这是说，只要循求事物的名而总归于“道”，就可以避免混乱。“一”之所以能“复”，是由于“天下有事，无不自为形名声号矣”（《经法·道法》），也就是说，天下之事无不有其自然之理，循此自然之理，自然就可以驾简驭繁，这叫“形恒自定，是我愈静。事恒自施，是我无为”（《十大经·名刑》）。

《黄帝四经》还讨论了“刑德”问题。“刑德”问题实际是“德治”与“刑治”的关系问题。《黄帝四书》看到了“德”与“刑”的矛盾，但并没有把二者对立起来，而是试图调和二者，调和的依据就是“阴阳”。

几论必以阴阳明大义。天阳地阴，春阳秋阴，夏阳冬阴，昼阳夜阴。大国阳，小国阴；重国阳，轻国阴。有事阳而无事阴，伸者阳而屈者阴。主阳臣阴，上阳下阴。男阳女阴，父阳子阴，兄阳弟阴，长阳少阴，贵阳贱阴，达阳穷阴。娶妇生子阳，有丧阴。制人者阳，制于人者阴。客阳主人阴。师阳役阴。言阳默阴。予阳受阴。诸阳者法天，天贵正；过正曰诡，□□□□祭乃反。诸阴者法地，地之德安徐正静，柔节先定，善予不争。（《称》）

宇宙间的万事万物都有对立面，都逃不脱阴阳。“德”与“刑”是一对矛盾，自然也逃不脱阴阳。《黄帝四经》认为，“刑”“德”二者，“刑阴而德阳”（《十大经·姓争》）：“春夏为德，秋冬为刑。先德后刑以养生。”（《十大经·观》）春夏是生长的季节，所以为阳、为德；秋冬是收藏的季节，所以为阴、为刑。这种观念实际是把“刑”与“德”的根据落实在了天地之道层面。所以，《黄帝四经》特别重视“顺于天”：“是故为人主者，时挃三乐，毋乱民功，毋逆天时。然则五谷溜熟，民乃蕃滋。君臣上下，交得其志。天因而成之。夫并时以养民功，先德后刑，顺于天。”（同上）这里把“先德后刑”上升到“并时以养民功”的高度来认识，不但为“刑德”的合理性找到了基础，也为“刑德”的实施指明了目标。如果“刑德”偏离了这个目标，就会出现严重的后果：

> 其时赢而事绌，阴节复次，地尤复收。正名修刑，蛰虫不出，雪霜复清，孟谷乃肃，此灾乃生，如此者举事将不成。其时绌而事赢，阳节复次，地尤不收。正名弛刑，蛰虫发声，草苴复荣，已阳而又阳，重时而无光，如此者举事将不行。（《十大经·观》）

春夏行秋冬之罚，就会导致秋冬之季的天气再次降临、地气再次收敛、蛰虫不出、霜雪不化等反常现象，乃至出现自然灾害。反之，秋冬行春夏之赏，就会导致春夏之季的天气再次降临、地气不再收敛、蛰虫发声、枯草重荣等反常现象，同样也会出现自然灾害。可见，“刑德”之于天地阴阳是可顺而不可违的。这一方面表明“刑德”的实行有规律可循；一方面又表明实行“刑德”的统治者的权威并非没有边界，超越了边界，将会天理不容。

第三章

儒　　家

儒家是先秦的“显学”之一，创始于孔子。《汉书·艺文志》中说：“儒家者流……游文于六经之中，留意于仁义之际，祖述尧舜，宪章文武，宗师仲尼，以重其言，于道最为高。”这段文字言简意赅地概述了先秦儒家的基本宗旨和思想倾向。先秦儒家的代表人物，除孔、孟、荀外，孔门七十子及其后学的思想面貌，随着近年来相关出土文献的整理，也部分地呈现了出来。所以，本章分五节分别讨论孔子、孔门七十子及其后学、孟子、《易传》以及荀子的哲学思想。

第一节　孔子

孔子（公元前551—前479），名丘，字仲尼。孔子的祖先是宋国贵族，后在鲁国陬邑（今山东曲阜东南）定居。孔子早年做过管理仓库、畜牧的小吏。因为是贵族后代，通晓礼仪，所以一度从事丧葬赞礼的“儒”的职业，中年开始讲学，快到晚年时，做过鲁国的司寇，但时间不长，约有三个月便去职。孔子曾两次周游列国，宣扬他的思想主张，但得不到重用。晚年回鲁国，删《诗》《书》，定《礼》《乐》，作《春秋》，讲《周易》，致力于文化典籍的整理工作，对三代正统文化的弘扬、传播和发展做出了重要贡献。

孔子生当“礼坏乐崩”、社会动荡的春秋末年，所以对“礼”十分重视。不过与一般混饭吃的“儒”有所不同，孔子对礼学发展的历史下过大功夫，他推崇周礼，反思并研究了“礼”的本质，由此发展出了仁学思想。孔子晚年又致力于对《周易》的研究，并对天命及天人之学进行了深入的探讨。孔子的言论由他的弟子及再传弟子记载下来，编为《论语》一书，此书是研究孔子思想的直接材料。另外，先秦及秦汉的一些典籍中也大量记载了孔子的言论，近年来的出土文献中也有不少关于孔子的记载，这些都是研究孔子思想的相当重要的资料。

一、礼学

孔子是众所周知的春秋末期的礼学大师，三十岁就因对礼的研究而在社会上享有盛名，一些贵族甚至派子弟跟从孔子学礼。

孔子曾对礼学发展的历史下过一番苦功夫，孔子研究发现，三代礼制的发展有一个规律。他说：

> 殷因于夏礼，所损益，可知也；周因于殷礼，所损益，可知也；其或继周者，虽百世可知也。（《论语·为政》）

孔子认为，礼学发展的规律就是因、损、益。周礼是因循夏殷之礼并有所损益而来，综合了二者的长处，所以孔子的政治理想是“周监于二代，郁郁乎文哉，吾从周”（《八佾》）。《论语》中谈礼的话凡七十五条，有不少与提倡和维护周礼有关。例如，祭神之礼过去是天子、诸侯、大夫、士各有祭祀的范围，不允许人们乱祭。春秋时期发生祭祀不按等级的现象，对此，孔子是反对的。他说：“非其鬼而祭之，谄也。”（《为政》）又如，“告朔”是古代的一种礼制，指每年秋冬之交，周天子把第二年的历书颁给诸侯。历书的内容包括这一年有无闰月，每月的初一（即朔）是哪一天，因之叫“颁告朔”。诸侯接受了这一历书，藏于祖庙，每逢初一，便杀一只活羊祭于庙，然后回到朝廷听政。春秋末期，礼坏乐崩，许多诸侯并不按传统规矩办事，孔子的学生子贡甚至连杀一只活羊的礼俗也要免掉，于是遭到了孔子的嘲讽。（《八佾》）又如，三年守丧之礼也是周礼中的一项规定，孔子的弟子宰我认为“三年之丧，期已久矣。君子三年不为礼，礼必坏；三年不为乐，乐必崩”，因而指出“旧谷既没，新谷既升，钻遂改火，期可已矣”，孔子对宰我的观点颇为不满，斥之为“不仁”（《阳货》）。

上面所述违背周礼的现象，孔子只是表示了不满。对于另外一些违背周礼的现象，孔子则表示了愤慨：“八佾舞于庭，是可忍也，孰不可忍也？”（《八佾》）“八佾”是古代天子特用的一种音乐舞蹈形式，仅有用四佾资格的鲁大夫季氏竟然在自己的庭院中演奏八佾之舞，孔子认为，这简直不像话到了极点。

以上这些例子都是孔子维护周礼的证明，足见他是十分尊重传统的。不仅如此，为了克服这种非礼行为，孔子还提出了一套“正名”的对治方法：“名不正，则言不顺；言不顺，则事不成；事不成，则礼乐不兴；礼乐不兴，则刑罚不中；刑罚不中，则民无所措手足。故君子名之必可言也，言之必可行也。君子于其言，无所苟而已矣。”（《子路》）“正名”，就是正名分。孔子认为，正名分是很重要的，名分不正，人们就无法用语言指谓它，刑罚也就无法兴起，老百姓就会茫然不知所措。如何正名？孔子的方法是“君君，臣臣，父父，子子”（《颜渊》）。

可见，所谓正名就是正等级，你在哪个等级上，就应该有与那个等级相称的名。不然，如季氏本在鲁大夫的等级上，却用天子一级的乐舞，就是名不正。

孔子对周礼也并不是一味采取顽固保守的态度，他是钻研过礼学史的人，深知“损益”的道理，对于周礼某些方面的变革他还是赞成的。《论语》载：

子曰：“麻冕，礼也；今也纯，俭。吾从众。拜下，礼也；今拜乎上，泰也。虽违众，吾从下。”（《子罕》）

“麻冕”是一种礼帽。按照传统的礼制，这种帽子当用麻布料织成，但在孔子生活的时代，人们开始用丝料，因为这样较为节俭。孔子认为这种做法可以接受。“拜下”，指臣子对君主的行礼方式，是先在堂下磕头，然后升堂再磕头。孔子生活的时代有不少人免去了堂下的磕头，直接升堂磕头。孔子认为这是不能接受的，即使违反时兴的做法，他也要照老规矩办。可见，孔子对周礼的变通是有一定标准的，这就是，只要不违反等级制度，做些修改也未尝不可，但若违反了等级制度，那就坚决不予服从。这说明孔子对待周礼的态度仍遵从了“尊尊亲亲”原则。

孔子在举贤才以及君臣关系方面也有不少新的认识。例如，他认为出身贫贱的学生仲弓“可使南面”（《雍也》），这是与宗法制中的世卿世禄制相矛盾的。又如，孔子说：“邦有道，谷；邦无道，谷，耻也。”（《宪问》）意思是，国家有道时可以做官拿俸禄，但国家无道时还做官拿俸禄，就是耻辱。孟子因此称他为“可以仕则仕，可以止则止”（《孟子·公孙丑上》）的圣之时者。这种观点与传统的礼学也不一致，反映了孔子礼学的时代特色。

孔子礼学的突出特点是他对礼的本质的论述和纳仁于礼。《八佾》中载林放问礼的本质，孔子回答说：

大哉问！礼，与其奢也，宁俭；丧，与其易也，宁戚。

孔子认为，就一般的礼而言，与其铺张浪费，宁可朴素俭约；就丧礼而言，与其仪文周到，宁可心中悲伤。可见，孔子是不太重视表面的礼仪形式的。这说明，在孔子这里，礼的本质并不是礼的具体操作形式，而是礼所要达到的目的。如果局限于形式，就不符合礼的本来意义了。所以，孔子说：“礼云礼云，玉帛云乎哉？乐云乐云，钟鼓云乎哉？”（《阳货》）基于这种认识，孔子提出了“绘事后素”的观点：

子夏问曰：“‘巧笑倩兮，美目盼兮，素以为绚兮’，何谓也？”子曰：“绘事后素。”曰：“礼后乎？”子曰：“起予者商也。始可与言《诗》已矣。”（《八佾》）

“巧笑倩兮，美目盼兮，素以为绚兮”引自《诗经·卫风·硕人》，本义是漂亮的脸笑起来多么美，黑白分明的眼睛流转得多么媚，洁白的底子上画着花卉。孔子把这几句诗理解为“绘事后素”。“绘事”指作画，“素”指白色的底子，意指绘画要以白色的底子为基础。子夏由此悟出“礼后”的道理，得到了孔子的肯定，说明礼作为一种仪式，是有它的前提和基础的。对于二者的关系，孔子常常用“质”与“文”这对范畴来解释：“质胜文则野，文胜质则史。文质彬彬，然后君子。”（《雍也》）孔子认为，朴实的方面表现得太多，没有礼仪文采修饰，就未免显得粗野；礼仪文采的方面表现得太多，没有朴实的基础，就未免显得虚浮；只有把二者合理地结合起来，才能成为君子。孔子提出礼的本质和礼的形式及二者的统一问题，是有其合理性的。

沿着上述思路，孔子对传统礼学进行了深刻的加工，这就是纳仁于礼。《颜渊》篇载颜渊问仁，孔子答说：

> 克己复礼为仁。一日克己复礼，天下归仁焉。为仁由己，而由人乎哉！

《论语》中八载弟子问仁，孔子的回答均是对症救偏之词。颜渊在孔门弟子中最为出色，居陋巷，箪食瓢饮，不改其乐。孔子称他“三月不违仁”（《雍也》），可以说在“质”的方面是没有什么问题的。但孔子怕他质多文寡，所以叫他从“非礼勿视，非礼勿听，非礼勿言，非礼勿动”（《颜渊》）这四个方面下功夫，以达到质与文的内在统一。在这里，孔子实际解决了两个问题，即把什么作为礼的本质的问题和为礼的自觉性问题。孔子认为，礼的本质就是仁。在前引林放问礼的本质的对话中，孔子曾说“丧，与其易也，宁戚”。“戚”者，悲伤之义。丧葬中的悲伤发乎亲亲之情和爱人之心。在丧礼中，孔子认为与其仪式周到，不如确实打心底里悲伤，说明礼节仪式不如亲亲之情和仁爱之心重要。亲亲之情是宗法血缘的必然产物，但如果人们都一味地拘泥于亲亲之情，那社会就将不成其为社会。所以，必须由礼来调和它，节制它。礼是用来让人们以合理的方式抒发亲情的一种节文，它的基础是血缘亲情，它的产生是由于血缘亲情的厚薄远近关系等，用“绘事后素”和“文质彬彬”的说法，血缘亲情是素，是质，调和它的礼是绚、是文。孔子说：“人而不仁如礼何”（《八佾》），讲的就是文而无质。文而无质，文就成了空洞的文；礼而不仁，礼就成了形式的礼。

由于仁是礼的本质，而“为仁由己”，所以礼的自觉性问题就不言而喻了。这就是孔子把礼的本质与礼的自觉性统一于仁的妙用。既解决了人的行为的根据，又解决了人的行为的动力。人们只要在这两个方面勤下功夫，因于仁而合于礼，就能在社会上站稳脚跟，这是孔子仁学的最终目的“立”人，正所谓“不学礼，无以立”（《季氏》），“兴于诗，立于礼，成于学”（《泰伯》），“不知礼，无以立也”（《尧曰》）。

孔子纳仁于礼，把礼与仁结合起来，也就是把礼的价值与人的价值统一起来了。因此，孔子的礼学实际是要人以正当的名分在社会上找到合理的位置，从而与社会和谐一致。从这个意义上说，仁与礼的统一也是人与社群的统一。

二、仁学

仁学是孔子思想的核心，内容十分丰富，既涉及仁的本原，又涉及仁的内涵，还涉及仁的境界，等等。孔子的仁学有一个逻辑起点，就是孝悌。《论语》载：

> 其为人也孝弟，而好犯上者，鲜矣；不好犯上，而好作乱者，未之有也。君子务本，本立而道生。孝弟也者，其为仁之本与！（《学而》）

这段话是小孔子四十三岁的有子说的，但基本反映了孔子的思想，主要讲“仁”的根本是孝顺父母、敬爱兄长。这里有两点值得注意：其一，孝悌的人不会犯上作乱；其二，孝悌是“仁”的根本。这种思想的形成与西周宗法制有关。宗法制即嫡长子继承制，这一制度在殷商晚期已见端倪，到西周时已发展得十分完善。按照这种制度，王死后，他的权力由嫡长子继承，庶子则分以“土田附庸”，另立为宗。通过这种干上生枝、枝上又分枝的办法，从天子到同姓诸侯，诸侯到卿大夫，卿大夫到士，士到庶人，统统都用血缘纽带连接起来。经过这样的层层分封，便形成了“王及公、侯、伯、子、男、甸、采卫、大夫各居其列”（《左传·襄公十五年》），“王臣公，公臣大夫，大夫臣士”（《左传·昭公七年》）的等级制度。这种严密的宗法等级制度在春秋时期依然受到维护。不难想象，在这样一个以血缘纽带为基础的、等级严密的社会中，孝悌的作用将会有多大。君臣既可能是父子关系，又可能是长幼关系，还可能是大小宗的关系。一个人如果在孝悌方面做得很出色，那么是绝不会犯上作乱的。

孔子大力倡导仁，就是要人们既“笃于亲”（《泰伯》），又“克己复礼”（《颜渊》）。“笃于亲”就是用深厚的情感对待亲族。这是指宗法等级关系中的血缘亲情。孔子认为，君子只要把这种血缘亲情发挥好，老百姓就会兴起仁德，过本分的日子。

孝悌是仁学的逻辑起点，还是仁学逻辑展开的依据。孔子仁学的主要内容“爱人”就是由孝悌推衍出来的。《论语》载：

> 樊迟问仁。子曰：“爱人。”（同上）

这是《论语》中一段很著名的记载，不少人据此认为“爱人”是孔子给仁下的定义。这种看法颇有局限性。“爱人”是孔子仁学逻辑的必然结论，是“仁之本”的推衍与泛化。具体地说，它是从血缘亲情中外化出来的一种认识，用孟子的话说就是“老吾老以及人之老，幼吾幼以及人之幼”（《孟子·梁惠王上》）。因此，这种爱是“差等之爱”，“亲亲之杀”，它的具体运作方法是“推己及人”。《论语》载：

> 子曰：“……夫仁者，己欲立而立人，己欲达而达人。能近取譬，可谓仁之方也已。”（《雍也》）

“能近取譬”，指人能从自己身上取譬相喻。孔子认为，自己想要有所立，也帮助别人立，自己想要通达，也帮助别人通达，就是仁。立人和达人的前提是己立己达。从己立己达这个前提推衍开去，就是立人达人——爱人。在这里，“己”的提出十分重要。它表明这种爱人的行为与“父慈子孝，兄友弟恭”的行为是不一样的，后者出于对血缘亲情的认同，必须如此，前者则基于一种人类亲情的泛化即同情心而自觉自愿，即“己欲”。“仲弓问仁，子曰：……己所不欲，勿施于人。”（《颜渊》）在孔子看来，自己想立想达的同时也想到别人，是仁；自己不想要什么的同时也不强加给别人，同样是仁。这是说，“己欲”也好，“己所不欲”也好，只要是由己推出的，就是对人的爱。很显然，这种爱与对父母兄弟的爱是不同的。我们没有见孔子说过对父母想孝就孝，不想孝就不孝，对兄长想悌就悌，不想悌就不悌的话，在这个方面是不存在“己欲”和“己所不欲”的问题的，只有一条途径，没有选择余地，那就是“弟子入则孝，出则弟”（《学而》）。对于不存在这种关系的人则不然，在“己欲”和“己所不欲”的两极之间存在着多条途径供人选择，既可以积极主动地凭着良好的意愿帮助别人，也可以本本分分地不伤害任何人。这表明孔子的“爱人”是随着血缘关系的变化而有所区别的，而其中对父母的爱高于一切。《论语》载：

> 叶公语孔子曰：“吾党有直躬者，其父攘羊，而子证之。”孔子曰：“吾党之直者异于是，父为子隐，子为父隐，直在其中矣。”（《子路》）

叶公一党的人，其坦白直率表现为父亲偷了羊，儿子可以告发。孔子一党的人，其坦白直率的表现是父亲替儿子隐瞒，儿子替父亲隐瞒。父子互相隐瞒，无疑是基于“父慈子孝”的血缘之爱。

孔子虽然提倡“差等之爱”，但照他的仁学逻辑推下去，这种爱也会施及一般的老百姓，只不过推得越远，爱的程度越轻罢了。《论语》载：

> 道千乘之国，敬事而信，节用而爱人，使民以时。（《学而》）
> 弟子入则孝，出则弟，谨而信，泛爱众，而亲仁。（同上）

这里所说的“爱人”“泛爱众”，是包括一般老百姓的。孔子提倡省刑罚、薄税敛，也反映了对一般百姓的爱。“季氏富于周公，而求也为之聚敛而附益之。子曰：‘非吾徒也。小子鸣鼓而攻之，可也。’”（《先进》）“子曰：‘道之以政，齐之以刑，民免而无耻；道之以德，齐之以礼，有耻且格。’”（《为政》）孔子不能容忍他的学生帮助季氏聚敛财富，也反对统治者用重刑高压老百姓，这些都表现了仁所包含的“泛爱”特质。

孔子的爱人是有差等的，差等的标准就是礼，礼是孔子仁学逻辑遵循的准则。通观《论语》，孔子对仁的论述十分宽泛，有的学者因此而称仁是诸德的总称。《论语》载：

> 里仁为美。择不处仁，焉得知？（《里仁》）
> 君子以文会友，以友辅仁。（《颜渊》）
> 人之过也，各于其党。观过，斯知仁矣。（《里仁》）
> 巧言令色，鲜矣仁。（《学而》）
> 刚毅木讷近仁。（《子路》）
> 仁者其言也讱。（《颜渊》）

孔子这些话有的涉及交友，有的涉及找邻居，有的涉及说话，等等，可谓各有侧重。比较著名的还有下面这句话：

> 颜渊问仁。子曰：“克己复礼为仁。”（同上）

这句话又见于《左传·昭公十二年》：“仲尼曰：古也有志，克己复礼，仁也。”可见，仁不是孔子的发明，但孔子高度认可。“克己”，指一种修养功夫，既包括克制自己的私欲，又包括提高自己的理性思维能力。在以血缘情感为基础的宗法等级制中，人与人兼相爱是不可能的，但过分自私也无法维护这种制度的存在。因此，必须既要亲其亲，又不要独亲其亲，在情感与等级之间达到一种平衡与和谐。宗法制中的礼就是法，但法只是一种外在制约，要想从主观上产生一种与外在制约相统一的力量，就必须采取“克己”的修养方法，使人们对自己的私情能从理性的角度予以反思和规范，进而把它引导到一个合理的方向（如推己及人）。所以，仁既是从血缘情感中彰显出来的一种爱力，又是一种防止这种爱力无边际地扩散而违背宗法体制的主体自觉的力量（为仁由己）。因此，孔子论仁要以礼为标准，以复礼为目的。这既是孔子仁学的一大特色，又是孔子对礼学的重大发展。孔子指出：“知及之，仁能守之，庄以莅之，动之不以礼，未善也。”（《卫灵公》）可见，仁是离不开礼的。

孔子在世时以学问闻名于世，被弟子尊为圣人。子贡说："学不厌，智也；教不倦，仁也。仁且智，夫子既圣矣。"(《孟子·公孙丑上》) 但孔子却从来不认为自己做到了仁。他说："若圣与仁，则吾岂敢？抑为之不厌，诲人不倦，则可谓云尔已矣。"(《述而》) 这一方面表明孔子十分谦虚，另一方面也说明他对仁的体认较之他在答弟子问中的说法有更深层的意义。

《论语》中有几段孔子论仁的记载，可以说明孔子仁学的深层内涵：

> 子曰："不仁者不可以久处约，不可以长处乐。仁者安仁，知者利仁。"(《里仁》)
>
> 子曰："知者乐水，仁者乐山；知者动，仁者静。知者乐，仁者寿。"(《雍也》)

"仁者安仁""仁者乐山""仁者静""仁者寿"，这些话中的"仁"字表现了同一层次的意义。人为什么能乐、能静、能安？《子罕》篇载孔子的话说"仁者不忧"，只有没有忧虑，人才可以长处乐，才可以安仁而静。那么，孔子有忧吗？孔子说："天生德于予，桓魋其如予何？"(《述而》)"文王既没，文不在兹乎？天之将丧斯文也，后死者不得与于斯文也；天之未丧斯文也，匡人其如予何？"(《子罕》) 孔子在困于蔡、畏于匡，生命受到威胁的时候，以禀天命、继周德者自居，满怀信念，临危不乱，没有忧惧，足见他的自信。然而，孔子真的就一点忧虑也没有吗？孔子说："民之于仁也，甚于水火。水火，吾见蹈而死者矣，未见蹈仁而死者也。"(《卫灵公》)"甚矣吾衰也！久矣吾不复梦见周公。"(《述而》) 看到百姓不能行仁，他便十分着急：有好长一段时间睡觉梦不到周公，他便发出了悲叹。这说明孔子也是有所忧的。孔子既不忧又忧，这一矛盾恰恰体现了孔子的精神。他所不忧的是他对信念的执着，对传统文化的认同，对自我价值（天生之德）的肯定，所以在生命受到威胁的时刻，他能表现出"仁者必有勇"(《宪问》)、"杀身以成仁"(《卫灵公》)、"匹夫不可夺志"(《子罕》) 的超人气概；他所忧的是他信仰的东西在现实社会中得不到实施，即"道之不行"(《微子》)。

孔子是一个极易投入的人，他在齐国听到《韶》乐，竟然美得"三月不知肉味"，感叹"不图为乐之至于斯也"(《述而》)。其实，这又何尝不是孔子对人生境界的一种联想体认！孔子说："饭疏食饮水，曲肱而枕之，乐亦在其中矣。"(同上) 如果说"三月不知肉味"是孔子对纯粹艺术美的身心投入，那么"饭疏食饮水，曲肱而枕之"则是他对美与善的合一在人身上所体现出的富贵不淫、贫贱不移、威武不屈的高尚品质的赞扬。因此，也可以说，孔子所谓的"静""寿"是一种境界，一种美的境界、善的境界、美与善合一的境界。这种境界是靠自己（"己"）高尚、完美的人格体现出来的。"为己之学""为仁由己"中的"己"大概就是指这种自我的完善与完美吧。

三、知命说

"知命"或"知天命"说也是孔子思想的重要组成部分之一。"命"或"天命"概念源于西周以来的传统天命论，不过孔子对它进行了改造；"知"则源于孔子对主体自觉的独特认识。把"知"与"命"或"天命"有机地联结起来，构成了孔子天命观的主要特色。

孔子所谓的"天命"，有别于西周时期那种能发号施令，人们可以用德取悦于它

（以德配天）的、有人格的至上神的命令，而主要指不能说话［“天何言哉”（《阳货》）］，人又无法改变的运命。《论语》载：

> 伯牛有疾，子问之，自牖执其手，曰：“亡之，命矣夫！斯人也而有斯疾也！斯人也而有斯疾也！”（《雍也》）

伯牛，孔子弟子，姓冉，名耕。他得了不治之症，孔子很感慨，却又无可奈何。他无法理解这样一位有德行的人竟会得这样的不治之症。于是，他把这一切归结为命。这与颜渊死后孔子悲痛地说“天丧予！天丧予！”（《先进》）一样，是对命运发出的一种抱怨。

孔子说“命”，不限于人的生死寿夭，有时还论及社会政治。《论语》载：

> 公伯寮诉子路于季孙。子服景伯以告，曰：“夫子固有惑志于公伯寮，吾力犹能肆诸市朝。”子曰：“道之将行也与？命也；道之将废也与？命也。公伯寮其如命何！”（《宪问》）

孔子认为，自己的主张若能实现，那是由于命运；自己的主张若不能实现，那也是由于命运。可见，在孔子这里，人只能受命的左右，而无力干涉命，自然也没有办法取悦于命。不过，孔子并没有就此止步，在命与人之间，孔子更强调人的主体能动作用，即“修己”，并在此基础上主张“知天命”。孔子是十分强调“己”的，例如：“子路问君子。子曰：‘修己以敬。’曰：‘如斯而已乎？’曰：‘修己以安人。’曰：‘如斯而已乎？’曰：‘修己以安百姓。修己以安百姓，尧舜其犹病诸。’”（《宪问》）“修己”，即修养自己的德行。孔子认为，这是成就君子人格及事业的根本途径。又如：“子曰：‘君子求诸己，小人求诸人。’”（《卫灵公》）“求诸己”，即求之于自身。是在自己身上下功夫，还是在别人身上找借口，是孔子区分君子与小人的标准之一。如前所述，对“己”的强调是孔子礼学、仁学的理论出发点之一，而对于天命，孔子呼吁人们在“知”上下功夫，也恰恰体现了对“己”的重视。

孔子重视“己”，强调“克己”“修己”“反求诸己”，所以他并没有停留在对命运的哀叹上，而是提出了“知命”“知天命”的命题，并把这种“知”作为人生修养和人生自觉的一个重要步骤，从而统一了主体自觉与命运支配的关系。《论语》载：

> 子曰：“吾十有五而志于学，三十而立，四十而不惑，五十而知天命，六十而耳顺，七十而从心所欲不逾矩。”（《为政》）
>
> 孔子曰：“君子有三畏：畏天命，畏大人，畏圣人之言。小人不知天命而不畏也，狎大人，侮圣人之言。”（《季氏》）
>
> 子曰：“不知命，无以为君子也。”（《尧曰》）

“知命”，就是知道自己的命运。人们虽然左右不了命，但却可以认知它，并在认知的基础上化消极为积极，变被动为主动。在此，“知”是主体的功夫，“命”是外在的必然。“知天命”或“知命”，是透过“知”把传统天命论中的“德”与“天”的关系转化为了“知”与“命”的关系。这样，孔子一方面避免了传统天命论中的德命一致论，另一方面也避免了宿命论，同时由于强调对天命的体知，还避免了天人两分现象的出现。孔子所谓的“下学而上达”（《宪问》），大概就是这样的“知天命”的思路。

基于这样一种命运体知观，在现实生活中，孔子对于生死、对于自己的人生理想等均表现出了非常理性的态度。例如，孔子曾说“死生由命”，可在有人同他讨论死的问题时，他却说“未知生，焉知死？”（《先进》）。在他看来，人活着就要尽自己的本分，为父则慈，为子则孝，为弟则悌，把这生的时光完完满满地充实起来。从这个意义上也可以说，孔子所谓的知天命实际是要知自己。《论语》中有一则记载，很能说明问题：

樊迟请学稼。子曰：“吾不如老农。”请学为圃。曰：“吾不如老圃。”樊迟出。子曰：“小人哉，樊须也！上好礼，则民莫敢不敬；上好义，则民莫敢不服；上好信，则民莫敢不用情。夫如是，则四方之民襁负其子而至矣，焉用稼？”（《子路》）

在这段对话中，孔子明确地告诉樊迟，在种地和园艺方面他不如老农、老圃。孔子丝毫也不因此而认为自己缺少什么，反而斥责想在这些方面获得知识的樊迟为“小人”。因为在孔子看来，“天生德于予”（《述而》），不是叫他学种地、学园艺的，他的任务是在社会上提倡礼教、宣传仁学。所以，在有人问孔子为什么不从政时，孔子理直气壮地说：“《书》云：‘孝乎惟孝，友于兄弟，施于有政。’是亦为政，奚其为为政？”（《为政》）他课徒授业，正是要达到这个目的。樊迟向孔子问种地、园艺的事，是不知道孔子的这层天命自觉。

四、中庸说

在孔子的思想体系中，有一个既带有方法论性质又带有本体论性质的概念，就是“中庸”。孔子“中庸”思想的逻辑起点是传统的“尚中”观念。从《论语》及相关典籍中不难看出，“中”是孔子品评人物、选才交友的标准之一，也是其自我修养的行为准则。《论语》载：

子贡问：“师与商也孰贤？”子曰：“师也过，商也不及。”曰：“然则师愈与？”子曰：“过犹不及。”（《先进》）

子张和子夏都是孔子的弟子，子贡问孔子，子张和子夏谁更强一些，孔子评价说：“子张有些过，子夏有些赶不上。”子贡以为子张“有些过”自然要比“有些赶不上”的子夏强一些，孰料孔子的回答却是：“过和赶不上同样不好”。在这里，孔子衡量弟子孰优孰劣的标准是“中”，即“无过无不及”。《论语》载：

子曰：“不得中行而与之，必也狂狷乎！狂者进取，狷者有所不为也。”（《子路》）

“中行”，即中道之人。孔子认为，不能与合乎中道的人交往，不得已而求其次，也一定要交到激进的人或狷介的人。因为激进的人一意向前，狷介的人不肯做坏事。可见，孔子选才或交友的理想标准也是“中”，不得已才求其次。

以“中”为标准，孔子常常告诫人们思想、行为要合乎中道。例如，孔子说：“好勇疾贫，乱也。人而不仁，疾之已甚，乱也。”（《泰伯》）在孔子看来，好勇而不安分，或讨厌不仁之人而使之无所容，都必然生乱，因为这不合乎中道之行。有鉴于此，孔子十分推崇“中庸”之德：“子曰：‘中庸之为德也，其至矣乎！民鲜久矣。’”（《雍也》）

从孔子的赞扬（“其至矣乎”）和惋惜（“民鲜久矣”）中不难看出，在孔子心目中中庸之德是何其完美。

事实上孔子本人也正是以“中”作为自己的思想方法和行为准则的，他说：“吾有知乎哉？无知也。有鄙夫问于我，空空如也，我叩其两端而竭焉。”（《子罕》）“叩其两端”是孔子在认识事物、获取知识、解疑释惑的过程中体会到的一种思想方法，此种方法的核心即为“用其中”（《中庸》）。就道德修养和行为修养的层面说，孔子“用其中”的具体体现是：“子绝四：毋意，毋必，毋固，毋我。”（《子罕》）“毋意”，不凭空揣测；“毋必”，不绝对肯定；“毋固”，不拘泥固执；“毋我”，不唯我独是。“子绝四”，指孔子没有“意”“必”“固”“我”四种毛病。在这里，“四毋”的核心仍是“中”。这种思维观念、行为原则，或许可以谓之“允执其中”（《尧曰》）。这说明对传统文化持“因、损、益”态度的理性主义大师孔子，对传统“尚中”观念是持完全赞成态度的。

如果说“尚中”是传统观念，为孔子所继承并成为其“中庸”思想的逻辑起点，那么“时中”则是孔子对传统“尚中”观念的丰富和发展，是其“中庸”思想的逻辑展开。孔子一向重视“时”，如他说“道千乘之国，敬事而信，节用而爱人，使民以时”（《学而》），强调“时”对于治理国家的重要。不但治国，就连说话，孔子也是“时然后言”（《宪问》），并主张“言不当其时则闭慎而观”（《帛书易传·衷》）。不但说话，就连看到飞鸟，孔子也不免发出“时哉！时哉！”之叹：“色斯举矣，翔而后集。曰：‘山梁雌雉，时哉！时哉！’”（《乡党》）因此，孔子特别强调“君子务时”（《帛书易传·二三子》）。

孔子的贡献在于将“时”与“中”联系起来，形成了“时中”观念。《中庸》载：

> 仲尼曰：“君子中庸，小人反中庸。君子之中庸也，君子而时中；小人之中庸也，小人而无忌惮也。”

“时中”，即“随时以处中”（朱熹：《中庸章句》），用《论语》所记孔子的话说就是“无可无不可”：“逸民：伯夷、叔齐、虞仲、夷逸、朱张、柳下惠、少连。子曰：‘不降其志，不辱其身，伯夷、叔齐与！’……我则异于是，无可无不可。’”（《微子》）不动摇自己的意志，不辱没自己的身份，这是伯夷、叔齐的特点。而孔子认为自己与他们不同，乃是“无可无不可”。

孔子的“无可无不可”或“时中”观念，还可以从下面几则材料中体现出来：

> 子谓南容，“邦有道，不废；邦无道，免于刑戮”。以其兄之子妻之。（《公冶长》）
>
> 子曰：“甯武子邦有道则知，邦无道则愚。其知可及也，其愚不可及也。”（同上）
>
> 子曰：“……君子哉蘧伯玉！邦有道，则仕；邦无道，则可卷而怀之。”（《卫灵公》）

上面提到的三个人物，他们的具体境况虽有不同，但却有一个共同点，就是都能“识时务”，虽然主要表现在政治方面，但也算是“随时以处中”。由此不难看出，孔子因应时变，或见或隐，或贫或富，其准则在“时”，所以孔子强调“君子而时中”。孔子晚年对

《周易》情有独钟，在研究《周易》的过程中对“时中”问题有了更深刻的体会。在相传为孔子所作的《易传》中，“时中”的观念十分突出。“时中”就是因时而变，这种“变”，并非没有标准，其标准就是“礼”，“礼”是孔子中庸思想的规范原则。孔子说：“君子之于天下也，无适也，无莫也，义之与比。”（《里仁》）“无适”“无莫”就是“无可无不可”。然而，“无可无不可”要服从“礼”的约束，这也正是孔子所说的“礼乎礼！夫礼所以制中也”（《礼记·仲尼燕居》）。

在《论语》中，有不少材料反映了“中庸”与“礼”的关系。如：

> 恭而无礼则劳，慎而无礼则葸，勇而无礼则乱，直而无礼则绞。（《泰伯》）

恭敬、谨慎、勇敢、直率，本来都属于人的好品德，但孔子认为，如果发挥不当，或不用“礼”来约束，结果往往适得其反。很明显，“礼”是成就人之恭敬、谨慎、勇敢、直率四德而使之适中的规范原则。又如：

> 君子博学于文，约之以礼，亦可以弗畔矣夫。（《雍也》）

“博学”是孔子提倡的一种学习态度。孔子说“君子不器”（《为政》），即君子不应当像器皿一样只有一种用处。而如果想有多种用处，无疑需要博学。但孔子同时又强调“博学”不能走极端，必须“约之以礼”，认为只有这样才能保证不离经叛道。

孔子特别重视“礼”在“中庸”中的意义和作用，要求“君子之行也，度于礼”（《左传·哀公十一年》）。“度于礼”，即“就有道而正焉”（《学而》）。从这个意义上说，合于礼就是“正”。孔子很强调“正”，他说：“其身正，不令而行；其身不正，虽令不从”，“苟正其身矣，于从政乎何有？不能正其身，如正人何？”（《子路》）“身正”，就是行为合于礼。由“正身”，孔子进一步提出了“正名”的主张，即：“君君，臣臣，父父，子子”（《颜渊》）也就是要以礼为规范，衡量人们的等级名分，以使人们的等级与其名分相当。名分相当，就合乎礼，也就是“正”。其实，“正身”也好，“正名”也好，实质都是“以礼制中”。可以说，孔子讲“中”，其尺度就是“礼”，而讲“礼”，也是为了达到“中”。

从“中”的层面理解“礼”，则“礼”的实质可以谓之“和”。“和”也是先民十分重视的观念之一。孔子很注意体会“和”的价值与意义。他说：“君子和而不同，小人同而不和。”（《子路》）“和而不同”，就是求同存异，恰到好处。从这个意义上说，“中”与“和”在本质上是相通的。孔子说：

> 政宽则民慢，慢则纠之以猛。猛则民残，残则施之以宽。宽以济猛，猛以济宽，政是以和。（《左传·昭公二十年》）

这是孔子评论郑国著名政治家子产的“临终遗言”时说的一段话。据《左传》记载，子产临死前曾告诉他的接班人子大叔，为政的关键在于针对不同的对象，或宽或猛，宽猛适中。（同上）孔子称这种宽猛相济所达到的适中状态为“和”，并引《诗经》“不竞不絿，不刚不柔。布政优优，百禄是遒”的诗句，称赞子产的为政之道是“和之至也”（同上）。

关于“为政”，孔子还说：“为政以德，譬如北辰，居其所而众星共之。”（《为政》）

“北辰”，即与地球自转轴正相对的天球北极，在地球自转和公转所反映出来的恒星周日与周年视运动中，天球北极是不动的，其他恒星则绕之旋转，古人称北辰为“天枢”。孔子认为，统治者以德治国，就会使自己像北极星一样，别的星辰都围绕着它运动。可见，“德政”所体现出来的和谐，犹如天体运行之和谐，自然而然。也许正是基于这层体认，孔子曾对其弟子子贡说“予欲无言”，就是不想说话了，原因是：“天何言哉？四时行焉，百物生焉，天何言哉？”（《阳货》）不难想象，孔子在说这段话时对天人和谐的感受是何等强烈。

孔子是一位音乐大师，其音乐欣赏水平之高，常人难以企及。他在齐国听到《韶》乐，竟很长时间尝不出肉味。这种境界的获得，与他对天人中和之美的独特体认不无关系。孔子对音乐作品的评价也常常以中和之美为原则，如他评价《关雎》说：“关雎，乐而不淫，哀而不伤。”（《八佾》）孔子在听到鲁国太师挚演奏该乐时，感觉满耳朵都是音乐：“师挚之始，关雎之乱，洋洋乎！盈耳哉。”（《泰伯》）

生活中的孔子，“温而厉，威而不猛，恭而安”（《述而》），即温和而严厉，有威仪而不凶猛，庄严而安详。“子之燕居，申申如也，夭夭如也”（同上），孔子在家闲居，很整齐，很和乐而舒展。这大概就是圣人的中和之象吧。这种气象看似平常，却体现了“天下之大本”“天下之达道”（《中庸》），所以“仰之弥高，钻之弥坚。瞻之在前，忽焉在后”（《子罕》），其境界深不可测。《易传》所谓“与天地合其德，与日月合其明，与四时合其序，与鬼神合其吉凶。先天而天弗违，后天而奉天时”（《乾·文言传》），或许就是这种“中和”境界的写照。

第二节　孔门七十子及其后学

孔子是中国历史上的一位音乐大师，《史记·孔子世家》载：“孔子以诗书礼乐教，弟子盖三千焉。”三千之中，比较突出的有七十余人。这些人在孔子死后，根据自己对老师思想的记录和理解，分别以不同的方式弘扬师说，使孔子的学说产生了很大影响，号称“显学”。这些弟子或再传弟子都或多或少地写过一些东西，但在传世文献中的面目多已模糊不清，以至于学界对于儒学的早期发展，尤其是孔孟之间这一百余年的发展比较茫然。20 世纪 90 年代以来，随着大量与早期儒家有关的出土文献的发掘和研究，这一情况已有所改观。限于篇幅，本节只就《大学》《中庸》这两篇文献展开讨论。

一、《大学》

《大学》原收入汉人编辑的《礼记》中，相传是孔子的弟子曾参所作，但究竟是否与曾参有关，目前学界尚没有一致的结论。不过，它是早期儒家的作品应该是没有问题的。古代教育有“小学”“大学”之分，“小学”主要指儿童教育，内容是“详训诂，明句读”，也就是读书、识字。“大学”主要指成人教育，内容是修身、治国，也就是伦理、政治、哲学等。《大学》是讲后者的。这篇文献大致由两个部分组成：一部分讲

"三纲领""八条目"，宋儒谓之"经"；另一部分是对"三纲领""八条目"做的解释，宋儒谓之"传"。

《大学》开篇提出"大学"教育的三大目的：

> 大学之道，在明明德，在亲民，在止于至善。

"明明德"，第一个"明"为动词，是发明、发扬的意思；第二个"明"是形容词，是用来修饰"德"字的。"明德"，就是本体澄明的德性。"亲民"之"亲"，按郭店简，均作"新"。"新民"，就是让人透过内在的修养（《易传》谓之"洗心"），使精神面貌焕然一新（《易传》谓之"革面"）。"止于至善"，就是让人有操守、知进退，达到最完善的存在状态。这三大目的，传统谓之"三纲领"。"三纲领"有一个内在的逻辑，"明明德"是逻辑的出发点，"新民"是逻辑的展开，"止于至善"是逻辑的归宿。也就是说，透过发明本体、洗心革面，最终找到自我完善的方向。《大学》把找到自我完善的方向称为"知止"：

> 知止而后有定，定而后能静，静而后能安，安而后能虑，虑而后能得。物有本末，事有终始，知所先后，则近道矣。

这是说，知道了方向意志就会坚定，意志坚定内心就会专一，内心专一心神就会安静，心神安静就能洞见真相，洞见真相就能有所得。《大学》认为，这里面有一个逻辑发展的次序，就好比"物有本末""事有终始"一样。知道了哪是"先"、哪是"后"，就不会有所偏离。

以上是笼统的和一般意义的分析，再进一步地说，"明明德"和"新民"还代表了内外两种不同的取向。"明明德"可以谓之"内圣"功夫，"新民"可以谓之"外王"事业。"止于至善"则是对社会与人之高度和谐完美的期许。因此，《大学》之讲"大学"，不单是"为己"，更是要透过"为己"而实现"立人""达人"，乃至于实现"天下为公"的"大道之行"。

如何实现"三纲领"，《大学》给出了八个步骤，传统谓之"八条目"：

> 古之欲明明德于天下者，先治其国；欲治其国者，先齐其家；欲齐其家者，先修其身；欲修其身者，先正其心；欲正其心者，先诚其意；欲诚其意者，先致其知；致知在格物。物格而后知至，知至而后意诚，意诚而后心正，心正而后身修，身修而后家齐，家齐而后国治，国治而后天下平。

"古之欲明明德于天下者"，当是"古之欲明明德、亲民、止于至善于天下者"的省称。这是说，要想实现"三纲领"，就必须做到"治国""齐家""修身""正心""诚意""致知""格物"这几个方面。而做到这几个方面，具体的进身步骤则是"格物""致知""诚意""正心""修身""齐家""治国"，最后达到"至善"即"平天下"。

"八条目"中，"格物""致知"是讲认识问题的，"诚意""正心""修身"是讲修养问题的，"齐家""治国""平天下"是讲事功问题的。"八条目"的逻辑关系，首先是教人明事理。事理不明，"诚意""正心""修身"便谈不上。这三者谈不上，"齐家"的态度是否端正，"治国"的目的是否正确，"平天下"的心志是否公允，也就无从谈起。

明事理、修养和事功这三个方面，明事理是基础，但修养却是核心。而且，“八条目”中，“修身”可以统摄“格物”“致知”“诚意”“正心”四个方面。也就是说，这四个方面都属于“修身”的内容。所以，《大学》接着说：

> 自天子以至于庶人，壹是皆以修身为本。其本乱而末治者否矣。其所厚者薄，而其所薄者厚，未之有也。

这是说，无论什么等级的人，修身都是第一要务，是“本”，“本”乱了，其他就谈不上了。所以，《大学》特别强调“知本”。

在提出了“三纲领”和实现“三纲领”的步骤即“八条目”后，《大学》对“三纲领”“八条目”做了简单的注解。这些注解，有几点值得注意：

首先，对于“明明德”的解释，《大学》提出了“自明”的观点。“自明”的思想很值得注意，应该是来自孔子重视“己”的传统。孔子讲“克己”，讲“修己”，特别强调要在“己”上下功夫。《大学》主张“自明”，也十分看重主体自身的作用。不但如此，其强调“自明”，还有两层值得关注的意思：一是“德”内在于主体自我，另一是主体自我具有使内在于主体自我的“德”发扬、澄明出来的能力。这是极为重要的思想。

其次，关于“止于至善”的内涵，《大学》指出：“为人君止于仁，为人臣止于敬，为人子止于孝，为人父止于慈，与国人交止于信。”这是说至善的存在状态就是君主有爱、臣子有敬、人子有孝、父亲有慈、朋友有信。这里涉及了君臣、父子、朋友三伦关系，较之孟子的五伦说稍显简单。当然，在后面，《大学》也涉及了“弟”，所谓“上长长而民兴弟”，但总体说来，《大学》讲君仁臣敬，宗法制色彩还是颇为浓厚的，因为在宗法关系中，君臣关系往往就是兄弟关系。《大学》把人伦关系的和谐与完善作为最高的政治理想，与儒家致力于人伦社会的建构不无内在的逻辑关系。

《大学》在解释“诚意”时提出了“慎独”概念，在中国思想史上影响很大。《大学》说：“诚于中，形于外，故君子必慎其独也。”“中”指人的内心，“外”指人的举止，内心的活动必然会表现在外在的行为举止上，“慎独”就是指内心的修养。这就好比财富能装饰你的房屋一样（“富润物”），内在的道德修养也会使你的外表更加光彩夺目（“德润身”）。

“八条目”的逻辑起点是“格物”，但有趣的是《大学》恰恰没有对“格物”“致知”做出说明，或许曾经做出过说明，后来散失了。

二、《中庸》

与《大学》一样，传世本《中庸》原是《礼记》中的一篇，相传为孔子的孙子子思所作。《汉书·艺文志》著录“子思二十三篇，《中庸》二篇。”子思（公元前483—前402），名伋，相传他受学于曾子（参），人称“述圣”。

《中庸》的文本，前后思想并不一致，所以自宋代开始即有学者认为，传世本《中庸》由两个部分组合而成：一部分主要记述孔子的言论，每章均有“子曰”；另一部分主要记述作者的议论。不过，两个部分可能均与子思有关，是子思思想发展、变化的反映。所以，用《中庸》来讨论子思的思想应当没有问题。

与孔子强调“知天命”的思想相关联，《中庸》开篇即提出了“天命”的话题：

天命之谓性，率性之谓道，修道之谓教。道也者，不可须臾离也，可离非道也。

《中庸》说“天命”是从天人关系展开的。《中庸》认为，“天命”是人性的来源，是天赋予人的，或曰人的禀赋就是人性。这种观点很显然是对孔子“天命”思想的一种深化。

“天命”是人性的本原，但人对于“天命”又基本上无能为力，所以《中庸》主张“素其位而行”，“居易以俟命”：

君子素其位而行，不愿乎其外。素富贵，行乎富贵；素贫贱，行乎贫贱；素夷狄，行乎夷狄；素患难，行乎患难，君子无入而不自得焉。在上位不陵下，在下位不援上，正己而不求于人则无怨。上不怨天，下不尤人。故君子居易以俟命，小人行险以徼幸。子曰：“射有似乎君子。失诸正鹄，反求诸其身。”

“素其位而行”，就是安于现状而行事。《中庸》认为，君子对于自己的生存状态要采取一种安然领受的态度，处于富贵的地位就做富贵人应做的事，处于贫贱的地位就做贫贱人应做的事……总之，就是不抱怨天、不怪罪人，安守本分，做与自己的身份、地位相称的事。《中庸》认为，这就叫安居现状而等待天命（“居易以俟命”）；并且强调，只有君子能做到这一点，小人则铤而走险、妄图获得非分的东西。这里引用的孔子的话很有说服力：君子对待天命的态度，就好比射箭，射不中靶子，不能怨靶子，而应在自己身上找问题。这就是《中庸》对待天命的态度。孟子的“修己以俟命”就是从这里来的[参见“修身以俟之，所以立命也”（《孟子·尽心上》）]。

《中庸》提倡“素其位而行”，“居易以俟命”，并不是要彻底否定人的价值，“反求诸其身”就是一种对待“天命”的积极做法。而“反求诸其身”也就是“尽性”的功夫。《中庸》所谓“能尽人之性，则能尽物之性。能尽物之性，则可以赞天地之化育。可以赞天地之化育，则可以与天地参矣”，实际就是强调人的能动性。

《中庸》在发展孔子思想的过程中提出了一些在后来很有影响的哲学范畴，如“诚”。《中庸》讲“诚”始终围绕着天人问题展开：

诚者，天之道也；诚之者，人之道也。诚者不勉而中，不思而得；从容中道，圣人也。诚之者，择善而固执之者也。

这是说“诚”是上天遵循的原则，追求“诚”是人遵循的原则。《中庸》认为圣人与天合一，是“诚者”，所以不用勉强就自然合理，不假思索就自然有收获，从从容容就自然合乎中庸之道；而追求“诚”的人，则需要一个选择善的目标然后再执着追求的过程。在这里，《中庸》讨论了天人之别，讨论了圣人与普通追求中庸之道者的区别。其中，圣人的诚，有似《易传》所谓的“夫大人者，与天地合其德，与日月合其明，与四时合其序，与鬼神合其吉凶”，又有似孔子所谓的“随心所欲不逾矩”。

“诚者”与“诚之者”表现了天人之别，也是发明“诚”的两套思路：

自诚明，谓之性；自明诚，谓之教。诚则明矣，明则诚矣。

“自诚明”，就是从“未发”之“本”着手，因为是“本”，所以谓之“性”；“自明诚”，就是从“已发”之“道”着手，因为是“道”，所以谓之“教”。

> 喜怒哀乐之未发，谓之中；发而皆中节，谓之和。中也者，天下之大本也；和也者，天下之达道也。

“未发”就是“诚”的本然状态，所以是“天下之大本”；“已发”是“诚”的流动轨迹，所以是“天下之达道”。“诚之者”即人如果能做到“发而皆中节”，也就合乎了天道的法则。如果能透过这种“发而皆中节”进一步反思其本原，就可以由“明”而“诚”，“与天地参”。

《中庸》认为“诚”的价值很大，经纶天地，化育万物都离不开它：“唯天下至诚，为能经纶天下之大经，立天下之大本，知天地之化育。夫焉有所倚？肫肫其仁！渊渊其渊！浩浩其天！苟不固聪明圣知达天德者，其孰能知之？”至诚之人，其作为是何等之大！不但如此，在《中庸》作者看来，至诚之人还有“前知”功能：“至诚之道，可以前知。国家将兴，必有祯祥；国家将亡，必有妖孽；见乎蓍龟，动乎四体。祸福将至：善，必先知之；不善，必先知之。故至诚如神。”“前知”，就是预测未来。其实这并不神秘，因为宇宙法则表现为“诚”，人如果能做到“至诚”，就能洞见宇宙法则，就能了解事物发展的方向，自然也就有了“前知”功能。所以，这里的“前知”是以宇宙法则为基础的，与神秘的占卜不是一回事。

《中庸》侧重于探讨天人关系，以对“天命”“诚”的讨论为基础，故而也广泛论述了“道”与“德”的问题。关于“道”，《中庸》谈到了“天地之道”“君子之道”“天下之达道”等。

关于“天地之道”，《中庸》载：

> 天地之道，可一言而尽也：其为物不贰，则其生物不测。天地之道，博也，厚也，高也，明也，悠也，久也。今夫天，斯昭昭之多，及其无穷也，日月星辰系焉，万物覆焉。今夫地，一撮土之多，及其广厚，载华岳而不重，振河海而不泄，万物载焉。今夫山，一卷石之多，及其广大，草木生之，禽兽居之，宝藏兴焉。今夫水，一勺之多，及其不测，鼋鼍蛟龙、鱼鳖生焉，货财殖焉。

这段话可以看作《中庸》的宇宙观的表达。《中庸》认为，“天地之道”用一句话概括就是真诚不二，化生万物神妙莫测，其特点则是广博、深厚、高大、光明、悠远、久长等。不难看出，这里的“天地”指自然的天地，这里的“天地之道”指自然的法则。这也是儒家“不语怪力乱神”（《述而》）的表现。

关于“君子之道”，《中庸》中有很多说法，比较有代表性的是：

> 君子之道费而隐。夫妇之愚，可以与之焉，及其至也，虽圣人亦有所不知焉；夫妇之不肖，可以能行焉，及其至也，虽圣人亦有所不能焉。天地之大也，人犹有所憾。故君子语大，天下莫能载焉；语小，天下莫能破焉。《诗》云：“鸢飞戾天，鱼跃于渊。”言其上下察也。君子之道，造端乎夫妇，及其至也，察乎天地。

这段话主要讲“君子之道”的特点和逻辑起点，基本没有涉及“君子之道”的具体内容。《中庸》认为，“君子之道”既平凡又精微：说平凡，是因为普通百姓都可以知道；说精微，是因为对于它的极致，圣人也有弄不清的地方。《中庸》认为“君子之道”的逻辑起点是"夫妇"，根本原则来自"天地"。对此，《易传·序卦传》的观点似乎可以作为注脚。《序卦传》说："有天地，然后有万物；有万物，然后有男女；有男女，然后有夫妇；有夫妇，然后有父子；有父子，然后有君臣；有君臣，然后有上下；有上下，然后礼仪有所错。"在这里，有天地、万物后有男女，有了男女后有夫妇，有了夫妇，社会的一切礼仪才有了存在的必要，所以"君子之道"——也就是"人道"——是从夫妇开始的。

《中庸》还提出了"天下之达道"的说法：

> 天下之达道五，所以行之者三，曰君臣也，父子也，夫妇也，昆弟也，朋友之交也。五者天下之达道也。

"君臣""父子""夫妇""昆弟""朋友"五伦被《中庸》视为"天下之达道"，《中庸》论"德"，主要是围绕着这些伦常关系展开的。

配合"五达道"，《中庸》提出了"三达德"：

> 知、仁、勇三者，天下之达德也。……子曰："好学近乎知，力行近乎仁，知耻近乎勇。知斯三者，则知所以修身；知所以修身，则知所以治人；知所以治人，则知所以治天下国家矣。"

《中庸》的"三达德"思想全部继承孔子而来。孔子认为，"知、仁、勇"三者之所以重要，乃是由于三者与"修身""治人""治国"关系密切。而五伦的关系也无非自身、他人、群体三个方面罢了，所以"三达德"之于"五达道"的落实是很重要的。"三达德"比较侧重于一般意义的能力的培养，"知"能培养"止于至善"的能力，"仁"能培养爱心，"勇"则能培养"克己"的意志。三者统一起来，就能"诚身"，就能"择善而固执之"，就能成就君子人格。

第三节 孟子

孟子（约公元前372—前289），名轲，邹国人（今山东邹城东南）。相传孟子是鲁国孟孙氏的后裔，曾受业于子思的弟子，对孔子十分景仰。他说："乃所愿，则学孔子也。"（《孟子·公孙丑上》）孟子生当战国乱世，各国都在寻求"富国强兵"的方略，孟子则提倡"王道""仁政"，所以他的学说被视为"迂阔"而不见用于当世。孟子晚年和弟子一起"序《诗》《书》，述仲尼之意，作《孟子》七篇"（《史记·孟轲荀卿列传》），对于发展孔子的儒学思想做出了重要贡献，被后世尊为"亚圣"。孟子的言论和思想保存在《孟子》一书中。

一、仁政说

孟子生当战国乱世，他对当时频繁的战争、争夺等残酷现实十分不满，对于各国以逐利为目的的变法等很不以为然，试图寻找到一种根治社会积弊的、彻底解决问题的办法。为此，他提出了仁政说。

春秋战国是强者的天下，谁有实力谁就有话语权。例如，春秋时期，周天子失去了往日的权威，反而要依附于强大的诸侯，比较强大的诸侯国之间为了争夺霸权，互相征战，争做霸主，先后有五个诸侯称霸，史称“春秋五霸”。然而，孟子却对他们嗤之以鼻，《孟子》载：

> 五霸者，三王之罪人也；今之诸侯，五霸之罪人也；今之大夫，今之诸侯之罪人也。……五霸者，搂诸侯以伐诸侯者也，故曰：五霸者，三王之罪人也。（《告子下》）

在孟子看来，当时的社会从大夫到诸侯，大都是挟主以图利的人，尤其是五霸，经常带领、挟持一批诸侯国去讨伐另一批诸侯国，孟子称他们为“罪人”。孟子还对那些为诸侯出谋划策的所谓“良臣”提出了尖锐的批评，《孟子》载：

> 今之事君者曰：“我能为君辟土地，充府库。”今之所谓良臣，古之所谓民贼也。君不乡道，不志于仁，而求富之，是富桀也。“我能为君约与国，战必克。”今之所谓良臣，古之所谓民贼也。君不乡道，不志于仁，而求为之强战，是辅桀也。（同上）

孟子认为，这些所谓的“良臣”都是助纣为虐的同谋，是“民贼”。孟子之所以反对五霸，反对那些所谓“良臣”的治国之策，主要是基于对战争的反感，因为战争必然劳民伤财，必然有杀戮，等等。孟子曾批评梁惠王说：

> 不仁哉，梁惠王也。……以土地之故，糜烂其民而战之，大败，将复之，恐不能胜，故驱其所爱子弟以殉之，是之谓以其所不爱及其所爱也。（《尽心下》）

梁惠王为了争夺土地，夺民之时，耗民之力，使自己的百姓暴尸郊野，骨肉糜烂。战败了，预备再战，怕不能得胜，驱使自己的子弟去打仗。因此，孟子斥梁惠王为“不仁”，并讽刺梁惠王的作为是“率兽而食人”：“庖有肥肉，厩有肥马，民有饥色，野有饿莩，此率兽而食人也。”（《滕文公下》）孟子指出，禽兽相互蚕食，人们尚且讨厌，百姓的父母官主持政事，却不免于率领禽兽来吃人，哪有资格做百姓的父母官？由此可见，孟子对当时的社会政治以及当时的统治者是十分不满的。

为了对治这种“率兽而食人”的社会现实，孟子提出了自己的民安食丰、民贵君轻的政治方案——仁政说。

孟子的“仁政”说从规划土地、制民之产入手而展开，《孟子》载：

> 夫仁政，必自经界始。经界不正，井地不钧，谷禄不平，是故暴君污吏必慢其经界。经界既正，分田制禄可坐而定也。（《滕文公上》）

这是说，仁政始于规划田界、厘清土地归属权、均等分配谷禄。因为在孟子看来，“无恒产而有恒心者，惟士为能。若民，则无恒产，因无恒心。苟无恒心，放辟邪侈，无不为已。及陷于罪，然后从而刑之，是罔民也。焉有仁人在位，罔民而可为也？是故明君制民之产，必使仰足以事父母，俯足以畜妻子，乐岁终身饱，凶年免于死亡。然后驱而之善，故民之从之也轻。”（《梁惠王上》）就是说，要想让百姓心里踏实，就必须让他们有属于自己的产业，如果没有，他们就没有一定的道德观念和行为准则，就难免胡作非为、徇私枉法。所以，关键是“制民之产”，使他们上能孝敬父母，下能养活妻子，好年成丰衣足食，坏年成也不至于饿死。孟子理想的百姓生活状态是：

五亩之宅，树之以桑，五十者可以衣帛矣；鸡豚狗彘之畜，无失其时，七十者可以食肉矣；百亩之田，勿夺其时，数口之家可以无饥矣；谨庠序之教，申之以孝悌之义，颁白者不负戴于道路矣。七十者衣帛食肉，黎民不饥不寒，然而不王者，未之有也。(《梁惠王上》)

五十岁以上的人能穿上丝绵，七十岁以上的人能吃上肉，数口之家能够温饱。总之，百姓有衣穿、有饭吃、有学上，整个社会尊老爱幼、风气醇厚，这就是孟子的理想社会。孟子认为，国家不拘大小，只要实行“仁政”，都可以实现这一点。孟子说：“地方百里而可以王。王如施仁政于民，省刑罚，薄税敛，深耕易耨。壮者以暇日修其孝悌忠信，入以事其父兄，出以事其长上，可使制梃以挞秦楚之坚甲利兵矣。”（同上）不难看出，孟子的“仁政”说，不但要求在物质生活资料方面让百姓有保障、放心，而且在社会风气、精神满足方面要让百姓有目标、舒心。这是很值得肯定的。

孟子的“仁政”说有一个基本的思想资源和思想基础，就是“民本”。孟子说：

民为贵，社稷次之，君为轻。是故得乎丘民而为天子，得乎天子为诸侯，得乎诸侯为大夫。(《尽心下》)

这是说，一个国家百姓最重要，谁得到百姓的拥护，谁就能得天下。孟子指出：“桀、纣之失天下也，失其民也；失其民者，失其心也。得天下有道：得其民，斯得天下矣。得其民有道：得其心，斯得民矣。得其心有道：所欲与之聚之，所恶勿施尔也。民之归仁也，犹水之就下、兽之走圹也。故为渊驱鱼者，獭也；为丛驱爵者，鹯也；为汤、武驱民者，桀与纣也。”(《离娄上》) 夏桀、商纣，表面上看是失掉了天下，其实根本原因是失去了民心。所以，孟子告诫统治者，要想赢得天下，关键在于赢得百姓；要想赢得百姓，关键在于赢得百姓的心；要想赢得百姓的心，关键在于与民同好、与民同恶。孟子认为，夏桀、商纣因为失掉了百姓，最后被百姓抛弃了，他们虽然曾经贵为天子，但最终不过是“残贼之人”。《孟子》载：

齐宣王问曰：“汤放桀，武王伐纣，有诸？”孟子对曰：“于传有之。”曰：“臣弑其君可乎？”曰：“贼仁者谓之贼，贼义者谓之残，残贼之人谓之一夫。闻诛一夫纣矣，未闻弑君也。”(《梁惠王下》)

齐宣王站在当权者的立场，试图对百姓抛弃残贼之君提出非议，认为这有“臣弑其君”之嫌，遭到了孟子的反驳。孟子指出，践踏仁爱的谓之“贼”，败坏正义的谓之“残”，夏桀、商纣既践踏仁爱，又败坏正义，杀掉他们不算“弑君”，只能说杀了两个匹夫而已。孟子的民心说道出了中国古代社会政治更迭的要害。

孟子提倡仁政，特别强调“以德服人”。孟子说：

以力假仁者霸，霸必有大国；以德行仁者王，王不待大。汤以七十里，文王以百里。以力服人者，非心服也，力不赡也；以德服人者，中心悦而诚服也，如七十

子之服孔子也。《诗》云："自西自东，自南自北，无思不服。"此之谓也。(《公孙丑上》)

靠实力固然可以称霸，但靠仁德却可以称王。因为霸者是"以力服人"，人们服从是出于不得已；王者是"以德服人"，让人心服，人们服从是心甘情愿。所以，商汤靠七十里大小的地盘成就了商朝大业，文王以百里大小的国家赢得了天命，这些都是王道政治的典范。

孟子提倡以德服人，特别重视"仁义"的价值。《孟子》载：

孟子见梁惠王。王曰："叟不远千里而来，亦将有以利吾国乎?"孟子对曰："王何必曰利? 亦有仁义而已矣。王曰：'何以利吾国?'大夫曰：'何以利吾家?'士庶人曰：'何以利吾身?'上下交征利而国危矣。万乘之国弑其君者，必千乘之家；千乘之国弑其君者，必百乘之家。万取千焉，千取百焉，不为不多矣。苟为后义而先利，不夺不餍。未有仁而遗其亲者也，未有义而后其君者也。王亦曰仁义而已矣，何必曰利?"(《梁惠王上》)

孟子认为，事事从"利"着眼，最终可能得不到任何"利"，不但得不到，还可能连已有的也失去。所以，孟子主张处处以"仁义"为出发点。"仁之实，事亲是也。义之实，从兄是也。"(《离娄上》) 所以，孟子又特别强调人伦的重要性，所谓"父子有亲，君臣有义，夫妇有别，长幼有序，朋友有信"(《滕文公上》)。孟子认为，以这种伦常为基础，再推己及人，"老吾老以及人之老，幼吾幼以及人之幼"，则"天下可运于掌"(《梁惠王上》)。孟子的"以德服人"说处处洋溢着以人为本的光辉，很值得发掘。

二、性善论

孟子思想中最有特色的是他的性善论。他透过对"心"的诠解建构了一套性本善的心性学说体系，对后来儒学的发展产生了重大影响。

孟子讨论人性善，基于一个基本前提：人禽之别。这是孟子人性学说的切入点：

人之所以异于禽兽者几希；庶民去之，君子存之。(《离娄下》)

这是说人与动物有很多共同点，二者的差别就这么一点点("几希")，但恰恰是这么一点点构成了人与动物的本质区别。所以，讨论人性应该从人之异于禽兽的"几希"上下手。在这句话后，孟子紧接着赞扬了古圣舜帝，说他"明于庶物，察于人伦；由仁义行，非行仁义"(《离娄下》)。这是说舜帝的成就虽然很大("明于庶物，察于人伦")，但也只是从"仁义"的本心扩充推广出来的("由仁义行")，并不是在外面找了一个"仁义"去实行它。从这句话推测，孟子所谓的"几希"当指"仁义"。在孟子看来，"仁义"不是外在于人的规范，而是内在于人的先天本性。"人之所以异于禽兽"的"几希"是人生而具有的，所以人的本性要从这里谈起。

从"人禽之别"的角度讨论问题，这种思路应该是来自孔子。孔子曾在评论当时人对"孝"的看法时指出："今之孝者，是谓能养。至于犬马，皆能有养；不敬，何以别乎?"(《论语・为政》) 孔子虽然没有刻意比较人与动物的不同，但强调对人与动物应该表现出不同的态度，对人要有发自内心的真情"敬"，不然人与动物就没有区别了。孔子认识问题的这种思路可能是孟子讨论人禽之别的资源之一。

孟子讨论人性善，主要是透过对“心”的诠释来完成的。孟子首先界定了“心”在人身体中的特殊地位，《孟子》载：

> 孟子曰：“……体有贵贱，有小大。无以小害大，无以贱害贵。养其小者为小人，养其大者为大人。……饮食之人，则人贱之矣，为其养小以失大也。……”（《告子上》）
>
> 公都子问曰：“钧是人也，或为大人，或为小人，何也？”孟子曰：“从其大体为大人，从其小体为小人。”曰：“钧是人也，或从其大体，或从其小体，何也？”曰：“耳目之官不思，而蔽于物，物交物，则引之而已矣。心之官则思，思则得之，不思则不得也。此天之所与我者。先立乎其大者，则其小者弗能夺也。”（同上）

“大体”指“心”。“心”的最大特点是“思”，它不像耳目之官，对于物不分好坏，物来则应，满足了口腹之欲就万事大吉；“心”是透过“思”来“得”，也就是说，“心”对外界的反应是透过“思”的过滤后才有选择地“得”。孟子认为，“心”的这种“思”是“天”赋予我们每个人的一种能力，透过“思”我们还可以把本心固有的东西“得”出来，这叫“思则得之”。由此可见，“心”在人身体中的地位十分关键，孟子因此称之为“大体”，而那些耳目之官则被称为“小体”。孟子说，顺着“心”的“思”行动的是君子，顺着耳目之欲行动的是小人。一个人如果能顺着“心”的“思”行动，他的耳目之欲便无法左右他。所以，要想成为一个君子，必须“先立乎其大者”，“大”的东西立起来了，“则其小者弗能夺也”。《孟子》载：

> 君子所性，仁义礼智根于心，其生色也，睟然见于面，盎于背，施于四体，四体不言而喻。（《尽心上》）

这是说，君子的本性在于仁义礼智根植于他的内心，扩充出来是纯和温润的表情，行为举止也让人一目了然。这里最重要的是“根于心”三个字，首先仁义礼智内在于人心，其次仁义礼智从人心生发出来，则可以“见于面，盎于背，施于四体”。孟子强调“根于心”的仁义礼智是“天之所与我者”，“非由外铄我也，我固有之也”（《告子上》）。“天之所与”，“我固有之”，与生俱来，孟子谓之“良知”“良能”：“人之所不学而能者，其良能也；所不虑而知者，其良知也。孩提之童，无不知爱其亲者，及其长也，无不知敬其兄也。亲亲，仁也；敬长，义也；无他，达之天下也。”（《尽心上》）“达之天下”，即通行天下。通行天下，表明爱亲、敬兄是人普遍具有的一种本性。孟子说：

> 人皆有不忍人之心……今人乍见孺子将入于井，皆有怵惕恻隐之心。非所以内交于孺子之父母也，非所以要誉于乡党朋友也，非恶其声而然也。由是观之，无恻隐之心非人也，无羞恶之心非人也，无辞让之心非人也，无是非之心非人也。恻隐之心，仁之端也；羞恶之心，义之端也；辞让之心，礼之端也；是非之心，智之端也。人之有是四端也，犹其有四体也。（《公孙丑上》）

这就是孟子著名的“四端”说。“怵惕恻隐之心”是人的一种真实的、没有计较的、纯乎天然的良心。孟子说，没有这些东西就不是真正意义上的人。反过来说，人之所以为人，乃是由于“仁义礼智根于心”。

既然“仁义礼智根于心”，那为什么还存在恶？孟子讨论了恶的来源，认为主要与环境和“从其小体”有关。孟子说：

> 富岁，子弟多赖；凶岁，子弟多暴，非天之降才尔殊也，其所以陷溺其心者然也。今夫麰麦，播种而耰之，其地同，树之时又同，浡然而生，至于日至之时，皆熟矣。虽有不同，则地有肥硗、雨露之养，人事之不齐也。(《告子上》)

这是说人的差别不是天生的，而与生活环境有关，环境不同，“陷溺其心”的东西就不同，所以就有不同的表现。

另外，“耳目之官不思，而蔽于物，物交物，则引之而已矣”(同上)，即有些人被耳目之欲牵着走而不知道“自反”，这也是产生“恶”的一个重要原因。所以，孟子特别强调在“心”上下功夫，主张透过“存心”来涵养人的善性。孟子说：

> 仁，人心也；义，人路也。舍其路而弗由，放其心而不知求，哀哉！人有鸡犬放，则知求之；有放心，而不知求。学问之道无他，求其放心而已矣。(同上)

“求其放心”，就是找回被自己忽视了，被自己丢掉了，或者说被自己的欲望遮蔽了的本心。孟子认为这是“存心养性”首先需要做到的。孟子说，君子与一般人的不同无非在于君子“存心”，一般人“放心”罢了：“君子所以异于人者，以其存心也。君子以仁存心，以礼存心。”(《离娄下》) 所以，“学问之道无他，求其放心而已矣”。一个人如果不知道“求其放心”，实际是把自己摆在了“鸡狗不如”的位置上，那是十分可悲的！孟子还以“牛山之木”为例指出：

> 牛山之木尝美矣，以其郊于大国也，斧斤伐之，可以为美乎？是其日夜之所息，雨露之所润，非无萌蘖之生焉，牛羊又从而牧之，是以若彼濯濯也。人见其濯濯也，以为未尝有材焉，此岂山之性也哉？虽存乎人者，岂无仁义之心哉？其所以放其良心者，亦犹斧斤之于木也，旦旦而伐之，可以为美乎？其日夜之所息，平旦之气，其好恶与人相近也者几希，则其旦昼之所为，有梏亡之矣。梏之反覆，则其夜气不足以存；夜气不足以存，则其违禽兽不远矣。人见其禽兽也，而以为未尝有才焉者，是岂人之情也哉？故苟得其养，无物不长；苟失其养，无物不消。孔子曰：“操则存，舍则亡；出入无时，莫知其乡。”惟心之谓与？(《告子上》)

孟子认为，一般人对于仁义礼智“我固有之”的本心，就像对待“牛山之木”一样，“旦旦而伐之”，使之没有休养的机会，那它自然就不可能茂盛起来。人也是这样，养护赶不上糟蹋，自然也就离禽兽不远了。所以，找回了自己的“心”，还特别需要善加养护，而“养心莫善于寡欲。其为人也寡欲，虽有不存焉者，寡矣；其为人也多欲，虽有存焉者，寡矣”(《尽心下》)。这里的“寡欲”，就是指人的“旦昼之所为”，不至于“梏亡”其“心”，以使“夜气”“足以存”。孟子认为，这样就可以“养其大体”而成“大人”了。孟子透过对“心”的诠释，深化了对人性的认识。

孟子认为透过对“性”的体知还可以对“天”有所认知。孟子说：

尽其心者，知其性也。知其性，则知天矣。存其心，养其性，所以事天也。(《尽心上》)

尽心—知性—知天，这是孟子对天人问题给出的回答。这里的“心”是“仁义礼智根于心”的“心”，这里的“性”是内化了仁义礼智之“四端”的“性”，这里的“天”是“天之所与我者”的“天”。在孟子看来，“我固有之”的“四端”是“天”赋予人的，所以，只要“尽心”，就能知道自己的“性”是什么，只要“尽性”，就能知道“天”是什么。

在孟子的思想中，“天”这个概念的内涵比较丰富：有命运意义的“天”，如“若夫成功，则天也。君如彼何哉？强为善而已矣”(《梁惠王下》)，这里的“天”就具有命运的意味；有人格意义的“天”，如“万章曰：‘尧以天下与舜，有诸？’孟子曰：‘否！天子不能以天下与人。’‘然则舜有天下也，孰与之？’曰：‘天与之。’‘天与之者，谆谆然命之乎？’曰：‘否，天不言，以行与事示之而已矣’”(《万章上》)，这里的“天”虽然不是“谆谆然命之”之“天”，但却可以根据人的“行”与“事”来决定人的命运，可以说是传统神秘天命观的孑遗；等等。但“天之所与我者”的“天”似乎与上面所说之命运意义的天和人格意义的天又有所不同，这里的“天”作为人性善的依据，道德属性颇强，或许可以称之为道德之“天”。当然，在孟子那里也许并没有这种区分，我们的区分仅仅基于哲学的分析，其实孟子在谈到“天”时，以上诸义可能是圆融地包含在一起的，只是针对不同的问题表现出来的侧重点有所不同罢了。

三、立命说

孔子之后，孔门后学曾经对“命”的问题展开过激烈的讨论，孟子对于这个问题也给出了自己的答案。孟子十分重视对命运之天的认识，反复强调它的作用。齐国人准备加强薛地的城池，滕文公很害怕，问孟子该怎么办。孟子说：

昔者大王居邠，狄人侵之，去之岐山之处居焉。非择而取之，不得已也。苟为善，后世子孙必有王者矣。君子创业垂统，为可继也。若夫成功，则天也。君如彼何哉？强为善而已矣。(《梁惠王下》)

大意是说，从前周太王（古公亶父）居于邠（今陕西旬邑县西），狄人来侵犯，他便避开，迁到岐山脚下定居。这不是太王主观上乐意这样做，乃是不得已而为之。作为一个君主，只要行仁政，即使他这一代没有成功，他的后世子孙也一定会有称帝、称王的。因此，君子创立功业，传之子孙，正是为了一代一代地传承下去。至于成功与否，那是天命。你如何对付齐人呢？只要努力施行仁政就可以了。在这里，孟子把帝业的成功与否完全付之于天命，但同时又强调施行仁政，这是与宿命论有所不同的。有一次，乐正子去见孟子，说：“我向鲁君推荐了你，他打算来看你，可是有一个他所宠幸的小臣阻止了他，他因此没有来。”孟子回答说：“行，或使之；止，或尼之。行止，非人所能也。吾之不遇鲁侯，天也。臧氏之子焉能使予不遇哉！”(同上）孟子认为，一个人要做什么，是有一种力量在支使他；一个人不做什么，是有一种力量在阻止他。做与不做，不是单凭人力所能做到的。自己不能与鲁侯见面，这是天命，臧氏之子是没有这样的能力的！可见，孟子把人的一切行为都归之于天命，这又不免带有宿命论的味道。

在先秦思想史上，孟子是第一个给“命”下定义的人，他说：

> 舜、禹、益相去久远，其子之贤不肖，皆天也，非人之所能为也。莫之为而为者，天也；莫之致而至者，命也。（《万章上》）

舜、禹、益是传说中的三位贤明君王，三人的儿子都很没有出息，孟子说这是天意，是命运使然，不是人力所能左右的。他进而认为：没有人叫它这样做而它竟然这样做了的，便是天意；没有人叫它来而它竟然来了的，便是命运。在这里，“做的”和“来的”可以是对人有利的事情，也可以是对人不利的事情。无论是哪种事情，都是人预料不到的。可见，命运的特点是：其一，它是一种外在于人并能影响人的力量；其二，它是一种人无法预料、左右的力量。孟子举例说：

> 匹夫而有天下者，德必若舜、禹，而又有天子荐之者，故仲尼不有天下。继世以有天下，天之所废，必若桀、纣者也，故益、伊尹、周公不有天下。（同上）

一个普通百姓能得天下，必须具备两个条件，一是有舜、禹一样的品德，二是有天子推荐。孔子只具备前者，不具备后者，所以不能得天下。他为什么不具备后者？这是由命运决定的。世代相传而得天下的，天所要废弃的，一定是像桀、纣那样残暴无德的君王。益、伊尹、周公都是圣人，但因为所逢君主不像桀、纣，不为天所废弃，所以不能得天下，这也是命运使然。可见，孟子的命运观还带有条件论的意味。然而，与命运有关的条件往往都是外在于人的条件。如孔子、周公等人，他们的主观条件都很优秀，已具备了做君王的资格，但由于外在条件不具备，他们终究没有成为君王。因此，孟子所谓的命运主要指那种人的主观因素无法干预的力量。

孟子主张“命”是“莫之致而至者”，但认为这个东西相对于人而言只能算作“外”。他说：

> 求则得之，舍则失之，是求有益于得也，求在我者也。求之有道，得之有命，是求无益于得也，求在外者也。（《尽心上》）

有些东西，追求便会得到，放弃就会失掉，这是有益于收获的追求，因为所追求的东西存在于我本身之内。但也有一些东西，追求有一定的途径，而且追求也不一定必得，得到与否要听从命运，这是无益于收获的追求，因为所探求的对象在我之外。内在于我的东西，是我能把握的，只要努力追求，就会有收获。如我心有四端，只要努力追求，扩而充之，它就会像火之始燃、泉之始达那样充满活力。相反，如果不努力追求，甚至“亦犹斧斤之于木，旦旦而伐之……则其违禽兽不远矣”（《告子上》）。造成这种可悲结局的不是命运，而是人的不努力。因此，孟子的命运观不全是宿命论，而是对人（我）、对命（外）有所区别。凡属于人的，他主张尽一切努力去追求；凡不属于人的，他主张尽可能地顺应。《孟子》载：

> 尽其心者，知其性也。知其性，则知天矣。存其心，养其性，所以事天也。夭寿不贰，修身以俟之，所以立命也。（《尽心上》）

尽心知性、存心养性，是人力能达到的，人要积极地完成它。长寿或短命，是人力不能达到的，人要培养身心，顺应命运的安排。这是安身立命的好方法。可见，孟子主张在人自己身上下功夫，不提倡在人之外的、人还把握不了的方面下功夫，这固然有缺乏外向型探索精神之嫌，但却也是对人的主体性的一种高度肯定。孟子指出：

> 尧、舜，性者也；汤、武，反之也。动容周旋中礼者，盛德之至也。哭死而哀，非为生者也。经德不回，非以干禄也。言语必信，非以正行也。君子行法，以俟命而已矣。(《尽心下》)

尧、舜是孟子理想中十分完美的君王。孟子认为，尧、舜的德行是出于他们的本性，汤、武的德行是经过修身复归到了他们的本性。动作、容貌都合于礼的，是美德中的极致。哭死者而悲哀，不是为了活着的人。依据道德行事而不至于违礼，不是为了谋求官职。言语一定要信实，但不是为了使人知道自己的行为端正。君子依法度而行，结果怎样，就只有等待命运安排罢了。可见，孟子强调的是尽人事，也就是尽到做人的本分，至于本分以外的事情，只好听凭命运的安排。

孟子区分内外，强调修持内在于我者、顺待外在于人者的思想，与他对人性的理解是有密切关系的。修己，就是修养、复归自我本有的善性。孟子对性与命的关系做了如下说明：

> 口之于味也，目之于色也，耳之于声也，鼻之于臭也，四肢之于安佚也，性也，有命焉，君子不谓性也。仁之于父子也，义之于君臣也，礼之于宾主也，知之于贤者也，圣人之于天道也，命也，有性焉，君子不谓命也。(同上)

口对于美味，眼对于美色，耳对于好听的声音，鼻子对于芬芳的气息，手足四肢对于安逸，这些都是人天生的欲望。但这些欲望是“求无益于得”的“求在外者”，得到与否，决之于命运，所以君子不把它们看作天性。仁对于父子、义对于君臣、礼对于宾主、智对于贤者、圣人对于天道，这些是天经地义的事，是天命所赋，但同时又是“求有益于得”的“求在我者”，品德高尚的君子，只要依靠自己的努力，便能获得。所以，君子不把它们看作天命。可见，在孟子那里“性”与“命”本是一个东西，都是上天赋予的，只是由于落实到人的身上之后，在不同的方面起着不同的作用，才显示出区别。正如前小节所说，孟子之“天”的内涵特别丰富，有道德意义的，有命运意义的，等等。孟子把“天”之具有道德意义的部分内化为人性，把“天”之具有支配意义的部分外化为命运；前者是主体自觉的根据，后者是主体自觉的界限。人们只有反求前者，才能顺待后者。这就叫“知天”和“俟命”。

“俟命”并不是要人们一味消极地等待命运的安排，孟子认为命运是有一定法则的，因此，他提出了“正命”说与“非正命”说。《孟子》载：

> 莫非命也，顺受其正。是故知命者不立乎岩墙之下。尽其道而死者，正命也；桎梏死者，非正命也。(《尽心上》)

“岩墙”，将要坍塌的墙。意思是说，一切都是命运，顺理而行，所接受的便是正命。因此，懂得命运的人是不会站在有坍塌危险的墙壁下的。尽力行道而死的人，接受的是正命；因为某些原因如犯罪而死的人，接受的便不是正命。关于这个问题，赵岐注曰：

“人之终，无非命也。命有三名，行善得善曰受命，行善得恶曰遭命，行恶得恶曰随命。惟顺受命，顺其正也。”“受命”“遭命”“随命”的分类是汉代流行的命说，但也基本合乎孟子“尽其道而死者，正命也”的说法。但事实上尽心行道未必真的就能死于正命，所以孟子叫人修已以俟命。

命运法则还表现在孟子所谓的天数循环论中。据孟子的研究，天下的一治一乱，其周期约为五百年。他说：

> 由尧、舜至于汤，五百有余岁，若禹、皋陶，则见而知之；若汤，则闻而知之。由汤至于文王，五百有余岁，若伊尹、莱朱，则见而知之；若文王，则闻而知之。由文王至于孔子，五百有余岁，若太公望、散宜生，则见而知之；若孔子，则闻而知之。由孔子而来至于今，百有余岁，去圣人之世若此其未远也，近圣人之居若此其甚也，然而无有乎尔，则亦无有乎尔。(《尽心下》)

莱朱，汤时贤臣。太公望、散宜生，文王时贤臣。孟子推算从尧、舜到汤，经历了五百多年；从汤到文王，又经历了五百多年；从文王到孔子，还是经历了五百多年。于是，他得出结论说“五百年必有王者兴”(《公孙丑下》)。但孔子之后到他那个时代的百余年间，还没有出现过一个像前面那样的王，所以他满怀抱负地说：“五百年必有王者兴，其间必有名世者。由周而来，七百有余岁矣。以其数则过矣。以其时考之则可矣。夫天，未欲平治天下也；如欲平治天下，当今之世，舍我其谁!”(同上)

孟子的这种天数循环论可能受到了当时流行的阴阳五行说的影响，表现出极强的命定论倾向。不过，从另一个角度看，这也可以看作对孔子“知天命”思想的深化。孔子提出“知天命”，但如何知，根据什么知，孔子的解释并不十分明确。孟子则给出了两条路：一条如前小节所说，是尽心—知性—知天；另一条就是从命运所具有的内在规则中推知命运的治乱周期，这虽然颇具神秘色彩，但无疑为“知天命”提供了一条新思路。

需要指出的是，孔、孟论命，很少谈论天命中的吉凶祸福与人之行为善恶的对应关系，这是对西周“天命德延”说的否定。但这种否定同时也为人们带来了一个思想上的困惑：既然天不是根据人的行为来赏善罚恶，人也不是依靠自己的行为来求得天赐，那么根据什么来认识天命、回应天命？孟子在强调修已以俟命的同时，引进天数法则，也许是为了解决这个难题。后来，《易传》提出“极数知来”(《易传·系辞上传》)的命题，是对这一思想的发展。不过，在儒学的发展过程中，后儒常常混淆或有意识地参合天命赏善罚恶论和天命法则论。例如，《易传》中同时就有“积善之家必有余庆，积不善之家必有余殃”的观点，这实际是一种自相矛盾。

第四节 《易传》

《易传》是目前所见最早的一部解释《周易》的著作，是孔门后学在继承孔子解《易》学风的基础上，融合儒、道及其他各家思想的产物，约成书于战国中后期。《易传》由七传十篇组成，即《彖传》（上、下）、《象传》（上、下）、《系辞传》（上、下）、《文言传》、《说卦传》、《序卦传》、《杂卦传》。它对中国哲学思想史的发展影响深远。中国哲学有一个特点，就是立足于对经典的诠释来建构自己的哲学体系。《易传》就属于这样的一部著作，所以它的典范意义很值得考察。

一、《易传》论《周易》的性质

《易传》解释《周易》，重视对《周易》一书性质的阐发，归纳起来约有以下五种说法：

第一，《周易》有圣人之道者四。《易传》载：

> 《易》有圣人之道四焉：以言者尚其辞，以动者尚其变，以制器者尚其象，以卜筮者尚其占。是以君子将有为也，将有行也，问焉而以言，其受命也如响，无有远近幽深，遂知来物。非天下之至精，其孰能与于此！参伍以变，错综其数，通其变，遂成天地之文；极其数，遂定天下之象。非天下之至变，其孰能与于此！《易》无思也，无为也，寂然不动，感而遂通天下之故。非天下之至神，其孰能与于此。（《系辞上传》）

大意是说，《周易》中有圣人所用之道的四个方面：讲话的注重它的词句，行动的注重它的变化，制造器物的注重它的卦象，算命的注重它的占筮。所以，君子将要有所作为，将要有所行动的时候，就开口向它询问，它收到请求后就像山谷应声一样立刻回答。无论遥远还是临近，也不管多么晦暗高深，它都能知道你要问的东西。不是天下最为精灵的东西，谁能做到这些呢！掺杂匹配、推演变化，交错综合蓍草之数。通达了这样的变化，便成就了天下的礼仪制度；穷尽了这样的数据，便确定了天下的复杂现象。不是天下最为复杂的变化，谁能做到这些呢！这段话可以看作《易传》对《周易》一书功用所做的总体说明。

第二，《周易》与天地准。《易传》载：

> 《易》与天地准，故能弥纶天地之道。仰以观于天文，俯以察于地理，是故知幽明之故。原始反终，故知死生之说。精气为物，游魂为变，是故知鬼神之情状。（同上）

"准"，等也。"弥纶"，普遍包罗也。这是说，《周易》拟天地，几乎可以与天地相等同，所以能普遍包罗天地间的一切道理，如天文、地理、幽冥生灭以及死生变化等，无不在其涵括之中。因此，"范围天地之化而不过，曲成万物而不遗，通乎昼夜之道而知"（同上）。如果圣人掌握了《周易》的"形上"之"道"，就能"与天地相似，故不违。知周乎万物而道济天下，故不过。旁行而不流，乐天知命，故不忧。安土敦乎仁，故能爱"（同上）。即德行配天地，智能通万物，仁民而爱物，安然而处世。这样，透过对《周易》之道的诠释，《易传》进一步将天、地、人贯通为一个整体，并将《周易》"塑造"成一部彰显宇宙生命之道，圣人可以以此"崇德广业"的宝典。

第三，《周易》兼天、地、人三才。《易传》载：

> 《易》之为书也，广大悉备：有天道焉，有人道焉，有地道焉，兼三才而两之，故六。六者，非它也，三才之道也。（《系辞下传》）
>
> 昔者圣人之作《易》也，将以顺性命之理，是以立天之道曰阴与阳，立地之道

曰柔与刚，立人之道曰仁与义。兼三才而两之，故《易》六画而成卦。分阴分阳，迭用柔刚，故《易》六位而成章。(《说卦传》)

这是说一部《周易》贯串了天道、人道和地道，虽分而为“三才”之道，但合则不过“性命之理”罢了。人若顺此“性命之理”，就能“观乎天文，以察时变；观乎人文，以化成天下”(《贲·彖传》)，“圣人感人心而天下和平”(《咸·彖传》)，“顺乎天而应乎人”(《兑·彖传》)，“节以制度，不伤财，不害民”(《节·彖传》)，等等。用《系辞下传》中的话说，这叫“天地设位，圣人成能”。

第四，《周易》是“崇德广业”之书。《易传》载：

夫《易》，圣人所以崇德而广业也。知崇礼卑，崇效天，卑法地。天地设位，而《易》行乎其中矣。成性存存，道义之门。(《系辞上传》)

这是说，《周易》是圣人用来高扬道德而开拓事业的。智慧在于高明，礼节在于谦卑，高明效法于天，谦卑效法于地。天地确定了位置，易的变化便运行于其中了。对已成的本性保持、再保持，便步入了道义的门户。

第五，《周易》是“开物成务”“极深研几”之书。《易传》载：

夫《易》何为者也？夫《易》开物成务，冒天下之道，如斯而已者也。是故，圣人以通天下之志，以定天下之业，以断天下之疑。是故，蓍之德圆而神，卦之德方以知，六爻之义易以贡。圣人以此洗心，退藏于密，吉凶与民同患。神以知来，知以藏往，其孰能与于此哉！古之聪明睿知神武而不杀者夫？是以明于天之道，而察于民之故，是兴神物以前民用。圣人以此齐戒，以神明其德夫！(同上)

夫《易》，圣人之所以极深而研几也。唯深也，故能通天下之志；唯几也，故能成天下之务；唯神也，故不疾而速，不行而至。(同上)

这是强调《周易》囊括了天下所有的行为法则，故而能让人通晓事理、成就事业。正因如此，圣人用它沟通天下人的心志，确定天下人的事业，解除天下人的疑惑，与人民共担忧患、吉凶。《周易》就是这样一部“开物成务”“极深研几”之作。

二、天人观

《周易》号称天人之学，《易传》在天道观方面继承、发展了道家的自然主义传统，在人道观方面继承、发展了儒家的人文主义传统。而《易传》最大的特点则在于，在天人关系方面有机地结合二者、综合创新，形成了一套较为系统的天人理论体系。

《易传》天人观的特色首先表现为天、地、人三才统一的整体观念。《系辞下传》载：“有天道焉，有人道焉，有地道焉，兼三才而两之，故六。”《说卦传》载：“昔者圣人之作《易》也，将以顺性命之理，是以立天之道曰阴与阳，立地之道曰柔与刚，立人之道曰仁与义。兼三才而两之，故《易》六画而成卦。分阴分阳，迭用柔刚，故《易》六位而成章。”这些言论的本义是从筮法角度谈卦画的构成问题，但《易》纳天、地、人于一卦六爻的符号体系内，体现了天、地、人三才统一的整体观念，这是《易传》考察天人关系的出发点。这说明，天、地、人——自然、社会、人，虽然各自作为独立的形态或许有别，但作为一个宇宙生命整体的组成部分，则同本同根，遵循着共同的变易法则。

《易传》进一步界定了人在三才中的角色和地位，这就是“崇效天，卑法地”（《系辞上传》）。《颐·象传》载：“天地养万物，圣人养贤以及万民。”这是效法天地养物的功能，养育万民。《坎·象传》载：“天险，不可升也；地险，山川丘陵也。王公设险以守其国，坎之时用大矣哉。”这是效法天地自然之险，设险守国，防止侵略。《咸·象传》载：“天地感而万物化生，圣人感人心而天下和平。”这是效法天地交感化生万物的特性，感化人心，治国、平天下。《恒·象传》载：“日月得天而能久照，四时变化而能久成，圣人久于其道而天下化成。”这是效法自然变化不已、生生不息的品质，恒久坚持人文化成的正道。这些材料都强调了人对天地之道的效法，表现了人对自然规律、自然法则的顺应。在《易传》中，最能集中反映“崇效天，卑法地”思想的莫过于《象传》。《乾·象传》载：“天行健，君子以自强不息。”指出君子要效法天道刚健有为、周而复始的品格，努力奋斗，自强不息。《坤·象传》载：“地势坤，君子以厚德载物。”指出君子要效法地道平顺居下、负载万物的品格，敦厚品德，承担重任。《屯·象传》载：“云雷，屯；君子以经纶。”《蒙·象传》载：“山下出泉，蒙；君子以果行育德。”《大畜·象传》载：“天在山中，大畜；君子以多识前言往行。”《益·象传》载：“风雷，益；君子以见善则迁，有过则改。”这些都表明天地之道与人道之间存在着内在同一性，人通过认识和效法天地之道，就可以从中吸取教益，引申出人事所遵循的原则。

“崇效天，卑法地”，强调了人对自然之道的效法。但《易传》不同于庄子之“蔽于天而不知人”（《荀子·解蔽篇》），其效法天地恰恰是为了突出“圣人成能”的人道本质。《系辞下传》载：“天地设位，圣人成能。”“成能”，就是成就天地化生万物的功能。这是说，天、地、人虽然是一个整体，但天地与人之间又有差别，人在顺应天地与地道的同时应该积极发挥自己的主观能动作用，崇德广业，参赞天地的化育。《泰·象传》载：

> 天地交，泰；后以财成天地之道，辅相天地之宜，以左右民。

“财成”，即裁节成就；“辅相”，即辅助赞勉。一句话，就是驾驭自然界的法则，参与自然界的变化过程。这些都是区别人道与天地之道的不同，强调人在自然面前应积极主动，参赞天地的大化流行。所以，《系辞上传》载：“备物致用，立成器以为天下利，莫大乎圣人。”用《同人·象传》中的话说，这也叫“唯君子为能通天下之志”。

强调三才同一，强调“崇效天，卑法地”，同时又强调“圣人成能”，这种认识，我们可以称之为“天人相通、有别而相参”。正是基于“同一”、“有别”而又“相参”的观念，《易传》特别重视从中正和谐的立场调适天、地、人之间的关系，并把“保合大和”（《乾·彖传》）作为天、地、人和谐的理想目标。《易传》载：

> 天地以顺动，故日月不过而四时不忒。圣人以顺动，则刑罚清而民服。（《豫·彖传》）
>
> 天地感而万物化生，圣人感人心而天下和平。观其所感，而天地万物之情可见矣。（《咸·彖传》）
>
> 日月得天而能久照，四时变化而能久成，圣人久于其道而天下化成。观其所恒，而天地万物之情可见矣。（《恒·彖传》）

这些话都鲜明地体现了天、地、人之间相参相成、和谐统一的关系。这样的“和谐”，站在天地之道的立场说，是人与自然的和谐共处；站在人道的立场说，是“顺乎天而应乎人”的道德理想与“保合大和”的精神境界。在这样的“和谐”中，天地与人、自然与人，可以超越分别，达到合一。如《乾·文言传》载：“夫大人者，与天地合其德，与日月合其明，与四时合其序，与鬼神合其吉凶。先天而天弗违，后天而奉天时。天且弗违，而况于人乎？况于鬼神乎？”“先天而天弗违”，是说人先于天时而动，天时并不违背人的行动；“后天而奉天时”，是说天时的变化到来后，人又能依天时而动。这样，就真正达到了《易传》所谓的“乐天知命，故不忧”。

三、性命观

先秦儒家特别重视“性命”问题，《易传》对此也给予了足够的关注。大致说来，《易传》的性命观包括三个层面：一是“继善成性”说和“成性存存”说，二是“乐天知命”说，三是“穷理尽性以至于命”说。

《易传》讨论“性命”问题有一个显著特点，就是注重结合天道。《乾·彖传》载：

> 乾道变化，各正性命，保合大和，乃利贞。

“乾道”，犹天道。这是说性命的成就与天道的变化有关。《易传》论“性”，下面一段材料最经典：

> 一阴一阳之谓道，继之者善也，成之者性也。仁者见之谓之仁，知者见之谓之知，百姓日用不知，故君子之道鲜矣。（《系辞上传》）

“一阴一阳”，是说又阴又阳，即有阴有阳，阳可变为阴，阴可变为阳，《易传》认为这就是“道”。凡是承继一阴一阳法则的便是善，此即“继之者善也”。凡是具备一阴一阳法则的就成就了本性，此即“成之者性也”。这是说，任何事物，包括卦爻象的变化，都离不开阴和阳。可一般人总是不能全面地把握阴阳两方面相互作用的意义，所以君子之道就鲜为人知了。《易传》的“继善成性”说有其独特之处。这可能与《易传》重视“推天道以明人事”有关。

除“继善成性”外，《易传》又提出了“成性存存”说。《系辞上传》载：

> 夫《易》，圣人所以崇德而广业也。知崇礼卑，崇效天，卑法地。天地设位，而《易》行乎其中矣。成性存存，道义之门。

朱熹《周易本义》载：“成性，本成之性也；存存，谓存而又存，不已之意也。”存而又存，意即不断涵养蕴存。《易传》认为，《周易》是效法天地、崇德广业之书，人们只要透过《周易》的学习，成就美善的德性，反复涵养蕴存，就能找到通向“道”和“义”的门户。这一点似乎与孟子的“存心养性”说颇为相似。但孟子谈人性强调先天内在：“君子所性，仁义礼智根于心，其生色也，睟然见于面，盎于背，施于四体，四体不言而喻”（《孟子·尽心上》）；“仁义礼智，非由外铄我也，我固有之也，弗思耳矣”（《孟子·告子上》）。所以，孟子所谓存养，侧重于由内向外的发显与扩充；《易传》所谓“存存”，侧重于由外向内的继承与成就。

“乐天知命”，“乐天”颇有道家的味道，而“知命”则是地地道道的儒家命题。最早提出“知命”说的是孔子。《易传》的知命说当来自孔子，但相对而言，《易传》更强调“顺天休命”，即顺从上天美好的命令。这仍然与其强调“推天道以明人事”有关。

《易传》所讲的“天命”颇有规律之义，如：

动而健，刚中而应，大亨以正，天之命也。其匪正有眚，不利有攸往。（《无妄·彖传》）

“刚中而应”，即阳刚居中而有响应。“大亨以正”，即非常亨通而万物得正。“其匪正有眚”，即背离正道必有灾殃。在《易传》看来，万物亨通得正，此乃天命，人也应当行正道，以求天之祐助，背离正道则会有灾祸，如：

与天地相似，故不违。知周乎万物而道济天下，故不过。旁行而不流，乐天知命，故不忧。（《系辞上传》）

“旁行而不流”，明人来知德注曰：“旁行者，行权也；不流者，不失乎常经也。”（《周易集注》卷十三）在这里，《易传》特别强调“不违”“不过”“不流”“不忧”。因此，“乐天知命”，颇有“就有道而正焉”（《论语·学而》）的意思。这一点，若与“穷理尽性以至于命”联系起来看，就更明显了。

《易传》载：

昔者圣人之作《易》也，幽赞于神明而生蓍，参天两地而倚数，观变于阴阳而立卦，发挥于刚柔而生爻，和顺于道德而理于义，穷理尽性以至于命。（《说卦传》）

昔者圣人之作《易》也，将以顺性命之理，是以立天之道曰阴与阳，立地之道曰柔与刚，立人之道曰仁与义。（同上）

《易传》中的“性命之理”，多指“一阴一阳之道”。“穷理”，即探讨阴阳变易的法则；“尽性”，即发挥人的仁义之性；“至于命”，谓达到安身立命的境地，即对于生死寿夭、吉凶祸福等遭遇皆能安然处之。这样看来，《易传》联系“性”与“命”的纽带乃是“道”。这个“道”，继之则善，成之为性，在天为阴阳，在地为柔刚，在人为仁义。人合理地发挥自己的仁义之性，即在“继之”的前提下，就能“成就”自己的人性。

不难看出，《易传》所谓“穷理”“尽性”“至于命”，与其对宇宙普遍法则的认识有着极为密切的关系。这与孟子、《中庸》的性命观是有区别的。此种区别，与《易传》借道家的思想方式彰显儒家的价值观有关。

第五节 荀子

荀子（约公元前313—前238），名况，时人尊而号为“卿”，战国末期赵国人。汉代避宣帝刘询讳，称荀卿为孙卿。荀子早年游学于齐，因学问博大，“最为老师”，曾三次担任当时齐国“稷下学宫”的“祭酒”（学宫之长）。秦昭王四十四年（公元前263年），西游入秦。后曾返回赵国，与临武君议兵于赵孝成王前。后来又应楚春申君之请，为兰陵（治今山东兰陵县兰陵镇）令。晚年从事教学和著述。荀子的著作后人整理为

《荀子》一书，计二十卷，三十二篇。荀子博学深思，其思想学说以儒家为本，兼采道、法、名、墨诸家之长。他以孔子、仲弓的继承者自居，维护儒家的传统，痛斥子张氏、子夏氏、子游氏之儒为"贱儒"，对子思、孟子一派也有激烈的批评。与孟子相比，他更重视对"礼"的讨论，主张"隆礼重法"，对后期法家影响很大。

一、天人观

荀子作为先秦哲学的殿军，其思想受到各家学说的影响，荀子本人也有意识地吸收各家之长，例如在对天的认识方面，就明显地表现出了综合儒、道（特别是稷下道家）的特点。荀子所谓的"天"主要指自然之天，荀子认为"天"就是客观存在的自然界。《荀子》载：

> 列星随旋，日月递炤，四时代御，阴阳大化，风雨博施，万物各得其和以生，各得其养以成，不见其事而见其功，夫是之谓神。皆知其所以成，莫知其无形，夫是之谓天功。(《天论篇》)

荀子在这里明确指出"天"就是列星、日月、四时、阴阳、风雨等自然变化现象。虽然提到了"神"，但是指天道变化的神妙莫测。这一点可能是受到了《易传》的影响。所谓"皆知其所以成，莫知其无形"，又多少带有道家的痕迹。即"天"的本质属性是"自然"，它没有意志，也不以人的意志为转移。《荀子》载：

> 天行有常，不为尧存，不为桀亡。应之以治则吉，应之以乱则凶。(同上)

"天"的运行有自己的法则，不因为尧是明君就存在，也不因为桀是暴君就消亡。它自身对于现实的人间政治没有任何隐摄作用。荀子又说："星队、木鸣，国人皆恐。曰：是何也？曰：无何也，是天地之变、阴阳之化、物之罕至者也。怪之可也，而畏之非也。"(同上) 自然界出现一些怪异现象，如流星坠地、大树发出叫声等，因为不常发生，感觉奇怪很正常，但因此而恐惧则完全没有必要。这是"天地之变、阴阳之化"，与社会人事的吉凶没有任何关系。"上明而政平，则是虽并世起，无伤也；上暗而政险，则是虽无一至者，无益也。"(同上) 政治清明公平，则上述的怪异天象同时出现也伤害不了社会的和谐与稳定；政治黑暗偏颇，即使没有一种怪异天象出现也阻止不了民怨沸腾。可见，"天"是没有目的性的，它只照着自己的规律变化，与社会人事没有任何关系。

基于对"天"的理性认识，荀子对于古代社会普遍流行的雩祭、卜筮等现象提出了新的解释。荀子说：

> 雩而雨，何也？曰：无何也，犹不雩而雨也。日月食而救之，天旱而雩，卜筮然后决大事，非以为得求也，以文之也。故君子以为文，而百姓以为神。以为文则吉，以为神则凶也。(同上)

雩祭或卜筮作为一种宗教活动或人事礼仪，功能主要在于教化，并不是说雩祭或卜筮真能通神。把它看作一种文化活动则可，若把它看作一种与神打交道的工作，那就很危险了。孔子主张"祭神如神在"(《论语·八佾》)，虽然对神敬而远之，但并没有否定神的存在。荀子虽然不反对祭祀，但似乎并不认为有神，可以说荀子是一位无神论者。

由于强调天的自然本质，否定天对人的隐摄作用，荀子特别重视天人之间的分别，基于天人之间的分别，他又特别重视人的主体能动作用。《荀子》载：

> 强本而节用，则天不能贫；养备而动时，则天不能病；修道而不贰，则天不能祸。故水旱不能使之饥渴，寒暑不能使之疾，祆怪不能使之凶。本荒而用侈，则天不能使之富；养略而动罕，则天不能使之全；倍道而妄行，则天不能使之吉。故水旱未至而饥，寒暑未薄而疾，祆怪未至而凶。受时与治世同，而殃祸与治世异，不可以怨天，其道然也。故明于天人之分，则可谓至人矣。(《天论篇》)

强本、养备、修道是人之所能为者。荀子认为，只要发挥人的作用，同时又按照规律办事，社会就会富足安定。即使有天灾，也不要紧；反之，即使没有天灾，也会发生人祸。“明于天人之分”，就是既要明白天的特点，又要明白人的特点。荀子提出这样的主张，一方面是为了反对传统的“天人感应”论思想，另一方面是为了纠正道家“蔽于天而不知人”的错误。荀子指出：“天有其时，地有其财，人有其治，夫是之谓能参。舍其所以参而愿其所参，则惑矣。”(同上) 天有自己的节令，地有自己的资源，人有自己的规范，三者之间，正因为各有自己的特点，所以才可以相互配合。人若放弃自我，一味因顺天地，那是十分糊涂的。荀子进一步指出：

> 君子敬其在己者而不慕其在天者，是以日进也；小人错其在己者而慕其在天者，是以日退也。故君子之所以日进与小人之所以日退，一也。君子小人之所以相县者在此耳。(同上)

君子与小人的区别在于，君子重视自己的能力，不羡慕上天的赐予，小人则相反。可知，荀子的“天人相分”思想主要是强调人要对主体自我有清醒的认识，凡是属于人的，就不要仰赖天，凡是属于天的就不要主观妄想。这说明荀子的“天人相分”思想与“天人合一”思想并不矛盾；或者换句话说，荀子讲“天人相分”，正是为了更好地天人相参。

荀子的天人观中还有一个十分著名的命题，即“制天命而用之”。荀子说：

> 大天而思之，孰与物畜而制之？从天而颂之，孰与制天命而用之？望时而待之，孰与应时而使之？因物而多之，孰与骋能而化之？思物而物之，孰与理物而勿失之也？愿于物之所以生，孰与有物之所以成？故错人而思天，则失万物之情。(同上)

荀子反对“大天”，反对“颂天”，反对在自然面前无所作为，强调人要发挥自己的主观能动性，裁节天命，为人类谋福，因时制宜使万物繁茂，发挥能力使万物更多化育，治理万物使之成为对人有用的东西。荀子讲“制天命”，是为了“用天命”。在荀子看来，“天命”可“制”，人能“制”之，恰恰是天命和人道的特点。只要实现了天、地、人三者的和谐统一，即“上得天时，下得地利，中得人和”，就能“财货浑浑如泉源，汸汸如河海，暴暴如丘山，不时焚烧，无所臧之，夫天下何患乎不足也”(《富国篇》)，即财源广进，天下富足。因此，荀子讽刺墨子的尚俭说为“昭昭然为天下忧不足”的“私忧过计”，指出“夫天地之生万物也，固有余足以食人矣；麻葛、茧丝、鸟兽之羽毛齿革也，固有余足以衣人矣”（《富国篇》）。所以，关键在于人是否配合了天时、开发了地利，是否发挥了主体的能动性。荀子的天人观高扬了主体的力量，在当时具有积极的意义。

二、性恶论

与孟子道性善不同，荀子继承了孔门后学中部分学者对人性的基本看法，从人的自然属性出发，讨论了恶的来源和为善的根据问题。

荀子非常明确地界定了“性”的内涵，他说：

> 凡性者，天之就也……不可学，不可事，而在人者，谓之性。（《性恶篇》）
> 性者，天之就也。（《正名篇》）
> 不事而自然谓之性。（同上）
> 性者，本始材朴也。（《礼论篇》）

“天之就”，即“天生”。“不事而自然”，就是没有雕琢的本然，所以谓之“本始材朴”。荀子认为，人性就是人天生的本性，也是人的自然本性，这一点，无论君子还是小人，都是一样的。荀子说：“凡人之性者，尧、舜之与桀、跖，其性一也；君子之与小人，其性一也。”（《性恶篇》）又说：“材性知能，君子小人一也。”（《荣辱篇》）尧、舜与桀、跖，君子与小人，在“本始材朴”的“性”上是没有区别的。那么，这个“性”是什么？荀子说：

> 若夫目好色，耳好声，口好味，心好利，骨体肤理好愉佚，是皆生于人之情性者也；感而自然，不待事而后生之者也。（《性恶篇》）

荀子所谓的“性”就是人的生理本能，它们是“感而自然”，即在与外物接触过程中自然而然产生的“好色”“好声”“好味”“好利”“好愉佚”的感受。在荀子的人性论中，情、性二字连用的情况颇多，有专家统计二十余例，例如：

> 性之好、恶、喜、怒、哀、乐谓之情。（《正名篇》）
> 情者，性之质也。（同上）
> 今人之性，饥而欲饱，寒而欲暖，劳而欲休，此人之情性也。（《性恶篇》）

荀子把好、恶、喜、怒、哀、乐以及欲饱、欲暖、欲休作为性之情，但并没有明确地说“本然”的性与情是善的还是恶的。也就是说，荀子并没有对“本始材朴”“天之就”的“性”做出善恶的判断。荀子对“性”的界定，以及对情性关系的关注，与近年来发表的出土文献《性自命出》中的思想有内在的连续性，这是一条很重要的思想脉络，表明荀子的人性论不但有其思想渊源，而且可能传承的还是先秦儒学中比较流行的观念。

荀子没有对本然之性的善恶问题做出判断，但又确实提出了“性恶”说，这如何理解？透过荀子对“性恶”问题的讨论，可以找到答案。《荀子》载：

> 今人之性，生而有好利焉，顺是，故争夺生而辞让亡焉；生而有疾恶焉，顺是，故残贼生而忠信亡焉；生而有耳目之欲，有好声色焉，顺是，故淫乱生而礼义文理亡焉。然则从人之性，顺人之情，必出于争夺，合于犯分乱理而归于暴。……用此观之，然则人之性恶明矣。（《性恶篇》）

在这段话中，荀子连用了几个“顺是”，这是说人的本性中天生存在着“好利”“疾恶”“耳目之欲”“好声色”等之类的东西，这些东西作为“天之就”，无所谓善恶。但一旦发动，顺着“好利”“疾恶”“耳目之欲”“好声色”发展下去，就会出现“辞让”“忠信”“礼义”的丧失。可见，荀子所谓的“性恶”乃“顺是”的结果。但其所“顺”和之所以“顺”，原因是什么，荀子并没有给出说明。是不是像《性自命出》中所说，是“待物而后作”的结果，荀子也没有说明。这多少让人感到“顺是”的方向是荀子指定的。

当然，荀子并没有否定人的向善欲望，但认为人之所以向善，恰恰是因为“性恶”。《荀子》载：

> 凡人之欲为善者，为性恶也。夫薄愿厚，恶愿美，狭愿广，贫愿富，贱愿贵，苟无之中者，必求于外；故富而不愿财，贵而不愿埶，苟有之中者，必不及于外。用此观之，人之欲为善者，为性恶也。今人之性，固无礼义，故强学而求有之也；性不知礼义，故思虑而求知之也。（同上）

按照荀子的观点，人之所以向往善，乃是因为自身缺乏善，就像薄者向往厚、恶者向往美、狭者向往广、贫者向往富、贱者向往贵一样。人性中没有礼义，所以才“强学而求有之”；人天生不知礼义，所以才“思虑而求知之”。这说明在荀子看来，善并不内在于人的本性。善不内在于人的本性，那善从哪里来？荀子借陶人制瓦和匠人制器的比喻说：“夫陶人埏埴而生瓦，然则瓦埴岂陶人之性也哉！工人斫木而生器，然则器木岂工人之性也哉？夫圣人之于礼义也，辟则陶埏而生之也。”（同上）这是说，礼义并不内在于人的本性，乃是圣人的制作，就如陶人“埏埴而生瓦”，匠人“斫木而生器”一样。所以，人之向善需要圣人的引导。

荀子强调人性恶，但又十分强调追求善，善如何获得？荀子有一个著名命题，即“人之性恶，其善者伪也”（同上）。“伪”就是人为，荀子又称之为“化性起伪”，“伪”的标准是礼义，而礼义出于圣人，所以，在荀子的人性论中圣人的价值十分突出。《荀子》载：

> 凡礼义者，是生于圣人之伪，非故生于人之性也。（同上）
>
> 故圣人化性而起伪，伪起而生礼义，礼义生而制法度。然则礼义法度者，是圣人之所生也。（同上）

圣人在化性起伪的过程中创制了礼义，那么，圣人是什么人？圣人之性是什么“性”？“故圣人之所以同于众，其不异于众者，性也；所以异而过众者，伪也。”（同上）在“性”的层次上，圣人亦与一般人没什么两样，圣人的特别之处在于“伪”，也就是后天的努力：“尧、禹者，非生而具者也，夫起于变故，成乎修为，待尽而后备者也。”（《荣辱篇》）尧、禹之为尧、禹，不是出于天生，乃是后天修为的结果。“故圣人也者，人之所积也。”（《儒效篇》）“圣可积而致。”（《性恶篇》）圣人是把众人的善都积累到自己身上而“修为”出来的。圣人由于经历过这样的努力，又吸取了众人的好德行，所以可以为他人设立标准和法度。《荀子》载：

> 圣人积思虑、习伪故，以生礼义而起法度，然则礼义法度者，是生于圣人之

> 伪，非故生于人之性也。(《性恶篇》)

礼义出于圣人，但修行还要靠自己，所以荀子十分重视修身和教化：“君子知夫不全不粹之不足以为美也，故诵数以贯之，思索以通之，为其人以处之，除其害者以持养之。使目非是无欲见也，使耳非是无欲闻也，使口非是无欲言也，使心非是无欲虑也。及至其致好之也，目好之五色，耳好之五声，口好之五味，心利之有天下。是故权利不能倾也，群众不能移也，天下不能荡也。生乎由是，死乎由是，夫是之谓德操。德操然后能定，能定然后能应。能定能应，夫是之谓成人。”(《劝学篇》)这里的“全”“粹”指道德的完美与纯粹。荀子认为，这种完美与纯粹是可以透过学习和实践获得的。在荀子看来，只有获得了这些东西，才可以“能定能应”，即既能够坚贞不移，又能够随机应对，才算得上成熟完美的人。

荀子虽然主张性恶，但由于强调后天的努力，认为后天的学习和实践可以改变人，因此认为“涂之人可以为禹”，圣人可学，圣人可至。《荀子》载：

> “涂之人可以为禹。”曷谓也？曰：“凡禹之所以为禹者，以其为仁义法正也。然则仁义法正有可知可能之理，然而涂之人也，皆有可以知仁义法正之质，皆有可以能仁义法正之具，然则其可以为禹明矣。”(《性恶篇》)

荀子认为，禹之所以为禹，无非由于禹能够“为仁义法正”，而“涂之人”都有可知、可学、可行“仁义法正”的能力，所以人人都可以成为禹这样的圣人。《荀子》载：

> 涂之人者，皆内可以知父子之义，外可以知君臣之正，然则其可以知之质、可以能之具，其在涂之人明矣。今使涂之人者以其可以知之质、可以能之具，本夫仁义之可知之理、可能之具，然则其可以为禹明矣。(同上)

“涂之人”，就自身条件来说，成为禹不是不可能的，只要“伏术为学，专心一志，思索孰察，加日县久，积善而不息”，就可以“通于神明，参于天地”(同上)，就可以成为圣人。也就是说，成为圣人的关键不在先天，而在于后天，即肯不肯努力。《荀子》载：

> 曰：“圣可积而致，然而皆不可积，何也？”曰：“可以而不可使也。故小人可以为君子而不肯为君子，君子可以为小人而不肯为小人。小人、君子者，未尝不可以相为也，然而不相为者，可以而不可使也。故涂之人可以为禹则然，涂之人能为禹则未必然也。虽不能为禹，无害可以为禹。”(同上)

“涂之人”可以为禹，但不一定必然为禹。不能为禹，是努力不够。不能因为努力不够而不能为禹，就否定“涂之人可以为禹”，“可以为，未必能也；虽不能，无害可以为。然则能不能之与可不可，其不同远矣，其不可以相为明矣”(同上)。在这里，荀子把为禹的主动权交给了每一个人。在为禹(成圣)的问题上，人有充分的自由。

三、天官与天君

在讨论“涂之人可以为禹”的问题时，荀子看到“仁义法正”有可知可能之理，而“涂之人”有“可以知”之“质”与“可以能”之“具”。这虽然不是专门讨论知识问题的，却涉及了知识的话题，荀子对认识对象的可知性和认识主体的认识能力是持肯定态度的。在先秦，荀子对于知识问题算是比较自觉的哲学家之一，可能是出于“解蔽”的目的，荀子对“知”的问题进行了颇为深入的探讨。

荀子认为，对于人而言最大的危险在于被偏见蒙蔽而不明白道理，“凡人之患，蔽于一曲而暗于大理”（《解蔽篇》）。如果大家各说各是，言人人殊，如“诸侯异政，百家异说”，则必然引起“或是或非，或治或乱”（同上），即认识的混乱，所以需要“解蔽”。荀子讨论了“蔽”产生的原因：

> 故为蔽：欲为蔽，恶为蔽，始为蔽，终为蔽，远为蔽，近为蔽，博为蔽，浅为蔽，古为蔽，今为蔽。凡万物异则莫不相为蔽，此心术之公患也。（同上）

这是说，好恶、始终、远近、博浅、古今等，凡是存在对立的地方，凡是存在差异需要人们选择的地方，都容易产生片面的认识。荀子考察了社会思想发展的历史，在政治人物中重点考察了夏桀、商纣、唐鞅、奚齐等“蔽”者，成汤、文王、鲍叔、甯戚、隰朋等“不蔽”者；在思想家中重点考察了墨子、宋子、慎子、申子、惠子、庄子等“蔽”者和孔子这样的“不蔽”者。透过这样的考察，荀子总结出了“蔽”与“不蔽”的规律：

> 故由用谓之道，尽利矣；由俗谓之道，尽嗛矣；由法谓之道，尽数矣；由埶谓之道，尽便矣；由辞谓之道，尽论矣；由天谓之道，尽因矣。此数具者，皆道之一隅也。夫道者，体常而尽变，一隅不足以举之。曲知之人，观于道之一隅而未之能识也，故以为足而饰之，内以自乱，外以惑人，上以蔽下，下以蔽上，此蔽塞之祸也。（同上）

诸家之“蔽”，在于只抓住了“道之一隅”，而未能举“道体”之全，也就是未能全面地认识“道体”。如有的只看到了“用”，有的只看到了“俗”，有的只看到了“法”，有的只看到了“埶”，等等。荀子称他们为“曲知之人”。“曲知之人”抓住一点，却自以为掌握了全面，结果不但自相矛盾，还惑乱别人的认识，造成了极大的危害。荀子借圣人之口，提出了解蔽的方法：

> 圣人知心术之患，见蔽塞之祸，故无欲无恶、无始无终、无近无远、无博无浅、无古无今，兼陈万物而中县衡焉。是故众异不得相蔽以乱其伦也。（同上）

这里的“圣人”指孔子，在荀子看来，在诸子百家中，只有孔子“仁知且不蔽，故学乱术，足以为先王者也”（同上）。荀子说，孔子“知心术之患，见蔽塞之祸”，所以要求人们在差别和对立面前，如在欲恶、始终、远近、博浅、古今等面前，不要偏执，而要将方方面面陈列出来加以比较、权衡，以做出不自相矛盾的判断。根据什么来比较、权衡？荀子的答案是“道”。那根据什么来把握“道”？荀子的答案是“心”，这样便引出了荀子的知识论话题。

荀子特别重视“心”在“解蔽”中的作用，而为了彰显“心”的作用，荀子透过分析知识形成的条件，考察了人的感觉器官与“心”的不同。《荀子》载：

> 凡以知，人之性也；可以知，物之理也。（同上）

这是说，人有可知之性，物有可知之理，这就具备了知识发生的条件。荀子特别对人的可知之性进行了探讨，区分了“天官”与“天君”，提出了“天官簿类”和“心有征知”的命题：“耳目鼻口形，能各有接而不相能也，夫是之谓天官。”（《天论篇》）“不相能”，指各自的功能无法相互替代，也就是说，五官之中的任何一官都无法统摄其他四官。荀子认为，这就是天官——天生的感官的特性。如：“形体、色、理，以目异；声音清浊、调竽奇声，以耳异；甘、苦、咸、淡、辛、酸、奇味，以口异；香、臭、芬、郁、腥、臊、洒、酸、奇臭，以鼻异；疾、养、沧、热、滑、铍、轻、重，以形体异；说、故、喜、怒、哀、乐、爱、恶、欲，以心异。”（《正名篇》）色、声、香、味、触，各有自己的感觉器官，即眼、耳、鼻、舌、身。荀子称之为“同类、同情者，其天官意物也同”（同上）。它们各有各的功能，各自透过自己来“意物”，彼此不能相互替代。“天官”之间彼此“不相能”，所以需要“天君”来统理。《荀子》载：

> 心居中虚，以治五官，夫是之谓天君。（《天论篇》）

“心”在中央，能统理“天官”，荀子称之为“天君”。在荀子看来，“心”不发生作用，很难形成认识：“心不使焉，则白黑在前而目不见，雷鼓在侧而耳不闻。”（《解蔽篇》）不但如此，“心”受到了不合理的干扰，也很难形成正确的认识：“心忧恐则口衔刍豢而不知其味，耳听钟鼓而不知其声，目视黼黻而不知其状，轻暖平簟而体不知其安。”（《正名篇》）所以，认识的完成不但需要“心”的主导，而且还必须保证“心”在主导过程中的状态。

当然，荀子也注意到，“心”虽是“天君”，但在一般情况下并不离开“天官”而活动。《荀子》载：

> 心有征知。征知，则缘耳而知声可也，缘目而知形可也，然而征知必将待天官之当簿其类然后可也。五官簿之而不知，心征知而无说，则人莫不然谓之不知。（同上）

“征知”，就是通过“心”的思维活动，对耳、目、鼻、口、身等感官获得的现象进行分类、辨别、取舍。荀子在这里提出了两个层面的问题：一个是“天官簿类”，即感觉经验层面；另一个是“心有征知”，即理性分析层面。荀子认为，这两个层面缺一不可，但相对而言，后一个层面又具有相对的独立性，比如在对“道”的认识中就基本看不到“天官簿类”的作用。

荀子知“道”的方法是“虚壹而静”。《荀子》载：

> 故治之要在于知道。人何以知道？曰：心。心何以知？曰：虚壹而静。（《解蔽篇》）

“知道”要靠“心”，但只有当“心”保持在“虚壹而静”的状态时才能知“道”。“虚壹而静”，指虚心、专心、静心。在荀子看来，“心未尝不臧也，然而有所谓虚；心未尝不满也，然而有所谓一；心未尝不动也，然而有所谓静”（同上）。也就是说，人心不可能是一片空白，不可能没有成见，也不可能不受外界干扰，但“心”也有另一面，就是虚、壹、静，这三者恰恰可以对前者（“臧”“满”“动”）起到补救作用。荀子进一步解释说：

人生而有知，知而有志。志也者，臧也。然而有所谓虚，不以所已臧害所将受，谓之虚。心生而有知，知而有异。异也者，同时兼知之。同时兼知之，两也。然而有所谓一，不以夫一害此一，谓之壹。心，卧则梦，偷则自行，使之则谋。故心未尝不动也，然而有所谓静，不以梦剧乱知，谓之静。（《解蔽篇》）

所谓“虚”，就是不让已有的思想妨碍将要接受的新的思想；所谓“一”，就是不让已有的认识妨碍进一步的认识；所谓“静”，就是不让混乱不清的错觉干扰正常的心思。不难看出，荀子的“虚壹而静”，其方法和目的都是限制人们的成见，以保证认识活动的自然和纯粹。荀子说：“虚壹而静，谓之大清明。万物莫形而不见，莫见而不论，莫论而失位。”（同上）这是说“虚壹而静”又叫“大清明”，“大清明”就是心如水镜，对所要认识的事物可以鉴照得十分清楚和透彻，有形的万物没有不被发现的，发现了没有不被认识的，被认识了的没有发生差错的。“大清明”为何具有这样的功能？荀子说：

《道经》曰：“人心之危，道心之微。”危微之几，惟明君子而后能知之。故人心譬如槃水，正错而勿动，则湛浊在下而清明在上，则足以见鬒眉而察理矣。微风过之，湛浊动乎下，清明乱于上，则不可以得大形之正也。心亦如是矣。故导之以理，养之以清，物莫之倾，则足以定是非、决嫌疑矣。小物引之则其正外易，其心内倾，则不足以决粗理矣。（同上）

这是说，人心好比盘中水，端正不动，就湛浊在下，清明在上，可以像镜子一样照清楚人的须眉肌肤；被风一吹，湛浊就会翻卷上来，变得不清了。所以，要保持它的大清明状态。荀子认为，如果“心”达到了大清明状态，它的功能将很大，“坐于室而见四海，处于今而论久远，疏观万物而知其情，参稽治乱而通其度，经纬天地而材官万物，制割大理而宇宙里矣”（同上）。荀子感叹说，到了这个地步“夫恶有蔽矣哉！”（同上）可见，“虚壹而静”是荀子“解蔽”的根本大法。

需要指出的是，荀子探讨知识的问题，不仅是为了获得知识，也是为了指导“行”。荀子说“学至于行之而止”：“不闻不若闻之，闻之不若见之，见之不若知之，知之不若行之，学至于行之而止矣。”（《儒效篇》）荀子重视“行”，是因为在他看来知道的目的在于“体道”，而“行，体道者也”（《解蔽篇》），所以，荀子讨论“天官”“天君”，主张“虚壹而静”，最后的落脚点是“体道”。这一点正是荀子儒学的面目之所在。

四、名实

作为战国末期的一位著名思想家，荀子对春秋战国以来各家思想的片面性都有批判。在批判名家的诡辩论思想时，荀子吸收后期墨家的思想成果，对名实问题做出了进一步的讨论。

名是什么？荀子说：

名也者，所以期累实也。（《正名篇》）

名是用来约定并联系、概括所指称的对象的。荀子因此提出“制名以指实”的主张，认为：“名闻而实喻，名之用也。”（同上）即名的作用就在于一听到名就明白它指的是什么事物。荀子指出，不同的名反映不同的实，每个名都必须与它所表示的某类实相符合。如果名实不符，就无法分清是非，行动就没有准则，甚至思想也无法明确表达，就会造成极大的混乱。

荀子探讨了名的形成过程，认为："凡同类同情者，其天官之意物也同。故比方之疑似而通。是所以共其约名以相期也。"（《正名篇》）意思是说，凡是同类的、具有共同性质的事物，人的感官对它形成的观念（意）也相同。所以，经过各人感觉的类比、沟通，认为是大致相似的，就约定一个名称以表示某一事物或某一类事物。这是说，名称是根据感官对各类客观事物接触时所得到的感觉而"约定俗成"的。这种"约定俗成"的名称，得到大家的公认，使人们在讲到一个名称时都知道指的是什么，这样便能表达思想、交流思想。

荀子也讨论了概念（名）的分类问题。他在继承、发展后期墨家概念分类思想的基础上，提出了单、兼、共、别等一系列分类的概念。他说：

> 同则同之，异则异之；单足以喻则单，单不足以喻则兼；单与兼无所相避则共，虽共，不为害矣。（同上）

相同的事物就用相同的名称，不相同的事物就用不同的名称；"单名"能使人了解的就用"单名"，否则就用"兼名"。如果二者没有什么相违背的，就用"共名"。荀子这里所谓的"单名"和"兼名"，是从名的语言构成形式上区分的。"单名"是由一个音节组成的单称名词，"兼名"是由两个或两个以上音节组成的复称名词。例如，"牛"是一个单名，"好牛"就是一个"兼名"。荀子所谓的"共名"和"别名"，是从概念的概括程度上即从外延的大小上区分的。"共名"是外延较大的类概念，"别名"则是较"共名"低一级的概念。例如，"动物"是一个"共名"，"牛"则是一个"别名"。但这两级的区别也是相对的。因为"共"上还有"共"，"推而共之……至于无共然后止"，就是"大共名"（同上）。荀子认为，"物也者，大共名也"（同上）。"物"概念就是最高的类概念。同样，别下还有别，"推而别之……至于无所别然后止"（同上），就是从最大的别名推到只反映一个特殊对象的名称，即"无名"。这种分类方法看到了事物及其名称的同和异，以及一般与个别之间的区别和联系、对立和统一，是符合逻辑规律的。

荀子分析、批判了当时在名实问题上存在的种种错误认识。荀子把它们概括为"惑于用名以乱名""惑于用实以乱名""惑于用名以乱实"这三种情况。"惑于用名以乱名"，指混淆概念之间的关系。如后期墨家的"杀盗非杀人"命题，把"杀盗"排斥在"杀人"之外，从而把两个外延不同（人的外延大，盗的外延小）、关系从属的类概念截然对立起来，从而否定了概念之间的从属关系。荀子认为这是"惑于用名以乱名"。"惑于用实而乱名"，指用个别事物的相对现象否定或混淆概念的确定含义。如"山渊平"这样的命题，利用可能存在的高原上的深渊与平原上的高山同在一个水平线上的特殊情况，把"山"与"渊"这两个不同概念的含义硬说成一样的，从而混淆了概念的内涵。荀子认为这是"惑于用实以乱名"。"惑于用名以乱实"，指用概念的不同否定实际存在的事物。如"白马非马"这样的诡辩，硬说白马不是马，从而否定概念的类属关系，就是以名乱实。（同上）

总之，在荀子看来，上述三种情况，虽具体问题各异，但共同的错误是颠倒了名实关系，只重视概念的抽象逻辑推理，而看不到客观事物的实在性。荀子称这种现象为“蔽于辞而不知实”（《解蔽篇》）。荀子批判名辩之学是“蔽于辞而不知实”，除了基于他对知识问题的特殊体认之外，还与他的儒家立场不无关系。如荀子说：“辩说譬喻，齐给便利，而不顺礼义，谓之奸说。……圣王之所禁也。”（《非十二子篇》）又说：“不合先王，不顺礼义，谓之奸言；虽辩，君子不听。”（《非相篇》）而其作《正名篇》的目的正是要“以正道而辩奸，犹引绳以持曲直”，而使“邪说不能乱，百家无所窜”。所以，严格说来，荀子对名实之辩的总结批判是有很大局限性的。这种以儒家思想为标准来取舍知识的做法，对于中国逻辑学和认识论的发展无疑具有消极影响。

五、明分使群

荀子对人的本质问题进行了思考，并以此为前提，展开了他对社会政治制度的讨论。荀子首先分析了人的存在与人之外的诸存在的不同特性：

> 水火有气而无生，草木有生而无知，禽兽有知而无义，人有气、有生、有知，亦且有义，故最为天下贵也。（《王制篇》）

荀子把天地间存在着的事物分成四个层次：有气无生者，如水火；有生无知者，如草木；有知无义者，如禽兽；兼有气、生、知、义者，即人。四个层次之中，人属于第四个层次。作为一种存在（有气），人不但有生命、知觉，还有“义”，所以“最为天下贵”。

荀子认为，人之能分能群、驾驭外物的根据就是“义”。荀子说：

> 力不若牛，走不若马，而牛马为用，何也？曰：人能群，彼不能群也。人何以能群？曰：分。分何以能行？曰：义。（同上）

人之所以能使唤牛马，是因为能“群”（合作）；之所以能“群”，是因为“分”（分工）；之所以能“分”，是因为有“义”。可见，在气、生、知、义四者中，人之所以为人的根本之处在于“义”。荀子说：

> 故人之所以为人者，非特以其二足而无毛也，以其有辨也。夫禽兽有父子而无父子之亲，有牝牡而无男女之别，故人道莫不有辨。辨莫大于分，分莫大于礼，礼莫大于圣王。（《非相篇》）

这里荀子把“义”变成了“礼”，实际指的是一个东西——人道。荀子认为，人之所以为人，并不是因为浑身没毛、直立行走等外部特征，而是因为父子之亲、男女之别等人伦礼义。荀子的这一看法与孟子颇有相同之处，不过相较于孟子的抽象性本善说，荀子更注重从人的社会性层面来分析人的问题。《荀子》载：

> 欲恶同物，欲多而物寡，寡则必争矣。故百技所成，所以养一人也。而能不能兼技，人不能兼官，离居不相待则穷，群而无分则争。穷者患也，争者祸也，救患除祸，则莫若明分使群矣。（《富国篇》）

这是说，“明分使群”不但是人类存在的一种特性，也是人类文明存在的一种基本方式，而且是人类自觉选择的一种方式。在这个存在中，“分”与“群”互为基础，而它们的共同基础是人伦礼义。所以，荀子特别重视礼义法度。

在荀子的社会政治思想中，礼法是一个核心范畴。荀子讨论了礼的起源：

> 礼起于何也？曰：人生而有欲，欲而不得，则不能无求；求而无度量分界，则不能不争；争则乱，乱则穷。先王恶其乱也，故制礼义以分之，以养人之欲，给人之求，使欲必不穷乎物，物必不屈于欲，两者相持而长，是礼之所起也。（《礼论篇》）

在荀子看来，礼是先王为了调节人的欲望、避免纷争和战乱而制定出来的，因此对于人之身份地位的确立是十分必要的。“人无礼则不生，事无礼则不成，国家无礼则不宁。”（《修身篇》）“虽王公士大夫之子孙，不能属于礼义，则归之庶人。虽庶人之子孙也，积文学，正身行，能属于礼义，则归之卿相士大夫。”（《王制篇》）这是说身份的高低无关出身，只看是否“属于礼义”，不“属于礼义”，即使血统再高贵，也和一般人一样；“属于礼义”，即使出身再低微，也可以和卿相士大夫等量齐观。不仅如此，“天地以合，日月以明，四时以序，星辰以行，江河以流，万物以昌，好恶以节，喜怒以当，以为下则顺，以为上则明，万物变而不乱，贰之则丧也。礼岂不至矣哉！”（《礼论篇》）“礼”简直就是宇宙法则。因此，在荀子这里“礼”还兼有“法”的性质：“礼者，法之大分，类之纲纪也。”（《劝学篇》）荀子经常礼法并提：“隆礼至法，则国有常。”（《君道篇》）这表明荀子是礼法并重的。不过，荀子也并没有因此而混淆二者之间的区别，在荀子看来，“礼”是就人道而言的，为人道之始；“法”是就治道（社会治理）而言的，为“治之端”。荀子认为，“由士以上则必以礼乐节之，众庶百姓则必以法数制之”（《富国篇》）。在礼与法之间，荀子视礼为更根本的东西。

荀子以道德为基础思考社会政治问题，十分瞧不起春秋五霸。《荀子》载：

> 仲尼之门，五尺之竖子言羞称乎五伯，是何也？曰：然。彼非本政教也，非致隆高也，非綦文理也，非服人之心也。乡方略，审劳佚，畜积修斗而能颠倒其敌者也。诈心以胜矣。彼以让饰争，依乎仁而蹈利者也，小人之杰也，彼固曷足称乎大君子之门哉！（《仲尼篇》）

“五伯”，即五霸。荀子认为，孔门之徒中连五尺高的童子都瞧不起五霸，是因为五霸以诈取胜，以让饰争，行仁蹈利，乃“小人之杰”。荀子基于儒家立场，对五霸的这些行为进行了严厉的批评。但荀子并不像孟子那样一味地反对霸道，他区分了“王”与“霸”，认为“义立而王，信立而霸”（《王霸篇》），即霸道并非毫无可取之处。荀子的目的在于将霸道引向王道，他说：

> 今亦以天下之显诸侯诚义乎志意，加义乎法则度量，著之以政事，案申重之以贵贱杀生，使袭然终始犹一也。如是，则夫名声之部发于天地之间也，岂不如日月雷霆然矣哉！故曰：以国齐义，一日而白，汤、武是也。汤以亳，武王以鄗，皆百里之地也，天下为一，诸侯为臣，通达之属莫不服从，无它故焉，以济义矣。是所谓义立而王也。（同上）

这是强调，诸侯得势者，如果能心存仁义、法度明确、赏罚合义，就会像日月雷霆一样，既有光明，又有声名，自然可以像汤、武那样成就王者事业。在这里，荀子与孟子一样，是把汤、武视作王道之楷模的。所不同者，在荀子这里，王道政治并不以拒斥霸道为前提，王道虽然为本，但并非不可辅以霸道。荀子的这一思想开了汉初“霸王道杂之”的先河。

第四章

墨　　家

墨家学派的特点，可以透过《庄子·天下》篇的描述而略知大概："墨子称道曰：'昔者禹之湮洪水，决江河而通四夷九州也……禹亲自操稿耜而九杂天下之川。腓无胈，胫无毛，沐甚雨，栉疾风，置万国。禹，大圣也，而形劳天下如此。'使后世之墨者多以裘褐为衣，以跂蹻为服，日夜不休，以自苦为极，曰：'不能如此，非禹之道也，不足谓墨。'"可见，这一派很重视苦修。可能正是由于这样的缘故，加之其思想的针对性很强，所以战国时期这一派的影响十分之大，同儒家并称"世之显学"（《韩非子·显学》）。现存《墨子》一书，是记述墨子及墨家思想的可靠资料。《汉书·艺文志》著录《墨子》七十一篇，但现存仅五十三篇。这五十三篇大致可分为三类：《经上》《经下》《经说上》《经说下》《大取》《小取》六篇为一类，主要讨论逻辑和科学问题，属后期墨家作品；《备城门》以下十一篇为一类，是对墨家的防御技术和守城器械的记载与说明；其余三十六篇则应该直接与墨子及其弟子的言论和活动有关，是研究墨家思想的主要依据。

第一节　墨子

墨子（约公元前468—前376），名翟，鲁国人，一说为宋国人。他做过宋国的大夫，在宋国活动的时间较长。墨子的生平早在汉代就已不详，《淮南子·要略》说："墨子学儒者之业，受孔子之术，以为其礼烦扰而不说，厚葬靡财而贫民，［久］服伤生而害事，故背周道而用夏政。”可知墨子起初是学儒家之术的，后来有了自己的想法，才从儒家独立出来，逐渐形成并发展成墨家学派。

一、兼爱非攻

墨子哲学有一个核心，就是“兴天下之利，除天下之害”（《尚同中》）。他所谓的“利”，指“国家之富，人民之众，刑政之治”（《尚贤上》）。如何实现这样的“利”？墨子提出了一系列方案，据《墨子·鲁问》载：“子墨子曰：‘凡入国，必择务而从事焉。国家昏乱，则语之尚贤、尚同；国家贫，则语之节用、节葬；国家憙音湛湎，则语之非乐、非命；国家淫僻无礼，则语之尊天、事鬼；国家务夺侵凌，即语之兼爱、非攻。故曰择务而从事焉。”这里的尚贤、尚同、节用、节葬、非乐、非命、尊天、事鬼、兼爱、非攻等，可以看作墨子兴利除害的基本方略。

兼爱非攻是墨子针对“国家务夺侵凌”提出的一套对治方案。墨子考察了历史及当时的社会现状，得出一个结论：“凡天下祸篡怨恨，其所以起者，以不相爱生也。”（《兼爱中》）墨子分析指出，子与臣不孝敬父与君是混乱产生的根源。儿子爱自己而不爱父亲，便会损害父亲以自利；臣子爱自己而不爱君主，便会损害君主以自利。这就是所谓的混乱。反过来说，父亲爱自己而不爱儿子，便会损害儿子以自利；君主爱自己而不爱臣子，便会损害臣子以自利。所以，混乱起源于不相爱。

那么，如何才能根除天下的混乱？墨子提供的法宝是“兼爱”。墨子说：

> 若使天下兼相爱，爱人若爱其身，犹有不孝者乎？视父兄与君若其身，恶施不孝？犹有不慈者乎？视弟子与臣若其身，恶施不慈？故不孝不慈亡有。犹有盗贼乎？故视人之室若其室，谁窃？视人身若其身，谁贼？故盗贼亡有。犹有大夫之相乱家，诸侯之相攻国者乎？视人家若其家，谁乱？视人国若其国，谁攻？故大夫之相乱家、诸侯之相攻国者亡有。若使天下兼相爱，国与国不相攻，家与家不相乱，盗贼无有，君臣父子皆能孝慈，若此，则天下治。（《兼爱上》）

假使天下人都相亲相爱，爱别人就像爱自己，便不会存在不孝的问题；看待父亲、兄长及君主就像看待自己，便不会做出不孝的事情；看待儿子、弟弟及臣子就像看待自己，便不会做出不慈爱的事情；看待别人的家就像看待自己的家，便不会盗窃；看待别人就像看待自己，便不会害人；看待别人的家族就像看待自己的家族，便不会侵害；看待别人的国家就像看待自己的国家，便不会攻伐。假使天下人都相亲相爱，国家与国家之间不再相互攻伐，家族与家族之间不再相互侵害，没有了强盗与贼寇，君臣、父子之间都孝敬慈爱，天下就得到治理了。不难看出，墨子的“兼爱”是无差等之爱，与儒家的“爱有差等”是很不相同的，毋宁说是“爱有差等”的反动。不过，墨子与儒家也有相同之处，那就是用“仁义”来界定“兼爱”的内容。墨子说：“兼即仁矣、义矣。”（《兼爱下》）但墨子讲仁义是“喻于利”的，这与儒家又不相同。

在当时的时代，最残酷的动乱莫过于战争，所以墨子特别拈出“非攻”的话题，讨论了战争中的是是非非。他认为，当时的战争多数属于侵略性质，而且都是“攻伐无罪之国”(《非攻下》),其危害则是“夺民之用,废民之利”,“百姓饥寒冻馁而死者,不可胜数”,结果往往“其所得,反不如所丧者之多”(《非攻中》),所以墨子坚决反对侵略战争。为此,墨子还曾利用自己出身手工业者的特长,研究了战备及制止战争的战术,甚至还曾将战争阻挡在“实验室”中。据《公输》篇记载,公输般曾为楚国制造攻打宋国的器械,墨子知道后便去劝阻,双方理论了一番,墨子并没有说服公输般,于是拿出自己研制的器械与公输般较量:

> 子墨子解带为城,以牒为械。公输盘九设攻城之机变,子墨子九距之。公输盘之攻械尽,子墨子之守圉有余。

较量的结果,公输般输了。据《公输》篇记载,公输般输了之后,想借楚王之手杀掉墨子,孰知墨子早有准备,命弟子禽滑釐等三百人,持守圉之器,在宋城上等待楚寇。楚王见此,只好作罢。楚、宋之间的战争就这样避免了。墨子主张非攻,但也不是无条件地反对一切战争,比如禹征有苗、汤伐桀、武王伐纣,他认为都是必要的,而且认为这样的战争不能叫“攻”,而应叫“诛”。“攻”是应该谴责的,但“诛”是应该支持和肯定的。

兼爱、非攻固然可以兴利,但没有政治上的保障,也很难奏效。墨子认为,国家之所以“不得富而得贫,不得众而得寡,不得治而得乱”,原因还在于“王公大人为政于国家者,不能以尚贤事能为政”(《尚贤上》)。墨子把尚贤视为“天、鬼、百姓之利而政事之本”(《尚贤下》)。墨子认为,古时圣王为政,任德尊贤,即使是从事农业或手工、经商的人,有能力、有德行的就选拔他,给他高官,给他厚禄,委以重任,给他权力。因为如果爵位不高,民众对他就不会敬重;俸禄不厚,民众对他就不会信任;权力不大,民众对他就不会畏惧。所以,为政者应当根据能力、德行任官,根据官职授权,根据功劳定赏,衡量各人功劳而给予禄位。这样的话,做官的不会永远富贵,民众也不会永远贫贱。墨子认为,能做到这一点,不但可以“谋不困,体不劳”,而且能够“名立而功成,美章而恶不生”(《尚贤上》)。

墨子的“尚贤”说对儒家的“尊尊”说是一个冲击,对于打破传统的世袭制也有积极作用。不过,墨子提倡“尚贤”,并不反对权威,他“尚贤”的目的正是要把有能力的人变成有权威的人,并把人们的思想与行动统一到有权威的人身上。为此,墨子提出了“尚同”说。墨子认为,天下之所以乱,“无君臣上下长幼之节,父子兄弟之礼”(《尚同中》)是根本原因之一。墨子考察了国家的起源,指出生民之初没有行政制度,没有统一标准,各说各的,一个人有一种道理,十个人就有十种道理,一百个人就有一百种道理,人数越多,道理就越多。每个人都以自己为对,以别人为错,于是彼此间相互攻击。后来人们认识到“天下之所以乱者,生于无政长”,所以“选天下之贤可者,立以为天子”,然后又“选择天下之贤可者”,立为三公、诸侯等,最终“天下之百姓皆上同于天子”,“是以天下治也”(《尚同上》)。墨子的“尚同”说,强调思想行为上的统一性,有权威主义的倾向。

二、天志明鬼

与老子、孔子一样,墨子思想涉及了天人问题。墨子天人观的最大特点是:一方面尚力、非命，即肯定人的价值；另一方面又主张尊天、事鬼，即强调天志、鬼神存在的意义。

墨子强调尚同，强调权威，人间最大的权威是天子，天子之上则是“天”。所以，墨子对天有很独特的讨论，并提出了“天志”说，当然主要是为了找一个天上的权威来约束人间的权威。

在墨子看来，天是无私的，“天之行广而无私，其施厚而不德，其明久而不衰”（《法仪》）；天有意志，能赏善罚恶，“顺天意者，兼相爱，交相利，必得赏；反天意者，别相恶，交相贼，必得罚”（《天志上》），“天亦不辩贫富贵贱、远迩亲疏，贤者举而尚之，不肖者抑而废之”（《尚贤中》），“天子为善，天能赏之；天子为暴，天能罚之”（《天志中》），“若天降寒热不节，雪霜雨露不时，五谷不熟，六畜不遂，疾灾戾疫，飘风苦雨，荐臻而至者，此天之降罚也”（《尚同中》）；天是兼爱、非攻等兴利除害的保证，“顺天之意者，兼也；反天之意者，别也。兼之为道也，义正；别之为道也，力正”（《天志下》），“且天之爱百姓也，不尽物而止矣。今天下之国，粒食之民，杀一不辜者，必有一不详”（同上），“天之意，不欲大国之攻小国也”（《天志中》），等等。在墨子这里，天俨然是一切正面思想、行为的依据，墨子也因此而视天是衡量一切的标准。《墨子》载：

> 子墨子言曰：“我有天志，譬若轮人之有规，匠人之有矩。轮、匠执其规、矩，以度天下之方圜，曰：‘中者是也，不中者非也。’今天下之士君子之书，不可胜载，言语不可尽计，上说诸侯，下说列士，其于仁义则大相远也。何以知之？曰：‘我得天下之明法以度之。’”（《天志上》）

墨子把“天志”比作工匠手里的圆规和尺子，并认为靠了它，就可以“得天下明法以度之”。墨子蛮有自信地说：“中吾规者，谓之圜；不中吾规者，谓之不圜。”（《天志中》）不难看出，墨子所谓的“天志”，既是一个监临天下、主宰一切，可给予人祸福赏罚的、具有人格意志的至上神，又是他自己心目中可用以审视、衡量、评判一切的理想仪法或客观标准。在这里，“天志”的人格神意义来自传统宗教观，“天志”的标准作用则出于墨子的发明，是墨子对传统宗教观的一种改造。

与对“天志”的认识相关，墨子十分认可鬼的存在及价值。墨子说：

> 是与天下之所以察知有与无之道者，必以众之耳目之实知有与亡为仪者也。请惑闻之见之，则必以为有；莫闻莫见，则必以为无。若是，何不尝入一乡一里而问之，自古以及今，生民以来者，亦有尝见鬼神之物，闻鬼神之声，则鬼神何谓无乎？若莫闻莫见，则鬼神可谓有乎？（《明鬼下》）

墨子用他的三表法论证鬼的存在，指出无论传说还是现实，确实听说有人见过鬼的形状，听过鬼的声音，因此鬼是存在的。鬼不但存在，种类还很多，“古之今之为鬼，非他也，有天鬼，亦有山水鬼神者，亦有人死而为鬼者”（同上）。既有人鬼，还有天鬼、山鬼、水鬼等多种多样的鬼。

墨子讲这么多鬼，目的是什么？墨子说鬼神比圣人明智，所谓“鬼神之明智于圣人，犹聪耳明目之与聋瞽也”（《耕柱》）；不但如此，“鬼神之明，不可为幽闲广泽，山林深谷，鬼神之明必知之。鬼神之罚，不可为富贵众强，勇力强武，坚甲利兵，鬼神之罚必胜之”（《明鬼下》）。也就是说，鬼神的威力很大，能行赏罚之事，而且“鬼神之所赏，无小必赏之；鬼神之所罚，无大必罚之”（同上）。可见，鬼在墨子这里简直就是天的助手，协助天来实现主宰和规范的作用。墨子关于鬼神的思想，应该与传统宗教观以及当时的民间信仰有关。

墨子作为一个手工业者阶层的代表，处在社会的最底层，没有现实的手段来规约社会的不平等，也没有能力平衡统治者的骄奢淫逸，所以大讲天志，广说鬼神，以图透过神灵世界的约束来实现“兴天下之利，除天下之害”的远大抱负。

三、非乐非命

作为一位经验论色彩和功利主义色彩颇浓的思想家，墨子还主张非乐、节用、节葬。他认为，当时流行的许多习俗以及统治者奢靡的生活习俗是“国贫而民难治”（《辞过》）的原因之一。

墨子“非乐”的主要理由是：其一，王公大人造乐器，“姑尝厚措敛乎万民，以为大锺鸣鼓琴瑟竽笙之声”（《非乐上》）；其二，所造乐器只供王公大人享受，无补于百姓饥寒，何况演奏时还要占用很多劳动力，“使丈夫为之，废丈夫耕稼树艺之时；使妇人为之，废妇人纺绩织纴之事”（同上）；其三，王公大人欣赏了音乐而淡忘了治理百姓之事。因此，墨子主张，“今天下士君子，请［诚］将欲求兴天下之利，除天下之害，当在乐之为物，将不可不禁而止也”（同上）。

墨子用他擅长的“上本之于古者圣王之事”（《非命上》）的方法考察了古人的生活，指出了“节用”的必要。墨子认为，古人在不知道修建宫室的时候，是靠近高处的土山而居，挖掘地洞而住；因为地湿伤民，君王才建宫室，但方法也很简单，高出地面避开潮湿，有边墙抵御风寒，有屋顶应对雪霜雨露，墙壁有高度区别男女，仅此而已。他们建筑宫室，纯粹是为了生存，而不是为了观赏玩乐。可是，当时的君王却与此不同，宫室台榭曲折多姿，雕刻饰物五彩缤纷，君王行之，左右效之，劳民伤财，以至于国家的财用不足以应对凶饥、救济孤寡，所以国家贫困而民众难以治理。因此，墨子主张“凡足以奉给民用则止，诸加费不利于民利者，圣王弗为”（《节用中》）。

“丧葬”问题也是如此。墨子认为，当时流行的丧葬风俗有两大弊端：一是厚葬，另一是久丧。厚葬则财寡，因为会把很多生产出来的财富埋葬掉；久丧则民寡，因为人们不但长期不能参加正常的生产劳动，甚至“男女之交”也受到影响，并进而影响到人类的繁殖。加之“天子杀殉，众者数百，寡者数十，将军大夫杀殉，众者数十，寡者数人”，结果“国家必贫，人民必寡，刑政必乱”（《节葬下》）。

在讨论非乐、节用、节葬（包括前述兼爱、非攻、尚贤、尚同）的过程中，墨子偶尔也涉及了对现实政治体制的反思。比如，墨子认为天子的出现与百姓之间有余财不能相分、有余力不能相助、有良道不能相教有关，“是故选天下之贤可者，立以为天子”（《尚同上》）。如此看来，天子的出现虽然与天命有关［“古者上帝鬼神之建设国都，立正长也”（《尚同中》）］，但也与百姓的意愿关系密切。

墨子还对当时的世卿世禄制度提出了强烈的批评，指出：“今王公大人，其所富，其所贵，皆王公大人骨肉之亲”（《尚贤下》）墨子主张消除这些弊端，而消除的办法乃是“列德而尚贤”，即“虽在农与工肆之人，有能则举之，高予之爵，重予之禄，任之以事，断之以令”（《尚贤上》）。这是要求不计出身，按能力用人，在当时无疑是对贵族专制主义的大胆挑战，反映了小生产者参与国家大事的强烈愿望和对官吏终身制、世袭制的不满。

在先秦，墨子是一位旗帜鲜明地反对有命说的思想家，他对当时的“命”说进行了严厉的批判，指出“执有命者之言不可不非，此天下之大害也”，“执有命者不仁”（《非命上》），“执有命者，此天下之厚害也”（《非命中》）。墨子的批判是有针对性的，孔子之后，儒家内部曾经存在一种宿命论的思潮，从《墨子》中的有关讨论可以得知这一点：

> 有强执有命以说议曰：“寿夭贫富，安危治乱，固有天命，不可损益。穷达赏罚，幸否有极，人之知力，不能为焉。”群吏信之则怠于分职，庶人信之，则怠于从事……而儒者以为道教，是贼天下之人者也。（《非儒下》）

这是说，当时有一部分儒者认为，人的长寿夭折、贫穷富有、安定危险、治理混乱是受天命制约的，不能减损，也不能增加。穷困显达、奖赏惩罚、有幸不幸，都有定数，人的智力是不能有所作为的。墨子认为，这种观点对社会十分有害，官吏听信了它，便会对自己分内的职责懈怠，百姓听信了它，便会对自己从事的劳作懈怠，这简直是残害天下人。《公孟》篇又载：

> 公孟子曰：“贫富寿夭，齰然在天，不可损益。”又曰：“君子必学。”子墨子曰：“教人学而执有命，是犹命人葆而去其冠也。”

公孟子认为，贫穷富裕、长寿夭折，确实由天注定，无法增减，君子一定要对此有所了解。墨子批判他说，这是叫人包起头来，却又去掉他的帽子。从《墨子》一书中的记载来看，当时存在着一种说命、信命的社会思潮，墨子称之为“执有命者”，其主要观点是：

> 命富则富，命贫则贫；命众则众，众寡则寡；命治则治，命乱则乱；命寿则寿，命夭则夭。（《非命上》）
>
> 上之所赏，命固且赏，非贤故赏也；上之所罚，命固且罚，不暴故罚也。（同上）

很显然，这是十足的宿命论观点。墨子对此持坚决的批判态度，批判的武器仍然是他发明的三表法。墨子指出，从历史来看，“古者桀之所乱，汤受而治之；纣之所乱，武王受而治之。此世未易，民未渝，在于桀、纣，则天下乱；在于汤、武，则天下治，岂可谓有命哉!”（同上）这是说治乱由人，不是因命，所以天命是不存在的。从经验事实来看，“我所以知命之有与亡者，以众人耳目之情，知有与亡。有闻之，有见之，谓之有；莫之闻，莫之见，谓之亡……自古以及今，生民以来者，亦尝见命之物，闻命之声者乎？则未尝有也”（《非命中》）。这是说，老百姓没有见过命，也没有听过命，所以天命是不存在的。从客观效果来看，“今也王公大人之所以蚤朝晏退，听狱治政，终朝均分而不敢怠倦者，何也？曰：彼以为强必治，不强必乱；强必宁，不强必危。故不敢怠倦。……今也农夫之所以蚤出暮入，强乎耕稼树艺，多聚叔粟而不敢怠倦者，何也？曰：彼以为强必富，不强必贫；强必饱，不强必饥。故不敢怠倦”（《非命下》）。这是说，国家的乱与治在于人为，努力了就治理得好，怠倦了就治理得坏；收成的好与坏在于人为，努力了就收成好，怠倦了就挨饥饿。这些不是天命在起作用，所以天命是不存在的。墨子否定了命，所以对人的努力十分肯定，强调“赖其力者生，不赖其力者不生”（《非乐上》）。

墨子对“执有命者”的批判具有一定的理论价值，是对主体人的一种肯定。不过，他的证明都是经验性的，所以也有很大的局限性。与宿命论者相比，墨子看到了人之能，却没有看到人之不能；相反，宿命论者则看到了人之不能，而没有看到人之能。这可能是墨子“非命”的同时又很相信天志、鬼神的原因之一。

四、三表法

春秋战国时期，学说蜂起，学派林立，那么，应当如何表达自己的思想？应当如何判断各家学说的是非曲直？标准是什么？墨子讨论了这些问题。

墨子哲学的方法意识相对较强，他提倡“必立仪”（《非命上》），强调首先要确立审视、衡量、评判各种学说包括自己主张的标准。在墨子看来，言而无仪，就像站在旋转着的陶钧上测量早晚的日影一样，是没有办法做到的。为此，墨子特别提出“言必有三表”。《墨子》载：

> 何谓三表？子墨子言曰：“有本之者，有原之者，有用之者。于何本之？上本之于古者圣王之事；于何原之？下原察百姓耳目之实；于何用之？废以为刑政，观其中国家百姓人民之利。此所谓言有三表也。”（同上）

“三表”就是三个标准：“上本之于古者圣王之事”，强调人们说话要有历史根据，要重视历史的经验教训；“下原察百姓耳目之实”，强调人们说话要符合百姓的感觉经验；“废以为刑政，观其中国家百姓人民之利”，强调人们说话要符合国家和百姓的利益。综观墨子的言说，他基本是按照这三个标准来分析、评判或建立各种主张的。墨子在《尚贤上》篇论证自己的“尚贤”说时就找到了不少历史根据。他说，古时尧把舜从服泽之阳拔举出来，授予他政事，结果天下大治；禹把益从阴方之中拔举出来，授予他政事，结果天下统一；汤把伊尹从庖厨之中拔举出来，授予他政事，结果他的治国谋略得行；文王把闳夭、泰颠从狩猎者中拔举出来，授予他们政事，结果西方诸侯臣服。在这些时候，即使处在厚禄尊位的大臣，没有不敬惧而敬业的，即使处在农业与手工、经商地位的百姓，没有不争相勉励而崇尚道德的。在这里墨子运用的是三表法中的第一表，即历史根据。

墨子在《非命中》篇论证自己的“非命”说时就找到了不少“百姓耳目之实。”他说：“我所以知命之有与亡者，以众人耳目之情，知有与亡。有闻之，有见之，谓之有；莫之闻，莫之见，谓之亡。”墨子以没有人听过关于命的传说，没有人见过命是什么样子来证明没有命的存在。这是第二表的应用。

另外，《墨子》各篇基本都围绕着一个主题，即“国家之富，人民之众，刑政之治”，墨子的所有讨论也几乎都是从“兴天下之利，除天下之害”来立论的，这些都是第三表即“百姓人民之利”的应用。

墨子三表法的经验论色彩很浓，其优点是重视经验，包括间接（历史）经验、直接（感官）经验以及实际效果等，其缺点则是过分依赖经验，如过分依赖“闻之”“见之”，所以难免滑向狭隘的经验论。

当然，墨子也没有完全忽视理性思维的作用，他谈到了“察类明故”的问题，可以看作对三表法的一个补充。“察类明故”，就是要求人们在认识事物或辩论时进行合理的分类，找出各类事物的同异、因果及根据，以探索前后的发展联系。墨子在与人争论时偶尔会说“子未察吾言之类，未明其故者也”（《非攻下》），就是在运用“类”概念进行辩论，同时用“故”概念追求事物的原因，使人们的思维在辩论中逐渐严密而深邃起来。例如，墨子在区分“攻”与“诛”、“毁”与“告”、“好”与“恶”时就用到了“察类”的思维。他在驳斥“昔者禹征有苗，汤伐桀，武王伐纣，此皆立为圣王，是何故也”的诘问时，根据“异类不比”原则，反驳说“彼非所谓攻，谓诛也”（同上），认为“攻”与“诛”是异类概念，不能混淆。

墨子所谓的“故”，主要指事物之间的因果联系及事物的所以然之理。墨子曾讥讽儒者不知“故”：“子墨子曰问于儒者：‘何故为乐？’曰：‘乐以为乐也。’”（《公孟》）墨子认为，这等于没有回答，因为没有说出所以乐“之故”；这就好比问“何故为室”，若回答“冬避寒焉，夏避暑焉，室以为男女之别也”，就说明了室所以为室之故，若回答“室以为室也”（同上），那岂不是什么都没说？所以，墨子特别强调“明故”。他说：“仁人以其取舍是非之理相告，无故从有故也，弗知从有知也，无辞必服，见善必迁。”（《非儒下》）这里提到的“无故”与“有故”、“弗知”与“有知”，都是在强调探讨原因、理由的重要性。

基于“察类明故”的基本思维方法，墨子思考了推理的问题。《墨子》载：

> 谋而不得，则以往知来，以见知隐。谋若此，可得而知矣。（《非攻中》）

这是说，根据以往的经验可以推测未知的事情，从可见的表面现象可以推知隐而未显的内在本质。又据《鲁问》篇载：“彭轻生子曰：‘往者可知，来者不可知。’子墨子曰：‘籍设而亲在百里之外，则遇难焉。期以一日也，及之则生，不及则死。今有固车良马于此，又有奴马四隅之轮于此，使子择焉，子将何乘？’对曰：‘乘良马固车，可以速至。’子墨子曰：‘焉在不知来？’”在这里，墨子用推理肯定了预见，肯定了来者可知。

由于重视“察类明故”，墨子还谈到了名实问题，强调名实的一致。他说：

> 今瞽曰：“钜者，白也；黔者，黑也。”虽明目者无以易之。兼白黑，使瞽取焉，不能知也。故我曰瞽不知白黑者，非以其名也，以其取也。……天下之君子不知仁者，非以其名也，亦以其取也。（《贵义》）

墨子强调，只具有关于名的知识是没用的，关键是要根据“实”来理解“名”。

当然，墨子关于“名”“实”“类”“故”等的论述还相当朴素，但却启迪了墨子后学的逻辑思维，这一点后面还会谈到。总之，墨子是一位方法意识相对较强的思想家，他强调说话、评判是非要有标准，虽然他提出的标准的内容并没有超出当时人们的观念，但这种“标准”意识确实很有价值，其后学之所以在思维逻辑方面有所贡献，不能不说与墨子的这种意识有关。

面对礼坏乐崩的时代大局，墨子开出了“兼爱”“非攻”“非乐”等药方；为了保证思想观念的合理性，他提出了三表法；为了便于理想的实现，他重新塑造了传统宗教观中的“天”。然而，由于他的思想方法是建立在经验主义基础之上的，所以他的思想表现出很大的局限性。老子重视由“道”向下推，孔子重视由“己”向外推。与老子、孔子相比，墨子对这两个方面都没有措意，他只看重历史和感官的经验以及实际效果，所以理论建构并不深入，这可能是他以及墨家在后来的历史发展中一度湮没无闻的主要原因。

第二节　后期墨家

墨翟一派的思想，在墨翟死后分成许多流派，分别对墨翟思想有不同的解释和发展。据韩非说：“自墨子之死也，有相里氏之墨，有相夫氏之墨，有邓陵氏之墨。”(《韩非子·显学》)《庄子·天下》篇载：“相里勤之弟子五侯之徒，南方之墨者苦获、已齿、邓陵子之属，俱诵《墨经》，而倍谲不同，相谓别墨。以坚白、同异之辩相訾，以觭偶不仵之辞相应，以巨子为圣人，皆愿为之尸，冀得为其后世，至今不决。”由上述记载可知，墨子死后，墨家内部曾经发生分化，但都认同墨子，都把《墨经》奉为经典，讨论的问题也相对集中。现存《墨子》一书中《经上》《经下》《经说上》《经说下》《大取》《小取》六篇著作形成于战国中后期，属于墨家后学的作品。

一、论知

名实之辩是春秋战国时期社会大变动的产物，它导源于不断尖锐的现实与传统的矛盾。这一辩论经由先秦名家的思辨、讨论，逐渐由一个政治性倾向很强的话题转化为一个知识论倾向很强的话题。后期墨家及先秦儒学的殿军荀子，便主要是从知识论层面总结这一辩论的。他们对“知”的问题进行了颇为深入的讨论。《墨子》载：

> 知，材也。(《经上》)
> 知也者，所以知也，而必知，若明。(《经说上》)

这是从人的认知能力方面来讨论“知”的问题。后期墨家认为，“知”是一种能力，但能力不等于知识，就好比眼睛能看见光明，但能见不等于“见”一样。所以，《墨经》又载：

> 知，接也。(《经上》)
> 以其知过物而能貌之，若见。(《经说上》)

这是说，知识是能知之官与对象接触后获得的。“貌”，即摹写。后期墨家认为，用自己的能知之官接触对象并对对象做出客观的反映（像摹写一样）就是“知”。这里既指出了认识是在主客的相互关联中获得的，又明确了对象的可知性，是很有价值的。

以此为基础，后期墨家进一步提出了“循所闻而得其意”（《经上》）的主张，认为人的认识不能停留在感官认知上，还要运用“心”的功能来扩大认识的深度和广度。《墨经》载：“虑，求也。”（同上）这是说思考本身也是一种向外求索的认知活动。后期墨家考察了这种认识活动：

> 恕，明也。（《经上》）
>
> 恕也者，以其知论物而其知之也著，若明。（《经说上》）

这是说，“恕”这种认知活动是用人的认识能力综合考虑事物（“论物”），这样就能使认识更加明白、透彻。很显然，这种认知活动已经超出了感觉经验的范围。

后期墨家还分析了知识的来源问题，认为获得知识主要有三种途径，即“亲知”“闻知”“说知”。“亲知”，就是通过亲身感觉得到的知识，所谓“身观焉，亲也”（同上）。“闻知”，指由传授得到的知识，所谓“传受之，闻也”（同上）。《墨经》又把“闻知”细分为直接传授（“亲闻”）和间接传授（“传闻”）两种。“说知”，指用推理方法得到的知识。《墨经》以“方不障”解释“说知”。“方”是比方，有比方、类推的意思。比方、类推不受时空的限制，就是“方不障”。“方不障”，就可以由此推彼，由过去推未来。

《墨经》把知识的内容分为四类，即“名”“实”“合”“为”：“所以谓，名也；所谓，实也；名实耦，合也；志行，为也。”（同上）这里的“名”，是讲名词概念方面的知识。后期墨家认为，“名”是用来指称“实”的，是“实”的宾词，“实”是“名”的主体。“名”“实”相符，称为“合”。“志”在这里指动机或目的。有目的，有行动，叫作“为”。四种知识内容之间的关系是，“名”与“实”相“合”，“志”与“行”一致。

值得注意的是，《墨经》在对知识的理解中把“名”放在第一位，把“行”放在第四位，颇有“学至于行”的意思。这表明后期墨家虽然讨论的是抽象的知识论问题，但还是为了现实的关怀。这可能正是中国哲学的特点之所在。

二、立辩

墨家创始人墨子是一位极富论辩精神的哲学家，在与对手论辩的过程中，他不仅系统提出了三表法以作为评判与检验人们思想、言论的标准，而且提出了“取实予名”的名实观。后期墨家也在辩论中，尤其是在批评惠施、公孙龙等学者的逻辑理论错误中，发展了墨子的思想。

后期墨家首先对辩的作用和目的进行了讨论：

> 夫辩者，将以明是非之分，审治乱之纪，别同异之处，察名实之理，处利害，决嫌疑。（《小取》）

这是认为，辩论的作用和目的主要在于“明是非”“审治乱”“别同异”“察名实”“处利害”“决嫌疑”这六个方面。如何实现这些作用和目的？后期墨家提出了一些带有原则性的命题：

以名举实，以辞抒意，以说出故。(《小取》)

这是一条最基本的原则，意思是说使用的名词或概念（“名”）要能反映客观的实际内容（“实”），命题或判断（“辞”）要能正确地表达其含义（“意”），论证（“说”）要有充分的根据（“故”）。

以类取，以类予。(同上)

这一条强调，进行辩论必须严格注意所辩对象是否同类，只有同类才可使论辩双方互相取、予，即补充或完善自己的论据，抛弃不正确的判断，非类则不能相辩或类比。

有诸己不非诸人，无诸己不求诸人。(同上)

这一条是说，自己立论中包含某些原则或判断，自己不能非难对方也包含同样的原则或判断；自己立论中没有包含某些原则或判断，自己不能强求对方一定要包含这些原则或判断。这是要求辩论者不要把自己的意见强加于人，自己承认的不可强求别人承认，自己不承认的也不可要求别人不承认。

以上述原则为基础，后期墨家提出了七种立辩方法。其一，“或也者，不尽也”（同上）。《经上》篇载：“尽，莫不然也。”所谓“尽”，指概念、判断包含了所述对象的全部内容，也就是所谓的全称肯定判断。所谓“或”“不尽”，指该判断并不包含所述对象的全部，而只包含了某一部分，也就是所谓的选言判断。其二，“假者，今不然也”（《小取》）。“假”，就是假使、假设。在逻辑上，它的公式是“如果……，则……”。这是假言判断。它只是假设，并没有构成现实，所以说“今不然也”。其三，“效者，为之法也，所效者，所以为之法也，故中效，则是也，不中效，则非也，此效也”（同上）。“效”，即仿效、效法。《经上》篇载：“法，所若而然也。”《经说上》解释：“法，意、规、员三也俱，可以为法。”可见，“法”就是法规、规范之义，例如，矩可据以为方，规可据以成圆。在逻辑上，这可称为法言判断，即依照某些特定的法规和公式做出相应判断的方法。其四，“辟也者，举他物而以明之也”（《小取》）。“辟”即譬，这是举譬喻以明意的推理判断。其五，“侔也者，比辞而俱行也”（同上）。“侔”，是齐等对比的意思，是由一个判断对比推导出另一个判断。其六，“援也者，曰：‘子然，我奚独不可以然也’”（同上）。“援”，就是援引对方所持的一个论断作为自己立论的根据，从而驳倒对方的立辩方法，即所谓“援例”。其七，“推也者，以其所不取之，同于其所取者，予之也，是犹谓也者同也，吾岂谓也者异也”（同上）。“推”即推理，就是用自己已经取得的知识（“其所取者”）去推知自己尚未取得的知识（“其所不取之”），条件是二者的情况必相同。这七种立辩方法具有很强的逻辑性。

后期墨家还对“名”进行了分类，提出了“达名”“类名”“私名”等概念。如说，“名：达、类、私”（《经上》），“名，物，达也，有实必待文多也。命之马，类也，若实也者必以是名也。之臧，私也，是名也止于是实也”（《经说上》）。这里所谓的“达名”，指外延最大的名。如“物”这个达名，是概括一切客观存在的实际事物的名。这里所谓的“类名”，指凡是具有同类性质的事物都一定可以用这个类名来称谓。如“马”这个类名，是概括一切类型、品种、颜色的马的名。这里所谓的“私名”，指仅仅称谓一个个别事物的名。如“臧”这个私名，仅仅可以称谓“臧”这个人。“达名”是外延最大的普遍概念。“类名”介于“达名”和“私名”之间，相对于“达名”来说，它是特殊；相对于“私名”来说，它是一般。“私名”则外延最小，只含有一个对象。后期墨家这种概念分类思想较好地解决了普遍概念与特殊概念之间的区别和联系，对后来荀子的知识论思想有很大影响。

第五章

名　家

春秋战国时期是中国社会的大变革时期，旧有的礼制不断受到冲击和破坏，新的典章制度还在尝试建立之中，整个时代表现出礼坏乐崩、新旧交替、名实相怨的特征。因此，许多政治家、思想家都十分重视对“名实”关系的探讨，也都分别站在自己的阶级立场，对相关问题提出了自己的见解，进行了长期的争论，还出现了被后来的史书称为“名家”的思想流派。本章即以名家思想为主线，介绍先秦时期的“名实之辩”。

“名家”这个称呼始见于汉司马谈《论六家之要指》：“夫阴阳、儒、墨、名、法、道德，此务为治者也，直所从言之异路，有省不省耳。”其中的“名”即指名家。司马谈概括名家思想的基本特点说：“苛察缴绕，使人不得反其意，专决于名而失人情。故曰使人检而善失真。若夫控名责实，参伍不失，此不可不察也。”（《史记·太史公自序》）这是说，名家的过失在于过细地考察名词、概念而流于烦琐，不识大体而丢掉了事物的真相，违背了人们的原意，而其功绩在于使人注意调整和矫正错综复杂的名实关系。

据《汉书·艺文志》，名家的主要代表著作为：“《邓析》二篇（郑人，与子产并时）。《尹文子》一篇（说齐宣王。先公孙龙）。《公孙龙子》十四篇（赵人）。《成公生》五篇（与黄公等同时）。《惠子》一篇（名施，与庄子并时）。《黄公》四篇（名疵，为秦博士，作歌诗，在秦时歌诗中）。《毛公》九篇（赵人，与公孙龙等并游平原君赵胜家）。”可见，在先秦名家是一个人数众多、著作丰富的学派。

第一节　惠施

惠施（约公元前 370—约前 310），战国中期宋国人。他曾做过魏国的宰相，对于“自然科学”也颇有研究。据《庄子・天下》篇记载：南方有个奇人名叫黄缭，问天为什么不塌下来，地为什么不陷下去，风雨雷霆是什么东西，惠施不假思索就把这些问题全回答了，并且“遍为万物说”。看来，在当时惠施算是一个学问很渊博的人。不过，作为战国中期名家的著名代表，惠施的著作已全部散佚，我们只能根据《庄子》等书的相关记载，对其思想做一简单的介绍。《庄子・天下》篇载：

> 惠施多方，其书五车，其道舛驳，其言也不中。历物之意，曰：“至大无外，谓之大一；至小无内，谓之小一。无厚不可积也，其大千里。天与地卑，山与泽平。日方中方睨，物方生方死。大同而与小同异，此之谓小同异；万物毕同毕异，此之谓大同异。南方无穷而有穷，今日适越而昔来。连环可解也。我知天下之中央，燕之北越之南是也。泛爱万物，天地一体也。”惠施以此为大观于天下而晓辩者，天下之辩者相与乐之。

《天下》篇的这段记载是我们研究惠施名学思想最集中、最可靠的材料。可惜的是，《天下》篇的记载也仅仅到此为止，惠施是如何论证和具体解说“历物之意”的十个命题的，已不得而知，因此后人也只能参照与其同时代或时代相近的其他古籍中的材料，做出大致的解释。

第一，“至大无外，谓之大一；至小无内，谓之小一”。“至大无外”“至小无内”的说法，也在《管子》一书中出现，称之为“其大无外，其小无内”（《心术》），但《管子》中的这句话是用来形容“道”的。惠施讲“至大无外”“至小无内”，则可能主要是讨论无限大和无限小的问题。其所谓“无外”“无内”，可以说是“至大”（无限大）、“至小”（无限小）的定义。“无外”，就是没有什么东西在它之外，因此，“无外”之大就是无限大；“无内”，就是在它之内没有什么再可分割的东西了，因此，“无内”之小就是无限小。唐人成玄英疏曰：“囊括无外谓之大也，入于无间谓之小也。”说的就是这个意思。

第二，“无厚不可积也，其大千里”。“无厚”，就是没有厚度。没有厚度又能大至千里，说明惠施在这里指的是面积。几何学上的面积没有厚度，没有体积，所以“不可积”；但有广度（长度和宽度），可以绵延，所以“其大千里”。惠施的命题表明，与体积不同，面积的特点是：在厚度上是“无”（即在高度上不可累积），在长度和宽度上则是“有”（可以度量其长和宽）。有与无虽然是对立的，但在个别情况（如就面积而言）下也是统一的。

第三，“天与地卑，山与泽平”。这一命题与《荀子・非十二子篇》中所载春秋时期的邓析所谓“山渊平，天地比”的意思相似。唐人陆德明《经典释文》引晋李颐之说：

“以地比天，则地卑于天。若宇宙之高，则天地皆卑。天地皆卑，则山与泽平矣。”从宇宙“大一”的观点来看，天地山泽的位差可以忽略不计。换句话说，天与地、山与泽、高与下的位置都是相对的，在有的情况下甚至是可以转化的。这与《易传·系辞上传》所谓“天尊地卑，乾坤定矣；卑高以陈，贵贱位矣”的观点显然是有区别的，反映了战国时代人们思想观念的多元化。

第四，“日方中方睨，物方生方死”。这个命题是说，太阳刚升到正中，同时就开始西斜了；一个东西刚生出来，同时就开始走向死亡了。这一命题的关键是时间副词“方”。“方”在这里可以理解为瞬间。正中与西斜是一对矛盾，生与死是一对矛盾，但太阳升到正中与太阳西斜这对矛盾，事物出生与事物走向死亡这对矛盾，却是在同一瞬间发生的。这种观点体现了“运动本身就是矛盾”的思想。

第五，“大同而与小同异，此之谓小同异；万物毕同毕异，此之谓大同异”。这一命题，就字面意思来说，大同与小同有差异，叫作小同异；一切事物完全相同，一切事物完全相异，叫作大同异。而就实质来说，这一命题可分为两个层面：其一，从具体事物的层面看，大同与小同，其或同或异都是相对的；因为“大”“小”本身就意味着有对待，所以这样的同或异只能是“小同异”。例如，鸡、鸽、牛、马，鸡、鸽同为鸟类，牛、马同为兽类，这是小同；鸡、鸽、牛、马同属动物类，这是大同。但鸟兽（之名）与动物（之名）种属有别，这就是小同异。其二，从万物一体（大一）的层面看，其或同或异都是绝对的；因为“毕同”（万物的同一性）、“毕异”（万物的多样性）本身就意味着超对待，所以这样的同或异可谓“大同异”。例如，从万物的共同性来说，鸡、鸽、牛、马虽然称谓不同且体性各异，但都是“物”，所谓“天地万物，一人之身也”（《吕氏春秋·有始》），这就是“毕同”；从万物的差异性来说，鸡、鸽、牛、马虽然都是“物”，但称谓不同且体性各异，“同宇而异体”（《荀子·富国篇》），这就是“毕异”。惠施的这一命题在一定程度上看到了同异之间的相互联系，承认同异之间有同一性，后人称对同异的这种看法为“合同异”。

第六，“南方无穷而有穷”。“无穷”与“有穷”是一对矛盾，惠施这一命题大概是讲空间的相对性。

第七，“今日适越而昔来”。这一命题是说，今日动身去越国，可昨天就到了。照常识，这种说法简直是不可理解的。但惠施在这里很可能恰恰是抓住了“今”与“昔”的相对性、流变性等特征。今天所谓昔，正是昨天所谓今；今天所谓今，明天就成为昔。“今”与“昔”是互相依存、互相转化的。

第八，“连环可解也”。对于这一命题，向来的解释分歧颇大。就惠施思想表现出来的特征来看，这句话似乎是为了表明“可解”与“不可解”也是相对存在的。

第九，“我知天下之中央，燕之北越之南是也”。燕即燕国，在今北京一带；越即越国，在今江浙一带。这一命题说天下的中心在燕国的北边、越国的南边，可以包含两层意思：一是就地理知识层面说，在惠施生活的时代，人们可能已经意识到了华夏并非世界的中央；二是就理论思维层面说，当时的人们已经发现了“中央”与“周围”的相互依存性和相互转化性。

第十，“泛爱万物，天地一体也”。这一命题，可以看作对上述九个命题的总结。上述九个命题都认为世界上没有绝对对立的东西，任何对立面，如大与小、高与低、中与睨、生与死、无穷与有穷、今与昔、中央与周围等，都具有相对性、依存性和转化性。“泛爱万物，天地一体也”这一命题则进一步表明，从天地一体的角度看，万物都是一样的，因此不应有彼此好恶之分，而应同等看待。后人把惠施视为“合同异”的代表，与上述观点不无关系。

从以上十个命题不难看出，惠施很注意利用人们习惯于依照常识进行思考的局限性，而在常识之外发现一些照常识无法理解，但又不能说是绝对违反常识的东西。据《庄子·天下》篇的记载，惠施的“历物之意”曾经轰动一时：“惠施以此为大观于天下而晓辩者，天下之辩者相与乐之。”他们天天背靠大梧桐树，用最离奇的说辞，如“鸡三足”“卵有毛”“犬可以为羊”（《庄子·天下》）之类的命题折服对方，累了就靠在树上休息（《庄子·齐物论》中有所谓“惠子据梧”之说）。这种辩论虽不免“骀荡而不得，逐万物而不反”（《庄子·天下》）之讥，但对于提高人们的思辨能力无疑是很有帮助的。

第二节　公孙龙

公孙龙（约公元前320—前250），战国中期赵国人，做过赵国平原君的门客。据说他曾“说燕昭王以偃兵”（《吕氏春秋·应言》），是一个反战论者。他的著作一部分失散，现存《公孙龙子》一书共有六篇，其中第一篇《迹府》是后人编辑的有关公孙龙的事迹，其余五篇即《白马论》《指物论》《通变论》《坚白论》《名实论》基本可信是公孙龙的作品。

与惠施通过对事物相对性的分析强调“合同异”不同，公孙龙比较重视透过对事物的性质和概念的分析，强调它们之间的差别和独立性。所以，《淮南子·齐俗训》把他的思想概括为“别同异，离坚白”。

一、白马论

《白马论》是公孙龙的一篇著名论文，通篇讨论白马与马的关系问题，结论是“白马非马”。这个问题，用现代的哲学术语说，属于特殊（或个别）与一般的关系问题，白马属于特殊，马属于一般。公孙龙的具体论证如下：

第一，“马者，所以命形也；白者，所以命色也。命色者非命形也。故曰：白马非马”（《白马论》）。这是说，马这个名称是用来命名形体的，白这个名称是用来命名颜色的。命颜色的不同于命形体的，而“白马”既命颜色又命形体，不同于单纯命形体的“马”，所以“白马非马”。这一论说，就其注重名实相符、以名定实而言，是有合理性的。马、白、白马，三者的内涵和外延的确不相同。但公孙龙由此忽视或抹杀马与白马，即特殊与一般之间的内在联系，却不能不说是一个思维教训。

第二，“求马，黄、黑马皆可致；求白马，黄、黑马不可致。……故黄、黑马一也，而可以应有马，而不可以应有白马，是白马之非马，审矣”（同上）。这是说，黄马、黑马都是“马”，所以“求马，黄、黑马皆可致”。但黄色的马、黑色的马不同于白色的马，所以“求白马，黄、黑马不可致”。到此为止，公孙龙的论证一点问题都没有。但在这里他耍了一个小花招，即故意把白马排斥在“求马，黄、黑马皆可致”之外，实际上，“求马”，黄、黑、白马都可致。公孙龙的“伎俩”是：黄、黑马都是马，黄、黑马都不是白马，所以“白马非马”。

第三，“马固有色，故有白马。使马无色，如有马而已耳。安取白马？故白者非马也。白马者，马与白也，马与白非马也。故曰：白马非马也”（《白马论》）。这段话是在分解“马”与“色”这两个概念的基础上强调“白”不是“马”，进而指出“白马非马”。

可以看出，公孙龙的“白马非马”论的每一条论据都看到了概念之间、名实之间的区别，进而看到了一般与个别的差别，触及了逻辑上所谓内涵与外延的关系，但同时又用诡辩的方式割裂了这种差别，排斥了概念之间的联系。

二、坚白论

公孙龙所谓的“离坚白”，是指“坚”与“白”两种属性不能共存于同一具体事物之中，“坚”与“白”是两个各自独立的概念。在《坚白论》中，他以白色的石头为例指出：“视不得其所坚而得其所白者，无坚也；拊不得其所白而得其所坚者，无白也。”这是说，用眼看石头时，感受不到“坚”（即坚硬），而只能感受到“白”，这时是没有“坚”的；用手摸石头时，感受不到“白”，而只能感受到“坚”，这时是没有“白”的。公孙龙认为，当看到“白”时得不到“坚”，那是“坚”自己隐藏了起来（“自藏”），摸到“坚”时得不到“白”，那是“白”自己隐藏了起来。这种藏与不藏、见与不见的情况，他称为“一一不相盈”，即“白”与“坚”互不渗透。因此，他得出结论说，不能把这块石头称为“坚白石”（《坚白论》），“坚”与“白”是互相分离的。

他进一步论证说：“物白焉，不定其所白。物坚焉，不定其所坚。不定者兼，恶乎其石也？”（同上）这是说，“坚”与“白”这两个概念并特指某物，而可以兼通万物，它们是指称各种事物的普遍概念（“兼”）。既然可以兼通万物，怎么可以说一定就在石头里呢？公孙龙得出结论说：“坚未与石为坚而物兼，未与物为坚而坚必坚。其不坚石物而坚，天下未有若坚而坚藏。”（同上）也就是说，“坚”这种属性不仅可以不与石联系在一起而为其他事物所具有，甚至可以不与一切事物联系在一起而为独立自存。不与一切石或事物联系在一起的“坚”（实际指一种概念的抽象），（因为人没感觉到）好像是没有，但其实是自己隐藏起来了。

公孙龙的“离坚白”看到了一般概念与具体事物之间的区别，包含一定的合理性，但却夸大了这种区别，并进而割裂了二者之间的联系，把一般概念当作了可以脱离具体事物而独立自存的东西，就由真理走向了谬误。

公孙龙还在《指物论》中进一步讨论了概念与事物之间的关系，从哲学一般原理的高度深化了他的“离坚白”的思路。公孙龙说：“物莫非指，而指非指。”（《指物论》）“指”，即一般概念；“物”，即具体食物。这句话是《指物论》一文的基本命题，意思是：事物都是一般概念的显现，而一般概念则是独立存在的，它不再是别的概念的显现。公孙龙解释说：“指者，天下之所兼。”（同上）一般概念是天下事物所共有的，并非任何具体事物的属性，因此也不能为人所感觉，可以说是无，所谓“指也者，天下之所无也”（《指物论》）；而物是能感觉到的，所以也可以说是有，所谓“物也者，天下之所有也”（同上）。

公孙龙并不否认每个具体事物也各有其指，他称为“物指”。但因为“物指”不再是一般的指，所以公孙龙又称“物指”为“非指”，并进而认为“且夫指固自为非指，奚待于物，而乃与为指”（同上）？意思是说，“指”绝不需要依赖具体事物才成为“指”。这样，公孙龙就由区别“指”与“非指”，把“指”看成独立存在而不依赖具体事物的东西，走向了一般决定个别的极端。

第三节　辩者二十一事

《庄子·天下》篇在记录了著名的惠施十事之后，引述了其他一些辩者同惠施辩论时提出的二十一个命题，这就是所谓的“辩者二十一事”：

> 天下之辩者相与乐之。卵有毛。鸡三足。郢有天下。犬可以为羊。马有卵。丁子有尾。火不热。山出口。轮不蹍地。目不见。指不至，至不绝。龟长于蛇。矩不方，规不可以为圆。凿不围枘。飞鸟之景未尝动也。镞矢之疾而有不行不止之时。狗非犬。黄马、骊牛三。白狗黑。孤驹未尝有母。一尺之棰，日取其半，万世不竭。辩者以此与惠施相应，终身无穷。

这些辩者究竟是谁，《庄子·天下》篇中没有说明，不过从下文所谓“桓团、公孙龙，辩者之徒”等文字来看，这二十一个命题大概分别属于惠施、桓团、公孙龙和其他一些佚名的辩者。这二十一个命题，有些属于诡辩，有些则包含了一些智慧的思考。

二十一事中，“卵有毛”“马有卵”“丁子有尾”三事属于同一层面的问题。卵本来是无毛的，马则属于胎生动物，丁子（蛤蟆）也没有长尾巴。但这三事却正话反说，把有说成无，把无说成有，似乎属于一种诡辩。不过仔细分析也不难发现，“卵有毛”“马有卵”“丁子有尾”是一种静态的存在形式，如果从动态的角度看：卵虽然无毛，其中却包含着尔后发展为有毛之禽的潜在因素；马虽然胎生，其胚胎发育之初却不能无卵；蛤蟆虽然没有尾巴，却是由有尾的蝌蚪发育而成的。这样看，所谓的“卵有毛”“马有卵”“丁子有尾”虽有强词夺理之嫌，却也并非一点根据没有。辩者可能就是靠着这样的思辨来试图难倒对方的。“山出口”大致与此类似。

“鸡三足”是一个与概念的相对独立性相关的话题。《公孙龙子·通变论》载：“谓鸡足一，数足二，二而一，故三。”这里的“谓鸡足一”指“足”概念。“足”概念加上实际的二“足”，就是所谓的“三”。可见，“三”的出现是与概念本身的独立性相关的。这一点很有哲学思辨味道，看到了概念作为概念所具有的普遍性特征。普遍性是相对于具体性而存在的，实际的二足是具体的，“足”概念是普遍的，而具体的足与普遍的“足”之内涵和外延都是不一样的，所以普遍的“足”具有相对独立性。辩者说“鸡三足”，显然是为了突出概念的价值。后面的“黄马、骊牛三”，说的也是这个道理。有学者认为，“鸡三足”这一命题夸大了概念的相对独立性。这种结论稍显武断了些，因为《庄子・天下》篇的记载十分简略，我们不清楚辩者对这一命题是如何论证的，所以就无法对此做出哲学的判断。

“郢有天下”，“郢”是楚国的都城，在今湖北荆州市荆州区东北，纪南城东南。区区一城，怎么可能与天下相比？这里可能是看到了“大”与“小”的相对性问题，讨论的是观察事物的不同角度。

“犬可以为羊”“白狗黑”，可能是讲概念的约定俗成问题。你可以称羊为羊，也可以称犬为羊；你可以称白为白，也可以称白为黑。名字所反映的对象虽然是客观的，但命名是主观的。由于命名是主观的，所以名称是相对的。

“火不热”，可能是讨论感觉问题。“热”是一种感觉，但感觉属于人的本能，火本身不存在热的感觉的问题。

“目不见”，可能是讲可能性与现实性的问题。目有“见”的能力，但没有光亮，目的能力就实现不了。从这个角度说，有可能性不等于有现实性。就好比人的眼睛，有“见”的能力，但不一定就能“见”，还要看条件，比如光亮等。

“轮不碾地”，是一个很有辩证色彩的命题，讨论的是运动与静止的关系问题。飞转的轮子与大地总是处于若即若离的状态，如果只是“即”（碾地），就固定在哪里了，成了不动的轮子；但如果只是“离”，轮子就飘在了空中，就不成其为轮子了。所以，轮子总是在静止（“即”——碾地）与运动（“离”——不碾地）的矛盾状态中前进。“飞鸟之景未尝动也”，“镞矢之疾而有不行不止之时”这两个命题讨论的是同样的问题。

“指不至，至不绝”，这里的“指”是事物的共性概念，概念是不能被感官感觉到的，所以说“指不至”，“至不绝”的“至”当为“物”。这是说，人们能看到具体的事物，看不到事物的共相，但具体的事物并不因共相的不可感知而失去其具体的存在形态。

“龟长于蛇”“矩不方，规不可以为圆”“凿不围枘”，也都是讨论相对性问题的。其中的第二个命题还可以理解为，矩和规可以画出具体的方和圆，但画不出“方”概念和“圆”概念。

“狗非犬”“孤驹未尝有母”，是讨论概念的确定性问题的。古人把未成年的小犬称为狗，大者称为犬，所以说“狗非犬”。“孤”的意思是无母，既称之为“孤驹”，又说它有母，就会自相矛盾。

“一尺之锤，日取其半，万世不竭”，是讨论有限与无限的关系问题。“一尺之锤”是一个有限之物，但要分解它，却不能穷尽。这表明有限之中有无限，二者不是决然对立的。

“辩者二十一事”，表达的是一种具有高度智慧的思维活动。但这些命题在古人看来是“骀荡而不得，逐万物而不反”，即缺乏现实的关切，所以没有得到很好的发展，这是比较可惜的。

第六章

法　家

在先秦，法家是重要的思想流派之一，此派的兴起与当时社会宗法制的破坏及各国富国强兵的需要有关。早期代表人物为慎到、申不害、商鞅等，集大成者为韩非。

第一节　前期法家

战国时期，战乱频仍，各诸侯国为了自保或扩张，都追求富国强兵。与这种时代需要相适应，涌现了一批政治家和思想家，他们在一些诸侯国宣扬并实行社会改革，其中主要代表人物有李悝、吴起、商鞅、申不害、慎到等，一般称他们为前期法家。本节简略介绍李悝、吴起和商鞅的思想。

一、李悝

李悝（公元前455—前495），战国初期魏国著名政治家、法学家，曾任魏文侯相，主持变法。《汉书·艺文志》著录《李子》三十二篇，列为“法家”之首。班固自注说：“名悝，相魏文侯，富国强兵。”

李悝的社会思想观中有两点值得注意：一是在政治上，李悝主张废止世袭贵族特权，提出了“食有劳而禄有功，使有能而赏必行，罚必当”（《说范·政理》）的名言。李悝将无功而食禄者称为“淫民”，主张“夺淫民之禄以来四方之士”（同上）。李悝的主张对传统世袭制度产生了巨大的冲击。二是在经济上，李悝主张实行“尽地力”“平籴法”。具体说来，

"尽地力"，就是把土地统一分配给农民，督促农民勤于耕作，增加生产；"平籴法"，就是国家在丰收时平价收购粮食储存起来，饥荒时又平价卖给农民，取有余以补不足，以防谷物甚贵而扰民，或甚贱而伤农。他又将丰年分成大熟、中熟、小熟三个等级，按比例向农民籴粮；把荒年分成大饥、中饥、小饥三个等级，在大饥之年把大熟之年所籴粮食发放给农民，其余则类推。据史载，由于能"取有余以补不足"，"行之魏国，国以富强"（《汉书·食货志》）。

为了进一步巩固变革成果，李悝汇集各国刑典编成《法经》一书，《法经》的编订是李悝在法律制度方面做出的重要贡献。春秋末年，晋、郑诸国铸刑鼎或作刑书，以公布新的法律条文。到战国时，随着历史条件的改变，出现了更多新的成文法典。李悝"撰次诸国法"（《通典·刑制上》），编出《法经》六篇，对犯罪及惩罚措施进行了详细的规定，如侵犯财产的犯罪活动谓之"盗"，大盗则成为守卒，重者要处死。不但如此，即使仅有侵占他人财物的动机，也构成犯罪。《法经》针对"窥宫者"和"拾遗者"都制定了相应的刑法。李悝在魏国推行的改革收到了很好的效果，国家很快富强了起来。

二、吴起

吴起（约公元前440—前381），战国时期卫国人。《汉书·艺文志》著录《吴起》四十八篇，已佚。《史记·孙子吴起列传》与《儒林列传》均记吴起在鲁国"尝学于曾子"，至魏国又拜子夏为师，可知他与儒家是有些渊源的。吴起先在魏国与李悝一起进行改革，晚年到楚国帮助楚悼王进行社会改革。同时，他又是当时著名的军事家之一，善于用兵。据说吴起做将军时，和最下层的士卒同衣同食，睡觉时不铺席子，行军时不骑马坐车，亲自背干粮，和士卒共担劳苦，士卒中有人生疮，吴起就用嘴为他吸脓。

吴起在楚国推行改革，也是首先打破世卿世禄制，他严明法令，撤去不急需的官吏，废除了较疏远的贵族，以至于原来楚国的贵族都想谋害吴起。史载楚悼王死后，楚国的贵族趁机兵变，射杀了吴起。

吴起的主要谋略思想是："内修文德，外治武备"。他继承了孙武的"知己知彼，百战不殆"的思想，强调了解和分析敌情的重要意义，另外还对战争形势、治兵方法、赏罚制度等进行了讨论，表现出一位军事家的政治才能。

三、商鞅

商鞅（约公元前390—前338），战国中期卫国人，"少好刑名之学"（《史记·商君列传》），专研以法治国，受李悝、吴起等人的影响很大。今存《商君书》，反映了商鞅的思想。商鞅初为魏相公叔痤家臣，公叔痤临死前曾把商鞅推荐给魏惠王，未被起用。公叔痤死后，商鞅跑到秦国，在秦国受到重用，实行封建制度改革。相较其他国家的改革，商鞅在秦国推行的改革在时间上较晚，但在内容上比较彻底。

商鞅在推行改革时主张"当时而立法，因事而制礼"，并认为"前世不同教，何古之法？帝王不相复，何礼之循？""治世不一道，便国不法古。汤、武之王也，不循古而兴；殷夏之灭也，不易礼而亡。然则反古者未必可非，循礼者未足多是也"（《商君书·更法》），所以他强调变革，指出时移而治不易是十分危险的。

与他的前辈一样，商鞅的改革是从政治体制即世卿世禄制下手的，他在变法中明文规定，旧宗室贵族没有现实军功的不许再列入宗室名册。为了彻底打破世卿世禄制的基础，商鞅实行了“开阡陌封疆，而赋税平”（《史记・商君列传》）的政策，打破井田制，取消贵族的特权，允许私有土地自由买卖。他还实行郡县制，加强君主集权，等等。

商鞅变法是为了富国强兵，所以他特别重视“农”和“战”，规定了“重农”和“军功”的政策，对于劳动能手和骁勇善战的士兵都有配套的奖励措施。这些对于秦国迅速崛起并最终吞并六国、统一天下产生了巨大的作用。

商鞅变法触犯了既得利益者，加之严刑峻法、刻薄寡恩，所以，战死之后竟又被秦惠王处以“车裂之刑”，自己的家人也都被杀光了。

第二节　韩非

韩非（约公元前 280—前 233），战国末期思想家，韩王室诸公子之一，与秦相李斯同为荀子的学生。据《史记・老子韩非列传》：“韩非……喜刑名法术之学……为人口吃，不能道说，而善著书。”韩非写有《孤愤》《五蠹》《内外储》《说林》《说难》等十万余言，总结春秋以来各个诸侯国盛衰兴亡的经验教训，以斥时弊。史载秦王嬴政读到韩非的著作，十分赏识他的才华，曾慨叹：“嗟乎，寡人得见此人与之游，死不恨矣！”（同上）于是设法把韩非招到秦国，但没有重用他。老同学李斯十分嫉妒韩非，设计将他投入监狱，并逼他服毒自杀。

韩非生当战国末期，政治上的一统形势已经具备，思想上的一统也正在酝酿之中。韩非顺应了这一形势，他继承荀子的天道自然观，并把荀子的性恶论推向极致，同时总结前期法家的学说，提出法、术、势相结合的政治指导原则，建立了一套体大思精的法家思想体系。今传《韩非子》一书为先秦法家思想的集大成之作，集中反映了韩非的思想。

一、道理论

韩非师从荀子，本人又著有解释、发挥老子思想的著作《解老》《喻老》，所以对于天道问题颇为自觉，这虽然在他的思想体系中并不占有十分突出的地位，但却是他立论的基础和出发点。韩非对“道”的理解集中体现在下面的两句话中：

> 道者，万物之所然也，万理之所稽也。（《解老》）
>
> 道者，万物之所以成也。（同上）

第一句话包含两层意思：一是说“道”是万物的所以然，也就是万物必须服从的总规律；二是说“道”是各种特殊规律的依据。第二句话是说，“道”是万物之成为万物的总根源。前者体现了“道”的本体特征，后者体现了“道”的本原特征。由此可见，韩非对于宇宙的本体与本原问题具有明晰的认识。关于“道”的本体特征，韩非还说：

> [道] 无常操，是以死生气禀焉，万智斟酌焉，万事废兴焉。天得之以高，地

> 得之以藏，维斗得以成其威，日月得以恒其光，五常得之以常其位，列星得之以端其行，四时得之以御其变气，轩辕得之以擅四方，赤松得之与天地统，圣人得之以成文章。（《解老》）

这是说天因为道而高远，地因为道而蕴藏，北斗七星因为道而尊崇，日月因为道而永放光芒……可见，道之于万物，须臾不可或缺，是万物存在的根据。韩非对“道”的本体特征的描述受到了老子的影响，老子说：“天得一以清，地得一以宁，神得一以灵，谷得一以盈，万物得一以生，侯王得一以为天下正。”（《老子·三十九章》）韩非的说法与老子的说法如出一辙。

在中国哲学史上，韩非第一次系统地分疏了“理”范畴，并论述了“理”与“道”的关系。韩非说：

> 理者，成物之文也……物有理，不可以相薄；物有理不可以相薄，故理之为物之制。（《解老》）

“物之文”，即物的纹理和形象。物有纹理和形象，彼此便不会相互侵害，不但不相互侵害，还因着这种纹理和形象的区别而各自得到约束。韩非进一步指出：“凡物之有形者易裁也，易割也。何以论之？有形则有短长，有短长则有小大，有小大则有方圆，有方圆则有坚脆，有坚脆则有轻重，有轻重则有白黑。短长、大小、方圆、坚脆、轻重、白黑之谓理，理定而物易割也。”（同上）物一旦有了形，就容易裁别、分判。为什么？因为有形，长短的问题就出现了；有长短，大小的问题就出现了；有大小，方圆的问题就出现了；有方圆，坚脆的问题就出现了；有坚脆，轻重的问题就出现了；有轻重，黑白的问题就出现了。长短、大小、方圆、坚脆、轻重、黑白的分别就是所谓的理。“凡理者，方圆、短长、粗靡、坚脆之分也。故理定而后可得道也。”（同上）这样看来，在韩非这里，理就是已成之物所必须遵守的具体法则和规范。

对于“理”与“道”的关系，韩非指出：“理者，成物之文也；道者，万物之所以成也。”就是说，与“理”是构成每一具体事物的具体法则不同，“道”是使万物之所以成为万物的一般法则。但“道”并不因此而高高在上，相反，却与“理”相应：“凡道之情，不制不形，柔弱随时，与理相应。”（同上）就是说，“道”的本来情状是不制裁、不创造，柔弱顺从、随时变化，存在于所有具体事物的具体规律之中。韩非说：“万物各异理，而道尽稽万物理。”（同上）万物各有自身不同的“理”，而“道”与万物各自的理无一不合，或者说“道”就在万物之“理”中。

“道”与“理”的关系，实际是“道”与万物的关系。韩非的“道”“理”相应说是老子思想的深化。老子虽然也涉及了“道”与万物的关系，但更侧重于讲天道，对于具体事物（包括人）的规范讨论不多。韩非则既讲具体有别的规范，又讲普遍的总原则，还试图说清楚二者之间的关系，这是很可贵的。

与老子一样，韩非讲道理是为了推人事。韩非特别重视“缘道理”以行事，他说：“道者，万物之始，是非之纪也。是以明君守始以知万物之源，治纪以知善败之端。”（《主道》）这是主张明君必须守道，这样便可以守始知源、纲举目张。韩非还说，一个能保有国家的君主，必须是一个能体认大道的君主。体认大道，他的智慧就深邃；智慧深邃，他的预见能力就远大；预见能力远大，众人就无法得知他内心深处的想法，即所谓“缘道理以从事者，无不能成”，“得事理则必成功”（《解老》）。

不过，在天人关系方面，韩非也受到了他的老师荀子的影响，即十分重视人的能动性。韩非说：“聪明睿智，天也；动静思虑，人也。人也者，乘于天明以视，寄于天聪以听，托于天智以思虑。”（同上）在这里，韩非区分了天与人，强调人既要凭借天分（“聪明睿智”），又要发挥己能（“动静思虑”）。韩非指出；“夫必恃自直之箭，百世无矢；恃自圜之木，千世无轮矣。自直之箭，自圜之木，百世无有一，然而皆世乘车射禽者何也？隐栝之道用也。”（《显学》）“隐栝”，即矫正，也就是人的加工。韩非说：“椎锻者，所以平不夷也；榜檠者，所以矫不直也；圣人之为法也，所以平不夷、矫不直也。”（《外储说右下》）在这里，韩非对人的参赞作用是持肯定态度的，显然有别于老子而接近于荀子。

韩非因为肯定人为，所以反对占卜，反对频繁的祭祀，他认为“用时日，事鬼神，信卜筮而好祭礼者，可亡也”（《亡征》）。他还举出历史故事说：“越王勾践恃大朋之龟与吴战而不胜，身臣入宦于吴。反国弃龟，明法亲民以报吴，则夫差为擒。”（《饰邪》）所以，韩非认为，“龟策鬼神不足举胜……然而恃之，愚莫大焉”（同上），即依赖龟策鬼神来谋取胜利是再愚蠢不过的事情了。韩非的天道观或天人观，反映了战国末期自然主义和理性主义的天道思想普遍受到重视的时代特征。

二、人性好利论

与先秦儒家一样，法家对人性问题进行了思考，一般而言，法家思想家大多看重人性好利的一面。如早期法家人物商鞅就说：“民之性，度而取长，称而取重，权而索利”，“民生则计利，死则虑名”（《商君书·算地》），“民之欲富贵也，共阖棺而后止”（《赏刑》）。另外，《管子》也说：“民之情莫不欲生而恶死，莫不欲利而恶害”，“民之从利也，如水之走下”（《形势解》），“凡人之情，见利莫能勿就，见害莫能勿避”（《禁藏》）。这些对人性的论述都没有离开一个“利”字。韩非对人性的看法与早期法家差不多，他认为：“夫民之性，恶劳而乐佚”（《心度》），“利之所在，则忘其所恶”（《内储说上》），“利之所在民归之，名之所彰士死之”（《外储说左上》）。不过，韩非作为法家的集大成者，他对人性的讨论更加系统化、理论化。

韩非认为，百姓整天关心、考虑的无非如何“就安利如辟危穷”（《五蠹》），因为“好利恶害，夫人之所有也……喜利畏害，人莫不然”（《难二》），他举例指出：

> 夫卖庸而播耕者，主人费家而美食，调布而求易钱者，非爱庸客也，曰：如是，耕者且深，耨者熟耘也。庸客致力而疾耘耕者，尽巧而正畦陌畦峙者，非爱主人也，曰：如是，羹且美，钱布且易云也。此其养功力，有父子之泽矣，而心调于用者，皆挟自为心也。（《外储说左上》）

这是说，雇用工人播种、耕耘，主人花费家财准备美食，挑选布匹去交换钱币以便付给工钱，并不是喜欢雇工，而是因为这样做耕地的人才会耕得深，锄草的人才会锄得净。而雇工卖力快速地耘田耕地，使尽技巧整理畦埂，也并不是因为爱主人，而是因为这样做饭菜才会丰美，钱币才容易得到。主人与雇工，类似父子之间的恩惠，但其实都是在为自己打算。在这里，韩非把“主人”的“费家而美食”与“庸客”的“致力”“尽巧”，都看成人的“自为心”，也就是“利益心”在作祟。

“皆挟自为心”是韩非讨论人性问题的一个基本前提。“自为”就是“欲利”，所以韩非认为人人“不免于欲利之心”（《解老》）。“凡人之有为也，非名之，则利之也”（《内储说上》），即人的行为，不是为了名就是为了利。韩非说：

> 医善吮人之伤，含人之血，非骨肉之亲也，利所加也。故舆人成舆，则欲人富贵；匠人成棺，则欲人之夭死也。非舆人仁而匠人贼也，人不贵，则舆不售；人不死，则棺不买。情非憎人也，利在人之死也。（《备内》）

医生不怕脏臭吮吸受伤者伤口中的脓血，不是因为受伤者是他的骨肉之亲，而是因为有钱赚。造车和轿子的人希望他人有钱，开棺材铺的人希望他人早死，这不是因为前者仁慈后者凶残，而是因为：他人没有钱，车和轿子就卖不出去，他人不死，棺材就卖不出去，不是开棺材铺的人天生憎恶人，乃是因为他们的生意赚的就是死人的钱。可见，韩非视人的一切行为都是出于“自为”。韩非认为这恰恰就是人的真实面目：“夫安利者就之，危害者去之，此人之情也。”（《奸劫弑臣》）

韩非探讨了“欲利心”产生的原因，认为人身上没有羽毛，不穿衣服就不能战胜寒冷，人向上无法依附于天空，向下又不能扎根于大地，肠胃是生命的根本，不吃饭就活不下去，因此不免存在贪图得利的心理。（《解老》）照韩非的说法，“欲利心”的存在实在是现实的生存形势逼出来的。

人有“欲利心”，就难免在各种事情上计较，韩非称之为“计算之心”：

> 父母之于子也，产男则相贺，产女则杀之。此俱出父母之怀妊，然男子受贺，女子杀之者，虑其后便，计其长利也。故父母之于子也，犹用计算之心以相待也，而况无父母之泽乎？（《六反》）

在韩非看来，产子则相贺，产女则杀之，不是出于好恶，而是计算长远利益的结果。父母之于子女尚且“用计算之心以相待”，其他如君臣、夫妻、朋友就更是如此了：“后妃、夫人、太子之党成而欲君之死也，君不死则势不重，情非憎君也，利在君之死也。”（《备内》）后妃等人并不是因为讨厌君主才盼着他死，而是因为他死了自己的好处才能实现，所以归根结底是利益的计算。韩非引田鲔的话把君臣关系看成一种买卖关系，所谓“主卖官爵，臣卖智力”（《外储说右下》）。他说：“臣尽死力以与君市，君重爵禄以与臣市。君臣之际，非父子之亲也，计数之所出也。”（《难一》）做臣子的拼了命地与君主谈价钱，君主则用爵禄与他们交易，君臣之间不过是利益的计算而已。韩非说：

> 君臣异心，君以计畜臣，臣以计事君。君臣之交，计也。害身而利国，臣弗为也；害国而利臣，君不行也。臣之情，害身无利；君之情，害国无亲。君臣也者，以计合者也。（《饰邪》）

君主挖空心思笼络臣子，臣子挖空心思侍奉君主。彼此之间紧张也好，融洽也罢，都是利益计算的结果。

总之，韩非认为人们最关心的是自己的利益，计算的也是自己的利益，即使客观上对他人有益的事情，也都是利益计算的结果。应该说，韩非看到了宗法制被破坏后人们更加关注自我的事实，但却把这种对自我的关注当成自私的表现，并认作人性的内容，这种判断无疑带有极大的片面性。关于人性的问题，韩非也提出了“仁贪不同心”（《难四》）的命题，不过并没有展开。这可能与他思想中经验论的成分较多有关。

韩非讨论人性问题，把“利己”“喜利畏害”“好利恶害”看作人性的特点，认为这些特点正是人性的弱点，君主正可以透过人性的这种弱点来驾驭臣民，以实现自己的统治。韩非说：

> 凡治天下，必因人情。人情者，有好恶，故赏罚可用。赏罚可用，则禁令可立而治道具矣。（《八经》）

韩非认为，君主治理天下，必须懂得人情的好恶，然后再用奖赏惩罚来驾驭臣民。而天下人的好恶无非利害二字，都好利而恶害：“夫欲利者必恶害，害者，利之反也。反于所欲，焉得无恶？欲治者必恶乱，乱者，治之反也。是故欲治甚者，其赏必厚矣；其恶乱甚者，其罚必重矣。”（《六反》）所以，君主就可以操“利害”二柄，玩弄臣民于股掌之上：“利之所在，民归之；名之所彰，士死之。”（《外储说左上》）

利用天下人的好恶，君主就可以“立可为之赏，设可避之罚”（《用人》），“夫上所以陈良田大宅、设爵禄，所以易民死命也”（《显学》）。总之，“君上之于民也，有难则用其死，安平则尽其力”（《六反》）。照这样，君主就无须在如何使天下人向善的问题上费脑筋了，保证大家“不得为非”就是最大的政治。《韩非子》载：

> 夫圣人之治国，不恃人之为吾善也，而用其不得为非也。恃人之为吾善也，境内不什数；用人不得为非，一国可使齐。为治者用众而舍寡，故不务德而务法。（《显学》）

可见，理想的治国之术不是靠人人为善，而是“用其不得为非”。“用其不得为非”需要法，所以为治之道是“不务德而务法”。这样看来，韩非“自为”的人性说应该是他尚法理论的人性论证明。

三、参验说

作为一位功利主义倾向较为明显的思想家，韩非对行为效果的检验十分重视，这表现在他的“循名实而定是非，因参验而审言辞”（《奸劫弑臣》）的思想中。

与自己的老师荀子一样，韩非对人的认识能力持肯定态度。他说：“聪明睿智，天也；动静思虑，人也。人也者，乘于天明以视，寄于天聪以听，托于天智以思虑。”（《解老》）“天明”“天聪”“天智”，指的就是人天生固有的认识能力。韩非认为，靠着这些天生固有的认识能力，人才能进行“动静思虑”的认识活动。但这些天生固有的认识能力并不包含任何先验的知识，人在接触具体事物之前不会形成任何具体知识。《韩非子》载：

> 先物行，先理动，之谓前识。前识者，无缘而妄意度也。（同上）

“先物行”，指在没有接触事物之前行；“先理动”，指在没有了解规律之前动。韩非称之为“前识”，并认为这是毫无根据的妄度臆测。韩非举例说：

> 詹何坐，弟子侍，有牛鸣于门外，弟子曰：“是黑牛也而白题。”詹何曰：“然，是黑牛也，而白在其角。”使人视之，果黑牛而以布裹其角。以詹子之术，婴众人之心，华焉殆矣。故曰：“道之华也。”尝试释詹子之察，而使五尺之愚童子视之，亦知其黑牛而以布裹其角也。故以詹子之察，苦心伤神，而后与五尺之愚童子同功，是以曰“愚之首也”。故曰：“前识者，道之华也，而愚之首也。”（《解老》）

在韩非看来，詹何（战国时期楚国的术士）能猜对门外之牛的颜色，这丝毫显示不出他的高明，因为这不过是哗众取宠罢了。其实只要派一个智力低下的小孩去看一下就能得到正确答案，何必苦心伤神在屋里猜来猜去？这简直是最愚蠢不过的做法。

“苦心伤神”地猜测，不但愚蠢，还容易造成知识的混乱。韩非认为，不只是心神，所有的“天明”“天聪”“天智”都应该用一种合理的方式来运用。《韩非子》载：

> 故视强则目不明，听甚则耳不聪，思虑过度则智识乱。目不明则不能决黑白之分，耳不聪则不能别清浊之声，智识乱则不能审得失之地。目不能决黑白之色则谓之盲，耳不能别清浊之声则谓之聋，心不能审得失之地则谓之狂。盲则不能避昼日之险，聋则不能知雷霆之害，狂则不能免人间法令之祸。（同上）

很明显，韩非主张人的认识应该遵循一定的规律，“前识”不可，“视强”“听甚”“思虑过度”也行不通，只会适得其反，给自己带来“险”“害”“祸”。

反对“前识”，必然重视经验，韩非认为，“人皆寐，则盲者不知；皆嘿，则暗者不知。觉而使之视，问而使之对，则暗盲者穷矣”（《六反》）。这是强调经验的重要意义。

以经验为基础，韩非提出了具有法家特色的“参验”说，即“循名实而定是非，因参验而审言辞”。名实问题是先秦学者比较关注的一个问题，如孔子、墨子以及韩非的老师荀子都讨论过这一问题。韩非主张根据名实是否相符来判断是非。言辞是否正确，也是先秦学者比较重视的一个问题。“言辞”不单指说话，还指思想认识，因为“言辞”反映人的思想认识。那么，如何判断一个人的“言辞”或认识正确还是错误？墨子提出三表法就是解决这一问题的。韩非则认为，应该透过考察、比较和验证，也就是“参验”来进行判断。有时韩非又把它称为“参伍之验”，所谓“参伍之道，行参以谋多，揆伍以责失……言会众端，必揆之以地，谋之以天，验之以物，参之以人。四征者符，乃可以观矣”（《八经》）。“参”即比较研究，“伍”即排队比较，“参伍”就是把各种言论、判断集合起来进行比较研究，看它们是否符合客观事实。

韩非的“参验”说讨论的是“言辞”正确与否的标准问题，目的是为君主寻找一种驾驭臣民的权术。韩非说：

> 人主将欲禁奸，则审合刑名，刑名者，言与事也。为人臣者陈而言，君以其言授之事，专以其事责其功。功当其事，事当其言，则赏。功不当其事，事不当其言，则罚。故群臣其言大而功小者则罚，非罚小功也，罚功不当名也。群臣其言小

而功大者亦罚，非不说于大功也，以为不当名也害甚于有大功，故罚。(《二柄》)

不难看出，韩非“参验”的基础实际还是名实问题。因其言授之事，重在言；审查事之当言与否，重在名实是否一致。所以，“因参验而审言辞”终归还是要落实到“循名实而定是非”上。《韩非子》载：

韩昭侯醉而寝，典冠者见君之寒也，故加衣于君之上。觉寝而说，问左右曰：“谁加衣者?”左右对曰：“典冠。”君因兼罪典衣与典冠。其罪典衣，以为失其事也；其罪典冠，以为越其职也。(同上)

在这里典冠（掌帽官）和典衣（掌衣官）的罪过，一个是没有尽到职责，另一个是越权。无论哪宗罪，根本原因都在于他们没有做与自己的官职相称的事，换句话说，就是名与实不一致。韩非认为，这样的话，“害甚于有大功”，所以即使典冠的所作所为有功于昭侯，但只要超出了自己的职责，就是一种罪过。

另外，韩非还有一些言论也很有价值，例如：“夫言行者，以功用为之的彀者也。”(《问辩》)强调认识要以实际功用为目的。又如：“因天之道，反形之理，督参鞠之，终则有始，虚以静后，未尝用己。”(《扬权》)强调根据自然的总规则和具体事物的规律，反复考察，虚心静待，不可妄猜。这些都是颇为可贵的思想，但他基本都没有展开。总之，韩非对知识或认识问题的探讨基本还停留在经验总结层面，并没有在经验基础上做进一步的深入研究。

四、三世古今观

在先秦，法家的社会历史观突出在一个“变”字，法家思想家基本都承认上、中、下三世，或者强调古今之间不是一成不变的。如商鞅说：“上世亲亲而爱私，中世上贤而说仁，下世贵贵而尊官。”(《商君书・开塞》)强调上世、中世、下世的不同。韩非继承了早期法家的这种观点，指出：

上古之世，人民少而禽兽众，人民不胜禽兽虫蛇。有圣人作，构木为巢以避群害，而民悦之，使王天下，号之曰有巢氏。民食果蓏蚌蛤，腥臊恶臭而伤害腹胃，民多疾病。有圣人作，钻燧取火以化腥臊，而民说之，使王天下，号之曰燧人氏。中古之世，天下大水，而鲧、禹决渎。近古之世，桀、纣暴乱，而汤、武征伐。(《五蠹》)

这是说，历史是变化的，不同的时代有不同的生活方式。韩非称之为“世异则事异”(同上)。韩非有时也笼统地把“上世”和“中世”称为“古”，如“古之易财，非仁也，财多也；今之争夺，非鄙也，财寡也”(同上)，等等。

韩非发现，古今的不同不只是生活方式的不同，思想观念也有很大的变化，“上古竞于道德，中世逐于智谋，当今争于气力”(同上)。有鉴于“世异则事异”，韩非主张“事异则备变”(同上)。他说：“今有构木钻燧于夏后氏之世者，必为鲧、禹笑矣；有决渎于殷、周之世者，必为汤、武笑矣。然则今有美尧、舜、汤、武、禹之道于当今之世者，必为新圣笑矣。是以圣人不期修古，不法常可，论世之事，因为之备。”(同上)而“今世儒者之说人主，不善今之所以为治，而语已治之功；不审官法之事，不察奸邪之情，而皆道上古之传，誉先王之成功”（《显学》），韩非斥之为“守株之类”（《五蠹》）。

既然今与古不同，那么今的特点是什么？《韩非子》载：

> 当今争于力。（《八说》）
> 力多则人朝，力寡则朝于人，故明君务力。（《显学》）

“当今”最大的特点是谁力气大，换句话说，谁国力强盛，谁就能赢。为什么古今会有这些不同？韩非说：

> 古者丈夫不耕，草木之实足食也；妇人不织，禽兽之皮足衣也。不事力而养足，人民少而财有余，故民不争。是以厚赏不行，重罚不用，而民自治。今……人民众而货财寡，事力劳而供养薄，故民争，虽倍赏累罚而不免于乱。（《五蠹》）

韩非认为，古今的不同是由财富的多寡造成的，古代财富多而消费者少，所以不用争；当今则相反，财富少而消费者多，所以必须争。韩非还讨论了当今人多财少的原因：

> 今人有五子不为多，子又有五子，大父未死而有二十五孙，是以人民众而货财寡。（同上）

是人口的增长造成了“民众而货财寡”。因此，韩非并不认为“上古竞于道德”（同上）与古人的修养有什么特别的关系，而是由于“古者寡事而备简，朴陋而不尽……古者人寡而相亲，物多而轻利易让，故有揖让而传天下者”（《八说》）。从这个意义上说，古人之竞于道德和今人之争于力就不是道德问题。

由于过于看重经济实力，韩非对于孔墨“显学”颇多非议，他说：“博习辩智如孔、墨，孔、墨不耕耨，则国何得焉？”（同上）韩非对于文化建设也颇持消极甚至虚无态度，他说：“故明主之国，无书简之文，以法为教；无先王之语，以吏为师。”（《五蠹》）这一思想危害很大，秦朝实行“挟书令”、焚书坑儒与此不无关系。

韩非考察历史是为了反对厚古薄今，韩非认为“圣人不期修古，不法常可，论世之事，因为之备”（同上）。针对时局，韩非提出了“奉法者强，则国强”（《有度》）的主张。韩非指出要“以法为本”（《饰邪》），“以法为教”（《五蠹》），“信赏以尽能，必罚以禁邪”（《外储说左下》）。韩非主张，治理百姓没有一定之规，一切都以法令为依据，而且刑赏不问出身，“刑过不避大臣，赏善不遗匹夫”（《有度》）。对于破坏法制、于推行法治不利或与之相背的人和思想学说，都必须加以禁止灭绝。《韩非子》载：

> 世之所谓贤者，贞信之行也；所谓智者，微妙之言也。微妙之言，上智之所难知也。……今所治之政，民间之事，夫妇所明知者不用，而慕上知之论，则其于治反矣。故微妙之言，非民务也。……事智者众，则法败；用力者寡，则国贫；此世之所以乱也。……是境内之民，其言谈者必轨于法，动作者归之于功，为勇者尽之于军。（《五蠹》）

为了法的贯彻落实，韩非宁可否定民智，主张愚民政策。因为在他看来：“夫死力者，民之所有者也，情莫不出其死力以致其所欲。而好恶者，上之所制也，民者好利禄而恶刑罚。上掌好恶以御民力，事实不宜失矣。”（《制分》）百姓拼命追求的无非利和禄，拼命避免的无非刑和罚，所以，统治者只要握好刑赏大柄，就可以让百姓“出其死力”。

先秦法家在政治管理方面向来有法、术、势的说法。商鞅讲“法”，申不害讲“术”，慎到讲“势”。韩非认为法、术、势三者缺一不可，都是帝王治国的工具。但韩非并没有将三者简单地拼加在一起，而是在总结前期法家思想的基础上提出了诸多新的创见，从而将三者熔铸为一个更具说服力的思想整体。

关于法，已如前述，韩非提倡“以法为本”“以法为教”。关于“术”，韩非说：

> 人主之大物，非法则术也。（《难三》）
> 君无术则弊于上，臣无法则乱于下，此不可一无，皆帝王之具也。（《定法》）

君王的政治管理离不开“术”。韩非所谓的“术”，主要指君王驾驭臣下、考察官吏的方法以及政治手腕。“术者，因任而授官，循名而责实，操杀生之柄，课群臣之能者也。”（同上）。“术”是君王任免、考核、赏罚乃至处死各级官吏的权术。韩非意识到，各级官吏在政权的运作系统中是君民之间的一个重要环节，君王虽然具有无上的权力，但必须透过官吏来实现对民众的统治。所以，韩非主张“明主治吏不治民”（《外储说右下》），而“任人以事，存亡治乱之机也，无术以任人，无所任而不败”（《八说》）。就是说，君王治吏比治民更重要，而“术”的作用就在于治吏。

韩非以“术”治吏，主要包括两个方面的内容：一是任能授官，“不羞其卑贱也，以其能”（《说疑》），“信赏尽能”（《内储说上》），“一人不兼官，一官不兼事”（《难一》），等等；二是“疑诏诡使”“挟知而问”“倒言反事”（《内储说上》），即故意下达虚假命令，或者故意说错话、做错事，设置圈套和陷阱，以检验臣下对自己是否忠诚，等等。

关于“势”，韩非说：

> 势者，胜众之资也。（《八经》）
> 势重者，人主之爪牙也。（《人主》）

势是一种凭借，是君王的尖爪利牙。韩非用车马设喻，认为国家好比君王的车，“势”则是君王驾驭的马（《外储说右上》），认为“抱法处势则治，背法去势则乱”（《难势》）。

韩非所谓的“势”，主要指权力、权势或权威。韩非认为，这些东西必须由君王独操而不可假人：“君执柄以处势，故令行禁止。”（《八经》）“凡明主之治国也，任其势。”（《难三》）反之，如果没有势，即使再有德行，再有能力，也成就不了功名，所谓“圣人德若尧、舜，行若伯夷，而位不载于世，则功不立，名不遂”（《功名》）。韩非举例说，飞龙乘云，腾蛇游雾，甚是逍遥，但云罢雾霁，龙蛇与蚓蚁也就没什么区别了，为什么？因为“失其所乘也”（《难势》）。同理，贤人屈服于不肖者，也是由于权轻位卑。尧虽然是圣人，但如果只是一个百姓，就不能治三人；桀虽然道德败坏，但因为是天子，所以能乱天下。

总之，韩非的历史发展观有其合理性。他肯定社会的发展，认为不同的时代因经济基础不同其生活方式也应有所变化，等等，都有一定的理论深度。但他因崇尚“力”而抹杀文化的价值，则是十分荒谬的。他强调法制，看到了“势”在政治管理中的意义，也颇有见地，但归根结底却逃不脱权术的视域，不免狭隘刻薄之嫌。关于韩非及先秦法家，汉代著名史学家司马谈曾经评论说：“法家不别亲疏，不殊贵贱，一断于法，则亲亲尊尊之恩绝矣。可以行一时之计，而不可长用也。故曰‘严而少恩’。若尊主卑臣，明分职不得相逾越，虽百家弗能改也。”（《史记・太史公自序》）班固也指出：“法家者流……以明罚饬法，此其所长也。及刻者为之，则无教化，去仁爱，专任刑法而欲以致治，至于残害至亲，伤恩薄厚。”（《汉书・艺文志》）这些评价不是没有原因的。

第七章

兵家与阴阳五行家

在先秦，兵家和阴阳家、五行家的思想也十分流行。兵家的代表人物是孙武，代表作为《孙子兵法》。阴阳家和五行家虽然影响很大，但由于史阙有间，其代表人物多已湮没无闻，所以，关于这一家的哲学思想，我们将按照专题的形式予以介绍。

第一节　孙武

孙武，生卒年已不可考，据宋人邓名世《古今姓氏书辩证》记载，孙武字长卿，大约与孔子同时。他的祖父是齐国的大夫田书，因为与莒国打仗立了功，赐姓孙，并以乐安（今山东惠民）作为他的封地。后因齐国内乱，孙武一家逃到吴国。吴王阖闾当政时期，孙武由伍员推荐，被吴王重用为将，在与楚国的几次交战中表现出卓越的军事领导才能，公元前506年率兵攻陷楚国都城郢（今湖北荆州市荆州区东北，纪南城东南）。据《史记·孙子吴起列传》记载，当时吴国“西破强楚入郢，北威齐晋，显名诸侯，孙子与有力焉”。

《汉书·艺文志》著录“《吴孙子》八十二篇（图九卷）”。八十二篇中的不少篇章，包括九卷图后来都散佚了，但其中主要部分十三篇，即汉人所说“兵法五千言”，一直保存了下来，其他有些部分还保存在杜佑的《通典》里。不过，自南宋叶適以来，一直不断有人怀疑孙武的存在和《孙子兵法》十三篇的作者是否就是孙武。1972年山东临沂银雀山汉墓出土的竹简中发现《孙子兵法》近三百枚，近三千字，其中两千多字与今本《孙子兵法》十三篇大致相同。临沂汉简中还另外发现了《孙膑兵法》四百余枚，约一万一千字，这是《汉书·艺文志》著录的“《齐孙子》八十九篇”中的一部分，于此，历史上长期关于《孙子兵法》的作者和写作年代的争论终于解决。

《孙子兵法》是我国古代的一部杰出兵书，为历代军事家所重视，被尊为“兵经”。它很早就流传国外，被推崇为“东方兵学的鼻祖”“兵学圣典”“世界古代第一兵书”。它由于善于总结规律，通篇贯串着深刻的军事辩证法思想，所以也被视为哲学著作。

一、富民少士

战争是一种最不需要幻想的残酷游戏，所以古代的兵家都很现实，这反映在他们的社会政治观层面，就是顺应时代潮流，而绝少复古守旧。从新发现的汉简《吴问》中可以看出，孙武是一位站在新兴阶级立场上的军事家。

> 吴王问孙子曰：“六将军分守晋国之地，孰先亡？孰固成？”孙子曰：“范、中行氏先亡。”“孰为之次？”“智氏为次。”“孰为之次？”“韩、魏为次。赵毋失其故法，晋国归焉。”吴王曰：“其说可得闻乎？”孙子曰：“可。范、中行氏制田，以八十步为畹，以百六十步为畛，而伍税之。其□田狭，置士多，伍税之，公家富。公家富，置士多，主乔（骄）臣奢，冀功数战，故曰先［亡］。……赵是（氏）制田，以百廿步为畹，以二百卌步为畛，公无税焉。公家贫，其置士少，主佥臣收，以御富民，故曰固国。晋国归焉。”吴王曰：“善。王者之道，□□厚，爱其民也。”

据银雀山汉简整理小组的解释，“畛”为田间疆界，当为百亩与百亩之间的田界；“畹”相当于半畛，当为五十亩。吴王和孙武在这里说的是晋国六卿的百亩之制。在这段对话中，孙武对于建基于周礼之上的田税制度的崩溃毫无惋惜之意，而对于六家之中改革最彻底的一家反而给予了很高的期待。孙武认为，赵氏实行以二百四十步为标准的大亩制，不但破坏了晋公室的井田制及旧经界，比六将军中其他各家分别以百六十步至二百步为亩的情况来说也破坏得更彻底，从而容许和鼓励新兴地主多占田，农民多种田。另外，赵氏实行的无税制，对土地只征收赋而不征收税，其他各家除赋外，都征收五分之一的税，因此，赵氏这个措施虽然使“公家贫”，却使以赵氏为代表的整个新兴阶级更为富裕，有利于促进农业生产的发展。而且，这样可以造成“主俭臣收，以御富民”的局面。孙武断言，这一切必将巩固和发展赵氏政权的力量，而使“晋国归焉”。

在这段对话中，孙武还谈到了“富民少士”的问题。在他看来，“置士多”意味着有可能超过耕地产量所能提供的限度，“置士少”则意味着经济基础稳固，军队的供应充足。孙武认为，赵氏政权“置士少”反而能起到精兵强兵的效果，所以他很看好赵氏。当然，孙武的这一预测最终并没有成为现实，范、中行、智氏三家失败，而韩、魏、赵三家分晋。不过，孙武主张减轻赋税、厚爱其民是具有进步意义的。

二、兵之“五事”

孙武认为，战争的胜负取决于五个方面的因素：“一曰道，二曰天，三曰地，四曰将，五曰法。”（《计》）关于“道”，孙武说：

> 兵者，国之大事，死生之地，存亡之道，不可不察也。故经之以五事，校之以

> 计而索其情：一曰道，二曰天，三曰地，四曰将，五曰法。道者，令民与上同意也，可与之死，可与之生，而不畏危也。天者，阴阳、寒暑、时制（令）也。地者，远近、险易、广狭、死生也。将者，智、信、仁、勇、严也。法者，曲制、官道、主用也。凡此五者，将莫不闻，知之者胜，不知者不胜。故校之以计而索其情，曰：主孰有道？将孰有能？天地孰得？法令孰行？兵众孰强？士卒孰练？赏罚孰明？吾以此知胜负矣。(《计》)

“道者，令民与上同意也，可与之死，可与之生，而不畏危也”，是把争取民众的支持和拥护以及官兵一致作为争取战争胜利的必由之“道”。这里的“道”，不是从自然法则层面来理解的，而是从社会政治层面来理解的。后面讲“主孰有道”，也是就拥有“令民与上同意”之“道”而言的。在《九地》篇中，孙武说：“齐勇若一，政之道也。”“齐勇若一”，就是使士卒齐心协力，英勇杀敌如同一人。这说明《孙子兵法》中的“道”主要是在为政者如何使上下一心的意义上使用的。

“天者，阴阳、寒暑、时制（令）”，这里的“天”主要指天时和气候。古代战争对天时很讲究，这一思想的深层意思是对自然法则的顺应。“地者，远近、险易、广狭、死生也”，这里的“地”主要指作战区域的距离远近、地势的险厄与平坦、战场面积的宽阔或狭窄、地形条件的有利与否等，也主要是从战争角度来讨论的。

“将者，智、信、仁、勇、严也”，是讲军事指挥官的素质。孙武认为，合格的军事指挥官应当足智多谋、计出万端，赏罚有信、令行禁止，爱抚士卒、关怀百姓，英勇善战、杀敌致果，严于律己、执法严明。其中的“智”“信”“仁”“勇”也是孔子极力推崇的德行，足见这些德行在当时士人群体中的认同度是极高的。

“法者，曲制、官道、主用也”，是讲军队编制，指军队组织体制的建设、各级将吏的管理、军需物资的掌管等。

这五个方面细分为五，但实际为三，就是天、地、人。“道”“将”“法”的主体都是人。不但如此，天、地虽然外在，但掌握它们的还是人，孙武说：“凡此五者，将莫不闻，知之者胜，不知者不胜。”所以，决定战争胜负的关键还是人。

三、知己知彼

在孙武的军事思想中有一个十分著名的命题，就是“知己知彼”。孙武说：

> 知彼知己，百战不殆；不知彼而知己，一胜一负；不知彼，不知己，每战必殆。(《谋攻》)

“知己知彼”，就是对敌我双方的政治、军事、地理等各方面的形势了如指掌。为此，孙武主张透过调查研究，而不是透过占卜、星象来了解敌我双方的实情。孙武说：

> 故明君贤将，所以动而胜人，成功出于众者，先知也。先知者，不可取于鬼神，不可象于事，不可验于度，必取于人，知敌之情者也。(《用间》)

这里的“先知”指预先侦知、察明敌情。孙武认为，了解敌情，不能用占卜问神的方式，不能从经验和现象中类比，不能用神秘的星象知识验证，而必须从真正熟知敌情的人那里获得。可见，在决定生死存亡的战争面前，孙武既不相信神意，也不相信过去的经验，还不相信天人感应，在他看来，唯一值得信任的是来自敌区的第一手资料。因此，在用兵期间，他主张“禁祥去疑”（《九地》），即禁止占卜一类的活动，消除谣言，以免产生疑惑、扰乱军心。

在孙武的军事思想中，“知”的地位十分突出，前面说过的“知己知彼”“先知”“知敌之情”等，都是强调一个“知”字。孙武还指出：“知胜有五：知可以战与不可以战者胜，识众寡之用者胜，上下同欲者胜，以虞待不虞者胜，将能而君不御者胜。”（《谋攻》）这五条都是围绕着“知己知彼”说的，意思是说，作战要避免盲目性，要对敌我双方的力量、军心进行对比，等等。这种思想强调调查研究的重要性，强调一切从客观实际出发，是十分理性务实的。孙武又说：

> 知吾卒之可以击，而不知敌之不可击，胜之半也；知敌之可击，而不知吾卒之不可以击，胜之半也；知敌之可击，知吾卒之可以击，而不知地形之不可以战，胜之半也。故知兵者，动而不迷，举而不穷。故曰：知彼知己，胜乃不殆；知天知地，胜乃可全。（《地形》）

这里进一步细化了知己知彼的内容，战争绝不是一厢情愿的事情，只有全面掌握敌我双方的形势，把握好时机，并对天时地利有足够的了解，才有取胜的希望。孙武进一步指出：“知战之地，知战之日，则可千里而会战。不知战地，不知战日，则左不能救右，右不能救左，前不能救后，后不能救前，而况远者数十里，近者数里乎？”（《虚实》）“知战之地”，讲对地理、地形的认识；“知战之日”，讲对天时、气象的认识。在孙武看来，如果能预先知道交战之地的地形、交战之时的天象气候，即使跋涉千里也能打胜仗；相反，则必然顾此失彼，不可能在几十里甚至几里范围内的战场上应付自如。正因为如此，孙武特别重视战前的推演，他称之为“庙算”：

> 夫未战而庙算胜者，得算多也；未战而庙算不胜者，得算少也。多算胜，少算不胜，而况于无算乎！吾以比观之，胜负见矣。（《计》）

这是说，开战前要周密筹划，筹划周密、条件充分就能取胜，筹划不周、条件缺乏就无法取胜。这种庙算类似于今天的“沙盘推演”，它是基于各种感性材料的理性分析。可见，孙武讲“知己知彼”，既重视调查研究，又重视逻辑推演，其中饱含着丰富的哲学智慧。

四、以正合，以奇胜

孙武的军事理论包含着丰富的辩证法思想。孙武认为，任何事物都不是僵死不变的，而是不断运动变化着。他说：

> 夫兵形象水，水之形，避高而趋下；兵之形，避实而击虚。水因地而制流，兵因敌而制胜。故兵无常势，水无常形，能因敌变化而取胜者，谓之神。故五行无常胜，四时无常位，日有短长，月有死生。（《虚实》）

这是用“水”的特性来比喻战争的特点。孙武认为，水的特点是因地形的高低而流动，作战也是如此，要根据不同的敌情而制定取胜方略。用兵打仗没有固定刻板的模式，正如水的流动没有一成不变的形态一样。能够根据敌情变化而灵活机动取胜，叫作用兵如神。“五行无常胜，四时无常位，日有短长，月有死生”，表明战争中的变化就如五行、四时、日月的变化一样，是有规律可循的；避实击虚，因敌制胜，就是要遵循宇宙的法则，顺应变化的规律。

孙武看到了矛盾的价值，他发现，阴阳、天地、远近、广狭、迂直、敌我、生死、强弱、众寡、虚实、利害、治乱、内外、劳逸、勇怯、卑骄、奇正等，都是相互依存、相反相成、相互转化的。因此，善于利用这些矛盾的价值，就可以出奇制胜，转败为胜。例如，孙武认为用兵必须看到“利”和“害”这两个方面，指出“不尽知用兵之害者，则不能尽知用兵之利也”（《作战》），即不完全了解用兵弊害的人，就无法真正理解用兵的益处。只有对二者都有认识，才能“以患为利”（《军争》），使“患”转化为“利”。

基于这样的矛盾观，孙武提出了“奇正”说：

> 凡战者，以正合，以奇胜。故善出奇者，无穷如天地，不竭如江河。终而复始，日月是也；死而复生，四时是也。声不过五，五声之变，不可胜听也；色下过五，五色之变，不可胜观也；味不过五，五味之变，不可胜尝也。战势不过奇正，奇正之变，不可胜穷也。奇正相生，如循环之无端，孰能穷之哉！（《兵势》）

这是说，打仗要以“正兵”当敌，用“奇兵”取胜。善于出奇制胜的人，他的战法有如天地的变化，无穷无尽，有如长江、黄河的巨流，奔腾不息。孙武在这里透过天地、日月、四时、五声、五色、五味等的变化来比拟战争的规律。孙武发现，条件可以是有限的，但变化却是无穷的。声不过五，但不同的组合可以变换出不可胜听的音乐；色不过五，但不同的搭配可以变化出不可胜数的色彩。而且，只要变，终可转化为始，死可转化为生。一奇一正，就如天地之变、江河之流、日月之化、四时之转，相生相胜，循环无端。

孙武的这一思想具有高度的哲学智慧，他认识到了矛盾的价值和意义，并最大限度地发挥了矛盾的价值和意义。“正”和“奇”因相反所以相互成就，因相反所以相互转化，因相反所以相互补充，因相反所以生生不息。这对于后来阴阳观的发展不无启示作用。

第二节　阴阳与五行

阴阳与五行本来是两个互不相属的知识系统，有着不同的起源和文化背景。战国时期，这两个系统开始融合，成为一套共识极高的知识和思维模式，中国人对宇宙的认识、对社会历史的观察，乃至于对个体生命的理解，都受到它的影响。

一、阴阳

阴阳作为一对范畴，最早见于《国语·周语》所载伯阳父以阴阳论地震。不过作为一种观念，阴阳应该有其更深远的历史渊源，这种渊源究竟应该追溯到何时，不是容易说清楚的，但至迟在《周易》中已经存在了阴阳观念。

阴阳，就其本义说，都与日光有关，日光不容易照射到的地区（如水之南、山之北）为阴，日光容易照射到的地区（如水之北、山之南）为阳。研究表明，《诗经》《尚书》等经典中阴阳二字的用法大体都是用其本义，如“南至于华阴”“至于岳阳”（《尚书·夏书·禹贡》）。由向阳与背阴又引申为天气的明暗、寒暖，如“习习谷风，以阴以雨”（《诗经·邶风·谷风》），其“阴”即指天气阴寒；“春日载阳，有鸣仓庚”（《诗经·豳风·七月》），其“阳”即表示温暖。综合地说，从西周到东周初期，阴阳二字的主要含义是日光的有无或日光能否照射到的地区；由此引申，常用以指阴寒与温暖的气候。以这些词义为基础，再进一步发展，就是以阴阳为天的六气或天地之气。

以阴阳为“天地之气”，与西周末期以来天道自然观的发展有关。这一时期，讨论阴阳问题或以阴阳概念解释自然现象的，以史官居多，他们已用这一思想来解释气候、地震、陨星、水鸟退飞、疾病、音乐、水旱灾害等。例如《国语·周语》载伯阳父论地震曰：

> 幽王二年，西周三川皆震。伯阳父曰：“周将亡矣！夫天地之气，不失其序；若过其序，民乱之也。阳伏而不能出，阴迫而不能烝，于是有地震。今三川实震，是阳失其所而镇阴也。阳失而在阴，川源必塞，源塞，国必亡。夫水土演而民用也，水土无所演，民乏财用，不亡何待？”

这段史料中有四点值得注意：一是天地之气有其秩序；二是天地之气由阴阳两部分构成；三是天地之气的失序表现为阴阳之间的“伏”“迫”“烝”等，其可以引起地震；四是天地之气的失序会导致国家的衰亡。可以看出，在伯阳父对“西周三川皆震”的分析中，自然主义的解释是占据主导地位的；即使颇带神秘色彩的“周将亡矣”的政治预测，也是基于“阳失而在阴，川源必塞”，“水土演而民用也，水土无所演，民乏财用”的理性思考。这表明天地阴阳观念在这一时期已经比较成熟。

春秋时期的阴阳属于天道观的范畴。这一时期的天道观，传统的信仰还占有很重的分量，而自然主义的理解则代表着一种新的倾向。这不能不影响到对阴阳概念的运用和理解。例如，《左传·襄公二十八年》载：

> 二十八年春，无冰。梓慎曰：“今兹宋、郑其饥乎？岁在星纪，而淫于玄枵，以有时灾。阴不堪阳，蛇乘龙，龙，宋、郑之星也。宋、郑必饥。玄枵，虚中也。枵，秏名也。土虚而民秏，不饥何为？”

这是讲星占的，是用星象的异常预测社会人事，其立论基础是“阴不堪阳”。除史官外，这一时期的军事家也开始重视阴阳问题，如范蠡就对阴阳学说做出过很有哲学意味的诠释：

> 天道皇皇，日月以为常，明者以为法，微者则是行。阳至而阴，阴至而阳；日困而还，月盈而匡。古之善用兵者，因天地之常，与之俱行。后则用阴，先则用阳；近则用柔，远则用刚。（《国语·越语》）

范蠡是一位建立过卓越事功的英雄人物，又是一位能进能退、能伸能屈的传奇人物，他以史官的阴阳说为资源，将天道的内容概括为“阳至而阴，阴至而阳；日困而还，月盈而匡”的消长交替，并将阴阳观念用于兵法，以隐蔽和退守为阴，以显露和进攻为阳，所谓“后则用阴，先则用阳”。这就在某种程度上超越了传统天道观的局限，对阴阳从气的观念上做了提升，将其视为两种相对的功能，互为消长、循环交替。如此，阴阳就具有了普遍性与象征性，任何两种相对事物的性质与功能都可以用阴阳来代表。这对老子以及后来的《易传》阴阳观的形成具有非常重要的作用。

老子作为春秋末期有史官背景的思想家，很重视阴阳观念。老子继承了范蠡的思想，主要从“自然主义”角度来理解阴阳，以构筑其天道观。这对于《易传》利用筮法结构，贯通天、地、人，演绎阴阳法则，具有至关重要的意义。《易传》中，《彖传》《象传》《系辞传》《文言传》《说卦传》中都使用了阴阳，但有多种用法：视阴阳为阴阳二气，如“‘潜龙勿用’，阳气潜藏”（《乾·文言传》），“‘履霜，坚冰’，阴始凝也”（《坤初六·象传》），等等；视阴阳为两种相对的功能，如“内阳而外阴”（《泰·彖传》），“内阴而外阳”（《否·彖传》），“乾，阳物也；坤，阴物也。阴阳合德而刚柔有体”（《系辞下传》），等等；视阴阳为道的基本内涵，如“一阴一阳之谓道，继之者善也，成之者性也”（《系辞上传》）。在先秦，关于阴阳的思想到《易传》已经发展得相当完备了。

二、五行

“五行”一词最早见于《尚书·夏书·甘誓》，夏启在甘这个地方召开誓师大会，宣布有扈氏的两条罪状，其中一条是“威侮五行”。但“五行”究竟是什么，《甘誓》中没有说明。五行观念也许起源更早。殷商遗老箕子曾说：“我闻在昔，鲧堙洪水，汩陈其五行，帝乃震怒。”（《尚书·周书·洪范》）如是，则五行观念在夏代之前就已经存在了。

第一次明确记载五行内容的是《尚书·周书·洪范》：

> 五行：一曰水，二曰火，三曰木，四曰金，五曰土。水曰润下，火曰炎上，木曰曲直，金曰从革，土爰稼穑。润下作咸，炎上作苦，曲直作酸，从革作辛，稼穑作甘。

这是武王克商后第二年访问箕子咨询治国方略时箕子陈述的一段话。这段话虽然说出了五行的内容（水、火、木、金、土），区别了五行的属性（润下、炎上、曲直、从革、爰稼穑），阐明了五行的价值（咸、苦、酸、辛、甘），但五行究竟是什么，属于哪类性质的范畴，却没有讲清楚。

不过，考虑到人类早期普遍流行的多神崇拜习俗，这一时期的五行观念多少应该是带有宗教信仰色彩的，不然，就不存在上帝震怒的问题了。《左传·昭公二十九年》载蔡墨论“五官”来历的话说：“故有五行之官，是谓五官。实列受氏姓，封为上公，祀为贵神。社稷五祀，是尊是奉。木正曰句芒，火正曰祝融，金正曰蓐收，水正曰玄冥，土正曰后土。”这段话虽然是讨论“五官”的，但句芒、祝融、蓐收、玄冥、后土究竟是人还是神，并不十分清晰，早期的五行观念或许也是与宗教信仰联系在一起的。

西周末年，随着天命神学的式微，五行观念有了新的变化，周幽王时期的史伯说：

夫和实生物，同则不继。以他平他谓之和，故能丰长而物归之；若以同裨同，尽乃弃矣。故先王以土与金木水火杂，以成百物。（《国语·郑语》）

韦昭注解："杂，合也。成百物，谓若铸冶煎烹之属。"这里的金、木、水、火、土，显然是五种或五类最基本的物质，它们之间的相互结合产生了万物。

春秋时期，五行观念又有新的发展，"五行"的顺序也有一些新的变化。例如，有人认为"五行"是人们生活必需的五种物质，所谓"天生五材，民并用之，废一不可"（《左传·襄公二十七年》）。同时，又有一些学者用"五行"配"五星"，进行星战或解释天象及自然现象。例如：

夏，四月，陈灾。郑裨灶曰："五年，陈将复封。封五十二年而遂亡。"子产问其故。对曰："陈，水属也；火，水妃也。而楚所治也。今火出而火陈，逐楚而建陈也。妃以五成，故曰五年。"（《左传·昭公九年》）

裨灶是郑国的预言家，他用"五行"与"五星"相配，预言吉凶，带有一些神秘色彩。但这里值得注意的是"火，水妃也"这句话，"妃"，学者解释为"配"，"火，水妃也"是水火相互配合的意思。但这种相配之中有没有"相胜"的意思，是值得研究的。又如：

其星为大水。水，火之牡也。（《左传·昭公十七年》）

庚午之日……火胜金。（《左传·昭公三十一年》）

以上两则材料，前者与"火，水妃也"意思一致，后者则明确指出"火胜金"，这表明春秋时期五行相胜的思想已经存在。这一点《孙子兵法》中也有明确的说法："兵无常势，水无常形，能因敌变化而取胜者，谓之神。故五行无常胜，四时无常位，日有长短，月有生死。"（《孙子兵法·虚实》）其他如"陈彼五行必有胜"（《逸周书·周祝解》），"五行毋常胜"（《墨子·经下》），等等，也都表达了同样的思想。

战国时期，五行思想得到了前所未有的发展，渐渐与阴阳范畴相结合，逐渐成为人们认识宇宙、社会、人生的"思想律"。

三、阴阳五行与宇宙图示

阴阳与五行的结合，为古人理解并进一步描述宇宙的图示提供了新的理论武器。战国中后期，关于宇宙图示的研究颇受重视，《黄帝四经》《管子》《吕氏春秋》中都有不少相关讨论。

中国古代农业十分发达，天文历象方面的知识十分丰富，人们十分重视天象与物候之间的对应关系的研究。用阴阳范畴来解释一年四季的变化，就是在这种认识过程中不断形成的一种对自然界变化的哲学理解。例如：

春者，阳气始上，故万物生；夏者，阳气毕上，故万物长；秋者，阳气始下，故万物收；冬者，阳气毕下，故万物藏。故春夏生长，秋冬收藏，四时之节也。（《管子·形势解》）

这是说，一年四季的变化和万物的生长衰落是阴阳二气盛衰消长的结果。用阴阳二气来解释自然现象是一种颇为古老的认识，西周末年就已出现。战国时期，人们特别重视用阴阳二气的交互作用及彼此消长来解释自然界的变化。这一时期的思想家们认为，一年之中，阴阳二气的消长表现在时令节气方面必然会有不同的变化：如孟春之月，是阴阳交合的转折点，这时“天气下降，地气上腾，天地和同，草木萌动”（《礼记·月令》），实际就是《易传》所谓的“天地交而万物通”（《泰·彖传》），“三阳开泰”指的就是这个时节。这是说，冬至之时一阳复生，发展到这个时候，已经开始阴阳交合、万物通泰了。

如五月夏至，“是月也，日长至，阴阳争，死生分”（《月令》）。“日长至”，指夏至是一年中白天最长的一天，这表明阳气已经发展到尽头，一阴复生，并渐渐占据上风。由于阳气盛在春夏万物生长之季，所以一阴复生就意味着万物萧条的开始，这就是“死生分”。

如八月秋分，“是月也，日夜分，雷始收声，蛰虫坏户，杀气浸盛，阳气日衰，水始涸”（同上）。秋分之日，黑夜与白天一样长，所以说“日夜分”。从这时开始就不再有雷声了，将要蛰伏的虫类开始在洞穴四周培土，杀气（阴气）越来越盛，阳气一天天衰减，河湖的水开始干涸。

如十一月冬至，“是月也，日短至，阴阳争，诸生荡”（同上）。冬至与夏至恰好相反，是一年中白天最短的一天，这意味着阴气已经发展到尽头，开始向反面转化，即由长而消，阳气则开始由消转长。随着阳气渐渐盛壮，万物开始复苏、生长，这就是“诸生荡”。

可见，一年四季，二分二至，都是阴阳二气发展、变化的结果。阴阳二气相交，天地就能通，万物就能生；阴阳二气不相交，天地就不通，万物就死亡。阳气发展到极点，便会向阴的方面转化；阴气发展到尽头，也会向阳的方面转化。阴阳二气总是在此消彼长中发展着，变化着。也正因如此，才有了四季的交替、十二个月的循环往复。

五行与四时的关系主要表现为五行与四季的搭配，以及用五行的盛衰来解释四季的变化。例如：

> 孟春之月……某日立春，盛德在木。（同上）
> 孟夏之月……某日立夏，盛德在火。（同上）
> 孟秋之月……某日立秋，盛德在金。（同上）
> 孟冬之月……某日立冬，盛德在水。（同上）

这是把一年四季与五行结合起来，春天属木，夏天属火，秋天属金，冬天属水。但按照这样的搭配，五行中的“土”没有着落，《月令》就把它放在夏秋之交，即所谓的“中央土”。《月令》在描述季夏时指出：

> 中央土，其日戊己。其帝黄帝，其神后土。其虫倮，其音宫，律中黄钟之宫。其数五。其味甘，其臭香。其祠中溜，祭先心。

这段话处处都紧扣五行中的“土”行，戊己是十天干中的中央，五行属土；黄帝，传说中的中原部落首领，五行属土；后土，传说中部落首领共工氏的儿子，名叫句龙，死后被祀为地祇，即土地之神；等等。这样看来，五行与四时的搭配就是：春木、夏火、季夏土、秋金、冬水。

古人这样搭配，一方面是为了便于从哲学的高度理解四时的特征，另一方面也是为了透过五行的变化来分析四时的变化。五行的变化主要是相生与相胜。从相生的角度说，木生火、火生土、土生金、金生水、水生木，是一个自然发展的次序，四时的变化正是对这一相生次序的反映。从相胜的角度说，金胜木、木胜土、土胜水、水胜火、火胜金，春秋是一对矛盾，冬夏是一对矛盾，但恰恰是这些矛盾起到了制衡作用，使四时的变化不至于出现偏离。《月令》中就反复强调四时与五行一致的重要性，并指出违反时令必然出现祸殃。例如：

> 孟春行夏令，则雨水不时，草木蚤落，国时有恐。行秋令，则其民大疫，猋风暴雨总至，藜莠蓬蒿并兴。行冬令，则水潦为败，雪霜大挚，首种不入。

春天是木德司令，如果违反了这个法则而做夏天该做的事情，雨水就不会适时降下，草木就会过早地凋落，国家就会有令人恐惧的事情发生。如果违反了这个法则而做秋天该做的事情，就会流行大瘟疫，狂风暴雨就会一起到来，杂草就会疯长。如果违反了这个法则而做冬天该做的事情，水就会淹农田，就发生霜雪灾害，致使早春作物不能播种。这些描述固然带有神秘色彩，但也表明在中国古人的观念中自然秩序是神圣而不容随便对待的。

不单单是四时，在这一时期，人们还试图将宇宙万物，如五方、五色、天干、五音、十二律、五虫、五脏、五味、数目等都统一在阴阳五行的框架内。例如：

以五方配：东方属木，南方属火，中央属土，西方属金，北方属水。

以五色配：春木，色青；夏火，色赤；中央土，色黄；秋金，色白；冬水，色黑。

以十天干配：春木配甲乙，夏火配丙丁，中央土配戊己，秋金配庚辛，冬水配壬癸。

以五音、十二律配：春木，音角；夏火，音徵；中央土，音宫；秋金，音商；冬水，音羽。孟春之月其音角，律太簇；仲春之月其音角，律夹钟；季春之月其音角，律姑洗；孟夏之月其音徵，律仲吕；仲夏之月其音徵，律蕤宾：季夏之月其音徵，律林钟；孟秋之月其音商，律夷则；仲秋之月其音商，律南吕；季秋之月其音商，律无射；孟冬之月其音羽，律应钟；仲冬之月其音羽，律黄钟；季冬之月其音羽，律大吕。

以五虫配：鳞（鱼类）属木，羽（鸟类）属火，倮（人类）属土，毛（兽类）属金，介（介壳类）属水。

以五脏配：脾属木，肺属火，心属土，肝属金，肾属水。

以五味配：酸属木，苦属火，甘属土，辛属金，咸属水。

以数目配：春木为三、八，夏火为二、七，季夏土为五、十，秋金为四、九，冬水为一、六。

这些配合，就其表面来看，难免有牵强附会之嫌。但从哲学的角度说，这样搭配一方面是为了探寻宇宙的统一性，另一方面是为了探寻宇宙存在的根据。古人的这种努力是值得肯定的。而且，在这种努力的过程中，古人所发现的变化的规律性和复杂性以及宇宙的整体性等都是非常宝贵的经验，这也大大提升了古人对宇宙的诠释力。

兹据《月令》等资料列表如下：

五行	金	木	水	火	土
五方	西	东	北	南	中
五色	白	青	黑	赤	黄
四时	秋	春	冬	夏	季夏
天干	庚辛	甲乙	壬癸	丙丁	戊己
五音	商	角	羽	徵	宫
五虫	毛	鳞	介	羽	倮
数	四、九	三、八	一、六	二、七	五、十
五味	辛	酸	咸	苦	甘
五脏	肝	脾	肾	肺	心
五帝	少皞	太皞	颛顼	炎帝	黄帝
五神	蓐收	句芒	玄冥	祝融	后土
五嗅	腥	膻	朽	焦	香
十二律	夷则	太簇	应钟	仲吕	黄钟
天子居	总章	青阳	玄堂	明堂	太庙
五祀	门	户	行	灶	中溜

四、阴阳五行与社会历史观

阴阳五行的宇宙图示基于一种宇宙的整体观来理解人，把人的社会与历史也纳入丰富多彩的宇宙图示之中，形成了很有特色的社会政治历史观。

这一时期，基于此前儒、道各家关于天人问题的探讨，学者们特别重视对天人关系的进一步梳理，基本的观点是“天人相应”。比如，祭祀活动要依令而行，天子的吃、穿、住、行也要因时令而变化，百官大臣的活动更是要按照时令来开展。以孟春之月为例，天子的吃、穿、住、行：

> 天子居青阳左个，乘鸾路，驾仓龙，载青旗，衣青衣，服仓玉，食麦与羊，其器疏以达。(《月令》)

这个季节，天子住在青阳堂的左室，出行乘坐有銮铃的车，驾青龙的马，插青色的旗，穿青色的衣服，佩青色的玉，食物以麦和羊肉为主，所用器皿上镂刻的花纹要粗疏通达。天子的政事：

> 是月也，天子乃以元日祈谷于上帝。乃择元辰，天子亲载耒耜，措之参保介之御间，帅三公、九卿、诸侯、大夫躬耕帝藉。天子三推，三公五推，卿、诸侯九推。反，执爵丁大寝。……
>
> 是月也，天气下降，地气上腾，天地和同，草木萌动。王命布农事，命田舍东郊，皆修封疆，审端经术，善相丘陵、阪险、原隰，土地所宜，五谷所殖，以教道民，必躬亲之。田事既饬，先定准直，农乃不惑。

是月也，命乐正入学习舞。乃修祭典，命祀山林川泽，牺牲毋用牝。禁止伐木，毋覆巢，毋杀孩虫、胎、夭、飞鸟，毋麑，毋卵，毋聚大众，毋置城郭。掩骼埋胔。(《月令》)

这个时节，天子要选择日子祭祀上帝，祈求丰年；要和大臣们耕种籍田，回来后要在大寝举行酒宴犒劳公卿诸侯；要发布命令，部署农事；要命令乐正到学校教习舞蹈，命令祭祀山林河湖，禁止砍伐树木，禁止宰杀幼虫、幼鸟、幼兽，禁止大兴劳民工程，等等。

可见，天子的一举一动都要按着时令来，时令就是天子吃穿住行、发令施政的依据。这种天人观是对儒、道天人观的继承与发展，它一方面强调人对天道的顺从，另一方面又特别强调人事的把握，颇有天人相参的意味。

从政治层面说，这种观点也是对人间的最高统治者——天子——的行为活动的一种限制或规范，要天子按规律办事，不要按自己的主观意志办事。天子如果不遵循天道，过分彰显自己的意志，就会很危险，所谓"孟春行夏令，则雨水不时，草木蚤落，国时有恐。行秋令，则其民大疫，猋风暴雨总至，黎莠蓬蒿并兴。行冬令，则水潦为败，雪霜大挚，首种不入"。这种观念虽不免带有神秘色彩，但对于统治者来说也是一种约束，而在这种约束之中又透露着对自然天道的敬畏，如对农时的重视，对生物、动物的重视，归结为一句话，对春天大地复苏、万物生长的自然力量的敬畏。正是基于这样的敬畏，人间才有对天地的效法。

这一时期，把阴阳五行观念与社会政治历史结合得最为密切的是"五德终始"说。齐国人邹衍是这一学说的完善者。据《史记·孟子荀卿列传》载：

邹衍睹有国者益淫侈，不能尚德，若《大雅》整之于身，施及黎庶矣。乃深观阴阳消息而作怪迂之变，《终始》《大圣》之篇十余万言。其语闳大不经，必先验小物，推而大之，至于无垠。先序今以上至黄帝，学者所共术，大并世盛衰，因载机祥度制，推而远之，至天地未生，窈冥不可考而原也。先列中国名山大川，通谷禽兽，水土所殖，物类所珍，因而推之，及海外人之所不能睹。称引天地剖判以来，五德转移，治各有宜，而符应若兹。以为儒者所谓中国者，于天下乃八十一分居其一分耳。中国名曰赤县神州。赤县神州内自有九州，禹之序九州是也，不得为州数。中国外如赤县神州者九，乃所谓九州也，于是有裨海环之，人民禽兽莫能相通者，如一区中者，乃为一州。如此者九，乃有大瀛海环其外，天地之际焉。其术皆此类也。然要其归，必止乎仁义节俭，君臣上下六亲之施，始也滥耳。王公大人初见其术，惧然顾化，其后不能行之。

从这段描述可知邹衍的学说大致分为两个方面，一是自然地理方面，二是社会政治制度方面。其"五德终始"说是讨论第二个方面的。很可惜，邹衍的著作没有流传下来，但其学说的基本面貌依稀可知：

五德转移，治各有宜，而符应若兹。(《史记·孟子荀卿列传》)

邹子终始五德，从所不胜，土德后，木德继之，金德次之，火德次之，水德次之。(《六臣注文选·魏都赋》注引《七略》)

> 五德从所不胜，虞土，夏木，殷金，周火。（《六臣注文选·故安陆昭王碑》注引《邹子》）

根据这些佚文，可知邹衍的“五德终始”说认为历史的变化是受“五德转移”支配的，一个朝代对应一种“德”，或者每一个朝代都有一种“德”作为其政权合理性的根据。照邹衍的说法，每一种“德”都有盛、有衰：盛的时候，支持一个朝代；衰的时候，就无法支持这个朝代，故而这个朝代就被另一个朝代替代了。五行中，木胜土，金胜木，火胜金，水胜火，土胜水。据邹衍的考察，舜“以土德王”（“虞土”），夏是“以木德王”（“夏木”），商是“以金德王”（“商金”），周是“以火德王”（“周火”）。

学者研究认为，《吕氏春秋·应同》中有一段话反映了邹衍的观点：

> 凡帝王者之将兴也，天必先见祥乎下民。黄帝之时，天先见大螾大蝼。黄帝曰“土气胜”，土气胜故其色尚黄，其事则土。及禹之时，天先见草木秋冬不杀。禹曰“木气胜”，木气胜，故其色尚青，其事则木。及汤之时，天先见金刃生于水。汤曰“金气胜”，金气胜，故其色尚白，其事则金。及文王之时，天先见火赤乌衔丹书集于周社。文王曰“火气胜”，火气胜，故其色尚赤，其事则火。代火者必将水。天且先见水气胜，水气胜，故其色尚黑，其事则水。水气至而不知，数备，将徙于土。

不难看出，这种学说，作为一种历史观，它承认历史的发展具有规律性，并且认为这种规律是循环往复的；作为一种政治观，它承认朝代的更迭具有合理性。由于朝代的更迭具有合理性，新政权的存在也就具有了合理性。不但如此，这种合理性本身还将成为新朝代政治运作的依据。“代火者必将水。天且先见水气胜，水气胜，故其色尚黑，其事则水。水气至而不知，数备，将徙于土”，这显然是在利用“五德终始”说为新朝代的出现张目，水气已然出现并胜出，新朝代应该开始了。政治家如果不注意这一点，“水气胜”就将很快被略过而又重新回到“土”德。

五、阴阳五行与个体生命

这一时期，人们除了用阴阳五行解释自然现象和社会生活，还用它解释人的个体生命现象。中医经典《黄帝内经》中的主要篇章便是在这一时期完成的。

春秋时秦国医和就提出了“淫生六疾”的观点，战国时医学家扁鹊已经开始用阴阳来诊病，据说他能“闻病之阳，论得其阴；闻病之阴，论得其阳”（《史记·扁鹊仓公列传》）。

在先秦，如果阴阳学说至《易传》已臻至完善，那么五行学说以及阴阳五行的结合则到《黄帝内经》形成时已发展到顶峰。《黄帝内经》认为：“天地者，万物之上下也；阴阳者，血气之男女也；左右者，阴阳之道路也；水火者，阴阳之征兆也；阴阳者，万物之能始也。故曰：阴在内，阳之守也；阳在外，阴之使也。”（《阴阳应象大论》）由于阴阳的这种普遍性，所以《黄帝内经》认为：“夫邪之生也，或生于阴，或生于阳。其生于阳者，得之风雨寒暑；其生于阴者，得之饮食居处、阴阳喜怒。”（《调经论》）所以，这一时期的思想家十分重视对阴阳的认识，并在前人的基础上有很多细化。如说：“天有阴阳，地亦有阴阳……故阳中有阴，阴中有阳……阴阳相错，而变由生也。”（《天元纪大论》）具体而言，一天之中：

> 平旦至日中，天之阳，阳中之阳也。日中至黄昏，天之阳，阳中之阴也。合夜至鸡鸣，天之阴，阴中之阴也。鸡鸣至平旦，天之阴，阴中之阳也。（《金匮真言论》）

一人之身：

> 阳中之阳，心也。……阳中之阴，肺也。……阴中之阴，肾也。……阴中之阳，肝也。……阴中之至阴，脾也。（同上）

可见，《黄帝内经》对阴阳的论述是十分细腻的。

对于五行，《黄帝内经》的讨论更是细致入微。《黄帝内经》认为，按照正常的五行秩序，人体的生命形态与五行有一种合理的对应关系：

> 东方生风，风生木，木生酸，酸生肝，肝生筋，筋生心，肝主目。其在天为玄，在人为道，在地为化。化生五味，道生智，玄生神，神在天为风，在地为木，在体为筋，在藏为肝，在色为苍，在音为角，在声为呼，在变动为握，在窍为目，在味为酸，在志为怒。怒伤肝，悲胜怒；风伤筋，燥胜风；酸伤筋，辛胜酸。（《阴阳应象大论》）

但宇宙的变化是丰富多彩的，五行的生克并不总是沿着一个方向展开，有时也会出现异常，所以会有相乘、相侮、乘侮、胜复等情况出现。这一时期的中医学者对此进行了颇为细致的讨论。

五行相乘。这指五行相克太过。在正常情况下，五行中的某一行对另一行有克制作用，但这种克制作用有一定的限度，超过了一定的限度，就会引起异常反应，这就叫相乘。《六节藏象论》载："未至而至，此谓太过，则薄所不胜，而乘所胜也，命曰气淫。"

五行相侮。这指五行反克为害，也是一种异常相克情况。在正常情况下，五行中的某一行受另一行的约束和克制。但由于五行之间相互对比的力量异常，就会出现相反的情况。如在正常情况下，金对木具有克制作用，但在反常情况下木不但不能被金制约，反过来还可能克制金，这就是相侮。

五行乘侮。五行相乘与相侮都是在异常情况下的相克关系，二者的区别是相乘是按照五行相克顺序发生的过强的克制现象，相侮是按与五行相克顺序相反的方向发生的克制现象。在现实中二者往往同时发生，这就是五行乘侮。《五运行大论》载："气有余，则制己所胜而侮所不胜，其不及，则己所不胜侮而乘之，己所胜轻而侮之。"

五行胜复。五行乘侮发生后，由于五行之间的复杂联系，一般而言乘侮现象并不能无限地发展下去，而是要受到抑制。在先发生乘侮现象的某一行称为"胜气"，随后抑制胜气的另一行称为"复气"。《黄帝内经》认为，五行胜复现象是必然要发生的。《至真要大论》载："有胜之气，其必来复也。"举例来说，如果某种原因导致木气偏盛，木来乘土，土气衰弱，制水无力，水气偏盛，制火力强，火气衰弱，无力制金，金气偏盛，金气制木，这样就抑制了木气的偏盛，使之恢复到正常状态。简单地讲，就是五行中如果出现太过而乘己所胜者，那么胜己者定要前来报复，这就是五行胜复。可见，这一时期人们对五行的认识已经达到了相当的高度，极具辩证色彩。

总之，阴阳五行作为一种认识宇宙社会乃至个体生命的模式，它重视事物之间的有机联系，重视事物发展、变化的规律，重视自然与社会、自然与人之间的相应性，重视天、地、人的和谐性，重视宇宙的整体性，是一种充满了哲学智慧的学说。当然，任何理论一旦被模式化，都难免穿凿附会的弊病，阴阳五行说也存在着这样的问题。例如，天人相应是合理的，但由此进一步讲天人感应就很值得反思。又如，在医学中，天人感应理论是有其合理性的，但扩大到社会人事就显得荒谬不经了。

第二编

秦汉南北朝隋唐哲学

第八章

汉唐哲学的历史演进

由秦汉至隋唐，是中国历史上非常重要的时期。自秦朝始，中国社会实现了政治上的统一。这一统一局面的形成对思想文化产生了重要影响，其直接影响就是政治的统一也要求与之相应的思想文化上的一统。这一时期，思想文化的变迁先后历经了汉初黄老之学的兴起与繁荣、儒家经学的确立与定型、魏晋玄学的勃兴、道教的产生与发展、佛教的传入与中国化、儒释道三教的融合与唐代儒家哲学的形成。就中国学术史和哲学史的发展演变而言，这一时期虽然不是中国历史上最重要的时期，但却是最复杂而多变的时期。

第一节　大一统与汉初黄老之学

中央集权制的形成对中国政治、思想、文化产生了非常重要的影响，而就思想本身而言，秦代实行以法为教，很快导致政权的崩溃，汉初与此相反，奉行无为而治，推崇黄老之学。

一、大一统的形成

从公元前 230 年到公元前 221 年，秦先后消灭掉了韩、赵、魏、楚、燕、齐六国，实现了国家的统一，第一次建立了统一的、中央集权的国家政权。秦朝建立后，废除了周代奉行的分封制，而实行中央统一管辖的郡县制，分全国为三十六郡，郡下设县。郡设郡守，县设县令、县长，郡、县主要官员由中央直接任命。为了维护国家的统一，秦朝一方面铲除了春秋战国时期各诸侯国所修建的防御工程，另一方面修筑了以首都咸阳为中心的、遍通全国东西南北的高等级公路，在此基础上，统一度量衡、统一货币、统一车轨、统一文字。这一系列有效措施对于维护国家的统一起到了非常积极的作用，特别是统一度量衡、统一车轨、统一文字，对后代产生了非常重大的影响。

秦国在十年时间内灭掉了六国，建立了统一的中央政权，但是很不幸，秦统一中国后，其政权只维持了短短的十五年就轰然土崩瓦解了。经过四年的楚汉之争，公元前 206 年汉高祖刘邦重新统一中国，建立了西汉政权。强大秦王朝的快速灭亡，在当时的政治和思想界产生了强烈的震撼，促使人们总结秦朝灭亡的原因，反省其中的教训。

陆贾是刘邦的重要谋士，常在刘邦面前称道《诗》《书》：

> 陆生时时前说称《诗》《书》。高帝骂之曰："乃公居马上而得之，安事《诗》《书》!"陆生曰："居马上得之，宁可以马上治之乎？且汤、武逆取而以顺守之，文武并用，长久之术也。"(《史记·郦生陆贾列传》)

在陆贾看来，秦朝灭亡的主要原因是只知"逆取"而不知"顺守"，不能"文武并用"。贾谊也认为：

> 秦以区区之地致万乘之势，序八州而朝同列，百有余年矣。然后以六合为家，殽函为宫。一夫作难而七庙堕，身死人手，为天下笑者，何也？仁义不施而攻守之势异也。(《新书·过秦上》)

在贾谊看来，秦朝用攻取天下的方法守卫江山社稷，犯了方法上的错误；攻取天下可以依靠威力，而守卫江山则必须施行仁义。

汉朝统治者吸取了秦朝灭亡的教训，维护了四百多年的汉朝江山。在四百多年统一的政治环境中，适应政治上的统一，思想文化领域形成了相对统一的局面。与春秋战国时代所呈现的"百家争鸣"状态不同，汉朝至隋唐，思想文化领域的基本态势是统一而稳定的，其间，虽不说没有争论，但基本的指导思想是统一的、一致的。

二、汉初黄老之学的勃兴

先秦著作中并无"黄老"这一名称，黄老并称是汉代人的说法。黄指黄帝，老指老子。黄帝传说是公元前三千年的人物，老子是春秋晚期的人物，两人相距两千多年。老子有书流传于世，即《老子》五千言，但黄帝并没有留下任何历史文献，《老子》一书中也没有任何假托黄帝之语。黄老之学并非始于汉代，在战国时代已经流行。《史记》多次提到黄老之学，如"申子之学，本于黄老"，"韩非者……喜刑名法术之学，而其归本于黄老"(《老子韩非列传》)，"慎到，赵人。田骈、接子，齐人。环渊，楚人。皆学黄老道德之术"(《孟子荀卿列传》)。

汉初，历经连年不绝的战争，民生凋敝，百废待兴。据《汉书·食货志》记载：

> 汉兴，接秦之敝，诸侯并起，民失作业，而大饥馑。凡米石五千，人相食，死者过半。高祖乃令民得卖子，就食蜀汉。天下既定，民无盖臧。自天子不能具醇驷，而将相或乘牛车。

天子之车想要配上四匹纯色的马都不可能，表明当时的社会经济达到了何种危急的程度。在这样一种民不聊生的情况下，迫切需要尽快医治战争创伤，恢复和发展社会生产。黄老之学主张统治者无为而治，勿扰百姓，汉代统治者顺应历史潮流，遂将黄老之学确立为统治思想。

西汉初年，曹参为齐国丞相时，听从黄老之学人物盖公建议，以黄老之术治理齐国。“闻胶西有盖公，善治黄老言，使人厚币请之。既见盖公，盖公为言治道贵清静而民自定，推此类具言之。参于是避正堂，舍盖公焉。其治要用黄老术，故相齐九年，齐国安集，大称贤相。”（《史记·曹相国世家》）因为治齐有方，曹参在萧何死后继任汉丞相，仍然奉行无为而治的方针，见人有小的过失，总是为其隐瞒，身为丞相，却无所事事。惠帝刘盈对曹参的做法有意见，而曹参认为，“高帝与萧何定天下，法令既明，今陛下垂拱，参等守职，遵而勿失，不亦可乎?”（同上）曹参任汉丞相三年，卒于任上。“百姓歌之曰：萧何为法，颟若画一；曹参代之，守而勿失。载其清净，民以宁一。”（同上）

惠帝之后，汉文帝继续推行黄老之术。“文帝本修黄老之言，不甚好儒术，其治尚清静无为。”（《风俗通义·正失》）《史记·外戚世家》载：“窦太后好黄帝、老子言，帝及太子、诸窦不得不读黄帝、老子，尊其术。”从高帝起，经惠帝、文帝，至景帝，一直以“无为而治”为治国之本，社会稳定，经济迅速发展，成就了为史家所称颂的“文景之治”。“汉兴，扫除烦苛，与民休息。至于孝文，加之以恭俭，孝景遵业，六十余载之间，至于移风易俗，黎民醇厚。周云成康，汉言文景，美矣!”（《汉书·景帝纪》）与汉初民不聊生形成显明对比，至武帝即位时：

> 汉兴七十余年之间，国家无事，非遇水旱之灾，民则人给家足，都鄙廪庾皆满，而府库余货财。京师之钱累巨万，贯朽而不可校。太仓之粟陈陈相因，充溢露积于外，至腐败不可食。众庶街巷有马，阡陌之间成群。（《史记·平准书》）

这样一种富庶、繁荣、安乐的景象，在中国漫长的历史长河中并不多见，这也可以说是道家政治思想史上最为光彩的一页。

第二节　经学的确立与玄学的兴起

从汉武帝执政开始，统治者逐渐放弃黄老之学的无为而治，而以儒家思想为正统，奉儒学为经学。至汉末，经学愈来愈走向烦琐，随着汉朝政权的覆灭，由对于经学的反动而有玄学的兴起。

一、经学的确立

经学是关于儒家经典的注解、阐释以及由此而形成的学派传承、学术演变的学问。“经”，不仅指经典，还有“常”“法”“统”这样的含义。《释名·释典艺》上说：“经，径也，常典也，如径路无所不通，可常用也。”在先秦时代，儒家只是诸子百家中的一家，汉代之后，儒家最主要的经典被称为“经”，对这些经典的解释被称为“经学”，儒家思想因此而成为中国古代社会占统治地位的思想学说。

自秦国至秦朝，以法家思想作为最基本的治国理念，强调“以法为教”“以吏为师”，结果是仁义不施而律法严苛，由此激起全国民众的反抗，在全国民众风起云涌的反抗声中，貌似强大得不可一世的秦王朝很快土崩瓦解。汉初，适应时代需要，统治者采取“无为而治”的治国理念，与民休养生息，取得了很好的社会效果。但是，到了汉武帝刘彻登基时，情况发生了很大的变化。一方面，经过六十余年，社会生产有了很大的恢复、发展；另一方面，汉初分封同姓王，诸侯王的势力不断扩大，“大者夸州兼郡，连城数十，宫室百官同制京师”（《汉书·诸侯王表》），对中央政权构成威胁。景帝年间（公元前154年）爆发了“七国之乱”，“七国之乱”虽然最终得以平定，但也使统治者认识到，如果继续奉行“无为而治”的治国理念，必将威胁到大一统的政治局面。

公元前141年，汉景帝病死，其子刘彻即位，是为汉武帝。汉武帝是一位有雄才大略的皇帝，他不安于守成，决心要有一番大的作为。《史记·儒林列传》记载：

> 孝惠、吕后时，公卿皆武力有功之臣。孝文时颇征用，然孝文帝本好刑名之言。及至孝景，不任儒者，而窦太后又好黄老之术，故诸博士具官待问，未有进者。及今上即位，赵绾、王臧之属明儒学，而上亦乡之，于是招方正贤良文学之士。……及窦太后崩，武安侯田蚡为丞相，绌黄老、刑名百家之言，延文学儒者数百人。而公孙弘以春秋白衣为天子三公，封以平津侯。天下之学士靡然乡风矣。

《汉书·董仲舒传》亦载：“武帝即位，举贤良文学之士前后数百，而仲舒以贤良对策焉。”董仲舒在《举贤良对策》中向汉武帝建议：

> 《春秋》大一统者，天地之常经，古今之通谊也。今师异道，人异论，百家殊方，指意不同，是以上亡以持一统；法制数变，下不知所守。臣愚以为诸不在六艺之科、孔子之术者，皆绝其道，勿使并进。邪辟之说灭息，然后统纪可一而法度可明，民知所从矣。（《汉书·董仲舒传》）

董仲舒提出“大一统”，很中汉武帝之意，其建议亦为武帝所采纳。

建元五年（公元前136年），汉武帝正式以《诗》《书》《礼》《易》《春秋》五部书籍为法定经典，并设立“五经博士”。博士是古代学官的名称，战国时代已有博士之名。秦统一六国后，仍设立博士。汉承秦制，沿袭博士之职。然而在文、景时代，凡治诸子百家而出名者，都可立为博士。刘歆《移让太常博士书》云：“至孝文皇帝……天下众书往往颇出，皆诸子传说，犹广立于学官，为置博士。”（《汉书·楚元王传》）如鲁人公孙臣，以言五德终始，召为博士（《史记·孝文本纪》）；贾谊以“颇通诸子百家之书”（《史记·屈原贾生列传》），也被召为博士。据《史记·儒林列传》、《汉书·楚元王传》与《汉书·晁错传》所载，汉文帝时，治《诗》博士有鲁人申公、燕人韩婴，治《书》博士有晁错；汉景帝时，治《诗》博士又有齐人辕固生，治《公羊春秋》博士有董仲舒、胡毋生。汉武帝设立“五经博士”，是以“五经”而设立博士之职，其他不以“五经”而立的博士均遭罢黜。“五经博士”教授的学生，每一经有十人，称为博士弟子。从此，儒家经典有了正式的、官方的传授渠道。

自汉武帝立“五经博士”后，“经”成为儒家经典的专称，只有儒家最重要的经典才可称为“经”。西汉时，只有“五经”，即《诗》《书》《礼》《易》《春秋》。东汉时，五经之外，《孝经》《论语》也成为“经”，由此而有“七经”。唐朝时，《春秋》分为“三传”，即《春秋左传》《春秋公羊传》《春秋穀梁传》，《礼》分为“三礼”，即《周礼》《仪礼》《礼记》，这六部书再加上《易》《书》《诗》，并称为“九经”。唐文宗刻石经，将《孝经》《论语》《尔雅》列入经部。南宋时，又将《孟子》列入经部，因有“十三经”。

汉代经学，有今文经学与古文经学之别。今文经学尊奉的经典是汉初经学家传授下来的、用当时流行的文字隶书书写的，所以称作“今文经学”；古文经学尊奉的经典是西汉以后逐渐发现的、用战国时代人们所用的古文字书写的，所以称作“古文经学”。今文经学强调经书的“微言大意”，古文经学则注重名物训诂。汉武帝立“五经博士”，全是今文经学。西汉末年，刘歆奏请将《左氏春秋》《毛诗》《逸礼》《古文尚书》列于学官，遭到今文经学人士的抵制，不得而果。及王莽篡位之后，古文经立为博士，但随着王莽“新政”的垮台，古文经博士被废除了。然而，东汉之后，古文经学不断发展，逐步打破了今文经学独霸的地位。至汉章帝年间白虎观会议之后，今古文经学逐渐走向融合。

二、玄学的兴起

公元 220 年，曹丕代汉自立，建立魏国。从此，中国历史进入三国时代，之后为西晋、东晋及南北朝时期，直至公元 581 年隋朝建立。在这三百六十多年间，除了西晋时期有三十多年短暂的统一外，全国基本处于分裂割据的局面。历史学家一般将这段时期称作魏晋南北朝时期。

魏晋南北朝时期的主要社会思潮是所谓的“玄学”。“玄”，本义是深、远、奥妙、虚而不实；作为一种哲学术语，出自《老子》：“玄之又玄，众妙之门”（一章）。玄学的基本特点是探玄论妙、辨名析理。就此特点而言，玄学与战国时代的名家学派有类似的性质。但名家学派之辨名发论往往是一种纯粹的智力活动，与社会现实无直接关系；而玄学之探玄论妙、辨名析理却是基于社会现实的，甚至本身即是当时社会现实的生动反映。

魏晋玄学的出现，有两个方面的原因。就学术思想而言，两汉经学经过三百多年的发展，越来越走向细密、烦琐，经学家必须严守“师法”“家法”，不敢越雷池一步。

> 自武帝立五经博士，开弟子员，设科射策，劝以官禄，讫于元始，百有余年，传业者浸盛，支叶蕃滋，一经说至百余万言，大师众至千余人，盖禄利之路然也。（《汉书·儒林传》）

经学至西汉中叶以后，已经成为陈陈相因、故步自封、烦琐支离的经院哲学，成为加官晋爵、获取利禄的简便法门。至东汉末年，经学实际已经走入绝境。魏晋玄学的出现，就是要一改两汉经学的细琐与繁复，以清新、自然、简约的方式再现原典的本来面目。

就时代精神而言，分裂割据的政治局面打破了思想上的一统，不同的思想、学说得以自由表达，先秦时代自由争鸣的学术氛围又不同程度地得以恢复。同时，多个政权分裂割据，不同政权频繁交替，不同政治势力相互挤压，造成“天下多故，名士少有全者”（《晋书·阮籍传》），何晏、嵇康、钟会、李丰、王广、裴頠、欧阳建都成为政治斗争的牺牲品。面对残酷的政治现实，人们开始思索、追问生命的意义与价值。“生年不满百，常怀千岁忧。昼短苦夜长，何不秉烛游?”（《古诗十九首》）就连当时叱咤风云的曹操，也发出了“对酒当歌，人生几何?”的感叹。在这样的时代，作为个体的人，在政治斗争的旋涡之中显得非常细微与无助，故而人们只有放任自性，沉醉于不切实际的玄谈，迷恋于音乐、丹药及酒。所以，魏晋玄学的基本精神是追求适意与放达。由于追求适意与放达，魏晋士人对老子、庄子特别推崇。嵇康明确声称：“老子、庄周，吾之师也。”（《与山巨源绝交书》）老子的自然无为、庄子的逍遥淡泊，特别受到魏晋士人的青睐。魏晋玄学的主要议题出自“三玄”，“三玄”即《周易》《老子》《庄子》。“三玄”成为魏晋士人最爱读的书，成为人们最爱谈论的话题的来源。

魏晋玄学起源于魏正始年间，被人称作“正始之音”。正始为魏齐王曹芳的年号，时间为公元240年至249年。“正始之音”语出《晋书·卫玠传》：“昔王辅嗣吐金声于中朝，此子复玉振于江表，微言之绪，绝而复续。不意永嘉之末，复闻正始之音。”正始之音的倡导者和领袖人物是何晏与王弼。魏晋玄学以善言谈而著称，正始之音首开谈玄析理的先风。魏晋士人喜欢谈玄，以谈玄为人间乐事。《世说新语·文学》刘孝标注引《向秀别传》说：“秀将注《庄子》，先以告嵇康、吕安，康、安咸曰：‘此书讵复须注？徒弃人作乐事耳！’”在嵇康、吕安看来，《庄子》一书有深远玄妙之义，正是人们谈玄析理的好材料，一旦作注，怕将意思固化，反而败了谈论的意趣。

崇尚高谈阔论的风尚，在东晋时代有进一步的发展。《世说新语·言语》篇载：

> 诸名士共至洛水戏。还，乐令问王夷甫曰：“今日戏，乐乎?”王曰：“裴仆射善谈名理，混混有雅致；张茂先论史、汉，靡靡可听；我与王安丰说延陵、子房，亦超超玄著。”

在魏晋时代，人们往往围绕一个话题展开绵延数十年的论辩。“旧云：王丞相过江左，止道声无哀乐、养生、言尽意三理而已，然宛转关生，无所不入。”（《世说新语·文学》）人们论辩，往往并不是为了求得问题的答案，而是为了追求与体会论辩的快意和乐趣，通过论辩将问题引向深入。

魏晋玄学主要有三大议题：有无之辨、自然与名教之辨、言意之辨。就时序而言，魏晋玄学分为三个阶段：正始玄学、竹林玄学、元康玄学。正始玄学的代表人物是何晏、王弼，论辩的主要议题是有无问题；竹林玄学的代表人物是阮籍、嵇康，论辩的主要议题是自然与名教的关系问题；元康玄学的代表人物是向秀、郭象、裴頠、欧阳建，论辩的主要议题是有无问题和言意问题。公元420年，刘裕废晋恭帝自立，国号宋，东晋灭亡，中国社会进入南北朝时期，玄学逐步走向衰微。

第三节 道教和佛教的产生、传入与发展

道教的产生、佛教的传入以及各自的长足发展，是汉唐时期中国思想学术发展史上非常重大的事件。

一、道教的产生与发展

道教是中国古代自生的宗教。道教以崇道、尊道、信道为根本信仰，以求长生为根本追求，是一种强调四方上下无处不有神灵的多神论宗教。

道教作为组织化的宗教，正式形成于东汉末年，其最初形式是太平道和五斗米道。而道教的思想根源则可以上溯至战国时代以至更早时代的神仙思想和方术迷信。《庄子》一书中已经有对神仙、神人的具体描述。《庄子·大宗师》篇载：

> 夫道，有情有信，无为无形；可传而不可受，可得而不可见；自本自根，未有天地，自古以固存；神鬼神帝，生天生地；……黄帝得之，以登云天；颛顼得之，以处玄宫；禺强得之，立乎北极；西王母得之，坐乎少广，莫知其始，莫知其终；彭祖得之，上及有虞，下及五伯。

这里提到黄帝、西王母、彭祖等人，即是道教中的重要神仙。《庄子·逍遥游》篇也有对神人具体的描写：

> 藐姑射之山，有神人居焉。肌肤若冰雪，淖约若处子；不食五谷，吸风饮露；乘云气，御飞龙，而游乎四海之外；其神凝，使物不疵疠而年谷熟。

这表明在庄子生活的战国中期已经有神仙信仰存在。

与此同时，在燕齐滨海一带则流传着关于仙山、仙人、仙药（不死之药）的传说。传说在渤海之中，有蓬莱、方丈、瀛洲三座仙山，山上有仙人和不死之药。齐威王、齐宣王、燕昭王都曾派人入海寻求不死之药。秦始皇统一中国后，也曾派徐福、卢生、侯生等求长生不死之药。后秦始皇发现自己上当受骗，一怒之下搜捕到犯禁方士、儒生四百六十多人，予以坑杀，这就是所谓的“坑儒”。其实，秦始皇坑杀的大多不是“儒”，而是蛊惑人心的方士。秦始皇之后，汉武帝年间也有李少君、栾大等人为汉武帝求仙、炼丹。神仙方术在西汉时代已广为流行。署名刘向的《列仙传》记有上古时代至西汉成帝年间神仙七十人，对每人之姓氏、事迹均有详细的描述。

西汉成帝时，齐人甘忠可造《天官包元太平经》十二卷。东汉顺帝时，又有《太平清领书》问世，这是最早出现的道教经书。《后汉书·郎𫖮襄楷列传》称：“初，顺帝时，琅邪宫崇诣阙，上其师干吉于曲阳泉水上所得神书百七十卷，皆缥白素、朱介、青首、朱目，号《太平清领书》。”《太平清领书》就是后代广为流传的《太平经》。东汉后期魏伯阳著有《参同契》，主要论述养生和炼丹术，此书是道教外丹学的重要著作。

东汉顺帝时，沛国丰（今江苏丰县）人张陵入蜀，造作道书，创立正一道，这是道教最早出现的宗教组织。正一道，俗称五斗米道。《三国志·魏书·张鲁传》称：

> ［张陵］客蜀，学道鹄鸣山中，造作道书以惑百姓。从受道者出五斗米，故世号米贼。陵死，子衡行其道。衡死，鲁复行之。

正一道的创立者张陵，道教徒称之为张道陵、张天师、正一真人、祖天师，其子张衡被称为嗣师，其孙张鲁被称为系师。后张鲁割据汉中，以五斗米道教化民众，建立了政教合一的政权。建安二十年（公元215年），曹操率领十万大军西征张鲁，张鲁投降，被拜为镇南将军。此后，大量道众北迁，五斗米道的势力发展到中原地区。

与五斗米道在南方兴起几乎同时，太平道在我国东部地区勃然兴起。太平道因《太平经》而得名，其首领为张角。张角，巨鹿（今河北平乡西南）人。《后汉书·皇甫嵩朱儁列传》载：

> 初，巨鹿张角自称“大贤良师”，奉事黄老道，畜养弟子。跪拜首过，符水咒说以疗病，病者颇愈，百姓信向之。角因遣弟子八人使于四方，以善道教化天下，转相诳惑。十余年间，众徒数十万，连结郡国，自青、徐、幽、冀、荆、杨、兖、豫八州之人，莫不毕应。遂置三十六方。

中平元年（公元184年），张角发动起义。起义军提出的口号是“苍天已死，黄天当立，岁在甲子，天下大吉”。这次起义因义军将士头裹黄巾，所以被称为“黄巾起义”。黄巾起义最后被镇压，太平道因此而受到迫害，此后销声匿迹。

自张角的太平道被镇压，张鲁的五斗米道受招安后，道教受到统治者的压制，如曹操即下令禁止道教。魏晋之时，出于对神仙的信仰以及对长生不死的追求，大量封建士大夫涌进道教，道教在思想和组织上都发生了很大变化。与此同时及稍后，统治阶级也有意对道教进行改造。在这一改造运动中，有两位重要的代表人物，一位是东晋的葛洪，一位是北魏的寇谦之。葛洪重在从事道教的理论建设，寇谦之重在从事道教的信条教规及组织系统建设。与此同时，这一时期涌现了大量的道教经书。道教的主要典籍是在南北朝时期形成的。南朝齐梁时的陶弘景作《真灵位业图》，建立了庞大的神仙谱系。至南北朝时，道教作为一种宗教，体态已经完备。进入隋唐时期，道教有进一步的发展，以至于与儒学、佛教形成三足鼎立的态势。

二、佛教的传入与中国化

佛教是公元前6世纪～前5世纪由释迦牟尼创立的宗教，是世界三大宗教之一。佛教传入中国内地之前，在新疆地区已经广为流传。《三国志》裴松之注引《魏略·西戎传》曰：“昔汉哀帝元寿元年，博士弟子景卢受大月氏王使伊存口授《浮屠经》。”“浮屠”，即佛陀的早期译法，汉哀帝元寿元年，即公元前2年，是中国内地人接受佛教的开始，由此有人将这一年视为佛教传入汉地的时间。

据成书于东汉末期的《牟子理惑论》所载，东汉永平年间（公元58—75年），汉明帝曾梦见神人：

> 昔孝明皇帝梦见神人，身有日光，飞在殿前，欣然悦之。明日，博问群臣：

"此为何神?"有通人傅毅曰:"臣闻天竺有得道者，号之曰佛，飞行虚空，身有日光，殆将其神也。"于是上悟，遣使者张骞、羽林郎中秦景、博士弟子王遵等十二人，于大月支写佛经四十二章，藏在兰台石室第十四间。时于洛阳城西雍门外起佛寺，于其壁画千乘万骑，绕塔三匝。又于南宫清凉台，及开阳城门上作佛像。

无名氏之《佛说四十二章经序》载：

帝遂遣王遵等一十八人，西访佛法。至月氏国，遇摩腾、竺法兰二菩萨，将白氎上画释迦像及《四十二章经》一卷，载以白马，同回洛阳，时永平十年丁卯十二月三十日也，因以腾、兰译经之所名白马寺。

《高僧传》卷一对此的记述是：

即遣郎中蔡愔、博士弟子秦景等，使往天竺寻访佛法。愔等于彼遇见摩腾，乃要还汉地，腾誓志弘通，不惮疲苦，冒涉流沙，至乎雒邑。明帝甚加赏接，于城西门外立精舍以处之。汉地有沙门之始也。但大法初传，未有归信，故蕴其深解无所宣述。

可信的说法是，东汉永平年间佛教开始传入汉地。

史载，与汉明帝同时代的楚王刘英信奉佛法。刘英是光武帝刘秀之子。《后汉书·光武十王列传》载："英少时好游侠，交通宾客，晚节更喜黄老，学为浮屠，斋戒祭祀。"汉明帝之后，汉桓帝（公元146—167年在位）更加信仰佛教。《后汉书·孝桓帝纪》论曰："前史称桓帝好音乐，善琴笙，饰芳林而考濯龙之宫，设华盖以祠浮图、老子。"东汉后期，由于汉桓帝的提倡，佛教开始在汉地兴盛起来。

受汉桓帝好佛的影响，至东汉末年，很多西域有名的高僧来华传授佛教，与此同时，大量佛经被翻译成汉文。早期佛教翻译家中最有名的是安世高和支谶。安世高注重小乘佛教经典的翻译，支谶注重大乘佛教经典的翻译。随着大量佛教经典被翻译成汉文，出现了用中国传统思想解说佛理的现象，即所谓的"格义"。佛教初入汉地，要使佛教理论被中国人接受，"格义"是必不可免的。但"格义"毕竟具有自身的局限性，并不能完全准确地表现佛教固有的思想，所以，东晋以后，"格义"佛学开始受到限制并逐渐走向沉寂。整个魏晋时代，社会上层士人对佛教越来越感兴趣，名士与名僧的密切交往是这个时代一道特别的风景。王导、谢安、殷浩、郗超等权贵都与很多名僧有非常密切的联系。另外，名僧也希望通过攀结权贵来扩大影响。道安就曾明确指出，"不依国主，则法事难立"（《高僧传》卷五）。

佛教传入中国后，最先兴盛起来的是"般若学"。"般若学"是伴随大乘空宗理论的传入而兴起的，由于受魏晋玄学的影响，"般若学"的性空理论很快引起了人们的高度兴趣。由于对般若性空的不同理解，产生了不同的学术流派，由此而形成了"六家七宗"。"六家七宗"虽然未能完全摆脱"格义"的嫌疑，但却表明中国学者已经开始真正发挥佛教的思想。所以，般若学"六家七宗"的形成可以看作中国佛教哲学的开始。

东晋时代，随着佛教影响的深入，佛教理论与中国传统思想发生了正面冲突。儒家强调父子之亲、人伦之序、君臣之义，佛教则弃名教、背人伦，但求遁世。这是二者之间的第一次争论。为此，东晋名僧慧远专门作《沙门不敬王者论》，为佛教辩护，认为：在家奉法，则是顺化之民，当然应当遵守世俗礼法；出家则是方外之宾，自然不能以世俗礼法来要求，既是遁世，“遁世则宜高尚其迹”。佛教以及佛教人士对于维护王权政治实际是大有裨益的。慧远的理论后来为人们所接受。

东晋至南北朝时期，佛教与中国传统思想的第二次争论是关于形神的争论。形神之争的核心问题为：形灭而神不灭还是形灭神亦灭。佛教从自身教义出发，坚持形灭而神不灭。关于形神之争，在汉人那里已经开始。汉人多以“薪火之喻”来批驳神不灭论，桓谭、王充都认为天下无独燃之火，所以，有形才有神，无形则无神。站在佛教的立场上，慧远认为，“火之传于薪，犹神之传于形；火之传异薪，犹神之传异形”（《沙门不敬王者论》），由此得出了形灭而神不灭的结论。因为“薪火之喻”有其自身的局限性，南朝人范缜改以刀与利来比拟形与神。在范缜看来，“神即形也，形即神也。是以形存则神存，形谢则神灭也”（《梁书·范缜传》）。“即”，就是不离不弃。形不离神，神不离形。“神之于质，犹利之于刀；形之于用，犹刀之于利。……未闻刀没而利存，岂容形亡而神在?”（同上）范缜以刀没利不存来否定形亡而神在，具有一定的理论深度。但范缜又以偶然论来解释因果：

> 子良问曰：“君不信因果，世间何得有富贵，何得有贫贱?”缜答曰：“人之生譬如一树花，同发一枝，俱开一蒂，随风而堕，自有拂帘幌坠于茵席之上，自有关篱墙落于溷粪之侧。坠茵席者，殿下是也；落粪溷者，下官是也。贵贱虽复殊途，因果竟在何处?”（同上）

以偶然论来解释因果，实际陷入了不可知论。

南北朝时期，南朝历代统治者大都信奉佛教。宋武帝刘裕、宋文帝刘义隆、齐高帝萧道成、齐武帝萧赜、梁武帝萧衍，都大力提倡佛教。他们中的有些人不仅提倡佛教，而且自身就具有很高的佛学造诣。特别是梁武帝萧衍，在位四十八年，不仅信佛，大力推行佛教，而且还曾四次舍身出家当和尚。在统治者的大力扶持下，佛教在南北朝时期有了极大的发展。梁朝时期，仅江南地区就有佛寺两千八百余座，僧人八万余人。与此同时，译经事业也得到前所未有的发展，据唐智升的《开元释教寻》所列，至南北朝时期，译经已经达到一千六百二十一部。随着译经越来越丰富，出现了以探究专门经论为中心的不同学派，其中影响较大的有涅槃学、成实学、毗昙学、地论学、摄论学、三论学、俱舍学等。不同学派的出现标志着中国佛教哲学已经走向兴盛与繁荣。

隋唐时期，译经事业更是有组织、有计划、有步骤地进行，并由此而形成了长安慈恩寺、荐福寺、大兴善寺三大译场。与此同时，佛教与中国文化开始出现融合，由此而出现了带有中国特色的不同佛教宗派，其中影响最大的有天台宗、三论宗、唯识宗、华严宗、禅宗、律宗、密宗、净土宗，每一宗派都有自己的理论体系。中国佛教宗派不是简单地重复或宣扬印度佛教的理论，而是依据其理论，并结合中国传统文化，对它做全面的理论发挥。中国佛教宗派的形成是佛教中国化的标志。唐代是文学异常繁荣的时代，也是哲学异常发达的时代。但在唐代，最优秀的哲学家不是儒学家，也不是道学家，而是佛学家。即使儒学家、道学家，也不得不受佛学的影响。天台宗的“诸法实相论”、三论宗的“中道实相论”、唯识宗的“万法唯识论”、华严宗的“法界缘起论”、禅宗的“顿悟成佛论”，其理论的丰富性、细密性、圆融性，是中国历史上前所未有的，它们是中国思想宝库中非常难得的思想财富。

第九章

秦汉之际的哲学

在秦汉之际，由吕不韦和刘安主持，完成了两部对中国先秦时代的思想做出系统总结的大书，一部是《吕氏春秋》，另一部是《淮南子》。《吕氏春秋》成书于秦统一中国之前，《淮南子》成书于汉代武帝初年，这两部书都是集体编纂而成，都具有集先秦诸子各家之长的特点。《吕氏春秋》提倡顺天而为，《淮南子》提倡人通于天。

第一节 《吕氏春秋》

《吕氏春秋》，也称《吕览》，由秦国丞相吕不韦召集门客集体编纂而成。吕不韦（？—前235），战国末卫国濮阳（今河南濮阳西南）人。《吕氏春秋》全书分为十二纪、八览、六论。

《吕氏春秋》虽系集体编纂而成，但却有着严格的体例，其思想并不以某一家为宗，而具有兼采众家之长的性质，因此《汉书》将其称为“杂家”。《吕氏春秋》兼采众家之长不是出于无意，而是一种完全自觉的行为。在《吕氏春秋》看来：“天下无粹白之狐，而有粹白之裘，取之众白也。夫取于众，此三皇五帝之所以立功名也。”（《用众》）正因如此，《吕氏春秋》对先秦诸子百家采取兼容并包的态度，特别是对于儒家、道家、墨家采取了融通、折中的立场，尽量避免不同学派之间观点的直接对立。《吕氏春秋》虽然具有兼采众家之长的特点，但其基本思想还是强调顺天而为。《吕氏春秋》一书大量收录了神农、黄帝、尧、舜、周公、孔子、曾子、子贡、子思，以及老子、庄子、列子、文子、子华子、墨子、惠施、慎到、陈骈、孙膑、公孙龙等人的言论，保存了很多有价值的先秦时代的思想文献。

一、法天贵因

物质世界是如何演化的？老子讲："道生一，一生二，二生三，三生万物。"(《老子》四十二章)《吕氏春秋》对此有进一步的深化和发挥。《吕氏春秋》认为："万物所出，造于太一，化于阴阳。"(《大乐》)万事万物起源于太一，是由太一生发出来的。这个太一，其实不是别的，就是道。

> 道也者，视之不见，听之不闻，不可为状。有知不见之见、不闻之闻、无状之状者，则几于知之矣。道也者，至精也，不可为形，不可为名，强为之，谓之太一。(同上)

"一"为万物未分之浑沌状态，"太"为无以复加，"太一"即是道，道即是"太一"。"太一"是天地未形成之前的原始浑沌状态，由"太一"而生"两仪"，"两仪"即是天地。"太一出两仪，两仪出阴阳。阴阳变化，一上一下，合而成章。"(同上)天地之间阴阳两种力量的相互作用引发了事物的生长、发育。"凡人物者，阴阳之化也。"(《知分》)世间一切事物都是由阴阳化育而来。

事物的生长、发育可以分为两种状态或两个阶段，一是合，另一是离。"夫物合而成，离而生。"(《有始》)合是各种因素的和合及相互依赖与相互作用，离是一事物脱离他物而取得独立。任何事物都既不是独立自在的，也不是自生自成的，而是多种因素综合作用的结果，是与他物发生相互作用的结果。"凡生，非一气之化也；长，非一物之任也；成，非一形之功也。"(《明理》)由合而离，是新事物生长、发育，走向独立的过程；由离而合，是事物成长、壮大，归于消亡的过程。"离则复合，合则复离，是谓天常。"(《大乐》)由离而合，由合而离，合与离共同构成了事物完整的发展周期，这是事物生长、发育、成长、壮大的基本历程，是事物发展的基本规律。世间的事物虽然多种多样，但其基本规律却是完全一致的。"天地万物，一人之身也，此之谓大同。众耳目鼻口也，众五谷寒暑也，此之谓众异，则万物备也。"(《有始》)天地万物虽众，但异中有同、同中有异，既相互联系又相互区别，共同构成了物质世界这个共同体。

关于事物的内在结构，中国传统哲学认为，天下万事万物都是由"气"构成的。庄子说："人之生，气之聚也。聚则为生，散则为死。"(《庄子·知北游》)《管子》载："凡物之精，此则为生。下生五谷，上为列星；流于天地之间，谓之鬼神；藏于胸中，谓之圣人。"(《内业》)《吕氏春秋》对此也有继承，认为：

> 精气之集也，必有入也。集于羽鸟，与为飞扬；集于走兽，与为流行；集于珠玉，与为精朗；集于树木，与为茂长；集于圣人，与为敻明。(《尽数》)

人与物虽然都由精气构成，但所聚之精气还是有差别的，这种差别是事物不同的根本原因。

道既是事物生发的始基，也是事物的根本。作为事物的根本，道也称为一。老子说："昔之得一者，天得一以之清，地得一以之宁。"(《老子》三十九章)《吕氏春秋》继承了老子这种思想，认为：

> 一也齐至贵，莫知其原，莫知其端，莫知其始，莫知其终，而万物以为宗。圣王法之，以令其性，以定其正，以出号令。(《圜道》)
>
> 凡彼万形，得一后成。故知一，则应物变化，阔大渊深，不可测也。德行昭美，比于日月，不可息也。豪士时之，远方来宾，不可塞也。意气宣通，无所束缚，不可收也。故知知一，则复归于朴。……故知知一，则若天地然，则何事之不胜，何物之不应？(《论人》)

"一"是事物的始基，是事物的根本，是未发之中，是未形之状。知一以知本，守一以应变。后代道教所强调的"贵一""守一"等思想就是在这样的基础上发展起来的。

在天人关系问题上，《吕氏春秋》提倡"法天地"，提倡"贵因"。"法天地"，就是以天地为法，效法天地间万物的生长、发育。《序意》记述了吕不韦论十二纪的宗旨：

> 文信侯曰：尝得学黄帝之所以诲颛顼矣，爰有大圜在上，大矩在下，汝能法之，为民父母。盖闻古之清世，是法天地。凡十二纪者，所以纪治乱存亡也，所以知寿夭吉凶也。上揆之天，下验之地，中审之人，若此则是非、可不可无所遁矣。天曰顺，顺维生；地曰固，固维宁；人曰信，信维听，三者咸当，无为而行。行也者，行其理也。行［其］数，循其理，平其私。

天在上，地在下，人居于天地之间，应当以天地为法。凡事，应当"上揆之天，下验之地，中审之人"。天的本性是顺，其发用是生；地的本性是固，其发用是宁；人的本性是信，其发用是听。所谓"听"，就是遵循事物生长、发育的规律，就是"行［其］数，循其理，平其私"。

以天地为法，"行［其］数，循其理，平其私"，也就是所谓的"因"。何谓因？《管子·心术上》载："因也者，舍己而以物为法者也。"《吕氏春秋·贵因》篇对"因"有专门的论述："夫审天者，察列星而知四时，因也。推历者，视月行而知晦朔，因也。"由星移而知四时，由月行而知晦朔，其所遵循的就是"因"。

> 三代所宝莫如因，因则无敌。禹通三江、五湖，决伊阙，沟回陆，注之东海，因水之力也。舜一徙成邑，再徙成都，三徙成国，而尧授之禅位，因人之心也。汤、武以千乘制夏、商，因民之欲也。如秦者立而至，有车也；适越者坐而至，有舟也。秦、越，远途也，竫立安坐而至者，因其械也。(《贵因》)

"因"不仅有遵循的含义，也有疏导的含义，如禹通三江、五湖；也有顺应的含义，如尧禅位于舜；也有凭借的含义，如至秦适越。世界是客观的，世间事物的生长、发育是不以人的意志为转移的，是有客观规律可循的，人作为有意识的主体，可以认识客观规律，并遵循客观规律以达成自己的目的。人类的这一活动过程，中国古人将其称为"因"。

作为一种重要的哲学认识，《吕氏春秋》也将"因"的理论运用于政治与军事。"有道之主，因而不为，责而不诏，去想去意，静虚以待，不伐之言，不夺之事，督名审实，官复自司。"(《知度》)"有道之主，因而不为"。"因而不为"，即是知人授任，督名审实。所以，"古之王者，其所为少，其所因多。因者，君术也；为者，臣道也。为则扰矣，因则静矣”（《任数》）。老子提倡无为而治，《吕氏春秋》则将无为而治具体化为君道无为而臣道有为，这是对老子理论的重大发展。政治上应当重视因，军事上也应当重视因。孙子讲：“水因地而制流，兵因敌而制胜。故兵无常势，水无常形，能因敌变化而取胜者，谓之神。”（《孙子兵法·虚实》）《吕氏春秋》对此思想有进一步的发挥：“凡兵，贵其因也。因也者，因敌之险以为己固，因敌之谋以为己事。能审因而加，胜则不可穷矣。”（《决胜》）用兵之道在于因时、因地、因敌，化不利因素为有利因素，将有利因素发挥到最大，将不利因素转化到最小。

汉代以后，讲天人感应者颇多。天人感应理论认为，天与人同类相通，可以相互感应，人的活动可以影响天，天对人的活动也会产生相应的回应。“凡帝王者之将兴也，天必先见祥乎下民。”（《应同》）有祥瑞之象，是国运兴盛的征兆；有灾异之象，则是国家昏乱的征兆。风雨不时，四时易节，动物多奇特，“国有此物，其主不知惊惶亟革，上帝降祸，凶灾必亟”（《明理》）。《吕氏春秋》同时又认为，人事可以影响天命的改易。《制乐》篇载：“祥者，福之先者也，见祥而为不善则福不至；妖者，祸之先者也，见妖而为善则祸不至。”并举例说，周文王立国八年而卧病，与此同时，国郊又发生地震，文王修善政、友诸侯，终于化凶为吉。宋景公时，“荧惑在心”（《制乐》），祸应于君。宋景公不忍心移祸于臣民或岁收，愿意自己担当，于是感动上天，荧惑徙离，景公延寿。祥与妖只是前兆，最重要的还是应当发挥人为的力量，以祥为勉励，以妖为鞭策，乐于为善，羞于为恶。

可以说，《吕氏春秋》关于天人关系的理论虽然在理论上并没有提出新的观点，但对前人的理论却有不同程度的丰富与发挥。

二、人性自然

战国时代，关于人性的理论主要有孟子的性善论、荀子的性恶论、告子的性无善无恶论。《吕氏春秋》关于人性的理论与告子及荀子的理论有相通之处。在《吕氏春秋》看来，人作为生命体的存在，天生就具有追求美好事物的愿望。《情欲》篇载：

> 天生人而使有贪有欲。欲有情，情有节，圣人修节以止欲，故不过行其情也。故耳之欲五声，目之欲五色，口之欲五味，情也。此三者，贵贱愚智贤不肖欲之若一，虽神农、黄帝，其与桀、纣同。圣人之所以异者，得其情也。

人对美好事物的追求和向往是人与生俱有的自然倾向。“人之情，欲寿而恶夭，欲安而恶危，欲荣而恶辱，欲逸而恶劳。”（《适音》）在这一方面，圣人与普通人并没有什么不同。荀子也认为人天生具有好利恶害的本能，如果顺应人的这种本能，人与人之间就必将出现争夺，从而引发社会的混乱。就此而言，荀子认为人之性是恶的，要维护正常的社会秩序，就必须“化性起伪”，用礼义法度约束人的行为。《吕氏春秋》则不这样认为。《吕氏春秋》并不认为人的自然追求是恶的，只是认为人追求物质的欲望不可过分膨胀。“贤不肖之所欲与人同，尧、桀、幽、厉皆然，所以为之异。”（《贵当》）“圣人之所以异者，得其情也。”（《情欲》）“得其情”，就是要有一个适当的限度，并且要通过正当途径来取得，通过正当途径来满足。所以，“圣人之于声色滋味也，利于性则取之，害于性则舍之，此全性之道也”（《本生》）。

人都有利己的倾向，对于损己以利他，《吕氏春秋》指出应当有清醒的认识。《知接》篇讲到，在齐桓公时代，易牙烹子以悦君口，竖刁自宫以侍君，启方父死而不归，齐桓公以这些人为忠臣。对此，管仲有不同的看法，认为："人之情，非不爱其子也，其子之忍，又将何有于君？……人之情，非不爱其身也，其身之忍，又将何有于君？……人之情，非不爱其父也，其父之忍，又将何有于君？"指出这些人的行为完全是虚伪的。

在《吕氏春秋》看来，人的欲望既然是天生的，那么就是不可改变的。

> 天使人有欲，人弗得不求；天使人有恶，人弗得不辟。欲与恶所受于天也，人不得兴焉，不可变，不可易。(《大乐》)

人的欲望既然是天生的，那么就是不可改变的，所以无视人的自然欲望、否定人的自然欲望，显然是不可取的。统治者施政治国，应当顺乎人性，应当顺应民欲；相反，如果违背人的自然欲望，背离人性要求，就必将导致国家的混乱。"乱国之使其民，不论人之性，不反人之情，烦为教而过不识，数为令而非不从，巨为危而罪不敢，重为任而罚不胜。"(《适威》) 法家韩非也认为，人之好利恶害的本性无法改变，所以治国安民必须依靠严刑峻法。《吕氏春秋》对此持否定态度，认为严刑峻法也不能从根本上解决问题。法令应当适度，过于繁杂、严苛的法令不仅不能起到好的作用，甚至可能适得其反。"礼烦则不庄，业烦则无功，令苛则不听，禁多则不行。桀、纣之禁，不可胜数，故民因而身为戮，极也，不能用威适。"(同上) 相反，只有恰当地利用人的自然欲望，才可以达到好的效果。在《吕氏春秋》看来，"人之欲多者，其可得用亦多；人之欲少者，其可得用亦少"(《为欲》)。因此，"令人得欲之道，不可不审矣。善为上者，能令人得欲无穷，故人之可得用亦无穷也"(同上)。

在人性论问题上，《吕氏春秋》也像荀子、韩非一样，承认人具有天生的自然欲望，认为人对美好事物的追求是人性的自然表现，但它不像荀子那样，认为应当依靠礼义法度"化性起伪"，也不赞成韩非所主张的完全依靠严刑峻法来制御人性，而是认为应当顺应人性，应当利用民欲，应当以疏导的方法对待民欲。这种观点具有一定的合理性。

三、全性养生

人有生，也有死，如何对待生死？这是人生哲学的一个大问题。儒家很重视死，有人问孔子什么是孝，孔子回答：孝就是"无违"，所谓无违，就是"生，事之以礼；死，葬之以礼，祭之以礼"(《论语·为政》)。因此，儒家提倡厚葬久丧。厚葬久丧遭到了墨家的反对，墨家认为这是对社会财富的巨大浪费，不仅如此，还会耽误社会财富的生产。墨家虽然主张薄葬，但却相信鬼神的存在，从而形成了理论上的矛盾。

《吕氏春秋》也反对厚葬久丧，并且不承认鬼神的存在。在《吕氏春秋》看来，送丧之所以要有一定的仪式，并不是因为人死有知，而是出于活着的亲人的情感需要。

> 孝子之重其亲也，慈亲之爱其子也，痛于肌骨，性也。所重所爱，死而弃之沟壑，人之情不忍为也，故有葬死之义。(《节丧》)

从死者亲属的角度出发，绝不希望死者的墓穴遭到挖掘。但是，如果过分厚葬，则难免产生这样一种结果："自古及今，未有不亡之国也；无不亡之国者，是无不扣之墓也。"（《安死》）既然厚葬无益且有害，为什么还会有厚葬的风气？那是因为一些人想要借此来炫耀自己。"今世俗大乱之主愈侈其葬，则心非为乎死者虑也，生者以相矜尚也。侈靡者以为荣，俭节者以为陋，不以便死为故，而徒以生者之诽誉为务，此非慈亲孝子之心也。"（《节葬》）厚葬者并不是为了死者，而是为了满足自己的虚荣。

死毕竟是短暂的，生却是久远的。比起死，现实的生当然更重要，也更有意义。死虽然是不可避免的，"凡生于天地之间，其必有死，所不免也"（同上），但却可以通过养生之道，避免夭死而尽其天年。"始生之者，天也；养成之者，人也。"（《本生》）人可以养生，但养生并不是延长自己的生命，而是穷尽生命的期限。"长也者，非短而续之也，毕其数也。"（《尽数》）"毕其数"，就是穷尽生命到可能达到的程度。

如何养生？《吕氏春秋》提出了"行适"概念，就是要有恰到好处的生活方式、生活习惯。《侈乐》篇载："寒、温、劳、逸、饥、饱，此六者……能以久处其适，则生长矣。"《吕氏春秋》不否认人欲，但又指出"欲有情，情有节"（《情欲》），认为人应当懂得节制自己的欲望。

> 夫水之性清，土者扣之，故不得清。人之性寿，物者扣之，故不得寿。物也者，所以养性也，非所以性养也。今世之人，惑者多以性养物，则不知轻重也。（《本生》）

物本来是养育人的，但如果过分追求，超乎一定的限度，就会对生命造成危害。"出则以车，入则以辇，务以自佚，命之曰招蹶之机。肥肉厚酒，务以自强，命之曰烂肠之食。靡曼皓齿，郑、卫之音，务以自乐，命之曰伐性之斧。"（同上）过分追求物质享受，不仅不是养生，反是伤生、妨生、害生。所以，"圣人之于声色滋味也，利于性则取之，害于性则舍之，此全性之道也"（同上）。

养生表面看起来是养，但更主要的却不是养，而是"去害"，去掉妨生、害生之物就是最大的养。

> 天生阴阳寒暑燥湿，四时之化，万物之变，莫不为利，莫不为害。圣人察阴阳之宜，辨万物之利以便生，故精神安乎形，而年寿得长焉。长也者，非短而续之也，毕其数也。毕数之务，在乎去害。何谓去害？大甘、大酸、大苦、大辛、大咸，五者充形则生害矣。大喜、大怒、大忧、大恐、大哀，五者接神则生害矣。大寒、大热、大燥、大湿、大风、大霖、大雾，七者动精则生害矣。故凡养生，莫若知本，知本则疾无由至矣。（《尽数》）

养生之务，首要在于知本。何谓知本？就是去掉妨生、害生之物。此外，还要养成良好的生活习惯。"凡食、无强厚味，无以烈味重酒，是以谓之疾首。食能以时，身必无灾。凡食之道，无饥无饱，是之谓五藏之葆。"（同上）人可能富贵，也可能贫贱，但要做到："虽富贵，不以养伤身；虽贫贱，不以利累形。"（《审为》）放纵自己的欲望并不是养生，人只有懂得节制自己的欲望，以物养性，而不是"以性养物"，才能"毕其数"，最大限度地维持生命。

四、和心行适

“和”概念在先秦时代已经很流行。周太史史伯曾讲：“和实生物，同则不继。”（《国语·郑语》）孔子也曾讲：“君子和而不同，小人同而不和。”（《论语·子路》）“适”概念虽然在先秦时代也已出现，如庄子提出“事亲以适为主”（《庄子·渔父》），《吴子兵法》提出“无失饮食之适”（《治兵》），韩非认为“欲为其地，必适其赐，不适其赐，乱人求益”（《韩非子·扬权》），但在各家思想体系中并不处于非常重要的地位。与此不同，《吕氏春秋》则将“适”当成一个至关重要的概念来运用。在《吕氏春秋》看来，“适”比“和”更重要，“声出于和，和出于适”（《大乐》）。

何谓“适”？“适”有外、内两个方面的表现，外即外在事物，内即人内在的心理状态。就外在事物而言，“适”指不大不小，恰如其分，恰到好处；就人内在的心理状态而言，“适”指和顺、平稳的心理状态。

《吕氏春秋》以音乐为例，指出“音亦有适”：

> 何谓适？衷，音之适也。何谓衷？大不出钧，重不过石，小大轻重之衷也。（《适音》）

“适”是“衷”，也就是合乎标准，不大不小，恰到好处。就音乐而言，音调不可太强也不可太弱，不可太高也不可太低，太强、太弱、太高、太低都是不适。

> 夫音亦有适，太巨则志荡，以荡听巨则耳不容，不容则横塞，横塞则振。太小则志嫌，以嫌听小则耳不充，不充则不詹，不詹则窕。太清则志危，以危听清则耳溪极，溪极则不鉴，不鉴则竭。太浊则志下，以下听浊则耳不收，不收则不抟，不抟则怒。故太巨、太小、太清、太浊，皆非适也。（同上）

乱世之君往往纵情于声色，“失乐之情”，而作“侈乐”。“夏桀、殷纣作为侈乐，大鼓钟磬管箫之音，以巨为美，以众为观，俶诡殊瑰，耳所未尝闻，目所未尝见，务以相过，不用度量。”（《侈乐》）“为木革之声则若雷，为金石之声则若霆，为丝竹歌舞之声则若噪。以此骇心气、动耳目、摇荡生则可矣，以此为乐则不乐。故乐愈侈，而民愈郁，国愈乱，主愈卑，则亦失乐之情矣。”（同上）无视音乐适度的标准，过分追求“侈乐”，对国家财富造成浪费，对社会生产造成破坏，必然激起民众的不满和怨恨，必然引起国家的混乱，如此，则“失乐之情矣”，失去了音乐所应当发挥的社会作用。“失乐之情，其乐不乐。”（同上）这样的音乐，也就不是令人快乐的音乐了。

“乐有适，心亦有适。”（《适音》）人的心理状态也有一个和适的问题。

> 耳之情欲声，心不乐，五音在前弗听。目之情欲色，心弗乐，五色在前弗视。鼻之情欲芬香，心弗乐，芬香在前弗嗅。口之情欲滋味，心弗乐，五味在前弗食。欲之者，耳目鼻口也；乐之弗乐者，心也。心必和平然后乐，心必乐然后耳目鼻口有以欲之。故乐之务在于和心，和心在于行适。（同上）

要真正享受生活、享受音乐，就必须保持良好的心理状态，没有良好的心理状态，就不可能感受生活，更不可能享受生活。如何做到“和心”？如何保持和适的心理状态？《吕氏春秋》认为应当“适欲”，即维持合适的欲望。“人之情，欲寿而恶夭，欲安而恶危，欲荣而恶辱，欲逸而恶劳。四欲得，四恶除，则心适矣。四欲之得也，在于胜理。胜理以治身则生全，生全则寿长矣。”（《适音》）和心在于行适，行适在于适欲，适欲在于胜理。“胜理”，即是正确处理人与物之间的关系。“物也者，所以养性也，非所以性养也。”（《本生》）“利于性则取之，害于性则舍之。”（同上）

《吕氏春秋》自觉地总结、融合先秦诸子的思想学说，对各家思想既有接受、继承，也有批判、发展，在天人关系论、人性论、养生论、和适论等方面都有显著的贡献，对《淮南子》一书产生了较大而直接的影响。

第二节 《淮南子》

《淮南子》，又名《淮南鸿烈》，是西汉宗室淮南王刘安招致宾客而作。刘安（公元前179—前122）是汉高祖刘邦之孙，厉王刘长之子。据《汉书·艺文志》记载，《淮南子》一书有内篇二十一篇，外篇三十三篇，如今只存二十一篇，一般认为这二十一篇就是原来所讲的内篇。

《要略》篇论述《淮南子》一书之要旨曰：

> 夫作为书论者，所以纪纲道德，经纬人事，上考之天，下揆之地，中通诸理。……故著书二十篇，则天地之理究矣，人间之事接矣，帝王之道备矣！

刘安作此书是为了“纪纲道德，经纬人事”，强调要贯通天、地、人、物之理。要做到这一点，就必须兼采众家之长，所以《淮南子》具有兼采众家的性质。但与《吕氏春秋》有所不同，《吕氏春秋》对先秦各家采取兼容并包的做法，取各家思想之所长以融通，而《淮南子》虽然也兼采众家，但其基本思想倾向却是道家。

一、道与无为

道是道家思想的核心，《淮南子》对道有比较全面深入的论述。《原道训》篇载：

> 夫道者，覆天载地，廓四方，柝八极，高不可际，深不可测，包裹天地，禀授无形。……舒之幎于六合，卷之不盈于一握。

道无形无象，可大可小，在空间上无所不包，在时间上无所不有，无穷无尽，无与伦比。因为无与伦比，故道也可称为一。“所谓一者，无匹合于天下者也。”（《原道训》）

道不只是一种原初的存在，道会化生为天地万物，天地间的万事万物都是由道化生而成。《天文训》篇载：

> 道始于虚霩，虚霩生宇宙，宇宙生［元］气，［元］气有涯垠。清阳者薄靡而为天，重浊者凝滞而为地，清妙之合专易，重浊之凝竭难，故天先成而地后定。天地之袭精为阴阳，阴阳之专精为四时，四时之散精为万物。

道生气，气分为阴阳，阴阳和合而生万物。“道始于一，一而不生，故分而为阴阳，阴阳合和而万物生。”（《天文训》）这是对老子“道生一，一生二，二生三，三生万物”思想的继承，也是道家基本的宇宙发生论。

道不仅是无限的存在，不仅是宇宙万物的本原，也是宇宙万物存在的根据。"山以之高，渊以之深；兽以之走，鸟以之飞；日月以之明，星历以之行；麟以之游，凤以之翔。"（《原道训》）天下事物之所以能够存在，之所以能够正常发生功能，都是因为道。

但道成就万物，化生天地万物，并非要成就一番事业，并非有什么直接目的，而完全是自然而然的，完全是无意识、无目的的。《原道训》篇载："夫太上之道，生万物而不有，成化像而弗宰。"《俶真训》篇载："寂寞以虚无，非有为于物也，物以有为于己也。"这种思想是对老子"道法自然"（《老子》二十五章），"生而不有，为而不恃，长而不宰"（《老子》五十一章）思想的继承。

如果说《淮南子》关于道的理论并没有超出老子道论的范围，只是对老子道论的进一步丰富和发挥，那么《淮南子》关于"无为"的理论则是对老子"无为"理论的突破和发展。《修务训》篇载："或曰无为者，寂然无声，漠然不动，引之不来，推之不往。如此者，乃得道之像。吾以为不然。"在《淮南子》看来，神农教民稼穑，遍尝百草，尧、舜征凶顽，爱民而教之，禹治水施德，不辞辛苦，他们"劳形尽虑，为民兴利除害而不懈"（《修务训》），这显然不能说是"无为"；平民而成就大业者，则有"伊尹负鼎而干汤，吕望鼓刀而入周，百里奚转鬻，管仲束缚，孔子无黔突，墨子无暖席"（同上），这一切也不是什么"无为"。由此看来，"自天子以下至于庶人，四胑不动，思虑不用，事治求澹者，未之闻也"（同上）。

《修务训》篇进一步指出，自然界的万事万物并非天然就完全合乎人的需要，人必须发挥自己的能力，才能使其为人服务。"夫地势水东流，人必事焉，然后水潦得谷行；禾稼春生，人必加工焉，故五谷得遂长。听其自流，待其自生，则鲧、禹之功不立，而后稷之智不用。"基于这样一种理论，《修务训》篇对"无为"做出了新的解释：

> 若吾所谓无为者，私志不得入公道，嗜欲不得枉正术，循理而举事，因资而立权，自然之势，而曲故不得容者。事成而身弗伐，功立而名弗有，非谓其感而不应，攻而不动者。

"无为"是"私志不得入公道，嗜欲不得枉正术"，也就是尊重客观规律，而不得为所欲为。《原道训》篇亦载：

> 所谓无为者，不先物为也；所谓无不为者，因物之所为。所谓无治者，不易自然也；所谓无不治者，因物之相然也。

"不先物为"，"因物之所为"，即是不违背自然规律，顺应客观规律办事。将"无为"解释为顺应客观规律办事，这是《淮南子》对老子思想的重大修正，也是对老子"无为"理论的重大发展，是《淮南子》天道理论的重要成果。

《淮南子》"无为"理论在政治上的具体运用就是君道无为而臣道有为。君道无为理论源于老子。《老子》载："我无为而民自化，我好静而民自正，我无事而民自富，我无欲而民自朴。"（五十七章）

庄子对老子的“无为”理论有进一步的发展。在庄子看来，君臣所处的地位有上下的不同。处于上位的君应当无为，而处于下位的臣则不能无为。“上无为也，下亦无为也，是下与上同德，下与上同德则不臣；下有为也，上亦有为也，是上与下同道，上与下同道则不主。上必无为而用天下，下必有为为天下用，此不易之道也。”（《庄子·天道》）上下有分、有别，上下不同德，亦不同道。君无为，而臣不可以无为；臣有为，而君不可以有为。

稷下道家也主张君道无为的理论，《管子》载：“心术者，无为而制窍者也。”（《心术上》）心是君，众窍则是臣。心无为，才可以治众窍。所以，“人主者立于阴，阴者静，故曰动则失位。阴则能制阳矣，静则能制动矣。故曰静乃自得”（同上）。人主应当无为，应当以静制动。慎到也说：“君臣之道，臣有事而君无事也，君逸乐而臣任劳，臣尽智力以善其事，而君无为焉，仰成而已，事无不治，治之正道然也。”（《慎子·民杂》）君王处阴、处静，无为以任臣下，臣下尽力而为，君王则循名责实，这就是君臣之道。

其后，《吕氏春秋》对君道无为有更为清楚的表述：“君也者，以无当为当，以无得为得者也。当与得不在于君，而在于臣。故善为君者无识，其次无事。有识则有不备矣，有事则有不恢矣。不备不恢，此官之所以疑，而邪之所从来也。”（《君守》）“古之王者，其所为少，其所因多。因者，君术也；为者，臣道也。为则扰矣，因则静矣。因冬为寒，因夏为暑，君奚事哉？故曰君道无知无为，而贤于有知有为，则得之矣。”（《任数》）因为君道无知无为，所以君永远不会有错误；因为君道无知无为，所以君可以问责于臣。因此，无知无为贤于有知有为。

《淮南子》继承了这些理论，其《主术训》篇载：“人主之术，处无为之事，而行不言之教；清静而不动，一度而不摇，因循而任下，责成而不劳。”《淮南子》提出这种理论，实际是为了对汉初以来实行的无为而治理念做理论上的证明，为其提供理论根据。

二、以神制形

形神论是中国哲学非常关注的一个问题。形指人的外在形体、相貌，神指人的内在精神。形神连用，始于《庄子》。《庄子·在宥》篇曰“抱神以静，形将自正”，“神将守形，形乃长生”，强调精神对于形体的宰制作用。

《管子·水地》篇曾论及人的发育过程，指出：“人，水也。男女精气合而水流形”，“五藏已具，而后生肉”，“五肉已具，而后发为九窍”，“五月而成，十月而生”。《淮南子》对此有进一步的丰富和发挥，其《精神训》篇载：

> 夫精神者，所受于天也，而形体者，所禀于地也。故曰：“一生二，二生三，三生万物。万物背阴而抱阳，冲气以为和。”故曰：“一月而膏，二月而肤，三月而胎，四月而肌，五月而筋，六月而骨，七月而成，八月而动，九月而躁，十月而生。形体以成，五脏乃形。”

生命的孕育是一个过程，由无形而有形。有形，而神亦随之而生。《原道训》篇载：“形备而性命成，性命成而好憎生。”

人的生命包含三大基本要素，一是形，二是气，三是神。《原道训》篇载：

> 形、神、气志，各居其宜，以随天地之所为。夫形者生之舍也，气者生之充也，神者生之制也，一失位则三者伤矣。……今人之所以眭然能视，瞀然能听，形体能抗，而百节可屈伸，察能分白黑、视丑美，而知能别同异、明是非者，何也？气为之充而神为之使也。

形是生命体的外在结构，是生命体的基础，但有形并不一定就成为生命体，石头、瓦砾是有形的，但却不是生命体。使有形体成为生命体的东西是气，气是生命体中流动的气体，没有气，生命体就不会活动，就不能成为生命体。而生命之所以发生运动，支配生命体发生运动、控制生命体发挥功能的，就是神。

神是支配形的，所以也叫"君形者"。事物的美，不仅只是外在的形体，还有赖于主宰形体的神。如果没有神，那就只是一个空洞的躯壳，根本谈不上美。《说山训》篇载："画西施之面，美而不可说。规孟贲之目，大而不可畏，君形者亡焉。"神是"君形者"，是使形体成为生命体的关键，是生命体生命活力的展现。绘画艺术所要展示的主要不是事物的外在形体，而是贯串于形体的事物的内在生命，是事物的神。绘画如此，音乐也是如此。《说林训》篇载："使但吹竽，使工厌窍，虽中节而不可听，无其君形者也。""但"与"工"俱是乐人，使一人吹竽，使另一人按孔，虽然也许可以中节，但却不可能成为美妙的音乐，因为这样无法表现音声背后的生命律动。《览冥训》篇载：

> 昔雍门子以哭见于孟尝君，已而陈辞通意，抚心发声。孟尝君为之增欷呜咽，流涕狼戾不可止。精神形于内而外谕哀于人心，此不传之道。使俗人不得其君形者而效其容，必为人笑。

雍门周是战国时代著名的琴师，孟尝君是齐国公子。雍门周给孟尝君鼓琴，能使孟尝君潸然泪下，是因为孟尝君内心有所感触，也就是因为其"精神形于内"。一个人如果内心毫无感触，强之以为哭，不仅不会感染他人，还会为人所嘲笑。

《淮南子》强调神对于形的控制作用，反对神对于形的顺应与屈从，其载：

> 神贵于形也，故神制则形从，形胜则神穷。(《诠言训》)
> 以神为主者，形从而利；以形为制者，神从而害。(《原道训》)

神是形的主宰，神如果不能主宰形，任形而动，那肯定是有害的。

三、循性保真

《庄子·天道》篇有言曰："虚静、恬淡、寂寞、无为者，万物之本也。"道家认为，人之性来自道之性，道自然而无为，故而人的本性也是虚静而无为。《淮南子》继承了这种观点。在《淮南子》看来，人的本性就其本原意义而言是清静而恬淡的。《俶真训》篇载："和愉宁静，性也。"《人间训》篇载："清净恬愉，人之性也。"《齐俗训》篇亦载："人性欲平，嗜欲害之，惟圣人能遗物而反己。"人的本性是清静的，外在事物引发了人的欲望，欲望得不到控制，就会危害人的性命。"水之性真清而土汩之，人性安静而嗜欲乱之。"(《俶真训》）就欲可以乱性、害性而言，可以说性是正、欲是邪。

> 人生而静，天之性也。感而后动，性之害也。物至而神应，知之动也。知与物接而好憎生焉，好憎成形而知诱于外，不能反己，而天理灭矣。(《原道训》)

人性本清静，而嗜欲害之则不得清静；人性本平正，而嗜欲害之则不得平正。“夫喜怒者，道之邪也；忧悲者，德之失也；好憎者，心之过也，嗜欲者，性之累也。”（同上）知嗜欲为邪而非正，知欲为性之累，可以害性，所以应当损欲而从性。《诠言训》篇载：“邪与正相伤，欲与性相害，不可两立，一置一废。故圣人损欲而从事于性。”

人性本清静平正，只是屈从于欲望才丧失了的本来状态。“人之性无邪，久湛于俗则易。易而忘本，合于若性。”（《齐俗训》）既知欲为性之害，所以道德修养的过程实际就是损欲、去欲的过程。《泛论训》篇载：

> 天下莫易于为善，而莫难于为不善也。所谓为善者，静而无为也；所谓为不善者，躁而多欲也。适情辞余，无所诱惑，循性保真，无变于己，故曰为善易。

为善就是去欲，就是不被外在诱惑所左右，就是“循性保真”。这是每个人都可以做到的，所以，为善并非难事，只是“静而无为”而已。

董仲舒有人性三品之说，而在董仲舒之前，《淮南子》已经提出了人性有差等之说。《修务训》篇载：

> 性命可说，不待学问而合于道者，尧、舜、文王也；沉湎耽荒，不可教以道，不可喻以德，严父弗能正，贤师不能化者，丹朱、商均也。……夫上不及尧、舜，下不及商均，美不及西施，恶不若嫫母，此教训之所谕也，而芳泽之所施。

尧、舜、文王，“不待学问而合于道”，为上善之人；丹朱、商均，“沉湎耽荒，不可教以道”，为下恶之人；介于二者之间而可以教育者，为中性之人。中性之人占人类的多数，所以，教化是必不可少的，也是可以发挥巨大作用的。

《淮南子》认为，不同的物类具有不同的性质，利用不同物类的不同性质，可以发挥不同的作用。《泰族训》篇载：“夫物有以自然，而后人事有治也。故良匠不能斫金，巧冶不能铄木，金之势不可斫，而木之性不可铄也。埏埴而为器，窬木而为舟，铄铁而为刃，铸金而为钟，因其可以。驾马服牛，令鸡司夜，令狗守门，因其然也。”人们利用事物，就是因应了事物的自然本性。人类需要教化，人类的教化也应当因应人的性情。《泰族训》篇载：

> 民有好色之性，故有大婚之礼；有饮食之性，故有大飨之谊；有喜乐之性，故有钟鼓管弦之音；有悲哀之性，故有衰绖哭踊之节。故先王之制法也，因民之所好而为之节文者也。……此皆人之所有于性，而圣人之所匠成也。故无其性，不可教训；有其性无其养，不能遵道。茧之性为丝，然非得工女煮以热汤而抽其统纪，则不能成丝。卵之化为雏，非慈雌呕煖覆伏，累日积久，则不能为雏。人之性有仁义之资，非圣人为之法度而教导之，则不可使乡方。故先王之教也，因其所喜以劝善，因其所恶以禁奸。故刑罚不用而威行如流，政令约省而化耀如神。故因其性则天下听从，拂其性则法县而不用。

古代圣王制礼作法，就是因应了人的基本性情。“故先王之教也，因其所喜以劝善，因其所恶以禁奸。”所以，“无其性，不可教训；有其性无其养，不能遵道”。这种理论既看重人性又不完全放纵人性，非常强调教化的作用。

《淮南子》是继《吕氏春秋》之后，又一部集众人之力对先秦各家思想做出系统总结的著作，其关于自然无为的理论、关于形神关系的理论，以及关于人性的理论，都不是对前人理论的简单继承，而是有着重要的发挥。

第十章
汉代哲学

西汉高、惠、文、景四朝，以无为而治为国策，与民休养生息，经济上有了很大的恢复和发展；在政治上，景帝平定了七国叛乱，削弱了地方诸侯的力量，中央政权得到空前的巩固。武帝继位后，刘安向武帝献《淮南子》之书，希望武帝能继续奉行无为而治的国策。但武帝并不是一位安于守成的皇帝，他希望在政治上有大的作为。从当时的形势来看，如果继续奉行黄老之学的清静无为策略，对于维护中央集权统治也是非常不利的。于是，董仲舒的“天人感应”论在这种情况下应运而生了。“天人感应”论将天完全当作人格神，将天完全神化，这种理论后来进一步发展成为谶纬神学。《白虎通》第一次以官方神学的形式确定了宗法等级制度的合法性。与此同时，有人对天人感应及谶纬神学提出批判，其中最重要的代表人物有扬雄、桓谭和王充。与“天人感应”相对立，王充提出“天道自然”，认为天完全是一种自然的存在。

第一节　董仲舒

董仲舒（公元前179—前104），广川（治今河北省景县西南）人。董仲舒年轻时即钻研《春秋公羊传》，汉景帝时为博士。武帝即位，举贤良文学之士，董仲舒以贤良对策，深得武帝赏识，曾先后出任江都相胶西王相，后辞职居家著述。朝廷如有大议，乃令使者就其家中问之，仍然得到汉武帝的尊重。其著述颇丰，据说有一百二十三篇，还有《春秋繁露》，现只存《春秋繁露》八十二篇和《举贤良对策》。董仲舒的基本理论可以称作“天人感应”论。

“天”观念在中国出现很早，至晚在商代初年已经形成了天命观念。《尚书·商书·汤誓》指出：“有夏多罪，天命殛之”。孔子对天有多重理解：一方面认为人应当敬畏天命，“君子有三畏”，第一就是“畏天命”（《论语·季氏》），指出“获罪于天，无所祷也”（《论语·八佾》）；另一方面又指出人应当积极作为，天并不直接干预人事，“天何言哉？四时行焉，百物生焉，天何言哉？”（《论语·阳货》）墨子明确提出天是有意志的，并且认为天可以赏善罚暴：“天子为善，天能赏之；天子为暴，天能罚之。”（《墨子·天志中》）董仲舒进一步发挥了墨子的理论，将“天”完全装扮成一个有意志、有意识的人格神。董仲舒之所作所为，用他自己的话说就是：“屈民而伸君，屈君而伸天，《春秋》之大义也。”（《春秋繁露·玉杯》）民之上有君，君之上还有天，君应当顺应天的意志。

一、神化之天

“天人感应”论所谓的天，并非一种自然的存在，而是一个至高至上的人格神。

> 天者，万物之祖，万物非天不生。（《顺命》）
> 天者，百神之大君也。事天不备，虽百神犹无益也。（《郊语》）
> 天执其道为万物主。（《天地之行》）
> 为人者，天也。人之人本于天，天亦人之曾祖父也。（《为人者天》）

天是万物之主，是百神之大君，是自然界和人世间最高的主宰。作为天地间最高的主宰，天的本性是仁慈、仁爱，是对于一切事物普遍的爱护。“仁之美者在于天。天，仁也。天覆育万物，既化而生之，有养而成之，事功无已，终而复始，凡举归之以奉人。察于天之意，无穷极之仁也。”（《王道通三》）阳光雨露哺育万物，然后又将万物给予人，这体现的就是天的仁爱。

天的主要品格是仁慈、仁爱，但就像一个人一样，天并不总是仁慈，“天亦有喜怒之气、哀乐之心，与人相副。以类合之，天人一也”（《阴阳义》）。人有喜怒哀乐，天也有喜怒哀乐。四季更替，本来是一种自然现象，但董仲舒在这种自然变化之中却要阐发伦理的意蕴。“天之道，春暖以生，夏暑以养，秋清以杀，冬寒以藏。暖暑清寒，异气而同功，皆天之所以成岁也。”（《四时之副》）春体现的是天的爱，夏体现的是天的乐，秋体现的是天的严，冬体现的是天的哀。“春，爱志也；夏，乐志也；秋，严志也；冬，哀志也。故爱而有严，乐而有哀，四时之则也。”（《天辨在人》）因为有爱，所以有生；因为有乐，所以有养；因为有严，所以有成；因为有哀，所以有藏。四时之气不同，四时之用因之而异。

> 是故春气暖者，天之所以爱而生之；秋气清者，天之所以严而成之；夏气温者，天之所以乐而养之；冬气寒者，天之所以哀而藏之。春主生，夏主养，秋主收，冬主藏。（《王道通三》）

这样，董仲舒就把天装扮成一个有意志、有意识的人格神。

作为一个有意志、有意识的人格神，在董仲舒看来，天的意志、意识主要是通过阴阳二气的流布、变化体现出来的。“阴阳之理，圣人之法也。阴，刑气也；阳，德气也。

阴始于秋，阳始于春。”（《王道通三》）春也就是偆，是高兴快乐的意思；秋也就是湫，是忧愁悲哀的意思。“春之为言，犹偆偆也；秋之为言，犹湫湫也。偆偆者，喜乐之貌也；湫湫者，忧悲之状也。”（同上）天地间有阴阳二气，阴阳二气的变化体现的就是天的意志、意识。

> 阳，天之德；阴，天之刑也。阳气暖而阴气寒，阳气予而阴气夺，阳气仁而阴气戾，阳气宽而阴气急，阳气爱而阴气恶，阳气生而阴气杀。是故阳常居实位而行于盛，阴常居空位而行于末。（《阳尊阴卑》）

阴阳二气并不是平衡的，“阳始出，物亦始出；阳方盛，物亦方盛；阳初衰，物亦初衰。物随阳而出入，数随阳而终始，三王之正随阳而更起。以此见之，贵阳而贱阴也”（同上）。天的主要品格是仁慈、仁爱，所以“阳常居实位而行于盛，阴常居空位而行于末”。

阴阳二气的流布、变化体现天的意志、意识，五行的本末顺逆则表现天道。《尚书·周书·洪范》最先提出五行，其顺序为：水、火、木、金、土。这样一种顺序只是将五行平行罗列，没有体现出五行之间的相互关系。董仲舒则认为五行之间有一个不可更改的严格序次：“天地之气，合而为一，分为阴阳，判为四时，列为五行。行者，行也，其行不同，故谓之五行。”（《五行相生》）五行之间是一种相生相克的关系。

> 天有五行，一曰木，二曰火，三曰土，四曰金，五曰水。木，五行之始也；水，五行之终也；土，五行之中也。此其天次之序也。木生火，火生土，土生金，金生水，水生木，此其父子也。木居左，金居右，火居前，水居后，土居中央，此其父子之序，相受而布。是故木受水，而火受木，土受火，金受土，水受金也。诸授之者，皆其父也；受之者，皆其子也。常因其父以使其子，天之道也。（《五行之义》）

五行之间的“天次之序”体现的是五行之间相生相克的关系。“五行者，五官也，比相生而间相胜也。”（《五行相生》）木生火，火生土，土生金，金生水，水生木。由木而火、而土、而金、而水，依次相生，这叫“比相生”；木胜土（中间为火），土胜水（中间为金），水胜火（中间为木），火胜金（中间为土），金胜木（中间为水），这叫“间相胜”。天地间的事物既是相互依存的关系，也是相互抗衡的关系，没有绝对的强，也没有绝对的弱。

五行各居其位，各司其职，是天地有秩序的体现，是天道的表现。“五行之随，各如其序；五行之官，各致其能。是故木居东方而主春气，火居南方而主夏气，金居西方而主秋气，水居北方而主冬气；是故木主生而金主杀，火主暑而水主寒。”（《五行之义》）五行与阴阳协调合作，协助阴阳发生实际作用。

> 金、木、水、火，各奉其所主以从阴阳，相与一力而并功。其实非独阴阳也，然而阴阳因之以起，助其所主。故少阳因木而起，助春之生也；太阳因火而起，助夏之养也；少阴因金而起，助秋之成也；太阴因水而起，助冬之藏也。（《天辨在人》）

阴阳与五行在中国历史上原属于两种不同的理论，自董仲舒始，二者统一了起来，而统一的基础正是所谓的天。

二、人副天数

董仲舒讲天，并非只是为了讲天，还是为了讲人。董仲舒的做法是：由人化的眼光来看天，进而由人化的天来制人。

在董仲舒看来，人是天的一个缩影，是天的一个摹本，人的身体包含着天的数码。这种思想，他将其称为“人副天数”。

> 为生不能为人，为人者，天也。人之人本于天，天亦人之曾祖父也。人之形体，化天数而成；人之血气，化天志而仁；人之德行，化天理而义；人之好恶，化天之暖清；人之喜怒，化天之寒暑；人之受命，化天之四时；人生有喜怒哀乐之答，春秋冬夏之类也。（《为人者天》）

所谓“人之形体，化天数而成”，具体而言表现在：“天以终岁之数，成人之身，故小节三百六十六，副日数也；大节十二分，副月数也；内有五脏，副五行数也；外有四肢，副四时数也。”“形体骨肉，偶地之厚也；上有耳目聪明，日月之象也；体有空窍理脉，川谷之象也。”（《人副天数》）

不仅人的形体取化于天，而且人的精神取法于天。“阴阳之气，在上天，亦在人。在人者为好恶喜怒，在天者为暖清寒暑。”（《如天之为》）天有春夏秋冬，人有喜怒哀乐。“喜怒之祸，哀乐之义，不独在人，亦在于天；而春夏之阳，秋冬之阴，不独在天，亦在于人。”（《天辨在人》）人的喜怒哀乐取法于天的春夏秋冬。

既然人的形体与精神都来自天，那么人的行为也应效法天。“君臣、父子、夫妇之义，皆取诸阴阳之道。君为阳，臣为阴；父为阳，子为阴；夫为阳，妻为阴。”（《基义》）君臣、父子、夫妇是三种最重要的人伦关系，董仲舒将其称作“王道之三纲”：

> 仁义制度之数，尽取之天。天为君而覆露之，地为臣而持载之；阳为夫而生之，阴为妇而助之；春为父而生之，夏为子而养之，秋为死而棺之，冬为痛而丧之。王道之三纲，可求于天。（同上）

为阴者必须服从于阳、辅助于阳，“父之所生，其子长之；父之所长，其子养之；父之所养，其子成之。……父授之，子受之”（《五行对》）。阴辅助阳，但却不得分功。“阴道无所独行，其始也不得专起，其终也不得分功，有所兼之义。是故臣兼功于君，子兼功于父，妻兼功于夫，阴兼功于阳，地兼功于天。”（《基义》）所谓“兼”，就是并。臣、子、妻有劳、有动，但却不得分功，应将功归并于君、父、夫。董仲舒举例说，“地出云为雨，起气为风。风雨者，地之所为”，但地却不敢有其名，其名必归之于天，而曰“天风天雨”，不曰“地风地雨”（《五行对》）。“勤劳在地，名一归于天，非至有义，其孰能行此？故下事上，如地事天也。”（同上）下事上，服从之、辅助之，这是所谓的“天之经”；下不得独行，不得专起，不得分功，这是所谓的“地之义”。“经”为常，“天经”意味着不可改易；“义”为宜，“地义”意味着恰当合宜。

董仲舒进而认为，君应当以天为效法的对象，臣应当以地为效法的对象。

> 天高其位而下其施，藏其形而见其光，序列星而近至精，考阴阳而降霜露。高其位，所以为尊也；下其施，所以为仁也；藏其形，所以为神也；见其光，所以为明也；序列星，所以相承也；近至精，所以为刚也；考阴阳，所以成岁也；降霜露，所以生杀也。为人君者，其法取象于天，故贵爵而臣国，所以为仁也；深居隐处，不见其体，所以为神也；任贤使能，观听四方，所以为明也；量能授官，贤愚有差，所以相承也；引贤自近，以备股肱，所以为刚也；考实事功，次序殿最，所以成世也；有功者进，无功者退，所以赏罚也。是故天执其道，为万物主；君执其常，为一国主。（《天地之行》）

董仲舒将天人格化，是为了给君主树立一个楷模，“为人君者，其法取象于天”。从教导君主应当任贤使能、循规守矩的意义上讲，这是有积极意的。

> 地卑其位而上其气，暴其形而著其情，受其死而献其生，成其事而归其功。卑其位，所以事天也；上其气，所以养阳也；暴其形，所以为忠也；著其情，所以为信也；受其死，所以藏终也；献其生，所以助明也；成其事，所以助化也；归其功，所以致义也。为人臣者，其法取象于地，故朝夕进退，奉职应对，所以事贵也；供设饮食，候视疢疾，所以致养也；委身致命，事无专制，所以为忠也；竭愚写情，不饰其过，所以为信也；伏节死难，不惜其命，所以救穷也；推进光荣，褒扬其善，所以助明也；受命宣恩，辅成君子，所以助化也；功成事就，归德于上，所以致义也。是故地明其理，为万物母；臣明其职，为一国宰。（同上）

董仲舒将地人格化，是为了给臣子树立一个楷模，“为人臣者，其法取象于地”。臣最重要的品格是恪尽职守、竭诚忠正。董仲舒所宣扬的这种品格，也是中华民族的优良品格。

三、天人感应

既然天人同类，人副天数，那么天与人就可以相互感应。天人感应的理论基础是同类相应。

> 美事召美类，恶事召恶类，类之相应而起也。如马鸣则马应之，牛鸣则牛应之。帝王之将兴也，其美祥亦先见；其将亡也，妖孽亦先见。物故以类相召也。（《同类相动》）

同类相感而应，是自然界普遍存在的现象。董仲舒认为天人同类，故天与人可以相互感应。既然天人之间可以相互感应，那么人就应当顺应天、服从天，而不应当违背天、逆天而行。“与天同者大治，与天异者大乱。故为人主之道，莫明于在身之与天同者而用之，使喜怒必当义乃出，如寒暑之必当其时乃发也。”（《阴阳义》）作为人间之主，王者应当法天而行。“王者配天，谓其道。天有四时，王有四政。四政若四时，通类也，天人所同有也。”（《四时之副》）所谓“四政”，即庆赏罚刑。

> 天之道，春暖以生，夏暑以养，秋清以杀，冬寒以藏。暖暑清寒，异气而同功，皆天之所以成岁也。圣人副天之所行以为政，故以庆副暖而当春，以赏副暑而

当夏，以罚副清而当秋，以刑副寒而当冬。庆赏罚刑，异事而同功，皆王者之所以成德也。庆赏罚刑，与春夏秋冬，以类相应也，如合符。(《四时之副》)

天有春夏秋冬，政有庆赏罚刑，以四政配四时。四时不可不备，四政不可不具；四时不可乱序，四政不可乱处。

庆为春，赏为夏，罚为秋，刑为冬。庆赏罚刑之不可不具也，如春夏秋冬不可不备也。庆赏罚刑，当其处不可不发，若暖暑清寒，当其时不可不出也。庆赏罚刑各有正处，如春夏秋冬各有时也。四政者，不可以相干也，犹四时不可相干也。四政者，不可以易处也，犹四时不可易处也。故庆赏罚刑，有不行于其正处者，《春秋》讥也。(同上)

董仲舒进而认为，人的活动可以影响到天。“世治而民和，志平而气正，则天地之化精，而万物之美起。世乱而民乖，志僻而气逆，则天地之化伤，气生灾害起。”(《天地阴阳》)

然而，董仲舒讲天人感应，最主要还是针对君主讲的。君主作为人间之主，虽然可以超越于人间法律之上，但却必须服从天的意志、意识。

人主以好恶喜怒变习俗，而天以暖清寒暑化草木。喜怒时而当，则岁美；不时而妄，则岁恶。天地人主一也。然则人主之好恶喜怒，乃天之暖清寒暑也，不可不审其处而出也。当暑而寒，当寒而暑，必为恶岁矣。人主当喜而怒，当怒而喜，必为乱世矣。是故人主之大守，在于谨藏而禁内，使好恶喜怒必当义乃出，若暖清寒暑之必当其时乃发也。人主掌此而无失，使乃好恶喜怒未尝差也，如春秋冬夏之未尝过也，可谓参天矣。(《王道通三》)

作为君主，如果行为失范、为所欲为，那么上天就会通过灾异之象对其发出谴告。“天地之物，有不常之变者，谓之异，小者谓之灾。灾常先至而异乃随之。灾者，天之谴也；异者，天之威也。谴之而不知，乃畏之以威。”(《必仁且智》)灾异之象，是政治失范的表征。有灾异事故出现，意味着国家政治上出现了严重问题。“凡灾异之本，尽生于国家之失。国家之失乃始萌芽，而天出灾害以谴告之；谴告之而不知变，乃见怪异以惊骇之；惊骇之尚不知畏恐，其殃咎乃至。”(同上)

董仲舒讲天人感应，其基本用意是使最高统治者有所顾忌，不要胡作非为。但是，封建君主专制不容许对君权有任何限制，不允许对君权有所制约。据《汉书·董仲舒传》记载，武帝年间，辽东高庙、长陵高园发生火灾，董仲舒在家著文推说其意，认为当下政治有可以检讨的方面。文章刚写好，还没来得及上奏，主父偃来董仲舒家中拜访，在等候董仲舒出来接见的过程中发现了这篇文章。主父偃过去对董仲舒就有嫉恨，认为这是一个打击董仲舒的好机会，“窃其书而奏焉”，就将这篇文章上奏给汉武帝。汉武帝于是召集群臣议论这篇文章。董仲舒的学生吕步舒不知道这篇文章是董仲舒所作，认为这篇文章毫无道理。此言一出，无法收回，于是将董仲舒下狱，论罪当死。后来武帝格外开恩，才得以赦免。从此之后，董仲舒再也不敢讲什么“灾异”了。

四、性三品论

关于人性问题，先秦儒家内部是有强烈分歧的。孟子认为人性善，荀子认为人性恶。董仲舒不赞同孟子的性善论，立论也有别于荀子的性恶论。在他看来：

> 今世暗于性，言之者不同，胡不试反性之名？性之名，非生与？如其生之自然之资，谓之性。性者，质也，诘性之质于善之名，能中之与？既不能中矣，而尚谓之质善，何哉？性之名不得离质，离质如毛，则非性已，不可不察也。（《深察名号》）

性即生，性是生之自然之质。庄子认为："性者，生之质也"（《庄子・庚桑楚》），荀子也认为："生之所以然者，谓之性。"（《荀子・正名篇》）董仲舒的观点与庄子和荀子的观点有点接近。但董仲舒并不完全否定孟子，他承认人的本性中有善的因子，但这种善的因子只是善的潜质，还不是现实的善。

> 性比于禾，善比于米。米出禾中，而禾未可全为米也。善出性中，而性未可全为善也。善与米，人之所继天而成于外，非在天所为之内也。（《深察名号》）

性如禾，善如米。禾中含米，性中含善。但禾未必全是米，性未必全是善。善只是性的一种潜质。"性有似目，目卧幽而瞑，待觉而后见。当其未觉，可谓有见质，而不可谓见。今万民之性，有其质而未能觉，譬如瞑者待觉，教之然后善。当其未觉，可谓有善质，而不可谓善，与目之瞑而觉，一概之比也。"（同上）目可以见，但在瞑而未觉之时，只是有见质，而不可谓有见。性也是一样，在其质未觉之时，只是有善质，而不可谓有善。

性的善是潜在的善，要使潜在的善成为现实的善，就需要教化。

> 性如茧、如卵，卵待覆而成雏，茧待缫而为丝，性待教而为善，此之谓真天。天生民性有善质而未能善，于是为之立王以善之，此天意也。民受未能善之性于天，而退受成性之教于王，王承天意以成民之性为任者也。今案其真质，而谓民性已善者，是失天意而去王任也。万民之性苟已善，则王者受命尚何任也？（同上）

卵通过孵化才能成为雏鸟，茧通过洗缫才能成为丝，性通过教化才能成为善。王的一项重要社会责任就是"承天意"以教化民众，使民之善质成为现实的善行。董仲舒还认为，民众必须有赖于教化。民众本来就是未觉未化的。"民之号，取之瞑也。"（同上）"瞑之未觉，天所为也；效天所为，为之起号，故谓之民。民之为言，固犹瞑也。"（同上）民众本来是未开化的，是有待于王来教化的，这实际是一种英雄主义的历史观。

董仲舒认为人性中有善质，但并不认为人性中只有善质，人性中也有不善之质。"人之受气苟无恶者，心何栣哉？吾以心之名，得人之诚。人之诚，有贪有仁。仁贪之气，两在于身。身之名，取诸天。天两有阴阳之施，身亦两有贪仁之性。天有阴阳禁，身有情欲栣，与天道一也。"（同上）正像天有阳也有阴，人性中不仅有仁，而且有贪。

进而，董仲舒将人性分为上、中、下三品。

> 圣人之性，不可以名性；斗筲之性，又不可以名性；名性者，中民之性。中民

> 之性，如茧如卵。卵待覆二十日，而后能为雏；茧待缫以涫汤，而后能为丝；性待渐于教训，而后能为善。善，教训之所然也，非质朴之所能至也。(《实性》)

圣人之性善而无恶，斗筲之性恶而不善，此二者俱不可名性，因为其不可改变。可以名性者为中民之性。中民之性的特点是有善质而尚未善，待教化方可为善。“性者，天质之朴也；善者，王教之化也。无其质，则王教不能化；无其王教，则质朴不能善。”(同上）董仲舒关于人性的基本观点在《举贤良对策》中也有基本的体现：

> 天令之谓命，命非圣人不行；质朴之谓性，性非教化不成；人欲之谓情，情非度制不节。是故王者上谨于承天意，以顺命也；下务明教化民，以成性也；正法度之宜，别上下之序，以防欲也。修此三者，而大本举矣。(《汉书·董仲舒传》)

董仲舒的人性论具有折中孟子性善论与荀子性恶论的性质，其着重点是强调教化的功能。

董仲舒在中国哲学史与儒学史上具有重要地位。《汉书·五行志》载：“汉兴，承秦灭学之后，景、武之世，董仲舒治《公羊春秋》，始推阴阳，为儒者宗。”在先秦时代，儒家只是诸子百家中的一家，从汉武帝开始，儒家思想被定为一尊，成为中国社会占统治地位的思想。而儒家思想被定为一尊，董仲舒发挥了非常重要的作用。

第二节 《白虎通》

如果说董仲舒的“天人感应”论旨在以人拟天、以天制人，论证了天人一体，天人相类而相通，那么，历经二百年后，在经学已经充分发展的情况下，作为汉代经学集体智慧的成果，《白虎通》则对国家政治生活的基本问题做出了经典性的论述。这些论述对于之后中国社会的影响，甚至远大于董仲舒的“天人感应”论。

汉建元五年（公元前 136 年)，汉武帝立“五经博士”，被认为是经学确立的标志。经学以经典为神圣之言，并对经典做出广泛的解释和阐发，以揭示经典中的所谓“微言大意”。由于对经典章句、词语有不同的理解，所以形成了不同的流派。甘露三年（公元前 51 年)，汉宣帝于石渠阁召集会议，“诏诸儒讲五经同异，太子太傅萧望之等平奏其议，上亲称制临决焉”(《汉书·宣帝纪》)。东汉建初四年（公元 79 年)，汉章帝召集诸儒于白虎观讲论五经同异，后由班固加以整理，编成《白虎通》一书。全书共四十四篇，现存四十三篇，每篇一个主题。

《白虎通》不同于一般的学术著作，它表述的不是某个人的思想观点，而是由皇帝率群臣通过议论、争辩所做出的决议，所以，它是集体智慧的结晶，代表了两汉经学的最高成就。《白虎通》论及的问题不仅涉及国家层面的政治、经济、军事等内容，也涉及普通民众日常生活层面的宗族、婚姻、丧服等内容，还涉及性情、寿命等精神生活内容。在中国古代社会，《白虎通》一书实际具有法典的性质，是中国古代社会的一部大经大法。

一、君权神授

董仲舒认为："天者，百神之大君也。"(《春秋繁露·郊语》) 这一思想在《白虎通》中得到了肯定。在《白虎通》看来，"天"是至高无上的。"天者何也？天之为言镇也，居高理下，为人镇也。"(《天地》) 天是最高的存在，但天并不直接处理人间事务，而只对人世间的一切起到一种震慑作用。

人世间的最高统治者是皇帝。皇帝作为人间的最高统治者，是代表"天"来行使统治的，所以也被称为"天子"。

> 天子者，爵称也。爵所以称天子何？王者父天母地，为天之子也。(《爵》)

皇帝的统治权来自至高无上的天，这就是所谓的"君权神授"观念。关于"君权神授"，《尚书·周书·召诰》有言，"有夏服天命"，"惟不敬厥德，乃早坠厥命"，夏之后有商(殷)，"有殷受天命"，"惟不敬厥德，乃早坠厥命"，于是周王乃"嗣受厥命"。这是关于"君权神授"的最早说明。周人为了论证周朝替代殷朝的合法性而创立了"君权神授"观念。这一观念，由于对统治者有利，所以得到历代统治者的肯定。

由于以"天"为至高无上的绝对存在，所以改朝换代必须行封禅大礼。

> 王者易姓而起，必升封泰山何？报告之义也。始受命之日，改制应天，天下太平功成，封禅以告太平也。(《封禅》)

易姓而王，不仅行封禅之礼，还要改正朔、易服色。

> 王者受命必改朔何？明易姓，示不相袭也。明受之于天，不受之于人，所以变易民心、革其耳目，以助化也。故《大传》曰："王者始起，改正朔，易服色，殊徽号，异器械，别衣服也。"是以禹、舜虽继太平，犹宜改以应天。(《三正》)

因为"君权神授"，因为君王以"天"之代表的身份来行使统治权，所以，君王驾崩之后，大臣应通过一定的形式请示"天"对过世君王一生的功绩做出评价，这就是所谓的"请谥"。谥是君王死后给予君王的具有评价性的称号。"天子崩，臣下至南郊谥之者何？以为人臣之义，莫不欲褒称其君，掩恶扬善者也。故之南郊，明不得欺天也。"(《谥》)

通过封禅，通过改正朔、易服色，通过请谥，《白虎通》强化和稳固了至高无上的"天"与人间最高统治者之间的密切关系，从而稳固了"君权神授"观念。"受命之君，天之所兴，四方莫敢违，夷狄咸率服。"(《瑞贽》) 此后，"君权神授"观念一直为历代统治者所继承，并贯彻于中国封建社会的始终。因此，中国历代皇帝发布诏书均称："奉天承运，皇帝诏曰"。

与"君权神授"观念相联系，还有"以德配天"观念。周人发明"君权神授"，其中就包含"以德配天"观念。虽然"有殷受天命"，但是"惟不敬厥德，乃早坠厥命"，所以有德者才可以有天下。《白虎通》在接受"君权神授"观念的同时，也接受了"以德配天"观念。"以德配天"观念的具体展开，就是所谓的"灾变"说和"符瑞"说。

> 天所以有灾变何？所以谴告人君，觉悟其行，欲令悔过修德，深思虑也。(《灾

变》)

> 天下太平，符瑞所以来至者，以为王者承天统理，调和阴阳。阴阳和，万物序，休气充塞，故符瑞并臻，皆应德而至。(《符瑞》)

董仲舒由“天人感应”而导出“灾异”说和“谴告”说，《白虎通》由“君权神授”而引申出“灾变”说和“符瑞”说，二者的观点具有相似之处，但思想逻辑却有所不同。如果说“君权神授”旨在证明君权的正统性、合法性，那么“灾变”说和“符瑞”说则是为了对最高统治者形成一种制约。其实，在君王独握统治权的封建时代，也只有“灾变”说和“符瑞”说才可能对君王的权力产生某种制约。无制约的权力必然走向胡作非为，而君王作为人间的最高统治者，人间的力量无法对其产生制约，在这种情况下，也只有诉诸至高无上的“天”了。中国古代思想家对此也可谓用心良苦。

二、三纲六纪

如何正确地处理社会各阶层之间的关系，是中国古代思想家关注的一个核心问题。早在春秋时代，孔子就已为这种关系规划了一个大略。“齐景公问政于孔子。孔子对曰：‘君君，臣臣，父父，子子。’”(《论语·颜渊》)董仲舒更进一步将君臣、父子、夫妇之间的正统关系称作“王道之三纲”。《白虎通》继承了这些思想，明确地提出了人伦关系的基本原则，即所谓“三纲六纪”：

> 三纲者，何谓也？谓君臣、父子、夫妇也。六纪者，谓诸父、兄弟、族人、诸舅、师长、朋友也。故《含文嘉》曰：君为臣纲，父为子纲，夫为妻纲。又曰：敬诸父兄，六纪通行，诸舅有义，族人有序，昆弟有亲，师长有尊，朋友有旧。(《三纲六纪》)

君臣、父子、夫妇三者，是最重要的三种人伦关系，是社会关系的三条支脉，所以被称为“三纲”。“君臣、父子、夫妇，六人也，所以称三纲何？一阴一阳谓之道，阳得阴而成，阴得阳而序，刚柔相配，故六人为三纲。”(同上)阴阳相得而成，一阴一阳，两两而成，故由六人而为三纲。由“三纲”又引申出六种关系，这六种关系是具体的细目，所以被称为“六纪”。“何谓纲纪？纲者，张也；纪者，理也。大者为纲，小者为纪，所以张理上下，整齐人道也。”(同上)“六纪”之中，师长是君臣的引申，诸父、兄弟是父子的引申，诸舅、朋友是夫妇的引申。“六纪者，为三纲之纪者也。师长，君臣之纪也，以其皆成己也。诸父、兄弟，父子之纪也，以其有亲恩连也。诸舅、朋友，夫妇之纪也，以其皆有同志为己助也。”(同上)

进而，《白虎通》还对君臣、父子、夫妇、朋友之间的关系做了具体论述：

> 君臣者，何谓也？君，群也，群下之所归心。臣者，缠坚也，厉志自坚固也。《春秋传》曰“君处此，臣请归”也。父子者，何谓也？父者，矩也，以法度教子也。子者，孳也，孳孳无已也。故《孝经》曰：“父有争子，则身不陷于不义。”夫妇者，何谓也？夫者，扶也，以道扶接也。妇者，服也，以礼屈服也。《昏礼》曰：“夫亲脱妇之缨。”《传》曰：“夫妇判合也。”朋友者，何谓也？朋者，党也。友者，有也。《礼记》曰：“同门曰朋，同志曰友。”朋友之交，近则谤其言，远则不相讪。一人有善，其心好之；一人有恶，其心痛之。货则通而不计，共忧患而相救。生不

属，死不托。(《三纲六纪》)

君是"下之所归心"，是权力的中心，是政策、法令的制定者，也是天与人之间的连接者。对上、对天而言，为"天子"；对下、对人而言，为"帝王"。"或称天子，或称帝王何？以为接上称天子者，明以爵事天也。接下称帝王者，明位号天下至尊之称，以号令臣下也。"(《号》) 君是政策、法令的制定者，臣则是政策、法令的执行者。所以，臣的职责是坚定不移地执行君的命令。就父子关系而言，父代表的是规矩。规矩不仅是一种规范，也有父亲应以身作则、为子女树立榜样的含义。子的职责是继承父亲的事业，并使父亲的事业不断发扬光大。正因如此，孔子有言："三年无改于父之道，可谓孝矣。"(《论语·里仁》) 就夫妇关系而言，夫的职责是主持事务，是责任的担当者。妇的职责是服从，故女子有"三从"之德："在家从父母，既嫁从夫，夫殁从子也。"(《嫁娶》) 朋友之间，最重要的是"共忧患而相救"(《三纲六纪》)，也就是要能够共同承担忧患。

自上而下而言，君令臣行，父业子承，夫执妇服；自下而上而言，《白虎通》认为还有所谓的"谏诤"之道。孔子对于"谏诤"已经有所论述，认为："事父母几谏。见志不从，又敬不违，劳而不怨。"(《论语·里仁》) 在孔子看来，"孝"并非只是驯顺、服从，还要能够"几谏"，"谏"是"孝"的必备内容。《孝经》进一步发挥了孔子的思想，认为："天子有争臣七人，虽无道，不失其天下。诸侯有争臣五人，虽无道，不失其国。大夫有争臣三人，虽无道，不失其家。士有争友，则身不离于令名。父有争子，则身不陷于不义。故当不义，则子不可以不争于父，臣不可以不争于君。故当不义，则争之。从父之令，又焉得为孝乎！"(《孝经·谏诤》)《白虎通》关于"谏诤"有更详细的论述。

> 谏者何？谏者，间也，更也。是非相间，革更其行也。人怀五常，故知谏有五。其一曰讽谏，二曰顺谏，三曰窥谏，四曰指谏，五曰陷谏。讽谏者，智也。知祸患之萌，深睹其事，未彰而讽告焉。此智之性也。顺谏者，仁也。出词逊顺，不逆君心。此仁之性也。窥谏者，礼也。视君颜色不悦，且郤，悦则复前，以礼进退。此礼之性也。指谏者，信也。指者，质也。质相其事而谏。此信之性也。陷谏者，义也。恻隐发于中，直言国之害，励志忘生，为君不避丧身。此义之性也。(《谏诤》)

人有五常之性，即仁、义、礼、智、信，谏有五者之谏，即顺、陷、窥、讽、指，二者之间具有对应关系。《白虎通》关于"谏诤"的论述不仅是具体而细微的，而且是相当深刻的。

谏诤主要涉及君臣、父子关系。《白虎通》认为，一方面，君臣、父子关系具有类似的性质。"臣子之于君父，其义一也。"(《诛伐》)"夫臣之事君，犹子之事父。"(《朝聘》) 另一方面，君臣、父子关系又有很大的不同。君臣关系是政治关系，父子关系则是血缘关系。由于这种不同，其所遵守的谏诤之道也有所不同。

> 臣之谏君何法？法金正木也。子之谏父，法火以揉木也。臣谏君以义，故折正之也。子谏父以恩，故但揉之也，木无毁伤也。(《谏诤》)

君臣关系是政治关系，政治关系取法于“义”，强调当与不当；父子关系是血缘关系，血缘关系是一体而无分的关系，其中当然包含正当性的因素，但更重要的是恩意、恩情。正因为如此，孔子才有“事父母几谏。见志不从，又敬不违，劳而不怨”这样的议论。

谏诤之外，君臣、父子之间还有所谓的“隐”。“隐”，就是“掩恶”，就是隐匿而不彰显对方的不德或恶行。《白虎通》认为，臣应当为君隐恶。“人臣之义，当掩恶扬美。”（《谏诤》）“所以为君隐恶何？君至尊，故设辅弼，置谏官，本不当有遗失。”（同上）臣应当为君隐恶，但君却不需要为臣隐恶。

> 君所以不为臣隐何？以为君之于臣，无适无莫，义之与比，为赏一善而众臣劝，罚一恶而众臣惧。若为卑隐，为不可殆也。（同上）

君为至尊，故臣当为君隐恶；至尊之君统驭群臣，故君不需要为臣隐恶。

臣当为君隐恶，子亦当为父隐恶。然而，君不需要为臣隐恶，父却当为子隐恶。孔子对此已有论述，认为：“父为子隐，子为父隐，直在其中矣。”（《论语·子路》）《白虎通》对此有更具体的论述：

> 君不为臣隐，父独为子隐何？以为父子一体，荣耻相及。（《谏诤》）

君臣以义合，故有当与不当；父子一体而无分，重要的不是当与不当，不是责任的划分，而是责任的担当。父子相隐，实际意味着对于责任的共同担当。

人伦关系，从纵的方面看，有君臣、父子、夫妇、朋友等关系；从横的方面看，有贵贱、亲疏、长幼等关系。《白虎通》对此也有论述：

> 有贵贱焉，有亲疏焉，有长幼焉。朝廷之礼，贵不让贱，所以明尊卑也。乡党之礼，长不让幼，所以明有年也。宗庙之礼，亲不让疏，所以明有亲也。此三者行，然后王道得，王道得，然后万物成，天下乐之。（《礼乐》）

等贵贱、明尊卑、序长幼、别亲疏，如此，社会人伦关系才会井然有序，国家才会长治久安。

可以说，《白虎通》对社会人伦关系的论述是非常具体而细微的。更重要的是，《白虎通》对社会人伦关系的论述并非只具有时代性的意义，它在中国古代社会长期发挥着制导和规范的作用，长期具有法典性的意义。要了解中国古代社会，就不得不了解中国古代社会结构，就不得不了解处于这一社会结构中的人。而对于这一结构以及这一结构中的人，做出最明确说明的可能莫过于《白虎通》。正因为如此，《白虎通》一书在中国古代社会实际具有法典的性质。

第三节　扬雄

扬雄（公元前 53—18），字子云，蜀郡成都（今属四川）人。扬雄少时曾师从当时著名道学家严遵学习，一生主要精力用于著书立说。主要著作有《太玄》和《法言》。“好古而乐道，其意欲求文章成名于后世，以为经莫大于《易》，故作《太玄》；传莫大于《论语》，作《法言》。”（《汉书·扬雄传》）扬雄通过《太玄》建立了一种世界图式，通过《法言》宣扬他的仁义道德思想。

一、世界图式

《太玄》是扬雄模仿《周易》而作的一部书。宋代司马光对《太玄》一书有个说明：

> 《易》与《太玄》，大抵道同而法异。易画有二，曰阴曰阳；玄画有三，曰一曰二曰三。易有六位，玄有四重。易以八卦相重为六十四卦，玄以一二三错于方州部家为八十一道。易每卦六爻，合为三百八十四爻；玄每首九赞，合为七百二十九赞。（《太玄集注·说玄》）

《周易》采用的是二分法，《太玄》采用的是三分法。玄有四重，即方、州、部、家。一玄分为三方，一方分为三州，一州分为三部，一部分为三家，共三方、九州、二十七部、八十一家。与八十一家相应，《太玄》有八十一首，每首九赞，共七百二十九赞。

扬雄试图以八十一首来表述一年四季的变化，他把一年四季分为九段，每段称为一天，一年共九天。“九天：一为中天，二为羡天，三为从天，四为更天，五为睟天，六为廓天，七为减天，八为沈天，九为成天。”（《太玄经·太玄数》）扬雄认为，事物的发展变化、思想行为的生发形成，无一例外要经历九个时期。

> 心思乎一，反复乎二，成意乎三，条畅乎四，著明乎五，极大乎六，败损乎七，剥落乎八，殄灭乎九。（《太玄图》）

第一是思想动机生发的时期，第二是反复斟酌盘算的时期，第三是观念形成的时期，第四是观念进一步发展的时期，第五是观念明确的时期，第六是落实为行动的时期，第七是事情开始衰败的时期，第八是事情走向破落的时期，第九是事物趋于消亡的时期。“一至三者，贫贱而心劳；四至六者，富贵而尊高；七至九者，离咎而犯菑。五以下作息，五以上作消。数多者，见贵而实索；数少者，见贱而实饶。”（同上）“五”是事物发展的最高位，“五以下作息”，“五”之后事物开始走向衰落。“龙之潜、亢，不获其中矣。是以过中则惕，不及中则跃，其近于中乎！圣人之道，譬犹日之中矣，不及则未，过则昃。”（《先知》）理想境地是守持中道，“过”与“不及”都是不好的。

《太玄》的中心观念是“玄”。玄是宇宙的始基，也是万物的根本。

> 玄者，幽摛万类而不见形者也，资陶虚无而生乎规，攔神明而定摹，通同古今以开类，摛措阴阳而发气。一判一合，天地备矣。天日回行，刚柔接矣。还复其所，终始定矣。一生一死，性命莹矣。（《玄摛》）

玄无形无象，阴阳由其所从出，天地由其所生发。玄生发万物，但玄自身却幽微而深奥。“夫玄，晦其位而冥其畛，深其阜而眇其根，攘其功而幽其所以然者也。故玄卓然示人远矣，旷然廓人大矣，渊然引人深矣，渺然绝人眇矣。”（同上）玄是无处不在的，也是无所不能的。

> 仰而视之在乎上，俯而窥之在乎下，企而望之在乎前，弃而忘之在乎后，欲违

则不能，嘿则得其所者，玄也。故玄者，用之至也。见而知之者，智也。视而爱之者，仁也。断而决之者，勇也。兼制而博用者，公也。能以偶物者，通也。无所系輆者，圣也。时与不时者，命也。虚形万物所道之谓道也，因循无革天下之理得之谓德也，理生昆群兼爱之谓仁也，列敌度宜之谓义也，秉道德仁义而施之之谓业也，莹天功明万物之谓阳也，幽无形深不测之谓阴也。阳知阳而不知阴，阴知阴而不知阳，知阴知阳、知止知行、知晦知明者，其唯玄乎！（《玄摛》）

智、仁、勇、公、通、圣，以至道、德、阴、阳，都具有特定的功能，都具有自身的局限性，只有玄可以涵盖一切、包容一切，所以没有任何局限性。

天道成规，地道成矩。规动周营，矩静安物。周营故能神明，安物故能聚类。类聚故能富，神明故至贵。夫玄也者，天道也，地道也，人道也，兼三道而天名之：君臣、父子、夫妇之道。（《玄图》）

玄虽为一，但一而兼有天、地、人三道，也可以说天、地、人三道的总和就是所谓的玄。三道之中，天最能体现玄的特点，所以玄也可以天来命名。

《太玄》刻意模仿《周易》而又力求有新意，但所谓的新意毕竟是有限的，其牵强之处随处可见，加之整个体系结构繁杂深奥，言语虚浮缥缈，作者虽用力甚勤、志气高远，但后世却少有人问津，以至于几乎对后世没有产生什么影响。

二、仁义道德

与《太玄》不同，《法言》一书在当时以至后世产生了较大影响。《汉书·扬雄传》载："自雄之没至今四十余年，其《法言》大行，而《玄》终不显，然篇籍具存。"《法言》一书共十三篇，所言主要为仁义道德之类。

在扬雄生活的时代，神仙方术之说已经很流行，扬雄对神仙方术持否定态度。

或问："人言仙者，有诸乎？""吁！吾闻伏羲、神农殁，黄帝、尧、舜殂落而死。文王毕，孔子鲁城之北。独子爱其死乎？非人之所及也。仙亦无益子之汇矣。"（《法言·君子》）

圣人皆有死，何况普通之人？"有生者必有死，有始者必有终，自然之道也。"（同上）追求长生不死是无益的，也是根本不可能的。

扬雄对天命论也持否定态度。

或问"天"。曰："吾于天与，见无为之为矣！"或问："雕刻众形者匪天与？"曰："以其不雕刻也，如物刻而雕之，焉得力而给诸？"（《问道》）

天道无为，如以为天雕刻众形，那么这种力量从何而来？天无形，这种力量又如何施加于万物？孟子认为"五百年必有王者兴"（《孟子·公孙丑下》），对此，扬雄以具体事例给予驳斥；"或问：'五百岁而圣人出，有诸？'曰：'尧、舜、禹，君臣也，而并；文、武、周公，父子也，而处；汤、孔子，数百岁而生。因往以推来，虽千一不可知也。'"（《五百》）历史既然已经如此，可以"因往以推来"，那么所谓的定数就是不存在的。

虽然扬雄早年曾学习老子之学，但其基本价值取向是以儒家为准则的。如其所言：

“老子之言道德，吾有取焉耳。及搥提仁义，绝灭礼学，吾无取焉耳。”（《问道》）在扬雄看来，相对于儒家而言，其他各家均有局限性。“或曰：‘庄周有取乎？’曰：‘少欲。’‘邹衍有取乎？’曰：‘自持。’”（同上）然而，“庄、杨荡而不法，墨、晏俭而废礼，申、韩险而无化，邹衍迂而无信”（《五百》）。扬雄以为，道德仁义是永远都不能废弃的。

道、德、仁、义、礼，譬诸身乎？夫道以导之，德以得之，仁以人之，义以宜之，礼以体之，天也。合则浑，离则散。一人而兼统四体者，其身全乎！（《问道》）

道是指导人、引导人的价值规范，德是个体业已取得的价值原则，仁是使人成为真正的人的内在规定性，义是个体行为的适宜性，礼是伦理规范在行为上的具体体现。一个人只有具备了道、德、仁、义、礼的各种基本规定性，才是一个真正的人。所以，人应当坚守道德仁义而不动摇。

或问“仁、义、礼、智、信之用”。曰：“仁，宅也；义，路也；礼，服也；智，烛也；信，符也。处宅，由路，正服，明烛，执符，君子不动，动斯得矣。”（《修身》）

仁是人安身立命的寓所，义是人应当行走的大路，礼是人的服饰，智是人明辨善恶、是非的能力，信是人之所以为人的标志。人因为有仁、义、礼、智、信才成为人；人如果丢弃了仁、义、礼、智、信，那与动物又有何异？

在人性问题上，扬雄既不赞成孟子的性善论，也不赞成荀子的性恶论。在扬雄看来，人性既有善的成分，也有恶的成分。

人之性也善恶混，修其善则为善人，修其恶则为恶人。（同上）

因为人性并非纯善，还有恶的成分，所以，人不可放任自流，必须加强修养，必须加强学习。“学者，所以修性也。视、听、言、貌、思，性所有也，学则正，否则邪。”（《学行》）人性中包含各种潜质，但只有通过学习、修炼，才能使良好的潜质充分发挥出来。

或曰：“学无益也，如质何？”曰：“未之思矣。夫有刀者礲诸，有玉者错诸。不礲不错，焉攸用？礲而错诸，质在其中矣，否则缀。”（同上）

刀需要研磨才锋利，玉通过雕琢才成器。同理，人只有通过不断学习、修炼，才能成为品德高尚的君子。“学者，所以求为君子也。求而不得者有矣，夫未有不求而得之者也。”（同上）扬雄提出人性善恶混，最重要的正在于人的后天修习。扬雄强调，人只有通过不断修炼，才能扬善去恶，才能成为君子，这种理论是非常有意义的。

第四节　桓谭

桓谭（约公元前 20—56），字君山，沛国相（今安徽濉溪西北）人。桓谭亲历两汉之间的历史大变局，西汉年间在朝廷为普通官员，东汉光武帝年间任议郎、给事中。主要学术著作为《新论》。

一、图谶非经

从汉武帝时期开始，儒家思想被定为一尊，成为经学，其他学派则流为子学。随着经学的逐渐兴盛，随着儒家经典被奉为神圣，出现了与经书相对应的纬书。纬书是用神学来解释经义，并且把这种解释托之于孔子的书。与纬学相伴随的还有谶。谶是“诡为隐语，预决吉凶”的神秘预言。谶在秦代已很流行。谶与纬本来没有直接的关系，但西汉末年二者走向合一，纬必须编造大量的预言才能使自己神化，谶只有依傍经义才能起到良好的效果，所以，从现有的材料来看，纬中有谶，谶中有纬，二者再难区分，故称之谶纬。

西汉末至东汉初，谶纬流行。王莽与刘秀都利用图谶夺取政权，而作为朝廷官员，桓谭一直对谶纬持否定态度。“当王莽居摄篡弑之际，天下之士，莫不竞褒称德美，作符命以求容媚，谭独自守，默然无言。”（《后汉书·桓谭冯衍列传》）刘秀称帝后，也经常以图谶决定嫌疑，桓谭上书，对此表示反对。

> 臣前献瞽言，未蒙诏报，不胜愤懑，冒死复陈。……凡人情忽于见事而贵于异闻。观先王之所记述，咸以仁义正道为本，非有奇怪虚诞之事。盖天道性命，圣人所难言也。自子贡以下，不得而闻，况后世浅儒，能通之乎！今诸巧慧小才伎数之人，增益图书，矫称谶记，以欺惑贪邪，诖误人主，焉可不抑远之哉？（同上）

刘秀对桓谭所言很为不悦。中元元年（公元56年），刘秀要建立一个观测天象的灵台，与大臣商议灵台地址。刘秀当面问桓谭：“吾欲谶决之，何如？”桓谭沉默良久，说：“臣不读谶。”刘秀问他为什么，桓谭再次“极言谶之非经”，刘秀勃然大怒曰“桓谭非圣无法”，要处斩他，桓谭“叩头流血”才得以免除死罪，后被贬为六安郡丞，不久便忧郁而死。（同上）

在《新论》一书中，桓谭对谶纬之学也有所批判。在桓谭看来，“谶出《河图》《洛书》，但有兆朕而不可知。后人妄复加增依托，称是孔丘，误之甚也”（《启寤》）。谶纬往往托名孔子，并将孔子神化，这是毫无根据的。谶纬常言灾异，以为这是上天给人的警示。桓谭认为，灾异只是一种自然现象，与社会政治没有必然联系。

> 灾异变怪者，天下所常有，无世而不然。逢明主、贤臣、智士、仁人，则修德善政、省职慎行以应之，故咎殃消亡而祸转为福焉。（《谴非》）

桓谭认为：“国之废兴，在于政事；政事得失，由乎辅佐。”（《后汉书·桓谭冯衍列传》）国家的兴衰治乱在人而不在神。“盖善政者，视俗而施教，察失而立防，威德更兴，文武迭用，然后政调于时，而躁人可定。”（同上）要维护国家政治的稳定，必须依靠贤良的人才和恰当的政策。

谶纬神学宣扬神学目的论，桓谭对此也进行了批判。当时有人认为：“天生杀人药，必有生人药也。”桓谭批评说：“钩吻不与人相宜，故食则死，非为杀人生也。譬若巴豆毒鱼，礜石贼鼠，桂害獭，杏核杀猪，天非故为作也。”（《祛蔽》）很多药物能杀人，这只是一种生物现象、一种纯粹的自然现象，而并不是上天的有意安排。

桓谭在批判谶纬神学的同时，对当时社会上流行的神仙方术也给予了批判。神仙方术宣扬长生不老，桓谭明确表示："无仙道，好奇者为之。"（《辨惑》）当时有人认为"人诚能抑嗜欲，阖耳目"（同上），就可以长生不老。桓谭以老树为例反驳说："彼树无情欲可忍，无耳目可阖，然犹枯槁朽蠹；人虽欲爱养，何能使不衰?"（同上）草木尚且有死，而况人乎？"草木五谷，以阴阳气生于土，及其长大成实，实复入土，而后能生，犹人与禽兽昆虫，皆以雄雌交接相生。生之有长，长之有老，老之有死，若四时代谢矣。而欲变易其性，求为异道，惑之不解者也。"（《祛蔽》）有生必有死，这是自然界的必然规律，是任何力量都无法阻挡的。

二、形毙神亡

桓谭在批判谶纬神学的同时，还系统考察了形与神之间的内在关系。《庄子》《淮南子》对形神问题已有所论述。所谓形，就是人的外在形体；所谓神，也就是人的内在精神。桓谭以烛与火之间的关系来比喻形与神之间的关系：

> 精神居形体，犹火之然烛矣。如善扶持，随火而侧之，可毋灭而竟烛。烛无，火亦不能独行于虚空，又不能复然其灺。灺犹人之耆老，齿堕发白，肌肉枯腊，而精神弗为之能润泽内外周遍，则气索而死，如火烛之俱尽矣。（同上）

有烛才有火，烛尽而火灭；有形才有神，形毙而神亡。烛尽，火不能独燃于虚空；形毙，神亦不能独行于世界。当时有人指出，蜡烛燃尽了，可以换一支蜡烛将火焰继续下去，这表明，人体衰老之后也可以返老还童，使自己的精神延续下去。桓谭指出，蜡烛将尽之时，人们可以将火焰转移到另一支蜡烛上，火焰自己能点燃另一支蜡烛吗？显然不能。同理，人的形体衰老了，也不可能自己将精神转移到另外一个形体上。烛尽火灭，形毙神亡，这是自然界的基本规律，是任何人都无法违背的。桓谭的这种理论后来为王充所继承。

第五节　王充

王充（27—约 97），字仲任，会稽上虞（今浙江绍兴市上虞区）人。王充曾出任过一些低级官职，一生主要精力及大部分时间都用于著书立说，先后写有《讥俗节义》《政务》《论衡》《养性》四部书，现仅存《论衡》一书。《论衡》一书共八十五篇，其中《招致》一篇只存篇目，实际只有八十四篇。"论衡"，即论之衡。"《论衡》者，所以铨轻重之言，立真伪之平。"（《论衡·对作》）

王充生活的时代是谶纬盛行的年代。在王充看来，谶纬神学所言皆是虚妄无实之说。王充的主要思想倾向就是反对谶纬神学。"《诗》三百，一言以蔽之，曰：'思无邪。'《论衡》篇以十数，亦一言也，曰：'疾虚妄。'"（《佚文》）如果说董仲舒的基本理论是天人感应论，那么王充的基本理论则是天道自然论。天道自然论是针对天人感应论而发的，是对天人感应论的反动。天人感应论将天人格化，天道自然论则将天自然化。

一、天道自然

董仲舒认为天是万物之主，是百神之大君，王充则认为天不过是一个自然物体。“夫天，体也，与地无异。”（《变虚》）“天平正，与地无异。”（《说日》）有时王充又认为天不过是气，是流荡的云气。天无论是体还是气，都只是一个自然物体，没有什么神秘属性，没有意志，更不可能赏善罚暴。

> 天亦远，使其为气，则与日月同；使其为体，则与金石等。（《感虚》）
>
> 使天体乎？宜与地同。使天气乎？气若云烟，云烟之属，安得口目！（《自然》）

就二者而言，王充更倾向于认为天是体，天含气而非气。“天地，含气之自然也”，“如实论之，天体非气也”（《谈天》）。天不过是如金石一样的自然物。“元气未分，浑沌为一”，“及其分离，清者为天，浊者为地”（同上）。天地是物质运动的自然结果。

天地是自然物体，天地间万事万物的产生、生长、消灭也完全是一个自然过程。“天之行也，施气自然也；施气则物自生，非故施气以生物也。”（《说日》）“天覆于上，地偃于下，下气烝上，上气降下，万物自生其中间矣。”（《自然》）天地并非有意要生产万物，万物只是自然生长于天地之间。“人生于天地也，犹鱼生于渊，虮虱生于人也。因气而生，种类相产，万物生天地之间，皆一实也。”（《物势》）不可以说渊有意要生鱼，不可以说人有意要生虮虱，怎能说天有意要生人？

> 儒者论曰，天地故生人。此言妄也。夫天地合气，人偶自生也。犹夫妇合气，子则自生也。（同上）

人于天地之间，只是普通的一物。“人，物也，万物之中有知慧者也。其受命于天，禀气于元，与物无异。”（《辨祟》）

天并非有意生人，天并非有意生物。“夫天不能故生人，则其生万物亦不能故也。天地合气，物偶自生矣。”（《物势》）天地间的万事万物，包括人在内，都是自生自成的。

> 天地合气，万物自生，犹夫妇合气，子自生矣。万物之生，含血之类，知饥知寒。见五谷可食，取而食之，见丝麻可衣，取而衣之。或说以为天生五谷以食人，生丝麻以衣人，此谓天为人作农夫、桑女之徒也。（《自然》）

如果认为天生五谷以食人，生丝麻以衣人，那就等于将天当作人的农夫、桑女了。在王充看来，“天动不欲以生物，而物自生，此则自然也；施气不欲为物，而物自为，此则无为也。谓天自然无为者何？气也，恬澹无欲，无为无事者也”（同上）。自然物的生长、发育是一种自然的物质现象，并非上天的有意安排。

董仲舒的天人感应论提出了灾异谴告说，王充对此不以为然。在王充看来，“天道自然也，无为；如谴告人，是有为，非自然也”（《谴告》），“夫天无为，故不言。灾变时至，气自为之。夫天地不能为，亦不能知也”（《自然》），自然灾害是阴阳失调所引发的自然现象，“风雨暴至，是阴阳乱也”（《感虚》）。如果灾异是上天对当政者的谴告，那么，“尧遭洪水，汤遭大旱。如谓政治所致，尧、汤恶君也”（《明雩》）。尧与汤是儒家标榜的圣王，如果承认灾异谴告说，那么尧、汤又怎么称得上圣王？可见，自然灾害只是一种自然现象，并非政治的表证。“非政治，是运气也。运气有时，安可请求？”（同上）

王充进而认为，如果天能谴告人君，那为什么不直接立一个圣君？

> 天能谴告人君，则亦能故命圣君。择才若尧、舜，授以王命，委以王事，勿复与知。今则不然，生庸庸之君，失道废德，随谴告之，何天不惮劳也！（《自然》）

天先是立一个庸庸之君，等到这个庸庸之君失道废德，再通过灾异现象来谴告他，天何以要这么不怕麻烦？何以要多此一举？如此看来，灾异谴告说是很难成立的。

天人感应论还宣扬符瑞说，即认为圣王将兴必有祥瑞之兆。“儒者论之，以为雀则文王受命，鱼乌则武王受命；文、武受命于天，天用雀与鱼乌命授之也。”（《初禀》）王充不同意这种说法。虽然《尚书·周书·康诰》中有“天乃大命文王”这样的说法，但在王充看来，“所谓大命者，非天乃命文王也。圣人动作，天命之意也，与天合同，若天使之矣”（同上），并举出《周易》与孔子之言以为证。《周易》曰：“夫大人者，与天地合其德，与日月合其明，与四时合其序，与鬼神合其吉凶。先天而天弗违，后天而奉天时。”（《乾·文言传》）孔子曰：“大哉！尧之为君也。巍巍乎！唯天为大，唯尧则之。”（《论语·泰伯》）王充认为：

> 王者则天不违，奉天之义也。推自然之性，与天合同，是则所谓“大命文王”也。自文王意，文王自为，非天驱赤雀，使告文王，云当为王，乃敢起也。然则文王赤雀，及武王白鱼，非天之命，昌炽佑也。……文王当兴，赤雀适来；鱼跃乌飞，武王偶见，非天使雀至、白鱼来也。吉物动飞，而圣遇也。（《初禀》）

文王当兴与赤雀适来完全是一种偶然的相遇，这里并不存在必然的关系。

符瑞说认为凤凰、麒麟为祥瑞之物，能知人间势态变化，王充对此也持否定态度。“儒者说凤皇、骐麟为圣王来，以为凤皇、骐麟仁圣禽也，思虑深，避害远，中国有道则来，无道则隐。称凤皇、骐麟之仁知者，欲以褒圣人也，非圣人之德不能致凤皇、骐麟。此言妄也。”（《指瑞》）王充举例说，文王、孔子，仁圣之人也。而文王拘羑里，孔子厄于陈、蔡。“圣人不能自免于厄，而凤、驎独能自全于世，是鸟兽之操，贤于圣人也。且鸟兽之知，不与人通，何以能知国有道与无道也？”（同上）所以，表面上符瑞说是为了抬举圣人，实际是在贬低圣人。“儒者咸称凤皇之德，欲以表明王之治，反令人有不及鸟兽，论事过情，使实不著。”（同上）在天人关系上，王充的基本态度是：“人不能以行感天，天亦不随行而应人。”（《明雩》）天道自然而无为。

何以知天道自然而无为？王充从经验层面做出了论证：

> 何以知天之自然也？以天无口目也。案有为者，口目之类也。口欲食而目欲视，有嗜欲于内，发之于外，口目求之，得以为利，欲之为也。今无口目之欲，于

物无所求索，夫何为乎？何以知天无口目也？以地知之。地以土为体，土本无口目。天地夫妇也；地体无口目，亦知天无口目也。使天体乎？宜与地同；使天气乎？气若云烟。云烟之属，安得口目。（《自然》）

春观万物之生，秋观其成，天地为之乎？物自然也。如谓天地为之，为之宜用手，天地安得万万千千手，并为万万千千物乎？（同上）

董仲舒从直观经验出发，论证天人感应，论证天是有意志的；王充也从直观经验出发，论证天道自然。如果将天降低为经验层面的存在，以人的经验来论证或证明天的属性，天自然就没有了任何神秘性。但这一论证方法并不是没有问题，因为儒家所谓的天绝不是经验层面的物质性存在，而是超验的、绝对的存在。以人的有限经验来证明超验的绝对，不仅是困难的，而且是失类的，超验本来就是无法证明的。

二、死不为鬼

先秦儒家对于鬼神持敬而远之的态度。樊迟问知，孔子回答："敬鬼神而远之，可谓知矣。"（《论语·雍也》）子路问事鬼神，孔子回答："未能事人，焉能事鬼?"（《论语·先进》）倒是墨家在讲"天志"之外，还讲"明鬼"，不仅尊天，而且事鬼。墨子认为："鬼神之明，不可为幽闲广泽，山林深谷，鬼神之明必知之；鬼神之罚，不可为富贵众强，勇力强武，坚甲利兵，鬼神之罚必胜之。"（《墨子·明鬼下》）董仲舒的天人感应论主要是将天人格化，也很少讲鬼神。而鬼神的存在是谶纬神学的基础，伴随谶纬神学的流行，鬼神观念也成为普遍流行、影响广泛的观念。

王充在《论死》《死伪》《订鬼》《薄葬》等篇中对鬼神之说进行了较为系统的批判。王充的基本结论是："人死不为鬼，无知，不能害人矣。"（《论死》）

在王充看来，精神不过是形体的功能，精神不能脱离形体而独立发挥功能。"人之所以生者，阴阳气也。阴气主为骨肉，阳气主为精神。"（《订鬼》）阳气也可以称为精气，这种精气具有精神功能，但精气所具有的精神功能只有依附于形体才能发挥作用。"精神本以血气为主，血气常附形体。"（《论死》）形体不复存在，血气也就无法存在；血气不复存在，精神也就无法存在。

人之所以生者，精气也，死而精气灭。能为精气者，血脉也。人死血脉竭，竭而精气灭，灭而形体朽，朽而成灰土，何用为鬼？（同上）

王充还以薪火来比喻形神。"形须气而成，气须形而知。天下无独燃之火，世间安得有无体独知之精?"（同上）知是形的功能，有形则有知，无形则无知；形体既朽，不复有知。

庄子讲："人之生，气之聚也。聚则为生，散则为死。"（《庄子·知北游》）王充继承了这种观点，认为由生而死只是一种自然现象。"人死，精神升天，骸骨归土故谓之鬼"，"阴阳之气，凝而为人。年终寿尽，死还为气"，"人未生，在元气之中；既死，复归元气。元气荒忽，人气在其中。人未生，无所知，其死，归无知之本，何能有知乎?"（《论死》）在王充看来，人之生就好像水成为冰，人之死就好像冰又成为水；未生之前无所知，死之后又回归到原来的状态，怎么可能有知?

就鬼神本身而言，王充认为，鬼神也不过是阴阳之气。"鬼者，归也；神者，荒忽无形者也。或说：鬼神，阴阳之名也。阴气逆物而归，故谓之鬼；阳气导物而生，故谓之神。”（《论死》）鬼神不过是阴阳之气。“所谓鬼神者，皆太阳之气为之也……太阳之气，盛而无阴，故徒能为象，不能为形。”（《订鬼》）人们所谓的鬼神，只是一种有象而无形的太阳之气。

王充还探讨了鬼神观念产生的根源，认为鬼神观念出自人的恐惧心理。

> 凡天地之间有鬼，非人死精神为之也，皆人思念存想之所致也。致之何由？由于疾病。人病则忧惧，忧惧则鬼出。（同上）

“畏惧则存想，存想则目虚见。”（同上）鬼神并不是一种真实的存在，而只是人的一种幻想，只是人的一种幻觉。

墨家一方面提倡尊天事鬼，一方面又主张节葬，王充认为这是非常矛盾的。“墨家之议，自违其术，其薄葬而又右鬼。”（《薄葬》）墨家讲鬼神是存在的，所举的例证是周宣王杀无辜之臣杜伯，杜伯临死前说：“吾君杀我而不辜，若以死者为无知则止矣；若死而有知，不出三年，必使吾君知之。”（《墨子·明鬼下》）三年后，周宣王外出打猎，随人众多。大白天，忽见周伯乘白马素车，身着朱衣朱冠，追杀周宣王，并将其射死。这当然是一种传说，但《国语·周语上》竟然也说“杜伯射王于鄗”。这种说法是墨家所津津乐道的，但王充指出了其矛盾之所在：“右鬼引效，以杜伯为验。杜伯死人，如谓杜伯为鬼，则夫死者审有知；如有知而薄葬之，是怒死人也。人情欲厚而恶薄，以薄受死者之责，虽右鬼，其何益哉？如以鬼非死人，则其信杜伯非也；如以鬼是死人，则其薄葬非也。”（《薄葬》）王充主张薄葬，也否认鬼神的存在，之所以如此，也是为了保持理论的一贯性。

三、性有善恶

在王充之前，关于人性的理论有孟子的性善论、荀子的性恶论、世硕的有善有恶论、告子的无善无恶论、董仲舒的性三品论和扬雄的性善恶混论。王充在人性论上的观点与董仲舒和扬雄均有密切的关系，他实际综合了二人的观点。

> 余固以孟轲言人性善者，中人以上者也；孙卿言人性恶者，中人以下者也；扬雄言人性善恶混者，中人也。若反经合道，则可以为教，尽性之理，则未也。（《本性》）

人性有上、中、下的不同，这就像人的才能有上、中、下的不同一样，是一种客观事实。

“人性有善有恶，犹人才有高有下也；高不可下，下不可高。谓性无善恶，是谓人才无高下也。”（同上）人性有善有恶，善者并非尽善，恶者也非尽恶，因此，应当重视对人的教化。

> 论人之性，定有善有恶。其善者，固自善矣；其恶者，故可教告率勉，使之为善。凡人君父审观臣子之性，善则养育劝率，无令近恶；近恶则辅保禁防，令渐于善。善渐于恶，恶化于善，成为性行。（《率性》）

教化的作用就在于使人去恶从善，使人改过迁善。从重视和强调对人的教化方面而言，王充的人性论是很有意义的。

四、命有贵贱

与性相关的还有命，性具有先天的性质，所以称作天性。命也具有先天的性质，所以称作天命。孔子承认天命，庄子也承认天命，王充更是将天命提升到前所未有的高度，认为人的生死寿夭、吉凶祸福、富贵贫贱都是由命决定的。

> 凡人遇偶及遭累害，皆由命也。有死生寿夭之命，亦有贵贱贫富之命。自王公逮庶人，圣贤及下愚，凡有首目之类，含血之属，莫不有命。命当贫贱，虽富贵之，犹涉祸患矣。命当富贵，虽贫贱之，犹逢福善矣。故命贵从贱地自达，命贱从富位自危。故夫富贵若有神助，贫贱若有鬼祸。（《命禄》）

在王充看来，人禀气而生，由于所禀受的气有所不同，所以有不同的性。“禀气有厚泊，故性有善恶也。”（《率性》）由于所禀受的气有所不同，所以有贵贱贫富的不同。“人禀气而生，含气而长，得贵则贵，得贱则贱。贵或秩有高下，富或赀有多少，皆星位尊卑小大之所授也。”（《命义》）人们贪图富贵，但并非人人都可富贵。“夫富贵不欲为贫贱，贫贱自至；贫贱不求为富贵，富贵自得也。”（《命禄》）所以，“富贵之福，不可求致；贫贱之祸，不可苟除也。由此言之，有富贵之命，不求自得”（同上）。

王充甚至认为，一个人的命在他出生之前就已经被决定了。“凡人受命，在父母施气之时，已得吉凶矣。”（《命义》）“天施气于地以生物，人转相生，精致为圣，皆因父气，不更禀取。”（《奇怪》）一个人成为什么或不成为什么，还在娘胎里就已经决定了，后来的一切只是合乎逻辑的发展过程。“王命定于怀妊”，“人生性命当富贵者，初禀自然之气，养育长大，富贵之命效矣”（《初禀》）。这显然是一种绝对的命定论。如果这样，那么人还需要什么努力和奋斗呢？人又何必需要修养和教化呢？这种理论又如何教人为善呢？命定论必然无法与教化论相调和。

王充认为，一个人有自己的命运，一个国家也有自己的命运。

> 国之存在，在于期之长短，不在政之得失。（《异虚》）
>
> 世治非贤圣之功，衰道非无道之致。国当衰乱，贤圣不能盛；时当治，恶人不能乱。世之治乱，在时不在政；国之安危，在数不在教。（《治期》）

若果如此然，国君又何须勤政爱民？又何须励精图治？董仲舒的“天人感应”论将天灾归于人事，这是一个极端；王充的命定论将一切归于天命，这是另一个极端。

在王充看来，有人命，有国命，人命服从于国命。他举例说，历阳之都一宿沉而为湖，秦将白起一次坑杀赵军四十万，这些人当中并非没有长命之人，但“国命胜人命，寿命胜禄命”（《命义》）。

王充还认为，人的性与命之间并非具有必然的联系。“凡人操行，有贤有愚，及遭祸福，有幸有不幸；举事有是有非，及触赏罚，有偶有不偶。”（《幸偶》）性善之人并非一定命吉，性恶之人并非一定命凶。

> 夫性与命异，或性善而命凶，或性恶而命吉。操行善恶者，性也；祸福吉凶者，命也。或行善而得祸，是性善而命凶；或行恶而得福，是性恶而命吉也。性自

有善恶，命自有吉凶。使命吉之人，虽不行善，未必无福；凶命之人，虽勉操行，未必无祸。(《命义》)

性与命的不一致是一种客观存在。但这种不一致是一种事实的存在，却不是义理上的必然。王充将命绝对化，其客观意义是有害而无利的。儒家不是不讲命，但儒家对于命的基本态度是孔子所确定的“知天命而尽人事”，这才是一种积极的态度。

第十一章

魏晋玄学

魏晋玄学是对两汉经学的反动。经学的发展越来越走向繁复、细琐。秦延君解说《尚书》，“尧典”篇名两字，竟有十余万言，首句“曰若稽古”，三万言。“故幼童而守一艺，白首而后能言。”（《汉书·艺文志》）与此同时，道家的清静无为却引发了人们无限的怀念，汉末魏初的清谈更直接催发了玄学的产生。玄学辨名析理，继承道家、名家的学术传统，以《周易》《老子》《庄子》为主要研究对象，对有无、自然与名教、言意等问题进行了深入而系统的探究。

第一节　有无之辨

有无作为一对范畴，来自《老子》。《老子》第一章说：“无，名天地之始；有，名万物之母。”有无之辨是魏晋玄学的中心议题，围绕这一辩题出现了各种不同的观点，主要有：贵无论、崇有论、独化论。

一、贵无论

贵无论的代表人物是何晏与王弼。何晏（约190—249），字平叔，南阳宛县（今河南南阳）人。魏正始年间，何晏任侍中尚书，为当时学界领袖。著作多已散佚，至今保存完整的有《论语集解》和《景福殿赋》。张湛《列子注》保存了何晏《道论》《无名论》的佚文。王弼（226—249），字辅嗣，山阳（今河南焦作）人，主要著作有《老子注》《周易注》《老子指略》《周易略例》等。

何晏、王弼倡导贵无之论。《晋书·王衍传》载：

> 魏正始中，何晏、王弼等祖述《老》《庄》，立论以为："天地万物皆以无为本。无也者，开物成务，无往不存者也。阴阳恃以化生，万物恃以成形，贤者恃以成德，不肖恃以免身。故无之为用，无爵而贵矣。"

"天地万物皆以无为本"的"无"，不是从本原意义上立论的，而是从本体意义上立论的。"无"是天地万物存在的根据。任何事物的发生、生长都离不开"无"，阴阳依靠"无"而化生万物，万物依靠"无"而成就形体，贤能之人依靠"无"而修养德行，不肖之人依靠"无"而免除灾害，所以，"无"是万事万物的根本。

张湛《列子·天瑞》注引何晏《道论》，对这一观点有进一步的说明：

> 有之为有，恃无以生；事而为事，由无以成。夫道之而无语，名之而无名，视之而无形，听之而无声，则道之全焉。

"无"虽然无以名状，无法说明，但却是万事万物的根本，一个事物之所以成为一个事物，就是因为这样一种无法名状的存在。这样一种无法名状的存在其实就是老子所谓的道。何晏的"无"其实就是老子的道。

在何晏看来，有名有形的东西是具体的，但因为是具体的，所以总是有限的。无名无形的东西才是无限的，因为是无限的，所以是完美无缺的。张湛《列子·仲尼》注引何晏《无名论》说：

> 为民所誉，则有名者也；无誉，无名者也。若夫圣人，名无名，誉无誉，谓无名为道，无誉为大。则夫无名者，可以言有名矣；无誉者，可以言有誉矣。

"无名为道"，道是不可名状的，所以是无名。"无誉为大"，无誉是无以为誉，所以是大。大之所以为大，是因为体现了道，大是道的体现。"无誉为大"，也是因为体现了道。所以，无誉也是道的体现。"夫道者，惟无所有者也。自天地已来，皆有所有矣；然犹谓之道者，以其能复用无所有也。故虽处有名之域，而没其无名之象。"（张湛《列子·仲尼》注引何晏《无名论》）"无名"，即无以为名，就是无法用有限的名字来命名。

> 道本无名，故老氏曰强为之名。仲尼称尧荡荡无能名焉，下云巍巍成功，则强为之名，取世所知而称耳。岂有名而更当云无能名焉者哉？夫唯无名，故可得遍以天下之名名之，然岂其名也哉？（同上）

道无名，是因为道没有任何局限，是因为任何名称都不可以名道，都不足以对道做出完整、恰当的形容。

何晏贵无，是因为"无"是道的体现。贵无，实质是贵道。《三国志·魏书·曹爽传》裴松之注引《魏氏春秋》曰：

> 初，夏侯玄、何晏等名盛于时，司马景王亦预焉。晏尝曰："唯深也，故能通天下之志，夏侯泰初是也；唯几也，故能成天下之务，司马子元是也；惟神也，不疾而速，不行而至，吾闻其语，未见其人。"盖欲以神况己也。

何晏推崇和向往的是“不疾而速，不行而至”，如此而谓之神。神无以名言，神也是无，也是道的体现，贵无其实即是贵道。

王弼关于“无”这一范畴，既有本原论的含义，也有本体论的含义。

就本原意义而言，“无”是万事万物的根源。《老子》第四十章说：“天下万物生于有，有生于无。”王弼注释说：“天下之物，皆以有为生。有之所始，以无为本。”“无”是有之所始，是有的起点和开端。韩康伯《系辞》注引王弼《大衍义》曰：“夫无不可以无明，必因于有，故常于有物之极，而必明其所由之宗也。”“所由之宗”，亦即事物的根源。“无”是事物的起点，是事物的根源。“凡有皆始于无，故未形无名之时，则为万物之始。”（《老子注·一章》）“无”并不是不存在，而是“未形无名之时”。天下之物都是由“无”演化而来的。

但王弼的贵无论更主要是从本体论上立论的。

> 万物虽贵，以无为用，不能舍无以为体也。（《老子注·三十八章》）
>
> 天地虽大，富有万物，雷动风行，运化万变，寂然至无，是其本也。（《周易注·复卦》）
>
> 夫物之所以生，功之所以成，必生乎无形，由乎无名。无形无名者，万物之宗也。（《老子指略》）

“无”不仅是“未形无名之时”，是万物“所由之宗”，是万事万物的起始和根源，还是“无形无名”，是“万物之宗”，是万事万物的主宰和根本。“未形无名”是从时态上言的，从时态上言，“无”是事物“所由之宗”，是事物的发端；“无形无名”是从语态上言的，从语态上言，“无”是“万物之宗”，是事物的本体。

> 不温不凉，不宫不商。听之不可得而闻，视之不可得而彰，体之不可得而知，味之不可得而尝。故其为物也则混成，为象也则无形，为音也则希声，为味也则无呈，故能为品物之宗主，苞通天地，靡使不经也。若温也则不能凉矣，宫也则不能商矣。形必有所分，声必有所属。故象而形者非大象也，音而声者非大音也。（同上）

“无”是万事万物的本体。“天不以此，则物不生；治不以此，则功不成。”（同上）万事万物虽然复杂而丰富，但其本体可归于“无”。“万物万形，其归一也。何由致一？由于无也。由无乃一，一可谓无。”（《老子注·四十二章》）万物万形的根本，可以归致为一，一也就是“无形无名”，由于“无形无名”，故谓之“一”。所以，一也是“无”。

贵无是王弼哲学的根本。由于贵无，王弼提倡无为而治，提倡“以道治国”。“夫以道治国，崇本以息末；以正治国，立辟以攻末。”（《老子注·五十七章》）在王弼看来，“《老子》之书，其几乎可一言而蔽之。噫！崇本息末而已矣”（《老子指略》）。“崇本”就是要抓住事物的根本，要“崇本”，首先要能把握事物的根本。

> 夫邪之兴也，岂邪者之所为乎？淫之所起也，岂淫者之所造乎？故闲邪在乎存诚，不在善察；息淫在乎去华，不在滋章；绝盗在乎去欲，不在严刑；止讼存乎不

尚，不在善听。故不攻其为也，使其无心于为也；不害其欲也，使其无心于欲也。（《老子指略》）

“使其无心于为”“使其无心于欲”，这才是根本。“故见素朴以绝圣智，寡私欲以弃巧利，皆崇本以息末之谓也。”（同上）

以道治国，崇本息末，也就是提倡无为。“道以无形无为成济万物，故从事于道者以无为为君。”（《老子注·二十三章》）在王弼看来，无为而治可以得到意想不到的效果。

善治政者，无形、无名、无事、无政可举，闷闷然卒至于大治。故曰“其政闷闷”也。其民无所争竞，宽大淳淳，故曰“其民淳淳”也。（《老子注·五十八章》）

“其政闷闷”，是无为而治，可以收到“其民淳淳”的效果。“其民淳淳”，可以维护社会的长期安定。相反，“离其清静，行其躁欲，弃其谦后，任其威权，则物扰而民僻。威不能复治民，民不能堪其威，则上下大溃矣，天诛将至”（《老子注·七十二章》）。君主欲望太多，则使民众无法忍受，必然引发社会混乱。另外，一个人的能力总是有限的，君主的能力也是有限的，所以君主的职责并不是做事，而是不做事，不做具体的事，委事以人。“委物以能而不犯焉，则聪明者竭其视听，知力者尽其谋能；不为而成，不行而至矣！大君之宜，如此而已。”（《周易注·临卦》）委事以人而不加干预，才能人尽其才，才尽其能。所以，无为可以成就有为，无治可以成就无不治。

以道治国，就应当以天地自然为法。老子说：“天地不仁，以万物为刍狗；圣人不仁，以百姓为刍狗。”（《老子》五章）“天地不仁”是天地自然的表现。王弼解释说：

天地任自然，无为无造，万物自相治理，故不仁也。仁者必造立施化，有恩有为。造立施化，则物失其真；有恩有为，则物不具存。物不具存，则不足以备载矣。地不为兽生刍而兽食刍，不为人生狗而人食狗，无为于万物而万物各适其所用，则莫不赡矣。（《老子注·五章》）

天地任自然，是天道自然无为的表现。“无为无造”，并不是消极地无所作为，而是无意于作为，是顺应万物之自然而不作为。“无为于万物而万物各适其所用”，这才是王弼贵无论的根本之所在。所以，贵无论实际是贵道论，贵无实际就是贵自然。

二、崇有论

崇有论的代表人物是裴頠。裴頠（267—300），字逸民，河东闻喜（今属山西）人，著有《崇有论》一文。

从魏正始年间何晏、王弼倡导贵无，到元康年间，已有五十多年，一时间崇尚玄虚之风盛行，谈玄说虚，不遵礼法，以放任为通达，以无事为雅远，成为一种社会风尚。有感于这种社会风尚所带来的危害，裴頠作《崇有论》。据《晋书·裴頠传》载：

頠深患时俗放荡，不尊儒术，何晏、阮籍素有高名于世，口谈浮虚，不遵礼法，尸禄耽宠，仕不事事；至王衍之徒，声誉太盛，位高势重，不以物务自婴，遂相放效，风教陵迟，乃著崇有之论以释其蔽。

裴頠的《崇有论》就是针对这种社会风尚而发的。

在裴頠看来，整个世界是由万事万物构成的，并不需要在现实世界之外去追求其存在的本体。

> 夫总混群本，宗极之道也。方以族异，庶类之品也。形象著分，有生之体也。化感错综，理迹之原也。(《崇有论》)

群体本身就是世界的本体，除此之外，别无本体；群体本身就是终极的道，离开群体，就无所谓道。群体不是抽象的，而是由各个具体的存在总括而成的。不同的物有不同的存在方式。根据存在方式的不同，可以将物分成不同的类。有形有象的物体彼此有别，就是一切生物的客观实体。事物变化感应错综复杂，就是事物之理的根源。

> 是以生而可寻，所谓理也。理之所体，所谓有也。有之所须，所谓资也。资有攸合，所谓宜也。择乎厥宜，所谓情也。(同上)

所以，理是客观存在的，是可以探究的。理的存在必有其赖于存在的客观事物，任何客观事物都不是孤立存在的，必有其赖于存在的客观条件。客观条件的合宜性，称为宜；选择合宜的客观条件，称之为情。理、客观事物、客观条件，这一切都是真实存在的，这里没有什么虚，也没有什么"无"。"虚无是有之所谓遗者也"(同上)，虚无只是对有的否定，是针对有而言的，绝没有离开有而独立自存的"无"，"无"只是相对于有的一种特殊存在，"无"并不是绝对的无，"无"也是一种有。

裴頠反对"至无"，反对"有生于无"，认为"夫至无者无以能生，故始生者自生也"(同上)。始生者不是由无而生，而是自生。既然事物是客观存在的，那么事物的感应变化所表现出来的理也是客观存在的，忽视、否定这种客观存在显然是有问题的。"故养既化之有，非无用之所能全也；理既有之众，非无为之所能循也。"(同上) 以无为的态度来对待客观事物，是不可能实现人类自己的目的的。

> 心非事也，而制事必由于心，然不可以制事以非事，谓心为无也。匠非器也，而制器必须于匠，然不可以制器以非器，谓匠非有也。是以欲收重泉之鳞，非偃息之所能获也；陨高墉之禽，非静拱之所能捷也；审投弦饵之用，非无知之所能览也。由此而观，济有者皆有也，虚无奚益于已有之群生哉！(同上)

济有者必然也是有，人类必须以积极有为的态度来面对客观世界，才能实现自己的目的。"是以贤人君子，知欲不可绝，而交物有会。观乎往复，稽中定务。惟夫用天之道，分地之利，躬其力任，劳而后飨。居以仁顺，守以恭俭，率以忠信，行以敬让，志无盈求，事无过用，乃可济乎！"(同上) 人的欲望是不可灭绝的，人类要生存，社会要发展，每个社会成员都应该积极努力地工作。

在裴頠看来，贵无论不仅是错误的，而且是非常有害的。

> 贱有则必外形，外形则必遗制，遗制则必忽防，忽防则必忘礼。礼制弗存，则无以为政矣。(同上)

要维护正常的社会秩序，必须有一套成形的规矩、规范，这就是所谓的礼制。人们漠视礼制，不遵守礼制，就不能保证正常的社会秩序。

贵无论不仅给社会政治带来了危害，更给社会风气带来了危害。

> 立言藉于虚无，谓之玄妙；处官不亲所司，谓之雅远；奉身散其廉操，谓之旷达。故砥砺之风，弥以陵迟。放者因斯，或悖吉凶之礼，而忽容止之表，渎弃长幼之序，混漫贵贱之级。其甚者至于裸裎，言笑忘宜，以不惜为弘，士行又亏矣。（《崇有论》）

所谓玄妙就是不知所云，所谓雅远就是无所事事，所谓旷达就是没有操守，这显然不是什么贵清静、去浮夸，而是没有德行，没有廉耻，没有情操。裴頠的《崇有论》，就当时情况而言，确实具有针砭时弊、改变不良社会风气的意义。

三、独化论

独化论的代表人物是郭象。郭象（252—312），字子玄，河南洛阳人，著作有《庄子注》《论语体略》《论语隐》《老子注》《论嵇绍》等，现在仅存《庄子注》，其余均已散佚。

贵无派认为“有生于无”，崇有派认为“至无者无以能生”，郭象也认为无不能生有。他说：“无既无矣，则不能生有。”（《庄子注·齐物论》）又说：“夫有之未生，以何为生乎？故必自有耳。”（《庄子注·庚桑楚》）有一定是由有产生的，而不是由无产生的。因为无就是一无所有，就是不存在，就是虚无。如果无也是有，无也是存在，那什么又是无呢？“若无能为有，何谓无乎？一无有则遂无矣。”（同上）无不能生有，事物不可能从虚无中产生。世界的起源可以是“一”，“一”没有具体的规定性，是万事万物的始基，但“一”并不是“无”。“一者，有之初，至妙者也。至妙，故未有物理之形耳。夫一之所起，起于至一，非起于无也。”（《庄子注·天地》）“一”只是“未有物理之形”，并不是无。

> 谁得先物者乎哉？吾以阴阳为先物，而阴阳者即所谓物耳。谁又先阴阳者乎？吾以自然为先之，而自然即物之自尔耳；吾以至道为先之矣，而至道者乃至无也。既以无矣，又奚为先？然则先物者谁乎哉？而犹有物无已，明物之自然，非有使然也。（《庄子注·知北游》）

先于物者为阴阳，而阴阳也是物；先于阴阳者为自然，而自然也不过是自其然而然，并不是无。物质世界本来就是自然存在的，并不是从无中产生的。

无不能生有，有也不能归于无。“非唯无不得化而为有也，有亦不得化而为无矣。是以夫有之为物，虽千变万化，而不得一为无也。不得一为无，故自古无未有之时而常存也。”（同上）无不可化而为有，有也不可能化而为无，一个事物不可能在变化过程中突然完全消失。事物的变化只是形式的变化。“夫有不得变而为无，故一受成形，则化尽无期也。”（《庄子游·田子方》）一个事物一旦形成，就会不断地变化下去，但却不会消失，这就是物质不灭定律。

无不能生有，那有是如何产生的？郭象认为有是自生的。“自生”概念在汉代已经出现。王充认为，“天地合气，万物自生”（《论衡·自然》）。严遵也认为，“道德不生万物，而万物自生焉”（《老子指归》卷五）。但王充与严遵的“自生”具有“自然”的含义。裴頠认为“始生者自生也”，这一观点为郭象所接受。郭象认为：

> 无既无矣，则不能生有。有之未生，又不能为生。然则生生者谁哉？块然而自生耳。自生耳，非我生也。我既不能生物，物亦不能生我，则我自然矣。自己而然，则谓之天然。天然耳，非为也，故以天言之。以天言之，所以明其自然也，岂苍苍之谓也哉！而或者谓天籁役物使从己也。夫天且不能自有，况能有物哉！故天者，万物之总名也，莫适为天，谁主役物乎？故物各自生而无所出焉，此天道也。(《庄子注·齐物论》)

无不能生有，生有者必为有。就有生于有而言，谓之“自生”，“生物者无物而物自生”(《庄子注·在宥》)。“生物者无物”，生物者并非外于物的物，生物者也是物。生物者也是物，即物生物；物生物，所以说“物自生”。“物之生也，莫不块然而自生。”(《庄子注·齐物论》)生物者也是物，是“物自生”。“自生”也是“自得”。“无不能生物，而云物得以生，乃所以明物生之自得。任其自得，斯可谓德也。”(《庄子注·天地》)得于自己，故曰“自得”。自得而非得于他者，这种自得就是所谓的“德”。道家所讲的德，就是自得。

郭象在哲学史上的意义，并不在于他提出了无不能生有、自生自得等理论，而在于他在此基础上提出了“独化”理论。庄子讲“独”也讲“化”，但郭象将“独”与“化”联结起来提出了“独化”。“独化”即是事物的自生自化。在郭象看来，世间的万事万物都是独立存在的。“世或谓罔两待景，景待形，形待造物者。请问：夫造物者有？无？无也，则胡能造物哉？有也，则不足以物众形。”(《庄子注·齐物论》)人们认为“罔两”(影子外面淡薄的阴影)有赖于影子，而影子又有赖于形，形又有赖于造物者。有没有造物者？如果造物者是无，它怎么可能造物？如果造物者也是物，它又怎么可能造万物？所以，在郭象看来，没有什么造物者，万物都是自己产生的。

> 故明众形之自物，而后始可与言造物耳。是以涉有物之域，虽复罔两，未有不独化于玄冥者也。故造物者无主，而物各自造。物各自造而无所待焉，此天地之正也。(同上)

“造物者无主，而物各自造。物各自造而无所待”，这就是独化。“夫相因之功，莫若独化之至也。故人之所因者，天也；天之所生者，独化也。”(《庄子注·大宗师》)独化论是对造物主的否定。否定造物主，没有什么不对。世界上没有物之外的造物主，纷繁复杂的物质世界也不是从无中产生的。

但是，贵无论所讲的“无”并不是一无所有的虚无，而是没有规定性的原始存在，是一种无形无象的存在，是所谓的“一”。崇有论与独化论将“无”完全归于虚无，与贵无论的观点是不相符合的。并且，贵无论强调以“无”为本，更重要的不是从本原论上立论的，而是从本体论上立论的。以“无”为本，主要用意在于强调以道治国、崇本息末。

独化论否定造物主的存在，也否定事物之间的客观必然联系。

> 夫死者独化而死耳，非夫生者生此死也。生者亦独化而生耳，独化而足。死与生各自成一体。(《庄子注·知北游》)

生与死各自成体，生死之间并无必然联系。事物之间各自独立，没有联系，郭象将其称为“无待”。“若责其所待而寻其所由，则寻责无极，卒至于无待，而独化之理明矣。”（《庄子注·齐物论》）“推而极之，则今之所谓有待者，卒至于无待，而独化之理彰矣。”（《庄子注·寓言》）“独化”实际就是“无待”，“无待”是“独化”最本质的内容。“凡得之者，外不资于道，内不由于己，掘然自得而独化也。”（《庄子注·大宗师》）郭象认为事物的近因也许是可以知晓的，但终极原因却是无法道明的。“夫物事之近，或知其故，然寻其原以至乎极，则无故而自尔也。自尔则无所稍问其故也，但当顺之。”（《庄子注·天运》）“无故而自尔”，就是“独化”。因为“无故”，因为没有原因，因为无所考究，所以“独化”是不可认知的。“夫死者已自死，生者已自生，圆者已自圆，方者已自方，未有其根者，故莫知。”（《庄子游·知北游》）

事物如何“独化”？郭象认为，“独化于玄冥之境”（《庄子注·序》）。何谓“玄冥”？郭象说：“玄冥者，所以名无而非无也。”（《庄子注·大宗师》）“独化”是“无故而自尔”，故无以道明；“玄冥”是“名无而非无”，也无法指明；“独化于玄冥之境”，更是玄而又玄，无从知晓。郭象独化论最后走向了神秘的不可知论。

第二节　自然与名教之辨

自然与名教的关系问题是魏晋玄学所讨论的又一主要问题。名教，亦即封建礼教，是以名分为表现形式的封建等级秩序、等级观念及其道德规范。自然，一指人的自然之性，二指天道的自然无为。名教与自然之争是儒、道之争的重要表现，其争论根源可以溯及儒、道的创始者孔子与老子。孔子主张正名，强调礼治；老子则主张自然，倡导无为。

一、名教本于自然

王弼认为自然与名教是统一的，名教本于自然。

> 道不违自然，乃得其性。法自然者，在方而法方，在圆而法圆，于自然无所违也。（《老子注·二十五章》）
>
> 万物以自然为性，故可因而不可为也，可通而不可执也。物有常性，而造为之，故必败也；物有往来，而执之，故必失矣。（《老子注·二十九章》）
>
> 自然之质，各定其分，短者不为不足，长者不为有余，损益将何加焉？非道之常，故必与时偕行也。（《周易注·损卦》）

方之为方，圆之为圆，长之为长，短之为短，各得其性，故“物有常性”。唯其物有常性，方之法方而不法圆，圆之法圆而不法方，于自然无所违；短者不以其短为不足，长者不以其长为有余，各定于本分。所以，应当以自然为法。

由于强调自然，王弼提倡无为。“故从事于道者，以无为为君，不言为教。”（《老子注·二十三章》）“无为为君，不言为教”，是“道法自然”在政治教化方面的具体落实。

“圣人不以言为主，则不违其常；不以名为常，则不离其真；不以为为事，则不败其性；不以执为制，则不失其原。”（《老子指略》）自然是本，法自然，于自然无所违，就是守本。只有守本，只有法自然，才可以不违其常，不离其真，不败其性，不失其原。

正因为如此，王弼提倡“崇本举末”。“用夫无名，故名以笃焉；用夫无形，故形以成焉。守母以存其子，崇本以举其末。”（《老子注·三十八章》）本是根本，万事万物的根本就是自然，崇本就是崇自然，就是法自然、守自然。相对于根本而言，末指具体事物。相对于自然而言，自然是本，名教是末；自然是母，名教是子。“崇本举末”，“守母存子”，只有崇本才能举末，只有守母才能存子。“故自统而寻之，物虽众，则知可以执一御也；由本以观之，义虽博，则知可以一名举也。”（《周易略例·明象》）崇本可以执一御万，崇本就是执一，就是守自然。“抱一清神能常无离乎？则万物自宾也。”（《老子注·十章》）

王弼并不否定名教，但认为比起自然而言，名教不是本而是末。末并不是无足轻重的，但只在末上下功夫，脱离根本，结果只能事与愿违。所以，他讲：“圣行五教，不言为化。”（《老子指略》）不言为教，不言为化，就是要在根本上下功夫，就是要重自然、重实在、重真诚。

老子主张“绝仁弃义”，仁与义本来是好的，但如果以仁义相标榜，则会引发虚伪与狡诈。所以，在王弼看来，不仅应当“崇本举末”，而且应当“崇本息末”。

> 故竭圣智以治巧伪，未若见质素以静民欲；兴仁义以敦薄俗，未若抱朴以全笃实；多巧利以兴事用，未若寡私欲以息华竞。（同上）

名教尚名，以名相标榜。崇尚名只会引发巧伪，而“静民欲”“全笃实”才是根本。“故绝司察，潜聪明，去劝进，翦华誉，弃巧用，贱宝货。唯在使民爱欲不生，不在攻其为邪也。故见素朴以绝圣智，寡私欲以弃巧利，皆崇本以息末之谓也。”（同上）使民爱欲不生，这是本；攻其为邪，只是末，崇本才能息末。

在自然与名教的关系问题上，王弼主张以自然去欲来挽救名教的危机。“圣人达自然之性，畅万物之情，故因而不为，顺同不施。除其所以迷，去其所以惑，故心不乱而物性自得之也。”（《老子注·二十九章》）崇尚自然，“因而不为，顺而不施”，这才是根本。“因而不为，损而不施，崇本以息末，守母以存子。”（《老子指略》）崇本才能息末，守母才能存子。

二、越名教而任自然

竹林七贤的代表人物阮籍和嵇康认为自然与名教是对立的。嵇康提出的口号是：“越名任心”，“越名教而任自然”。阮籍（210—263），字嗣宗，陈留尉氏（今属河南）人，主要著作有《乐论》《通老论》《通易论》《达庄论》《大人先生传》等。嵇康（223—262，或224—263），字叔夜，谯国铚县嵇山（今属安徽涡阳）人，主要著作有《养生论》《声无哀乐论》《释私论》《明胆论》《管蔡论》《难自然好学论》《与山巨源绝交书》等。

《世说新语》载：

> 陈留阮籍、谯国嵇康、河内山涛，三人年皆相比，康年少亚之。预此契者，沛

国刘伶、陈留阮咸、河内向秀、琅琊王戎。七人常集于竹林之下，肆意酣畅，故世谓竹林七贤。(《任诞》)

竹林七贤以放达通脱、不拘礼法而著称，其中以阮籍最为典型。《晋书·阮籍传》载：

籍嫂尝归宁，籍相见与别，或讥之。籍曰："礼岂为我设邪!"邻家少妇有美色，当垆沽酒。籍尝诣饮，醉，便卧其侧。籍既不自嫌，其夫察之，亦不疑也。兵家女有才色，未嫁而死。籍不识其父兄，径往哭之，尽哀而还。其外坦荡而内淳至，皆此类也。

阮籍的嫂子回娘家，阮籍前去送行，有人讥笑他。因为《礼记·曲礼上》有明文规定："嫂叔不通问"。而阮籍的回答是："礼岂为我设邪"？难道我非得要遵守这些礼节吗？有一个将军的女儿长得很漂亮，也很有才气，还没有嫁人就死了，阮籍既不认识女子的哥哥，也不认识她的父亲，就径自跑到女子家哭祭，并且哭得非常伤心。

在阮籍看来，"昔者天地开辟，万物并生，大者恬其性，细者静其形。……明者不以智胜，暗者不以愚败；弱者不以迫畏，强者不以力尽。盖无君而庶物定，无臣而万事理"(《大人先生传》)。这原本是一个和谐和睦的社会。

阮籍认为，圣人应当以自然为法。"道者，法自然而为化，侯王能守之，万物将自化。《易》谓之太极，《春秋》谓之元，《老子》谓之道。"(《通老论》)老子之所谓道，与《周易》之所谓太极、《春秋》之所谓元是一样的，就是"法自然而为化"。"圣人明于天人之理，达于自然之分，通于治化之体，审于大慎之训。故君臣垂拱，完太素之朴；百姓熙怡，保性命之和。"(同上)"法自然而为化"，并不是没有分，但这种分是自然之分而不是名利之分。

至人无宅，天地为客；至人无主，天地为所；至人无事，天地为故。无是非之别，无善恶之异，故天下被其泽而万物所以炽也。(《大人先生传》)

至人者，恬于生而静于死。生恬则情不惑，死静则神不离，故能与阴阳化而不易，从天地变而不移。(《达庄论》)

真正的大人是超越于名利是非之上的。"夫大人者，乃与造物同体，天地并生，逍遥浮世，与道俱成。"(《大人先生传》)阮籍推崇的就是这种超越于名利、是非、善恶之上的大人、至人，向往的是"法自然而为化""保性命之和"的和谐社会。

嵇康认为，人类原始社会本来是一个自然的社会，也是一个"至德之世"。

昔洪荒之世，大朴未亏，君无文于上，民无竞于下，物全理顺，莫不自得。饱则安寝，饥则求食，怡然鼓腹，不知为至德之世也。若此，则安知仁义之端、礼律之文？(《难自然好学论》)

在自然之世，"君无文于上，民无竞于下"，自得自足。这是一个至德之世，但民众甚至连"至德之世"这样的意识也没有，更没有什么仁义、礼律。"及至人不存，大道陵迟，乃始作文墨，以传其意；区别群物，使有类族；造立仁义，以婴其心；制其名分，以检其外；劝学讲文，以神其教。故六经纷错，百家繁炽；开荣利之涂，故奔骛而不觉。"(同上)及至"大道陵迟"，兴仁立义，制其名分，由此引发了人们对利益的追逐。“智慧日用，渐私其亲，惧物乖离，攘臂立仁，利巧愈竞，繁礼屡陈，刑教争施，夭性丧真。”（《太师箴》）仁义礼教名目愈多，人们愈是追逐利益，结果就愈是丧失本性。

在嵇康看来，民有自然之性，其自然之性即是自然纯朴，得其所自得。“夫民之性，好安而恶危，好逸而恶劳，故不扰则其愿得，不逼则其志从。”（《难自然好学论》）儒家倡导的仁义之道并不是根源于人的自然之性。

> 六经以抑引为主，人性以从欲为欢；抑引则违其愿，从欲则得自然。然则自然之得，不由抑引之六经；全性之本，不须犯情之礼律。故仁义务于理伪，非养真之要术；廉让生于争夺，非自然之所出也。（同上）

六经以至仁义礼法，从根本上讲，都是束缚人的自然本性的。仁义不过是“务于理伪”之术，是教人追求名利、教人成为伪君子的虚伪之术，并不是养真之术。

儒家之所谓君子，是以兴仁扬义为己任、循规蹈矩的谦谦之士。嵇康则以“心无措乎是非而行不违乎道”为君子。

> 夫称君子者，心无措乎是非而行不违乎道者也。何以言之？夫气静神虚者，心不存乎矜尚；体亮心达者，情不系于所欲。矜尚不存乎心，故能越名教而任自然；情不系于所欲，故能审贵贱而通物情。物情顺通，故大道无违；越名任心，故是非无措也。是故言君子，则以无措为主，以通物为美；言小人，则以匿情为非，以违道为阙。（《释私论》）

“心无措乎是非”，就是“心不存乎矜尚”，就是不受人为的教义、信条的制约。名教不过是人为的教义、信条，所以，真正的君子能够“越名任心”，能够“越名教而任自然”。“越名教”并非否定名教、违背名教，而是超越名教。就名教与自然而言，名教是末，自然才是本，所以要“越名教而任自然”。“心无措乎是非”“心不存乎矜尚”，也不过是“任自然”，所以“任心”亦不过是“任自然”。“任自然”，即以自然为宗，即“情不系于所欲”；“情不系于所欲”，即“体亮而心达”；“体亮而心达”，其行自然而“不违乎道”，故曰“夫称君子者，心无措乎是非而行不违乎道者也”。这就是嵇康的人生理想。

嵇康认为，“言君子，则以无措为主，以通物为美；言小人，则以匿情为非，以违道为阙”（同上）。为什么这样讲？嵇康说：“匿情矜吝，小人之至恶；虚心无措，君子之笃行也。”（同上）小人之至恶，为“匿情矜吝”。“匿情”，即隐蔽、包藏自己的私心私情；“矜吝”，即贪鄙而吝啬。“匿情矜吝”实在是人类一切恶行、罪祸的渊薮。在嵇康看来，一个人如果不“匿情”而“显情”，如果公开自己真实的思想感情，而不管这些思想感情本身如何，就仍然不私而为公。嵇康以东汉人第五伦为例。第五伦有言曰：“昔吾兄子有疾，吾一夕十往省，而反寐自安；吾子有疾，终朝不往视，而通夜不得眠。若是，可谓私乎？非私乎？”（同上）第五伦对自己的行为是否为私产生了疑问。嵇康则认为：“是非也，非私也。夫私以不言为名，公以尽言为称；善以无吝为体，非以有措为质。今第五伦显情，是无私也；矜往不眠，是有非也。无私而有非者，无措之志也。”（同上）第五伦的行为是不对的，但并非为私。因为“私以不言为名，公以尽言为称”。

第五伦能明言自己的行为，故不能谓其为私，只能谓其为非。无私而有非，心无措乎是非，也不过是任心，也不过是任自然，也是君子之行。所以，嵇康对人之任心、任自然是非常看重的。

任心追求的是心意的满足与快适，而嵇康认为这正是人生最珍贵的。“故世之难得者，非财也，非荣也，患意之不足耳。意足者，虽耦耕甽亩，被褐啜菽，莫不自得。不足者，虽养以天下，委以万物，犹未惬然。”（《答难养生论》）所以，嵇康的理想人格正是这种心意自足的人。

山涛，字巨源，本是嵇康好友，也是“竹林七贤”之一。魏元帝景元二年（261年），山涛由吏部选曹郎迁升为大将军从事中郎，吏部选曹郎出现空缺，山涛举荐嵇康出任这一职务。此事虽然最终没有结果，但嵇康得知之后依然气愤不已，并且写了一封长信，宣布由此而与山涛绝交。在这封信里，嵇康先是讲自己“纵逸来久，情意傲散，简与礼相背，懒与慢相成，而为侪类见宽，不攻其过。又读《庄》《老》，重增其放，故使荣进之心日颓，任实之情转笃。此犹禽鹿，少见驯育，则服从教制；长而见羁，则狂顾顿缨，赴蹈汤火，虽饰以金镳，飨以嘉肴，逾思长林而志在丰草也”，接着陈述了自己不能出仕的具体理由：

> 人伦有礼，朝廷有法，自惟至熟，有必不堪者七，甚不可者二。卧喜晚起，而当关呼之不置，一不堪也。抱琴行吟，弋钓草野，而吏卒守之，不得妄动，二不堪也。危坐一时，痹不得摇，性复多虱，把搔无已，而当裹以章服，揖拜上官，三不堪也。素不便书，又不喜作书，而人间多事，堆案盈机，不相酬答，则犯教伤义，欲自勉强，则不能久，四不堪也。不喜吊丧，而人道以此为重，已为未见恕者所怨，至欲见中伤者。虽瞿然自责，然性不可化，欲降心顺俗，则诡故不情，亦终不能获无咎无誉，如此，五不堪也。不喜俗人，而当与之共事，或宾客盈坐，鸣声聒耳，嚣尘臭处，千变百伎，在人目前，六不堪也。心不耐烦，而官事鞅掌，机务缠其心，世故烦其虑，七不堪也。又每非汤、武而薄周、孔，在人间不止，此事会显，世教所不容，此甚不可一也。刚肠疾恶，轻肆直言，遇事便发，此甚不可二也。以促中小心之性，统此九患，不有外难，当有内病，宁可久处人间邪？又闻道士遗言，饵术黄精，令人久寿，意甚信之；游山泽，观鱼鸟，心甚乐之；一行作吏，此事便废，安能舍其所乐而从其所惧哉！（《与山巨源绝交书》）

嵇康历数自己不能出仕的原因，为“七不堪”与“二甚不可”。“卧喜晚起”“不喜作书”“不喜吊丧”“不喜俗人”“心不耐烦”之类，看来都是细琐之事，但一旦做官，就不得不应对这些，就不得不违背自己的本性，就再也无法实现自己心意的适足。所以，嵇康的任心实际就是任自然。

三、名教即自然

和阮籍、嵇康将名教与自然对立起来不同，郭象认为名教即自然。如果将名教与自然对立起来，以为只有超越名教才能得自然，那么这样的自然就并不是真正的自然。

在郭象看来，自然界各种事物之间的差异、区别并不是人为形成的，而是有着必然的定理，是由先天本性的不同决定的。《庄子·秋水》篇讲：“牛马四足，是谓天；

落马首，穿牛鼻，是谓人。故曰：无以人灭天，无以故灭命，无以得殉名。”郭象解释说：

> 人之生也，可不服牛乘马乎？服牛乘马，可不穿落之乎？牛马不辞穿落者，天命之固当也。苟当乎天命，则虽寄之人事，而本在乎天也。(《庄子注・秋水》)

郭象的解释与庄子本来的思想有很大的不同。庄子之意在于倡导减少人为的因素，减少人为的干扰。而在郭象看来，牛、马为人所驱使，这本来就是自然的，甚至也是符合牛、马的本性的，这就是牛、马的“天命”，似乎牛、马天生就是供人驱使的，所以他还讲：“马之真性，非辞鞍而恶乘，但只无羡于荣华。”(《庄子注・马蹄》)

就人类社会而言，郭象认为，人与人之间尊卑、贵贱、贫富之类的差分也是自然而然的，不仅是天然的，而且是合理的。“天性所受，各有本分，不可逃，亦不可加。”(《庄子注・养生主》)“小大之辩，各有阶级，不可相跂。”(《庄子注・秋水》)“明夫尊卑先后之序，固有物之所不能无也。”(《庄子注・天道》)

> 夫时之所贤者为君，才不应世者为臣。若天之自高，地之自卑，首自在上，足自在下，岂有递哉！虽无措于当而必自当也。(《庄子注・齐物论》)

人与人之间的差别不仅是天然的、合理的，而且是不可改变的。“性各有分，故知者守知以待终，而愚者抱愚以至死。岂有能中易其性者也?”(同上)

因为人与人之间的差别是天然的、合理的，是不可改变的，所以每个人都应安于本分。“臣妾之才，而不安臣妾之任，则失矣。故知君臣上下、手足内外，乃天理自然，岂真人之所为哉!”(同上)每个人都应安于本分，安于本分就是自然；不安于本分则是犯分乱礼，则是不自然。

> 庖人尸祝，各安其所司；鸟兽万物，各足于所受；帝尧许由，各静其所遇，此乃天下之至实也。各得其实，又何所为乎哉？自得而已矣。故尧许之行虽异，其于逍遥一也。(《庄子注・逍遥游》)

每个人，不管地位如何、状况如何，只要安于本分，都可以达到逍遥境界。“夫小大虽殊，而放于自得之场，则物任其性，事称其能，各当其分，逍遥一也。”(同上)每个人都安于本分，都没有非分的想法、非分的行为，自己是逍遥的，社会也因此而是平安和谐的。“若夫任自然而居当，则贤愚袭情，而贵贱履位，君臣上下，莫匪尔极，而天下无患矣。”(《庄子注・在宥》)郭象显然是将现实存在当作合理的，不仅为现实辩护，而且要人们永远安于现实。

道家由于贵乎自然，所以也倡导无为，认为有为违背了自然。郭象对于无为也有自己的理解。“所谓无为之业，非拱默而已；所谓尘垢之外，非伏于山林也。”(《庄子注・大宗师》)无为并不是不做事，而是安于本分，只做分内的事。

> 夫无为之体大矣，天下何所不无为哉！故主上不为冢宰之任，则伊吕静而司尹矣；冢宰不为百官之所执，则百官静而御事矣；百官不为万民之所务，则万民静而安其业矣；万民不易彼我之所能，则天下之彼我静而自得矣。故自天子以下至于庶人，下及昆虫，孰能有为而成哉！是故弥无为而弥尊也。(《庄子注・天道》)

每个人各守其职、安于本分，只做自己分内之事，不干预他人，不妨碍他人，这就是无为，所以：

> 夫工人无为于刻木，而有为于用斧；主上无为于亲事，而有为于用臣。臣能亲事，主能用臣；斧能刻木，而工能用斧。各当其能，则天理自然，非有为也。若乃主代臣事，则非主矣；臣秉主用，则非臣矣。故各司其任，则上下咸得，而无为之理至矣。（《庄子注·天道》）

每个人“各当其能”“各司其任”，这是“天理自然”，也就是无为。所以，无为的核心还是各安本分。强调每个人都应当安于本分是郭象理论的核心。

道家由于贵乎自然，所以对于儒家倡导仁义采取批评态度。庄子说：“意仁义其非人情乎！彼仁人何其多忧也？”（《庄子·骈拇》）庄子认为人本来是自然的，仁义务于理伪，而非出于人的自然之情。郭象对此则持反对态度，认为仁义也是合乎人的自然之情的。他在解释这句话时说：“夫仁义自是人之情性，但当任之耳。恐仁义非人情而忧之者，真可谓多忧也。”（《庄子注·骈拇》）“仁义自是人之情性”，这显然是儒家孟子的观点。孟子认为，仁义礼智根源于人本有的善良本性。郭象在解释《庄子》时，为了为现实做辩护，公开与庄子唱反调，将儒家的仁义观念纳入道家的自然之中，将仁义道德也当成人生而具有的本性。

庄子追求逍遥，庄子所谓的逍遥本来是对于外在世界的超越，他认为人应当超越功名利禄，将精神自由当作人生最高的追求。郭象则认为，人在追求功名利禄的过程中也可以获得精神自由，也可以得到逍遥。

> 夫圣人虽在庙堂之上，然其心无异于山林之中，世岂识之哉！徒见其戴黄屋，佩玉玺，便谓足以缨绋其心矣；见其历山川，同民事，便谓足以憔悴其神矣；岂知至至者之不亏哉！（《庄子注·逍遥游》）

既然功名利禄也是可求的，并且无碍于人的精神自由，那么，将名教与自然对立起来，主张越名教而任自然就显然是缺乏根据的。

总之，在郭象看来，人与人之间的差别是自然的、合理的、不可改变的，每个人都应当安于本分，名教本来就是自然。

第三节　言意之辨

言，即名言、概念、言语；意，即意义、意味、意蕴。言意之辨是魏晋玄学的一个非常重要的辩题，《世说新语·文学》记载：“王丞相过江左，止道声无哀乐、养生、言尽意三理而已，然宛转关生，无所不入。”这说明言意之辨是当时玄学经常论辩的话题。言意之辨涉及言语与所表达的含义之间的关系问题，以及人的主观感受、情感、意念、思想观念能否得到完整有效的传达的问题。魏晋玄学关于言意之辨有三种主要观点：一是得意忘言论，二是言不尽意论，三是言尽意论。

一、得意忘言论

庄子认为言的功能就是达意，意比言更根本，也更重要。“荃者所以在鱼，得鱼而忘荃；蹄者所以在兔，得兔而忘蹄；言者所以在意，得意而忘言。”（《庄子·外物》）言不仅不能尽意，有时甚至还是意的障碍，所以要“得意而忘言”。这种“得意而忘言”的思想为王弼所继承。在王弼看来：

> 名也者，定彼者也；称也者，从谓者也。名生乎彼，称出乎我……名号生乎形状，称谓出乎涉求。名号不虚生，称谓不虚出。（《老子指略》）

彼是有形有象的具体事物。在言与象之间，象起决定作用，名号是由有形象的具体事物决定的。“凡名生于形，未有形生于名者也。”（同上）名号是具有客观内容的，而称谓是名号的语言形式，是名号的语言表达。不同地区、不同人群对于同一名号可以有不同的称谓，所以说“称出乎我”，称谓是对客观事物的一种主观表达。因为语言、称谓是对客观事物的一种主观表达，所以王弼认为，语言与事物之间是有距离的，语言不能完全准确地表达事物。

《周易·系辞上传》载：

> 子曰：“书不尽言，言不尽意。然则圣人之意，其不可见乎?”子曰：“圣人立象以尽意，设卦以尽情伪，系辞焉以尽其言，变而通之以尽利，鼓之舞之以尽神。”

王弼认为：“夫象者，出意者也；言者，明象者也。”（《周易略例·明象》）《周易》每一卦都有自己的本义，本义表现于图象，图象靠语言来解释。“尽意莫若象，尽象莫若言。言生于象，故可寻言以观象；象生于意，故可寻象以观意。”（同上）“尽意莫若象”，离开象无法表达意，象的作用也是表达意；“尽象莫若言”，离开言无法把握象，言的作用也是把握象。言因象而生，寻言观象，通过语言来观察物象；象因意而生，寻象观意，通过物象来体察其中所包含的意义。

“立象以尽意”（同上），树立一种形象，本来是为了表达某种意义，但一种形象因为是具体的，所以其所表达的意思可能就是有限的。比如：“义苟在健，何必马乎？类苟在顺，何必牛乎？爻苟合顺，何必坤乃为牛？义苟应健，何必乾乃为马？”（同上）《乾》卦的含义是健，马的德性也是健，所以《乾》卦也是马；《坤》卦的含义是顺，牛的德性也是顺，所以《坤》卦也是牛。但是，马与牛本来是为了说明卦义而立的象，如果以为《乾》卦就是马，《坤》卦就是牛，那就不对了。因为《乾》卦不只是马，还是天、是君、是父、是首；《坤》卦不只是牛，还是地、是臣、是母、是腹。此外，健也并不只是马，天也是健，“天行健，君子以自强不息”（《周易·乾·象传》）；顺也并不只是牛，地也是顺，“地势坤，君子以厚德载物”（《周易·坤·象传》）。

因为意与象之间存在着不对称性，所以言与象之间也存在着不对称性，故而更重要的是通过言来把握象，而不能停留于言本身，进而应当通过象来把握意，而不能留意于象本身。

> 意以象尽，象以言著。故言者所以明象，得象而忘言；象者，所以存意，得意而忘象。犹蹄者所以在兔，得兔而忘蹄；筌者所以在鱼，得鱼而忘筌也。（《周易略例·明象》）

筌是捕鱼的工具，其作用在于捕鱼；蹄是捕兽的工具，其作用在于捕兽。言与象的关系、象与意的关系，就像筌与鱼、蹄与兔的关系。离开筌与蹄，想要捕捉到鱼与兔就是不可能的；然而，死守着筌与蹄也是不对的，因为打猎的目的在于鱼与兔，而不在于筌与蹄。

> 言者，象之蹄也；象者，意之筌也。是故，存言者，非得象者也；存象者，非得意者也。象生于意而存象焉，则所存者乃非其象也；言生于象而存言焉，则所存者乃非其言也。然则，忘象者，乃得意者也；忘言者，乃得象者也。得意在忘象，得象在忘言。（《周易略例·明象》）

言只是表象的工具，象只是表意的工具，固守着言是不可能把握象的，固守着象是不可能领会意的。就如同通过一层层的台阶才可以登高，站在一个固定的台阶则不能登高，必须离开这个台阶，才能登上更高的台阶，直至达到顶点。语言是用来表达意义的，但特定语言表达的意义总是具体的、有局限的，人们必须借助于一定的语言，但又不能拘泥于特定的语言，只有脱离特定语言的限制，发挥想象，仔细体会，才能领悟特定语言背后的丰富意义，所以“得意在忘象，得象在忘言”。

二、言不尽意论

老子曰：“道可道，非常道；名可名，非常名。”（《老子》一章）庄子曰：“可以言论者，物之粗也；可以意致者，物之精也；言之所不能论，意之所不能察致者，不期精粗焉。”（《庄子·秋水》）“言不尽意”，是魏晋时期人们普遍接受的观念。

正始年间，荀粲即明确表达了“言不尽意”观点。荀粲（约 209—238），豫州颍川（今河南许昌）人，汉末名士荀彧幼子。《三国志·魏书·荀彧传》裴松之注引何劭《荀粲传》曰：

> 粲诸兄并以儒术论议，而粲独好言道，常以为子贡称夫子之言性与天道，不可得闻，然则六籍虽存，固圣人之糠秕。粲兄俣难曰：“《易》亦云圣人立象以尽意，系辞焉以尽言，则微言胡为不可得而闻见哉?”粲答曰：“盖理之微者，非物象之所举也。今称立象以尽意，此非通于意外者也，系辞焉以尽言，此非言乎系表者也；斯则象外之意，系表之言，固蕴而不出矣。”及当时能言者不能屈也。

在荀粲看来，性与天道之类的问题是纯然抽象的，是“理之微者，非物象之所举也”。圣人立象以尽意，其所尽者亦只是象内之意，而非“象外之意”也；圣人系辞以尽言，其所尽者亦只是可言之言，而非“系表之言”也。“象外之意”“系表之言”，只可意会而不可言传。这种思想与老子、庄子的思想是一致的。

嵇康也持“言不尽意”的观点。嵇康曾著有《言不尽意论》一文，可惜已佚，无从知晓其具体理论。但嵇康还著有《声无哀乐论》，从这一文中也可窥见其基本观点。嵇康认为：“夫言非自然一定之物，五方殊俗，同事异号，举一名以为标识耳。”（《声无哀乐论》）言语只是一种标识，是人们对事物的一种称谓。各地风俗习惯不同，语言文字也不同，人们对同一事物的认识也不尽相同，所以，同一事物可以用不同的语言来标识，同一语言也可以标识不同的事物。因此，语言与其表达的意义并不完全对等。

> 圣人卒入胡域……或当与关接，识其言耶？将吹律鸣管，校其音耶？观气采色，知其心耶？此为知心自由气色，虽自不言，犹将知之。知之之道，可不待言也。若吹律校音以知其心，假令心志于马而误言鹿，察者固当由鹿以知马也。此为心不系于所言，言或不足以证心也。若当关接而知言，此为孺子学言于所师，然后知之，则何贵于聪明哉？（《声无哀乐论》）

圣人初入他邦，如何了解他邦之人？靠言语吗？言语不通，彼此无法通过言语进行沟通。圣人只能靠察言观色来推知他邦之人的态度和想法。既然通过察言观色可以了解对方，那么，“知之之道，可不待言也”。另外，有时也许会出现“心志于马而误言鹿”的现象，但人们不会因为其所言为鹿而确认其意亦为鹿，人们还是可以通过察言观色了解到对方的真实意图其实不是鹿而是马。由此可知，“心不系于所言，言或不足以证心”。人之所言可能并不符合自己当时的真实想法，言语与人的真实想法或真实感受并不完全等同，进而也可以说，人的真实感受或真实想法有时是无法用语言来准确表达的。

言不尽意论的主要意义在于揭示出：语言并不能完全准确地表达言者当时真实的心理感受或主观意愿，复杂的心理感受和心理意愿是无法用语言来传达的，最玄妙的东西也许只可意会而不可言传。就此而言，这种观点无疑是正确的。

三、言尽意论

言不尽意论是魏晋玄学时期一种非常流行的理论，对此，晋人欧阳建提出了反对意见。欧阳建（269—300），字坚石，渤海南皮（今河北南皮东北）人，历任尚书郎、冯翊太守等职，后为赵王司马伦所杀。欧阳建曾著专文，名《言尽意论》，反对言不尽意。

欧阳建承认“言不尽意”是一种流行观点，《言尽意论》一开篇就说：“有雷同先生问于违众先生曰：世之论者，以为言不尽意，由来尚矣。至乎通才达识，咸以为然。若夫蒋公之论眸子，钟、傅之言才性，莫不引此为谈证。”“言不尽意”是一种由来已久、为人们所普遍接受的观点。不过，欧阳建要对这种观点提出挑战。在欧阳建看来：

> 夫天不言，而四时行焉；圣人不言，而鉴识存焉。形不待名，而方圆已著；色不俟称，而黑白已彰。然则名之于物，无施者也；言之于理，无为者也。（《言尽意论》）

外在世界是客观存在的，圆者本来就是圆，方者本来就是方，不是因为有了圆之名、方之名，才有了圆，才有了方；黑本来就是黑，白本来就是白，不是因为有了白与黑的称号，才有了白与黑。名对于物没有施加任何东西，言对于理也没有添加任何因素。

> 理得于心，非言不畅；物定于彼，非名不辩。言不畅心，则无以相接；名不辩物，则鉴识不显。鉴识显而名品殊，言称接而情志畅。（同上）

语言是交流思想的工具，离开语言，人们就无法表达意见、交流思想。名称是分辨事物的工具，离开事物的名称，人们就无法分辨不同的事物。既然名称是用来分辨事物的，语言是用来交流思想的，那么，事物与思想改变了，名称与语言就会随之发生改变。

“名逐物而迁，言因理而变。此犹声发响应，形存影附，不得相与为二。苟其不二，则无不尽。”（《言尽意论》）名称与语言随着事物与思想的改变而改变，就像声与响、形与影一样，前者变，后者也一定跟着变。这表明名称与事物、语言与思想存在着必然的一致性。既然这种一致性是肯定存在的，那么，名就一定可以称物，言就一定可以尽意。

欧阳建强调语言与事物之间肯定存在一致性。这种一致性，在对外界事物的指称、区别、表述方面是没有疑问的，但在传达人内心的情意方面有时则显得略有不足，这正是言不尽意论所要彰明的，这也是客观事实。欧阳建的言尽意论并没有攻破这一问题的实质。

第十二章

汉唐道教哲学

道教因道而得名，也以道为最高信仰，是从古代原始宗教的巫术和神仙方术发展而来的一种宗教。最早的道教组织为东汉末年张角创立的“太平道”和张陵创立的“五斗米道”。道教的宗教教术十分杂多。宋代马端临在《文献通考·经籍考》中指出：“道家之术，杂而多端。盖清净一说也，炼养一说也，服食又一说也，符箓又一说也，经典科教又一说也。”具体而言，有所谓占卜、符箓、祈禳、禁咒、内丹、外丹、辟谷、房中、仙药、吐纳、导引、存思、养性、服气、胎息、服药、按摩、接命、守庚申等。道教的典籍收录于历代编纂的《道藏》之中。

就哲学思想而言，道教哲学中最有成就的典籍是《太平经》《阴符经》，这一时期最有成就的道教思想家是葛洪、陶弘景、成玄英、司马承祯和谭峭。

第一节 《太平经》

《太平经》为道教早期典籍。汉时先后流传三种《太平经》：西汉成帝时齐人甘忠可的《天历包元太平经》十二卷，东汉末于吉的《太平青领书》一百七十卷和张道陵的《太平洞极经》一百四十卷。均已佚。明《正统道藏》收录了《太平经》仅残存的五十七卷、唐人节录的《太平经钞》十卷以及《太平经圣君秘要》。今人王明先生根据《太平经钞》及其他二十七种引书加以校补，编为《太平经合校》，基本恢复了一百七十卷的轮廓。

《太平经》内容繁杂，涉及灾异瑞应、养生治病、阴阳五行、政治伦理等诸多方面，主旨是“辅兴帝王”“立致太平”。

一、三气和生

在宇宙起源问题上，《太平经》认为，天地万物包括人在内都由元气化生而成。“夫物始于元气”①，元气即气之元，即气的原始。“天地开辟贵本根，乃气之元也。”（第12页）

> 元气乃包裹天地八方，莫不受其气而生。（第78页）
>
> 元气恍惚自然，共凝成一，名为天也；分而生阴而成地，名为二也；因为上天下地，阴阳相合施生人，名为三也。三统共生，长养凡物。（第305页）

不仅天、地、人由元气化生而成，天地间一切事物同样如此。“诸谷草木蚑行喘息蠕动，皆含元气，飞鸟步兽，水中生亦然。”（第581页）这可以说是对老子“道生一，一生二，二生三，三生万物。万物负阴而抱阳，冲气以为和”（《老子》四十二章）思想的进一步发挥。

然而，《太平经》与老子思想也有很大差别。在老子看来，天地万物的化生完全是自然而然的；但在《太平经》看来，元气本身是带有感情色彩的。“元气自然乐，则合共生天地，悦则阴阳和合，风雨调。风雨调，则共生万二千物。”（第647～648页）“天气悦下，地气悦上，二气相通，而为中和之气，相受共养万物。”（第149页）气按德性而言，可分为善、恶、道、德、仁、义、礼、文等类。“善气至，即邪恶气藏；……恶气至，则善气藏。”（第134页）“天上诸神言，好行道者，天地道气出助之；好行德者，德气助之；行仁者，天与仁气助之；行义者，天与义气助之；行礼者，天与礼气助之；行文者，天与文气助之；行辩者，亦辩气助之；行法律者，亦法律气助之。”（第690页）阳气好生，阴气好杀，和气好成，故万物有生、有毁、有成。

元气者，清虚之气也，凝而成形即为天。天之上有道。“天乃无上，道复尚之。道乃天皇之师法也，乃高尚天。”（第662页）这个比天更高的道是什么？

> 夫道何等也？万物之元首，不可得名者。六极之中，无道不能变化。元气行道，以生万物，天地大小，无不由道而生者也。（第16页）
>
> 夫道者，乃大化之根，大化之师长也。故天下莫不象而生者也。（第662页）

道是“万物之元首”，是“大化之根”，即变化的根源。“元气行道，以生万物。”元气是依照“道”的法则化生万物的。如此看来，元气是原始物质，道是变化的根源，是变化的法则。

元气与道的统一，即是所谓的“一”。

> 夫一者，乃道之根也，气之始也，命之所系属，众心之主也。（第12～13页）
>
> 一者，数之始也；一者，生之道也；一者，元气所起也；一者，天之纲纪也。（第60页）

---

① 太平经合校．王明，编．北京：中华书局，1960：254．下引此书夹注页码。

"一"分化"二"。"天地未分之时，积气都合为一，分为二。"（第463页）一分为二，即元气化分为天地、阴阳，从而有春秋、冬夏、昼夜，有刚柔、左右、表里，有男女、君臣、上下。事物的存在都是相比较、相对待而存在的。

> 自天有地，自日有月，自阴有阳，自春有秋，自夏有冬，自昼有夜，自左有右，自表有里，自白有黑，自明有冥，自刚有柔，自男有女，自前有后，自上有下，自君有臣，自甲有乙，自子有丑，自五有六，自木有草，自牝有牡，自雄有雌，自山有阜。此道之根柄也，阴阳之枢机，神灵之至意也。（第728页）

这可以说是对老子"有无相生，难易相成"（《老子》二章）思想的全面发挥。由"一"分化为"二"，由"二"进而再合为"一"。此合而为一的"一"不同于一分为二的"一"。一分为二的"一"是事物的始基，是宇宙的开端；合而为一的"一"则是客观世界的现实事物，是事物的现实状态。

> 夫大神不过天与地，大明不过日与月，尚皆两半共成一。夫天地各出半力，并心同欲和合，乃能发生万物。昼夜各半力，乃成一日。春秋冬夏各出半力而成一岁。月始生于西，长于东，行至十五日名为阳，过十五日消，名为阴。各出半力，乃成一月也。男女各出半力，同志和合，乃成一家。天地之道，乃一阴一阳，各出半力，合为一，乃后共成一。故君与臣合心并力，各出半力，区区思同，乃成太平之理。（第715～716页）

"阴阳相与合乃能生"（第678页），"阴气阳气更相摩砺，乃能相生"（第727页）。生生不息是正相反对的两种事物交互作用的过程，任何事物都是正相反对的两种事物和合化生的结果。"夫天地之生凡物也，两为一合。今是上天与是下地为合。"（第652页）天与地、阴与阳相合而生天地万物。天是阳，地是阴。然而，天虽是阳，但阳中又有阴阳；地虽是阴，但阴中也有阴阳。"天虽上行无极，亦自有阴阳，两两为合"，"地亦自下行何极，亦自有阴阳，两两为合。如是一阴一阳，上下无穷，傍行无竟。大道以是为性，天法以是为常，皆以一阴一阳为喉衿，今此乃太灵自然之术也。"（第653页）《周易·系辞上传》载："一阴一阳之谓道。"《太平经》发挥了这一思想，认为阴、阳中又各自有阴阳，一阴一阳没有穷尽，这是自然界的根本法则，是大道的根本特性。

正相反对的两种事物相比较而存在，相对待而并立。但二者不只是相互并立，还相互吸引、相互转化。"天地之性，阳好阴，阴好阳。故阳当变于阴，阴当变于阳。凡阴阳之道，皆如此矣。"（第49页）正相反对的两种事物既相对立，又相统一，《太平经》更强调对立双方之间相统一的一面。

由一元气分为"二"，更进而分为"三"。"夫天地人本同一元气，分为三体，各有自祖始。"（第236页）"三"即是由正相反对的两种事物交互和合而化生的新事物。

> 天道常有格三气，其初一者好生，名为阳；二者好成，名为和；三者好杀，名为阴。故天主名生之也，人者主养成之，成者名为杀，杀而藏之。天地人三共同功，其事更相因缘也。无阳不生，无和不成，无阴不杀。此三者相须为一家，共成万二千物。（第675～676页）

老子说："道生一，一生二，二生三。""一"是一元气，一元气分化为二，"二"是阴阳二气，阴阳二气相互作用产生第三种新生物，此即和气。阴阳二气与新生的和气和而成为"三"。宇宙间的事物，就种类而言，不仅不是同一的"一"，也不是相互对立的"二"，而是相互关联、密不可分的"三"。三气和生、三气共在、三气相亲，是宇宙事物的基本状态。

二、和合之道

值得重视的是，《太平经》在阴阳之外提出和，并给予和非常高的地位。这样，在《太平经》看来，事物的产生就不是正相反对的两种事物相互斗争的结果，而是既冲突又融合的结果。

> 元气有三名，太阳、太阴、中和。形体有三名，天、地、人。天有三名，日、月、星，北极为中也。地有三名，为山、川、平土。人有三名，父、母、子。治有三名，君、臣、民。欲太平也，此三者常当腹心，不失铢分，使同一忧，合成一家，立致太平，延年不疑矣。（第19页）

三相通而和合，各尽其力，各得其所，为治、为成、为太平。"男女相通，并力同心，共生子。三人相通，并力同心，共治一家。君臣民相通，并力同心，共成一国。此皆本之元气自然天地授命。凡事悉皆三相通，乃道可成也。"（第149页）三相通而并力同心，是事物得以顺利发展的基本前提。

三相通的基础是各个方面各守其职，各尽其能。

> 故万物不生者，失在太阳；生而不养者，失在太阴；养而不成者，失在中和。故生者，父也；养者，母也；成者，子也。生者，道也；养者，德也；成者，仁也……故理之第一善者，莫若乐生，其次善者乐养，其次善者乐施。故生者象天，养者象地，施者象仁。此三者天地人之大纲也。（第704页）

三者各守其职，相互贯通而和合，是事物的常态。相反，三者之中如有所偏废，则一事无成。

> 共生和，三事常相通，并力同心，共治一职，共成一事，如不足一事便凶。故有阳无阴，不能独生，治亦绝灭；有阴无阳，亦不能独生，治亦绝灭；有阴有阳而无和，不能传其类，亦绝灭。故有天而无地，凡物无于止；有地而无天，凡物无于生；有天地相连而无和，物无于相容自养也。故男不能独生，女不能独养，男女无可生子，以何而成一家，而名为父与母乎？故天法皆使三合乃成。（第149～150页）

家之所以为家，不是因为有人就有家，而是因为有父、有母、有子，方才成为一个家。有父、有母，而无子，父只是男还不是父，母只是女还不是母。所以，无子不只是无子，而且还是无父、无母。同理，有君、有臣、有民，才是国，缺少其中任何一项都不成为国；有天、有地、有人，才是宇宙，缺少其中任何一项都不成为宇宙。"天法皆使三合乃成"，三者缺一，不只是缺一，整体亦随之而不复存在。

宇宙事物不是由同一的"一"构成的，也不是由相互对立的"二"构成的，而是由相互关联、密不可分的"三"构成的。三者必须各守其职、各尽其力，三者之间必须并力同心、相互贯通。“道生一，一生二，二生三”，有“一”才有始，有“二”才有生，有“三”才有合。《太平经》强调的不是事物的始，也不是事物的生，而是事物的现实状态，而是事物的合。

三相通而和合，为天、地、人之大纲。既为人之大纲，人就应当自觉遵守。

> 故古者圣人深知天情，象之以相治。故君为父，象天；臣为母，象地；民为子，象和。天之命法，凡扰扰之属，悉当三合相通，并力同心，乃共治成一事，共成一家，共成一体也，乃天使相须而行，不可无一也。一事有冤结，不得其处，便三毁三凶矣。故君者须臣，臣须民，民须臣，臣须君，乃后成一事，不足一，使三不成也。（第 150 页）

“三合相通”是天地之理，这一理当然要落实在人伦日用上。所以，时人襄楷谓《太平经》“专以奉天地顺五行为本，亦有兴国广嗣之术”（《后汉书・郎颉襄楷列传》），是很恰当的。

《太平经》强调事物的现实状态是相互贯通的“三”，强调事物的和合、和谐与融通，将先秦时代儒、道两家对于和的推崇推向了一个新的高度，这在中国哲学史上是非常有意义的。对和的推崇，代表了中国文化的一种基本精神。

《太平经》的政治理想是“太平”世界。什么是“太平”？“太者，大也，乃言其积大行如天，凡事大也，无复大于天者也。平者，乃言其治太平均，凡事悉理，无复奸私也。”（第 148 页）“太平”所要求的大平均，并非人人平等、事事均平，而是凡事皆得其正，人人恪尽职守，上下各方并力同心，相得相通。这与儒家宣扬的天下为公的大同社会是不同的，也不同于农民起义所提出的“均贫富，等贵贱”的平均主义。

三、得道成仙

道教是求长生的宗教，其最高理想是得道成仙、长生不死。道教自《太平经》起，即试图创立自己的神仙系统。《庄子》一书中已有神人、至人、真人等神仙类人物，《太平经》进一步发展了这种神仙意识，初步编制出天上神仙的等级序列，同时又将这一序列与人间的贤愚善恶联系起来，为人超凡成仙预设了可行的阶梯。

《太平经》创立的神仙系统有四个等级，分为神人、真人、仙人、道人，道人以下进入人间等级，人间的最高等级为圣人，其次为贤人。

> 一为神人，二为真人，三为仙人，四为道人，五为圣人，六为贤人，此皆助天治也。神人主天，真人主地，仙人主风雨，道人主教化吉凶，圣人主治百姓，贤人辅助圣人，理万民录也，给助六合之不足也。（第 289 页）

神仙与常人的最大区别在于可以长生不死。《太平经》认为，天地之间最大的善莫过于寿。“仙人亦贪寿亦贪生”，贪寿、贪生是人成仙的内在动力，人人都有成仙的可能。学道之人，依道而行，随其道行之逐步提高，其品位也会不断迁升。“奴婢贤者得为善人，善人好学得成贤人；贤人好学不止，次圣人；圣人学不止，知天道门户，入道不止，成不死之事，更仙；仙不止入真，成真不止入神，神不止乃与皇天同形。”（第 222 页）从理论上讲，成仙是人人都可达到的目标，而如何得道成仙则在于个人自己的修养。

《太平经》重视修养，但强调修养要从忠君、敬师、孝亲做起，要以积德行善为本。

> 父母者，生之根也；君者，授荣尊之门也；师者，智之所出，不穷之业也。此三者，道德之门户也。（第 311 页）

欲成仙首先必须孝。“学问何者为急？……寿孝为急。寿者，乃与天地同优也。孝者，与天地同力也。故寿者长生，与天同精。孝者，下承顺其上，与地同声。”（第 310 页）“不孝而为道者，乃无一人得上天者也。”（第 656 页）

积德行善之外，还要守一以养身。“守一”之说，有二种解说。其一认为，一乃万物之本根。“夫一者，乃道之根也，气之始也，命之所系属，众心之主也。”（第 12～13 页）人身体的各个部位皆有其主，其主即所谓的“一”。“头之一者，顶也。七正之一者，目也。腹之一者，脐也。脉之一者，气也。五藏之一者，心也。四肢之一者，手足心也。骨之一者，脊也。肉之一者，肠胃也。”（第 13 页）能坚守这些器官，使其充实，即是守一。“守一者延命”。这种守一，只可养生健身，不能使人长生。

其二认为，守一即守神。“一者，心也，意也，志也。念此一身中之神也。”（第 369 页）“守一”就是保守其精神。《太平经》认为，一切事物皆有精神。“故天地之道，据精神自然而行。故凡事大小，皆有精神，巨者有巨精神，小者有小精神。各自保养精神，故能长存。精神减则老，精神亡则死，此自然之分也。”（第 699 页）人要长寿，就要保养精神。

> 人有一身，与精神常合并也。形者乃主死，精神者乃主生。常合即吉，去则凶。无精神则死，有精神则生。常合即为一，可以长存也。常患精神离散，不聚于身中，反令使随人念而游行也。故圣人教其守一，言当守一身也。念而不休，精神自来，莫不相应，百病自除，此即长生久视之符也。（第 716 页）

精神是生命的主宰，保养精神，首先要使精神与形体常合为一，要使精神不离形体而游离。《太平经》认为，人之身中有三种气：神、精、气。“神者受之于天，精者受之于地，气者受之于中和，相与共为一道。故神者乘气而行，精者居其中也。三者相助为治。故人欲寿者，乃当爱气尊神重精也。”（第 728 页）“守一”就是要使神、精、气三者“相与共为一道”，要“爱气尊神重精”。这样的“守一”，不仅可以健身，而且可以延寿，可以长生。

《太平经》非常强调“守一”：“夫守一者，可以度世，可以消灾，可以事君，可以不死，可以理家，可以事神明，可以不穷困，可以理病，可以长生，可以久视。”（第 743 页）“守一”之法为《太平经》所创立，后来成为道教的重要修炼方术。

《太平经》作为道教早期最重要的经典，不仅为道教的基本教义确立了基础，而且在宇宙观、社会观、人生观上有很多很有意义的创见，特别是关于和合之道的分析，具有非常重要的理论意义。

第二节 葛洪

葛洪（约 281—341），字稚川，自号抱朴子，丹阳句容（今属江苏）人，著名道教思想家，外丹学和道教神学的奠基人。其主要著作有《抱朴子》内外篇、《神仙传》等。《抱朴子》一书，“其内篇言神仙方药、鬼怪变化、养生延年、禳邪却祸之事，属道家；其外篇言人间得失，世事臧否，属儒家”（《抱朴子外篇·自叙》）。葛洪自觉地将道教的神仙信仰与儒家的纲常名教结合起来，建立了以道家养生为内、儒家应世为外的思想体系。

一、长生之道

道教的基本信仰是得道成仙。葛洪力图从宇宙论、本体论的高度来论证神仙长生的思想。葛洪认为，玄是世界的本体，是宇宙万物生成运动的总根源。

> 玄者，自然之始祖，而万殊之大宗也。眇昧乎其深也，故称微焉。绵邈乎其远也，故称妙焉。其高则冠盖乎九霄，其旷则笼罩乎八隅。（《抱朴子内篇·畅玄》）

玄本来是老子哲学的重要范畴，是道的存在状态。葛洪则将玄实体化，认为玄为天地万物的始祖，是宇宙化生的始基。同时，玄也是宇宙万物的共同本质，是万事万物的本体。“乾以之高，坤以之卑，云以之行，雨以之施。胞胎元一，范铸两仪，吐纳大始，鼓冶亿类，徊旋四七，匠成草昧。”（同上）在葛洪看来，天之所以高，地之所以卑，云之所以行，雨之所以施，均是因为玄。

玄作为事物的本体，“因兆类而为有，托潜寂而为无”（同上）。万事万物因玄而存有，就此而言，玄是真实存在的，可以名之为“有”；但玄作为事物的本体潜存于事物之中而成为事物的灵魂，玄本身并不是一种具体的存在，不是一种显性的存在，就此而言，玄又可以称为“无”。因为玄是事物的本体，玄并不是一种具体的、显性的存在，所以，玄“增之不溢，挹之不匮，与之不荣，夺之不瘁”，“金石不能比其刚，湛露不能等其柔。方而不矩，圆而不规。来焉莫见，往焉莫追”（同上）。溢、匮、荣、瘁，以及刚、柔、方、圆，等等，只是对现实事物形状的形容，并不能准确地表述玄的性质。玄是事物的本体，是事物的灵魂，“故玄之所在，其乐不穷。玄之所去，器弊神逝”（同上）。

玄是宇宙的本体，道也是宇宙的本体。

> 道者涵乾括坤，其本无名。论其无，则影响犹为有焉；论其有，则万物尚为无焉。……以言乎迩，则周流秋毫而有余焉；以言乎远，则弥纶太虚而不足焉。为声之声，为响之响，为形之形，为影之影，方者得之而静，员者得之而动，降者得之而俯，升者得之以仰，强名为道，已失其真，况复乃千割百判，亿分万析，使其姓号至于无垠，去道辽辽，不亦远哉？（《道意》）

道本无名，“强名为道，已失其真”。道不是声，而是“声之声”；道不是响，而是“响之响”；道不是形，而是“形之形”；道不是影，而是“影之影”。作为事物的本体，道是取之不尽、用之不竭的。

从葛洪对道与玄的表述来看，道与玄同质而异名，道即是玄，玄即是道，所以葛洪有时将其称为玄道。有道又有玄，道可以看作对前代思想的继承，玄可以看作对前代思想的发挥。道、玄之名虽然已见于《老子》一书，但在《老子》一书中玄并不具有独立的性质，玄从属于道，只是对道的一种形容，葛洪则将玄名词化，将其变成与道同等同类的概念。

葛洪认为，道最初是唯一的存在，故又用“一”来形容道。

> 道起于一，其贵无偶，各居一处，以象天地人，故曰三一也。天得一以清，地得一以宁，人得一以生，神得一以灵。金沈羽浮，山峙川流，视之不见，听之不闻，存之则在，忽之则亡，向之则吉，背之则凶，保之则遐祚罔极，失之则命雕气穷。(《地真》)

“道起于一”。老子也说：“道生一”，道“独立而不改”。道之前一无所有，道是宇宙的开端，宇宙万物由道化生而来。就道之前一无所有而言，就道与宇宙万物的关系而言，道也可以被称作“一”。“道生一”，“道起于一”，道本来只是道，道并不是“一”，“一”只是对道的形容与说明。如果道就是“一”，道与“一”没有分别，那么，“道生一”就变成了道生道，“道起于一”就变成了道起于道，这无异于同语反复。道虽然不等于“一”，但就道与宇宙万物的关系而言，道也可以被称作“一”。“天得一以清，地得一以宁，人得一以生，神得一以灵”，这里的“一”实际就是道。

葛洪进而把玄道与事物的长存、与人的长生联系起来。《畅玄》说：“其唯玄道，可与为永。”为了求得长生，就要修玄道。如何修玄道？葛洪认为重要的是思神守一。“夫玄道者，得之乎内，守之者外，用之者神，忘之者器，此思玄道之要言也。”(《畅玄》)“子欲长生，守一当明；思一至饥，一与之粮；思一至渴，一与之浆。”(《地真》)守一是修玄道、求长生的关键。“思神守一，却恶卫身，常如人君之治国，戎将之待敌，乃可为得长生之功也。”(同上)

老子讲：“圣人抱一为天下式。”(《老子》二十二章)庄子讲：“道通为一”，“唯达者知通为一”(《庄子·齐物论》)。《太平经》更明确地提出“守一”。葛洪继承了这种思想，进而更将“一”人格化为神。

> 吾闻之于先师曰：一在北极大渊之中，前有明堂，后有绛宫；巍巍华盖，金楼穹隆；左罡右魁，激波扬空。(《地真》)
>
> 一有姓字服色，男长九分，女长六分，或在脐下二寸四分下丹田中，或在心下绛宫金阙中丹田也，或在人两眉间，却行一寸为明堂，二寸为洞房，三寸为上丹田也。此乃是道家所重，世世歃血口传其姓名耳。(同上)

这样，守一实际就是“思见身中诸神”(同上)。“守一存真，乃能通神；少欲约食，一乃留息；白刃临颈，思一得生。”(同上)修道养生，实际就是“思神守一”(同上)。“人能守一，一亦守人。所以白刃无所措其锐，百害无所容其凶，居败能成，在危独安也。若在鬼庙之中，山林之下，大疫之地，冢墓之间，虎狼之薮，蛇蝮之处，守一不怠，众恶远迸。”(同上)守一存真，可以卫生，可以存身，可以去害。

神仙道教的主要目的是长生成仙。葛洪认为：“道家之所至秘而重者，莫过乎长生之方也。”(《勤求》)“长生之道，道之至也，故古人重之也。”(《黄白》)长生之道是道的根本，求得长生是最大的善，也是最大的孝。

> 盖闻身体不伤，谓之终孝，况得仙道，长生久视，天地相毕，过于受全归完，

不亦远乎？果能登虚蹑景，云轝霓盖，餐朝霞之沆瀣，吸玄黄之醇精，饮则玉醴金浆，食则翠芝朱英，居则瑶堂瑰室，行则逍遥太清。(《对俗》)

追求长生是人类的普遍愿望。葛洪倡导神仙道教，正是要满足人类的这一普遍愿望。

先秦道家，特别是庄子，对生死持完全自然的态度，认为“死生为昼夜”(《庄子·至乐》)。由于强调长生，葛洪怒斥庄子，甚至对老子亦有微词：

又五千文虽出老子，然皆泛论较略耳。其中了不肯首尾全举其事，有可承按者也。但暗诵此经，而不得要道，直为徒劳耳，又况不及者乎？至于文子、庄子、关令尹喜之徒，其属文笔，虽祖述黄老，宪章玄虚，但演其大旨，永无至言。或复齐生死，谓无异以存活为徭役，以殂殁为休息，其去神仙，已千亿里矣，岂足耽玩哉？(《释滞》)

以庄子为代表的道家倡导的是一种自然、自在、自由的精神生活，以葛洪为代表的道教人士，虽然也提倡自然、清静的生活，但提倡自然、清静的生活并不是他们的目的，求得长生才是他们的目的。自然、清静的生活因为有利于长生，所以才得到了提倡。

二、仙道可致

玄道是长生成仙的先天根据，在此基础上葛洪进而对神仙的存在及成仙的可能做了系统的论证。

第一，一个人不可能亲见亲历古代之事、遥远之事，全靠史书记载与传闻。神仙之有，自古流传，著诸典籍，并非虚言。《论仙》说：“列仙之人，盈乎竹素矣。”在葛洪看来：

刘向博学则究微极妙，经深涉远，思理则清澄真伪，研核有无，其所撰《列仙传》，仙人七十有余，诚无其事，妄造何为乎？邃古之事，何可亲见？皆赖记籍传闻于往耳。《列仙传》炳然，其必有矣。(《论仙》)

既然人类对远古之事的认识只能靠史籍的记载，而史籍对仙人多有记载，那么仙人的存在就是不应怀疑的。《对俗》载：“若谓世无仙人乎，然前哲所记，近将千人，皆有姓字，及有施为本末，非虚言也。”既然前人关于神仙的记载如此清楚、具体，我们又怎么可以妄加怀疑呢？

第二，人类的认识总有局限性，从而不能以个人认识为依据来否认事物的存在。《论仙》载：“虽有至明，而有形者不可毕见焉。虽禀极聪，而有声者不可尽闻焉。”“目察百步，不能了了，而欲以所见为有，所不见为无，则天下之所无者，亦必多矣。”如果完全以个人认识为标准，没有亲见的就不存在，那天下不存在的东西实在太多了。

浅识之徒，拘俗守常，咸曰世间不见仙人，便云天下必无此事。夫目之所曾见，当何足言哉？天地之间，无外之大，其中殊奇，岂遽有限，诣老戴天，而无知其上，终身履地，而莫识其下。形骸己所自有也，而莫知其心志之所以然焉。寿命在我者也，而莫知其修短之能至焉。况乎神仙之远理，道德之幽玄，仗其短浅之耳目，以断微妙之有无，岂不悲哉？(《论仙》)

如此说来，以个人的经验来否定神仙的存在是根本不成立的。

第三，有始必有终，有存必有亡，是事物的常态，然而，“万殊之类，不可以一概断之”（《论仙》），普遍性中包含特殊性。

> 夫存亡终始，诚是大体，其异同参差，或然或否，变化万品，奇怪无方，物是事非，本钧末乖，未可一也。夫言始者必有终者多矣，混而齐之，非通理矣。谓夏必长，而荠麦枯焉；谓冬必凋，而竹柏茂焉；谓始必终，而天地无穷焉；谓生必死，而龟鹤长存焉。（同上）

所以，不能以普遍现象来否认特殊事例。

第四，人之所以病且死者，是因为有妨生、害生、伤生之事。

> 夫人所以死者，诸欲所损也；老也，百病所害也，毒恶所中也，邪气所伤也，风冷所犯也。今道引行气，还精补脑，食饮有度，兴居有节，将服药物，思神守一，柱天禁戒，带佩符印，伤生之徒，一切远之，如此则通，可以免此六害。（《至理》）

除却伤害之事，加之以药物与术数，不仅可以延年益寿，而且可以长生久视。“若夫仙人以药物养身，以术数延命，使内疾不生，外患不入，虽久视不死，而旧身不改，苟有其道，无以为难也。”（《论仙》）远离伤生之事，加之以药物养身，以术数延年，守之有方，行之有道，内疾不生，外患不入，如此就可以长生不死。

第五，世间有些物品，经过加工，能由原来易消速朽而变得经久不衰。“泥壤易消者也，而陶之为瓦，则与二仪齐其久焉。”（《至理》）人体经过调理补养，也可超出生死常限，加之金丹大药坚固不朽，人食之，则可借金丹之性强固身体，而达于长生久视。

> 夫金丹之为物，烧之愈久，变化愈妙。黄金入火，百炼不消，埋之，毕天不朽。服此二物，炼人身体，故能令人不老不死。（《金丹》）
>
> 金玉在九窍，则死人为之不朽。盐卤沾于肌髓，则脯腊为之不烂，况于以宜身益命之物，纳之于己，何怪其令人长生乎？（《对俗》）

炼食金丹，可以助人不老不死，长生久视。

第六，求仙绝非易事，求而无验，为求不得法，非仙之不可求也。《论仙》载：“凡世人所以不信仙之可学，不许命之可延者，正以秦皇、汉武求之不获，以少君、栾太为之无验故也。”（《论仙》）然“彼二君两臣，自可求而不得，或始勤而卒怠，或不遭乎明师，又何足以定天下之无仙乎？”（同上）况且，“求长生，修至道，诀在于志，不在于富贵也”（同上）。富贵之人，难以涤除物欲，遂有学仙之累。再者，学仙须志诚心坚，由浅入深，循序渐进，持之以恒，又须拜随名师，蒙难历险，方可有所成就。学仙绝非易事，“事之难者，为之者何必皆成哉？”（同上）所以，在葛洪看来：

> 非长生难也，闻道难也；非闻道难也，行之难也；非行之难也，终之难也。（《极言》）

因为成仙有此“三难”，“故为者如牛毛，获者如麟角”（同上）。求仙者多，而成仙者少，也就不足为奇了。

三、求仙修道

既然神仙可求，既然长生可致，那么如何学仙修道？葛洪认为，首先，要积德行善。

> 欲求长生者，必欲积善立功，慈心于物，恕己及人，仁逮昆虫，乐人之吉，愍人之苦，赒人之急，救人之穷，手不伤生，口不劝祸，见人之得如己之得，见人之失如己之失，不自贵，不自誉，不嫉妒胜己，不佞谄阴贼，如此乃为有德，受福于天，所作必成，求仙可冀也。(《微旨》)

《对俗》亦载："欲求仙者，要当以忠孝和顺仁信为本。若德行不修，而但务方术，皆不得长生也。"强调积德行善，可以看作对儒家思想的认可和肯定。葛洪宣扬仙道，但对于儒家倡导的人伦道德观念也持肯定态度。

其次，要清心寡欲。《论仙》载："学仙之法，欲得恬愉澹泊，涤除嗜欲，内视反听，尸居无心"，"仙法欲静寂无为，忘其形骸"，"仙法欲止绝臭腥，休粮清肠"。强调清心寡欲，可以看作对传统道家思想的继承和发扬。

最后，还须加强修养，也就是所谓的术。"所为术者，内修形神，使延年愈疾；外攘邪恶，使祸害不干。"(《微旨》) 修养包括内修与外养两个方面，内修主要是宝精行炁，外养主要是服仙药。

> 欲求神仙，唯当得其至要。至要者，在于宝精行炁，服一大药便足，亦不用多也。然此三事，复有浅深，不值明师，不经勤苦，亦不可仓卒而尽知也。虽曰行炁，而行炁有数法焉。虽曰房中，而房中之术，近有百余事焉。虽言服药，而服药之方，略有千条焉。(《释滞》)

道家将气分为先天之气与后天之气两种。先天之气称为炁，后天之气称为气。唐代崔希范曰："先天炁，后天炁，得之者，常似醉。"(《入药镜》) 元代王道渊注曰："先天炁者，乃元始祖炁也。此祖炁在人身天地之正中，生门、密户悬中高处，天心是也。神仙修炼，止是采取先天一炁，以为丹母。后天气者，乃一呼一吸、一往一来，内运之气也。"(《崔公入药镜注解》) 葛洪认为："人在气中，气在人中，自天地至于万物，无不须气以生者也。善行气者，内以养身，外以却恶。"(《至理》)"故行炁或可以治百病，或可以入瘟疫，或可以禁蛇虎，或可以止疮血，或可以居水中，或可以行水上，或可以辟饥渴，或可以延年命。"(《释滞》)

如何行炁？葛洪对行炁之法也有具体说明：

> 其大要者，胎息而已。得胎息者，能不以鼻口嘘吸，如在胞胎之中，则道成矣。初学行炁，鼻中引炁而闭之，阴以心数至一百二十，乃以口微吐之，及引之，皆不欲令己耳闻其炁出入之声，常令入多出少，以鸿毛著鼻口之上，吐炁而鸿毛不动为候也。渐习转增其心数，久久可以至千，至千则老者更少，日还一日矣。(同上)

行气之外，还须知晓房中之术。"宜知房中之术，所以尔者，不知阴阳之术，屡为劳损，则行气难得力也。"(《至理》) 房中之法，"其大要在于还精补脑之一事耳"(《释滞》)。葛洪认为，房事不可禁，亦不可频，"人复不可都绝阴阳，阴阳不交则坐致壅阏之病，故幽闭怨旷，多病而不寿也。任情肆意，又损年命。唯有得其节宣之和，可以不损”（《释滞》）。

作为道教外丹派的创立者，葛洪重视行炁，但更强调服药。他说：“余考览养性之书，鸠集久视之方，曾所披涉篇卷，以千计矣，莫不皆以还丹金液为大要者焉。然则此二事，盖仙道之极也。服此而不仙，则古来无仙矣。”（《金丹》）“长生之道，不在祭祀事鬼神也，不在道引与屈伸也，升仙之要，在神丹也。”（同上）“服神丹令人寿无穷已，与天地相毕，乘云驾龙，上下太清。”（同上）服仙药比行炁炼养更直接，也更重要。

在成仙问题上，葛洪还宣扬一种命定论。

> 按仙经以为诸得仙者，皆其受命偶值神仙之气，自然所禀。故胞胎之中，已含信道之性，及其有识，则心好其事，必遭明师而得其法，不然则不信不求，求亦不得也。《玉钤经》主命原曰：人之吉凶，制在结胎受气之日，皆上得列宿之精。其值圣宿则圣，值贤宿则贤，值文宿则文，值武宿则武，值贵宿则贵，值富宿则富，值贱宿则贱，值贫宿则贫，值寿宿则寿，值仙宿则仙。（《辨问》）

一个人成为什么，在他受气结胎之时就已经确定了。《塞难》亦载：“命之修短，实由所值，受气结胎，各有星宿。”既然人的富贵贫贱、圣贤愚痴是先天因素决定的，既然人能否成仙不仅在于修养，也在于命，那么，人未能成仙、仙人不多见也就不足为奇了。这实际是葛洪为他的仙道理论所做的最后辩护。

葛洪是早期道教最为重要的人物，是神仙道最为重要的理论家，是道教外丹派的创立者，他死后不久，地位即上升到与张道陵相提并论。他不仅在道教理论方面有重要的贡献，而且在医药学、养生学、炼丹术方面都有重要的贡献。

第三节　《阴符经》

南北朝时期，道教开始走向全面兴盛。与此同时，道教的造经活动也达到高潮。道教的主要典籍大多形成于魏晋南北朝时期。在浩瀚的道教典籍中，与哲学关系密切者，首推《阴符经》。

《阴符经》全称《黄帝阴符经》，此书南北朝时尚无人提及，而唐初书法家欧阳询、褚遂良均书有《阴符经》帖。据考证该书作于北魏后期，出于某博学善察的隐士之手。《阴符经》全文仅四百余字，但由于意蕴深永，历来受到人们的广泛重视，历代为其所作之注疏，不下百种，见于《道藏》者有二十余种，见于《藏外道书》者有十余种，在道家、道教著作中，其注疏之多，仅次于《道德经》与《南华经》。现将《阴符经》全文抄录于下：

> 观天之道，执天之行，尽矣。天有五贼，见之者昌。五贼在心，施行于天；宇宙在乎手，万化生乎身。天性，人也；人心，机也。立天之道，以定人也。天发杀机，移星易宿；地发杀机，龙蛇起陆；人发杀机，天地反覆；天人合发，万化定

基。性有巧拙，可以伏藏。九窍之邪，在乎三要，可以动静。火生于木，祸发必克；奸生于国，时动必溃。知之修之，谓之圣人。天生天杀，道之理也。天地，万物之盗；万物，人之盗；人，万物之盗。三盗既宜，三才既安，故曰：食其时，百骸理；动其机，万化安。人知其神而神，不知其神所以神也。日月有数，大小有定。圣功生焉，神明出焉，其盗机也。天下莫能见，莫能知，君子得之固躬，小人得之轻命。瞽者善听，聋者善视。绝利一源，用师十倍。三返昼夜，用师万倍。心生于物，死于物，机在目。天之无恩而大恩生，迅雷烈风，莫不蠢然。至乐性余，至静性廉。天之至私，用之至公。禽之制在炁，生者死之根，死者生之根。恩生于害，害生于恩。愚人以天地文理圣，我以时物文理哲；人以愚虞圣，我以不愚虞圣；人以奇其圣，我以不奇其圣。故以沉水入火，自取灭亡。自然之道静，故天地万物生。天地之道浸，故阴阳胜。阴阳相推，而变化顺矣。是故圣人知自然之道不可违，因而制之。至静之道，律历所不能契。爰有奇器，是生万象，八卦甲子，神机鬼藏。阴阳相胜之术，昭昭乎进乎象矣。

在《阴符经》看来，天地间万事万物是一实有的存在，万事万物也有着必然的运行法则。“观天之道”，即认识、体察、探究自然界的运行规律；“执天之行”，即把握自然界的运行规律并按自然规律办事。因为客观世界的无限广阔和客观事物的无限丰富，人类认识自然规律并按自然规律办事是没有穷尽的。如果真能将这两个方面的事情处理好，那一切问题就随之解决了，所以说“观天之道，执天之行，尽矣”。

宗教神学一般持神造万物、万物有灵的观念，而《阴符经》则继承了老子“天道自然”的理论，认为自然界万事万物之生成、变化完全是自然的，是不以人的意志为转移的。“自然之道静，故天地万物生。天地之道浸，故阴阳胜。阴阳相推，而变化顺矣。”“静”者、“浸”者，寂然无为之谓也。万物之生，自然之生也；万物之生长、发育，阴阳相推而然者也。老子说：“天地不仁，以万物为刍狗。”《阴符经》载：“天之无恩而大恩生，迅雷烈风，莫不蠢然。”天生万物，既不是为了什么目的，也不是为了施恩于人类。天“无恩”，“无恩”即是没有恩惠、没有仁慈、没有意志，“无恩”即是自然，即是无情。迅雷烈风对人类具有很大的破坏力，但它的出现完全是一种自然现象，而并非有意惩罚人类，有意与人类过不去，所以它不会因为人们不喜欢它而自动停止，它总是按照自然规律“蠢然”而动，所以说“天生天杀，道之理也”。天对于万物，有生也有杀，有利也有害，这就是天道，这就是天道自然。

正因为天道自然，正因为天道对于万物具有这样有生又有杀的“无恩”的必然性，自然界的万事万物才生生不息地繁衍着，而这即是天之大恩所在，所以说“天之无恩而大恩生”，“天之至私，用之至公”。自然界的一切总是按照必然规律生长、发育，是不得违背自然规律的，就此而言，天道是“至私”的；但正因为一切都是必然的，都是不可移易的，才使万事万物普受恩泽而各得其所，就此而言，天道又是“至公”的。人只能认识自然规律并按自然规律办事，而不能为所欲为，否则，必然受到自然的惩罚。《阴符经》之所以名之“阴符”，就蕴藏着这样的含义。“阴”者，暗也；“符”者，合也。人要达到自己的目的，就必须使自己的行为与客观规律相暗合，否则，必将失败。

天道自然，天地间的一切都是按照客观必然性运行变化的，但人在自然面前并非无能为力。“圣人知自然之道不可违，因而制之。”“因而制之”，即按客观规律办事，利用客观规律以造福于人类。“观天之道”，认识客观规律固然重要，“执天之行”，按客观规律办事以造福于人类则更为重要。《阴符经》指出，人类探究自然界的奥秘及规律，并不是目的，目的在于把握规律以确立人的行为准则。“立天之道，以定人也。”人，作为万物之灵长，不仅能够认识自然，而且能够依照自然法则影响自然、改造自然。“天发杀机，移星易宿；地发杀机，龙蛇起陆”，这是自然界的运行变化，是自然而然的。“人发杀机，天地反覆”，这是人的有意作为，这种有意作为可以直接影响自然界的变化。“天人合发，万化定基”，自然界万事万物的发展、变化，既有自然界的作用，也有人的作用。因此，人类应当发挥自己的能动作用，以求达到自己的目的。

在中国古人看来，五行之间的关系是一种相生相克的关系。《阴符经》更强调五行之间相克的一面。为了突出五行之间相克的性质，《阴符经》直呼五行为“五贼”。“贼”，即贼害。“天有五贼，见之者昌”，懂得了五行之间相生而相克、相贼而相利的道理，就可以无往而不发达。与此相联系，《阴符经》直接将天地、人及万物称为“三盗”。此“盗”也是贼害的意思。“天生天杀，道之理也。天地，万物之盗；万物，人之盗；人，万物之盗”，天地万物既有相互依存的一面，也有相互危害的一面。人类应当全面把握它们之间的这种关系，避其害而就其利。如此，“三盗既宜，三才既安”，三者之间的关系处理好了，三方面才可相安而互利，否则，相贼相残，各方面都会遭受损伤。

《阴符经》强调自然界有不可移易的客观规律，同时又认为这种规律是人们可以认识的；强调人们应当按客观规律办事，应当正确处理好人与自然之间的关系；既承认规律的客观性，又不否认人的主观能动性。这些思想都是非常深刻的。《阴符经》上承《周易》《老子》，又吸纳荀子“制天命而用之”、王充“天道自然”的思想，使之成为一个有机的整体，将道教哲学提升到一个新的高度，因此一直受到教内外的高度重视。

第四节 陶弘景

陶弘景（456—536），字通明，自号华阳隐居，丹阳秣陵（今江苏南京）人，南朝时期著名的道教思想家。陶弘景仕齐拜左卫殿中将军，后隐居茅山，搜集整理道经，创立茅山派。入梁，武帝礼聘不出，但朝廷大事辄就咨询，时称“山中宰相”。一生著述甚丰，计有八十余种，重要的有《真诰》《养性延命录》等。

道教以求长生为本，所以很注重养生。陶弘景认为：

> 人所贵者，盖贵为生。生者神之本，形者神之具。神大用则竭，形大劳则毙。若能游心虚静，息虑无为，服元气于子后，时道引于闲室，摄养无亏，兼饵良药，则百年耆寿，是常分也。（《养性延命录序》）

在一般人看来，人的寿命有一个常数，陶弘景则认为，人通过主观努力可以延长自己的寿命。“人生而命有长短者，非自然也。”（《养性延命录》卷上）人的生命主要取决于人的作为，“天道自然，人道自己”，“我命在我不在天”（《养性延命录》卷上）。在陶弘景看来，很多人之所以不能尽享天年，并不表明其寿命短促，而是因为各种有害的因素残害了人的生命。如果掌握养生方法，不断增强人的生理机能，还能“达生延命，与道为久”（同上）。

如何才能做到延年益寿以至长生？陶弘景认为，应该形神双修，养神与炼形并重。就养神而言，基本要求是“游心虚静，息虑无为”，即要清心寡欲。人是血肉之躯，有情有欲是自然而然的，要完全断绝情欲不仅不可能，而且没必要，只需对情欲加以限制即可。“常人不得无欲，又复不得无事。但当和心少念，静身损虑。”（同上）忧、愁、怨、怒为伤神之物，需要加以控制；大喜、大乐也会伤神，也于身体有害。因此，陶弘景提倡“十二少”，反对“十二多”。所谓“十二少”，即“少思、少念、少欲、少事、少语、少笑、少愁、少乐、少喜、少怒、少好、少恶，行此十二少，养生之都契也”（同上）。与“十二少”相对的是“十二多”：

> 多思则神殆，多念则志散，多欲则损志，多事则形疲，多语则气争，多笑则伤藏，多愁则心慑，多乐则意溢，多喜则忘错惛乱，多怒则百脉不定，多好则专迷不治，多恶则憔煎无欢。此十二多不除，丧生之本也。（同上）

此外，陶弘景还强调要去除名利思想，认为“世人不终耆寿，咸多夭殁者，皆由不自爱惜，忿争尽意，邀名射利”（同上）。道教提倡的是一种清静无为的人生，在这一点上道教与道家是一致的。

养神之外，还要讲究炼形。炼形的基本要求是“饮食有节，起居有度”（同上）。陶弘景非常强调饮食，认为：“饮食之患，过于声色。声色可绝之逾年，饮食不可废之一日。为益亦多，为患亦切。”（同上）好的饮食习惯对生命大有益处，不好的饮食习惯则无异于残害生命。陶弘景特别反对暴饮暴食以及追求安逸享乐。

> 重衣厚褥，体不劳苦，以致风寒之疾；厚味脯腊，醉饱厌饫，以致聚结之病；美色妖丽，嫔妾盈房，以致虚损之祸；淫声哀音，怡心悦耳，以致荒耽之惑；驰骋游观，弋猎原野，以致发狂之失；谋得战胜，兼弱取乱，以致骄逸之败。（同上）

老子讲：“五色令人目盲，五音令人耳聋，五味令人口爽，驰骋田猎，令人心发狂，难得之货，令人行妨。”（《老子》十二章）陶弘景的这种思想，可以看作对老子思想的继承。

陶弘景在道教史上的功绩，还表现在对道教神仙谱系的建立做出了贡献。道教诸神“杂而多端”，其后又不断有新神加入，使天神、仙真、地祇、人鬼杂陈无序。陶弘景作《真灵位业图》，将所有神仙排列为七个等级。第一神阶以玉清元始天尊为主神，第二神阶以上清玉晨玄皇大道君为主神，第三神阶以上清太极金阙帝君为主神，第四神阶以太清太上老君为主神，第五神阶以九宫尚书为主神，第六神阶以定录真君为主神，第七神阶以丰都北阴大帝为主神。七个神阶之中，主神之下，分别左、右位，各将若干天神、仙真、地祇、人鬼置于其统率之下，不少历史人物如周武王、孔子、秦始皇也排列其中，从而形成了一个等级分明的神仙谱系。

这个神仙谱系与后来道教所尊奉的最高神“三清”神已很相近。道教在最高神的创制上经历了一个复杂的过程。道教初创时，以老子为始祖，尊老子为最高神，称“太上老君”，五斗米道和太平道即尊老子为最高神。至东晋中、后期，上清派和灵宝派出，不再尊老子为最高神。上清派以元始天王或太上大道君地位最尊，灵宝派以元始天尊和太上道君地位最显，这两派经书虽也提及太上老君，但地位均在元始天尊、元始天王和太上道君之后。随着道教的发展和各派的相互交融，以玉清元始天尊代表上清派，以上清灵宝天尊代表灵宝派，以太清道德天尊代表天师道及其他派别，“三清”神的地位由此确立。所以，“三清”神的确立是道教各主要派别最高神信仰相结合的产物，是道教历史发展的必然结果。

第五节　成玄英

成玄英，生卒年不详，字子实，号“西华法师”，陕州（治今河南三门峡陕县老城）人，唐代著名道士，活动于唐贞观至永徽年间。传世著作有《老子注》《庄子疏》。《老子注》久已佚失，现有三个辑校本：蒙文通《成玄英〈老子义疏〉》六卷、严灵峰《道德经开题序诀义疏》五卷、日本人藤原高男《辑校赞道德经义疏》。

成玄英的理论贡献主要表现在对“重玄之道”的阐发。“重玄之道”本于《老子》第一章的“玄之又玄”一语。成玄英吸收魏晋玄学与佛教思想，对“玄”与“又玄”做了新的解释。何谓玄？成玄英说：

> 玄者，深远之义，亦是不滞之名。有无二心，徼妙两观，源乎一道，同出异名。异名一道，谓之深远。深远之玄，理归无滞。既不滞有，亦不滞无，二俱不滞，故谓之玄。有欲之人，唯滞于有；无欲之士，又滞于无。故说一玄，以遣双执。又恐行者滞于此玄，今说又玄，更祛后病。既而非但不滞于滞，亦乃不滞于不滞。此则遣之又遣，故曰玄之又玄。（《道德经开题序诀义疏》卷一）

道教之所谓“滞”，即佛教之所谓“执”，意为执着、拘泥。佛教《广百论》云：“非唯空有，亦复空空，遍遣执心。”玄即是不滞、不执，既不滞有，亦不滞无。既不执于有，又不执于无，非有非无，心境空灵，此即所谓的“玄”。这一空灵之境的玄，只相当于佛教的“空有”，还不是最高境界。对于这一境界，仍不能持执着的态度，于是便有了“又玄”之义。不滞即是“空有”，不滞于不滞即是“空空”。空空者，“遣之又遣”。如此心境，即是“玄之又玄”。这才是心境空灵之最高境界，才是“玄之又玄”之精义。

宋李霖《道德真经取善集》卷八录有成玄英解《老子》第四十八章“损之又损，以至于无为”句曰：

> 为学之人，执于有欲；为道之士，又滞无为。虽复浅深不同，而二俱有患。今欲祛此两执，故有再损之文。既而前损损有欲，后损损无为，学、道二偏双遣，非

有非无，一中斯契。

不执于有欲，亦不滞于无为，这就是重玄学所张扬的精神。

成玄英不仅以非有非无释玄，也以非有非无解道。何谓道？成玄英说：

道者，虚通之妙理，众生之正性也。(《道德经开题序诀义疏》卷四)

至道之为物也，不有而有，虽有不有，不无而无，虽无不无，有无不定，故言恍惚。所以言物者，欲明道不离物，物不离道，道外无物，物外无道，用即道物，体即物道，亦明悟即物道，迷即道物。道物不一不异，而异而一。不一而一，而物而道；一而不一，非道非物。非物，故一不一；而物，故不一一也。(同上书，卷二)

道是虚，不是一实体的存在，就此而言，道是不有，是无；然而，天下万物因道而存在，因道而为有，就此而言，道并非无存，而为真有。就前者而言，“不有而有”，“虽无不无”；就后者而言，“虽有不有”，“不无而无”。成玄英说：“道无称谓，降迹立名，意在引物向方，归根反本。既知寄言诠理，应须止名求实，不可滞执筌蹄，失于鱼兔。”(同上书，卷三)道本无以名言，以言来描述道，只能得其仿佛，人们应当以言为工具来把握道，而不能执着于工具本身。“无物者，妙本也。夫应机降迹，即可见可闻，复本归根，即无名无相。”(同上书，卷一)本者，道也；迹者，具体之物事也。道无称谓，不可见闻，是为隐、为虚、为无，道降迹而为物，可见可闻，是为显、为实、为有，所以说：“妙本非有，应迹非无，非有非无，而无而有，有无不定，故言惚恍。”(同上书，卷一)所以，道与物不一不异，不即不离，道不离物，物不离道，道外无物，物外无道。

道不仅是虚通之妙理，也是众生之真性。真性之真，即性之自然，即人之自然之性。“镜之能照，出自天然，人之喜好，率乎造物。既非矫性，所以无穷。”(《南华真经注疏》卷二十七)真性乃人之自然真率之性。复归真性，当然要屏息嚣尘。“命者，真性惠命也。既屏息嚣尘，心神凝寂，故复于真性，反于惠命。”(《道德经开题序诀义疏》卷一)“屏息嚣尘”，并不是要人们断情忍色、栖身山林，而是要人体知六尘之虚幻，涤除其嗜欲之心。

重静之人，虽有荣华之官观，燕寝之处所，而游心虚澹，超然物外，不以为娱，处染不染也。(同上书，卷二)

君子达人，终日行化同尘，处世，而不离，重静，此即动而寂者也。(同上书，卷二)

所以，复归真性重要的是保守心性的清静。同时，真性之真，出于自然；矫性，不管何种矫性，均与真性无缘。成玄英由此提倡“率性合道”。“率性合道，不复师天。”“有心仿效造化而与物俱往者，此不率其本性也，奚足以为修其事业乎？”“大块造物，率性而动。若有心师学，则乖于自然。”(《南华真经注疏》卷二十七)“率性合道”，真性与真道原本是合一的，性源于道，道性即真性，真性即道性。

成玄英融玄学、佛学于道学之中，提高了道教思想的深度，也为后代儒、释、道会通开辟了先河，其重玄思想，不仅为后代道教人士所继承，也对儒、释人士有一定的影响。

第六节　司马承祯

司马承祯（647 或 655—735），字子微，法号道隐，河内温县（今属河南）人，主要著作有《坐忘论》等。

司马承祯不注重炼丹、服食等道术，而强调静修正心，其代表作《坐忘论》集中论述了坐忘收心、主静去欲的修养方法。“坐忘”为庄子所首倡，其意为“堕肢体，黜聪明，离形去知，同于大通”（《庄子·大宗师》）。司马承祯则将“坐忘”作为修炼的基本方法。“坐忘者何所不忘哉！内不觉其一身，外不知乎宇宙，与道冥一，万虑皆遗，庄云同于大通。”（《坐忘论》）《坐忘论》分为七节，即“信敬一”“断缘二”“收心三”“简事四”“真观五”“泰定六”“得道七”，实际就是修道的七个步骤、七个方面。

第一，“敬信”。“信者，道之根；敬者，德之蒂。根深则道可长，蒂固则德可茂。”修道者必须对道持诚信敬仰的态度，“谓信道之心不足，乃有不信之祸及之，何道之可望乎？”只有坚信不惑，敬仰有加，才有可能得道。

> 如人闻坐忘之言，信是修道之要，敬仰尊重，决定无疑者，加之勤行，得道必矣！

诚则信，信则灵，所以修道的首要功夫就是“信敬”。

第二，“断缘”。“断缘者，断有为俗事之缘也。弃事则形不劳，无为则心自安。”断绝尘缘，不为俗累，心地安详，恬然无为，乃修道之必要门径。

> 恬简日就，尘累日薄。迹弥远俗，心弥近道。

所以，无事安闲，方可修道。

第三，“收心”。心为“一身之主，百神之帅。静则生慧，动则成昏”，因此，“学道之初，要须安坐，收心离境，住无所有。因住无所有，不著一物，自入虚无，心乃合道”。“安坐”与佛教禅学的坐禅相似，安坐即是“收心离境，住无所有”。“收心离境”，使心一无所染，一无所有，才可与道合一。至道之中，原本即是寂无所有，人的本心以道为本，原本也是空无所有。

> 至道之中，寂无所有，神用无方，心体亦然。原其心体，以道为本，但为心神被染，蒙蔽渐深，流浪日久，遂与道隔。

人的心原本是清净的，只因为俗事、俗务所熏染，因此而有了蒙蔽，因此而与道隔离。老子讲：“夫物芸芸，各复归其根。归根曰静，是谓复命。复命曰常，知常曰明。”（《老子》十六章）司马承祯对此发挥说：

> 若净除心垢，开识神本，名曰修道。无复流浪，与道冥合，安在道中，名曰归

根；守根不离，名曰静定。静定日久，病消命复；复而又续，自得知常。知则无所不明，常则无所变灭，出离生死，实由于此。是故法道安心，贵无所著。

修道即是不断涤除凡尘之垢，以虚心神静为怀，一切是非善恶不入于心。“心不受外名曰虚心，心不逐外名曰安心。心安而虚，道自来居。经云：人能虚心无为，非欲于道，道自归之。”收心、虚心、安心就是使心不逐不受、不动不离。“夫为大道者，在物而心不染，处动而神不乱，无事而不为，无时而不寂。”修道之要就在于收心、虚心、安心、静心。

第四，“简事”。人生要做的事很多，需要区分轻重贵贱。

修道之人，莫若断简事物，知其闲要，较量轻重，识其去取。非要非重，皆应绝之。

很多人孜孜不倦地追求财物、名声、地位，而“财有害气，积则伤人，虽少犹累，而况多乎?”以名位对比道德，“则名位假而贱，道德真而贵。能知贵贱，应须去取，不以名害身，不以位易志”。简事，即处事安闲，不为外物所累。道学追求的人生即是清静豁达的人生。

第五，“真观”。真观是对事物本末究竟、吉凶祸福的体察与把握。要做到真观，就要收心简事。“收心简事，日损有为，体静心闲，方可观妙。”收心简事之外，还要断绝尘缘，以离境之心观物。“若以合境之心观境，终身不觉有恶；如将离境之心观境，方能了见是非。譬如醒人，能观醉者为恶，如其自醉，不觉其非。”以离境之心观境，也就是以达观的态度来对待自己所遭受的一切。

若贫者，亦审观之，谁与我贫？天地平等，覆载无私，我今贫苦，非天地也；父母生子，欲令富贵，我今贫贱，非父母也，人及鬼神，自救无暇，何能有力，将贫与我？进退寻察，无所从来，乃知我业也，乃知天命也。业由我造，命由天赋，业之与命，犹影响之逐形声，既不可逃，又不可怨。唯有智者善而达之，乐天知命，故不忧，何贫之可苦也。

乐天知命张扬的正是一种达观的态度和精神。

第六，“泰定”。泰定者，“无心于定，而无所不定”。泰定在修道的阶梯中处于“出俗之极地，致道之初基，习静之成功，持安之毕事”，这是即将进入得道的境界。静生定，定生慧，“虚静至极，则道居而慧生”。慧以养定，定以养静。

慧既生已，宝而怀之，勿以多知而伤于定。非生慧难，慧而不用难，自古忘形者众，忘名者寡，慧而不用，是忘名也。天下希及之，故为难。贵能不骄，富能不奢，为无俗过，故得长守富贵。定而不动，慧而不用，为无道过，故得深证真常。

由定而慧并非难事，难的是“慧而不用”。贵而不骄，富而不奢，故能“长守富贵”。同样的道理，无心于定，故能定而不动；无心于慧，故而“慧而不用”。“捐舍涤除积习，心熟同归于定，咸若自然。”久而积之，习以成性，即成道德。

第七，“得道”。“道者，神异之物，灵而有性，虚而无象，随迎不测，影响莫求。不知所以然而然，通生无匮，谓之道。”得道者形神合一，形与道同，体无变灭，神性虚融，故无生死。得道者“蹈水火而无害，对日月而无影，存亡在己，出入无间”。得道之人，心有“五时”，身有“七候”。五时者：（1）动多静少；（2）动静相半；（3）静多动少；（4）无事则静，事触还动；（5）心与道合，触而不动。“七候”者：（1）举动顺时，容色和悦；（2）夙疾普消，身心清爽；（3）填补夭伤，还元复命；（4）延数千岁，名曰仙人；（5）炼形为气，名曰真人；（6）炼气成神，名曰神人；（7）炼神合道，名曰至人。凡无此五时七候者，都算不上得道。

司马承祯的修养方法具体而全面，他以老庄思想为依据，吸取佛教止观、禅定的方法，是宋元道教内丹学的理论先驱，在道教由外丹转向内丹的过程中起了重要作用，其正心主静思想对宋明理学家也有一定的影响。

第七节 谭峭

谭峭，生卒年不详，字景升，泉州（今属福建）人，五代时道教学者，主要著作有《化书》。《化书》分六化，即道化、术化、德化、仁化、食化、俭化，共一百一十篇。

《化书》的最高哲学范畴是道，道的本体含义为虚，道的作用含义为化。谭峭认为，世间万事万物无时无刻不处于变化之中。“化化不间，由环之无穷。”（《化书·死生》）万物源于道，又复归于道。“道之委也，虚化神，神化气，气化形，形生而万物所以塞也；道之用也，形化气，气化神，神化虚，虚明而万物所以通也。”（《道化》）“道之委”，是由隐而显，这是道顺而生物的过程；“道之用”，是由显而隐，这是物逆而还原的过程。

谭峭认为，事物运动变化具有内在必然性。“万物非欲生，不得不生；万物非欲死，不得不死。”（《死生》）“其来也势不可遏，其去也力不可拔。”（《大化》）道之顺而生物，物之逆而归道，是不以人的意志为转移的客观法则。万物为什么会生生化化？谭峭认为，事物变化的原因在于事物内部的矛盾运动。“动静相磨，所以化火也；燥湿相蒸，所以化水也；水火相勃，所以化云也。”（《动静》）

强调事物的变化是正确的，但谭峭把事物的变化绝对化了，认为一切事物均可相互转化。

> 老枫化为羽人，朽麦化为蝴蝶，自无情而之有情也；贤女化为贞石，山蚯化为百合，自有情而之无情也。（《老枫》）

既然有情物与无情物之间可以相互转化，那么物与物之间也就没有质的差别。“是故土木金石，皆有情性精魄。虚，无所不至；神，无所不通；气，无所不同；形，无所不类。孰为彼，孰为我？孰为有识，孰为无识？万物，一物也；万神，一神也，斯道之至矣。”（同上）物与物之间没有质的差别，“是形也与影无殊，是影也与形无异。乃知形以非实，影以非虚，无实无虚，可与道俱”（《形影》）。有与无、物与我、生与死，也没有质的差别。“有无相通，物我相同，其生非始，其死非终。”（《龙虎》）这实际是一种相对主义理论。

作为道教理论家，谭峭并不否认人的死，但认为人的死与成仙并不矛盾。在他看来：

> 虚化神，神化气，气化血，血化形，形化婴，婴化童，童化少，少化壮，壮化老，老化死。死复化为虚，虚复化为神，神复化为气，气复化为物。化化不间，由环之无穷。(《死生》)

生非始，死非终。人之死，只是形的死，并不是真死。

> 是以古圣人穷通塞之端，得造化之源，忘形以养气，忘气以养神，忘神以养虚。虚实相通，是谓大同。故藏之为元精，用之为万灵，含之为太一，放之为太清。是以坎离消长于一身，风云发泄于七窍，真气熏蒸而时无寒暑，纯阳流注而民无死生，是谓神化之道者也。(《道化》)

通过忘形养气、忘气养神、忘神养虚的炼养功夫，即可达到虚实相通、无死无生的“大同”世界。形可以死，神则可以不死。“水至清而结冰不清，神至明而结形不明，冰泮返清，形散返明。能知真死者，可以游太上之京。”(《神道》)长生不死并不是普通人所追求的肉体上的不死，而是“形散神明”，精神永在。大化流行，顺而生物，逆而归道。对于人而言，“虚化神，神化气，气化形”，即是顺而行之生人；“形化气，气化神，神化虚”，即是逆而行之成仙。

谭峭还用“化化不间”的观点来论述社会的演化：

> 虚化神，神化气，气化形，形化精，精化顾盼，顾盼化揖让，揖让化升降，升降化尊卑，尊卑化分别，分别化冠冕，冠冕化车辂，车辂化宫室，宫室化掖卫，掖卫化燕享，燕享化奢荡，奢荡化聚敛，聚敛化欺罔，欺罔化刑戮，刑戮化悖乱，悖乱化甲兵，甲兵化争夺，争夺化败亡。(《大化》)

在谭峭看来，一切社会罪恶都根源于统治者的横征暴敛。“王取其丝，吏取其纶；王取其纶，吏取其綍。取之不已，至于欺罔；欺罔不已，至于鞭挞；鞭挞不已，至于盗窃；盗窃不已，至于杀害；杀害不已，至于刑戮。欺罔非民爱，而裒敛者教之；杀害非民愿，而鞭挞者训之。”(《丝纶》)人民所施加于统治者的一切都是统治者逼出来的。“慎勿怨盗贼，盗贼惟我召；慎勿怨叛乱，叛乱禀我教。”(《太和》)“天子作弓矢以威天下，天下盗弓矢以侮天子。”(《弓矢》)

谭峭认为，吃饭是民众最低的也是首要的需要。“一日不食则惫，二日不食则病，三日不食则死。民事之急，无甚于食。”(《七夺》)但人民的食物却被各种统治者、剥削者夺取了。“王者夺其一，卿士夺其一，兵吏夺其一，战伐夺其一，工艺夺其一，商贾夺其一，道释之族夺其一。”(同上)要实现天下太平，就必须从均食做起。“食均则仁义生，仁义生则礼乐序，礼乐序则民不怨，民不怨则神不怒，太平之业也。”(《太平》)谭峭向往的理想社会是人人共患难、共享受的均平社会。

> 蝼蚁之有君也，一拳之宫，与众处之；一块之台，与众临之；一粒之食，与众蓄之；一虫之肉，与众咂之；一罪之疑，与众戮之。故得心相通而后神相通，神相通而后气相通，气相通而后形相通。故我病则众病，我痛则众痛，怨何由起，叛何

由始？斯太古之化也。(《蝼蚁》)

这样一种没有剥削、没有压迫、君民与共的社会理想，反映了广大劳动人民的利益和愿望，但实际不过是一种空想。

谭峭的《化书》在中国思想史上和道教史上有着重要的地位与影响。从陈抟到宋元的全真教道人，都把《化书》作为传习的必读书目，并往往把它与《道德经》《南华经》《阴符经》等道教基本经典相提并论。

第十三章

魏晋南北朝佛教哲学

佛教自释迦牟尼创立以后，不断向世界各地传播。东汉初年，佛教开始传入中国。但在东汉以至西晋时代，佛教的传播范围以及影响还比较有限。东晋以后，随着大量佛经的翻译，佛教的影响越来越大。最先在中国产生理论影响的是大乘佛教的般若学说，由于对般若学的不同理解，形成了“六家七宗”。东晋时代最有名的高僧当推慧远和僧肇，慧远弘扬西方净土思想，被后人尊为净土宗的始祖，僧肇宣扬不真空论，被鸠摩罗什称为“秦人解空第一”。晋宋之际的道生提倡顿悟，开后代禅宗之先河。

第一节　佛教概述

佛教是由释迦牟尼创立的宗教。释迦牟尼（约前565—前486年），姓乔答摩，名悉达多，相传是古印度迦毗罗卫国（今尼泊尔境内）净饭王的太子。佛教有“三宝”之说。所谓“三宝”，就是佛、法、僧。佛，指佛教的创立者释迦牟尼，是佛教的教主；法，指释迦牟尼传授的教理，也就是佛教教义；僧，即信守、奉行佛教义理的僧众。佛教是一个包含信仰、教主、教义、教徒、教规、经典、修行宣教场所等广泛内容、体态完备的世界性宗教。

一、佛教信仰

从信仰上说，佛教以佛为崇拜的对象。“佛”是梵语 Buddha 的音译，直译为“佛陀”，意译为“觉者”。觉有三义：自觉、觉他、觉行圆满。自觉，即自己觉悟；觉他，即使他人得以觉悟；觉行圆满，即在上述两个方面达到圆满的程度。小乘佛教一般以佛为释迦牟尼的专指。大乘佛教的佛除专指释迦牟尼外，还泛指一切觉行圆满者，认为其数甚众，有三世佛、三身佛等说。

所谓三世，指过去、现在、未来，或称前世、今世、来世，也称前生、今生、来生，或前际、中际、后际。三世说是佛教业报轮回说的理论根据之一。三世佛又有竖三世佛和横三世佛之分。竖三世佛，即现在、过去、将来三世之佛。佛教寺院的主殿即大雄宝殿通常供奉着三尊佛像，这三尊佛像一般是竖三世佛。中间的是释迦牟尼佛，是现在佛；左边的是燃灯佛，他是释迦牟尼的师傅，为过去佛；右边的是弥勒佛，他是释迦牟尼的弟子，未来将继承佛位，所以为未来佛。横三世佛指三个佛世界的佛，即娑婆世界的释迦牟尼佛、东方琉璃世界的药师佛、西方极乐世界的阿弥陀佛。娑婆是梵语 Sahā 的音译，意译为“堪忍”。佛教认为现实世界充满了各种各样的苦难，众生罪孽深重，而佛在这个世界堪忍劳累，慈悲无畏，教化众生。释迦牟尼是这个世界的教主。东方琉璃世界，相传以琉璃为地，金绳界道，城阙宫阁、轩窗罗网，皆七宝所成，所以称作琉璃世界。东方琉璃世界的教主是药师佛，药师佛也是大医王佛，能解除一切众生病痛。西方极乐世界是诸多佛国净土中最为有名的净土，生活于此的人无男女之分，寿命无限。西方极乐世界的教主是阿弥陀佛。阿弥陀佛是梵语 Amitābha Buddha 音译的简称，意译为“无量光佛”“无量寿佛”。阿弥陀佛有两位胁侍，左胁侍是观世音菩萨，右胁侍是大势至菩萨。阿弥陀佛与二胁侍合称“西方三圣”，亦称“阿弥陀三尊”。

三身佛包括法身佛、报身佛、应身佛。“法身”，即将佛法人格化，以此宣导佛法无边。法身佛名为毗卢遮那佛。毗卢遮那是梵语 Maha^vairocana 的音译，意译为“遍一切处”，指佛的光明普照一切。“报身”，即以法身为因，经过苦行修炼而获得佛果之身。报身佛名为卢舍那佛。卢舍那是梵语 Locanabuddha 的音译，意译为“光明遍照”，是修行圆满、大彻大悟的表现。“应身”，即佛为度脱众生，随三界六道之不同状况和需要而现之身。应身佛即释迦牟尼佛。

佛之外，还有菩萨、罗汉。菩萨是梵语 Bodhisattva 音译的简称，全称为“菩提萨埵”，意译为“觉有情”“道众生”，即帮助佛教化众生，引领众生脱离苦海。菩萨与佛的区别在于，佛的觉含有三义，即自觉、觉他、觉行圆满，而菩萨只是自觉和觉他，还没有觉行圆满。菩萨的职责是帮助佛，菩萨是佛的助手。对于中国人而言，最有名的菩萨有文殊菩萨、普贤菩萨、观世音菩萨、地藏菩萨，合称“四大菩萨”。文殊菩萨代表大智，普贤菩萨代表大行，观世音菩萨代表大悲，地藏菩萨代表大愿。

罗汉是梵语 Arhat 音译的简称，全称为“阿罗汉”，在小乘佛教中是修行可能达到的最高果位，而在大乘佛教中地位次于佛和菩萨，为第三位。达到罗汉果位，意味着可以灭除一切烦恼，圆满一切功德，免受生死轮回之苦。

二、佛教教义

佛教作为一种宗教，对宇宙、人生有一套自己的理论，这套理论也就成为佛教教义，并成为一切佛教学说的思想基础。

（一）四圣谛

“谛”是梵语 Satya 的意译，具有“实在”或“真理”的含义。佛教最基础的理论是“四谛”说。四谛，也称四圣谛、四真谛，内容包括苦谛、集谛、灭谛、道谛。

1. 苦谛。佛教认为，众生的现实存在充满着各种各样的苦难，所谓“苦海无边”。佛教所讲的苦，有二苦、三苦、四苦、五苦、八苦、一百一十种苦等不同说法。二苦，是指内苦和外苦。内苦包括身体上的各种病痛和心理、情感上的各种伤痛，外苦即来自外界的各种灾难。三苦，指苦苦、坏苦、行苦。苦苦，指遭受苦难而感觉到痛苦；坏苦，指由好而坏、由福而祸的转变所带来的痛苦；行苦，指事物的流迁无常带来的痛苦。四苦，即生、老、病、死。五苦，将生、老、病、死合为一苦，再加上怨憎会苦、爱别离苦、求不得苦、五蕴盛苦。八苦，将五苦中的生、老、病、死分列，再加上后四苦，成为八苦。八苦说是最常见的说法。生苦，指众生出生刹那所遭受的痛苦。老苦，指身体衰老带来的苦。病苦，指各种疾病带来的苦。死苦，指众生死亡时所遭受的苦。怨憎会苦，指互不相爱的人却不得不相聚在一起或不喜欢的事情却不能不做所带来的苦。爱别离苦，指相爱的人却不能在一起、不得不分离或喜欢的事情却没法做或不能做所带来的苦。求不得苦，指求而不得、希望得到却总不能得到所带来的苦。五蕴盛苦，五蕴即色、受、想、行、识，五蕴构成人身，有人身即有五蕴盛苦。

2. 集谛。“集”，即汇集、集合的意思。集谛旨在指明一切众生及现实世界中各种痛苦的原因或根源。佛教认为，一切众生皆处于永恒的生死轮回过程之中，轮回之中必然要遭受各种痛苦和苦难。众生处于轮回之中，是由众生自身的业力造成的。业，即众生的一切活动与行为，可以细分为三业，即身业、语业、意业。身业，即所做的事；语业，即所说的话；意业，即思想意识活动。众生不停地活动，即是不断地造业，善恶性质不同的业会招致善恶不同的果报，如此由业而果、由果而报，致使众生生死不断、轮回不已。

3. 灭谛。灭谛也叫“苦尽谛”，旨在指明如何灭除苦难、解除痛苦。既然苦难的根源在于生死轮回，那么摆脱轮回、超越生死即可灭除苦难。佛教将摆脱轮回、超越生死的境界称作涅槃。“涅槃”是梵语 Nirvāna 的音译，又译为“泥洹”，意译即圆寂、灭度、解脱。涅槃是佛教修行的最高理想，也是所达到的最高境界。小乘佛教将涅槃解释为“灰身灭智，捐形绝虑”，即身心俱灭、万念皆无。大乘佛教则提倡性空、妙有、无住，以至转依，强调涅槃是恒常、快乐、自在、清净的存在。

4. 道谛。指消灭诸苦、达到涅槃境界的各种方法和手段。最重要的就是所谓的“八正道”。

(二) 八正道

八正道，也称“八圣道”，即灭除苦难、合乎正理的八种成佛途径。具体包括：(1) 正见，即正确的认识，也就是按照佛教的四谛说来认识人生及万事万物。(2) 正思维，即正确的思维，也就是按照佛教理论进行思维。(3) 正语，即正确的言语，不说违背佛教义理的言论，不妄语，不慢语，远离一切戏论。(4) 正业，即正确的行为，不杀生，不偷盗，不邪淫，不做一切恶行。(5) 正命，即正当合法的生活方式，按照佛教的标准谋求生活必需品，远离一切不正当的职业。(6) 正精进，也叫正方便，即正确努力地修行佛法，止恶修善，向解脱精进。(7) 正念，即正确的意念，念念不忘四谛真理。(8) 正定，即正确的禅定，外离相，内不乱，专心一志，身心寂静。

（三）因果报应

佛教讲因果报应。所谓"因"，也称"因缘"，泛指产生一切结果的原因及条件；所谓"果"，也称"果报"，即从原因而生的各种结果；所谓"报应"，也称"业果"，即以善恶诸业为因，能招致不同的果报。因缘之中，最主要的是众生所造的"业"，包括身业、语业、意业。从众生活动的性质来讲，又可将业分为三类，即善业、恶业、无记业。善业是符合佛教理论的好的事业，恶业是违背佛教理论的坏的事业，无记业是介于二者之间、无心而作、不能归于善也不能归于恶的事业。

佛教对于善恶的说法很多，最重要的是"十善十恶"说。"十善十恶"把人的行为归纳为十种，称为十种业。十种业各有善恶，所以就有十善十恶。十善业是不杀生、不偷盗、不邪淫、不妄语、不两舌、不恶口、不绮语、不贪欲、不瞋恚、不邪见；十恶业则是上述"十不"的反面，即杀生、偷盗、邪淫、妄语、两舌、恶口、绮语、贪欲、瞋恚、邪见。十善十恶之中，前面三种是身业，中间四种是语业，后面三种是意业。

佛教强调"善有善报，恶有恶报"。《瑜伽师地论》卷三十八载："已作不失，未作不得。"认为任何思想或行为都会产生相应的后果。

（四）六道轮回

佛教在时间上将世界分为前世、今世、来世三世，而将一切众生从上至下分为天、人、阿修罗、畜生、饿鬼、地狱六种，合起来称为"六道"。所谓六道轮回，就是一切众生依据业报在六道三世中轮回往复。六道之中，天、人、阿修罗为三善道，畜生、饿鬼、地狱为三恶道。由地狱而饿鬼、畜生、阿修罗、人、天，这是向上轮回；由天而人、阿修罗、畜生、饿鬼、地狱，这是向下轮回。修习善业，坚信佛法，严守戒律，可得善果，就可向上轮回；相反，执持恶业，诋毁佛法，恶语恶行，则会向下轮回。

佛教教义是一切佛教理论的基础，后代佛教思想家以此为基础，全面地发挥了佛教理论，形成了各自不同、各具特色的理论体系。

第二节　般若学与六家七宗

大乘佛教分为空宗和有宗两个派别。大乘空宗也称中观学派，为龙树开创，以般若经典为依据，宣扬"缘起性空"，被称为"般若之学"。大乘有宗也称瑜伽行派，为无著、世亲两兄弟创立，宣扬"万法唯识"，被称为"唯识之学"。大乘佛教传入中国，受当时玄学思潮影响，最先流行的是般若学的性空理论。

"般若"是梵语 Prajnā 的音译，意为智慧，指如实领会一切事理的智慧，以区别于一般的智慧，故采用音译。般若学性空理论在中国的流行经历了两个阶段，一是"格义"阶段，二是"六家"阶段。

"格"即量度，"义"即义理，"格义"即量度经文、正明义理，但在中国佛教史上特指以中国原有的名词、概念来比附、解说佛教义理。《高僧传》载："自大法东被，始于汉明，涉历魏晋，经论渐多，而支、竺所出，多滞文格义。"（卷二）东晋初的竺法雅是格义佛学的代表人物。“法雅，河间人，凝正有器度，少善外学，长通佛义，衣冠士子，咸附谘禀。时依门徒，并世典有功，未善佛理。雅乃与康法朗等以经中事数拟配外书，为生解之例，谓之格义。”（《高僧传》卷四）随着大量般若类经文的翻译，格义佛学受到了道安、鸠摩罗什等人的批评，他们反对用外书来比附、解说佛教义理。

继格义佛学之后，围绕对般若空义的不同理解，产生了众多的学派，最主要的是所谓的“六家七宗”。般若学六家七宗的说法最早见于姚秦时代的僧叡。僧叡曾师事道安，道安去世后又拜鸠摩罗什为师。僧叡在《毗摩罗诘提经义疏序》中说：“自慧风东扇，法言流咏以来，虽曰讲肄，格义迂而乖本，六家偏而不即。”（《出三藏记集》卷八）但僧叡并没有对“六家”做具体说明。刘宋时代的昙济曾作《六家七宗论》，此文现在已佚，梁代宝唱的《续法论》对昙济的说法做了引述，指出：

> 宋庄严寺释昙济作《六家七宗论》。论有六家，分成七宗。第一本无宗，第二本无异宗，第三即色宗，第四识含宗，第五幻化宗，第六心无宗，第七缘会宗。本有六家，第一家分为二宗，故成七宗也。（唐代元康：《肇论疏》）

僧肇在《不真空论》中对心无、即色、本无三家进行了批判。隋唐吉藏的《中观论疏》、唐代日本僧人安澄的《中论疏记》，对六家七宗的代表人物以及思想做了具体评论。

一、本无宗

本无宗的代表人物是释道安。道安（314—385），俗姓卫，常山扶柳（今河北冀州西北）人。道安之前，中土僧人皆依师为姓，师从天竺来者即姓“竺”，师从月支来者即姓“支”，师从安息来者即姓“安”，后世弟子随师而姓，因此，沙门所姓不一。道安以为，“大师之本，莫尊释迦，乃以释命氏”（《高僧传》卷五）。后来得到《增一阿含经》，经中果然认为：“四河入海，无复河名，四姓为沙门，皆称释种。”佛教徒以“释”为姓，自道安始，后成为定制，至今不变。道安一生著述甚多，大部分已佚，现存各种经论序十余篇。

陈朝慧达在《肇论疏》中说：“弥天释道安法师《本无论》云：明本无者，称如来兴世，以本无弘教。”隋唐吉藏《中观论疏》对本无宗的基本理论有较为详细的记述：

> 释道安明本无义，谓无在万化之前，空为众形之始。夫人之所滞，滞在末有，若宅心本无，则异想便息。叡法师云：格义迂而乖本，六家偏而未即。师云：安和上凿荒途以开辙，标玄旨于性空，以炉冶之功验之，唯性空之宗最得其实。详此意，安公明本无者，一切诸法，本性空寂，故云本无。（卷二）

本无宗的基本义理是：“无在万化之前，空为众形之始。”“一切诸法，本性空寂。”本无其实即是性空。

二、本无异宗

本无异宗的代表人物为竺法深。竺法深（286—374），名潜，字法深，俗姓王，琅琊郡（治今山东省临沂市北）人，东晋大将军王敦之弟。吉藏《中观论疏》载：

> 琛法师云：本无者，未有色法，先有于无，故从无出有，即无在有先，有在无

> 后，故称本无。此释为肇公《不真空论》之所破，亦经论之所未明也。若无在有前，则非有本性是无，即前无后有，从有还无。（卷二）

吉藏认为僧肇《不真空论》中批判的不是道安的本无论，而是竺法深的本无论。“从无出有”，万物由无而生，这是一种宇宙生成论。这种理论还是执于“无”，而非佛教所宣扬的“空”，所以僧肇反对。

三、即色宗

即色宗的代表人物是支道林。支道林（314—366），名遁，字道林，俗姓关，陈留（今河南开封东北）人。支道林二十五岁出家为僧，对佛学、玄学、庄子均有很深的研究，在诗、书方面也很有造诣，为当时一代名士、名僧。安澄《中论疏记》载：

> 支道林著《即色游玄论》云：夫色之性，色不自色；不自，虽色而空。知不自知，虽知而寂。彼意明色心法空名真，一切不无空色心是俗也。《述义》云，其制《即色论》云：吾以为即色是空，非色灭空。（卷三）

“色不自色”，即万物都是因缘和合而成，所以没有一成不变的本性。因为一切物并没有一成不变的本性，所以，虽然存在，虽然有色，但是“虽色而空”。“虽色而空”，色的本相实质是空。既然色的本相实质是空，那么“即色是空”；另外，“空”是相对于“色”而言的，没有色也就无所谓空，所以，“非色灭空”。

僧肇《不真空论》对即色宗有所批判，曰：“即色者，明色不自色，故虽色而非色也。夫言色者，但当色即色，岂待色色而后为色哉？此直语色不自色，未领色之非色也。”僧肇认为即色宗但知色不自色，而不知色之非色，色即是空。

四、识含宗

识含宗的代表人物是于法开。于法开是于法兰的弟子，生卒年月不详，大约与支道林同时。吉藏《中观论疏》载：

> 于法开立识含义：三界为长夜之宅，心识为大梦之主。今之所见群有，皆于梦中所见。其于大梦既觉，长夜获晓，即倒惑识灭，三界都空。是时无所从生，而靡所不生。（卷二）

识含宗认为“三界都空”。所谓“三界”，即欲界、色界、无色界。“欲界”，即具有淫欲、情欲、色欲、食欲等有情所居世界；“色界”，即远离欲界淫、食二欲，但仍具有清净色质等有情所居世界；“无色界”，只有受、想、行、识四心，而无物质之有情所居之世界。识含宗认为三界中的一切都是梦幻，都是心识所含的假象，而“心识为大梦之主”。一旦“大梦既觉”，便会领悟到“三界都空”。然以三界都空，却有“滞空”的嫌疑。

五、幻化宗

幻化宗的代表人物是道壹。道壹是竺法汰的弟子。安澄《中论疏记》载：

> 释道壹，著《神二谛论》云：一切诸法，皆同幻化。同幻化故，名为世谛。心神犹真不空，是第一义。若神复空，教何所施？谁修道隔凡成圣？故知神不空。（卷三）

幻化宗认为，世间的一切都是虚幻的，但“心神”却是真而不空的。吉藏对此宗有所批评，认为：“经称幻化，所作无有罪福。若一切法全同幻化者，实人化人，竟何异耶?”（《中观论疏》卷二）如果世间一切皆是幻化，那么做善事与做恶事又有什么区别？佛教认为世间的一切为空、为不真，但却不等于虚幻。

六、心无宗

心无宗的代表人物是竺法温。竺法温，晋代僧人，事迹不详，为竺法深弟子。安澄《中论疏记》载：

> 《二谛搜玄论》云：晋竺法温，为释法琛法师之弟子也。其制《心无论》云：夫有，有形者也；无，无象者也。然则有象不可谓无，无形不可谓有。是故有为实有，色为真色。经所谓色为空者，但内止其心，不滞外色。外色不存余情之内，非无如何？岂谓廓然无形，而为无色乎？（卷三）

在心无宗看来，外在事物是存在的，是不可否认的，佛教并不是教人否定外在事物的存在，而是要“内止其心，不滞外色”，即要保守内心的平静，不受外在事物的影响。僧肇在《不真空论》中对心无论进行了批判：“心无者，无心于万物，万物未尝无。此得在于神静，失在于物虚。”这是说，心无论者在提倡神静的同时还承认外在事物的存在，没有领会诸法性空的教旨。

七、缘会宗

缘会宗的代表人物是于道邃，也称于法邃。于道邃为于法兰的弟子。安澄《中论疏记》载：

> 于法邃著《缘会二谛论》云：缘会故有，是俗；推拆无，是真。譬如土木合为舍，舍无前体，有名无实。故佛告罗陀，坏灭色相，无所见。（卷三）

所谓“缘会”，即各种因缘的聚会。因为各种因缘的聚会才有了各种各样的事物，所以诸法因缘而生。就诸法因缘而生而言，缘会论是正确的。但缘会宗又认为“缘散即无”。缘散即无有滞于无的嫌疑，不明现实还是“假有”，还是“幻有”。其实，缘聚、缘散只是空，但又不能滞于空，做到即空、即假、即中才是中道实相。

“六家七宗”是般若学发展的一个阶段。各家的理论虽然有这样或那样的不同，相互之间也发生过争论，但都存在理论上的不足与失误，都还没有真正把握诸法实相的真谛。只是到了唐代，天台宗与三论宗对此才有了比较圆满的解释。

第三节　慧远

释慧远（334—416），俗姓贾，雁门楼烦（今山西宁武附近）人。慧远少时即博览群书，成年后从道安出家，后长住庐山东林寺。慧远的著作曾结集为十卷五十余篇，但今多散失，现存《沙门不敬王者论》《明报应论》《三报论》等论文五篇，以及各种序和书信等多篇，主要收入南朝梁僧祐所编的《弘明集》和唐朝道宣所编的《广弘明集》。

一、形尽神不灭

佛教宣扬因果报应，而因果报应的前提和基础是灵魂不灭。灵魂不灭涉及形与神的关系问题，慧远在这个问题上的基本观点是形尽而神不灭。在慧远看来："盖神者，可以感涉，而不可以迹求。必感之有物，则幽路咫尺；苟求之无主，则渺茫何津。"（《高僧传》卷六）神虽然无迹可求，但却具有强大的感应力量，由此感应力量可以证明神是真实存在的。

> 凡在有方，同禀生于大化，虽群品万殊，精粗异贯，统极而言，有灵与无灵耳。有灵则有情于化，无灵则无情于化。无情于化，化毕而生尽，生不由情，故形朽而化灭；有情于化，感物而动，动必以情，故其生不绝。生不绝则其化弥广而形弥积，情弥滞而累弥深。其为患也，焉可胜言哉？是故经称："泥洹不变，以化尽为宅；三界流动，以罪苦为场。化尽则因缘永息，流动则受苦无穷。"何以明其然？夫生以形为桎梏，而生由化有，化以情感，则神滞其本而智昏其照。（《沙门不敬王者论》）

慧远将世间的事物分为两类，一类是有灵之物，另一类是无灵之物。有灵之物"有情于化"，故其生不绝；无灵之物"无情于化"，故形朽而化灭。对于有灵之物而言，"生以形为桎梏"，生命之中也充满了无穷的苦难。何以会有苦？何以会有难？因为有灵则有情，感于情则累其神，滞于情则累其生。

> 是故反本求宗者，不以生累其神；超落尘封者，不以情累其生。不以情累其生，则生可灭；不以生累其神，则神可冥。冥神绝境，故谓之泥洹。（同上）

如果能够"不以情累其生"，"不以生累其神"，则可进入"泥洹"之境，亦即进入涅槃之境。"泥洹"是 Nirvāna（涅槃）的早期译名。所以，对于有灵之物而言，不仅有形，而且有相对于形的神，这是有灵之物之所以有灵的根本之所在。"神者何耶？精极而为灵者也。"（同上）形是可灭的，神则是不灭的。

慧远认为，神之所以不灭，是因为有形的东西有生有灭，无形而灵妙的神既无形象，也非某种具体事物，当然无生亦无灭。

> 神也者，圆应无生，妙尽无名，感物而动，假数而行。感物而非物，故物化而不灭；假数而非数，故数尽而不穷。有情则可以物感，有识则可以数求。数有精粗，故其性各异；智有明暗，故其照不同。推此而论，则知化以情感，神以化传，情为化之母，神为情之根，情有会初之道，神有冥移之功。但悟彻者反本，惑理者逐物耳。（同上）

神并非某种具体事物，其本身无形、无生、无名，"感物而动，假数而行"。神"感物而动"，但神本身并不是物；神"假数而行"，但神本身并不是数。正因为如此，所以，物化而神不灭，数尽而神不穷。具体事物有穷尽，神则无穷尽。因为"神以化传"，"神有冥移之功"。

东汉初年，桓谭以烛与火来形容形与神之间的关系，认为"精神居形体，犹火之然烛矣。……烛无，火亦不能独行于虚空"（《祛蔽》），以烛尽火灭来说明形尽神亡。在慧远生活的时代还有人持这种观点。在《沙门不敬王者论》中，有人就向慧远提出了这样的问题，认为："神之处形，犹火之在木，其生必存，其毁必灭。形离则神散而罔寄，木朽则火寂而靡托，理之然矣。"慧远对此做出重新解释，认为：

> 火木之喻，原自圣典，失其流统，故幽兴莫寻，微言遂沦于常教，令谈者资之以成疑。向使时无悟宗之匠，则不知有先觉之明，冥传之巧，没世靡闻。何者？夫情数相感，其化无端，因缘密构，潜相传写。自非达观，孰识其变？请为论者验之以实。火之传于薪，犹神之传于形；火之传异薪，犹神之传异形。前薪非后薪，则知指穷之术妙；前形非后形，则悟情数之感深。惑者见形朽于一生，便以谓神情俱丧，犹睹火穷于一木，谓终期都尽耳，此曲从养生之谈，非远寻其类者也。（《沙门不敬王者论》）

火传于薪，但火又可以传于异薪，所以薪有尽而火无穷。同理，神传于形，但神又可以传异形，所以形可以朽而神可以不朽，因为"神有冥移之功"。同是薪火之喻，桓谭由此得出无神论的结论，慧远由此得出神不灭论的结论，看来以薪火来比喻形神关系并不准确。慧远之后，范缜即以刀与利来比喻形神关系。

二、因果报应论

依佛教理论，四大皆空，而人不过是四大的一种聚结。"夫四大之体，即地、水、火、风耳，结而成身，以为神宅。"（《明报应论》）照此观点，人身既然为虚幻，那么人之所作所为也应是虚幻；人之所作所为既然是虚幻，那么就似不能有所谓"因果报应"。对此，慧远解释说："推夫四大之性，以明受形之本，则假于异物，托为同体，生若遗尘，起灭一化。此则慧观之所入，智刃之所游也。于是乘去来之自运，虽聚散而非我，寓群形于大梦，实处有而同无，岂复有封于所受，有系于所恋哉?"（同上）以四大为空，这是最高的一种智慧，对于有这种最高智慧的人而言，对于达到这种境界的人而言，"方将托鼓舞以尽神，运干钺而成化。虽功被犹无赏，何罪罚之有耶?"（同上）对于他们而言，无所谓功德，也无所谓罪恶，自然也就无所谓赏罚。

但是，对于普通人而言，他们并没有这么高的觉悟，也没有达到这么高的境界，所以就不能不分善恶，不能不论赏罚。

> 难旨全许地、水、火、风，结而成身，以为神宅，此即宅有主矣。问主之居宅，有情耶？无情耶？若云无情，则四大之结，非主宅之所感。若以感不由主，故处不以情，则神之居宅无情，无痛痒之知。……若以感由于主，故处必以情，则神之居宅，不得无痛痒之知。神既有知，宅又受痛痒以接物，固不得同天地间水火明矣。（同上）

地、水、火、风之四大，结而成身而有人，有人有身而有神之所居之所，因为身之有神而神成为身之主，所以有感应、有知觉、有痛痒。若无感应、无知觉、无痛痒，则人与木石水火无异、无别。

人与木石水火既然有别，那么，人与人之间亦应有别，人之所作所为亦应有别。

> 夫因缘之所感，变化之所生，岂不由其道哉？无明为惑网之渊，贪爱为众累之

> 府，二理俱游，冥为神用，吉凶悔吝，唯此之动。无明掩其照，故情想凝滞于外物；贪爱流其性，故四大结而成形。形结则彼我有封，情滞则善恶有主。有封于彼我，则私其身而身不忘；有主于善恶，则恋其生而生不绝。于是甘寝大梦，昏于同迷；抱疑长夜，所存唯著。是故失得相推，祸福相袭，恶积而天殃自至，罪成则地狱斯罚，此乃必然之数。(《明报应论》)

四大结而成形，形结则有身，有身则有彼我之别，有彼我之别则各私其身。私其身，则“失得相推，祸福相袭”，以至于“恶积而天殃自至，罪成则地狱斯罚”。因果之间本来就有必然联系，“夫事起必由于心，报应必由于事。是故自报以观事，而事可变；举事以责心，而心可反。推此而言，则知圣人因其迷滞，以明报应之对”（同上），所以，恶必有恶报，善必有善报。

在《三报论》中，慧远将报应分为三种：

> 经说：业有三报，一曰现报，二曰生报，三曰后报。现报者，善恶始于此身，即此身受；生报者，来生便受；后报者，或经二生、三生、百生、千生，然后乃受。受之无主，必由于心；心无定司，感事而应。应有迟速，故报有先后。先后虽异，咸随所遇而为对；对有强弱，故轻重不同。斯乃自然之赏罚，三报之大略也。

现报是现世受报，生报是来生受报，后报是后世受报。既然有三报，既然并非只有现报，那么报应就是必然的，不是不报，而是时候未到。“三业殊体，自同有定报。定则时来必受，非祈祷之所移，智力之所免也。”（《三报论》）

慧远认为，过去人们之所以产生“积善而殃集，凶邪而致庆”（同上）这样的观念或错觉，是因为只以一生为限，而没有“三世”概念。一旦有“三世”概念，就会明白一切因果都会有报应。从一定意义上讲，慧远的“三报”说将因果报应理论发展到了完善的地步，用它可以解释为什么好人无好报、恶人无恶报的问题，虽然这只是一种理论上的解决。

三、沙门不敬王者

随着佛教的广泛传播，佛教的出世观念与世俗名教发生了正面冲突，有人企图将僧众纳入王权之下。晋咸康年间（335—342 年），庾冰辅政，提出沙门致敬王者，认为“因父子之敬，建君臣之序”，是“为治之纲”，而佛教则“易礼典，弃名教”，致使“卑尊不陈，王教不一”（《代晋成帝沙门应心敬诏》），遭到尚书令何充等人的反对。何充认为，佛教教义有利于维护王权，有助于教化。东晋末年，太尉桓玄再一次提出沙门应敬王者，慧远著专文对此做了申辩。

在慧远看来，佛教教义与名教传统不仅不是矛盾的，而且是相互协调的。“佛经所明凡有二科：一者处俗弘教，二者出家修道。处俗则奉上之礼、尊亲之敬、忠孝之义表于经文。……出家则是方外之宾，迹绝于物。”（《答桓太尉书》）慧远肯定，在家修行之人必须遵守世俗礼法。

> 在家奉法，则是顺化之民，情未变俗，迹同方内，故有天属之爱，奉主之礼。礼敬有本，遂因之而成教。本其所因，则功由在昔。是故因亲以教爱，使民知有自

> 然之恩；因严以教敬，使民知有自然之重。（《沙门不敬王者论》）

然而，世俗礼法也有不足，容易造成对自我的执着。“夫厚身存生，以有封为滞，累根深固，存我未忘。方将以情欲为苑囿，声色为游观，沉湎世乐不能自免而特出。是故教之所捡以此为崖，而不明其外耳。”（同上）在家之人固守世俗之法而不能摆脱自我和情欲的束缚，往往沉湎于声色，不能进入更高的境界。

与在家修行之人不同，出家之人是方外之宾。既是方外之宾，就不应以世俗礼法来要求。

> 出家则是方外之宾，迹绝于物。其为教也，达患累缘于有身，不存身以息患；知生生由于禀化，不顺化以求宗。求宗不由于顺化，则不重运通之资；息患不由于存身，则不贵厚生之益。此理之与形乖，道之与俗反者也。若斯人者，自誓始于落簪，立志形乎变服。是故凡在出家，皆遁世以求其志，变俗以达其道。变俗则服章不得与世典同礼，遁世则宜高尚其迹。夫然者，故能拯溺俗于沉流，拔幽根于重劫。（同上）

出家之人，以人身为患累，所以不追求“存身以息患”，也“不贵厚生”；出家之人，“皆遁世以求其志，变俗以达其道”，他们都有崇高的志向，所以不能用世俗礼法来衡量和约束他们。出家之人走的是一条“变俗”“遁世”的道路。“变俗”“遁世”的标志就是“落簪”，就是“变服”，所以他们要剃发，要穿与常人不一样的服装。既然如此，“变俗则服章不得与世典同礼，遁世则宜高尚其迹”。不管是从“不得与世典同礼”的角度讲，还是从“宜高尚其迹”的角度讲，都不能要求沙门礼敬王者。

慧远认为，表面看来，沙门不礼敬王者有悖于自然伦理，但从根本上讲，沙门不敬王者却不失其敬，不遵世俗礼法却不失其孝。

> 如令一夫全德，则道洽六亲，泽流天下。虽不处王侯之位，亦已协契皇极，在宥生民矣。是故内乖天属之重，而不违其孝；外阙奉主之恭，而不失其敬。（同上）

佛教以及佛教人士对于维护王权政治实际是大有裨益的，也是大有贡献的。佛法与名教，只是理论形式上的不同，只是具体践履方法上的不同，其出发点与最终归宿其实是一致的。“道法之与名教，如来之与尧孔，发致虽殊，潜相影响，出处诚异，终期则同。”（同上）所以，“内外之道”并不是对立的，而是可以和合的。

慧远是东晋最有名的佛教思想家。在那样一个特殊时代，慧远在弘扬护持佛法、维护僧人尊严方面做出了突出而重大的贡献。

第四节　僧肇

僧肇（384 或 374—414），俗姓张，京兆（治今陕西西安）人。公元 401 年，西域著名高僧鸠摩罗什来到长安，僧肇就学于鸠摩罗什，并参与罗什译经事业。僧肇的主要著作为《肇论》。《肇论》主要由四篇论文组成，即《物不迁论》《不真空论》《般若无知论》《涅槃无名论》，南朝陈时又收入了《宗本论》，合成今本《肇论》。

一、物不迁论

《物不迁论》的主旨是论证万物不动、不迁、不变。“物不迁”一语出自《庄子·德充符》：“审乎无假，而不与物迁。”僧肇指出：“夫生死交谢，寒暑迭迁，有物流动，人之常情。”（《物不迁论》）但这种所谓的常识本来是有问题的。

在僧肇看来，动与静是相互对待的。“寻夫不动之作，岂释动以求静，必求静于诸动。必求静于诸动，故虽动而常静。不释动以求静，故虽静而不离动。”（同上）“物不迁论”不是要离开动而求静，而是要在动中求静，是不离动而求静，是要能体会到“虽动而常静”。动的只是一种现象，只是虚幻，其根本是常静而不动的。

僧肇“物不迁论”的理论依据是“昔不至今”。

> 夫人之所谓动者，以昔物不至今，故曰动而非静；我之所谓静者，亦以昔物不至今，故曰静而非动。（同上）

“昔不至今”，过去的存在于过去，不存在于现在；现在的存在于现在，不存在于过去。“既知往物而不来，而谓今物而可往。往物既不来，今物何所往？”（同上）既然过去的不存在于现在，那么，也可以明确，现在的也不会留存于未来。

> 求向物于向，于向未尝无；责向物于今，于今未尝有。于今未尝有，以明物不来；于向未尝无，故知物不去。覆而求今，今亦不往。是谓昔物自在昔，不从今以至昔；今物自在今，不从昔以至今。故仲尼曰：回也见新，交臂非故。如此，则物不相往来明矣。既无往返之微朕，有何物而可动乎？然则旋岚偃岳而常静，江河竞注而不流，野马飘鼓而不动，日月历天而不周，复何怪哉？（同上）

既然“昔物自在昔，不从今以至昔；今物自在今，不从昔以至今”，所以过去、现在、将来是没有关联的、各自孤立的存在。

> 今若至古，古应有今；古若至今，今应有古。今而无古，以知不来；古而无今，以知不去。若古不至今，今亦不至古，事各性住于一世，有何物而可去来？（同上）

过去的时段里没有现在，现在的时段里没有过去，过去、现在、未来三者之间不相往来。既然过去、现在、将来没有关联，既然物在时间上不相往来，那怎能说物是运动的呢？所以，“事各性住于一世”，事物各自守持着自身的本性，这一本性并不会随着时间的推移而发生变化。“谈真有不迁之称，导俗有流动之说。”（同上）事物表面上的运动变化只是一种世俗的观点，只是一种表面现象，不动、不迁、不变才是事物的根本。

僧肇认为：“不来故不驰骋于古今，不动故各性住于一世。”（同上）僧肇宣扬“物不迁论”，目的在于宣示一种精神，一种宁静淡定的精神，一种守持本性的精神。

另外，“物不迁论”也是为因果报应论服务的。

> 果不俱因，因因而果。因因而果，因不昔灭；果不俱因，因不来今。不灭不来，则不迁之致明矣。(《物不迁论》)

果与因不是同时存在的，是因于过去的因而存在的。有过去的因，才有现今的果；因在过去不消失，才会导致如今的果。所以，果与因并非同时存在。“果不俱因”，表明因果之间有必然联系。因为因果之间有必然联系，所以，“功流万世而常存，道通百劫而弥固，成山假就于始篑，修途托至于初步，果以功业不可朽故也。功业不可朽，故虽在昔而不化，不化故不迁”（同上）。因为有因果，所以有功业；因为“物不迁”，所以“功业不可朽”。由此可见，“物不迁论”不仅是一种破俗寻真的理论，也是一种劝善的理论。

二、不真空论

《不真空论》是关于事物本体的理论。僧肇并不否认外在事物的存在，但强调外在事物是一种“不真”的存在，就本质而言只是“空”。因为“不真”，所以“空”。“非无物也，物非真物。物非真物，故于何而可物？”（《不真空论》）这就好比人们幻想的“幻化人”，“譬如幻化人，非无幻化人，幻化人非真人也”（同上）。“幻化人”本身也许是存在的，但“幻化人”只是幻化，并不是真人，并不是真实的存在。

> 万物果有其所以不有，有其所以不无。有其所以不有，故虽有而非有；有其所以不无，故虽无而非无。虽无而非无，无者不绝虚；虽有而非有，有者非真有。若有不即真，无不夷迹，然则有无称异，其致一也。(同上)

僧肇承认外在事物的“有”，但认为这种“有”不是真有，所以“虽有而非有”；从“虽有而非有”的角度说，这种“有”也可以称为“无”。但是，这种“无”并不是一无所有的“无”，并不是真正的“无”，而是有着自己的虚幻形式，“无者不绝虚”，这样的“无”其实只是“虚”，只是“空”，所以，“虽无而非无”。“有”与“无”，名虽异但实则同，“其致一也”。“故《放光》云：第一真谛，无成无得；世俗谛故，便有成有得。夫有得即是无得之伪号，无得即是有得之真名。真名，故虽真而非有；伪号，故虽伪而非无。是以言真未尝有，言伪未尝无；二言未始一，二理未始殊。”（同上）“有”与“无”，虽有“真名”与“伪号”之别，但其实质则没有不同。

万物既是“有”，又是“无”，但“有”非“真有”，“无”非“真无”。所以，既“有”既“无”，非“有”非“无”。

> 《中观》云：物从因缘故不有，缘起故不无。寻理即其然矣。所以然者，夫有若真有，有自常有，岂待缘而后有哉？譬彼真无，无自常无，岂待缘而后无也？若有不自有，待缘而后有者，故知有非真有。有非真有，虽有不可谓之有矣。不无者，夫无则湛然不动，可谓之无。万物若无，则不应起，起则非无。以明缘起，故不无也。故《摩诃衍论》云：一切诸法一切因缘故应有，一切诸法一切因缘故不应有，一切无法一切因缘故应有，一切有法一切因缘故不应有。(同上)

诸法若是“真有”，亦应是“自常有”，亦即不待缘而后有。然而，诸法皆“待缘而后有”，因缘而有，因此，虽有但非真有。另外，万物若是“真无”，亦应是“常无”。既是"常无"，亦即不待缘而后无，如此，则不应有"缘起"，而今既知有"缘起"，则"无"并非"真无"。"万法果有其所以不有，不可得而有；有其所以不无，不可得而无。何则？欲言其有，有非真生；欲言其无，事象既形，象形不即无，非真非实有。然则不真空义，显于兹矣。"（《不真空论》）"有"非"真有"，"无"非"真无"。并非无"有"，只是"有"而"不真"；"不真"不能谓之"无"，只能谓之"空"，这就是所谓的"不真空论"。

"不真空"，"不真"故"空"。"空"是言万物因缘而起，并没有恒定不变的本质，其本性原本是空。这样的"空"其实就是"虚"。而且，这样的"虚"并非涤除以后的所谓"虚"，而是本来具有的、本自具备的，所以叫作"自虚"。"圣人之于物也，即万物之自虚，岂待宰割以求通哉？"（同上）万物本来是自虚的，并非圣人强加于它们的。

僧肇从名与物的关系着手，以"名实无当"来进一步证明万物"自虚"。

> 夫以名求物，物无当名之实；以物求名，名无得物之功。物无当名之实，非物也；名无得物之功，非名也。是以名不当实，实不当名，名实无当，万物安在？（同上）

"以名求物"，无有当名之实；"以物求名"，无有得物之名。"物不即名而就实，名不即物而履真。"（同上）"名实无当"，这是一种事实，既有不当名之物，也有不符实之名，然而，以"名实无当"来否认客观事物的存在并非一种合乎逻辑的论证，二者之间并无必然关系。

外在之物本来是"自虚"无实的，也是非有非无、空而不真的，这就是僧肇《不真空论》的基本结论。"夫至虚无生者，盖是般若玄鉴之妙趣，有物之宗极者也。"（同上）僧肇又引用《中论》说："诸法不有不无者，第一真谛也。"但是，在僧肇看来，"不有不无"并不是杜塞视听，并不是无视外在事物的存在。

> 寻夫不有不无者，岂谓涤除万物，杜塞视听，寂寥虚豁，然后为真谛者乎？诚以即物顺通，故物莫之逆；即伪即真，故性莫之易。性莫之易，故虽无而有；物莫之逆，故虽有而无。虽有而无，所谓非有；虽无而有，所谓非无。如此，则非无物也，物非真物。（《不真空论》）

"不有不无"其实是一种精神，是一种"即物顺通""物莫之逆"的精神，是一种能够超越外物的精神。"自非圣明特达，何能契神于有无之间哉？是以至人通神心于无穷，穷所不能滞；极耳目于视听，声色所不能制者，岂不以其即万物之自虚，故物不能累其神明者也？"（同上）认识到万物的"自虚""不真"，才能超越外物，外物才能不累其神明。

> 是以圣人乘千化而不变，履万惑而常通者，以其即万物之自虚，不假虚而虚物也。故经云：甚奇，世尊！不动真际，为诸法立处，非离真而立处，立处即真也。然则道远乎哉？触事而真；圣远乎哉？体之即神。（同上）

僧肇讲"不真空"，但却强调"即物顺通"，在这里，我们明显看到了中国文化的固有痕迹，特别是庄子思想的痕迹。

三、般若无知论

在梵语中，般若是关于最高真实的知，是超越世俗之知的无限智慧，所以也叫“一切智”或“圣智”。僧肇认为，般若本身无相、无生、无灭，因此，没有任何局限，没有任何制约。

> 《放光》云：般若无所有相，无生灭相。《道行》云：般若无所知，无所见。此辨智照之用，而曰无相无知者，何耶？果有无相之知，不知之照明矣。何者？夫有所知，则有所不知，以圣心无知，故无所不知。不知之知，乃曰一切知。故《经》云：圣心无所知，无所不知。（《般若无知论》）

世俗之知是相对的、有限的智慧，所以“有所知”则“有所不知”，可以简称为“知”或“惑智”；般若之智由于不是针对具体事物的知，所以是“无知”，正因为是“无知”，所以“无所不知”，因此而简称“智”或“圣智”。相对于世俗之知的“有所知”而言，般若之智是“无知”；相对于世俗之知的“有所不知”而言，般若之智是“无所不知”。

般若之智由于是无生无灭、无相无知的，所以不可能作用于有生有灭、有形有相的具体的世俗事物，具体事物不能成为般若之智的对象。

> 般若清净者，将无以般若体性真净，本无惑取之知。本无惑取之知，不可以知名哉，岂唯无知名无知？知自无知矣。是以圣人以无知之般若，照彼无相之真谛。真谛无兔马之遗，般若无不穷之鉴。所以会而不差，当而无是，寂怕无知，而无不知者矣。（同上）

般若体性真净，“本无惑取之知”，于此而言，可谓“无知”；但般若是关于真谛的智，而“真谛无兔马之遗”，亦即无自身的局限性，所以又可谓“无不知”。

般若与真谛之间的关系是：“以无知之般若，照彼无相之真谛”。在僧肇看来，不能将般若与真谛之间的关系理解为认识与对象之间的关系。在《般若无知论》中，僧肇借用时人的话说：“真谛则般若之缘也。以缘求智，智则知矣。”意思是说，真谛是般若所攀缘的对象，亦即认识的对象，如此而言，般若之智与世俗之知就没有本质区别了，般若之智亦即世俗之知。对于此观点，僧肇解释说，般若之智并非世俗之知，真谛并非就是般若的认识对象，般若对真谛只是“虚心实照”。

> 《放光》云：不缘色生识，是名不见色。又云：五阴清净，故般若清净。般若即能知也，五阴即所知也，所知即缘也。夫知与所知，相与而有，相与而无。相与而无，故物莫之有，相与而有，故物莫之无。物莫之无，故为缘之所起；物莫之有，故则缘所不能生。缘所不能生，故照缘而非知；为缘之所起，故知缘相因而生。是以知与无知，生于所知矣。（同上）

世俗之知与其所知，一是认识的主体，另一是认识的客体，二者是相互依存的，“相与而有，相与而无”。对于般若之智而言，般若是“能知”，五阴为“所知”。但般若之智的对象并不是五阴本身，而是五阴的实相，“五阴清净”，所以般若也是清净，由此，般若“不缘色生识”。

缘法故非真，非真故非真谛也。故《中观》云：物从因缘有，故不真；不从因缘有，故即真。今真谛曰真，真则非缘。真非缘，故无物从缘而生也。故《经》云：不见有法无缘而生。是以真智观真谛，未尝取所知。智不取所知，此智何由知？然智非无知，但真谛非所知，故真智亦非知。(《般若无知论》)

"缘法故非真"，"真则非缘"。般若与真谛之间的关系并不是知与所知之间的关系。"以真智观真谛，未尝取所知"，真知于真谛，无所取，亦无所缘。所以，"真谛非所知"，"真智亦非知"，真智即般若并不是知，也不是所知。正因为如此，"是以般若可虚而照，真谛可亡而知，万动可即而静，圣应可无而为"（同上）。虽曰般若，其实只是无知，故曰"般若无知"。

"般若无知"，亦即般若本身无知无见、无作无缘、无名无说、非有非无。

《经》云：真般若者，清净如虚空，无知无见，无作无缘。斯则知自无知矣，岂待返照然后无知哉？若有知性空而称净者，则不辨于惑智。三毒四倒亦皆清净，有何独尊于般若？若以所知美般若，所知非般若。所知自常净，故般若未尝净，亦无缘致净叹于般若。(同上)

般若无知、是本自无知，并非返照而归于无知；般若清净，是本自清净，并非知性空而后称清净。般若非所知，"若以所知美般若，所知非般若"。

《经》云：般若义者，无名无说，非有非无，非实非虚。虚不失照，照不失虚，斯则无名之法，故非言所能言也。言虽不能言，然非言无以传，是以圣人终日言而未尝言也。(同上)

般若无名无说、非有非无、非实非虚。真正体悟到般若之义的圣人，亦是无言无说、无知无相。

夫圣心者，微妙无相，不可为有；用之弥勤，不可为无。不可为无，故圣智存焉；不可为有，故名教绝焉。是以言知不为知，欲以通其鉴；不知非不知，欲以辨其相。辨相不为无，通鉴不为有。非有，故知而无知；非无，故无知而知。是以知即无知，无知即知。无以言异，而异于圣心也。(同上)

有与无，只是形式，只是形象。圣人之知，则通于有无，超越有无；圣人之相，不仅无相，亦超越无相。

圣人无无相也。何者？若以无相为无相，无相即为相。舍有而之无，譬犹逃峰而赴壑，俱不免于患矣。是以至人处有而不有，居无而不无。虽不取于有无，然亦不舍于有无。所以和光尘劳，周旋五趣，寂然而往，怕尔而来，恬淡无为而无不为。(同上)

圣人无相，亦无无相。圣人非有，而且非无。因为舍有而无，无又成为有，犹如"逃峰而赴壑"，依旧是患。所以，圣人"处有而不有"，"居无而不无"。进而，圣人无心，亦无无心；圣人无应，亦无无应。

生灭者，生灭心也。圣人无心，生灭焉起？然非无心，但是无心心耳。又非不

应，但是不应应耳。是以圣人应会之道，则信若四时之质。直以虚无为体，斯不可得而生，不可得而灭也。(《般若无知论》)

“无心心”“不应应”，其义也是超越有无的截然对立，处有而不有，居无而不无。

可以看出，僧肇的思想具有理论深度，但同时也带有明显的玄学痕迹。僧肇借助玄学来阐扬佛理，同时也将玄学推向了新的理论高度。然而，僧肇虽然竭力破除有无的对立，企图超越有无，但他还没有完全达到超越有无对立的高度，还没有指明非有非无之外是什么，非有非无之上是什么。这一问题，到了天台宗智顗那里才得到了比较好的解决。智顗以“三谛圆融”比较好地解决了这个问题。

第五节　道生

道生（355—434），俗姓魏，巨鹿（今河北平乡西南）人。道生出身仕族之家，幼而聪慧，师从竺法汰改服受学，后前往长安，从鸠摩罗什受学，为鸠摩罗什门下“四杰”之一。著有《二谛论》《佛性当有论》《法身无色论》《佛无净土论》《应有缘论》《维摩诘经注》《妙法莲花经疏》《涅槃经义疏》等。道生的学说最深刻并对后代有重大影响的，是一阐提成佛论和顿悟成佛论。

一、一阐提成佛

佛教宣扬现世世界是一个充满苦难的世界，只有成佛，脱离轮回，进入涅槃之境，才可解脱苦难。佛性，即众生成佛的可能性，也叫“觉性”“法性”“如来性”。

东晋末年，法显与佛陀跋陀罗译出《大般泥洹经》六卷本。《大般泥洹经》中虽然有“一切众生，皆有佛性”的说法，但通常又将“一阐提人”排除在外。“一阐提人”系梵语 Icchantika 的音译，简称“阐提”，意为“断善根”“信不具”，指不具信心、善根断尽之人。《大般泥洹经》认为，一阐提人不具有佛性：

一切众生，皆有佛性，在于身中。无量烦恼，悉除灭已，佛便明显。除一阐提。(卷四)

如一阐提，懈怠懒惰，尸卧终日，言当成佛，若成佛者，无有是处。(卷三)

在道生看来，既然一切众生皆有佛性，一切众生皆当作佛，就不可将一阐提人排除在外。据此，道生认为，一阐提人也有佛性，也能成佛。《名僧传抄》附录记载：

道生曰：禀气二仪者，皆是涅槃正因。阐提是含生，何无佛性？

一阐提者，不具信根，虽断善，犹有佛性。

道生认为一阐提人也有佛性，也可成佛，与当时经文有很大的抵触，一时间引起极大的反响。据《高僧传》记载：

六卷《泥洹》先至京师。生剖析经理，洞入幽微，乃说一阐提人皆得成佛。于时大本未传，孤明先发，独见忤众。于是旧学以为邪说，讥愤滋甚，遂显大众，摈而遣之。生于大众中正容誓曰："若我所说反于经义者，请于现身即表厉疾，若与实相不相违背者，愿舍寿之时据师子座。"言竟，拂衣而游。（卷七）

道生因持一阐提成佛论，被当众逐出寺院，这是对僧人最严厉的处罚。

后来，由昙无谶翻译的四十卷本《大般涅槃经》传入建康，其中果然有"阐提皆有佛性"的说法，证明道生的见解是正确的。《大般涅槃经》云：

我常宣说，一切众生悉有佛性，乃至一阐提等亦有佛性。一阐提等无有善法，佛性亦善以未来有故，一阐提等悉有佛性。何以故？一阐提等定当得阿耨多罗三藐三菩提故。（卷二十七）

一阐提人也有佛性，也可成佛，这种理论具有重要的意义。它一方面宣告"佛法无边"，另一方面也宣布，一切人物只要归向佛法，皆可得救。道生的伟大之处就在于，他在没有文本依据的条件下，"孤明先发"，独自领悟其中真意。然而，孟子即认为"人皆可以成尧舜"，可见道生的独立见解与中国传统文化是息息相关的，是中国传统文化本应具有的思想观念。

二、顿悟成佛

佛教所谓顿悟，是相对于渐修而言的。依据印度佛教教义，见道与修道都须遵循一定阶次，一步一步地进行，所以渐进、渐修是最基本的方法。西晋之后，随着大量佛经的翻译，固守经典文句的习惯受到质疑，独立解经的风尚开始形成。在这种风尚的导引下，开始出现了有别于渐修的顿悟之说。

据陈代慧达所言，在道生顿悟说倡立之前，已经有所谓"七住顿悟"之说。《世说新语·文学》刘孝标注曰："《支法师传》曰：法师研十地，则知顿悟于七住。"慧达《肇论疏》卷上云：

小顿悟者，支道琳师云：七地始见无生。弥天释道安师云：大乘初无漏惠，称摩诃波若，即是七地。远师云：二乘未得无有（有当为生），始于七地，方能得也。埵法师云：三界诸结，七地初得无生，一时顿断，为菩萨见谛也。肇法师亦同小顿悟义。

道生之前，支道林、道安、慧远、僧肇等人已经持"七住顿悟"之说，即认为在"七住"之前是渐修的过程，只有到了"七住"，把握了"无生"之理，道慧具足，才可获得顿悟。这种顿悟被称作"小顿悟"。

道生认为，在"七住"之内没有悟道的可能，只有到了"十住"，才可彻底破除一切妄见及迷惑而获得正觉，才可大彻大悟。

"十住"，亦可称为"十地"，佛教认为大乘菩萨进修，须依次历经十个阶段，一个阶段称为一地或一住，故称为"十地"或"十住"。依次是：欢喜地（发心住）、离垢地（治地住）、发光地（修行住）、焰慧地（生贵住）、难胜地（具足方便住）、现前地（正心住）、远行地（不退住）、不动地（童真住）、善慧地（法王子住）、法云地（灌顶住）。

道生关于顿悟的文章言论已经散失，其具体论述已不得见。慧达《肇论疏》卷上云：

> 而顿悟者，两解不同。第一竺道生法师大顿悟，云：夫称顿者，明理不可分，悟语照极。以不二之悟，符不分之理。理智恚（悉）释，谓之顿悟。见解名悟，闻解名信。信解非真，悟发信谢，理数自然，如果熟自零，悟不自生，必籍信渐。用信伪（伏）惑，悟以断结。悟境停照，信成万品，故十地四果，盖是圣人提理令（今）近，使夫（天）者自强不息。

道生认为，“理不可分”，理是一而不二的。“如来理圆无缺，道无不在……如来者，万法虽异，一如是同。”（《妙法莲花经疏》卷下）所以，对于佛理的把握，不能依靠理智，而应依靠直觉；又因为佛理是圆满无缺的，所以，对于佛理的觉悟，不能分阶段完成，而必须依靠顿悟才能实现。

梁代释宝亮《大般涅槃经集解》卷一引道生之言曰：

> 夫真理自然，悟亦冥符。真则无差，悟岂容易？不易之体，为湛然常照。但从迷乖之，事未在我耳。苟能涉求，便反迷归极。归极得本，而似始起。始则必终，常以之昧。若寻其趣，乃是我始会之。非照今有，有不在今，则是莫先为大。既云大矣，所以为常。常必灭累，复曰般泥洹也。

真理是自然而然的，但人为迷雾所障，则常处于昧，人若能“反迷归极”，则可悟得湛然常照之理。在《妙法莲花经疏》卷下，道生进一步指出：“譬如三千，乖理为惑，惑必万殊。反则悟理，理必无二。如来道一，物乖谓三。三出物情，理则常一。如云雨是一，而药木万殊，万殊在于药木，岂云雨然乎？”佛理本是一而不二，乖则为惑，反则悟理。

道生强调顿悟，并且认为顿悟是无关语言文字的。

> 未见理时，必须言津；既见乎理，何用言为？其犹筌蹄，以求鱼兔；鱼兔既获，筌蹄何施？若一闻经，顿至一生补处，或无生法忍，理固无然，本苟无解，言何加乎？（《妙法莲花经疏》卷下）
>
> 文字语言，当理者是佛，乖则凡夫。于佛皆成真实，于凡皆成俗谛也。（《大般涅槃经集解》卷二十一）

为了见理，必须借助语言；但得理之后，却须弃掉语言。隋唐吉藏《二谛义》引道生之言曰：“果报是变谢之场，生死是大梦之境。从生死至金刚心，皆是梦，金刚后心，豁然大悟，无复所见也。”悟是豁然开朗的一种明觉而无言的状态，所以十地之前不是真悟，只有到了十地，才可豁然大悟，顿见佛法真如。

道生的顿悟说在思想史上具有重要的意义，是重大的理论创建，对后代禅宗的理论体系具有重要的影响。道生强调理一，强调理圆而无缺，也开创了后代“理一分殊”说的先河。《高僧传》中说他“潜思日久，彻悟言外”，“笼罩旧说，妙有渊旨”。道生在中国佛教史上不是一位影响重大的人物，但却是一位非常具有独创性的人物。

第十四章

隋唐佛教哲学

佛教自东汉永平年间传入中国，至南北朝时期走向兴盛，隋唐时代中国佛教开始形成宗派。每一宗派都有自己的宗教理论体系、宗教规范制度、势力范围，其中影响最大的有八个宗派，即天台宗、三论宗、唯识宗、华严宗、禅宗、律宗、密宗、净土宗。从理论上讲，贡献最大的是前五宗。

第一节　天台宗

天台宗，由于由隋朝天台山智顗开创，所以后世称其为天台宗；又由于所立教义正依《法华经》，所以也称法华宗。本宗的学统是龙树、慧文、慧思、智顗、灌顶、智威、慧威、玄朗、湛然九祖相承。

智顗（538—597），俗姓陈，为慧思弟子，聪慧好学，深得慧思真传，长期居住在浙江天台山，世称“智者大师”。主要著作有《摩诃止观》二十卷、《妙法莲华经玄义》（也称《法华玄义》）二十卷、《妙法莲华经文句》二十卷，被称为“天台三大部”。

一、三谛圆融

天台宗的中心理论是“诸法实相”论。“诸法”，泛指一切现象、一切存在；“实相”，即事物、存在之真实本相。早期佛教强调“三法印”，以“三法印”为佛教思想的根本标志。“三法印”即：“诸行无常、诸法无我、涅槃寂静”。《莲华面经》曰：“一切行无常，一切法无我，及寂灭涅槃，此三是法印。”大乘佛教对此做出修正，提出“诸法实相”论。龙树在《中论》中说：“诸法实相者，心行言语断，无生亦无灭，寂灭如涅槃。”意思是说，诸法实相是不可言传、无生无灭、没有分别的寂，所以龙树又在《中论》中说：“自知不随他，寂灭无戏论，无异无分别，是则名实相。”

天台宗认为，“诸法即实相”。“即”的意思是不离、不违、圆融无碍。一切事物、一切存在与其真实本相、与其本体是内在统一、没有隔离的。诸法即真如，佛法即妙有，烦恼即菩提，生死即涅槃。“一色一香，无非中道。”（《摩诃止观》卷一上）一花一草中即含有中道真理，世俗世间与中道真如原本是圆融无碍的。世界的本质就是实相，“纯一实相，实相外更无别法”（同上）。由于强调诸法实相，天台宗将“三法印”改造成“一法印”。智𫖮说：“大乘经但有一法印，谓诸法实相，名了义经，能得大道。若无实相印，是魔所说。”（《妙法莲华经玄义》卷八上）这就是说，没有“三法印”，只有“一法印”，“一法印”就是诸法实相印。

为了说明诸法实相，天台宗标举“三谛圆融”。“三谛圆融”源于龙树的“三是偈”。龙树在《中论》中说：

> 众因缘生法，我说即是空，亦为是假名，亦是中道义。

万事万物因为各种缘的偶合聚凑而得以产生和存在，因为是各种缘的聚会和合，并没有永恒不变的本体，所以可以称之为空；其实空也并非真空，空亦只是一个假名；既不执于空，亦不执于假，离却二执，即得中道。智𫖮由此提出“因缘所生法，即空即假即中”的“三谛圆融”论。

> 《中论》云：因缘所生法，即空即假即中。因缘所生法即空者，此非断无也；即假者，不二也；即中者，不异也。因缘所生法者，即遍一切处也。（《妙法莲华经玄义》卷一上）

一切事物都由因缘而生，没有固定不变的实体，即空。空并非一无所有，而是有而不实。有而不实，即是空。但一切事物虽然没有固定不变的实体，但却有如幻如化的相貌，所以并不是真空。不真而空，即是假。空与假是诸法一体的两个侧面，从全体来看，从诸实体上看，不应偏于任何一面，空即假，假即空，空假不二，这就是中。

在天台宗看来，任何一种事物，既是空，又是假，还是中。即空即假即中，是为“三谛”，而此三谛实为一谛。

> 若谓即空即假即中者，虽三而一，虽一而三，不相妨碍。三种皆空者，言思道断故；三种皆假者，但有名字故；三种皆中者，即是实相故。但以空为名，即具假、中，悟空即悟假、中。余亦如是。（《摩诃止观》卷一下）

三谛即是一谛，一谛亦是三谛，所以称为“一实谛”。“一实谛，即空即假即中，无异无二，故名一实谛。若有三异，则为虚伪。”（《妙法莲华经玄义》卷八下）“一实谛”就是即空即假即中。对于任何事物而言，空、假、中同时具有，空、假、中同时真实，所以称作“三谛”。空谛之教，意在破有；假谛之教，意在破空；中谛之教，意在非有非空，即空即假。空不离假与中，假不离中与空，中不离空与假。一即三，三即一，三一融通无碍，所以称作“三谛圆融”。智顗说：“圆三谛者，非但中道具足佛法，真、俗亦然。三谛圆融，一三三一。”(《妙法莲华经玄义》卷二下）三谛圆融之一实谛，即是诸法实相，诸法实相也就是三谛圆融之一实谛。

一实谛者，即是实相。实相者，即经之正体也。如是实相，即空、假、中。即空，故破一切凡夫爱论，破一切外道见论。即假，故破三藏四门小实，破三人共见小实。即中，故破次第偏实，无复诸颠倒小偏等。(同上书，卷八下）

任何一种实体，既空、即假、即中，但却又不能执于空、执于假，执于中，如此才是“三谛圆融”。

“三谛圆融”并非一种空洞的理论，而是一种观行的方法。“三谛圆融”实际就是“一心三观”。

若一法一切法，即是因缘所生法，是为假名，假观也；若一切法即一法，我说即是空，空观也；若非一非一切者，即是中道观。一空一切空，无假、中而不空，总空观也；一假一切假，无空、中而不假，总假观也；一中一切中，无空、假而不中，总中观也。即《中论》所说不可思议一心三观。(《摩诃止观》卷五上）

“一心三观”，即是要于一切法上同时观得空、假、中，即空、即假、即中，但又不执于空、假、中。智顗说：“一心三观者，此出释论。论云：三智实在一心中得，只一观而三观，观于一谛而三谛。故名一心三观。类如一心而有生、住、灭。如此三相，在一心中，此观成时，证一心三智。”(《观无量寿佛经疏》）

佛教所谓的“三智”，即是“道种智”“一切智”“一切种智”。《摩诃般若经》说：“欲以道智具足道种智，当学般若；欲以道种智具足一切智，当学般若；欲以一切智具足一切种智，当学般若。”所谓“道种智”，即从具体事物出发，虽然看到事物的各种相状，但认识到事物的具体相状并非真实，只是假相、幻相；所谓“一切智”，即从事物的总相着眼，知一切法不过因缘所起，并无自性，实体只是空；所谓“一切种智”，即既看到事物的别相，又认识到事物的总相，知一切法均是空无自性的假相。“三智实在一心中得”，如何在一心中得此三智？即是要“一心三观”。智顗说：“即空、即假、即中，即空故名一切智，即假故名道种智，即中故名一切种智。三智一心中得，名大般若。”(《妙法莲华经玄义》卷九上）所以，“三谛圆融”与“一心三观”是一一相通的。“三谛圆融”实际就是“一心三观”，“一心三观”实际就是“三谛圆融”。

二、一念三千

为了进一步说明诸法实相，天台宗创立“一念三千”理论，认为三千世界在于“介尔一念心”。所谓“三千”，即三千世间，泛指世间一切事物。此三千之数，由“十如是”“十法界”“三种世间”配合而成。

在天台宗看来，每一事物的实相包括十个方面，或者说可以从十个方面做出考察，也就是所谓的“十如是”。“如是”，就是如此这般，就是事物的真实相状。“十如是”出自《妙法莲华经》：

所谓诸法如是相，如是性，如是体，如是力，如是作，如是因，如是缘，如是

果，如是报，如是本末究竟等。（卷一）

相即相貌，性即性质，体即质体，力即功能，作即构造，因即原因，缘即条件，果即结果，报即报应，本末究竟即十如是的总体。一切诸法均具十如是，无有欠缺。

另外，一念心中，具足十法界。

十法界者，谓六道四圣是为十法也。法虽无量，数不出十。（《妙法莲华经文句》卷三下）

六道，也称六凡，即六道众生，依次为地狱、饿鬼、畜生、阿修罗、人、天；四圣，指声闻、缘觉、菩萨、佛。但此十法界并不是各自孤立的，每一界各具十种变相。"如地狱界，当体自具相性本末，亦具畜生界相性本末，乃至具佛法界相性本末，无有缺减。"（同上）十法界中，每一界各具十界，如地狱之地狱、地狱之饿鬼、地狱之畜生……以至地狱之佛；饿鬼之地狱、饿鬼之饿鬼、饿鬼之畜生……以至饿鬼之佛。依此类推，十界互具，而成百法界。

天台宗进而认为，各法界所依之体基本不外乎"三种世间"。就构成它们的个体要素来说，是色、受、想、行、识五蕴世间；就其群体而言，是有情世间；就其生存环境而言，是器世间。十法界各具三种世间，成三十世间。十法界各界互涵，成百法界，由此三十种世间成为三千种世间。

天台宗以三千种世间来概括世间一切事物，而三千世界在于一念心。

此一法界具十如是，十法界具百如是。又一法界具九法界，则有百法界千如是。（同上书，卷二上）

一心具十法界，一法界又具十法界、百法界。一界具三十种世间，百法界即具三千种世间。此三千在一念心，若无心而已。介尔有心，即具三千。（《摩诃止观》卷五上）

三千世界不过是"介尔一念心"的产物，没有"介尔一念心"就没有一切。

天台宗认为，众生与佛乃至世间万物，既不是自生，也不是心生，而是具于心、系于心。佛、众生、心，三者同格互具，同时自在圆融。每一者同时具足其他二者，心具众生与佛，佛具心与众生，众生具佛与心。智𫖮说：

不言一心在前，一切法在后，亦不言一切法在前，一心在后。……若从一心生一切法者，此则是纵；若心一时含一切法者，此即是横。纵亦不可，横亦不可。只心是一切法，一切法是心。故非纵非横，非一非异，玄妙深绝，非识所识，非言所言。（同上）

"心是一切法，一切法是心"，法不在前，心不在后，法心互具，非一非异。

三、性具善恶

佛学虽然论及心与物的关系问题，但这一问题并非佛学的主要问题。佛学之所以为佛学，基本问题是围绕成佛而展开的，这一问题又可分为两个方面，一是佛性如何的问题，二是如何修行成佛的问题。

佛性，梵语为 Buddha-dhātu，基本含义为佛的本性或本质，后引申为成佛的因性、成佛的可能性。智顗根据《大般涅槃经》中关于“三因佛性”的思想，认为佛性同时具足三种因性，即“正因佛性”“了因佛性”“缘因佛性”，合称“三因佛性”。智顗说：

> 法性实相即是正因佛性，般若观照即是了因佛性，五度功德资发般若，即是缘因佛性。（《妙法莲华经玄义》卷十上）

“正因佛性”不染不净、非善非恶，是中道第一义空，既是本有，又是当有，称作性德；“了因佛性”是智慧，是般若观照，称作智德；“缘因佛性”是功德、是修行，称作修德。所以，三因佛性也可称作“三德”。三德之中，性德是本因，是法身，智德是明见，修德是解脱。“了是显发，缘是资助，资助于了，显发法身。了者即是般若观智，亦名慧行正道，智慧庄严。缘者即是解脱，行行助道，福德庄严。”（《观音玄义》卷上）三因佛性本自一体，以其所用之不同分而为三。三因佛性以其所用之不同，也可分为两个方面，一是性，二是修。“正因佛性”是性，“了因佛性”和“缘因佛性”是修。性与修是相互发用的。湛然依据智顗所教，立天台宗十种不二法门，简称“十不二门”，其中第三门即是“修性不二”门。“由修照性，由性发修。存性则全修成性，起修则全性成修”，故曰“修性不二”（《十不二门》）。

智顗认为，一切众生无不具有三因佛性。

> 今《法华》定天性，审父子，非复容作，故常不轻深得此意，知一切众生正因不灭；不敢轻慢，于诸过去佛现在若灭后，若有闻一句，皆得成佛道，即了因不灭；低头举手，皆成佛道，即缘因不灭也。一切众生，无不具此三德。（《妙法莲华经玄义》卷六下）

一切众生都具有三因佛性。就三因佛性而言，“正因佛性”是正觉，不染不净，非善非恶，而“了因佛性”和“缘因佛性”则有染净，具善恶。《观音玄义》卷上曰：“问：缘、了既有性德善，亦有性德恶否？答：具。”“具”，即是本有、具足。

一切众生都具有三因佛性，因此，一切众生都具有善恶的本性。智顗说：

> 性之善恶但是善恶之法门，性不可改，历三世无谁能毁，复不可断坏。（《观音玄义》卷上）

人的本性是不可改变的，过去、现在、未来三世都不可改变。善与恶是相对而言的，由恶而有善，由善而有恶，恶中有善，善中有恶。了达性恶，改恶修善，恶就成了善。“凡夫心一念，即具十界，悉有恶业性相，只恶性相即善性相，由恶有善，离恶无善，翻于诸恶，即善资成。”（《妙法莲华经玄义》卷五下）

就个体而言，一切众生都有善恶的本性；就群体而言，世上既有善人，也有恶人。在智顗看来：

> 因缘和合有善人、恶人之异，是世界；善缘和合有善人，是为人；恶缘和合有恶人，是对治；双非善恶是第一义。五阴实法隔历，是世界；从善五阴生善五阴，是为人；以善五阴破恶五阴，是对治；无漏五阴是第一义。善法恶法异，是世界；说今善法生后善法，是为人；以今善法破今恶法，是对治；非善非恶是第一义。（同上书，卷一下）

世界本身不是一个单一的世界，而是一个复杂的世界。有善、有恶，恶不是善，善不是恶，这才是世界，这才是世界的本来。另外，因为有善，才有恶；因为有善人，才有恶人；善与恶相向而生、相对而在，所以才有“对治”。

智𫖮进而认为，善与恶均可分为两种，一种是从本性上讲的，另一种是从修为上讲的。性善、性恶是本来具有的性德，是不可改变的、不可断坏的；修善、修恶是由性中善恶生起的，是由后天行为引发的，是可以改变的、可以断坏的。所以，被视为断尽一切善根的一阐提，“断修善尽，但性善在”，而作为纯善的佛，“断修恶尽，但性恶在”（《观音玄义》卷上）。一阐提虽然断修善，但其本性之善未尝不在；佛虽是善的化身，但也有恶性在。

> 阐提既不达性善，以不达故，还为善所染，修善得起，广治诸恶。佛虽不断性恶，而能达于恶，以达恶故，于恶自在，故不为恶所染，修恶不得起，故佛永无复恶。（同上）

一阐提虽具善性，但却不能通达性善，而为恶所染，遂流为恶。然而，一阐提虽流为恶，但毕竟有善性在，也可为善所染，修善而治恶。佛虽具恶性，但能通达性恶，断尽修恶，不为恶所染，故而自在自如，永不复恶。

性具善恶，是天台宗关于佛性的基本理论。湛然说：“如来不断性恶，阐提不断性善，点此一意，众滞自销。”（《摩诃止观辅行传弘决》卷五）性具善恶论的重要理论意义在于指明，一阐提也具善性，如“修善得起，广治诸恶”，亦可得救，亦可成佛，由此而证得佛法无边，一切众生悉有佛性，均能成佛。

四、圆顿止观

一切众生悉有佛性，均可成佛，并不意味着众生当然即可成佛。众生悉有佛性，只是性德如此，只是成佛的本因，要成佛还须依靠修德，还须修善无已。止观学说就是关于修持的学说。

止观是佛教哲学的重要内容，是求得佛法、了悟佛性真如的重要法门。“止”，梵语为 Śamatha，本义是离邪念，专注一境，达于无念无想的寂静状态；“观”，梵语为 Vipaśyanā，本义是起正智、以正智照见诸法。止是禅定，观是般若；止是放下，观是看破。智𫖮认为：“法性寂然名止，寂而常照名观”，“发菩提心即是观，邪僻心息即是止”（《摩诃止观》卷一上）。佛教教人修习，教人了悟，教人明心见性，其基本途径即是止观二法。智𫖮说：

> 若夫泥洹之法，入乃多途，论其急要，不出止观二法。所以然者，止乃伏结之初门，观是断惑之正要；止则爱养心识之善资，观则策发神解之妙术；止是禅定之胜因，观是智慧之由藉。若人成就定慧二法，斯乃自利利人，法皆具足。……当知此之二法，如车之双轮，鸟之两翼，若偏修习，即堕邪倒。（《修习止观坐禅法要》）

由止而定，由观而慧，定是慧体，慧是定用。定慧二法相得益彰，不可偏废。因为如此，智𫖮强调止观并重，定慧双修，指出：“若偏修禅定福德，不学智慧，名之曰愚；偏学智慧，不修禅定福德，名之曰狂。”（《小止观》）

天台宗将止观修习分为三个层次：渐次止观、不定止观、圆顿止观。智𫖮门下弟子灌顶在《摩诃止观》序文中说：“天台传南岳三种止观：一渐次、二不定、三圆顿。皆是大乘，俱缘实相，同名止观。渐则初浅后深，如彼梯磴。不定前后更互，如金刚宝置之日中。圆顿初后不二，如通者腾空。”渐次止观初持戒，次修禅定，最后修实相，由低到高，由浅入深，如登阶梯。不定止观不以固定先后第次，随顺众生之根机，依照过去宿习，随机而发。圆顿止观不分初后，无二无别，造境即中，当下了悟诸法实相。

三种止观中，圆顿止观最为天台宗所强调，也最能体现天台宗的思想特色。智𫖮说：

> 圆顿者，初缘实相，造境即中，无不真实。系缘法界，一念法界，一色一香，无非中道。己界及佛界、众生界亦然。阴入皆如，无苦可舍；无明劳尘，即是菩提，无集可断；边邪皆中正，无道可修；生死即涅槃，无灭可证。无苦无集，故无世间；无道无灭，故无出世间。纯一实相，实相外更无别法。法性寂然名止，寂而常照名观。虽言初后，无二无别，是名圆顿止观。(《摩诃止观》卷一上)

圆顿止观，圆融无碍，造境即中，顿然了悟诸法实相，从而进入“无苦无集”“无道无灭”“无世间”“无出世间”的境界，得中道第一义谛。圆顿止观所达到的境界就是“三谛圆融”的境界。从境界来讲，是“三谛圆融”；从观行来讲，是圆顿止观。二者是相即相通的。圆顿止观是达到“三谛圆融”的途径。

除了三种止观，智𫖮还具体讲到“三止三观”。“三止”包括：“体真止”“方便随缘止”“息二边分别止”。

> 体真止者，诸法从缘生，因缘空无主，息心达本源，故号为沙门。知因缘假合幻化性虚故名为体，攀缘妄想得空即息，空即是真，故言体真止。(同上书，卷三上)

“体真止”，体空达本，息心无念，知一切事物无不是因缘和合而成，从而悟得“空”。而“空”才是真，得“空”才是体真。因为能体真，所以名为“体真止”。

> 方便随缘止者，若三乘同以无言说道断烦恼入真，真则不异，但言烦恼与习有尽不尽。若二乘体真不须方便止，菩萨入假正应行用。知空非空故言方便，分别药病故言随缘，心安俗谛故名为止，经言动止心常一亦得证此意也。(同上书，卷三上)

“方便随缘止”，随假安俗。根据不同的情况，随机而应；根据不同对象的不同病症，能够采取不同的解迷开悟办法。因为能够随缘解悟，因为方便易行，所以名为“方便随缘止”。

> 息二边分别止者，生死流动涅槃保证，皆是偏行偏用不会中道，今知俗非俗俗边寂然，亦不得非俗空边寂然，名息二边止。(同上书，卷三上)

“息二边分别止”，“二边”即俗与空，“息二边”即非俗非空。既不执于俗，又不执于空，“俗边寂然”，“空边寂然”，从而守持中道。

“三观”包括：“二谛观”“平等观”“中道第一义谛观”。智𫖮说：

> 观有三：从假入空，名二谛观；从空入假，名平等观；二观为方便道，得入中道，双照二谛，心心寂灭，自然流入萨婆若海，名中道第一义谛观。（《摩诃止观》卷三上）

“二谛观”是从假入空，将假作为入空的门户，能够从假谛和空谛的高度来观察与审视任何事物。“平等观”是从空入假，从空境入假境，以空观假，以空破假，能空能假，普度众生。“中道第一义谛观”，既不执于空，又不执于假，既超越空，又超越假，由此“得入中道”，由此能以中道审视一切，从而做到“心心寂灭”。

“三观”也指“一心三观”的空观、假观、中观。“一空一切空”，是空观；“一假一切假”，是假观；“一中一切中”，是中观。即空、即假、即中，但又不执于空、不执于假、不执于中，而是同时观得空、观得假、观得中。

其实，“三止三观”只是对止观的具体论述。“三止三观”与“圆顿止观”一样，最后达到的境界是“三谛圆融”。

> 若观一念禅定，二边寂灭，名体真止；照法性净，无障无碍，名即空观。又观禅心，即空、即假，双照二谛而不动真际，名随缘止；通达药病，称适当会，名即假观。又深观禅心，禅心即空、即假、即中，无二无别，名无分别止；达于实相、如来藏、第一义谛，无二无别，名即中观。三止三观，在一念心，不前不后，非一非异。（同上书，卷九下）

“三止三观”就是“三谛圆融”；能够做到“三止三观”，就做到了“三谛圆融”。“三止三观”与“三谛圆融”是相通的。

天台宗关于外部世界的理论是诸法实相论，由诸法实相而引出“三谛圆融”“一心三观”“一念三千”。“三谛圆融”是一种境界，“一心三观”是一种眼光，“一念三千”是一种心理态度。达到“三谛圆融”境界的途径则是“三止三观”以及“圆顿止观”。这一切在哲学上都有很大的价值。但天台宗的理论并不是为了哲学而产生的，它是为了宗教而产生的。成佛的理论以及如何成佛的理论才是天台宗的根本之所在，这一理论就是“性具善恶”。“性具善恶”，佛不断性恶，但断修恶；众生不断性善，但断修善。因此，一切众生均具佛性，均可成佛。这一理论对后代佛学产生了非常重大的影响。

第二节　三论宗

三论宗，因以印度大乘空宗中观学派龙树的《中论》《十二门论》和提婆的《百论》“三论”而立义，所以名为三论宗；又因其主要思想是阐述般若思想，所以又被称为般若宗；般若思想宣扬“诸法性空”，所以又被称为法性宗或性空宗。“三论”由鸠摩罗什翻译成中文，由此，鸠摩罗什被尊为中国三论宗的始祖。一般认为，该宗的学统在印度是龙树、提婆、罗睺罗、青目、须利耶苏摩、鸠摩罗什，在中国是鸠摩罗什、僧肇、道朗、僧诠、法朗、吉藏，而实际创始人则是吉藏。

吉藏（549—623），俗姓安，祖籍安息，生于金陵（今江苏南京）。又称胡吉藏。七岁从法朗出家，隋平定江南后，住会稽嘉祥寺，宣讲三论，被尊称为“嘉祥大师”。后住扬州慧日寺、长安日严寺，并于长安完成三论注疏，创立三论宗。主要著作有《中观论疏》十卷、《百论疏》三卷、《十二门论疏》三卷、《三论玄义》一卷、《大乘玄论》五卷、《二谛义》三卷。

一、八不中道

三论宗之宗派创立比天台宗稍晚。这两个宗派的理论基础都是印度的中观学派，都以龙树为本宗始祖。然而，天台宗以《法华经》立宗；三论宗则以龙树和提婆的“三论”立宗，隋唐各大佛教宗派中唯独三论宗以“论”而非“经”立宗。天台宗强调“诸法实相”，强调“三谛圆融”；三论宗则强调中道实相，强调中观、性空。

三论宗的基本理论是中道实相论。三论宗关于中道实相的理论是在三论学的基础上发展起来的。三论学宣扬中观、性空，而其理论方法是“破邪显正”。“破邪”，即破除邪见；“显正”，即通过破除邪见而显现正见。三论学“破邪显正”的方法也为三论宗所继承。吉藏说：“一曰显正，二曰破邪。破邪则下拯沈沦，显正则上弘大法。故振领提纲，理唯斯二也。”（《三论玄义》）又说：“就说教意中，凡有二意，一者破邪，二者显正。佛欲断如此等诸邪见，即破邪也；令知佛法，故谓显正也。”（《中观论疏》卷一）就“破邪显正”而言，三论宗与三论学一样，更强调“破邪”，强调通过“破邪”而“显正”。吉藏说：“初就八不明中道，后就二谛明中道。”（《大乘玄论》卷一）“八不”理论与“二谛”理论的重点都是强调“破邪”。

“八不”理论的源头是龙树《中论》中的“八不偈”：

> 不生亦不灭，不常亦不断，不一亦不异，不来亦不出。能说是因缘，善灭诸戏论；我稽首礼佛，诸说中第一。（《中论·观因缘品》）

龙树将“八不”作为诸说中第一，表明龙树非常强调“八不”，认为它是一切学说的基础。生、灭、常、断、一、异、来、出，是依诸法缘起的假相而立的假名，执于假相、假名，则不得中道实相，所以，执于假相、假名而建立的各种理论都是应当破灭的戏论，对此八种假名都应当采取破灭亦即“不”的态度，由此，三论学提倡“八不”。

吉藏祖述其师法朗对于“八不”的见解说：

> 师云：标此八不，摄一切大小、内外。有所得人，心之所行，口之所说，皆堕在八事中。今破此八事，即破一切大小、内外。有所得人，故明八不。所以然者，一切有所得人。生心动念即是“生”，欲灭烦恼即是“灭”，谓己身无常为“断”，有常住可求为“常”，真谛无相为“一”，世谛万像不同为“异”，从无明流来为“来”，返本还原出去为“出”。裁起一念心，即具此八种颠倒。今一一历心观此无从，令一切有所得心毕竟清净，故云不生不灭，乃至不来不出也。（《中观论疏》卷二）

生、灭、常、断、一、异、来、出，都是假名，都是偏执，“八不”才是中道。“八不”的提出，就是为了破除一切“有所得”之人之“有所得”之心，以求归于无所得。“所以牒八不在初者，欲洗净一切有所得心，有得之徒无不堕此八计中。如小乘人言，谓有解之可生，惑之可灭，乃至众生从无明流来，返本还原故去。今八不横破八迷，竖穷五句。以求彼‘生灭’不得，故言‘不生不灭’。‘生灭’既去，‘不生不灭’、‘亦生灭亦不生灭’、‘非生灭非不生灭’五句自崩。”（《大乘玄论》卷一）所以，“八不”是破除迷误、破除偏执，求得“毕竟清净”的轻便法门。

众生迷误多种多样，为什么只讲“八不”？为什么以“八不”为破除迷误之轻便法门？吉藏认为，“八计”能网罗一切迷误。

> 问：众计非一，何故止列八计？答：有五义。一者，虽有九十六种，略说八计，如部虽有二十，略明五部。二者，此八计是众计中大，列大则小可知。三者，八计之中，前二计人，后六执法，举法、人则总摄一切。四者，前计二天所说，后六计人所说，人、天该罗众异。五者，八计之中，七为有因，一为无因，有因、无因具摄收万执。（《中观论疏》卷一）

因为“八计”是诸多迷误中的最大者，能破此八迷，就能破一切迷误、偏执。“八事四对，一一相对，病无不破，中无不显，即义无不足。但以四对，历破众计，历明中道，于义略圆。”（同上书，卷二）

在吉藏看来，“八不”不仅是破除一切迷误、偏执的简便法门，而且是一切佛教理论的根本，是一切佛教理论的核心。“八不者，盖是众佛之中心，众圣之行处也。……所以竖入群经之深奥，横通诸论之广大也，明经之深处，即是八不。”（《大乘玄论》卷二）三论宗虽然也讲“二谛”，但认为“二谛”也须依“八不”为正。

> 二谛复由八不而正，即八不为祖中之祖。故八不为众教之宗归，群圣之根本。……以不悟八不，即不识二谛；不识二谛，即二慧不生；二慧不生，即有爱、见、烦恼。以烦恼故，即便有业；以有业故，即有生、老、病、死、忧、悲、苦、恼。故知失于八不，有六趣纷然。（《中观论疏》卷二）

不懂得“八不”，就不可能理解佛教的根本意旨；不懂得“八不”，就不可能理解“二谛”；不理解“二谛”，就不可能产生“二慧”。所谓“二慧”，即“实慧”和“方便慧”，“实慧”是观空不证，“方便慧”是鉴有不取。“二慧”不生，即有生、老、病、苦诸多烦恼，并导致六道轮回，不得解脱。所以，“八不”不仅是佛学之根本，也是佛法之要门。

二、四重二谛

“初就八不明中道，后就二谛明中道”，吉藏不仅以“八不”阐明中道理论，而且以“二谛”进一步阐明中道理论。何谓“二谛”？一名真谛，一名俗谛。萧统说：

> 二谛者，一是真谛，二名俗谛，真谛亦名第一义谛，俗谛亦名世谛。真谛、俗谛，以定体立名；第一义谛、世谛，以褒贬立目。……真者是实义，即是平等，更无异法能为杂间；俗者即是集义，此法得生，浮伪起作。第一义者，就无生境中别立美名，言此法最胜最妙，无能及者；世者，以隔别为义，生灭流动，无有住相。……谛者以审实为义，真谛审实是真，俗谛审实是俗。（《广弘明集》卷二十四《解二谛义令旨并问答》）

在魏晋南北朝时期，“二谛”论是一个非常热门的话题，相关的论著非常丰富。重要的有：于法开著《惑识二谛论》、道壹著《神二谛论》、于道邃著《缘会二谛论》、僧温著《心无二谛论》、僧导著《空有二谛论》、智林著《二谛论》、显亳著《不空二谛论》等。萧统作《解二谛义令旨并问答》一文，收录了当时二十三家二谛义。

在吉藏看来，“二谛”只是假名，只是教，并非就是理。“诸佛依是二谛，为众生说法”，“二谛是教，不二是理”（《二谛义》卷上）。“二谛”是佛为了向众生说法而立的假名。

> 二谛者，盖是言教之通诠，相待之假称，虚寂之妙实，穷中道之极号。明如来常依二谛说法：一者世谛，二者第一义谛。故二谛唯是教门，不关境理，而学者有其巧拙，遂有得失之异。（《大乘玄论》卷一）

“二谛”是教，不是理。不仅世谛不是理，作为第一义谛的不二也不是理，其本身也只是对缘假说，也只是为了向众生说法而立的假名。“自有二谛为教，不二为理。若以二为世谛，不二为第一义，世谛是教，第一义为理，皆是转侧适缘，无所妨也。”（《中观论疏》卷二）

为了说明“二谛”是教而不是理，吉藏进一步提出了“于谛”和“教谛”两个概念。

> 谛有二种：一于谛，二教谛。于谛者，色等未曾有无，而于凡是有，名俗谛；约圣是空，名真谛。于凡是有，名俗谛故，万法不失；于圣是空，名真谛故，有佛无佛，性相常住。教谛者，诸佛菩萨了色未曾有无，为化众生，故说有无，为二谛教。欲令因此有无，悟不有无故，有无是教。而旧义明二谛是理者，此是于谛耳。于谛望教谛，非但失不二理，亦失能表之教。（《大乘玄论》卷一）

所谓“于谛”，即“于情而言”，也就是顺从众生之习见而立名。众生认为现存世界是“有”，或者是“无”，虽然都属于偏执之见，但不妨名之为“于俗谛”或“于真谛”。此二谛只是对缘假说，只是图说方便。所谓“教谛”，是为宣说教法而立之名。诸佛因众生之偏执各有不同，故有不同的说教，如对执“有”者说“空”，对执“空”者说“有”，凡宣说真空妙有之教者称为“教俗谛”，凡宣说超越语言思虑而无所得之理者称为“教真谛”。以为“二谛”即是理，其实只是“于谛”，或者至多是“于真谛”，而不是“教谛”，至少不是“教真谛”，更不是无以名言的中道“真谛”。所以，以“二谛”本身为理，“非但失不二理，亦失能表之教”。

“于谛”与“教谛”的关系是，一者随缘立说，另一者因缘而教。

> 诸法性空，世间颠倒谓有，于世人为实，名之为谛；诸贤圣真，知颠倒性空，于圣人是实，名之为谛。此即二于谛。诸佛依此而说，名为教谛也。（《二谛义》卷上）
>
> 今时有两境、两理。两境者，一于境，二教境；两理者，一于理，二教理。为是义故，明于谛、教谛也。（同上书，卷中）

境有二境，理有二理，谛有二谛。以往将谛分为真、俗二谛，以为真谛就是真谛，这等真谛亦只是“于真谛”或“教真谛”，还不是真正意义上的真谛。执真谛以为真谛，“执真”本身就不是真正的“真”。

为了阐明真正的“真”，吉藏通过层层推进、重重否定的方式，提出了“四重二谛”说。“二谛非一非异，离四句为体。亦明非一非异，非不相离即，非即是即，离四句为即。”（《大乘玄论》卷一）所谓“四句”，也叫“四句法”“四句分别”，即肯定、否定、复肯定、复否定这样一种四句结构的阐述方式。“四句”有多种表述方式，如：一有，二无，三亦有亦无，四非有非无；一是，二非，三亦是亦非，四非是非非；一常，二无常，三亦常亦无常，四非常非无常；一实，二非实，三亦实亦非实，四非实非非实；等等。“四句”又有单四句、复四句、具足四句、绝言四句之别。佛教典籍常以“四句”来阐明教理教义，吉藏也以“四句”来阐明“四重二谛”。

吉藏在《二谛义》卷上中说：“凡夫之人，谓诸法实录是有，不知无所有”，此是俗谛；“贤圣真知诸法性空”，此是真谛。这是第一重二谛。进而，“明有无为世谛，不二为真谛者，明有无是二边，有是一边，无是一边，乃至常无常、生死涅槃，并是二边”，因为以真俗生死涅槃为二边，所以这还是世谛；而“非真非俗、非生死非涅槃，不二中道，为第一义谛”。这是第二重二谛。再进而，因为“真俗生死涅槃二边，是偏”，所以为世谛，“非真非俗、非生死非涅槃，不二中道”，也是二边，因为“二是偏，不二是中，偏是一边，中是一边，偏之与中，还是二边”，由于是二边，所以这还是世谛；而“非偏非中，乃是中道第一义谛”。这是第三重二谛。三重二谛中，第二重将第一重的真谛纳入俗谛，第三重又将第二重的真谛纳入俗谛。吉藏认为，“此三种二谛，皆是教门，说此三门，为令悟不三。无所依得，始名为理”（《中观论疏》卷二），所以，至第四重，第三重的真谛被纳入俗谛，“非二非不二、三无性非安立谛，皆是我俗谛；言忘虑绝，方是真谛”（《大乘玄论》卷一）。通过层层推进、重重否定，最终所达的真谛是“言忘虑绝”“无所依得”。

不是说“言忘虑绝”“无所依得”就是真谛，就是真理，而是说真谛、真理一定是“言忘虑绝”“无所依得”，一定是无法言传的。吉藏说：“教有言说，理不可说。理既不可说，云何得悟？所以得悟理者，必假言说。为是故，说有无、说非有无，并是教，皆令悟理也。”（《二谛义》卷上）理不可说，但又不得不说。“如来说有为表不有，说无为表不无，说二令识不二，举指令得月。而众生闻有住有，闻无住无，守指忘月，住教遗理，岂非是失耶?”（同上）如来说教亦只是“举指令得月”，闻教之人更不可“守指忘月”“住教遗理”。二谛之教也是如此。

> 因二谛教悟不二，不二是所表，如因指得月，月是所表也。古人释与今意同也。今明二谛如指，为小儿不识月。此为小儿，不为大老子。大老子知月，何须为？为小儿不识月故，举指令识月；凡夫众生亦尔，不识理故，须二谛教。（同上）

通过“四重二谛”的重重否定，最后方可达无以言说的绝对真理，但却不可将二谛本身当成真理。

三、中道实相

三论宗的基本理论方法是“破邪显正”，通过“破邪”而“显正”。“八不”“四重二谛”都是“破邪”。“初就八不明中道，后就二谛明中道”，通过“八不”“四重二谛”之所破，最后得到的就是中道实相。但中道实相本身却是不可言传的。“说有说无，说非有非无，并是教，非是理。”（《二谛义》卷上）“实相不可说，方是真实。凡一切言说，皆是方便也。”（《中观论疏》卷十）中道实相是所要彰显的体，真俗二谛只是用。

> 但欲出处众生，于无名相法，强名相说，令禀学之徒，因而得悟，故开二正：一者体正，二者用正。非真非俗，名为体正；真之与俗，目为用正。所以然者，诸法实相，言忘虑绝，未曾真俗，故名之为体；绝诸偏邪，目之为正，故言体正。所言用正者，体绝名言，物无由悟，虽非有无，强说真俗，故名为用。此真之与俗，亦不偏邪，目之为正，故名用正也。（《三论玄义》）

真俗二谛之说只是到达中道实相的方便之门，所以，其本身只是教而不是理，只是用而不是体。中道实相本身无所谓真俗之分，其本身才是理，才是体。

通过破邪而显正。破邪与显正似乎是两件事，但在吉藏看来，破邪与显正其实只是一事，破邪就是显正。“有非有是，此则为邪；无是无非，乃名为正”，“为息于邪，强名为正；在邪既息，则正亦不留，故心无所著”（同上）。“对邪所以说正，在邪若去，正亦不留。至论道门，未曾邪正。”（《中观论疏》卷一）一般论者均是有破有立，三论宗更强调“破而不立”，强调“在邪若去，正亦不留”。

> 他论有破而复更立，今论唯破而不立。言他论有破有立者，如破外道神我，而更立假名行人；破外道二十五谛，而立四谛、十六谛等。……今论不尔，唯破不立。所以然者，论主出世，唯为破颠倒断常，更无所立。……菩萨助佛扬化，直破邪迷，显佛方便，无所树立，是以唯破不立也。（《大乘玄义》卷五）

之所以要破邪，是因为有邪见，邪见既破即是显正，所以不须在破邪之外再立其正以显正。

三论宗之教，在吉藏看来：“教用谓显正破邪，教体即八不中道。”（《中观论疏》卷三）“八不”既是指向中道的途径，同时也是中道本身。“八不中道”，“八不”本身就是“中道”。“中道佛性，不生不灭，不常不断，即是八不”，“八不即是中道佛性”（同上书，卷二）。吉藏进而认为，中道有三种。“八不者，有二种意；一为显三种中道，二为灭诸戏论。”（同上书，卷一）所谓“三种中道”，就是“世谛中道”“真谛中道”“二谛合明中道”。

> 非生非不生既是中道，而生而不生即是假名，假生不可言生，不可言不生，即是世谛中道。假不生不可言不生，不可言非不生，名为真谛中道。此是二谛各论中道。然世谛生灭是无生灭生灭，第一义无生灭是生灭无生灭，然无生灭生灭岂是生灭？生灭无生灭岂是无生灭？故非生灭非无生灭，名二谛合明中道。（《大乘玄论》卷一）

“世谛中道”以为世间一切皆是因缘所生，所以以不生不灭立论。“此之生灭，皆是因缘假名，因缘生生而不起，所以不生；因缘灭灭而不失，所以不灭。故不生不灭，名为世谛中道也。”（同上书，卷二）“真谛中道”以为对于世谛而言有生灭，对于真谛而言则不生不灭，所以以非不生非不灭立论。“真谛假不生灭，亦非不生灭。故非不生非不灭，为真谛中道也。”（《大乘玄论》卷二）“二谛合明中道”以为“有为世谛有生有灭，空为真谛不生不灭”（同上），所以以非生灭非不生灭立论。“不生灭生灭，是则非生灭；生灭不生灭，是即非不生灭。故非生灭非不生灭，是二谛合明中道也。”（同上）三种中道，通过层层否定，强化了人们对中道的认识。

三论宗通过“八不中道”和“四重二谛”来彰显中道实相，其基本方法是一种破邪的方法，是一种层层否定的方法。这样一种多重否定的思维方式，在人类思想史上具有重要意义。

第三节　唯识宗

唯识宗由唐代高僧玄奘及其弟子窥基创立，因阐扬法相唯识的义理，所以被称为法相宗或唯识宗，又因窥基常住慈恩寺，所以又被称为慈恩宗。此宗崇奉印度大乘佛教从弥勒、无著、世亲相承而下，直到护法、戒贤的瑜伽行派的学说，经论依据以《解深密经》《瑜伽师地论》等为本。

玄奘（602或600—664），俗姓陈，洛州缑氏（今河南偃师缑氏镇）人，十三岁出家，游学印度十七年，携带梵文佛经六百五十七部回国，持续十九年有计划地翻译佛经，并编译《成唯识论》十卷。窥基（632—682），俗姓尉迟，京兆长安（今陕西西安）人，唐代名将尉迟恭之侄，著有《成唯识论述记》二十卷、《成唯识论掌中枢要》四卷、《瑜伽师地论略纂》十六卷、《大乘法苑义林章》七卷等。

一、万法唯识

由龙树开创的大乘中观学派从无自性角度讲缘起，宣扬“一切皆空”。由无著、世亲两兄弟开创的瑜伽行派反对“一切皆空”，认为这样可能造成偏空以至顽空。瑜伽行派不从无自性角度讲缘起，而是从唯识性角度讲缘起，把缘起完全归结为识的作用、识的分别，从而得出“万法唯识”的结论。唯识宗之所以被称为唯识宗，就是因为宣扬“万法唯识”。

玄奘《成唯识论》的立论宗旨是：

> 稽首唯识性，满分清净者，我今释彼说，利乐诸有情。今造此论，为于二空有迷谬者，生正解故。（《成唯识论》卷一）

唯识宗认为“一切皆空”的理论有错误，它正是针对这一错误而立论的。窥基解释“唯识”一词说：

> “唯”谓简别，遮无外境；“识”谓能了，诠有内心。识体即唯，持业释也。识性识相，皆不离心。心所心王，以识为主。归心泯相，总言唯识。唯遮境有，执有者丧其真；识简心空，滞空者乖其实。所以晦斯空有，长溺二边；悟彼有空，高履中道。（《成唯识论述记》卷一）

“执有者丧其真”，“滞空者乖其实”，此二论皆是“二边”，都有偏差，只有唯识论才把握了事物的本真，才是真正的“中道”。

唯识宗是以对法相的深入分析来建立自己的理论体系的。法相，即现实的各种各样的事物以及它们的相状。唯识宗将世界上的万事万物归结为两类、五位，共一百个法。两类即有为、无为，有为包括心法、心所有法、色法、心不相应行法四位，无为只有无为法一位，合起来为五位。

第一位：心法。共有八法：眼识、耳识、鼻识、舌识、身识、意识、末那识、阿赖耶识，合起来为八识，此八识就是心法。

第二位：心所有法。即心法所能攀缘的对象，亦即由心法派生的各种各样的心理活动，共有五十一法，细分为六组。第一组：遍行法。意味着人人具有，具有普遍性。共有五法，包括：(1) 意（意愿）；(2) 触（感触）；(3) 受（感觉）；(4) 想（观念）；(5) 思（思想）。第二组：别境法。因个人特殊的境遇而起，所以称作别境法。共有五法，包括：(1) 欲（欲望）；(2) 胜解（认为）；(3) 念（记忆）；(4) 定（专注）；(5) 慧（抉择）。第三组：善法。因为都属于善行，所以称作善法。共有十一法，包括：(1) 信（信念）；(2) 精进（努力）；(3) 惭（内疚）；(4) 愧（愧对）；(5) 无贪（不贪求）；(6) 无瞋（不仇恨）；(7) 无痴（不愚昧）；(8) 轻安（心情舒适）；(9) 不放逸（不断努力）；(10) 行舍（心情放松）；(11) 不害（不伤生害人）。第四组：烦恼法。一切烦恼的根源，也叫本惑法。共有六法，包括：(1) 贪（贪求）；(2) 瞋（仇恨）；(3) 痴（愚昧）；(4) 慢（妄自尊大）；(5) 疑（犹豫不决）；(6) 不正见（错误见解）。第五组：随烦恼法。是随着根本烦恼而起的法，所以叫作随烦恼法。共有二十法，包括：(1) 忿（愤怒）；(2) 恨（仇恨）；(3) 恼（狠戾）；(4) 覆（掩饰错误）；(5) 诳（欺骗）；(6) 谄（谄媚）；(7) 悭（吝啬）；(8) 害（伤害）；(9) 嫉（嫉妒）；(10) 骄（傲慢）；(11) 无惭（不知内疚）；(12) 无愧（不知有愧）；(13) 不信（无正当信念）；(14) 懈怠（无所用心）；(15) 放逸（放纵自我）；(16) 昏沉（无所事事）；(17) 掉举（吊儿郎当）；(18) 失念（没有记忆）；(19) 散乱（内心散乱）；(20) 不正知（荒谬的想法）。这二十法又分为三大类，(1)～(10) 为小随烦恼法，(11)～(12) 为中随烦恼法，(13)～(20) 为大随烦恼法。第六组：不定法。是善是恶没有一定，要根据具体情况而定，所以叫作不定法。共有四法，包括：(1) 睡眠；(2) 悔（懊悔）；(3) 寻（寻求）；(4) 伺（伺机），寻是粗心地寻，伺是细心地寻。

第三位：色法。即外在的客观事物。共有十一法，包括：(1) 眼根，眼识发生作用的基础就是眼根；(2) 耳根；(3) 鼻根；(4) 舌根；(5) 身根；(6) 色尘，就是眼根对应的对象，实际就是事物的颜色与形状；(7) 声尘；(8) 香尘；(9) 味尘；(10) 触尘；(11) 法处所摄色，就是意识接触的对象。(1)～(5) 合称五根，(6)～(10) 合称五尘。

第四位：心不相应行法。这一类的法和心理活动有所区别，因为有所区别，所以叫作心不相应行法。共有二十四法，包括：(1) 得（获得或成就）；(2) 命根（众生一生的活动过程）；(3) 众同分（众生自类相似的活动）；(4) 异生性（因种类不同而具有的差异性）；(5) 名身（两个以上的音节而形成的概念）；(6) 句身（由概念而形成的词汇或句子)；(7) 文身(由词汇而形成的文章)；(8) 生(出生)；(9) 住(人生的相对稳定性)；(10) 老(衰老)；(11) 无常(无定性)；(12) 流转(变化)；(13) 定异(必定会变)；(14) 相应(因果相连)；(15) 势速(因果的快速相应)；(16) 次第(有因必有果，连续不断)；(17) 时(时间，包括过去、现在、未来)；(18) 方(空间、方位)；(19) 数(数目)；(20) 和合(一物与他物的和平共处)；(21) 不和合(一物与他物的分离)；(22) 无想定(心思不动的静定状态)；(23) 灭尽定(用力克制使心思不活动的心理境界)；(24) 无想报(一切归于无想的心理境界)。

第五位：无为法。自生自成、无生无灭的永恒本体。共有六法，包括：(1) 虚空无为(空虚一切的精神境界)；(2) 择灭无为(得到至善智慧的精神境界)；(3) 非择灭无为(由直观而非由智慧不做选择、不做分别的精神境界)；(4) 不动灭无为(不为苦乐所动的精神境界)；(5) 想受灭无为(断灭一切想、受的精神境界)；(6) 真如无为(得到绝对真理的精神境界)。

唯识宗认为五位百法大多数是有生有灭的，只有第五位无为法是无生无灭的。同时，在唯识宗看来，世间的一切事物和现象都只是一种假相，都只是阿赖耶识的产物，是阿赖耶识变现出来的假相。“是故我见，不缘实我，但缘内识，变现诸蕴，随自妄情，种种计度”，“由此应知，实无外色，唯有内识，变似色生”(《成唯识论》卷一)。一切存在都是内识的变现。“如是诸法，皆不离识，总立识名……故定应信一切唯识。”(同上书，卷七)“万法唯识”“唯识无境”，这就是唯识宗关于宇宙存在的理论，也是唯识宗之为唯识宗的根本之所在。

唯识宗所谓的“识”，本义为能了。唯识宗不满足于此前佛教哲学把人的认识能力局限于六种识，亦即眼、耳、鼻、舌、身、意，而倡导八识说。

在唯识宗看来，五识相当于感觉，而感觉的发生是受具体时空限制的，是片面的、不连贯的，它的能力是肤浅的，它的对象是有条件的、有转移的。因为一种认识的发生总是需要具备一定的条件，亦即所谓的“缘”，但促使感觉发生的“缘”并不是任何时候都具备的，外境发生转移，感觉就不能继续。“由五转识，行相粗动，所籍众缘，时多不俱，故起时少，不起时多。”(同上书，卷七) 正因为如此，所以“五识不深不续”(《成唯识论述记》卷四)。间断与肤浅是五识的基本特点。

第六识，亦即意识，在认识论上相当于知觉。意识也以外境为对象，也像五识一样，随外境的移动而时有间断，是不连续的。与五识各有自己特殊的对象不同，第六识以全部外境即“一切法”为对象。“色等五识，唯了色等，法识通能了一切法，或能了别法，独得法识名。”(《成唯识论》卷五) 第六识以一切法为对象，能了一切法，所以名为“法识”。五识的了别能力肤浅，第六识的了别能力较为深远，其基本特征是“深而不续”(《成唯识论述记》卷四)。

第七识为末那识。“末那”是梵语 Manas 的音译，意译为“意识”，含义为“我执”。末那识不以外境为对象，而是以内在的第八识即阿赖耶识为自己的“境”，它的作用是思量、执着第八识。第六识因为以外境为对象，所以具有间断性；末那识因为以内在的第八识为对象，所以不仅具有深刻性的特点，还具有连续性的特点，“第七深而不断”(《成唯识论》卷四)。但是，末那识必须依据第八识才能起作用。“由有本识，故有末那。”（《成唯识论述记》卷四）末那识是为第八识服务的，是连接第八识与前六识的桥梁，末那识的任务就是保持第八识与前六识之间的联系，它的存在以第八识的存在为前提。

八识之中最重要也最根本的是第八识，亦即阿赖耶识。“阿赖耶”是梵语 Alaya 的音译，意译为“藏识”或“种子识”。阿赖耶识是前七识最根本的共同依据，它是一切事物和现象的总根源，一切事物和现象都由阿赖耶识所变现，而为眼、耳、鼻、舌、身、意前六识所执取，以为实在。一切识都摄藏于第八识，都由第八识生起。阿赖耶识的特点是连续而肤浅，“第八不深不断”（同上）。它正因为浅而不深，所以能统摄、藏纳一切识。

唯识宗讲“万法唯识”，讲“唯识无境”，其“识”从根本意义上讲就是第八识阿赖耶识。“万法唯识”，一切法都由阿赖耶识变现而成，阿赖耶识才是一切事物和现象的根源，也是一切事物和现象的根本。

二、种子说

阿赖耶识之所以是一切事物和现象的根源，是一切事物和现象的根本，是由阿赖耶识的本性决定的。阿赖耶识是所谓的“藏识”。唯识宗依照八识各自的生起关系，将八识分成两类，一类是藏识，另一类是转识。只有第八识是藏识，前七识都是转识。“藏”是含藏的意思，“转”是转换的意思。第八识与前七识之间、藏识与转识之间存在着“所熏”和“能熏”的关系。

阿赖耶识之所以被称为藏识，是因为它具有含藏“种子”的功能。“种子”，梵语作 Bija，是诸法生起的根本基因。阿赖耶识被称为藏识，这里的“藏”具有三个方面的含义，即能藏、所藏、执藏。

> 此识具有能藏、所藏、执藏义故，谓与杂染互为缘故，有情执为自内我故。此即显示初能变识所有自相，摄持因果为自相故。（《成唯识论》卷二）

因为阿赖耶识能含藏一切种子，并由此而摄藏诸法，所以称作藏识。“由摄藏诸法，一切种子识，故名阿赖耶。”（同上书，卷三）“由此本识具诸种子故，能摄藏诸杂染法，依斯建立阿赖耶名。”（同上书，卷三）窥基也说：“能持染种，种名所藏；此识是能藏，是杂染法所熏，所依染法，名能藏。”（《成唯识论述记》卷二）就是说，识是能藏，种子是所藏，此识兼具能藏和所藏，所以名为藏识。能藏是从功能上讲的，所藏是从内容上讲的。至于执藏，是指第七识末那识执着于阿赖耶识，并以此识为自我。

阿赖耶识含藏着一切种子。何为“种子”？唯识宗认为，“种子”是第八识所含藏的能变现、生起世界上一切现象的最初的基因。“何法名为种子？谓本识中亲生自果功能差别。”（《成唯识论》卷二）“种子”具有六种基本的特性。

> 然种子义略有六种：一刹那灭，谓体才生，无间必灭，有胜功力，方成种子。……二果俱有，谓与所生现行果法，俱现和合，方成种子。……三恒随转，谓要长时一类相续，至究竟位，方成种子。……四性决定，谓随因力，生善恶等，功能决定，方成种子。……五待众缘，谓此要待自众缘合，功能殊胜，方成种

子。……六引自果，谓于别别色心等果，各各引生，方成种子。（《成唯识论》卷二）

“刹那灭”，即永远处于生灭的变化之中；“果俱有”，即事物连同其结果一起产生；“恒随转”，即永远随着阿赖耶识而变化；“性决定”，即种子的性质决定善恶之果；“待众缘”，即种子的形成及其作用的发生有待各种条件的聚合；“引自果”，即种子各自引生别色、别心等果。

种子可以分为两类，一类名为本有种子，另一类名为始起种子。

> 种子各有二类：一者本有，谓无始来异熟识中，法尔而有，生蕴、处、界功能差别，世尊依此说诸有情，无始时来有种种界，如恶叉聚法尔而有……此即名为本性住种；二者始起，谓无始来数数现行，熏习而有，世尊依此说有情心，染净诸法所熏习故，无量种子之所积集，诸论亦说染净种子由染净法熏习故生，此即名为习所成种。（同上）

“本有”，即“本性住种”，指无始以来本自具有的种子；“始起”，即“习所成种”，指经过后天熏习而成的种子。

本有种子经过熏习才能滋长，始起种子也只有经过熏习才能生长，所以，单有种子不够，还需要熏习。“令种生长故，名熏习。”（同上）窥基说：“熏者，击发义；习者，数数义。由数发熏，有此种故，后诸识起，变似我、法。”（《成唯识论述记》卷一）又说：“熏者，发也，或由致也。习者，生也，近也，数也。即发致果于本识内，令种子生，近令生长故。”（同上书，卷三）前七识的见闻觉知对第八识产生影响，就是所谓的熏习。

熏习包括“所熏”和“能熏”两个方面。“所熏”指第八识，“能熏”指前七识。“所熏”具有四个特点：

> 何等名为所熏四义？一坚住性，若法始终，一类相续，能持习气，乃是所熏。……二无记性，若法平等，无所违逆，能容习气，乃是所熏。……三可熏性，若法自在，性非坚密，能受习气，乃是所熏。……四与能熏共和合性，若与能熏同时同处，不即不离，乃是所熏。（《成唯识论》卷二）

“坚住性”，即遗留、保持熏习的结果；“无记性”，即非善非恶、无决定性；“可熏性”，即可以受到熏习；“与能熏共和合性”，即所熏与能熏和合相应。八识之中只有第八识阿赖耶识具有这四个特点，所以“所熏”就是阿赖耶识。

“能熏”也具有四个特点：

> 何等名为能熏四义？一有生灭，若法非常，能有作用，生长习气，乃是能熏。……二有胜用，若有生灭，势力增盛，能引习气，乃是能熏。……三有增减，若有胜用，可增可减，摄植习气，乃是能熏。……四与所熏和合而转，若与所熏同时同处，不即不离，乃是能熏。（同上）

“有生灭”，种子有生灭，才能发生作用，才能“生长习气”；“有胜用”，通过增强生灭势力，引发习气，导致熏习；“有增减”，通过生灭作用的增减，发挥熏习的作用；“与所熏和合而转”，与所熏和合相应，发生转识的效应。八识之中前七识具有这四个特点，所以前七识也被称为“能熏”。

根据性质的不同，种子又可分为两类，产生人们所共同依存的山河大地的为“共相种”，决定个体自性差异的为“自相种”。此外，从解脱论的立场来看，又可以将种子分为另外两类，“有漏种子”和“无漏种子”。“漏”，指各种各样的烦恼。“有漏种子”是导致众生陷于烦恼和愚痴，给众生带来痛苦的种子；“无漏种子”是断除众生的烦恼和愚痴，引导众生得解脱的种子。

唯识宗认为一切众生先天具有五种不同的本性，这是由阿赖耶识中的种子决定的，因而是不可改变的。五种姓是：（1）菩萨种姓。广利众生，证菩提果。（2）缘觉种姓。因缘觉慧，而不更进佛道。在大乘佛教看来，这是独善其身而不拯救众生。（3）声闻种姓。闻佛声教而得觉悟，而不进求佛道。（4）不定种姓。究竟达到何种果位，不能肯定。（5）一阐提种姓。一阐提，即断善根，又称无种姓，无善根种子，永远沉沦于生死苦海，永远不能成佛。五种姓说促使唯识宗在理论上与其他宗派发生正面冲突，不得久传的重要原因之一。

三、三性说

三性说是对世界本质唯识性的进一步论证。所谓三性，即“遍计所执性”“依他起性”“圆成实性”。

（一）遍计所执性

“遍计所执性”，又名“遍计所执自性”。“计”，即计较、算计；“遍计”，即周遍地计较、思量；“执”，即执着、粘着；“所执”，即因周遍地思量、算计而妄加分别，执持实我、实法等虚妄观念不放。《成唯识论》说：

> 周遍计度，故名遍计；品类众多，说为彼彼。谓能遍计，虚妄分别。即由彼彼虚妄分别，遍计种种所遍计物。谓所妄执蕴、处、界等，若法若我，自性差别。此所妄执自性差别，总名遍计所执自性。如是自性都无所有，理教推征不可得故。（卷八）

唯识宗认为，一般人（凡夫）周遍地观察和思量世上的万事万物（遍计），并将它们区别分类，从而做出世上存在着真实的人（实我）和真实的物（实法），事物之间存在着性质上的差别的判断（所执）。这种由主观虚妄分别而得来的事物的性质，叫作“遍计所执性”。它是一种虚幻的存在，所以又称作“幻有”。《成唯识论》说：“愚夫于此，横执我、法、有、无、一、异、俱、不俱等，如空花等，性相都无，一切皆名遍计所执。”（同上）

（二）依他起性

“依他起性”，又名“依他起自性”。“依”，即依托；“他”，即各种因缘；“依他”，即依赖于他物，依赖于外缘；“起”，即缘起、产生。《成唯识论》说：

> 由斯理趣，众缘所生，心心所体，及相、见分、有漏、无漏，皆依他起。依他众缘，而得起故。（同上）

在唯识宗看来，一切事物都是依据一定的因缘而兴起的，并不是由物体的自性决定的。

没有众缘的聚会，便没有一切现象。事物这种依众缘而起的性质，便是“依他起性”。它是一种相对的存在，是一种随着条件的变化会随时消失的存在，所以又称作“假有”。《成唯识论》说：“心、心所及所变现，众缘生故，如幻事等，非有似有，诳惑愚夫，一切皆名依他起性。”（卷八）

一切事物都因缘而生。唯识宗认为，“缘”可以分为四类：因缘、等无间缘、所缘缘、增上缘。

“因缘”，即一切有为法中能生起自类之果者，包括种子和现行两种。

> 一因缘，谓有为法亲办自果。此体有二：一种子，二现行。种子者，谓本识中善、染、无记诸界、地等功能差别，能引次后自类功能，及起同时自类现果。……现行者，谓七转识及彼相应所变相、见、性、界、地等，除佛果善、极劣、无记，余熏本识，生自类种。（《成唯识论》卷七）

“种子”，即第八识所含藏的能变现、生起世界上一切现象的最初的基因，是事物得以生发的最主要的因，也是最主要的“缘”，还是最主要的“因缘”。“现行”，即前七识由第八识所得的转识以及所受的熏习。

“等无间缘”，指缘与缘之间此起彼伏，前后相续，永无间断。

> 二等无间缘，谓八现识及彼心所前聚于后，自类无间，等而开导，令彼定生。多同类种俱时转故，如不相应非此缘摄，由斯八识非互为缘。心所与心虽恒俱转，而相应故，和合似一，不可施设离别殊异，故得互作等无间缘。（同上）

“等无间缘”，指心、心所的生起都是前后相随、永不间断的，前缘灭而后缘起，前念灭而后念生，缘缘相生，念念相续，刹那不休，无有间断。

“所缘缘”，一种缘被另一种缘所攀缘，被攀缘即成为所缘缘。

> 三所缘缘，谓若有法，是带己相，心或相应所虑、所托。此体有二：一亲，二疏。若与能缘体不相离，是见分等内所虑托，应知彼是亲所缘缘。若与能缘体虽相离，为质能起内所虑托，应知彼是疏所缘缘。（同上）

“所缘缘”，指有体相的一切法，能成为心、心所生起的“所托”，也能为心、心所“所虑”。如此一来，“所托”相当于“缘”，“所虑”相当于“所缘”，合起来就是“所缘缘”。

“增上缘”，意即两法相互资助。

> 四增上缘，谓若有法有胜势用，能于余法或顺或违。虽前三缘亦是增上，而今第四除彼取余，为显诸缘差别相故。（同上）

“增上缘”强调法与法之间、缘与缘之间的相互资助。法与法之间、缘与缘之间本来是相互贯通、相互增益的。

“依他起性”，强调一切事物都是因缘和合的。离开因缘和合，就没有任何事物。而因缘之中，最重要的还是“种子”。“种子”为阿赖耶识含藏，所以一切事物无不是阿赖耶识的变现，所以“万法唯识”。

（三）圆成实性

“圆成实性”，又名“圆成实自性”。“圆”，即圆满无缺；“成”，即本来现成；“实”，即真实不妄。《成唯识论》说：

> 二空所显，圆满成就，诸法实性，名圆成实。……此即于彼，依他起上，常远离前，遍计所执，二空所显，真如为性。……依他起上，彼所妄执，我、法俱空；此空所显，识等真性，名圆成实。（卷八）

在排除“遍计所执性”与“依他起性”之后，方才可以得到圆满无缺、本来现成的真如佛性，这一真如佛性就是“圆成实性”。“圆成实性”才是唯一真实的绝对存在，才是真如，所以又称作“真有”。“云何圆成实自性？谓诸法真如。圣智所行，圣智境界，圣智所缘。”（《瑜伽师地论》卷七十三）

唯识宗恐人妄执三性，又立三无性之教，以破学人三性之执。针对“遍计所执性”而立“相无自性”，针对“依他起性”而立“生无自性”，针对“圆成实性”而立“胜义无自性”。“相无自性”，即认为一切诸相都是缘合而生，缘散即灭，没有恒常，所以说“相无自性”。“生无自性”，即认为一切诸相都是缘合而生，缘散而灭，生灭之相也是虚妄，生是幻生，灭是幻灭，所以说“生灭无自性”，简称“生无自性”。“胜义无自性”，认为万相一体，一体万相，体虽不易，相乃万变，相无定相，所以说“胜义无自性”。唯识宗所说的“胜义”，即是圆成实性，即是真如佛性。

唯识宗一向以概念繁杂、论证严密而著称，它的理论体系庞大而完整，是佛教内部典型的经院哲学。但它由于过于遵守印度唯识学的理论传统，没有与中国固有文化发生有机的结合，所以虽然也曾显赫一时，但短短几十年内就衰微了。

第四节　华严宗

华严宗，因以《华严经》为建立义理、显示旨归的根本经典，所以称为华严宗；又因其实际创始人法藏被武则天赐号“贤首”，后人称法藏为“贤首大师”，所以又称为贤首宗；还因此宗以法界缘起自在无碍为基本教义，又名为法界宗。一般认为华严宗的法脉传承是：法顺、智俨、法藏、澄观、宗密，实际创始人是法藏。

法藏（643—712），出生于长安，先世为康居国人，其祖父侨居长安，以康为姓，为智俨嫡传弟子，华严宗的实际创始人。主要著作有《华严经探玄记》二十卷、《华严经指归》一卷、《华严一乘教义分齐章》四卷、《华严经金师子章注》一卷等。澄观（738—839），俗姓夏侯，越州山阴（今浙江绍兴）人，由于唐朝皇帝（德宗、宪宗等）的加封，又因长住清凉山（即五台山），后世称为“清凉国师”。澄观未曾亲承法藏的传授，但因他以恢复华严宗正统为己任，于中兴华严学说有功，被后尊为“华严四祖”。主要著作有《华严经疏》六十卷、《华严经随疏演义钞》九十卷、《华严法界玄镜》二卷、《大华严经略策》一卷、《三圣圆融观门》一卷。

一、法界缘起

华严宗的基本理论是“法界缘起”论。“法界”既指一切事物和现象及其本质和本原，也包括一切事物得以生发、存在的原因和条件，是一切事物及其因由的总称。法藏说：

> 法界是所入。法有三义，一是持自性义，二是轨则义，三是对意义。界亦有三义，一是因义，依生圣道故，《摄论》云：法界者，谓是一切净法因故。又《中边论》云：圣法因为义故，是故说法界。圣法依此境生，此中因义是界义。二是性义，谓是诸法所依性故，此经上文云法界，法性辩亦然故也。三是分齐义，谓诸缘起相不杂故。(《华严经探玄记》卷十八)

法界是外在的各种事物、它们的性质以及它们得以存在的因由的总称。所以，澄观也说：“法界者，是总相也，包事包理，及无障碍，皆可轨持，具于性分。缘起者，称体之大用也。”(《大华严经略策》)“缘起”，即依缘而起，即任何事物都是依据一定的因缘而生起，而变化，而坏灭。

“法界缘起”是关于一切事物的存在、存在方式、存在原因和条件，以及事物与其内在本质之间、事物与事物之间相互关系的理论。法界是总相，“包事包理”，既包括事，也包括理，还包括理与事之间的关系。理即真理，指事物的本质、体性、本体，是事物的总相；事即万事万物、现象，是事物的别相。华严宗将法界分为四相，即事法界、理法界、理事无碍法界和事事无碍法界。澄观说：

> 言法界者，一经之玄宗，总以缘起法界不思议为宗故。然法界之相，要唯有三，然总具四种：一事法界，二理法界，三理事无碍法界，四事事无碍法界。(《华严法界玄镜》卷一)

意思是说，法界有四相，论法界必须深入讨论法界缘起，而法界缘起涉及法界四相。华严宗的法界缘起论主要是通过对四法界的论述展开的。

(一) 事法界

“事”，即现实存在的事事物物以及它们的本然样态。华严宗讲，“界”有三义：因义、性义、分义。因即事物得以生起及存在的因由，性即事物的本性或体性，分即事物之间的分别与差异。事法界的“界”是分义。澄观说：“事法名界，界则分义，无尽差别之分齐故。”(同上)以事法界看，万有事法，一一差别，各有分齐。各种分别，可以分为十个方面：

> 其事法界历别难陈，一一事相皆可成观，故略不明，总为三观所依体。其事略有十对：一教义，二理事，三境智，四行位，五因果，六依正，七体用，八人法，九逆顺，十感应。随一一事，皆为三观所依之正体。(同上)

也就是说，事法界之事事物物虽然繁杂多样，但可以把它归结为十对或十个方面，这十个方面是各自相对的，合起来即是事物的本然样态，即是事物的现实情状。

(二) 理法界

“理”，即事物的本质、体性、本体。理法界之“界”不同于事法界之“界”，事法界之“界”的含义是“分”，理法界之“界”的含义是“性”，即事物的本性、体性，也就是“诸法所依性”之“性”。澄观说：“理法名界，界即性义，无尽事法，同一性故。无碍法界，具性、分义，不坏事理而无碍故。”（《华严法界玄镜》卷一）事法虽千差万别，但体性却同是真如之理。

（三）理事无碍法界

“理”即体性，“事”即事法。有差别的事法与平等的体性交融无碍、无二无别，真如能生万法，万法即是真如，理事不二，圆融一体。法顺在《华严法界观门》一书中首次提出“理事无碍观”，并将理事无碍的关系开列为理事无碍十门：（1）理遍于事；（2）事遍于理；（3）依理成事；（4）事能显理；（5）以事夺理；（6）事能隐理；（7）真理即事；（8）事法即理；（9）真理非事；（10）事法非理。此十门之中，最重要的是“理遍于事”和“事遍于理”二门。法藏解说“理遍于事”和“事遍于理”云：

> 一、理遍于事门。谓能遍之理，性无分限；所遍之事，分位差别。一一事中，理皆全遍，非是分遍。何以故？以彼真理，不可分故。是故一一纤尘，皆摄无边真理，无不圆足。二、事遍于理门。谓能遍之事，是有分限；所遍之理，要无分限。此有分限之事于无分限之理，全同，非分同。何以故？以事无体，还如理故。是故一尘不坏而遍法界也。（《华严发菩提心章》）

理无分限，事有差别，无限之理，融于有别之事，一一事中，遍具全理，由此而理事圆融，无二无别。澄观说，理法界与事法界，“此二交络，成理事无碍法界。事揽理成，理由事显，二互相夺，即事理两亡，若互相成，则常事常理”（《大华严经略策》）。又说：“理事无碍者，理无形相，全在相中，互夺存亡，故云无碍。”（《华严法界玄镜》卷一）理事无碍，即理事圆融、无碍无别，若将理事分作两件，则“理事两亡”，亦即理不理、事不事。就事而言，一一事相，万有差别，不无妨碍；就理而言，无有形相，无有分限，“无尽事法，同一性故”。因此，理事可以相融无间，可以圆融无碍。澄观说：“事本相碍，大小等殊；理本包遍，如空无碍。以理融事，全事如理，乃至尘毛皆具包遍。”（同上）因为“理本包遍”，所以一事可以包遍百理。

法藏认为，理事关系就是体用关系，体用相即不离，理事亦相即不离。

> 事虽宛然，恒无所有，是故用即体也，如会百川以归于海。理虽一味，恒自随缘，是故体即用也，如举大海以明百川。由理事互融，故体用自在。（《华严经义海百门》）

由于“理遍于事”“事遍于理”“理事互摄”，所以“理事无碍”。法藏将理事无碍的关系概括为“一即一切，一切即一”。“一即一切，一切即一，如帝释殿珠网，重重无尽境界。”（同上）同一本体显现为各种各样的事物，是“一即一切”；千差万别的事物归结为同一本体，是“一切即一”。

（四）事事无碍法界

一切各有分齐的事法，由于体性同一，所以一一称性融通，诸法互摄，一多相即，重重无尽，这就是事事无碍法界。“事”与“事”之间，因为各有分限，所以本来是相碍而不得圆融的，但任何事都是其内在之“理”的体现，理本身是同一而“如空无碍”，故而因为“事”是“理”的显现，因为“理”同一而无有分限，因为“理”与“事”圆融无碍，所以，作为“理”的显现的“事”，虽然就形相而言各各不同，但也可以做到“相即相入”，圆融无碍。因此，事事无碍法界是以理事无碍法界为基础的。

何以会有事事无碍？法藏在《华严经探玄记》中对此还有具体说明：

> 问：有何因缘令此诸法得有如是混融无碍？
>
> 答：因缘无量，难可具陈，略提十类，释此无碍：一缘起相由故，二法性融通故，三各唯心现故，四如幻不实故，五大小无定故，六无限因生故，七果德圆极故，八胜通自在故，九三昧大用故，十难思解脱故。（卷一）

因为一切事物都是本于法性缘起的，法性从根本上讲是同一的；因为一切事物都是“心”的显现，在本质上都是“唯心”的；因为一切事物都是如幻不实的，都是大小无定的，所以，事与事在本质上是相同的。因为事与事在本质上是相同的，所以它们是可以相互融通的。

强调“事事无碍”是华严宗的根本。为了阐发“事事无碍”这一根本要旨，华严宗提出了“十玄无碍”和“六相圆融”的学说。

二、十玄无碍

“十玄无碍”是“事事无碍”的具体展开，是对“事事无碍”的具体说明。

“十玄”，也称“十玄门”。十玄门有旧十玄门与新十玄门之分，智俨在《华严一乘十玄门》中讲的是旧十玄门，法藏在《华严经探玄记》中讲的是新十玄门。如下所述，为新十玄门。

（一）同时具足相应门

“同时具足相应门”是“十玄门”的总纲，其他各门都是这一总纲的具体展开，都是对这一总纲的具体说明。法藏认为，一法缘起，即同时具足十义：教义、理事、解行、因果、人法、分齐境位、师弟法智、主伴依正、随其根欲示现、逆顺体用自在。“此上十义，同时相应成一缘起，无有前后始终等别，具足一切自在逆顺，参而不杂成缘起际。”（《华严一乘教义分齐章》卷四）一法之中，同时具足一切法；各法之间，交相互具，遍满相应，圆融自在，无有欠缺。一一法界，构成一个圆融无碍、和谐自足的世界。法藏以金狮子做比喻：“金无自性，随工巧匠缘，遂有师子相起”，“师子相虚，唯是真金。师子不有，金体不无，故名色空”（《华严金师子章》）。金无自性，狮子相虚，二者结合，而有了金狮子。“金与师子，同时成立，圆满具足，名同时具足相应门。”（同上）金与狮子，同时缘起，同时具足金与狮子的一切，同时圆融，同时圆满，所以称作“同时具足相应门”。

（二）广狭自在无碍门

“广狭自在无碍门”主要从空间上阐述万法的圆融无碍。“广”，即广大；“狭”，即隘小。一切诸法，从守自体、不坏本位的意义上说，可以名为“狭”；一切诸法，从缘起他法以至万法、含容他法以至万法的角度而言，又可名为“广”。任何一法都同时具有“广”与“狭”两个方面的性质，“广”中有“狭”，“狭”中有“广”。广狭互摄，大小相融，自在无碍，即是“广狭自在无碍门”。法藏以金狮子解释这一门说：“若师子眼收师子尽，则一切纯是眼；若耳收师子尽，则一切纯是耳。诸根同时相收，悉皆具足，则一一皆杂，一一皆纯，为圆满藏，名诸藏纯杂具德门。”（《华严金师子章》）“诸藏纯杂具德门”是智俨在《华严一乘十玄门》中的提法，在《华严金师子章》中法藏沿用这个提法，而在《华严经探玄记》中，法藏将其改为“广狭自在无碍门”。狮子的眼睛包容了狮子的一切属性，这叫“师子眼收师子尽”；狮子的耳朵包容了狮子的一切属性，这叫“耳收师子尽”；狮子的任何一个部位都不是只容含了狮子的部分属性，而是容含了狮子的一切属性，这叫“诸根同时相收”。因为每一部分皆容纳了整体的一切因素，所以，部分与整体、大与小、广与狭“悉皆具足”，悉皆圆融、自在、无碍，所以称作“广狭自在无碍门”。

（三）一多相容不同门

“一”，指事物的本体，也指个别具体的事物；“多”，指事物的体相、形相，也指事物的总体。就本体与体相而言，本体的“一”表现为体相的“多”，同一本体体现为各种体相。就个别事物与事物总类而言，个别事物的“一”容含事物总类的一切属性，故“一”容含“多”；事物总类的一切属性“多”为个别事物所容摄，故“多”显现为“一”。因此，“一”与“多”相互遍含，相互容摄。法藏以金狮子解释这一门说：“金与师子，相容成立，一多无碍；于中理事各各不同，或一或多，各住自位，名一多相容不同门。”（《华严金师子章》）每一事物、每一法，“各住自位”，各保守自己的体性，但同时又容摄一切诸法的体性，由此而一多互摄、一多相融。法藏说：“如一全是多，方名为一；又多全是一，方名为多。多外无别一，明知是多中一；一外无别多，明知是一中多。”（《华严经义海百门》）多中有一，一中有多；多外无一，一外无多。一与多兼容相含，所以称作“一多相容不同门”。

（四）诸法相即自在门

一切诸法，容含一切法；一切法，可以为一法所容摄。诸法之间互相融入，相融相即，不相妨碍，融通自在。法藏以金狮子解释这一门说：“师子诸根，一一毛头，皆以金收师子尽。一一彻遍师子眼，眼即耳，耳即鼻，鼻即舌，舌即身。自在成立，无障无碍，名诸法相即自在门。”（《华严金师子章》）狮子的一切属性可以为一一毛头所容摄，所以，一一毛头“收师子尽”，“一一彻遍师子眼”，狮子的一只眼睛、一根毛发均容摄了狮子的全部体性。正因为狮子的眼睛不仅是眼睛，而且容摄了狮子的一切体性，所以“眼即耳”。依此类推，“耳即鼻，鼻即舌，舌即身”。眼、耳、鼻、舌、身，是为诸法，表面看来各各不同，但因为容含了共同的体性，因为相互容含、相互融入，因为彼此之间相融相即、自在圆融，所以称作“诸法相即自在门”。

（五）秘密隐显俱成门

“隐”，即隐藏；“显”，即显露。一切诸法，互摄无碍。当一法容摄一切法时，一法显而一切法隐；当一切法为一法所容时，一切法显而一法隐。显中有隐，隐中有显，不相妨碍。法藏以金狮子解释这一门说：“若看师子，唯师子无金，即师子显金隐。若看金，唯金无师子，即金显师子隐。若两处看，俱隐俱显。隐则秘密，显则显著，名秘密隐显俱成门。”（同上）我们看狮子时，看到的只是狮子，看不到金，这时狮子显而金隐；我们看金时，看到的只是金，看不到狮子，这时金显而狮子隐；如果两边看，则狮子与金俱是显，同时也俱是隐。隐与显同时俱足，同时成立，相即相入，所以称作“秘密隐显俱成门”。

（六）微细相容安立门

任何事物，包括一切细微的事物，都可以容纳一切事物。一能含多，谓之相容；一多不杂，谓之安立。相含相容，不离不杂。法藏以金狮子解释这一门说：“金与师子，或隐或显，或一或多，定纯定杂，有力无力，即此即彼，主伴交辉，理事齐现，皆悉相容，不碍安立，微细成办，名微细相容安立门。”（《华严金师子章》）“相容”“安立”，强调的是诸法之间虽然互容互摄，但却自在自如、不相妨碍。

（七）因陀罗网境界门

忉利天王的宫殿里有一种用宝珠结成的网，一颗颗宝珠的光映照着其他一切宝珠，互相辉映，一重一重，无有穷尽，这种由宝珠结成的网就叫作因陀罗网，也叫帝网。法藏用因陀罗网的这种状况来说明一法与万法的关系。一珠普现一切珠，一一法中有无量法，重重显映，无有穷尽。《华严金师子章》解释这一门说：“师子眼耳支节，一一毛处，各有金师子；一一毛处师子，同时顿入一毛中。一一毛中皆有无边师子；又复一一毛，带此无边师子，还入一毛中。如是重重无尽，犹天帝网珠，名因陀罗网境界门。”狮子身上的每一根毛都容含着狮子的全部体性，狮子的全部体性为狮子身上的任何一毛所容摄，所以，一一毛不仅是一毛，不仅容摄了狮子的全部体性，而且容摄了一切狮子的一切体性，“一一毛中皆有无边师子”。

（八）托事显法生解门

“托”，即寄托；“托事”，即寄托于某事、通过某一具体事相；“显法”，即显示事物的本真，显示事物的本真体性，显示佛法真如。也可以说，佛法真如、真如佛性，看似深奥，其实就体现在平平常常的事物之中。法藏以金狮子解释这一门说：“说此师子，以表无明；语其金体，具彰真性；理事合论，况阿赖识，令生正解，名托事显法生解门。”（同上）诸法实相虽似深奥难识，但通过金狮子这一具体的平常之物，其看似深奥的道理却可以得到充分如实的显现。正因为如此，所以称作“托事显法生解门”。

（九）十世隔法异成门

所谓“十世”，指过去、现在、未来三世，每世各具三世，合起来为九世，而九世摄于一念，合起来即成十世。“三世各三，摄为一念，故为十世。”（《华严经探玄记》卷一）法藏以金狮子解释这一门说：“师子是有为之法，念念生灭。刹那之间，分为三际，谓过去、现在、未来。此三际各有过、现、未来；总有三三之位，以立九世，即束为一段法门。虽则九世，各各有隔，相由成立，融通无碍，同为一念，名十世隔法异成门。”（《华严金师子章》）三世区分，不相杂乱，故云“隔法”；三世融通，递相成立，故云“异成”。十世虽有时间长短的间隔，但彼此相即相入，同是具足显现，不离不杂，圆融无碍，所以称作“十世隔法异成门”。

（十）主伴圆明具德门

万法之中任何一法皆可为主。当一法为主时，其他一切诸法皆因其为主而为伴。法藏说：“一方为主，十方为伴，余方亦尔。是故主主伴伴各不相见，主伴伴主圆明具德。”（《华严经探玄记》卷一）一切诸法，互为主伴，一体性圆，名为“主伴圆明”；一一法会，具足众德，名为“具德”。法藏以金狮子解释这一门说：“金与师子，或隐或显，或一或多，各无自性，由心回转。说事说理，有成有立，名唯心回转善成门。”（《华严金师子章》）“唯心回转善成门”是智俨在《华严一乘十玄门》中的提法，在《华严金师子章》中法藏沿用了这个提法，而在《华严经探玄记》中法藏将其改为“主伴圆明具德门”，这一改动更好地体现了诸法圆融的性质。主伴之分不是绝对的，而是互为主伴、交互具足、相依无碍的，所以称作“主伴圆明具德门”。

法藏认为：“然此十门，随一门中，即摄余门，无不皆尽。”（《华严一乘教义分齐章》卷四）“此十对同时相应，为一缘起，随一各具余一切义。如初门既尔，余广狭等九门，皆各具前十对，但随门异耳。是故一一门中，各有十百千等，思之可见。”（《华严经探玄记》卷一）“十玄无碍”，旨在揭示世间的一切原本是相即相入、圆融无碍的。一切诸法为什么会圆融无碍？澄观解释说，因为一切诸法都是真心所现。“一切诸法，真心所现，如大海水，举体成波。以一切法无非一心，故大小等相，随心回转，即入无碍。”（《华严经疏》卷一）因为一切诸法无非一心，都是真心所现，所以诸法之间原本是自在圆融、无间无碍的。“一即一切，一切即一”，一多圆通而相融，这就是华严宗关于诸法之间关系的总观点。

三、六相圆融

为了进一步阐发事事无碍、重重无尽的思想，华严宗提出了“六相圆融”学说。

“六相圆融”又叫“六相缘起”。所谓六相，指总相、别相、同相、异相、成相、坏相。六相说源于《华严经》的《十地品》，世亲的《十地经论》中曾对六相有所论述：

> 一切所说十句中，皆有六种差别相门。此言说解释应知除事，事者谓阴界入等。六种相者，谓总相、别相、同相、异相、成相、坏相。总者是根本入，别相者余九入，别依止本，满彼本故。同相者入故，异相者增相故；成相者略说故，坏相者广说故，如世界成坏。（卷一）

法藏对六相有进一步的说明：

> 总相者，一舍多德故；别相者，多德非一故，别依比总满彼总故；同相者，多义不相违，同成一总故；异相者，多义相望各各异故；成相者，由此诸缘起成故；坏相者，诸义各住自法不移动故。（《华严一乘教义分齐章》卷四）

六相之中，两两相对，总相与别相是一对范畴，同相与异相是一对范畴，成相与坏相是一对范畴。

所谓总相，是说一种缘起具足各种成分，一法之中含藏万法；所谓别相，是说各种成分有其差别，一切万法各有种种差别；所谓同相，是说各种成分相依相待，同成一总体，一切万法同成一总相；所谓异相，是说一切万法虽能融成一体，但不失其差别本质；所谓成相，是说一切差别本相和合成为一体，多种要素所成之相即是成相；所谓坏相，是说诸法和合成为一体，但诸法本质却并未改变。

在《华严金师子章》中，法藏以金狮子为喻，对六相做了具体说明：

> 师子是总相，五根差别是别相，共从一缘起是同相，眼耳等不相滥是异相，诸

> 根合会有师子是成相，诸根各住自位是坏相。

就狮子而言，狮子是一个整体，它具足了眼、耳、鼻、舌、身五根，所以狮子本身是总相；相对于狮子的总相，狮子的各个部分，亦即眼、耳、鼻、舌、身五根，各有差别、各各不同，这是别相；眼、耳、鼻、舌、身五根同一缘起，相依相待，形成狮子，这是同相；但五根各有差别，不相混乱，这是异相；五根和合而有狮子，这是成相；五根又各自不失其本相，各住自位，这是坏相。所以，狮子既是总相，又是同相，还是成相；五根既是别相，又是异相，还是坏相。

法藏还以房屋为例，对六相圆融做了细致入微的说明。就总相与别相的关系而言，法藏指出：

> 然缘起法一切处通，今且略就椽成舍辨。问：何者是总相？答：舍是。问：此但椽等诸缘，何者是舍耶？答：椽即是舍。何以故？为椽全自独能作舍故。若离于椽，舍即不成；若得椽时，即得舍矣。问：若椽全自独作舍者，未有瓦等亦应作舍？答：未有瓦等时，不是椽，故不作，非谓是椽而不能作。今言能作者，但论椽能作，不说非椽作。何以故？椽是因缘。由未成舍时，无因缘故，非是椽也。若是椽者，其毕全成；若不全成，不名为椽。(《华严一乘教义分齐章》卷四)

房子是总相，椽是别相。但现实中有的人只看到椽，看不到房子，其实椽就是房子，因为离开椽就没有房子，有椽才有房子，有椽就有房子。如果说有椽就有房子，那么没有瓦、梁等其他材料时也应该有房子。但事实是，如果只有椽，没有梁，没有瓦，则不成为房子。对此，法藏是这样解释的："椽等诸缘别于总故，若不别者总义不成，由无别时即无总故。此义云何？本以别成总，由无别故总不成也。是故别者，即以总成别也。"(同上)没有梁、没有瓦时，虽然有椽，但这样的椽不是椽，只有在一个完整的房子中椽才是真正意义的椽。所以，"若离于椽，舍即不成；若得椽时，即得舍矣"。如果没有椽，就没有房子；如果有椽，就有房子。离开总相，就没有别相；离开别相，就没有总相。总即别，别即总。总与别相即不离，圆融无碍。

同与异的关系也是如此。法藏进一步说：

> 椽等诸缘，和同作舍，不相违故，皆名舍缘，非作余物，故名同相也。问：此与总相何别耶？答：总相唯望一舍说，今此同相，约椽等诸缘，虽体各别，成力义齐，故名同相也。(同上)

同相是讲各种材料、各种不同因素共同组成了一个整体，共同组成了一座房屋。同相不同于总相，总相是从总体角度讲的，同相是从诸缘合同角度讲的。相对于同相的是异相。"异相者，椽等诸缘，随自形类，相望差别"，"椽等诸缘，迭互相望，各各异相"(同上)。异相是从各个部件自身角度讲的。椽是椽，瓦是瓦；椽不是瓦，瓦不是椽。用这样的眼光看，就是异相。但从同的角度看，异的东西也可以看成同。

> 问：舍既即是椽者，余板、瓦等应即是椽耶？答：总并是椽。何以故？去却椽即无舍故。所以然者，若无椽即舍坏，舍坏故不名板、瓦等，是故板、瓦等即是椽也。若不即椽者，舍即不成，椽、瓦等并皆不成。今既并成，故知相即耳。一椽既

尔，余椽例然。(《华严一乘教义分齐章》卷四)

房子即是椽，没有椽就没有房子；房子不存在，也就无所谓板墙、砖瓦。所以，板墙、砖瓦也是椽。椽不仅是房屋，也是板墙、砖瓦；板墙、砖瓦也是椽，也是房屋。由此，同与异相即相入，自在圆融。

成与坏的关系还是如此。法藏说：

成相者，由此诸缘，舍义成故；由成舍故，椽等名缘。若不尔者，二俱不成。今现得成，故知成相，互成之耳。(同上)

椽、板、瓦等构成房屋。因为有了房屋，椽、板、瓦等之名才得以成立，这就是所谓的成相。因为有了椽、板、瓦而有了房屋，因为有了房屋而有了椽、板、瓦，所以房屋与椽、板、瓦是“互成”的。正因为它们之间是一种“互成”关系，所以，成中有坏，成中本来就包含着坏。“坏相者，椽等诸缘各住自法，本不作故。……只由不作故，舍法得成；若作舍去，不住自法，有舍义即不成。何以故？作去失法，舍不成故；今既舍成，明知不作也。”(同上) 坏相的含义是“诸缘各住自法”，即各自保持自己的特点、自己的独立性。正因为有椽、有梁、有墙，才有房屋；但椽不是梁，梁也不是墙，墙也不是椽。如果椽不椽、梁不梁、墙不墙，那就不可能成为房。现在有房屋存在，说明椽还是椽，梁还是梁，墙还是墙，也说明椽不是梁，梁不是墙，墙不是椽。所以，成中有坏，坏中有成，自在自如，圆融无碍。

法藏总结“六相圆融”说：“总即一舍，别即诸缘；同即互不相违，异即诸缘各别；成即诸缘办果，坏即各住自法。”(同上) 并且作偈颂云：

一即具多名总相，多即非一是别相；多类自同成于总，各体别异现于同；一多缘起理妙成，坏住自法常不作；唯智境界非事识，以此方便会一乘。(同上)

“六相圆融”是一总体。“随举一相，具此六相”，“一一相中，含无尽相；一一法中，具无尽法”(《华严经金师子章》)，“是故一切缘起法不成则已，成则相即，镕融无碍，自在圆极”(《华严一乘教义分齐章》卷四)。可以说，华严宗关于事物之间，以及事物的整体与部分、部分与部分之间关系的理论，是非常深刻、非常丰富的。

华严宗关于法界缘起、理事无碍、事事无碍的理论，关于一法之中遍含一切法，一法具则一切法具的理论，关于“一即一切，一切即一”的理论，是至为细致而深刻的。

第五节 禅宗

禅宗，因主张用禅定概括佛教的全部修习而得名。“禅”是梵语 Dhyāna（禅那）的简称，意译“静虑”。禅宗祖师，从上以来，不假经教，直指人心，不立文字，教外别传。所谓教外，即文字教典之外；所谓别传，即特别的传授。

禅宗以摩诃迦叶为本宗的初祖。摩诃迦叶是释迦牟尼的大弟子。相传："世尊在灵山会上拈花示众。是时，众皆默然。唯迦叶尊者破颜微笑。世尊曰：吾有正法眼藏、涅槃妙心、实相无相、微妙法门、不立文字、教外别传，付嘱摩诃迦叶。"（《五灯会元》卷一）因为这个传说，禅宗尊摩诃迦叶为初祖。由摩诃迦叶，经阿难等，传到菩提达摩，共二十八人，是为西方二十八祖。

菩提达摩（? —528或536），南印度人，从印度远涉重洋来中国传授禅学，成为中国禅宗的始祖，后世尊称"达摩祖师"。禅宗的传法谱系是：菩提达摩、慧可、僧璨、道信、弘忍、惠能。

惠能（638—713），俗姓卢，生于南海（今广东广州）新兴。惠能本是一个不识字的樵夫，因闻人诵《金刚经》，有所领悟，于是前往湖北黄梅县东山寺拜谒禅宗五祖弘忍。弘忍问他来意，他答曰："远来礼师，惟求作佛，不求余物。"弘忍说："汝是岭南人，又是獦獠，若为堪作佛?"惠能回答："人虽有南北，佛性本无南北。獦獠身与和尚不同，佛性有何差别?"（《六祖坛经・自序品》）弘忍见他谈吐不凡，想要深谈，见左右有人，就派他到槽厂劳动。

经过八个月，有一天，弘忍将门人召集起来宣布：每人可以根据自己的见解作一偈，谁能领悟佛法大意，便将菩提达摩以来所传法衣传授于他，为六世祖。上座教授师神秀作偈曰："身是菩提树，心如明镜台，时时勤拂拭，勿使惹尘埃。"弘忍认为此偈未见本性，只到门外，未入门内。数日之后，惠能闻神秀偈后，也作一偈："菩提本无树，明镜亦非台，佛性常清静，何处惹尘埃?"众人看到此偈，无不赞叹，弘忍怕别人加害惠能，将偈语擦去，声称也未见性，但却于次日夜间在自己房里接见惠能，给他讲授《金刚经》，并将法衣传授于他。惠能得法南归，隐居十五年后在曹溪宝林寺开始公开传法，并广收门徒，嗣法弟子有行思、怀让、神会、玄觉、慧忠、法海等四十余人。法海将惠能言行结集为《坛经》。

一、自性说

禅宗认为一切众生皆有佛性，人人都可成佛，宣扬"见性成佛"。从佛性人人本来所具有的意义上讲，佛性就是自性。惠能强调说："吾所说法，不离自性。离体说法，名为相说，自性常迷。须知一切万法，皆从自性起用。"（《坛经・顿渐品》）"自性"是惠能非常强调的概念，"自性"是人人本自具有的、完满无缺的、光明清净的本性。

> 菩提般若之智，世人本自有之，只缘心迷，不能自悟，须假大善知识，示导见性。当知愚人智人，佛性本无差别，只缘迷悟不同，所以有愚有智。……世人终日口念般若，不识自性般若，犹如说食不饱。口但说空，万劫不得见性，终无有益。（《坛经・般若品》）

佛性是每个人内心本有的，愚人与智人的不同并不是本性的不同，而只是迷与悟的不同。

> 世人性本清净，万法从自性生。思量一切恶事，即生恶行；思量一切善事，即生善行。如是诸法，在自性中，如天常清，日月常明，为浮云盖覆，上明下暗，忽

遇风吹云散，上下俱明，万象皆现。世人性常浮游，如彼天云。善知识，智如日，慧如月。智慧常明，于外著境，被妄念浮云盖覆自性，不得明朗。若遇善知识，闻真正法，自除迷妄，内外明澈，于自性中，万法皆现。见性之人，亦复如是，此名清净法身佛。（《坛经·忏悔品》）

人的本性本来清净，只是因为被外境所染，所以才不得清净，所以才陷入迷妄。如天常清，日月常明，只是因为被浮云盖覆，才不得明朗，如遇风吹云散，就会上下俱明，万象皆现。所谓“见性”，也就是发见自己原来的本性。“见性”即可成佛，成佛亦只是“见性”。

因为人人具有佛性，所以，人要成佛必须向内求取，而不是向外索取。“本性是佛，离性无别佛。”（《坛经·般若品》）“自性迷，即是众生；自性觉，即是佛。”（《坛经·决疑品》）自性觉，即可获得精神的解脱；相反，只是向外求索，则愈求索愈不得解脱。“菩提自性，本来清净，但用此心，直了成佛。”（《坛经·自序品》）惠能开示众人说：

东方人造罪，念佛求生西方；西方人造罪，念佛求生何国？（《坛经·决疑品》）

一切般若智，皆从自性而生，不从外入，莫错用意，名为真性自用。（《坛经·般若品》）

佛国乐土并非远在西方，而是就在每个人脚下。“菩提只向心觅，何劳向外求玄？听说依此修行，天堂只在目前。”（《坛经·决疑品》）

在禅宗看来，人的内心本来就包含一切善良的因子，认识到自己内心本身所具有的善，即可得救，即可成佛。

三世诸佛，十二部经，在人性中，本自具有。不能自悟，须求善知识，指示方见。若自悟者，不假外求。若一向执谓须他善知识，望得解脱者，无有是处。何以故？自心内有知识自悟。若起邪迷，妄念颠倒，外善知识虽有教授，救不可得。若起正真般若观照，一刹那间，妄念俱灭。若识自性，一悟即至佛地。善知识，智慧观照，内外明彻，识自本心。若识本心，即本解脱。（《坛经·般若品》）

禅宗强调自悟，但也不否认指导，只是不以为仅仅依靠“善知识”就可以得解脱。最重要的还是自悟，还是“识自性”“识本心”。

惠能并不否认有“善知识”，不否认有大智慧的人，但认为普通人与有大智慧的人并没有本质的差别，而只有迷与悟的不同。

小根之人，闻此顿教，犹如草木。根性小者，若被大雨，悉皆自倒，不能增长。小根之人，亦复如是。元有般若之智，与大智人更无差别，因何闻法，不自开悟？缘邪见障重，烦恼根深。犹如大云覆盖于日，不得风吹，日光不现。般若之智亦无大小。为一切众生，自心迷悟不同。迷心外见，修行觅佛，未悟自性，即是小根。若开悟顿教，不执外修，但于自心常起正见，烦恼尘劳，常不能染，即是见性。（同上）

“小根之人”与“大智之人”并无根本差别。前者虽然邪见深重，烦恼根深但只要开悟，只要起正见，只要不受一切烦恼的困惑，就可见性，就可成佛。所以，“自性若悟，众生是佛；自性若迷，佛是众生”（《坛经·付嘱品》）。人能成佛，是自我成佛，“自见本心，自成佛道”，“若向性中能自见，即是成佛菩提因”（同上）。

由于强调本性是佛，强调见性成佛，所以禅宗并不强调坐禅。

> 此门坐禅，元不著心，亦不著净，亦不是不动。若言著心，心元是妄。知心如幻，故无所著也。若言著净，人性本净。由妄念故，盖覆真如，但无妄想，性自清净。起心著净，却生净妄。妄无处所，著者是妄。净无形相，却立净相，言是工夫。作此见者，障自本性，却被净缚。（《坛经·坐禅品》）

“性自清净”，人的本性本来是清净的，如果执意于净，即是心生妄念。“菩提本自性，起心即是妄。”（《坛经·般若品》）心生妄念，就会生“净妄”，就会“被净缚”，就会“障自本性”，这样又怎么可能得净？又怎么可能得解脱？所以，“迷人身虽不动，开口便说他人是非长短好恶，与道违背。若著心著净，即障道也”（《坛经·坐禅品》）。身虽不动，而好议论人之是非，只在身上做功夫，没在心上做功夫，没将功夫落实在心里，这样的功夫不仅无益，而且有害。

禅宗讲坐禅，但坐禅并不只是一动不动，更重要的是“自见本性清净，自修自行”。惠能说：

> 何名坐禅？此法门中，无障无碍，外于一切善恶境界，心念不起，名为坐。内见自性不动，名为禅。善知识，何名禅定？外离相为禅，内不乱为定。外若著相，内心即乱；外若离相，心即不乱。本性自净自定。只为见境，思境即乱。若见诸境心不乱者，是真定也。善知识，外离相即禅，内不乱即定。外禅内定，是为禅定。《菩萨戒经》云：我本性元自清净。善知识，于念念中，自见本性清净，自修自行，自成佛道。（同上）

“外离相为禅，内不乱为定”，“外离相”，即外离一切善恶观念，不思善，不思恶，不以外境乱心；“内不乱”，即保持“本性自净自定”。人的本性原本是清净自定的，只因被外境所染，为外境所迷，受外境所困，所以才会乱，才会不安。所以，外禅与内定是紧密联系在一起的。“外若著相，内心即乱；外若离相，心即不乱。”离相则心不乱，离相是不为外相所惑。离相并非离境，并非完全脱离现实，而是不为外境所困扰。“若见诸境心不乱者，是真定也。”

二、顿悟说

一般认为，成佛需要经过必要的修炼，禅宗则认为，众生可以不必经历累生累世的修炼，只要开悟，当下即可成佛。提倡顿悟成佛，是禅宗最主要的特点。惠能弟子神会说：“我六代大师，一一皆言单刀直入，直了见性，不言阶渐。夫学道者须顿见佛性，渐修因缘，不离是生而得解脱。”（《神会和尚禅语录》）惠能言及自己的切身体会说：

> 我于忍和尚处，一闻言下便悟，顿见真如本性。是以将此教法流行，令学道者，顿悟菩提，各自观心，自见本性。（《坛经·般若品》）

如何顿悟？顿悟即是发见本性，即是“顿见真如本性”。惠能说：“迷心外见，修行觅佛，未悟自性，即是小根。若开悟顿教，不执外修，但于自心常起正见，烦恼尘劳，常不能染，即是见性。”（《坛经·般若品》）“自心常起正见”，外界的烦恼、尘劳不再引发个体的忧患，这就是明心见性。

在禅宗看来，明心见性也许是一刹那的事。“若悟无生顿法，见西方只在刹那。不悟，念佛求生，路遥如何得达？”（《坛经·决疑品》）只要开悟，只要识见本性清明，当下即可成佛。

> 前念迷，即凡夫；后念悟，即佛。前念著境，即烦恼；后念离境，即菩提。（《坛经·般若品》）
>
> 不悟即佛是众生，一念悟时，众生是佛。故知万法尽在自心，何不从自心中，顿见真如本性？《菩萨戒经》云：我本元自性清净。若识自心见性，皆成佛道。《净名经》云：即时豁然，还得本心。（同上）

人的本性原本是清净明彻的，人的内心本来是包含智慧的，“智如日，慧如月，智慧常明”（《坛经·忏悔品》）。只是因为被外境所染，被妄念所迷，所以才会有迷妄，才会陷入困境而不得解脱。只要起真识、发正智，妄念就会息灭。“自心内有知识自悟。若起邪迷，妄念颠倒，外善知识虽有教授，救不可得。若起正真般若观照，一刹那间，妄念俱灭。若识自性，一悟即至佛地。”（《坛经·般若品》）

起般若观照，即可识见本性；识见本性，即可顿悟成佛。什么是“般若”？“般若”就是真智慧，就是使人解除迷妄、使人得解脱的智力。

> 善知识，何名般若？般若者，唐言智慧也。一切处所，一切时中，念念不愚，常行智慧，即是般若行。一念愚即般若绝；一念智即般若生。世人愚迷，不见般若。口说般若，心中常愚，常自言我修般若，念念说空，不识真空。般若无形相，智慧心即是。若作如是解，即名般若智。（同上）

“般若无形相”，般若即智慧心，一念智即般若生，常行智慧，亦即常行其所当行，不受外境的制约和控制，即是“般若行”。

由般若而引出“定”“慧”。一般而言，“定”是体，“慧”是用。惠能更强调“定慧一体”。

> 我此法门，以定慧为本。大众勿迷，言定慧别。定慧一体，不是二。定是慧体，慧是定用。即慧之时定在慧，即定之时慧在定。若识此义，即是定慧等学。诸学道人，莫言先定发慧，先慧发定，各别。作此见者，法有二相，口说善语，心中不善，空有定慧，定慧不等。若心口俱善，内外一如，定慧即等。自悟修行，不在于诤。若诤先后，即同迷人。（《坛经·定慧品》）

开悟需要般若之智，开悟也离不开“定”“慧”。“定”，即禅定，“外离相即禅，内不乱即定。外禅内定，是为禅定”。“慧”，即由“定”引发的智慧。惠能认为“定慧一体”，并非由“定”而“慧”，也非由“慧”而“定”，“定”“慧”同时而显，同时而行，同时俱足。“即慧之时定在慧，即定之时慧在定。”惠能进一步解释说：“定慧犹如何等？犹如灯光。有灯即光，无灯即暗。灯是光之体，光是灯之用。名虽有二，体本同一。此定慧法，亦复如是。”(《坛经・定慧品》) 定慧一体，不可分为两件，名目虽有不同，本体并无差别。

以定慧为本，依靠定慧，发挥般若，“自悟修行”，即可识见本性。只要识见本性，当下即至佛地，当下即可成佛。禅宗在佛教史上的伟大意义在于，它第一次将天国拉回人间，它不仅宣扬人人具有佛性，人人都可成佛，而且宣布：成佛并不在未来的遥远天国，而就在当世、就在当下。

> 佛法在世间，不离世间觉；离世觅菩提，恰如求兔角。正见名出世，邪见名世间。邪正尽打却，菩提性宛然。此颂是顿教，亦名大法船。迷闻经累劫，悟则刹那间。(《坛经・般若品》)

据《坛经・自序品》讲，当年禅宗五祖弘忍禅师将衣钵传给六祖惠能，很多人不服，企图夺取衣钵，其中有一个名叫惠明的和尚追上惠能，惠能将衣钵掷于石上，说：“此衣表信，难道可以力争吗?”惠明来到跟前，却将衣钵提掇不动，心下似有领悟，于是说：“我为法来，不为衣来，望行者为我说法。”惠能于是开导他：“汝既为法而来，可屏息诸缘，勿生一念，吾为汝说。”良久又曰：“不思善，不思恶，正与么时，哪个是明上座本来面目?”惠明言下大悟，声称自己虽然在黄梅东山寺多年，实未省得自家面目，今蒙指示，如人饮水，冷暖自知。

三、无念说

见性成佛，顿悟成佛。道不属修，重要的不是外在的修行，而在于返回本心。如何返回本心？如何去迷开悟？禅宗提倡“无念”“无相”“无住”。惠能说：

> 我此法门，从上以来，先立无念为宗，无相为体，无住为本。(《坛经・定慧品》)

何谓“无念”?“无念”并不是什么也不想，而是不为所念系缚。

> 何名无念？若见一切法，心不染著，是为无念。用即遍一切处，亦不著一切处。但净本心，使六识，出六门，于六尘中，无染无杂，来去自由，通用无滞，即是般若三昧，自在解脱，名无念行。若百物不思，当令念绝，即是法缚，即名边见。善知识，悟无念法者，万法尽通。悟无念法者，见诸佛境界。悟无念法者，至佛地位。(《坛经・般若品》)

“无念”不是百物不思，百物不思只是“边见”。既是“边见”，就会被这种“边见”束缚，所以还是“法缚”。“若只百物不思，念尽除却，一念绝即死，别处受生，是为大错。”(《坛经・定慧品》)“无念”的本义恰恰在于“见一切法，心不染著”，也就是身处六尘之中，却能做到“无染无杂”，“不著一切处”，能够做到清净本心。

惠能说，他之所以要立无念为宗，是因为“世人有八万四千尘劳。若无尘劳，智慧常现，不离自性。悟此法者，即是无念。无忆无著，不起诳妄，用自真如性，以智慧观照，于一切法，不取不舍，即是见性成佛道”(《坛经・般若品》)。因为世间有尘劳，各种尘劳杂染了人性本来的清净，如果能用真如本性，以般若之智来观照这一切，于一切法上不著不染、不取不舍，便可成就佛道，而这一切就是所谓的“无念”。“于诸境上，心不染，曰无念。”（《坛经·定慧品》）所以，“无念”不是百物不思，而是于境上不起念。“无念者，于念而无念。”（同上）

所谓“无住”，即是不受外境的系缚，不受外境的困扰和控制。“于念而无念”，就其无心于念而言，就其不于境上生心而言，是“无念”；就其不为念所困而言，是“无住”。

> 无住者，人之本性。于世间善恶好丑，乃至冤之与亲，言语触刺欺争之时，并将为空，不思酬害。念念之中，不思前境。若前念今念后念，念念相续不断，名为系缚。于诸法上，念念不住，即无缚也。此是以无住为本。（同上）

有念，但是不为念所系缚，就是“无住”。“六根虽有见闻觉知，不染万境，而真性常自在。”（同上）

所谓“无相”，即于相而离相。“外离一切相，名为无相。能离于相，即法体清净。此是以无相为体。”（同上）“不思善，不思恶，自在无碍。”（《坛经·忏悔品》）

其实，“无念”“无住”“无相”是一一相通的，做到“无念”“无相”也就做到了“无住”，做到“无住”也就是“无念”“无相”，也就是虽然身处六尘之中，但却能以般若之智观照一切，却能做到不染不杂、来去自由、自在无碍。

禅宗是最中国化的佛教。自唐中期以后，禅宗对中国的思想文化产生了非常大的影响，也是佛教各宗派中影响最大的宗派，以至于成为佛教的代名词，很多人一提起佛教，首先想到的就是禅宗。

第十五章

隋唐儒家哲学

佛教、道教的流行与发展对儒家思想构成很大的威胁。在儒家内部，虽然有人持比较温和的立场，比如隋朝的王通，提出“三教可一”，但也有人持强烈的对立态度，主张应当“排佛”，持这种态度的人以韩愈、李翱为代表。韩愈以道统论对抗佛教，李翱以成圣理论（即复性论）对抗佛教。与韩愈、李翱同时代的柳宗元、刘禹锡对佛教并不持对立态度，柳宗元甚至认为，佛教有人生而性善，因受外界影响才放而不返的说法与儒家“人生而静，天之性也”的观点有相合之处。柳宗元、刘禹锡二人重点思考的问题是天人之间的关系。

第一节　王通

王通（584—617），字仲淹，绛州龙门（今山西河津）人。王通生于世宦家庭，家学渊源深厚，自幼习儒，有经世之志，曾向隋文帝杨坚上《太平策》，倡导王道。因时运不济，不为所用，退居河、汾之间，著书、传道、授徒。卒后门人私谥为“文中子”。著作除《太平策》外，还有《续六经》，包括《续书》《续诗》《礼论》《乐论》《赞易》《元经》，共六种，均已失传。现存的著作只有其门人薛收、姚义等人编录，后经其子王福畤整理的《中说》一书，又称《文中子》。

一、王道政治

王通生活的隋代，虽然政治上结束了近四百年的动乱，实现了国家的统一，但思想上仍处于混乱状态。王通认为，要维护社会的稳定，就必须实行王道政治。王通感慨："道之不胜时久矣，吾将若之何?"（《文中子·王道篇》）在他看来，"仲尼之述，广大悉备，历千载而不用，悲夫!"（《关朗篇》）王通以当代周公、孔子自任，声称：

> 吾视千载已上，圣人在上者，未有若周公焉，其道则一，而经制大备，后之为政，有所持循。吾视千载而下，未有若仲尼焉，其道则一，而述作大明，后之修文者，有所折中矣。千载而下，有申周公之事者，吾不得而见也；千载而下，有绍宣尼之业者，吾不得而让也。(《天地篇》)

在王通看来，"周、孔之道，其神之所为乎！顺之则吉，逆之则凶"（《王道篇》）。周、孔之道，其实就是王道。

王道政治的理想模式当然是尧、舜、禹、汤、文的二帝三王之道，但这样的理想状态在当时显然难以实现。

> 唐虞之道直以大，故以揖让终焉。必也有圣人承之，何必定法？其道甚阔，不可格于后。夏商之道直以简，故以放弑终焉。必也有圣人扶之，何必在我？其道亦旷，不可制于下。如有用我者，吾其为周公所为乎？(《天地篇》)

唐虞之道、夏商之道，必须有圣人当世才能实行，但当时并不是圣人当世的时代，所以只能退而求其次。

> 二帝三王，吾不得而见也，舍两汉将安之乎？大哉，七制之主，其以仁义公恕统天下乎？其役简，其刑清，君子乐其道，小人怀其生。四百年间，天下无二志，其有以结人心乎？终之以礼乐，则三王之举也。(同上)

夏、商、周三代，虽然是王道政治的典型，但毕竟相距遥远。"不以三代之法统天下，终危邦也。如不得已，其两汉之制乎？不以两汉之制辅天下者，诚乱也已。"（《关朗篇》）在王通看来，汉代在高帝、文、武、宣、光武、明、章七主统治时期，社会安定，国家一统，仁义公恕，役简刑清，君子乐道，小人怀生，这样的政治局面虽然并非理想的社会局面，但也足以为后代效法。

王通认为，王道政治的最大特点是仁政、德治，任德而不任刑。孔子曾讲："道之以政，齐之以刑，民免而无耻；道之以德，齐之以礼，有耻且格。"（《论语·为政》）王通继承了这种思想，认为："古之为政者，先德而后刑，故其人悦以恕；今之为政者，任刑而弃德，故其人怨以诈。"（《事君篇》）"先德而后刑"，即强调仁义才是王道政治的根本。"仁义，其教之本乎？先王以是继道德而兴礼乐者也。"（《礼乐篇》）然而，历史事实却是："三代之末，尚有仁义存焉；六代之季，仁义尽矣。"（《事君篇》）天下失道久矣。"今言政而不及化，是天下无礼也；言声而不及雅，是天下无乐也；言文而不及理，是天下无文也。王道从何而兴乎？吾所以忧也。"（《王道篇》）仁义是王道政治的根本，也是道德教化的根本。

在王通看来，人能弘道，只要当政者以身作则，王道政治就可沛然而兴。

> 人能弘道，苟得其行，如反掌尔。昔舜、禹继轨而天下朴，夏桀承之而天下

诈，成汤放桀而天下平，殷纣承之而天下陂，文、武治而幽、厉散，文、景宁而桓、灵失。斯则治乱相易，浇淳有由。兴衰资乎人，得失在乎教。其曰太古不可复，是未知先王之有化也。《诗》《书》《礼》《乐》，复何为哉？（《立命篇》）

“兴衰资乎人，得失在乎教”，《诗》《书》《礼》《乐》即是教民化俗的重要工具。“礼，其皇极之门乎？圣人所以向明而节天下也。其得中道乎？故能辩上下，定民志。”（《礼乐篇》）礼不仅是一种规范，更是制度与文明的表现。“冠礼废，天下无成人矣；昏礼废，天下无家道矣；丧礼废，天下遗其亲矣；祭礼废，天下忘其祖矣。”（同上）礼是“皇极之门”，既是社会制度，也是人类文明；既是王道政治的重要内容，也是维护王道政治、教化民众的重要手段。

王道政治有赖于圣王，也有赖于正臣贤相。

房玄龄曰：“《书》云霍光废帝举帝，何谓也？”子曰：“何必霍光，古之大臣废昏举明，所以康天下也。”（《事君篇》）

霍光废帝举帝，涉及君臣关系的根本，是一敏感问题。王通认为，“废昏举明”是天经地义的，事君并非只是效忠于某一君，“康天下”才是为臣之道的根本。“不以伊尹、周公之道康其国，非大臣也；不以霍光、诸葛亮之心事其君者，皆具臣也。”（《立命篇》）这是强调为臣之道在于“康天下”，这种思想是对前代儒家思想的重要突破，具有重要的理论意义。

王通的王道政治论其实是圣王政治。王通向往的是圣王政治，诉诸的也是圣王政治。然而，这样一种圣王政治其实也许只是一种理想。二帝三王被他理想化了，两汉七制之主也被他理想化了，他的希望寄托于圣王、贤相的再次降临，然而这种希望只能是一种理想。

二、三教可一

隋朝时，佛教、道教已经甚为流行，其影响无所不在。从继承儒家道统、维护儒家正统的立场出发，王通对佛教、道教是持否定态度的。

或问佛。子曰：“圣人也。”曰：“其教何如？”曰：“西方之教也，中国则泥。轩车不可以适越，冠冕不可以之胡，古之道也。”（《周公篇》）

或问长生神仙之道，子曰：“仁义不修，孝悌不立，奚为长生？甚矣，人之无厌也！”（《礼乐篇》）

王通认为，佛教是西方之教，与中华传统之礼乐制度不符，不可行于中国。道教追求长生，而不修仁义、不守孝悌。然而，若无仁义、孝悌，长生久视又有何用？所以，佛、道二教均有悖于王道，不得成为国家政治的指导思想。

从维护儒家正统的立场出发，王通反对佛教、道教，虽然如此，但王通并不赞成简单化地废除佛教、道教的做法。

程元曰：“三教何如？”子曰：“政恶多门久矣。”曰：“废之，何如？”子曰：“非尔所及也。真君、建德之事，适足推波助澜，纵风止燎尔。”（《问易篇》）

王通反对三教并行，但不赞成使用暴力对佛、道二教进行强压。所谓“真君、建德之事”，指北魏太武帝及北周武帝的两次灭佛事件。在暴力强压下，佛教非但没有被遏制，反而迅速恢复并壮大。王通指出，使用暴力手段无异于推波助澜、纵风止燎，只能使其愈演愈烈。

另外，王通认为佛、道二教也有可资利用的方面。

> 《诗》《书》盛而秦世灭，非仲尼之罪也；虚玄长而晋室乱，非老、庄之罪也；斋戒修而梁国亡，非释迦之罪也。《易》不云乎：“苟非其人，道不虚行。”（《周公篇》）

尚《诗》《书》的国家被不尚《诗》《书》的秦国所灭，并非儒家本身的罪过；崇尚玄虚的晋朝有八王之乱，并非道家的过错；推崇佛教的梁朝最后灭亡，也不能将罪责归于佛教。“通其变，天下无弊法；执其方，天下无善教。故曰：存乎其人。”（同上）其中的秘密只在于用之得当与否。

基于这种认识，王通提出“三教可一”。

> 子读《洪范谠议》，曰：“三教于是乎可一矣。”程元、魏徵进曰：“何谓也?”子曰：“使民不倦。”（《问易篇》）

《洪范谠议》是王通祖父王一研究《尚书·周书·洪范》的著作，如今已佚。王通认为“三教可一”，并非认为三教是平行并列的关系。“三教可一”，并非三教合一。三教之中，儒家必须占据主导地位。“三教可一”，是以儒家为主，佛、道二教为辅，兼收并蓄。“三教可一”的汇通处在于“使民不倦”，亦即收拾人心，整顿社会秩序。

王通处乱世之末，胸怀大治之志，其倡导王道政治，认为“三教可一”，在儒学史上是有重要意义的。朱熹评价王通说：“王仲淹生乎百世之下，读古圣贤之书而粗识其用，则于道之未尝亡者盖有意焉。而于明德新民之学，亦不可谓无其志矣”，但其“既不自知其学之不足以为周、孔，又不知两汉之不足以为三王，而徒欲以是区区者比而效之于形似影响之间”（《朱文公文集》卷六十七《王氏读经说》）。王通之于儒家之学，可谓志大而力不赡。其所志者，只能有望于来者了。

第二节　韩愈

韩愈（768—824），字退之，河南南阳（今河南孟州南）人，自谓郡望昌黎，世称韩昌黎。韩愈晚年官至吏部侍郎，人称韩吏部，卒谥“文”，所以人们尊称他为韩文公。其著作保存在《昌黎先生集》中。

一、道统论

在韩愈生活的时代，佛教影响非常巨大，有的人崇信佛教甚至达到狂热的程度。“焚顶烧指，百十为群，解衣散钱，自朝至暮，转相仿效，唯恐后时，老少奔波，弃其业次。”（《谏迎佛骨表》）对此，韩愈感到非常担忧，他上表唐宪宗，请求不要尊迎佛指舍利，甚至提出应将佛指舍利“投诸水火，永绝根本，断天下之疑，绝后代之惑。”（同上）

《谏迎佛骨表》触怒了皇帝，韩愈几乎因此而丧命，遂遭到贬斥。但即使如此，韩愈也没有悔改之意。《左迁至蓝关示侄孙湘》之诗有言：“一封朝奏九重天，夕贬潮州路八千。欲为圣明除弊事，肯将衰朽惜残年！”

韩愈排佛，并非只是出于时代的忧虑，而更多是出于对中国文化传统的忧患意识。在韩愈看来，中国文化传统的危机主要表现为儒家道统的危机，儒家道统的危机并非起于当今，而是由来已久。

> 周道衰，孔子没，火于秦，黄老于汉，佛于晋、魏、梁、隋之间。其言道德仁义者，不入于杨，则入于墨；不入于老，则入于佛。(《原道》)

道家宣扬“圣人不死，大盗不止”(《庄子·胠箧》)。韩愈认为，“古之时，人之害多矣。有圣人者立，然后教之以相生养之道。为之君，为之师，驱其虫蛇禽兽而处之中土”(《原道》)，并因之而创立礼乐制度以教人。“如古之无圣人，人之类灭久矣。”(同上)人类之所以能形成社会，是因为有不同的社会分工。

> 是故君者，出令者也；臣者，行君之令而致之民者也；民者，出粟米麻丝，作器皿，通货财以事其上者也。(同上)

这种人伦纲常是天经地义的，是不可改变的，也是不可废弃的。“君不出令，则失其所以为君；臣不行君之令而致之民，民不出粟米麻丝，作器皿，通货财，以事其上，则诛。”(同上)而佛教则宣扬捐弃人伦道义之常，“必弃而君臣，去而父子，禁而相生相养之道，以求其所谓清净、寂灭者”(同上)。人而不守人伦之纲常，但求自己之清净与解脱，“子焉而不父其父，臣焉而不君其君，民焉而不事其事”(同上)。如此一来，所谓国家、社会将如何存在？所以，佛老之说不仅不足法，而且危害甚大。

韩愈自觉地担起反抗佛老、继承儒家道统的责任，并且决心为此而不惜牺牲生命。他自言：“释老之害，过于杨墨；韩愈之贤，不及孟子。孟子不能救之于未亡之前，而韩愈乃欲全之于已坏之后。呜呼！其亦不量其力，且见其身之危，莫之救以死也！虽然，使其道由愈而粗传，虽灭死，万万无恨！”(《与孟尚书书》)

韩愈以继承儒家道统为己任。所谓道统，是指一种思想学说的根本以及这一根本代代相传的系统。佛教有自己一一相承的传承谱系，韩愈认为，儒家道统更是源远流长的。他要以儒家的道统来对抗佛、道二教。

> 斯吾所谓道也，非向所谓老与佛之道也。尧以是传之舜，舜以是传之禹，禹以是传之汤，汤以是传之文、武、周公，文、武、周公传之孔子，孔子传之孟轲，轲之死，不得其传焉。荀与扬也，择焉而不精，语焉而不详。由周公而上，上而为君，故其事行；由周公而下，下而为臣，故其说长。(《原道》)

儒家之道统是由尧创立的。由尧、舜、禹、汤、文、武、周公，以至孔子、孟子。周公以上，传道之人为君主，不仅有德行，而且有地位、有权力，所以能够把王道理想付诸实践。周公以下，传道之人为臣子，有德但无位，没有力量直接落实王道政治，只能通过各种途径宣传自己的王道理想。孔子如此，孟子也是如此。“孟子虽贤圣，不得位，空言无施，虽切何补？然赖其言，而今学者尚知宗孔氏、崇仁义。”(《与孟尚书书》)

韩愈认为，孔子的思想学说集中体现了儒家之道。

> 吾常以为孔子之道，大而能博，门弟子不能遍观而尽识也，故学焉而皆得其性之所近。其后离散分处诸侯之国，又各以所能授弟子，原远而末益分。……孟轲师子思，子思之学盖出曾子。自孔子没，群弟子莫不有书，独孟轲氏之传得其宗。……故求观圣人之道，必自孟子始。(《送王秀才序》)

孔子之道博大精深，后代真正得孔子真传的只有孟子。孟子之后，儒家之道便失传了。

由于孔子是儒家之道的实际确立者，所以，孔子虽处臣子之位，但其现实影响却远大于在他之前的任何人，所以理应受到格外的敬仰。“自天子至郡邑守长，通得祀而遍天下者，唯社稷与孔子为然。……孔子用王者事，巍然当座，以门人为配，自天子而下，北面跪祭，进退诚敬，礼如亲弟子者。”“所谓生人以来未有如孔子者，其贤过于尧、舜远者，此其效欤?”(《处州孔子庙碑》) 韩愈认为，有资格得到全社会所有人通祭的只有社稷和孔子，社稷代表国家，孔子代表中华文化道统；道统高于政统，所以天子也应对孔子顶礼膜拜。

儒家之道包括天、地、人三道。“天道乱，而日月星辰不得其行；地道乱，而草木山川不得其平；人道乱，而夷狄禽兽不得其情。”(《原人》) 人道是由圣人创立的。“民之初生，固若禽兽、夷狄然；圣人者立，然后知宫居而粒食，亲亲而尊尊，生者养而死者藏。是故道莫大乎仁义，教莫正乎礼乐刑政。施之于天下，万物得其宜；措之于其躬，体安而气平。”(《送浮屠文畅师序》) 圣人创法立教，施行礼乐教化，人类由此而与动物相分别，由此而进入文明时代。仁义礼乐，是人之为人的根本，也是人类区别于动物的标志。

“道莫大乎仁义”，人道的根本是仁与义。仁与义的内容是什么？韩愈说：

> 博爱之谓仁，行而宜之之谓义，由是而之焉之谓道，足乎己无待于外之谓德。仁与义为定名，道与德为虚位。(《原道》)

以博爱释仁，可以看作对孔子“泛爱众，而亲仁”，以及孟子“亲亲而仁民，仁民而爱物”思想的继承和发展。将义解释为“行而宜之”，强调行为的正当性、实践性，也具有重要的意义。仁与义的统一和实现就是所谓的道，仁与义的观念充满于内心而不假外求就是所谓的德。所以，“仁与义为定名”，仁与义是有着确定内容的。“道与德为虚位”，道与德只是一种形式。因为道德只是一种形式，因为道德的内容是不确定的，所以“道有君子小人”(同上)。有所谓君子之道，也有所谓小人之道。韩愈认为，儒家之道的实际内容就是仁与义。“凡吾所谓道德云者，合仁与义言之也，天下之公言也。老子之所谓道德云者，去仁与义言之也，一人之私言也。”(同上) 儒家之道因为是以仁与义为具体内容的，所以也可以称为仁义之道。

韩愈认为，儒家仁义之道具体表现在多个方面：

> 其文：《诗》《书》《易》《春秋》。其法：礼、乐、刑、政。其民：士、农、工、贾。其位：君臣、父子、师友、宾主、昆弟、夫妇。其服：麻丝。其居：宫室。其食：粟米、果蔬、鱼肉。其为道易明，而其为教易行也。是故以之为己，

则顺而祥；以之为人，则爱而公；以之为心，则和而平；以之为天下国家，无所处而不当。是故生则得其情，死则尽其常，郊焉而天神假，庙焉而人鬼飨。(《原道》)

在韩愈看来，儒家之道本来是详备的，是自足的。其道易明，其教易行，其教义载之于典籍，其制度落实于礼、乐、刑、政，其发用体现于社会生活的方方面面。儒家之道，可以养心，可以修身，可以齐家，可以治国，可以安天下。儒家之道，体备而周详，以之养性，"生则得其情，死则尽其常"。所以，儒家之道是远远高于佛老之道的。

二、性三品说

与道统论相联系，韩愈提出了他关于人性的理论。在韩愈看来，传统的人性论都有局限性。"孟子之言性，曰：人之性善。荀子之言性，曰：人之性恶。扬子之言性，曰：人之性善恶混。夫始善而进恶，与始恶而进善，与始也混而今也善恶，皆举其中而遗其上下者也，得其一而失其二者也。"(《原性》) 孟子、荀子、扬雄关于人性的理论均着眼于对人性做总体性的判断，而人性是复杂的，不同的人有不同的人性，所以应当对人性做具体的区分。汉代董仲舒提出性三品说，这种理论后来得到了王充的继承，韩愈进一步发挥了这种理论。韩愈认为，性是人"与生俱生"的，是人先天的本质。

性也者，与生俱生也；情也者，接于物而生也。性之品有三，而其所以为性者五；情之品有三，而其所以为情者七。曰：何也？曰：性之品有上、中、下三。上焉者，善焉而已矣；中焉者，可导而上下也；下焉者，恶焉而已矣。其所以为性者五，曰仁、曰礼、曰信、曰义、曰智。上焉者之于五也，主于一而行于四；中焉者之于五也，一不少有焉，则少反焉，其于四也混；下焉者之于五也，反于一而悖于四。(同上)

性之品有上、中、下三个等级。上品之人，是纯粹的善；下品之人，是纯粹的恶；中品之人，可以走向善，也可以走向恶。性的具体内容有五个方面，即仁、礼、信、义、智。上品之人，"主于一而行于四"，以一德为主，但也通于其他四德；中品之人，"一不少有焉，则少反焉，其于四也混"，对于某一德或者有所不足或者有所违背，其余四德也有不足或者不合的成分；下品之人，"反于一而悖于四"，既违反一德，也不合其他四德。

与性相关的是情。"情也者，接于物而生也"，情是性与外物接触时的表现。

性之于情视其品。情之品有上、中、下三，其所以为情者七：曰喜、曰怒、曰哀、曰惧、曰爱、曰恶、曰欲。上焉者之于七也，动而处其中；中焉者之于七也，有所甚，有所亡，然而求合其中者也；下焉者之于七也，亡与甚，直情而行者也。(同上)

情的具体内容有七：喜、怒、哀、惧、爱、恶、欲。性之品有三，情之品也有三。七情皆得其中，是上品，是圣人；七情有偏但知道求中，是中品，是众人；任情胡为，不知求中，是下品，是小人。佛教教人逃避君臣、父子、夫妇关系，认为这些都是为情所累，影响见性成佛。韩愈则认为，正是在这样的人伦关系中才能使情“动而处其中”，因情见性，使人的道德得以不断提升。所以，韩愈的人性论也是直接针对佛教而发的。

性三品说承认人性有差别，但也指出人性有改造的可能性。

> 然则性之上下者，其终不可移乎？曰：上之性，就学而愈明；下之性，畏威而寡罪。是故上者可教而下者可制也。其品则孔子谓不移也。（《原性》）

人性是有差别的，性之三品是不可改变的。但对于具体之人而言，这种不可改变并不是绝对的。“上之性，就学而愈明”，上品之人通过学习，通过不断修养，可以使自己固有的善良本性进一步发扬光大。“下之性，畏威而寡罪”，下品之人可以通过教化而减少为非作恶。中品之人更可以通过学习与教化而不断向善去恶。

韩愈的人性论将儒家的所谓“仁、礼、智、义、信”五常之性纳入人性之中做具体考察，并将其作为人性的基本内容；韩愈讲人性，并不忽视人情，而且强调七情应当皆得其中；韩愈承认人性有差别，但又强调学习与教化的必要性。这些可以看作对儒家人性论的重要发展，因为他将儒家的人性论放在了现实的基础之上，使儒家的人性论获得了现实的具体内容。

第三节　李翱

李翱（772—836），字习之，陇西成纪（今甘肃静宁西南）人，贞元进士，官至山南东道节度使。《复性书》是他最重要的哲学著作，另与韩愈合著《论语笔解》一书，其作品收入《李文公集》。

李翱对佛教也采取反对态度，但认为采取粗暴的办法排佛并不能收到好的效果。韩愈以道统论对抗佛教，李翱则针对佛教成佛理论而提出儒家亦有成圣理论，以成圣来对抗佛教的成佛。在李翱看来，成圣的根本途径就是复性，所以他的成圣理论也可称为复性论。

一、性命之道

李翱认为，人们谈到“性命”问题，常常“皆入于庄、列、老、释”，以为儒家之徒“不足以穷性命之道”（《复性书》上），因此归于佛老的人较多，这也是儒学不抵佛老的重要原因之一。要想对抗佛老，就必须复兴儒学，就必须探寻儒家的“性命之源”，确立儒家的安身立命之道。

在李翱看来，性命之道是儒家本来就有的，只是“性命之书虽存，学者莫能明”（同上）。《论语·公冶长》引子贡之言曰：“夫子之文章可得而闻也，夫子之言性与天道，不可得而闻也。”李翱解释说：

> 天命之谓性，是天人相与一也。天亦有性，春仁夏礼秋义冬智是也。人之率性，五常之道是也。盖门人只知仲尼文章，而少克知仲尼之性与天道合也，非子贡之深蕴，其知天人之性乎？（《论语笔解·公冶长第五》）

李翱认为，子贡之所以特别提出夫子之“性与天道”不可得而闻，是因为子贡已经明白孔子思想中存在着更深一层的根本，这一根本就是“性与天道”。“性与天道”的奥秘在于性与天道原本是合一的，人与天原本是相合的。“天人相与一也”，是儒家性命之学的根本。但是孔门弟子中很少有人明白这一根本，先秦只有《中庸》作者和孟子对此有深切的理解。

> 天命之谓性，《易》者，理性之书也，先儒失其传，惟孟轲得仲尼之蕴，故《尽心》章云：尽其心所以知性，修性所以知天。此天命极至之说，诸子罕造其微。(《论语笔解·为政第二》)

性是天之所命。由尽心而知性，由知性而知天，天人相与为一，这是儒家性命之学的根本。

李翱认为，儒家这一性命之道由孔子创立，代代相传，以至孟子。

> 昔者圣人以之传于颜子，颜子得之，拳拳不失，不远而复，“其心三月不违仁”。子曰：“回也，其庶乎！屡空。”其所以未到于圣人者一息耳，非力不能也，短命而死故也。其余升堂者，盖皆传也。一气之所养，一雨之所膏，而得之者各有浅深，不必均也。子路之死也，石乞壶黡以戈击之，断缨，子路曰：“君子死，冠不免。”结缨而死。由也，非好勇而无惧也，其心寂然不动故也。曾子之死也，曰：“吾何求哉？吾得正而毙焉，斯已矣。”此正性命之言也。子思，仲尼之孙，得其祖之道，述《中庸》四十七篇，以传于孟轲。轲曰：“我四十不动心。”轲之门人达者，公孙丑、万章之徒，盖传之矣。遭秦灭书，《中庸》之不焚者，一篇存焉。于是此道废阙，其教授者，唯节行、文章、章句、威仪、击剑之术，相师焉，性命之源，则吾弗能知其所传矣。(《复性书》上)

儒家性命之道，由孔子而颜子、子路、曾子，由曾子而子思，由子思而孟子，孟子之后不得其传。后世儒者只是留意于节行、文章、章句、威仪，而没有传承性命之道，以至于“性命之书虽存，学者莫能明”。由此，李翱自觉地肩负起传道的使命，他作《复性书》，就是要对儒家的性命之道重新做出阐扬，“以开诚明之源，而缺绝废弃不扬之道”(同上)。

二、性善情恶

李翱以复性之说来阐扬儒家的性命之道，并以儒家的性命之道来对抗佛教，以成圣反抗成佛。李翱认为，人性本来是善的，圣人之所以为圣人，就是因为保守了这一善良的本性。性善是成圣的根本，人人皆有善良的本性，所以人人皆可成圣。

> 人之所以为圣人者，性也；人之所以惑其性者，情也。喜、怒、哀、惧、爱、恶、欲七者，皆情之所为也。情既昏，性斯匿矣，非性之过也。七者循环而交来，故性不能充也。水之浑也，其流不清；火之烟也，其光不明，非水火清明之过，沙不浑，流斯清矣；烟不郁，光斯明矣；情不作，性斯充矣。(同上)

性是人可以成为圣人的内在根据。现实之中，人之所以没有成为圣人，不是因为人性有什么问题，而是因为情，因为情污染了人的本性。正像火本来是明的，但因为有烟，火便不明了；水本来是清的，但因为有泥沙，水便不清了。人性本来是善的，但因为受到情的蒙蔽，本来的善性便隐匿而不显了。

李翱不同意韩愈的性三品说。在李翱看来，人性本善，人之性原本都是相同的，凡人之性和圣人之性并没有什么不同。

> 问曰："凡人之性犹圣人之性？"故曰："桀、纣之性犹尧、舜之性也，其所以不睹其性者，嗜欲好恶之所昏也，非性之罪也。"曰："为不善者非性邪？"曰："非也，乃情所为也。情有善有不善，而性无不善焉。孟子曰：'人无有不善，水无有不下。夫水抟而跃之可使过颡，激而行之可使在山，是岂水之性哉？其所以导引之者然也。'人之性皆善，其不善亦犹是也。"（《复性书》中）

凡人之性与圣人之性原本是相同的，"性无不善"。既然"性无不善"，那人为什么会为不善，现实之恶的根源是什么？这是以往性善论难以解决的问题。李翱认为，人之所以为不善，不是因为性，而是因为情。性无不善，但情有善有不善。人之性一旦受到不善之情的蒙蔽，就可能为恶。这就像水，水本来是就下的，这是水的本性，然而，一旦在外力的作用下，"激而行之可使在山"，但这并不是水的本性，而只是外力作用的结果。同理，人为不善，"非性之罪也"，"乃情所为也"。李翱在坚持性善论的同时，又提出性善而情恶。恶的根源不在于性，而在于情。"性善情恶"论为现实之恶设立了内在根据，对这一难以解决的问题给出了较为圆满的答案。这是李翱对性善论的重大发展，也是李翱对儒家人性论的重大贡献。

在李翱看来，性与情虽然是密不可分的，但却是不可混同的。

> 性与情不相无也。虽然，无性则情无所生矣，是情由性而生。情不自情，因性而情；性不自性，由情以明。性者，天之命也，圣人得之而不惑者也。情者，性之动也，百姓溺之而不能知其本者也。圣人者岂其无情邪？圣人者寂然不动，不往而到，不言而神，不耀而光，制作参乎天地，变化合乎阴阳，虽有情也，未尝有情也。然则百姓者岂其无性者邪？百姓之性与圣人之性弗差也。虽然，情之所昏，交相攻伐，未始有穷，故虽终身而不自睹其性焉。（《复性书》上）

性与情的关系表现在两个方面。一方面，性与情不能相无，不可分离。性是情得以生发的基础，"无性则情无所生矣"，情不能自发产生，所以"情不自情，因性而情"。相对于情而言，性是基础，是根本，但这一基础与根本是隐性的，其外在表现是情，无情，性的内在本质便无从表现，所以"性不自性，由情以明"。另一方面，性是体，情是用；性是静，情是动。"性者，天之命也"，性是人先天具有的内在本质；"情者，性之动也"，情是性现实的、具体的、外在的表现。

既然性是善的，情是性的现实表现，那么情也应当是善的，怎么可能由善性而生发不善之情？如何解决这一理论难题？李翱将情分为两类：一类是"因性而情"，也就是圣人之情；另一类是因物而情，也就是百姓之情。圣人以性感物，而非以物感心，"制作参乎天地，变化合乎阴阳"，所以能够做到寂然不动，能够做到感而遂通。这种情"因性而情"，是性的自然流出，所以是善而无恶的。相反，以物感心，喜、怒、哀、惧、爱、恶、欲无有节制，这是"情之所昏"，以至于"交相攻伐，未始有穷"。这种情伤身害命，是性之妄、性之邪，也是恶的根源。

由此可见，李翱的“性善情恶”论并非说性是善、情是恶，而是说性无不善，而情有善有不善，不善之情才是恶的根源。

三、复性论

既然每个人都有善良的本性，每个人都可以成为圣人，只是因为情的遮蔽才有了恶的发生，那么，要成为圣人就要去除情的遮蔽，以恢复性的广大清明，这就是所谓的“复性”。

> 情者，妄也，邪也，邪与妄则无所因矣。妄情灭息，本性清明，周流六虚，所以谓之能复其性也。(《复性书》中)

情是妄、是邪，“妄情灭息，本性清明”，息灭妄邪之情，自然可以恢复本性的广大清明。“水之浑也，其流不清；火之烟也，其光不明，非水火清明之过。沙不浑，流斯清矣；烟不郁，光斯明和；情不作，性斯充矣。”(《复性书》上)水原本是清的，因为泥沙而变得混浊；火原本是明的，因为有烟而不能光明。泥沙沉淀，水自然会清；浓烟消散，火自然会光明；除掉情的干扰，善良的本性自然会显现出来，也自然会得到扩充。

《中庸》曰：“天命之谓性，率性之谓道，修道之谓教。”李翱对此做出了新的解释：

> “敢问何谓天命之谓性?”曰：“人生而静，天之性也，性者，天之命也。”“率性之谓道，何谓也?”曰：“率，循也，循其源而反其性者，道也。道也者，至诚也。至诚者，天之道也。诚者，定也，不动也。”“修道之谓教，何谓也?”曰：“诚之者，人之道也。诚之者，择善而固执之者也。修是道而归其本者，明也。教也者，则可以教天下矣。”(《复性书》中)

人之性，天生而静。“率性”，即“循其源而反其性”，也就是恢复原本的清静。“修道”，就是“至诚”，就是“择善而固执之”，就是归其性命之本。归其性命之本，就是去除妄思、妄情，归于清静。

“妄情灭息，本性清明”，去除妄情邪思，自然可以恢复本性的清静光明。所以，道德修养的过程实质就是去除人的妄邪之情，以恢复人的清静本性的过程。

> 圣人知人之性皆善，可以循之不息而至于圣也，故制礼以节之，作乐以和之。安于和乐，乐之本也；动而中礼，礼之本也。故在车，则闻鸾和之声；行步，则闻佩玉之音。无故不废琴瑟，视、听、言、行，循礼而动，所以教人忘嗜欲而归性命之道也。(《复性书》上)

礼乐制度是古代圣人制作的行为规范，也是教化人类，使人类摆脱嗜欲而归于性命之道的工具。

在《复性书》中，李翱还探讨了复性的具体方法。

> 或问曰：“人之昏也久矣，将复其性者，必有渐也，敢问其方?”曰：“弗虑弗思，情则不生。情既不生，乃为正思。正思者，无虑无思也。”(《复性书》中)

复性的具体方法是“无虑无思”。“无虑无思”才是“正思”。“正思”，也就是不为情所累，不为情所困，不为情所昏。然而，物影响于外，情应之于内，如何做到“无虑无思”?

> 问曰：“不虑不思之时，物格于外，情应于内，如之何而可止也？以情止情，其可乎?”曰：“情者，性之邪也，知其为邪，邪本无有，心寂不动，邪思自息。惟性明照，邪何所生？如以情止情，是乃大情也。情互相止，其有已乎?”（《复性书》中）

李翱认为，首先要树立正确的观念，也就是要树立情为性之邪的观念。一旦树立这一观念，知情之为邪，就可以做到寂然不动，“心寂不动，邪思自息”；相反，如果“以情止情”，止住一个又会产生另外一个，这样是不会穷尽的。“情之动弗息，则不能复其性而烛天地，为不极之明。”（《复性书》上）然而，“无思无虑”并非所谓“不睹不闻”。

> 问曰：“本无有思，动静皆离，然则声之来也，其不闻乎？物之形也，其不见乎?”曰：“不睹不闻，是非人也。视听昭昭，而不起于见闻者，斯可矣。无不知也，无弗为也，其心寂然，光照天地，是诚之明也。”（《复性书》中）

“不睹不闻”，是不可能的。如果真的做到了“不睹不闻”，那已经不再是人了。“无思无虑”，是要做到“视听昭昭，而不起于见闻”，也就是能保持内心的定力，不受外界事物干扰。

> 是故诚者，圣人性之也，寂然不动，广大清明，照乎天地，感而遂通天下之故，行止语默，无不处于极也。复其性者，贤人循之而不已者也，不已则能归其源矣。（《复性书》上）

圣人能够做到寂然不动，能够做到感而遂通。也可以说，能够做到无思无虑，能够做到寂然不动、感而遂通，就可以达到圣人的境界。

虽然无思无虑、寂然不动并不是没有儒家的思想因素，如孟子就讲“我四十不动心”（《孟子·公孙丑上》），但是作为一种思想学说，也许更具有道家和佛教的因素。老子宣扬“致虚极，守静笃”，禅宗宣扬“无念”“无相”。无思无虑、寂然不动是道家和佛教的基本思想因素，而并不是儒家的基本思想因素。李翱反对佛教、排斥佛教，但其思想深处却明显地打上了佛教的印痕，这实际是唐代思想界的一种真实反映。唐代是佛教思想发展的极盛时代，思想家们或多或少都会受到它的影响。

第四节　柳宗元

柳宗元（773—819），字子厚，河东解县（今山西运城西南）人，世称“柳河东”。柳宗元曾任监察御史、礼部员外郎，因参与王叔文等人发起的政治改革，失败后被贬为永州司马，在任十一年，继而迁任柳州刺史，直至去世。著作被编入《柳河东集》。

一、元气自然

柳宗元认为，汉代以后，儒学最大的弊端在于一直弥漫着一种浓厚的神学色彩。

“何独仲舒尔，自司马相如、刘向、扬雄、班彪、彪子固，皆沿袭嗤嗤，推古瑞物以配受命，其言类淫巫瞽史，诳乱后代，不足以知圣人立极之本，显至德、扬大功，甚失厥趣。”（《贞符》）“天人感应”论虽然受到王充等人的批判，但由汉至唐实际一直占有主导地位。在柳宗元看来，这种理论实际有害于儒家倡导的圣人之学。柳宗元哲学思想的重点就是要对这种思想做出清算。

在柳宗元看来，天地间的一切原本是纯粹自然的，自然界各种事物的运动、变化只是元气的自然运化，并没有什么神秘色彩。

> 彼上而玄者，世谓之天；下而黄者，世谓之地；浑然而中处者，世谓之元气；寒而暑者，世谓之阴阳。是虽大，无异果蓏、痈痔、草木也。假而有能去其攻穴者，是物也，其能有报乎？蕃而息之者，其能有怒乎？（《天说》）

天地是纯粹自然的天地，天地虽大，但却无异于果蓏、痈痔、草木。人们做出对果蓏、痈痔、草木有益的事，果蓏、痈痔、草木能够报答吗？人们做出对果蓏、痈痔、草木有害的事，果蓏、痈痔、草木能够发怒吗？

> 天地，大果蓏也；元气，大痈痔也；阴阳，大草木也。其乌能赏功而罚祸乎？功者自功，祸者自祸，欲望其赏罚者，大谬矣；呼而怨，欲望其哀且仁者，愈大谬矣。（同上）

果蓏、痈痔、草木不能赏善罚暴，天地又怎能赏善罚暴？

战国时代，屈原曾作《天问》一文，提出了有关天地、山川、神灵等一百七十多个问题。一千多年后，柳宗元作《天对》一文，对屈原提出的各种问题一一做出回答。屈原的《天问》一开始就问：“遂古之初，谁传道之？上下未形，何由考之？冥昭瞢暗，谁能极之？冯翼惟像，何以识之？明明暗暗，惟时何为？”柳宗元的《天对》回答说：

> 本始之茫，诞者传焉。鸿灵幽纷，曷可言焉？曶黑晰眇，往来屯屯，厖昧革化，惟元气存，而何为焉？

柳宗元认为，宇宙开始之时是浑沌而不分的，广大而空虚，这原本没什么可说的。随后有了明暗的变化，只是由于元气的存在才引发了这种变化，这种变化也完全是自然的，并不是有意的作为。

自然界事物的生长、变化是一种物质的变化，天地自有天地运行的规律。“天人感应”论往往以天灾来说事，而在柳宗元看来：

> 山川者，特天地之物也。阴与阳者，气而游乎其间者也，自动自休，自峙自流，是恶乎与我谋？自斗自竭，自崩自缺，是恶乎为我设？（《非国语》）

地震、天灾自有发生的客观原因，这与人事并没有直接的联系。“生植与灾荒，皆天也；法制与悖乱，皆人也，二之而已。其事各行不相预，而凶丰理（治）乱出焉。”（《答刘禹锡天论书》）自然物的生长繁殖、年岁的凶歉丰裕，与社会的治乱完全不相关。“圣人之道，不穷异以为神，不引天以为高，利于人，备于事，如斯而已矣。观《月令》之说，苟以合五事，配五行，而施其政令，离圣人之道，不亦远乎？”（《时令论》）圣人之道但求利于人而备于事，如果机械地以国君的言行举止来配合五行，并以此为依据来制定政策、发号施令，那肯定脱离了圣人之道的根本。

“天人感应”论宣称天是有意志的、有意识的，并且可以赏善罚暴，柳宗元对此反驳说：

> 或者乃以为“雪霜者，天之经也；雷霆者，天之权也。非常之罪，不时可以杀，人之权也。当刑者必顺时而杀，人之经也”。是又不然。夫雷霆、雪霜者，特一气耳，非有心于物者也。圣人有心于物者也。春夏之有雷霆也，或发而震，破巨石，裂大木，木石岂为非常之罪也哉？秋冬之有霜雪也，举草木而残之，草木岂有非常之罪也哉？彼岂有惩于物也哉？彼无所惩，则效之者惑也。（《断刑论》）

自然界的雷霆、霜雪不过是阴阳之气的变化，其发生完全是自然的，并不是天有意识地要对某些人或物给予处罚。而人主对人赏罚是有意识的，所赏所罚也应当是有根据的。以为有意识的赏罚应当效法无意识的雷霆、霜雪，这显然是不合道理的。在柳宗元看来，要维护社会的繁荣与稳定，人类要谋取福利，不能把希望寄托在天命上，而应当将其落实在人事上。“变祸为福，易曲成直，宁关天命，在我人力。”（《愈膏肓疾赋》）

柳宗元认为儒家之道的根本不是神道，而是人道。“夫圣人之为心也，必有道而已矣，非于神也，盖于人也。”（《䄍说》）“是故受命不于天，于其人；休符不于祥，于其仁。惟人之仁，匪祥于天；匪祥于天，兹惟贞符哉！未有丧仁而久者也，未有恃祥而寿者也。”（《贞符》）人道根于人，而不根于神。社会治乱、灾祥，在于人道，而不在于神道。而人道的根本是由孔子确立的仁义之道。

> 圣人之所以立天下，曰仁义。仁主恩，义主断。恩者亲之，断者宜之，而理道毕矣。蹈之斯为道，得之斯为德，履之斯为礼，诚之斯为信，皆由其所之而异名。（《四维论》）

仁义之道是人之为人的根本。“圣人之为教，立中道以示于后。曰仁、曰义、曰礼、曰智、曰信，谓之五常，言可以常行者也。”（《时令论》）仁义之道的具体展现即是仁、义、礼、智、信，儒家将其称为“五常”。之所以称之为五常，因为这是人类应当常行而不可背离的基本规则。

二、顺势而动

柳宗元认为，人类社会与自然界一样，是由低级阶段向高级阶段不断发展的，其发展过程是客观的，是不以人的主观愿望为转移的。柳宗元专门作有《封建论》一文，具体论述了他关于人类社会发展的理论。柳宗元所谓的“封建”，不是作为一种社会制度，亦即“封建社会”的封建，而是封土建邦，即天子分封同姓贵族或功臣，使他们占有一定的土地和人民，并在自己的封地内实行直接的统治。所以，这种制度也叫分封制。周代是典型的封建制社会，相传周武王伐纣取得天下后，将全国分封为三千多个诸侯国。作为一种社会制度，封建制自秦代之后已经灭亡。然而，出于一种怀旧意识，历史上不断有人主张恢复封建制。主张恢复封建制的人有一个基本观点，即封建制是古代圣人制定的，圣人制定的就一定是好的，是不可改变的。柳宗元的《封建论》主要是针对这种理论而发的。

在柳宗元看来，封建制的形成是由当时的社会形势决定的。他说：

> 天地果无初乎？吾不得而知之也。生人果有初乎？吾不得而知之也。然则孰为近？曰：有初为近。孰明之？由封建而明之也。彼封建者，更古圣王尧、舜、禹、汤、文、武而莫能去之。盖非不欲去之也，势不可也。势之来，其生人之初乎？不初，无以有封建。封建，非圣人意也。（《封建论》）

封建制并不是圣人有意制定的制度，而是由当时的社会形势决定的。柳宗元认为，人类最初过着原始的生活，“彼其初与万物皆生，草木榛榛，鹿豕狉狉，人不能搏噬，而且无毛羽，莫克自奉自卫”（同上），人类只有借助一定的物质资料才能生存。物质资料是人类得以生存的条件，出于生存的需要，人们会对物质资料产生争夺。有争夺，就必须有平息争夺的权威力量，由此就产生了君长，产生了各种规章制度，并形成了部落，由部落而形成部落联盟，由部落联盟而组成国家。“是故有里胥而后有县大夫，有县大夫而后有诸侯，有诸侯而后有方伯、连帅，有方伯、连帅而后有天子。”（同上）这一切都是历史发展的必然趋势，是不以人的主观意志为转移的。

有人认为，“夏、商、周、汉封建而延，秦郡邑而促”（同上），可见封建制优于郡县制。柳宗元认为，事实也许并非如此。“余以为周之丧久矣，徒建空名于公侯之上耳。”（同上）秦代的速灭自有原因，主要在于“亟役万人，暴其威刑，竭其货贿”（同上），也就是严酷刑律、繁重的劳役和沉重的赋税，使得老百姓无法承受。秦朝的制度本来没有什么问题，但是，“有理人之制，而不委郡邑，是矣；有理人之臣，而不使守宰，是矣。郡邑不得正其制，守宰不得行其理。酷刑苦役，而万人侧目。失在于政，不在于制”（同上）。秦朝实行的郡县制本来是可以治理人民的，但是没有将权力交给郡邑；有能够治理人民的官吏，但是没有委任他们当郡邑长官。所以，郡邑不能正确地实行这种制度，地方长官也不能很好地治理当地的人民，这不是制度的问题，而是政策的问题。秦代末年，“酷刑苦役”，民众再也无法忍受，因此揭竿起义。但是，“时则有叛人而无叛吏，人怨于下而吏畏于上”（同上），只有反叛的人民，而没有反叛的官员，这表明这种制度本身并没有什么问题。汉代立国之初，又部分地恢复了分封制。“然而封建之始，郡邑居半。时则有叛国而无叛郡。秦制之得亦以明矣。继汉而帝者，虽百代可知也。”（同上）汉代初年，封建制与郡县制各占一半，当时只有背叛的封建之国，却没有背叛的郡县，这也可以证明郡县制优于封建制。

有人认为，殷朝和周朝的创始人都是所谓的圣王，可是他们都没有改变封建制，由此可见封建制是不可改变的。柳宗元对此说：

> 又以为殷、周圣王也，而不革其制，固不当复议也。是大不然。夫殷、周之不革者，是不得已也。盖以诸侯归殷者三千焉，资以黜夏，汤不得而废；归周者八百焉，资以胜殷，武王不得而易。徇之以为安，仍之以为俗，汤、武之所不得已也。（同上）

在柳宗元看来，殷朝和周朝之所以实行封建制，是由当时的历史条件决定的。在殷朝之前，本来就有很多诸侯国，汤王在诸侯国的支持下消灭了夏朝而建立了殷朝，所以他不能废除原来帮助他的诸侯国。周朝的情况也是如此，武王在诸侯国的支持下才消灭了殷朝而建立了周朝，所以他也不能废除帮助他的诸侯国，而只能维持原来的制度。由此可见，一种制度的形成是由当时的具体历史情况决定的。人类社会制度的发展、变革，取决于历史发展的必然趋势。柳宗元《封建论》的结论是：封建“非圣人意也，势也”。

三、乐佛抗道

与韩愈对佛教持完全否定的态度不同，柳宗元对佛教持同情理解的态度。在柳宗元看来，佛教关于性情的理论与儒家思想是不谋而合的。

> 浮图诚有不可斥者，往往与《易》《论语》合。诚乐之，其于性情奭然，不与孔子异道。退之好儒，未能过扬子。扬子之书，于庄、墨、申、韩皆有取焉。浮图者反不及庄、墨、申、韩之怪僻险贼耶？曰：以其夷也。果不信道而斥焉以夷，则将友恶来、盗跖而贱季札、由余乎？非所谓去名求实者矣。吾之所取者，与《易》《论语》合，虽圣人复生不可得而斥也。退之所罪者，其迹也。曰：髡而缁，无夫妇、父子，不为耕农蚕桑而活乎人。若是，虽吾亦不乐也。退之忿其外而遗其中，是知石而不知韫玉也。（《送僧浩初序》）

柳宗元认为，韩愈反佛只在一些具体的枝节问题上作文章，只看到事物的表面，如无夫妇、父子之义，不事耕农蚕桑等，而不理解佛教关于性情的理论与儒家的理论是相合的。在柳宗元看来，“自有生物，则好斗夺，相贼杀，丧其本实，悖乖淫流，莫克返于初。孔子无大位，没以余言持世。更杨、墨、黄、老益杂，其术分裂。而吾浮图说后出，推离还源，合所谓生而静者”（《曹溪第六祖赐谥大鉴禅师碑》）。儒家在遭受杨朱、墨家及黄老之学的冲击后，其思想发生了分裂。佛教学说具有正本清源的性质，其基本学说与儒家所说的性本善以及“人生而静，天之性也”的理论是一致的。“其教人，始以性善，终以性善，不假耘锄，本其静矣。”（同上）佛教学说不仅不与儒家学说相悖，反而具有帮助儒家对抗道教的意义。

对于道教，柳宗元则基本持否定态度：

> 若苟焉以图寿为道，又非吾之所谓道也。夫形躯之寓于土，非吾能私之。幸而好求尧、舜、孔子之志唯恐不得，幸而遇行尧、舜、孔子之道唯恐不慊，若是而寿，可也。求之而得，行之而慊，虽夭其谁悲。今将以呼嘘为食，咀嚼为神，无事为闲，不死为生，则深山之木石，大泽之龟蛇，皆老而久，其于道何如也？（《送娄图南秀才游淮南将入道序》）

在柳宗元看来，我们的身体本来并不是我们的私有财产，人活在世上总要做有意义的事。如果为求尧、舜、孔子之道而求长寿，如果为行尧、舜、孔子之道而求长寿，那么这样的追求就并没有什么不对；如果只讲究呼吸吐纳，如果一天什么事都不做，认为只要不死就是长生，那么这样的长生又有什么意义？深山里的树木、石头，大湖里的龟、蛇之类，都活得很长久，这些东西也称得上得道吗？柳宗元对于道教的看法也许不无偏见，但提倡有意义地活着还是值得肯定的。

第五节　刘禹锡

刘禹锡（772—842），字梦得，河南洛阳人，自言祖籍中山（治今河北定州），为汉中山王刘胜之后。刘禹锡曾任监察御史，与柳宗元一道参加王叔文等人发起的政治改革，失败后被贬为朗州司马，谪居朗州十一年。奉诏回京后，写下了《戏赠看花诸君子》一诗："紫陌红尘拂面来，无人不道看花回。玄都观里桃千树，尽是刘郎去后栽。"此诗被认为有讽刺在朝新贵之意，故而刘禹锡再度遭到外放，出任连州刺史。十四年后，刘禹锡重返长安，这期间唐朝已然换了四个皇帝。刘禹锡再游玄都观，写下了《再游玄都观绝句》："百亩园中半是苔，桃花开尽菜花开。种桃道士归何处？前度刘郎今又来。"由于此诗讽刺意味更为明显，刘禹锡遭受非议，但幸运的是这次未遭贬官。后经宰相裴度推荐，任太子宾客，加检礼部尚书，世称"刘宾客"。其著作被编入《刘宾客集》，主要哲学著作为《天论》三篇。

一、天人交相胜

刘禹锡认为，社会上关于天存在着两种对立的理论，一种理论认为天与人密切相关，另一种理论认为天与人没有关系。

> 世之言天者，二道焉。拘于昭昭者，则曰：天与人实影响，祸必以罪降，福必以善徕，穷厄而呼必可闻，隐痛而祈必可答，如有物的然以宰者，故阴骘之说胜焉。泥于冥冥者，则曰：天与人实剌异。霆震于畜木，未尝在罪；春滋乎堇荼，未尝择善；跖、蹻焉而遂，孔、颜焉而厄，是茫乎无有宰者，故自然之说胜焉。（《天论》上）

前者是一种有神论观点，后者是一种无神论观点。在刘禹锡看来，这两种理论都有片面性。"余之友河东解人柳子厚作《天说》以折韩退之之言，文信美矣，盖有激而云，非所以尽天人之际。故余作《天论》以极其辩云。"（同上）刘禹锡认为，柳宗元的元气自然论将天完全当作与人无关的自然，没有指明天与人之间的关系，所以这种理论是不完善的。刘禹锡作《天论》，就是为了完善这种理论，正确处理天人之间的关系。刘禹锡的基本观点是：

> 天，有形之大者也；人，动物之尤者也。天之能，人固不能也；人之能，天亦有所不能也。故余曰：天与人交相胜耳。（同上）

"天与人交相胜"，天与人并不是互不相关的，天有天的功能，人有人的作用，天有胜人之处，人亦有胜天之处。

刘禹锡认为，宇宙万物是自然界长期发展的结果。"天之有三光悬寓，万象之神明者也，然而其本在乎山川五行。浊为清母，重为轻始。两位既仪，还相为庸。嘘为雨露，噫为雷风。乘气而生，群分汇从。植类曰生，动类曰虫。倮虫之长，为智最大。"（《天论》下）

万事万物禀气而生，人只是天地万物中的一种。人类在自然界的地位是“倮虫之长”，是动物的灵长，智慧最高。

人是天地万物中的一种，人不能离开天地万物，但人又不是天地万物中普通的一物，人是“动物之尤”。天有天的功能与作用，人有人的功能与作用。“阳而阜生，阴而肃杀，水火伤物，木坚金利，壮而武健，老而耗眊，气雄相君，力雄相长，天之能也。”（《天论》上）春生夏长，秋衰冬败，这是天的职能，是自然的职能。“天之所能者，生万物也。”（同上）“阳而艺树，阴而揫敛，防害用濡，禁焚用光，斩材窾坚，液矿硎铓，义制强讦，礼分长幼，右贤尚功，建极闲邪，人之能也。”（同上）春耕夏耘，秋收冬藏，斩木穿山，冶炼金属，用天之利，立人之极，在顺应自然本性的条件下，充分发挥人的能力，这是人的职能。“人之所能者，治万物也。”（同上）人不能代替天的功能与作用，但也不能放弃自己的功能与作用。进而，刘禹锡将他的基本观点概括为一句话：

> 天之道在生植，其用在强弱；人之道在法制，其用在是非。（同上）

自然界的普遍法则是优胜劣汰，适者生存。自然律只有强弱，只有事实上的“如此”，而无所谓是非。自然律在自然领域是普遍有效的，但却不适用于人类社会。人类社会的基本法则是礼法制度，礼法制度是维护社会秩序的基本准则，这就是所谓的道德。道德律在人类社会具有普遍有效性，它要求全体社会成员必须普遍遵守。要求遵守只是理论上的“应当”，而并非事实上的“如此”。正因为如此，道德律是有是非的，符合道德规范的为“是”，违背道德规范的为“非”。道德律只讲是非，而不论强弱。

自然律是客观的，也是必然的，在自然领域，人类要生存，就必须按自然律办事。人类作为倮虫之长、动物之尤，智慧最高。人类不是消极地服从自然律，而是可以正确地认识自然律，并进而利用自然律为人类服务。

> 天形恒圆而色恒青，周回可以度得，昼夜可以表候，非数之存乎？恒高而不卑，恒动而不已，非势之乘乎？今夫苍苍然者，一受其形于高大，而不能自还于卑小；一乘其气于动用，而不能自休于俄顷，又恶能逃乎数而越乎势耶？吾固曰：万物之所以为无穷者，交相胜而已矣，还相用而已矣。（《天论》中）

事物发展有其内在的规定性，这就是所谓的“数”，也有其必然的趋势，这就是所谓的“势”。认识了事物发展的内在规定性和必然趋势，就把握了事物发展的规律；把握并顺应了事物发展的规律，人类就可以利用自然规律为自己服务。刘禹锡承认规律的客观性，但又强调规律是可以认识的，是可以为人所用的。

二、人能胜天

刘禹锡认为，天是没有意志的，而人是有意志的。“天非务胜乎人”，天并非一定要战胜人；“人诚务胜乎天”（同上），人类的活动是有意识、有目的的，人类要达到自己的目的，就必须利用自然规律为自己服务。从这个意义上讲，人可以胜天。“天无私，故人可务乎胜也”（同上）。在柳宗元看来，人之所以能胜天，就在于人有法制。“人能胜乎天者，法也。”（《天论》上）人类可以结成一个集体，可以形成集体的力量；只有形成集体的力量，人类才可以战胜自然，才可以抵御自然灾害。而要形成一个集体，就必须有组织、有纪律，就必须赏罚分明。有组织、有纪律，赏罚分明，是人类战胜自然的关键。

那么，人类为什么会有天命观念？刘禹锡认为，从社会根源上讲，这在于法制松弛。

> 法大行，则是为公是，非为公非，天下之人蹈道有赏，违之必罚。当其赏，虽三旌之贵，万钟之禄，处之咸曰宜。何也？为善而然也。当其罚，虽族属之夷，刀锯之惨，处之咸曰宜。何也？为恶而然也。故其人曰：天何预乃人事耶？唯告虔报本，肆类授时之礼，曰天而已矣。福兮可以善取，祸兮可以恶召，奚预乎天邪？（《天论》上）

如果法制清明，则是为公是，非为公非，善必得赏，恶必得罚。如果一个人得到的赏和他的善行完全相当，那么无论他得到多大的赏，大家都会认为是应当的，因为这是他行善的结果。同理，如果一个人得到的罚和他的恶行完全相当，那么无论他得到多重的罚，大家也都会认为是应当的，因为这是他作恶的结果。在这样的条件下，就不会产生天命观念。

相反，如果法制松弛，是非不明，则容易产生天命观念。

> 法大弛，则是非易位；赏恒在佞，而罚恒在直；义不足以制其强，刑不足以胜其非；人之能胜天之具尽丧矣。夫实已丧而名徒存，彼昧者方挈挈然提无实之名欲抗乎言天者，斯数穷矣。（同上）

因为法制松弛，是非颠倒，福祸不定，人们不明晓这一切到底是怎么发生的，就会责问：这一切为什么会这样发生？人们因为不明白，就将这一切归于天，认为是天命决定的。天命之说由此而流行。

除了这一社会根源，天命观念还有其产生的认识根源。刘禹锡认为，任何事物的发展都有其内在根据，这一根据就是所谓的“理”。“理”通过“数”与“势”而表现出来。“数”是事物存在及发展的内在规定性，“势”是事物发展的必然趋势。“以理揆之，万物一贯也”（《天论》下），万事万物“必有数存乎其间焉，数存，然后势形乎其间焉”（《天论》中）。刘禹锡以操舟为例说明：

> 夫舟行乎潍、淄、伊、洛者，疾徐存乎人，次舍存乎人。风之怒号，不能鼓为涛也；流之溯洄，不能峭为魁也。适有迅而安，亦人也；适有覆而胶，亦人也。舟中之人未尝有言天者，何哉？理明故也。彼行乎江、河、淮、海者，疾徐不可得而知也，次舍不可得而必也。鸣条之风，可以沃日；车盖之云，可以见怪。恬然济，亦天也；黯然沉，亦天也。阽危而仅存，亦天也。舟中之人未尝有言人者，何哉？理昧故也。（同上）

船行于小河之中，一切可以预见，一切可以控制，无论平安、搁浅还是翻船，人们没有委之于天命的，因为人们明白其中的道理。但是，如果在大海中行驶，人们对风涛海浪无法预见，对自己的命运无法把握，无论平安抵达还是不幸沉没，都被认为是天意，因为人们不明白其中的道理。所以，人们在不能认识事物的规律、无法掌握自己命运的情况下就会产生天命观念。

刘禹锡仔细区分人与自然物的不同，强调自然律与道德律的根本区别，并努力揭示天命观念产生的根源，从当时的情况来看，是非常深刻的，也是非常有意义的。

第三编

宋元明清哲学

第十六章

宋明理学的兴起

宋明理学作为宋元明清时期占主导地位的哲学思维形态，它的产生是中国历史上的重大事件，是那一时期政治经济和科学文化诸条件综合作用的产物，集中表现了学术思想和国家意识形态的变化与革新。

宋明理学的兴起是唐宋儒学复兴运动的直接成果。中国哲学的话语主导权在长期流向玄学、佛学等其他思维形态之后，又开始向儒学回归，儒家学者在与佛、道的相互争辩和交流中，改造、吸收了对立方的思想资源，重新站到了学术舞台的中心，从而实现了自身理论的变革，从传统儒学走向新儒学——宋明理学。

第一节　哲学核心话题的演变

从汉唐到宋明，哲学理论的发展是以其形态的多变为特色的。何晏当年感叹王弼后生可畏，而可相与言“天人之际”之时，一种以“道德”为底蕴而令人“精奇”的玄学有无之辨正在实现对汉代天人之学的超越。随后，僧肇以“不真空”总结有无，道生由般若性空转向佛性本有，玄风又让位于“佛说”。佛学的流行带来了华严宗论证“三界唯心”和“理非事外”、惠能宣称“何不从自心中顿现真如本性”（《坛经·般若品》）的更丰富的心性论资源。从心性的角度看待世界并解答疑难，不但成为人或真或妄、或悟或迷的唯一途径，而且意味着以心性论为主轴的唐宋新学术正式登上了时代哲学的舞台。在汉以后哲学发展中长期滞后而处于低迷状态的儒学，在佛、道的刺激和打压下，逐渐开始从儒家经学内部进行自我革新和转化，发出了复兴儒学的强烈呼唤，伴随着奋力追赶的步伐，最终促成了核心话题的演变和理论的创新，儒学重新站到了学术发展的前沿。

一、“性与天道”追寻的理论自觉

自子贡感言“夫子之言性与天道，不可得而闻也”（《论语·公冶长》）以来，什么是“性与天道”以及它究竟能否得闻就时常萦绕在历代哲人的心中。它的若隐若现实际提供的是，中国哲学尤其是中国儒家哲学最可宝贵的本体论思想资源。

呼应于《论语》性与天道“不可得而闻”的文本，有载于《周易》之“穷理尽性以至于命”的命题，前者是否定性的陈述，后者则是肯定性的追求，但双方的重心都落在了天道性命上。然而，它们因为仅仅属于天道性命论的萌发而非成型的学说，故在当时和以后的相当长的时期内并未引起人们的特别关注。经秦到两汉，儒学一方面被推上了“独尊”的地位，另一方面却很少有值得后代夸耀的哲学思辨成果。之所以如此，从理论的角度总结，就在于汉代儒学没有意识到儒家哲学的核心——性与天道的理论价值。

天人之际的玄妙和性与天道的真经既然被汉儒所抛弃，拣拾起这一精神并与道家思想结盟而崛起的玄学，也就理所当然地把儒学排挤到了边缘。汉末魏初，荀粲实际已以“子贡称夫子之言性与天道，不可得闻，然则六籍虽存，固圣人之糠秕”（《三国志·魏书·荀彧传》裴松之注引何劭《荀粲传》）的名言揭开了魏晋玄学的序幕。儒学因之失去了独尊的地位和学术话语的主导权，流行的风气已经是玄谈语境中的本末、有无等超越层面的概念和话题。所有这些又都是和性与天道联系在一起的。

魏晋玄学家以对性与天道的新解走出了沉闷的汉代天人之辨。玄学属于世俗学术，在非世俗或宗教学术方面继续推进这一话题的则是佛学。从东晋僧叡到北周道安，都强调佛教经典是“穷理尽性之格言”，如此的“格言”是入真、成佛的必经“轨辙”。佛学虽然不一般地使用性与天道的儒学话语框架，但以性空义为标识和心性论为重心的佛教哲学可以说是从宗教立场上对儒家性与天道观的改造和传承。

中唐儒家学者刘禹锡在阐发他会通儒佛的“亦犹水火异气，成味也同德；轮辕异象，致远也同功”的思想时，做出了“然则儒以中道御群生，罕言性命，故世衰而浸息”（《袁州萍乡县杨岐山故广禅师碑》）的理论诊断。儒学衰颓的缘由其实还不在佛老，而在自身的“罕言性命”。当然，这个“罕言”是有历史理由的。就是既然孔子弟子不得闻“性与天道”，那么就可以理解为孔子不关注甚至根本不赞同天道性命的言说。事实上，直至宋初欧阳修认定“圣人罕言性”，都可以说是这一思维的继续。但从整体上说，被历史边缘化的儒家要想重回学术话语的中心地位，争回学术发展的主导权，就必须吸取历史教训，总结汉以来儒学发展中的问题和缺陷，自觉回归性与天道的历史主题。

还在隋代，王通就曾从心与迹的区分去看待所谓天下皆忧而圣人有疑的问题，认为从迹看是有忧有疑，从心看则是无忧无疑：“乐天知命吾何忧？穷理尽性吾何疑？”（《中说·问易》）知天命、穷理性成了解决“天下”与“圣人”疑难的根本依据，反映了儒家学者对这一问题开始有了自觉的认识。不过，王通尽管对穷理尽性知命的实现抱有充分的信心，但对如何才能穷理尽性知命，他并没有提出切实可行的办法。

中唐以后，儒学开始了复兴的进程，而复兴的实质在于“复性”亦逐步成为儒家学者的共识。面对佛老主要是佛教的挑战，儒学的复兴实际是从既有区别又相互交叉的两条道路走过来的：一是重新解释先秦儒家的经典及儒家在与佛老的争辩中所应吸取的历史教益，这是韩愈“原性”、李翱“复性”所走的道路及其理论主旨；另一则是自觉进入佛教去发掘真经，要求将儒与佛结合起来，从而产生了对“性善”论辩的新认识，这是柳宗元、刘禹锡所走的道路。在柳、刘这里，以惠能（而不是孟子）作为性善主张的代表明显是时代因素使然。惠能在中唐社会的地位已无任何儒家学者可比，甚至被推到了“如黑而迷，仰见斗极”（刘禹锡：《大唐曹溪第六祖大鉴禅师第二碑》）的高度。但从其实质来说，以“性善”教人的惠能，其“性善”实际已转向为性空（无）而含藏有（善恶）的义理间架。在此前提下讨论穷理尽性和对性与天道的追寻，本身已属于儒佛融合的成果，故而柳宗元有“浮屠诚有不可斥者，往往与《易》《论语》合”（柳宗元：《送僧浩初序》）的发人深省的经验总结。可以说，接续和发扬儒家本有的智慧思辨并融合佛教充分展开的性命义理资源，就成为唐宋儒学复兴最重要的理论驱动力。

宋代新儒学可以说都是复性之学。宋儒接续孟子，实质是以“复性”接续孟子的“收放心”，使“天生德于予”或“天命之谓性”能在自心得以实现和完成。北宋新儒学接续起性与天道的源头，又根据各自对复性的把握而开发出不同的本体范畴，推演出不同的理论体系，以期在与佛老各家的争辩中重新掌握学术发展的主导权。不过，由于儒家圣人并没有提供如何尽性和收放心的现成途径，北宋新儒家就不可能有协调一致的“复性”方案。但也正因为如此，儒家学者具有更大的想象空间，随之出现了丰富多彩而各具特色的学说和学派。

北宋新儒学虽然有不同的本体范畴作为理论中心，但就对后来理学发展产生的影响来说，张载的气（太虚）和二程的理（天理）无疑具有最重要的地位。这气和理都同性与天道问题密切关联。张载与二程之间，可以看作各取气、理为本而有差，又共取性为中介概念而有同的关系。

作为宋明理学气学派的创始人，张载的气本体是通过“性与天道”概念的打通而予以实现的，所谓“性即天道也”（《正蒙·乾称篇》）。“易道”则为性与天道的入口，以便由此探知聚散“客形”背后的恒定本体的问题。所以，他并不同意历来以为的“性与天道”不能得闻，而认为关键在于晓与不晓以及能否超越气化之有形而自觉尽性返本。事实上，圣人“语动”无处不是道的流行，无处不示人以道，所以问题的主要障碍还在于子贡“不求”而不能实现超越。

二程不赞同张载以太虚之气为本体，但肯定本体（天理）能够为人所把握。他们认为性与天道之所以有不能得闻的问题，是因为：孔子平素言说和教导的重心集中在切于日用之实的诗书礼义的讲习，这是不可一日有缺的，故孔子常说；而性与天道则非为可以经验执守之物，故孔子平常不说，弟子也就难以得闻。所以，需要从孔子的“文章”中默识体会。程颢评价说，子贡正是有赖于他的执着之志，最终才能得闻性与天道。程颐对子贡的评价要更为积极。他认为“不可得而闻”并非意味着孔子不言，而只是为了强调性与天道之意义的深奥和众人的难以到达。程颐解“不可得而闻”者只限于“众人”，而不包括子贡在内，因为在他这里，或者子贡透过表面“文章”已亲身体验到性与天道（理），或者子贡实际已亲闻孔子的教诲。所谓“不可得而闻”之语，不过是“子贡闻夫子之至论而叹美之言也”（《经说·论语解·公冶长》），目的在于突出超越于言谈举止之外的天道性体的价值。其实，人终究是天性“自足”的，只要“敬以治之”，像子贡一样坚持不懈，必定能“复旧”而达天。

程颐曾说：“道孰为大？性为大。”（《河南程氏遗书》卷二十五）从张载的“性即天道”到程颐的道以性为大，说明了以性与天道的觉醒为标志的哲学发展路向，充分体现了儒学复兴、理学创生的特色。早在孟子的心—性—天的范畴推演序列中，性与天道的耦合就已体现出儒家哲学的精髓，只是长期以来这一经典架构被忽视了。以张、程为代表的北宋学者不但找回了性与天道，而且经过新的经典诠释为儒学的复兴提供了具体可行的道路和方法，最终使新兴的理学取代传统儒学成为现实。

二、心性、理气范畴成为时代学术的标志

伴随着“性与天道”意识的逐步自觉，唐宋哲学发展的一个明显迹象就是心性问题成为学者关注的中心。究其缘由，佛教思想的浸润、扩张无疑是主要的驱动力，但它之所以发生作用，也反映了哲学理论发展的一般趋向。对于儒家学者来说，关注心性的一个明显结果就是承接汉以来人性论发展主流的韩愈的性三品说。韩愈在总结前人性善、性恶和性善恶混等说之缺失的基础上，从“原性”“原道”入手，提出了自己的性三品说。他力求通过对性与天道之本来意义的追寻去匡正不符合儒家理想的当世政治，他的仁义“定名”与道德“虚位”说正是从社会政治层面接续和重建孟子仁义本位说所做出的努力。

然而，韩愈的探讨仍限于人性的一般价值判断，在“与生俱生”者为性的前提下，“性之品有上、中、下三”（《原性》），他没有提供性三品如何产生的理论根源，没有使自己的理论达到宗密所说的“本源”亦即本体的水平。与韩愈不同，李翱虽然也利用“天命”的框架，但却选择了另一条直接呼唤“复性”的道路。

李翱的《复性书》摄入了更多的文本典籍，他将《中庸》《礼记·乐记》《易传》的心性学说糅合在一起，围绕性情学说融合三教，在儒学复兴史上产生了更为重大的影响。李翱之所以要吸纳更多的文本，是因为其中任一种都只能提供部分的思想资源：《中庸》提出“天命之谓性”，赋予人性客观必然的地位，为反本复性预设了前提；但《中庸》言性却不及情，无法解释人性总是透过不同的情感活动而体现这一现实。《礼记·乐记》讲“人生而静，天之性也。感于物而动，性之欲也”，将动静问题联系到了《中庸》的天命之性（天性）上，情欲则是动而后的产物，不过一旦动离开了天性，便引出了如何由动的现实情欲复归到静的先天本性的问题；但《礼记·乐记》只描述了消极形态的人性由静到动的过程，而并未说明正常状态下由不动到动怎样展开，所以还必须将《易传》添加进来。《易传·系辞上传》云：“《易》无思也，无为也，寂然不动，感而遂通天下之故。”在李翱这里正是圣人不动而动、无情而情的状态，因为圣人本是以寂然不动为特色的。

李翱称他的方法是“以心通”而非“以事解”。人问之：“昔之注解《中庸》者，与生（李翱）之言皆不同，何也？”李翱回答：“彼以事解者也，我以心通者也。”（《复性书》中）“以事解”即传统“词句之学”的名物训诂方法，“以心通”则是李翱借鉴佛学而来。惠能有云："说通及心通，如日处虚空。……欲得见真道，行正即是道，自若无道心，暗行不见道。"(《坛经·般若品》) 惠能的"心通"就像白日当空一样，一切俱明，"真道"也就自然得见。当然，见真道的前提是自己有正心，无正心也就无真道。因此，见"道"就不在于向外做功夫，着力于名物考辨，而在于向内正心，自家修清静。如此的"心通"之路，也就是"识心见性"之路，惠能正是通过"识心见性"的"观心"法门来阐明其体悟真如清静本性的宗教目的的。如此一种直取佛教本体的观点，对于李翱"心通"之方的作用是双重的：一是如同惠能要求从繁重的佛教经籍中解脱出来一样，李翱力图从烦琐的经学"注解"中解脱出来，突出见真道的主题；二是见性见道实为回复到本来的清静心，李翱因而要求"妄情灭息，本性清明"，"所以谓之能复其性也"(《复性书》中)。

心性范畴成为哲学关注的中心不是孤立的过程，它是与理事关系和佛教对纷繁杂陈的气化世界（法界）的看法联系在一起的。因为"统唯一真法界，谓总该万有，即是一心。然心融万有，便成四种法界"(宗密：《注华严法界观门》)。这个唯一真实的法界或儒家眼中的整个气化世界，既可以从一心统万有去把握，又可以从心融于万有而形成的四种法界去分析。虽然佛教是出世宗教，但佛教徒毕竟生活在现实世界之中，而现实世界的关系说到底就是气化现象（事相）与真实本性的关系。"事相"概念通常是就个别事物而言的，从总体来看，儒家的气化世界在佛教眼中被视为虚妄假有，后者并从此去梳理与世俗气化论的矛盾。宗密以为，儒、道共推的元气世界其实"展转穷源"，不过是"从心之所变"。在佛教，心外无别法，一切不过是一念业相所变心识与外境的关系，"彼云元气，如此一念初动，其实但是境界之相"，"据此，则心识所变之境乃成二分，一分即与心识和合成人，一分不与心识和合，即是天地山河国邑"(《华严原人论·会通本末第四》)。在儒、道看来，"通天下一气也"，人与天地山河均是如此，此气实实在在，绝非虚空。这可以说是儒、道理论与佛教理论最根本的区别。

同时，理事（气）之所以能相融无碍，在于它们都处于心融万有的前提之下，故须从理事追溯到"心源"。所谓"欲成佛者，必须洞明粗细本末，方能弃末归本，返照心源"(同上)。返照心源是成佛的条件，也是穷理尽性的目的。以心为本原是佛教区别和超越于传统儒学的最明显的标志。宗密把心、性、理的本体范畴放在心境、理事、性相等不同的理论架构中予以阐发，透过现实世界和人生而穷本极源，并最终将它们统一于一心，为儒家提供了一条从内在心性入手解决现实人生问题的理论发展之路。

佛教的心性和理事（气）哲学对儒家有重大影响，不过儒家毕竟是入世学派，虽然吸收了佛教的心性论等成果，但却绝不能认同佛教出世的宗教主张，所以必须要考虑现实世界的生存、变化，而在这里，从传统儒家和道家道教继承而来的阴阳气化流行的宇宙结构及其天道观理论就具有非常重要的意义。儒、道之间虽然也有入世和出世的区别，道家道教也是儒家理论的对立面，但在肯定显示气化世界的真实性上双方却是同盟军的关系。同时，入宋以后儒家虽然仍是佛老并提并极力排诋，但批判佛教以虚空假有看待世界的观点无疑成为问题的中心。

佛教以现象世界的无常判断其假有，而以本性真空为实相，这既对儒家坚持现实世界的实有是一种巨大的冲击，又是儒家提升理论层次所必需的理论资源。儒家学者接受了现象世界本变化不定，必须从虚去言实这一重要的思维成果。张载的“太虚”就是这样的概念，张载以“太虚”为“至实”并作为其哲学本体，缘于“天地之道无非以至虚为实，人须于虚中求出实。……金铁有时而腐，山岳有时而摧，凡有形之物即易坏，惟太虚无动摇，故为至实”（《张子语录中》）。张载吸取了佛老和先秦儒家的理论思维教益，要求一个永恒不灭的宇宙本体。如此的本体以任何有形“实”物来充当都不可能，即便如金铁、山岳之类的坚硬物也必然走向毁灭。因为它们本由气之聚合而来，也必然因气之消散而去，自古以来沧海桑田的历史变迁已反复证明了这一真理。故本体想要“至实”，就必须立于“太虚”。因为后者体现的正是“无动摇”的、无损坏的、最实的属性。

但张载的虚实和合在二程看来都属于形而下之气，做不得本体，所以必须代之以“自家体贴出来”的形而上之理（天理）。程颐曾与弟子的讨论说：“又语及太虚。曰：‘亦无太虚。’遂指虚曰：‘皆是理，安得谓之虚？天下无实于理者。’”（《河南程氏遗书》卷三）同样是求实，然实在理而非实在虚，“天下无实于理者”。但“有理则有气”，实理作为“所以阴阳者”，并不在气外，从宗密当年的理不在事（气）外到二程的理不在气外，理气范畴与心性范畴一样成了哲学讨论的主题。张载与二程虽然在或取气或取理作为本体上有不同，但目标都是反对佛老的虚空本性观，阐明天地、人生无处不是实气、实理的存在。佛教主张万物、人生“亦皆是幻”的观点，实际正反映了佛教对春夏秋冬万物生长荣枯的客观天道的无视和无知，而且还带有很强的自欺欺人的性质。二程讥讽说，佛教既以人生为幻，“何不付与他？物生死成坏，自有此理，何者为幻?”（同上书，卷一）理与物的不可分割，是批驳佛教以天地、人生为幻妄的有力武器。

如果说心性范畴的讨论在儒、佛之间具有同等重要性的话，以理气、性气的架构来看待世界则突出表明了儒家学派的理论特色。对于立志接续先秦儒学的宋明理学来说，“性与天道不可得而闻”等，其实正好披露了儒家理论相对于佛教思想的优长之所在。也就是说，“不得闻”或“罕言”正说明了儒家反对空谈心性，主张从气化的真实世界、从人伦日用的社会现实去体悟天理，强调的是心境、心迹的统一。二程虽然反对以“清虚一大”为天道，但却未批评张载“性即天道”的基本观点。因为不但性与天道、天理的一致本来为二程所坚守，而且性与气的不离也同样为二程所强调，所谓“论性不论气，不备；论气不论性，不明”（同上书，卷六）也。在这里适用的是张载和二程共同遵循的理气（性气）一体观。

可以说，不论张载还是二程，都强调自家理论是建立在重新梳理虚实关系的“实气”“实理”基础之上的。这不但意味着以太虚、天理为本体的新理论的产生，也意味着以心、性、理、气范畴为标志的新哲学对以讨论无有、空假、性相等话题为内容的魏晋隋唐旧哲学的取代。融合儒、释、道诸家的新的思想体系——宋明理学，在超越旧有各家思想学说的基础上得以创立，并最终形成了以性、心、理、气为根本范畴的各具特色的理论体系，中国古代哲学走向了新的高峰和辉煌。

第二节　文本转换与道统传接

随着儒家复兴运动的深入和以性与天道为中心的心性论发展导向的逐步确定，儒家学术群体用以革新儒学的基本思想资源，在继承儒家经典传统的基础上出现了新的动向，即通过对五经资源的重新选择和开发，将其中可以用于哲学创造的文本单独加以整理和诠释，表现出与传统经学研究明显不同的新的气象。

一、文本转换

五经之中，适应新时期要求并符合心性论哲学发展需要的经典，首推《周易》。《周易》作为五经中最重要的经典，虽然自先秦以来对它的研究从未中断，但或者垂青于其中的象数学，或者虽转向义理却又集中于有无、言意等思辨，故而在生成论与本体论哲学上最重要的太极生成论和上道下器说，是伴随着宋代新儒学兴起才开发出意义的。在生成论上，《周易》提出的“易有太极，是生两仪，两仪生四象，四象生八卦”的太极一分为二化生宇宙的理论，对于宋儒来说，不但阐明了太极范畴的本原性质，而且确定了阴阳二气是构成宇宙的基本材料。而对于太极是气、是道、是理、是性、是心的不同认定，则实际铸成了不同的哲学理论体系。在本体论上，《周易》影响深远的“形而上者谓之道，形而下者谓之器”的以“上下”论道器说，即将具体有形的可感之物划归形而下，将没有具体形象的不可感之物划归形而上，规定道器双方相互依存，但无形不可感的道比有形可感的器更根本，构成了宋明理学本体论的核心内容。此外，《周易》揭示的“天人合德”“继善成性”“生生之谓易”等“性命之理”，都成为理学兴起不可或缺的宝贵理论资源。宋代主要的儒家学者几乎没有不研究《周易》并进行相应的学术创作的。

与《周易》相比，其他四经的境遇存在较大区别，新儒家对它们往往根据爱好取用，其中又有几种不同的情形：

对“三礼”，重在取用《礼记》中的《大学》《中庸》《乐记》等篇文字，并与《周易》相配合，力求发掘为先前儒家学者所忽视的性命义理之学。在这三篇中，《大学》三纲领八条目的进学修身之道，《中庸》讲“天命之谓性”、未发已发和道物一体等，《乐记》以“人生而静”论天性和天理人欲等，成为宋明理学心性论的主要论辩话题。当然，在文本上，对《乐记》的重视其实主要就是一段文字，而对《大学》《中庸》则重在全篇文字及其思想。韩愈、李翱可以说开这一风气之先。到北宋，思想家们从篇章结构到思想阐释，全面展开了对《大学》《中庸》的研究。

对《尚书》《诗经》，情况与《乐记》有几分相似，即宋明学者往往不重全文，而是按己意将其中有义理深意的片段挑选出来单独发挥。如《尚书》，理学家最重视的是《尚书·虞书·大禹谟》中讲“道心人心”的那段文字，以为这里含藏了上古圣人“传心”之真谛，而这也成为儒家道统论最为深厚的理论根源。此外，在知行学说和人性理论上，《尚书》所载“非知之艰，行之惟艰”和“习与性成”等观点，亦在宋明时期具有重要影响。《诗经》的情况亦不例外。譬如“天生烝民，有物有则。民之秉彝，好是懿德”(《诗经·大雅·烝民》)一章就成为理学家论证以性、以理为本的重要经典依据。

《春秋》的情况稍微有些特别。唐宋儒学的复兴，首先便表现在唐中期以后针对《春秋》经传的“舍传求经”上。到宋以后，《春秋》学一直为学者所关注，《春秋》与《周易》一起被称为“二大经”，著作繁多。但《春秋》毕竟属于历史著作，宋儒研究的重点也就在政治伦理层面。其义理蕴含对于理学家来说，主要体现在尊王攘夷的《春秋》大义和天理人欲之辨上。

由此，从文本的实际规模来说，对于宋明学者，五经实际只有《周易》和《春秋》是全书，其他大多摘取的是篇章和节文，仅凭如此的文本就想创造新的理论是非常困难的。但历史的发展从韩愈的道统论开始，已把孔孟之道作为了儒家复性创造的目标和准绳，所以孔、孟的著作自然也就受到与五经同样多甚至更多的关注。当然，《论语》在汉代已上升为经典，但儒家长期忽视了其中的心性理论，在某种程度上是佛教对儒学的冲击才使儒家学者开始关注《论语》中的心性理论，开始想要发掘其中的“性与天道”资源。柳宗元断言“浮图诚有不可斥者，往往与《易》《论语》合。诚乐之，其于性情奭然，不与孔子异道”(柳宗元:《送僧浩初序》)，说明他已经意识到《论语》在作为“孔子之道”之核心的性情论说上的必不可少的地位，它是可以与佛教思想互动的。

韩愈、李翱合著《论语笔解》，但双方之解《论语》，大都是按各自的需要做出训释，至于孔子的本意如何，反倒是次要问题。譬如在字义上，《公冶长》之“宰予昼寝”条，韩、李均不认同传统训诂，而以“昼(晝)寝”为“画(畫)寝”，以“晝”为“畫”之误。以为“宰予四科十哲，安得有昼寝之责乎？假或偃息，亦未深诛。”(《论语笔解·公冶长第五》)李翱呼应说：“吾谓仲尼虽以宰予高闲昼寝，于宰予之才何责之有？下文云于宰予言行，虽昼寝未为太过，使改之不昼亦可矣。”(同上)在义理上，对于“不可得而闻”的性与天道，韩愈不认可孔安国将性与天道分割为二而断定天道不可得闻的说法，认为：“吾谓性与天道一义也，若解二义，则人受以生，何者不可得闻乎哉?”(同上)李翱进一步发明说：“天命之谓性，是天人相与一也。天亦有性，春仁夏礼秋义冬智是也。人之率性，五常之道是也。盖门人只知仲尼文章，而少克知仲尼之性与天道合也，非子贡之深蕴，其知天人之性乎?”(同上)正是因为性与天道在圣人那里是相互为说，天人同一性，所以根本不可能将其分割为二。由此可见，《论语》之义既然有如此大的诠释空间，其作为新儒家理论创造的来源就是十分恰当的。

与《论语》比较，《孟子》虽受到唐宋儒者的推崇，但直到北宋仍不能确定其作为经典的地位。不过，正因为如此，学者们就可以更方便地围绕它进行各自的学术创造。由于孟子的性善主张为后来的复性思潮准备了前提，北宋各大家的理论进路大都是在与孟子思想的诘辩中展开的。但颇为吊诡的是，开初的性无善恶说、性善恶混说、“生之谓性”说固然不能说是性善之论，就是最后成气候的天地(天命)之性与气质之性的二分说也不能简单以性善说去解释。可以说，进入宋代，《孟子》是以供学者参考、批评和辩护的资料文本出现于世的。也正因为如此，《孟子》提出的性善说、尽心知性知天说、良知本心说、“求放心”说等未详加阐释的观点，既给后人提供了话题，又给后人留下了理论加工的足够空间，所以孟子的心性理论在宋明时期获得了远超《论语》的普遍关注和最为充分的扩展，这尤其在号称直承孟子而来的心学一系表现得非常明显。南宋以后，《孟子》的影响力进一步加强，并最终获得了与五经并列的儒家经典的地位。

在上述经典之中，《大学》《中庸》《论语》《孟子》四书越来越受到学者的重视，他们既对文本也对文本之思想进行了专门的研究。譬如最为兴盛的宋代洛学一系，从二程经道南学派到湖湘学、闽学，五经的研究虽仍在继续并成果颇丰，但研究的中心显然已越来越向四书转移，直至朱熹总成四书作《四书章句集注》，第一次使四书成为与五经并列的、独立的诠释文本和专门的研究领域。此后，随着朱熹无人可比的理学地位的确立和程朱理学的官学化，四书反超五经，形成元明清时期通行并延续至今的先四书后五经的历史定位。

二、道统传接

由五经到四书的文本转换为新哲学体系的产生做好了思想资源的准备，但这一转换是继承中的转换、连续中的断裂，它并没有中断而是在更宽广的背景下重新展开了中国哲学的传统。也正因为如此，新儒家就必须证明，自己虽然否定汉唐儒学的正统资格而“遥接”先秦，但却又完全符合由“先王之道”传承而来的孔孟儒学的真精神；自己是“为去圣继绝学”，是儒家“道统”的真正继承者。

儒家的“道统”论为唐代韩愈所创立。不过，韩愈在创立他的道统论以对抗佛教的法统时，虽然编制了由尧、舜而下，经禹、汤、文、武、周公到孔、孟的传道世系，但却并未给如此世系提供文本支持，所以，宋代理学兴起必须要从文本上找出理论根据，以使道统论建立在更为稳固的基础之上。那么，从四书到五经，有没有这样的文本可以提供理论支持？答案是肯定的。从《论语》到《尚书》都可以找到这样的记载。

《论语》末篇以“尧曰”开头，其文云：

> 尧曰：“咨！尔舜。天之历数在尔躬。允执其中。四海困穷，天禄永终。”舜亦以命禹。（《尧曰》）

这段文字的主题是尧、舜、禹转相传授天子之位时的叮嘱告诫，其中最重要的是“允执其中”四个字。“中”在这里被儒家学者解释为“中道”，但“中道”的具体蕴含是什么？如果按韩愈的说法，那就是孔孟的仁义之道，理学家对此则感到不满足，因为汉唐儒家并非不讲仁义，但却终究敌不过谈空说无的佛老之道。换句话说，韩愈虽然比照佛教的法统而创立了儒家的道统，但佛教传法过程的核心——“法以心传心，当令自悟”，韩愈却未真正理解。这就使他精心构筑起来的道统缺少内在的精神支柱。所以，理学家就不能停留在韩愈道统论的水平，他们必须立足心性学说进行创新。这个创新就是重新“明确”原来尧、舜、禹转相传授天子之位时并不明确的“中道”内容。与此相应，就不能把四书（这里的《论语》）与五经割裂开甚至对立起来，它们是相互发明的关系。理学家的理论创造，实际是以《论语》为纲领而吸纳《尚书》的思想来论证道统的传承的。

《尚书·虞书·大禹谟》相传是因舜帝嘉奖大禹治水等功劳而作，其中载有《论语·尧曰》“天之历数在尔躬。允执其中。四海困穷，天禄永终”的关键句，但二者之间也有显著的区别。从文本的角度说，一是《尚书》中这几句话是不连贯的，不同于《论语》中的集中表述；二是在核心语句上，《尚书》所载已不是《论语》的“允执其中”四个字，而是“人心惟危，道心惟微，惟精惟一，允执厥中”十六个字。这十六个字的意思，按孔颖达疏为：“居位则治民，治民必须明道。故戒之以‘人心惟危，道心惟微’。道者经也，物所从之路也。因言人心，遂云道心。人心惟万虑之主，道心为众道之本。立君所以安人，人心危则难安。安民必须明道，道心微则难明。将欲明道，必须精心；将欲安民，必须一意。故以戒精心一意。又当信执其中，然后可得明道以安民耳。”在孔颖达这里，基点是处理君民关系，并以明道、安人心作为思想的主轴。因为作为集体概念的民心或人心的状况，影响的是国家社稷的安危。针对此，君主只有精心一意、诚实执掌中道，才能真正明道、安民。

显然，孔颖达的人心道心观是以人心为中心的，道心在这里，不过是因为说到人心而顺便提及的缘故。那么，何谓道心？按照他“人心惟万虑之主，道心为众道之本”的说法，相对于人心是思维活动的主体，道心就应当是“众道”活动的本性。如此解释，实际将历来作为万物根源的道再分为了道的活动与活动的本性两个层面。接下来的明道，自然就是要明道心；道心既然是道的本性，当然就是隐微难明的。但仅仅有此字义的解释，还不能满足新儒家传道传心的历史需要，所以后者必须要做出新的诠释。

北宋以后，程颢、程颐兄弟将《尚书》这十六个字与《乐记》关于天理人欲的区分联系起来，提出：“人心，私欲也，危而不安；道心，天理也，微而难得。惟其如是，所以贵于精一也。精之一之，然后能执其中，中者，极至之谓也。”（《粹言·心性篇》）二程的发挥文字不多，但较之孔颖达已有重大差别，那就是人心道心处理的已不是国家层面的君民关系问题，而是人自身修养的心性问题，指向的是精一执中、弘扬天理的人生修养的最高境界。

不过，二程讲道心人心，尚未与道统的问题联系起来思考。“道南”以后，如此的思维才开始推广开来，而最有代表性的便是朱熹在《中庸章句序》中的概括：

> 盖尝论之，心之虚灵知觉，一而已矣。而以为有人心、道心之异者，则以其或生于形气之私，或原于性命之正，而所以为知觉者不同，是以或危殆而不安，或微妙而难见耳。然人莫不有是形，故虽上智不能无人心；亦莫不有是性，故虽下愚不能无道心。二者杂于方寸之间，而不知所以治之，则危者愈危，微者愈微，而天理之公卒无以胜夫人欲之私矣。精则察夫二者之间而不杂也，一则守其本心之正而不离也。从事于斯，无少间断，必使道心常为一身之主，而人心每听命焉，则危者安、微者著，而动静云为自无过不及之差矣。
>
> 夫尧、舜、禹，天下之大圣也。以天下相传，天下之大事也。以天下之大圣行天下之大事，而其授受之际丁宁告戒，不过如此。则天下之理，岂有以加于此哉！

朱熹继续从个人心性修养论道心人心的思路，将形气性命以谁为主宰——天理（公理）还是人欲（私欲）——的问题凸显了出来，并要求以道心主宰人心、著微安危而实现“二心”的统一。

更重要的是，朱熹将自尧、舜、禹而下直至孔、孟的儒家道统都系在了这十六个字的传承上。但从文本的角度说，《尚书》之所载又主要是提供一个源头；在理学家这里，《中庸》才集中体现了儒家道统的真精神。因为在朱熹看来，《中庸》乃是子思“忧道学之失其传而作也”（《中庸章句序》）。故对于“道统之传”的历史责任来说，没有谁比《中庸》更有资格承担而且承担得更好了：“其曰‘天命率性’，则道心之谓也；其曰‘择善固执’，则精一之谓也。其曰‘君子时中’，则执中之谓也。世之相后千有余年，而其言之不异如合符节。历选前圣之书，所以提挈纲维、开示蕴奥，未有若是之明且尽者也。”（同上）所以，后来的儒者只有明白和弘扬《中庸》所蕴含的儒家“道学”的精髓，才可能真正继承和推进儒家的道统。那么，二程“继绝学”的地位就得到了凸显。因为自孟氏之殁，直到二程出现，才据《中庸》而考定和接续起中断上千年的儒家道统，朱熹则是这一重新发明的道统的再继承人。

显然，经过程朱的加工，道统论所传承的这个道已经不同于韩愈的君臣父子和民相生养的、以外在事迹为主的道，它已经从根本上转移到了内在心性的体验上。换句话说，也就是由“迹”转到了“心”。正是基于此，理学家对包括韩愈在内的整个汉唐学术给予了完全的否定。因为汉唐学术只留意字面上的经典注疏解释，从根本上忽略了儒家的“大道之要”——十六字心法。所以，这一千多年的历史发展就自然被抹掉了。儒家道统由北宋五子“续夫千载不传之绪”（同上）而直承孟子，也就顺理成章了。

道统说的创立，作为宋代理学兴起的一个基本理论前提，其意义可以说是双重的：一方面，在儒家外部，它要与佛老争中国学术的正统，以便从事实层面论证并解决上千年名不副实的“独尊儒术”问题，即论证的中心问题是儒学独占正统性；另一方面，在儒家内部，则在接续至孟子而中绝的儒家心性之学传统的包装下，与杂于佛老、杂于功利的儒家各派争儒学的代表权，解决的是儒学的纯洁性问题。

理学各派有不同的道统传承序列，其中以程朱一系最为典型。但是，道统既然是以“道”论统，那么谁把握了道，谁就具有传承道统的资格，由此而产生了理学内部不同派系的争论。当然，不论它们之间如何争儒家正统，传承和弘扬自尧、舜而下绵延数千载的儒家道统始终都是它们的共识，最终它们将自己所构筑的以理、气、性、心为根本范畴的理论体系确立为中国古代社会后期哲学的真正代表。

第十七章

从太极到太虚

周敦颐和邵雍是后来概括为“北宋五子”的北宋理学群体中最早的两位。他们两位之间虽未见有任何直接的联系和学术上的相互切磋、借鉴，但他们都以《周易》和易学为自己创建理论、吸纳各家思想的立足点。周敦颐可谓宋儒义理派易学的始祖，邵雍则无疑是宋代象数派易学的真正奠基人。义理与象数之间不是截然对立的关系，注重太极范畴便是周敦颐和邵雍学术共有的特点。

张载的哲学以太虚之气为本，故被概括为气学。张载气学是北宋理学中第一个成规模的学派。但在张载之后，气学一派长期不振，以至张载哲学在宋末以后被划入了程朱学派序列，成为濂、洛、关、闽的正统“道学”中的一个环节。直至明代中叶气学复兴，这一情况才得到根本性的改观。

第一节　周敦颐

周敦颐（1017—1073），字茂叔，原名敦实，道州营道（今湖南道县）人，因晚年筑室庐山莲花峰下的小溪上，以濂溪名之，后人称其为“濂溪先生”，由他创立的学派遂称“濂学”。著有《太极图说》和《通书》等，今有中华书局《周敦颐集》出版。

一、无极而太极

“无极而太极”是周敦颐《太极图说》的第一句话，也是《太极图》

（见右图）中首见的文字。《太极图说》是周敦颐对《太极图》的解说，作为他的主要哲学著作，全文（含标点）不过三百余字，但在后来却引起了巨大的反响和长期的争论。其文曰：

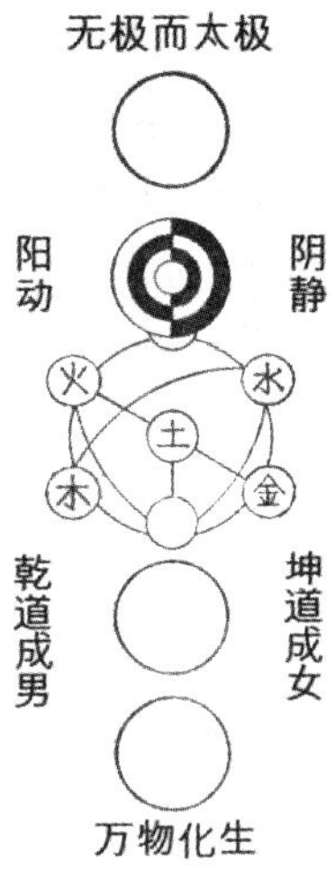

图 17-1　太极图

无极而太极。太极动而生阳，动极而静；静而生阴，静极复动。一动一静，互为其根。分阴分阳，两仪立焉。阳变阴合，而生水、火、木、金、土。五气顺布，四时行焉。五行一阴阳也，阴阳一太极也，太极本无极也。五行之生也，各一其性。无极之真，二五之精，妙合而凝。乾道成男，坤道成女。二气交感，化生万物。万物生生，而变化无穷焉。

惟人也得其秀而最灵。形既生矣，神发知矣，五性感动而善恶分，万事出矣。圣人定之以中正仁义（自注：圣人之道，仁义中正而已矣）而主静（自注：无欲故静），立人极焉。故圣人与天地合其德，日月合其明，四时合其序，鬼神合其吉凶。君子修之吉，小人悖之凶。故曰："立天之道，曰阴与阳；立地之道，曰柔与刚；立人之道，曰仁与义。"又曰："原始反终，故知死生之说。"大哉易也，斯其至矣。

《太极图说》的第一段，即自首句"无极而太极"至"而变化无穷焉"，讲宇宙的生成过程。"无极"出自《老子》，"太极"则出自《周易》，本来具有始基的意义，周敦颐将它们合为一体，使其既具有宇宙生成根源的意义，又具有宇宙运动变化的原因的意义。在无极太极之后，宇宙通过动静阴阳的相互作用、五气四时的顺布流行，既向前分化，又向后返归，乾男坤女交感化生，直至形成生生不息的世界。

"无极而太极"这句话在南宋以后理学的发展中产生了重大影响，但也伴随着长期的争议。因为上面所述文字为经过朱熹整理的通行版本，而其他版本则有"自无极而为太极"等不同的说法，并因此牵涉到周敦颐思想的来源问题。同时，周敦颐自己也没有解释无极和太极的含义，如何恰当理解它们亦出现了分歧。就最早涉及"无极太极"问题的理学家来说，他们尽管对周敦颐的思想有不同的理解，但均未从文字上对"无极而太极"提出过异议。譬如，后来首推周敦颐为"道学宗主"并得朱熹所录寄《太极图说解》的张栻，为了太极"头上"当不当加"无极"而与朱熹往复辩难的陆九渊兄弟，都没有怀疑过"无极而太极"的文字。这些都可以说从旁支持了朱熹整理的版本。朱熹后来把"无极而太极"解释为"无形而有理"，二者不可或缺，一并作为宇宙本体。这虽然不一定是周敦颐的本意，不过作为周敦颐思想合乎逻辑的引申和发挥，则未尝不可。

二、主静立人极

《太极图说》的第二段，即自"惟人也得其秀而最灵"至末句"大哉易也，斯其至矣"，是讲人性善恶和道德人伦。如果第一段的意义在于"分太极"的话，那么第二段的意义则在于"立人极"，确立起人世的最高道德标准——中正仁义。"人极"与天道地道相合，是人世的"太极"，因而不能违背；所谓"立"，不仅指圣人为人类所创立，也指人的自我挺立，中正仁义说到底要靠每一个个体去实践和落实。

周敦颐认为，中正仁义的根本点在于“主静”，而主静之方则在于“无欲”。因为人就本性来说充满着欲望，容易为外界所诱惑。只有通过修养而达到“无欲”的“静”的状态，才能回归到本然不动的无极太极。因此，《太极图说》第二段的重点是主静立人极说。周敦颐充分吸纳了佛老的宇宙论和修养观来充实儒家的道德说，“静”与“净”的合一尤其具有象征意义。周敦颐的“主静”，既是讲清“静”，也是求清“净”。虽然静的对立面是“动”，净的对立面是“染”，二者似不相同，但染污的尘世躁动追逐的是利欲，故去欲既是净也是静，二者可以相通。可见，周敦颐事实上将儒家的“寡欲”说、道家的“无欲”说和佛教的去污染整合为一体了。

周敦颐的名篇《爱莲说》称颂的“出淤泥而不染”“濯清涟而不妖”“亭亭净植”的莲花品格，可以说正是净、静的合一。净者出淤泥而不染，静者不为富贵妖娆所动，而“亭亭净植”一句可谓净、静境界的最完美的融合。周氏借以说明的既是理想中的君子品格，也是新儒学所追求的儒、释、道三教合一的境界。

其实，在《爱莲说》中所举的菊花、牡丹和莲花三花中，虽然周敦颐直接称颂的是莲花，但他对菊花其实也是有所“爱”的，也惋惜陶渊明之后再也没有人去继承这份情缘了。所以，尽管周敦颐长期任职于地方，官宦生涯的依赖性使他不可能做一名“隐逸者”，但他内心始终是向往仙风道骨的隐逸生活的。他有诗称：“久厌尘坌乐静缘，俸微犹乏买山钱。徘徊真境不能去，且寄云房一榻眠。”（《周敦颐集·宿山房》）这就不难理解，对于“乐静缘”而“徘徊真境”的周敦颐来说，不仅需要老子的“无极”来说明本体，而且需要老子的“无欲”来帮助儒家“主静立人极”，以便确立起最高的道德标准。

周敦颐曾令受学的二程兄弟“寻颜子、仲尼乐处，所乐何事”（《河南程氏遗书》卷二上），这在后来引起了理学家的长期思考。尽管这一问题并没有明确的答案，但不限于儒家的道德观，而应联系到三教合一的境界观去讨论，应当是符合周敦颐的思想脉络的。

当然，周敦颐三教融合的基石是《周易》的天人合一观。圣人确立的中正仁义与天地日月鬼神的运行准则是完全一致的，道理就在于人极与太极的本来一致。虽然天道的阴阳、地道的柔刚、人道的仁义形式不同，但它们在实质上并无差别。圣人之所以能通过中正仁义而主静的方式实现人极的确立，正是因为他们已在自觉的意义上会通了天人双方。至于“原始反终”之说，则进一步强化了从太极化生到人极确立的相互呼应，因为始终或生死的“二端”都是互相发明的关系，天生为始而人立则终也。可以说，这也是宇宙间最普遍的道理。

三、“诚”的思辨

“诚”概念及其推导，源自周敦颐的另一部著作《通书》。《通书》全书四十章，而头三章的标题就是《诚上》《诚下》《诚几德》，第四章虽然题为《圣》，但第一句仍是讲诚，由此可见“诚”概念在周敦颐的思想体系中占有十分重要的地位。

何为“诚”？周敦颐《通书》中有多种说法：诚源于天道，是“纯粹至善者也”；诚是“五常之本，百行之源也”；诚是“无为”，是“寂然不动者”；等等。显然，这仍然是《周易》与《老子》融合为一体的产物。诚作为至善，是五常百行即人世间一切道德规范和行为的根据，这与《太极图说》中依于太极的人极地位相似。然而，较之人极，诚的内涵显然更为丰富。因为从无为和寂然不动来说，诚指人心发动前的状态，心性论问题便凸显了出来，开始进入宋明理学的核心论域。

诚既然寂然不动，那么就无所谓善恶，所谓“至善”不过是对心之“纯粹”“无为”的未发状态的一种理想性设定。在此之后，心动而发，是为“几”。“几”虽然还是吉凶之先兆，但善恶已经发端，进入了《太极图说》所谓“五性感动而善恶分”的后天人为阶段。那么，问题的关键就在于，心由“寂然不动”走向“感而遂通”之后，“几”之所发能够向善而背恶，“复”诚“执”诚而进达圣贤境界。另外，这也说明恶是人“性动”之后的产物，是人受物欲引诱的结果。周敦颐对心性的未发已发、善恶的先天后天等问题已有所察觉，虽然还没有形成自觉的思辨，但毕竟为后来的理学家揭开了一条新的路径。

第二节　邵雍

邵雍（1011—1077），字尧夫，谥“康节”，学者遂称“康节先生”。邵雍年少时曾居河南共城（今河南辉县）苏门山百源之上，并在此读书学习，研习《易经》，后人便称其学派为“百源学派”。邵雍年轻时生计十分艰难，后来得到司马光等多人的资助，生活才逐渐安定下来。邵雍一生不仕，乐于治学，与二程兄弟关系密切，与张载亦有交情，是宋代象数派易学的实际开山和最著名的代表。著有《皇极经世》《观物篇》《伊川击壤集》等，今有中华书局《邵雍集》出版。

一、先天与后天

宋明理学的宇宙生成论在很大程度上是由易学研究及其成果推动的。其中，由邵雍提出的“先天之学”占有十分重要的地位。邵雍易学研究的兴趣多不在《周易》的卦爻辞，因为他认为这些都属于“后天”即文王所作之《易》，他的研究重心是他所创言的“先天”，即伏羲所作之《易》。所以，他自称其易学为先天学。

先天与后天的关系被邵雍定位为“心”与“迹”的关系。他说：“先天之学，心也；后天之学，迹也。出入有无生死者，道也。”（《观物外篇》）邵雍所谓心、迹、道三个概念，实际指天地的本原（本性）、万物的情状和二者之间的万物出生入死的过程。

此心非为人之本心，而是《周易·复·彖辞》的“天地之心”。“天地之心”在万化之前，为宇宙的本原，也就是道，即邵雍所谓的“心为太极，又曰道为太极”（同上）。他又说：

> 天地之心者，生万物之本也。天地之情者，情状也，与鬼神之情状同也。（同上）

太极或“天地之心”既然是生成万物的本原，那么与本原相对的概念就是天地间生生不息的万物“情状”，邵雍说这与“鬼神之情状”相同。“鬼神之情状”在《周易》中指一年四季万物的生长、变化，或曰由屈（鬼）到伸（神）、由伸转屈的过程，可以说整个气化世界都是如此。

邵雍将“鬼神之情状”与天地之心联系起来，意在强调阴阳气化的现实世界是在天地自身本性的作用下生长、变化的过程。因此，要想明白天地万物是如何生成、发展的，就必须从外在的情状进入内在的本性或天地之心。换句话说，先天学的目的就是研究宇宙是如何生成这一“心法”的。不过，研究“心法”又与“图”分不开，如他称：

先天之学，心法也。故图皆自中起，万化万事生乎心也。(《观物外篇》)

图虽无文，吾终日言而未尝离乎是，盖天地万物之理尽在其中矣。(同上)

这两段话是邵雍对其先天学性状的最重要的揭示，需要具体分析。与心相关联的“中”概念在这里占有十分重要的位置。那么，什么是“中”，尤其是“无文”的图“中”？其实就是总括天地万物之理的、作为本体的太极。所以，他虽整日言说不断却又未尝有离。邵雍继续发挥说：

天地之本，其起于中乎！是以乾坤屡变而不离乎中。人居天地之中，心居人之中。日中则盛，月中则盈。故君子贵中也。(同上)

“天地之本”亦即天地之心，它生成万物从“中”开始，所以乾坤阴阳虽然变化无穷，但总不离中之根本。邵雍作有先天八卦图（见右《伏羲八卦方位图》），在图中，乾坤定上下之位，离坎列左右之门，其相互关系是乾坤为天地之本而离坎为天地之用。进一步，这个体用双方环绕的又是居于图“中”虚位的太极，故又可以概称太极（中）为体而八卦万物为用。人则立于天地之中而与天地相参，就像心居于人之中而主宰人的言行一样。所以，“中”的地位十分重要。

图 17－2　伏羲八卦方位图

邵雍的学说既然被称为先天学，其主要精力自然在于阐述先天世界的生成、变化。但现实的人类活动无疑又在后天，所以他也要对此有所阐发。

一般说来，邵雍是从体与用的角度来区分先天与后天的。自然的物质存在为先天，物质的活动则为后天。用他的比喻，先天相当于人的耳目口鼻和血气骨肉，故称为体；后天则相当于人的精神，因为精神能够主宰耳目口鼻和血气骨肉，故称为用。因此，用也是十分重要的，虽然在次序上列于先天之后。

对于人类社会，邵雍认为凡是顺应自然、不加以人为的就是先天，而人为的活动，如礼仪教化、尚功争利等则属于后天。他据此将人类的历史分为皇、帝、王、伯（霸）四个阶段，在这四个阶段中：三皇治世采取的是“以道化民”，特征是“尚自然”；五帝治世采取的是“以德教民”，特征是“尚让”；三王治世采取的是“以功劝民”，特征是“尚政”；五伯（霸）治世采取的是“以力率民”，特征是“尚争”。(《观物内篇》) 那么，分别以道、德、功、力为标志的皇、帝、王、伯这四个阶段的人类历史进程，人的主观性活动越来越强，背离自然状态就越来越远，所以从道德评价上说便是一代不如一代，历史是退化的。邵雍的历史退化论对朱熹等理学家的历史理论有重要影响。

二、观物之辨

《观物篇》是邵雍的主要哲学著作。以“观物”为名，突出了邵雍观察物象世界的宇宙视野，先天后天、元会运世可以说都是他“观物”所获。当然，从概念上讲，庄子当年的“观物”所感无疑是认识的源头。

庄子认为，人们对世界的认识取决于两个不同的立足点，即“以物观物”和“以道观物”。以道观物是庄子自己的观点，以物观物则是人们的常识看法，而常识看法在庄子看来是明显错误的。因为常识所谓的正确是依不同行为主体各自的标准而得出的，主体的不确定性决定了在不同主体之间不可能有一个通用标准，所以只能以道观物。现象上差异悬殊、互相矛盾的东西，换从道的高度来看，则根本无所谓差别，万物齐同如一。以道观物的结论必然是“齐物”。

邵雍的“观物”亦不赞同从自我出发而在一定程度上注重客观。他解释说：“夫所以谓之观物者，非以目观之也。非观之以目，而观之以心也。非观之以心，而观之以理也。”(《观物内篇》)“观物”不能离开目，但目之所见仅仅是事物的外部形象，所以不能停留在目而必须深入心；但心又有自己的所好，易受情绪影响，所以又必须以理作为客观的依凭。因此，要以理作为客观的依凭，就在于不能将自己的主观喜好加入其中。当然，人有自己的意识活动，但这种意识活动应当以因循物之变化为准绳。“以物喜物，以物悲物，此发而中节者也”(《观物外篇》)，“发”是意识活动，“中节”则是适宜外物的本性。以物喜、以物悲，就是已充分体验万物的本性因而能与之完全同步。对于这一认识境界，邵雍举例发挥说：

> 夫鉴之所以能为明者，谓其能不隐万物之形也。虽然，鉴之能不隐万物之形，未若水之能一万物之形也。虽然，水之能一万物之形，又未若圣人之能一万物之情也。圣人之所以能一万物之情者，谓其圣人之能反观也。所以谓之反观者，不以我观物也。不以我观物者，以物观物之谓也。既能以物观物，又安有我于其间哉！(《观物内篇》)

在镜子、水、圣人三者之间，镜子能够完整准确地映照万物，但这比不上水能顺从地而变成与万物同一之形，而水则不能像圣人那样真切体验万物的真情。那么，圣人之所以高于镜和水，就不仅在于能像镜和水那样有客观随顺之“观”，而且在于能进一步做到“反观”。所谓“反观”，就是不是从“我”的主观喜好出发去随顺万物，而是以万物的真情为“我”的真情。既站在物的角度又能体验物的真情，这便是高于镜和水的圣人才有的“以物观物”。

显然，邵雍的以物观物不同于庄子的以物观物。庄子的以物观物大体相当于邵雍以我观物的层次；但庄子倡导的以道观物也不是邵雍的以物观物，因为庄子以道观物所追求的是“道通为一”的“齐物”境界，邵雍的以物观物却要求站在以物性为己性的角度去真切地体验万物。“以物观物，性也；以我观物，情也。性公而明，情偏而暗。”(《观物外篇》)以物观物是从万物的本性出发，以我观物却是从自我的情感出发；前者立足天地万物的本性，故广博光明；后者则出于自我的情感，故偏狭晦暗。那么，要正确地观物就只有忘情而复性，这可以说从认识活动的角度为正在兴起的理学的人生境界和修养说提供了必要的参考。事实上，也只有以物观物而不是以我观物，邵雍才能始终保持“平居屡空，而怡然有所甚乐”(《宋史·邵雍传》)的超然心境。

在这里，“乐”可以说是邵雍观物论最后的追求。邵雍主张以物观物而不要以我观物，一个十分现实的考量就是，以物观物可以超越“我”的个体的渺小，借重天下人之耳目心口而为天下之观，所乐岂不大哉！他说：

> 夫天下之观，其于见也，不亦广乎！天下之听，其于闻也，不亦远乎！天下之言，其于论也，不亦高乎！天下之谋，其于乐也，不亦大乎！夫其见至广，其闻至远，其论至高，其乐至大，能为至广、至远、至高、至大之事而中无一为焉，岂不谓至神至圣者乎！(《观物内篇》)

以物观物所做到的正是至广、至远、至高、至大之事而又没有一件是“我”有意为之，所以能够进达人生最高的神圣境界。

邵雍以“贤者悦其德，不贤者服其化”(《宋史·邵雍传》)的良好精神风尚“安乐”一生并以此自号，与周敦颐要求少年二程“寻孔颜乐处”相呼应，说明理学的兴起不仅具有理性主义思辨的严肃品格，也具有精神洒脱和心境超然的圣贤境界品格。既穷理也育人，是理学创生时期学术发展的一个重要特征。

第三节　张载

张载(1020—1077)，字子厚，凤翔郿县(今陕西眉县)横渠镇人，世称“横渠先生”。张载少喜谈兵，后又访诸佛老累年，最后才回到儒家的理论研究。张载讲学关中，学生又多为关中人，故称其学派为“关学”。张载在世时门下弟子不少，但张载去世后其弟子多归于二程门下，关学遂趋于衰微。张载的主要著作包括《正蒙》《经学理窟》《横渠易说》《张子语录》等，今由中华书局汇编为《张载集》出版。

一、太虚即气

“太虚”作为语词在先秦就已出现，但作为基本的哲学概念却是张载的创造。张载认为，这个本是最虚之义的“太虚”范畴却是“至实”，最有资格充当哲学本体。道理何在？一方面，以最虚的东西为根本，在中国历史上有悠久的传统，它本来也是道家、道教哲学的固有主张；另一方面，佛教的性空在儒家学者看来，是与虚无同类的非实在性的存在，故儒家常常以佛老并提。张载时代佛老理论的思维水平已得到充分展现，并由于领先于传统儒家的现实而使新儒家学者的理论创造只能走取之佛老而超胜佛老的道路。在这里，最典型的理论表现就是张载以虚与实的互动为基础对佛老虚空本体的理论改造。

张载吸取了佛老和先秦儒家的理论思辨教益，认为要为自己的哲学确立一个永恒不灭的宇宙本体，就不能以任何有形“实”物而必须以“虚”作为天地万物的根基。

天地之道无非以至虚为实，人须于虚中求出实。……金铁有时而腐，山岳有时而摧，凡有形之物即易坏，惟太虚无动摇，故为至实。《诗》云“德輶如毛”，毛犹有伦；上天之载，无声无臭，至矣。(《张子语录中》)

作为天地万物之根基的太虚，不能是佛老的绝对虚空，而必须是真实的存在，即所谓的“至实”；但这“实”又不能以任何有形实物来充当，因为即便如金铁、山岳之类的坚硬物也必然走向毁灭。事实上，凡是由气之聚合而来者都必然因气之消散而去，自古以来沧海桑田的历史变迁已反复证明了这一真理。

就是说，本体想要“至实”，就必须立于“太虚”，“至实”与“太虚”形式上矛盾而实质上统一，因为正是太虚具有“无动摇”、无损坏的最实属性。为了证明自己的观点，张载引用了《中庸》对《诗经》思想的发挥，以阐明作为本体范畴所必须具有的“无声无臭”的“至”虚特性。在《中庸》中，德性（本体）就像毫毛一样轻微，这样的形容仍然有缺陷：因为“毛”虽然极其轻微，但却仍在与有形事物比类（伦），就不能说是形而上；只有到无声无色无味即无迹可寻时，才能作为最终的形而上本体。

太虚无形，气之本体；其聚其散，变化之客形尔。(《正蒙·太和篇》)

相对于有形有象的气化流行，太虚是无形无象的，但无形无象的太虚却是气化流行的“本体”。“本体”指气的本然状态，而有本然就有现实，现实之气因始终处在或聚或散的变化状态之中，故张载以“客形”概念予以规定。从整体的运动过程来说，气聚则凝聚为物，气散则回归太虚。太虚是永恒的存在，聚散变化的世界万物则是气的暂时形态，即所谓的“客形”。

本体和客形世界的相对关系是从客观存在的角度说的，如从主观感知的角度来说，张载又有至静无感与有识有知、无感无形与客感客形等描述本体和聚散之相对关系的说法。形象及因此而生之感觉作为“客”都是暂时的、变动的，而无形无感的本体则是永恒的、不变的，两个世界的差别如此明显，故张载以为将它们统一起来绝非易事，只有“尽性者”即充分把握有无关系的圣人才能做到。

张载以本体和客形这对对立概念来解释太虚与聚散的相对关系，其意义主要表现在太虚是气化的基础和气运动的归宿。就是说，太虚是散而未聚之气，待其聚，则为现实的气化世界。在这里，不能将太虚与聚散的关系理解为太虚生气或以气化为幻相，这是混同于佛老的错误观点。

若谓虚能生气，则虚无穷，气有限，体用殊绝，入老氏“有生于无”自然之论，不识所谓有无混一之常；若谓万象为太虚中所见之物，则物与虚不相资，形自形，性自性，形性、天人不相待而有，陷于浮屠以山河大地为见病之说。(同上)

一方面，如果虚能生气，那必然的情景就是虚（体）无穷而气（用）有限，因为气之初生只可能是由小到大、由微见著的，从而使体用双方割裂开来。这实际落入了道家“有生于无”的窠臼，不知道有与无从来都是一个整体，是相互发明的关系。另一方面，将气化聚散的万象认作太虚中出现的事物，必然会造成物形与虚性不相依赖，形归形、性归性，形与性、天与人各自独立。这实际陷入了佛教以山河大地为病态的视觉与幻相的、相互缘起而生成事物那样的谬误。正确的理解是把太虚放到气的原始状态的位置，结果无论太虚还是万物，都是气的不同表现形式：太虚是气之“隐”，万物则是气之“显”。张载思想的主旨是以隐显而不是有无的模式去认识世界。在他这里，“太虚不能无气，气不能不聚而为万物，万物不能不散而为太虚”（《正蒙・太和篇》）的过程说明宇宙并不存在无气的状态，所谓“形聚为物，形溃反原”（《正蒙・乾称篇》）也。

为了恰当论证至虚至实和合的太虚本体，张载提出了“太虚即气”（或“虚空即气”）的命题。

> 气之聚散于太虚，犹冰凝释于水，知太虚即气，则无无。（《正蒙・太和篇》）

“太虚即气”可以解释为太虚就是气或者太虚不离开气，这两种解释在张载的思想体系中可以兼容。一方面，太虚作为气的本然状态，当然“就是”气，而绝非存在于气之外的虚无本体。另一方面，太虚的虚体与聚散的气化相互依赖、互相发明：本体通过形象的气化展现其存在和价值，气化在形上本体的决定和作用下运动、变化。那么，“太虚即气”命题就不但否定了佛老的虚无本体，而且有了更为一般的强调从总体上辩证把握虚实关系的意义。张载认为，太虚与气化虽有无形有形之别，但却都是真实无妄的存在，而佛老的性空、虚无本体却是建立在对现实世界之真实性的否定基础上的；佛教将世俗认识视作一种“颠倒”的认识，其实正是佛教颠倒并搞乱了现实世界与虚空本性的关系。

可以说，体用一源、虚实不二本是佛教的固有思想，但佛教的观点又是有缺陷的，并没有真正将双方统一起来。因为体用范畴的基本意义就在于体必须通过用来表现，而用则必然地发明体。由此，用的虚假必然导致体的虚假，而体的真实也将自动地引向用的真实，双方是相互发明的关系。佛教之性相、真假、心迹的统一既然以假、虚、幻等为前提，也就不可避免地使其与本体一方置于互相否定而不可同真的矛盾状态。所以，张载归结说：“知太虚即气，则无无。”只要认识到虚空与气化是相互依存的关系，最终就否定了气之外的虚空本体。

二、一物两体

中国哲学早在春秋时期就已提出“物生有两”的著名观点，后来更有经典的一分为二说。从此出发，张载围绕他的虚气观提出和阐发了“一物两体”思想。

> 一物两体，气也；一故神（两在故不测），两故化（推行于一），此天之所以参也。（《正蒙・参两篇》）

张载作为气本论的奠基人，首先要肯定“一物两体”都是气的属性。从此出发，无论一还是两，都是相对于对立方而获得己方的解释的。也就是说，事物统一体（一物）之所以神妙不测，乃是因为有对立面（两体）的存在；反之，对立面之所以相互作用和转化，乃是因为推行于同一统一物的缘故。这种统一物中有对立两体、对立两体又维系着统一物的“一物两体”格局，便是所谓的“参”。“参”的意义在于确认一和两均不可或缺。张载发明说：

> 两不立则一不可见，一不可见则两之用息。两体者，虚实也，动静也，聚散也，清浊也，其究一而已。(《正蒙·太和篇》)

“两体”作为事物的对立双方，在性质上是相互反对、相互发明的。“两不立则一不可见”，说明一本是两的一，缺了本来并立的任何一方，无论虚还是实，无论动还是静，都意味着同时取消了对立方，从而瓦解了统一物。“一不可见则两之用息”，则说明统一物不存在，两已不成其为两，也就谈不上两之间的相互作用和转化了。

张载接着分析两之所以能够统一的内在机制，他把这概括为“感”，由感而有合。

> 天性，乾坤、阴阳也。二端故有感，本一故能合。天地生万物，所受虽不同，皆无须臾之不感，所谓性即天道也。(《正蒙·乾称篇》)

“性即天道”，可以说就是太虚即气，说明双方互不可离。但从方法上说，这种不离是通过一两感合的机制实现的。在这里，天性存在于乾坤、阴阳两端的对立作用之中，交感便是对立作用的一种主要形式。既然是对立的两端，乾坤、阴阳间就必然发生交感；既然乾坤、阴阳同属一天之性，两端就必然又统合为一个整体。天地所生万物之所禀固然有差，但这并不影响它们都禀有交感合一的特性。因此，认识世界上的任何事物都只能从对立交感的角度予以发明。

> 物无孤立之理，非同异、屈伸、终始以发明之，则虽物非物也；事有始卒乃成，非同异、有无相感，则不见其成，不见其成则虽物非物，故一屈伸相感而利生焉。(《正蒙·动物篇》)

天下事物绝无孤立存在的道理。张载一物两体观的中心就是反对孤立片面的观点，要求了解事物的同异、屈伸、终始等正反两个方面的完整情况。有了正反两个方面的完整情况，就能从对立交感的角度认识事物的成就、发展，由此才能带给人们福利。这可以说是从发展的立场来看待对立交感原则。

从而，对“一物”与“两体”双方，张载虽然都十分注重，但细较起来，他显然更重视“两体”方面。“感而后有通，不有两则无一。故圣人以刚柔立本，乾坤毁则无以见‘易’。”(《正蒙·太和篇》)立足于发展，则有两必有感，有感必有通，故两比一更重要。圣人立“本”亦是立刚柔、乾坤之两，两是统一易道实现的前提条件。两若毁弃，整个易道变化就不存在了。在张载眼中，宇宙现象为人们所认识，正是在其两端。所谓“天道不穷，寒暑也；众动不穷，屈伸也；鬼神之实，不越二端而已矣”(同上)，一切运动、变化都只是两端的变化。

当然，强调两端重要，并不意味着两端可以脱离统一体。一两之间，从时间序列来看，通常表现为一个由一到两、由两又合一的辩证统一过程。

> 气本之虚则湛一无形，感而生则聚而有象。有象斯有对，对必反其为；有反斯有仇，仇必和而解。故爱恶之情同出于太虚，而卒归于物欲。(同上)

在这里，气的变化始于“湛一无形”的太虚，因为内含的对立面相互交感而成象成形，并引起动静、聚散、升降、屈伸等“两体”间的相互争斗；然两体间的相互争斗本来“中涵”于“太和”流行之中，宇宙的运动造成由隐而显以至“广大坚固”的现象世界的出现；但“广大坚固”的现象世界不可以长久，有形物在由“始条理”走向“终条理”时必然消解而返回到太虚之本。在张载看来，由于始终条理的相互呼应，所谓“仇必和而解”不过是“万物不能不散而为太虚”的另一种表述。接下来的“故爱恶之情同出于太虚，而卒归于物欲”，则将这种“反而仇”与“和而解”的相对关系继续向前推演，绝不存在终极矛盾消解的意义。就是说，从发展过程来看，一旦有合一，就必然同时产生新的对立，这是永无止境的过程。而且，就推动事物统一体的生长、变化来说，内在的对立两性具有更加重要的意义，“不有两则无一”也。

三、天地之性与气质之性

宋代理学人性论的特色是天地（天命）之性与气质之性的二分，而这是从张载开始的。张载从气本论出发说明人性问题，认为人性是“湛一无形”的太虚之气与有象可感的阴阳气化相合而成的产物，故将原本浑沦为一的人性一分为二。

天地之性源于清虚湛一的本然之气，气质之性则是生命体在有生之初因禀受清浊不等的气化流行所造成的，反映的是人口腹鼻舌的物欲，是人与物共有的自然属性。由汉以来的气禀说可知，清浊不等的气化决定了善恶不齐的现实人性。所以，在道德属性上，气质之性是善恶混杂的，而天地之性则纯善无恶。

结合人性的具体生成来看，人性本来是天道流行的产物，从《中庸》的“天命之谓性”到《周易·系辞上传》的“一阴一阳之谓道，继之者善也，成之者性也”，都是如此。张载在本体论上讲阴阳聚散，在人性论上自然走的是《周易》的理路。既然人性有成就与否的问题，那么张载就不得不考虑性未成时的善恶状态及其发生的阶段。

> 性未成则善恶混，故亹亹而继善者斯为善矣。恶尽去则善因以亡，故舍曰善而曰成之者性也。(《正蒙·诚明篇》)

从文本的角度看，《周易》的“继善成性”说并未涉及“成性之前”的问题，自然就谈不上善恶混。张载提出善恶混的问题，重在说明先天善恶未分未形，以强调人在后天的道德创造，即只有于此勤勉不倦者，才可望实现善。在这里，善与恶本是相对之词：善未得继而恶亦不成；善之成形彰显，同时意味着恶之尽除；一旦恶被尽除，又无所谓善了。这一道理，老子其实早已言之：“[天下] 皆知善之为善，斯不善矣。”(《老子》二章)

就此而言，张载的主张与他同时代的学者如司马光的性善恶混是不相同的。司马光是从现实人性善恶兼有立论，张载却将其限制在现实人性未成、人为未施加之时。那么，结果就会是：或者因性未成、善恶未开而人不觉，或者因恶尽去、善无所谓而恶无须说。故从首尾两端来看，性善恶混又可以理解为某种意义的性无善恶。究其然，实在于张载比较彻底的有无虚实通为一物之说，善恶之有（善恶混）与无（无须说）之通贯则正是其表现。

当然，首尾两端往往又只是一种逻辑的抽象，在现实人性上，人终始处于除恶成性的过程之中，故他又说：“纤恶必除，善斯成性矣；察恶未尽，虽善必粗矣。”(《正蒙·诚明篇》) 那么，继善成性实际就是以人力改造善恶混的过程，如果恶未尽除，善哪怕占有绝对多数的比例，以质而论，仍然不是继善而是“继善恶混”，所以说是“虽善必粗”。显然，性之“未成”说凸显了性善在实现层面的意义。也正因为如此，天赋人性的未成或善恶混并不影响善作为人生价值导向的意义。

> 性于人无不善，系其善反不善反而已，过天地之化，不善反者也；命于人无不正，系其顺与不顺而已，行险以侥幸，不顺命者也。（《正蒙·诚明篇》）

“性于人无不善”，因其“系”于人之善反与否的后天道德创造，故并不具有人先天性善的意义。在这里，“善反”与“顺命”是密切相关的，它说明张载的“善反”并不是要超越天道气化、干预人之受命本身，而是重在谨守中道和顺承天命的自觉。至于通常以为张载的天地之性是纯粹至善的说法，只是把后来朱熹的观点加在了张载头上。

在理学家的观念系统中，人总是有仁义道德与气质形体的双重需要，天地之性与气质之性在人也就均不可缺，但是，作为君子，人应当有更高的道德素质的要求。张载是“气质之性”概念的提出者，但同时也是这一概念在价值上的否定者。他的名言就是：“形而后有气质之性，善反之，则天地之性存焉。故气质之性，君子有弗性者焉。”（同上）

气质的可变性对所有人都是适用的。君子不以气质之性为性，在于气质之性“以嗜欲累其心”（同上）的、陷溺于物欲的性质。所以，张载要求“善反”，即返回到清虚湛一的天地本性，而其手段便是他着重强调的“变化气质”及其实施过程，以摒除物欲对人心的影响。这体现了张载自觉的“反本复性”意识。他强调：“为学大益，在自求变化气质，不尔皆为人之弊，卒无所发明，不得见圣人之奥。”（《经学理窟·义理》）通过学习而变化气质，突出了人在道德选择上的自觉努力和责任意识，对后来理学家的修养观具有深远影响。

> 人之气质美恶，与贵贱寿夭之理，皆是所受定分。如气质恶者学即能移，今人所以多为气质所使而不得为贤者，盖为不知学。……必学至于如天则能成性。（《经学理窟·气质》）

“定分”的说法强化了善恶气质的先天性。但人对此并不是无能为力，人可以通过学习和善反的工夫移恶除恶，以成就完全的天地之性。在此意义上，可以说天地之性为善，但这并不意味着“人”的先天性善。张载的“继继不已，乃善，而能至于成性也”（同上）等语已说得非常明白，即只有在人勤勉不息的道德创造中才能有善和成性，一切都取决于人为的努力。一句话，天地之性是“学则成”的。历史上孔子的“下愚不移”与孟子的“人皆可以为尧舜”的矛盾也因之迎刃而解：不是说“下愚”之人“不能”走向善，而是他们自己“不为”，放弃了变化气质的努力。那么，既然天地之性的成与不成取决于人的学与不学以及学到什么程度，那么也就不难判定，在张载这里，人并没有一个确定的天地之性，人只能通过主观的努力，移易恶的气质，才能成为现实的圣贤。

四、“为天地立心”

“为天地立心”是张载提出的重要观念，它与“为生民立道，为去圣继绝学，为万世开太平”一起，成为后来所称的“横渠四句”。在中华民族精神的培育和弘扬上，“横渠四句”占有一个特殊的位置。张载在继承儒家自强不息精神的基础上，特别强化了治世救民的情怀和志士仁人所应当具有的宏伟抱负与使命感，因而特别能引起先进人士的共鸣。

从理论自身来说，要为天地“立心”，缘于“天本无心”。天地作为聚散变化之气，是客观必然的代表，它虽然生养了万物，但并非有意为之，所以天地之心或天地的本性只能是因人而有、由人来确立的。然而，人既为人，何以能“为天地立心”？张载论证的基本点是唐代刘禹锡提出的“天人交相胜”说。刘禹锡强调天与人各有所长，天固有胜于人之处，人亦有超胜于天之处。张载从此出发，阐明人能通过自己的自觉活动来概括与揭示天道运动的本质和规律，即人为天地“立心”。

在这里，“立心”不是强加人的意志于自然，而是“人谋之所经画，亦莫非天理”（《横渠易说・系辞下》）。“人谋”突出了人的智慧的意义，体现了人对必然“天理”的把握和一定的自由的实现。张载据此而规范了儒家“天人合一”的命题，认为天人合一实现的道路无论是“自诚明”还是“自明诚”，结果都是一致的，即天人之间的完全融通。

所谓“自诚明”与“自明诚”，是儒家人生追求的两条道路。“明”“诚”约相当于通常所说的认识（知）与实践（行），当然中心围绕的是道德的进步。“自诚明”（由诚而明）的道路是作为道德至善的代表——圣人所特有的，“自明诚”（由明而诚）则是除此之外的一切凡人的道路。后者意在强调通过充分认识什么是天道、至善（明），最终能够在实践中走向对它的真实无欺的体验（诚）。故为天地生民立心立道，中心其实都在“立人”。

张载的“诚明”又是他著作《正蒙》的一部分，就是说“诚明”是为“正蒙”即纠正蒙昧服务的，而纠正蒙昧离不开对“道”的理解。虽然中国思想家都认为无处不有道，但人对道的自觉意识却不是与生俱来的，这就需要为生民“立道”，即让“道”真正能在人的内心树立起来。可以说，“为生民立道”是“为天地立心”在人世的映照，二者相互发明。“立道”在于为生存于天地间的万民树立正确的行为准则，为其找到安身立命的精神家园。孔子云：“朝闻道，夕死可矣。”（《论语・里仁》）早晨知晓了道，即便晚上离开这个世界也不会有遗憾。为什么？因为人生的境界已经得以实现，可以死而无憾。

张载继“绝学”，意在批驳佛老，遥接与弘扬以孔孟和六经为代表的正统儒学。他力戒空谈心性，要求实用实行。张载本人从青年时代起便立志做一番事业以报效国家，但时势和条件的不具备使他不能如愿，所以他将重心放在了治学弘道的事业上，著书立说，培养学生。他实际已把“继绝学”与“开太平”融为一体，强调利用安身而崇德广业。即便是个人的德行修养，也不止于自身人格的完善，而是要直接为天下的太平盛世提供政治蓝图。

在张载生活的时代及其后来，历代志士仁人“为万世开太平”的远大抱负，由于受限于社会政治环境和社会的认同程度，往往不能遂其所愿，但这并不影响思想本身的价值。“横渠四句”始终激励他们将个体的生命融入民族、国家的命运之中，为民族、为国家承担起历史的责任。

第十八章

程朱理学

程朱理学，指宋明理学中由程颢、程颐兄弟创立并由朱熹发扬光大的道学一派，因这一派哲学以理或天理为最高范畴而得名。

程颢（1032—1085），字伯淳，世称“明道先生”；程颐（1033—1107），字正叔，世称“伊川先生”。兄弟俩在历史上通称为“二程”。二程是洛阳人，又长期居住于洛阳讲学著述、开展学术活动，所以他们创立的学派被称作“洛学”。在当时的几大学派中，洛学人才最盛，影响最广。理学形成的两个基本标志——道统说和天理论，也都是从二程正式开始的。程颐明确提出他们兄弟二人接续起了至孟子而中绝的圣人道统；程颢则公开声明“天理”二字系他们自己“体贴”出来。“吾学虽有所受，天理二字却是自家体贴出来。”（《河南程氏外书》卷十二）在这里，道统说揭示了理学的学术渊源和门户，天理论则突出了宋代理学的理论特色。

虽说“天理”一词早在先秦时期就已使用，周敦颐、邵雍和张载也都已言及，但确实由二程开始才把它作为哲学的本体概念和最高范畴，才有了一个以天理为本体的典型形态的哲学体系。所以，后来理学的主流派以程氏一系作为北宋理学的代表不是没有理由的。二程的著作主要有《遗书》《文集》《经说》《易传》等，今由中华书局汇编为《二程集》出版。

第一节　程颢、程颐

“天理”，亦径称“理”，作为二程哲学的标志和理论核心，二程“体贴”出多方面的内容和特性。从此出发，二程不但用天理观点去看待和揭示世界，而且探讨了如何才能求取这个天理以及它在人性生成和道德修养活动中所扮演的角色。

一、天理论

天理是无形的存在，属于形而上的范畴，它必须通过形而下的现象世界来展现自己。程颐说：“理无形也，故假象以显义。”（《周易程氏传·乾》）又说：“理无形也，故因象以明理。”（《河南程氏文集·答张闳中书》）理昭示自己的存在是通过物象，那么，人们虽然不能直观无形，但却可以通过它所依托的物象去揭示它的性质。而作为揭示它的主体来说，只能是人的心思，感官只能停留在形气世界，从而披露了理的形上世界和形气的形下世界的相互关系。二程说：

> 心所感通者，只是理也。知天下事有即有，无即无，无古今前后。至如梦寐皆无形，只是有此理。若言涉于形声之类，则是气也。（《河南程氏遗书》卷二下）

一方面，心具有感通天下古今万事的能力，而不会有时空的限制；另一方面，天下之事，包括梦寐等精神活动在内，都是按“理”来运行的，理是整个世界运动、变化的最后根据。这实际说明，理作为形而上的存在，其意义在于以本体的定位去决定现象世界的变化。在这里，理本体与形声世界的关系简单地说就是理与气的关系。

理与道是同等程度的范畴，所谓“有形只是气，无形只是道”（同上书，卷六）也。正因如此，二程不同意张载以“清虚一大”（湛一太虚）为形而上之道的讲法。程颢说：

> “形而上者谓之道，形而下者谓之器。”若如或者以“清虚一大”为天道，则乃以器言，而非道也。（同上书，卷十一）

形而上下的道器之分是二程认识理气关系的基本立足点。在二程看来，气不论怎样“清虚”，终归都是气；既是气，就只能是形而下的存在，就做不得本体。这里的关键是张载与二程的本体论架构不同：张载以气为本，再将气区分为清虚之气与聚散之气，前者为形而上的本体而后者为形而下的形气；但二程是以理为本，气则整体上属于形而下之器。所以，从二程去看张载，便是张载混淆了形而上下而以器为道，所以遭到程颢的批评。

同时，与张载尤为注重本体的“太虚”“空虚”属性有别，二程突出的是理的实在属性。《粹言》记载：

> 或谓“惟太虚为虚”。子曰：“无非理也，惟理为实。”或曰：“莫大于太虚。”曰：“有形则有小大，太虚何小大之可言？”（《论道篇》）

这里的记载与上面程颢所说有类似，但也有不同。上面着力把道器、理气区分开来，以保证道、理的形而上性质；这里则将重心转向了本体的虚实问题并相对认可了太虚概念。张载气学为了反对以实物为本体而强调本体的“虚”性，然而，“虚”本身在二程看来不过是说理的形上性；但要论形而上的存在，必须以“实”为特色，而这只有理才能充当。强调理是实理，是二程确立儒家“理”论地位的最重要的规定，否则，不足以将儒家形而上的理本体与佛老的虚空之理区别开来。

二程强调理的实性，但并不反对理的虚性。正因为如此，如果以“小大”的空间概念去形容作为本体的太虚，就将太虚形而下化了，又何能充当本体？如此的反驳体现了二程在本体概念的精确化方面所进行的努力。

与此相关，过去的哲学家常以宽泛的天道概念来解释善恶报应等的原因，而这在二程看来也应当统合到理上。如程颐与弟子的问答：

> 又问："天道如何？"曰："只是理，理便是天道也。且如说皇天震怒，终不是有人在上震怒。只是理如此。"（《河南程氏遗书》卷二十二上）

天道历来被视作一切存在和变化的总根源，但理学思维的精致化要求对天道概念进行再分析。因为笼统地说天说道，"皇天震怒"的人格化之天蕴涵必然包含于其中，但形而上之理只是无意志的客观必然性，所以必须把宽泛的天道概念细化到理范畴上。这表明理作为形而上的本体，具有排他的，唯一的性质。

不过，理虽然是天道概念的精致化，但并不排斥而且要利用上古以来"天"所享有的神圣权威来阐明理本体的其遍必然和唯一的性质。所谓"天者理也，神者妙万物而为言者也，帝者以主宰事而名"（同上书，卷十一）便是如此，"天""神""帝"三个概念已被统归到理的内涵之中。具体说来，"天"表明理的客观普遍性，"神"指明理是万物变化的内在本质，而"帝"不过是哲学本体对事物现象的决定作用而已。其中，理的客观必然性是理的首要规定。二程说：

> 天理云者，这一个道理，更有甚穷已？不为尧存，不为桀亡。人得之者，故大行不加，穷居不损。这上头来，更怎生说得存亡加减？是佗元无少欠，百理具备。（同上书，卷二上）

先秦荀子提出"天行有常"观念，认为天道的运行有自己的客观规律，它并不因为有尧的善德就存在，有桀的恶行就消亡。那么，在认为说"天"就是说"理"的二程这里，荀子的话便成为理的客观必然性的最好注脚。就是说，"天理"这个道理是"不为尧存，不为桀亡"的，"这上头来，更怎生说得存亡加减"？作为哲学本体的天理是超越于具体事物的生死变迁的，它的存在和运行绝非人之主观活动所能干预。

天理的客观必然性在世界整体是如此，在具体事物同样也是如此。因为每一物都有它自己的理。程颐说："天下物皆可以理照。有物必有则，一物须有一理。"（同上书，卷十八）《诗经》中"有物有则"的说法成为理学引证的经典，但"则"由一般的事物规定性变成了理学家凡物均须具有的内在之理。由于理对于物来说是存在、变化的根据，具有普遍必然的性质，所以天下事物无不可以用理来说明。例如，《易》卦的序列是《家人》卦之后接着《睽》卦，"睽"是背离相违的意思。程颐发挥说："家道穷则睽乖离散，理必然也。故家人之后，受之以睽也。"（《周易程氏传·睽》）家道穷极之时便是家庭分崩离析、家人各谋生路之日。所以，在《家人》卦之后以《睽》卦来承接，正是要发明理的这种普遍必然的性质。

天理在二程这里不仅是客观必然性的范畴，也是世界统一性的基础。具体事物的道理虽然千差万别，但这并不妨碍它们有统一的归途。因为世界统一性的基础就在天理的唯一性，"天下之理一也"。《易传》当年借孔子之口道出了对"天下同归而殊途，一致而百虑"（《系辞下传》）的天下一统的憧憬，但却并没有提供有效的手段或路径去实施。这一问题在二程看来并不难解决，那就是天理的唯一性保证了世界的统一性。程颐说：

天下之理一也，涂虽殊而其归则同，虑虽百而其致则一。虽物有万殊，事有万变，统之以一，则无能违也。故贞其意，则穷天下无不感通焉。(《周易程氏传·咸》)

程颐的"理一"论证显然吸收了魏晋玄学以来一多关系论辩的理论成果。他的这段话很像王弼当年的语言，只是这个"一"不再是王弼的"无"，而是二程自己的天理，一切都受天理支配，一切都由天理决定。所以，现实世界尽管万殊万变，但因为贯串着唯一的理，所以最终的归途总不能有二。如果正确地了解了理一之义，则穷天下亘古今，无物无事不能感通。

虽说程颐之言是立足于主体而发，但这并不意味理的世界统一性是人强加于物的。在二程这里，万物原本就由理产生，理是万物统一性的当然根源。

所以谓万物一体者，皆有此理，只为从那里来。"生生之谓易"，生则一时生，皆完此理。(《河南程氏遗书》卷二上)

万物既然都是从理那里"生"出来的，那么生生不息的万物就是对天理统一性的现实发明。一句话，只要有生，就必然具备此理；没有物能够违背，也就没有物能够超越于理的世界统一性之外。

二、格物穷理

"格物"与"致知"是儒家典籍《大学》中的一组概念。为了更好地阐释自己的理论，二程兄弟各推出了自己的"改正《大学》"文本。但无论格物还是致知，以及知行先后的关系等，长期以来并未受到儒家学者的特别关注。不过随着宋代理学的兴起，人们对外部世界和人伦物理的兴趣以及社会实践的需要，促使这些问题进入学者们的视野，开始成为理学家讨论的基本问题。

"格物"概念，主要是"格"字的含义，在古代社会有不同的解释。在二程这里，格物一般指"即物穷理"的过程，但也需要进行具体分析。

首先，格物就是"至"物，必须与事物直接接触以便穷究其中之理，"穷"理既是格物的过程，又是格物的目的。如程颐与弟子的讨论：

又问："如何是格物?"先生曰："格，至也，言穷至物理也。"(同上书，卷二十二上)

格，至也，如"祖考来格"之格。凡一物上有一理，须是穷致其理。(同上书，卷十八)

格犹穷也，物犹理也，犹曰穷其理而已也。(同上书，卷二十五)

那么，"格"物首先要"至"物，而所谓"至物"便是穷理。程颐引《尚书》的"祖考来格"之格，格在这里意味着祖先神灵的到来，意味着必须直达物理；而以"穷"来修饰，则说明必须到达物理的最底层，即彻底通贯物理才能叫作"格物"。如此穷究物理的格物，实际就是"致知"，正所谓"致知，尽知也。穷理格物，便是致知"(《河南程氏遗书》卷十五)。

以穷理解格物,说明二程对认识物理的要求是相当严格的,一般性的知觉了解尚算不上格物,只有穷究事物的本性、把握事物的根本规律才能叫作格物。那么,人们面对纷繁复杂的对象世界,应当如何入手?二程以为,格物穷理的途径多种多样,并没有一定不变之规。譬如说:“穷理亦多端:或读书,讲明义理;或论古今人物,别其是非;或应接事物而处其当,皆穷理也。”(《河南程氏遗书》卷十八)人与对象世界相互交流的一切活动,无疑都是格物穷理的基础,但又并不当然如此。因为“穷至物理”本来意味着要深入事物的本质,是否实现了穷理,就看在生活实践中有无实现预期目的,即读了书要能讲明义理,谈论古今人物要能明辨其是非,应事接物要能行为中节,这实际是一个非常高的标准。程颐的叙述看起来很轻松,但真正达到却并非易事。

其次,格物离不开积习与贯通。由于“有物有则”,故而有物有理。物与理都是普遍性的概念。例如:

> 问:“格物是外物,是性分中物?”曰:“不拘。凡眼前无非是物,物物皆有理。如火之所以热,水之所以寒,至于君臣父子间皆是理。”(同上书,卷十九)

“眼前”的对象性世界都是物,既包括自然外物,也包括人伦实践,这可以说是中国哲学对于“物”概念的一个共识。事实上,它们的确也都是人的认识活动的对象,而认识的目的便在于探究物中所存在的本质和规律,即所谓的理。

但物总是个别的,而理则是一般的,那么,格一物所获之理是否能运用到他物,或者说,他物就不用再格了?这是一个需要认真考虑的问题。

> 或问:“格物须物物格之,还只格一物而万理皆知?”曰:“怎生便会该通?若只格一物便通众理,虽颜子亦不敢如此道。须是今日格一件,明日又格一件,积习既多,然后脱然自有贯通处。”(同上书,卷十八)

“只格一物而万理皆知”当有两个方面的含义:一是“一物”与包含“万理”的万物是同一性质或同一类的事物,譬如一人与万人的关系便是如此。在此前提下,一人之生理结构与万人之生理结构在“理”上是一致的,格一可以知万。二是“一物”与其他万物属于不同性质或不同类的事物,如孟子与告子争论中的犬、牛、人之性,那么,识犬性不等于识牛性,识牛性更不等于识人性。程颐所说应当是后一类的物和理。所以,颖悟程度再高也不可能从一而知万。唯一可行的办法就是“积习”,一件件地格物,一件件地归纳,到格物之量积累到足够多时,思维的脱然贯通功能便会自然发生,从而能贯通不同事物之理。

不过,不同事物之理说到底仍然是一个有限的量。理学认识论的最终目的还在于会通亿万事物之理,以便达到对天理的体认。这里可以参考另一段类似的讨论:

> 又问:“只穷一物,见此一物,还便见得诸理否?”曰:“须是遍求。虽颜子亦只能闻一知十。若到后来达理了,虽亿万亦可通。”(同上书,卷十九)

这一段的“见此一物,还便见得诸理否”,其“诸理”显然并不在这“一物”的范围内,即属于上面分析的第二层含义。对此,程颐强调“遍求”,无疑反映了认识活动的真实状况，颜子本人亦是积习足够丰富而豁然“达理”的。颜子所达之理，无疑是最高的道理，所以亿万事物之理无不可通。但问题的关键在于，如何由“遍求”的积习悟得最高的天理，这是一个二程没有也回答不了的问题，朱熹的继续努力也未取得实质性的效果。这一问题后来成为王守仁反对程朱格物论的一个根本理由。

三、知先行后

知行先后问题是古代知行学说的中心议题。作为哲学问题，它尽管在先秦时期便已出现，但对中国社会真正发生影响，还是在宋代理学兴起之后。知行先后问题的讨论包含多个方面的内容，具有代表性的是知先行后观。知先行后在二程这里，总体上是从致知先于并指导力行的角度把握和阐发的。

首先，致知是力行的前提，如果于知不明，那么即使“勉强”践行，也会由于无目的、无方向而不能鼓舞意志，也就不可能持久。反之，如果先致知，并从而获得对于事物本质和规律的认识，那么知就能照亮和指引人们的力行践履之道。程颐举例说：

> 譬如人欲往京师，必知是出那门，行那路，然后可往。如不知，虽有欲往之心，其将何之？（《河南程氏遗书》卷十八）

在这里，程颐并不考虑最初的知是从哪里来的，“知”在他看来主要是间接知识即既定的思维成果，而非直接经验，所以行路必须要以知路为前提，否则根本无法迈步。

当然，主张知先行后并不意味着对行的轻视。行后对知先也有重要作用，知只有在行中才能得以继续和完成。程颐以知先行后解释儒家的“自明而诚”，意味着只有先明了本心之理（性），才能在力行中实现诚的目标。在这里，“知”因其“明诸心，知所养”（《河南程氏文集·颜子所好何学论》）的规定而为行提供方向和对象，故知在行先；但知先毕竟只是全部认识活动的开始，它自身并不能至诚，“至”是行的任务，故只有最终实现了诚，知才能落到实处。就此而言，知的价值又体现于行之中，无行亦无知。当然，全面权衡知行双方的地位和作用，仍不得不肯定知对于行的优先性。

其次，与知先行后相呼应的是知（识）本行次。“知本行次”更突出了知在全部活动中的主导者角色。如程颐说：

> 君子以识为本，行次之。今有人焉，力能行之，而识不足以知之，则有异端者出，彼将流宕而不知反。（《河南程氏遗书》卷二十五）

“识”即知也，所谓知的“本”和行的“次”，是先后的意思，是知先行后的另一种表达，而不是说知是根本，行只是次要的末节。程颐反对的是盲目行动而没有知的正确指导。这样，必然流荡而不知返，以至堕入佛老异端。这一点也是程颐倡导知本行次观的根本目的之所在。

从知对行的指导方式来看，除了事前引导，还有预后阻止，以避免有害结果的发生。“饥而不食乌喙，人不蹈水火，只是知。人为不善，只为不知。”（同上书，卷十五）因行有害于身而避免行，可以说是对知之优先地位和决定作用的最为充分的说明。当然，如果推论到最早的“不食”“不蹈”，它们还是源于实践经验的总结，只知不行只能在这之后如此。由此出发，人行不善实际在于不知，因而无法阻止其愚蠢的行动。

最后，“真知”体现了知行的统一。程颐认为，明知其不善但仍行不善的情况也是存在的，不过在他看来，此“知”绝非真知。他说：

> 常见一田夫，曾被虎伤，有人说虎伤人，众莫不惊，独田夫色动异于众。若虎能伤人，虽三尺童子莫不知之，然未尝真知。真知须如田夫乃是。故人知不善而犹为不善，是亦未尝真知。若真知，决不为矣。（《河南程氏遗书》卷二上）

从程颐为论证“真知”所举田夫被虎伤方知“虎伤人”之例来看，“真知”显然在被伤之“行”后，如此则已是行在知先了。当然程颐并未引出这样的结论，他着重谈的是真知必立足于行，不行则不足谓真知。结合知不善但为不善来说，实际如果只有从（真）知到行这知行活动的后半段，即没有真知（不善），那么照样为不善。反过来，“若真知，决不为矣”。由此更能凸显真知对行的指导意义。他又举贵公子与野人对“脍炙”的认识之例说：

> 且如脍炙，贵公子与野人莫不皆知其美，然贵人闻著便有欲嗜脍炙之色，野人则不然。学者须是真知，才知得是，便泰然行将去也。（同上书，卷十八）

贵公子由于有先前品尝脍炙的经验知识（真知）为底蕴，故对于脍炙之期待和体验便与无知之野人不同。程颐强调的仍是真知对于行的决定性意义。如有真知，便必然会循真知而实践。

程颐对真知的注重，其实已超出了一般地强调“才知得是，便泰然行将去”的真知对行的指导，因为其中已体现出他的知行统一思想。事实上，如果只从“贵人闻著便有欲嗜脍炙之色”即闻味便有色来说，显然已具有知行合一的意义，真知与行是相互发明的。当然，程颐的重点在于反对片面强调力行，认为这只是无知的表现。知行虽分先后但又是统一的过程，知必然导向行，能知必然能行。

知先行后虽然是宋代流行的观点，但不同学者又对它多有修正，认识到先后并不是一个截然凝固的次序，知行双方是相须互补的关系。佛教先前以车双轮、鸟两翼来比喻知行不二，对理学形成知行相须的观点影响很大，后来的道学、性学等派事实都是这一主张的继承者。

四、天理人欲

天理与人欲这对范畴产生很早。先秦时期，《礼记·乐记》篇中就已有明确的揭示。天理就是至善，是人必须努力追求并用以自律的普遍道德原则，人欲则是个体为保持生命存在和延续而产生的物质生活欲求，二者往往处于矛盾状态。《乐记》作者便认为，人若在内不能节制自己的好恶情感，在外被物欲引诱而不能自持其身，就会绝灭天理而穷奢极欲，故提出好恶是否有节和能否反躬自省作为判断天理与人欲的标准。北宋理学兴起，讨论理欲关系的天理人欲之辨一跃成为宋明理学价值观的中心议题。后来占据主导地位的存理灭欲思想正是从二程开始的。

天理在二程这里是人之为人的最根本的规定，集中体现了人的本质。二程认为：

人之所以为人者，以有天理也。天理之不存，则与禽兽何异矣！（《河南程氏粹言·人物篇》）

仁，理也；人，物也。以仁合在人身言之，乃是人之道也。（《河南程氏外书》卷六）

天理、人道、仁义这些同一的范畴，在二程这里是标志人之为人的本质规定，与孟子当年以“人之所以异于禽兽者几希”而标示的人的内在仁义本质实质上完全一样。但区别于孟子的是，人的内在仁义在二程这里已上升为天理，变成普遍必然的原则。

如此的普遍必然体现了人高于物的最根本的价值标准。人能存天理，便与禽兽从根本上区别开来了。这样的道理，从孟子的时代以来，似乎并不难懂，可为什么人又容易混同于物？那就是人在“奉养”上索取不当，导致了人“流于”禽兽的结果。程颐说：

凡人欲之过者，皆本于奉养，其流之远，则为害矣。先王制其本者，天理也；后人流于末者，人欲也。“损”之义，损人欲以复天理而已。（《周易程氏传·损》）

“人欲”一词在二程这里尚不是绝对否定的概念，否定者乃其“过”也。“过”在于追逐“奉养”过头，从而混同于禽兽。有鉴于此，先王以天理为本制定礼义，规范人心，但世人不是守本而是逐末，是以人欲泛滥。所以，《损》卦之义在程颐看来就是要损人欲而复天理。

天理与人欲对立的结果是要复天理而损人欲，从而使以仁义为核心的人道能够真正树立起来。也正因为如此，二程关注天理人欲问题的重心在于“人欲之过”对天理和仁德的影响，从而导致人之为人的内在价值遭到破坏，那么解决办法就是减损人欲而非禁绝人欲。

天理在二程这里是普遍必然的存在，但这种普遍必然并不是外在于人的纯粹客观性，而是与人的主体意识即道心人心问题密不可分的。二程说：

人心，人欲；道心，天理。（《河南程氏外书》卷二）

人心，私欲，故危殆；道心，天理，故精微。灭私欲则天理明。（《河南程氏遗书》卷二十四）

联系上面的“损”人欲之过来看这两段话，其差别在于，讲人心人欲时并未要求灭欲，而讲人心私欲时则明确要求灭欲。因此，人欲与私欲在二程这里有细微的差别，可以理解为人欲是人的一般物质生活欲求，私欲则专指个体满足自身需求的欲望，所以人欲只能损，私欲才应当灭。那么，后来广泛流行的存天理灭人欲命题在二程这里并不适用，对二程只能讲存天理灭私欲。

二程将天理人欲问题与人心道心问题联系起来了。从人心道心的角度看，人心如果只落在私欲一方并为此追逐不返，便会十分危险。相对于人心，道心是纯然的天理，并不显现于外，以“精微”称之，正是需要人发明、弘扬的。从天理的政治伦理本质来看，存天理是人之为人作为价值主体而存在的根本标志，私欲乃是人修身向善的大敌。

当然，人心对私欲的追逐并非完全无“理”，但若立足点为私，以个体生命价值为首要之考虑和行为的出发点，那天理的普遍价值就难以彰显了。在这里，一个在后来有重大影响的例子是程颐提出的“饿死事极小，失节事极大”的说法。其全文是：

问：“孀妇于理似不可取，如何?”曰：“然。凡取，以配身也。若取失节者以配身，是已失节也。”又问：“或有孤孀贫穷无托者，可再嫁否?”曰：“只是后世怕寒饿死，故有是说。然饿死事极小，失节事极大。”（《河南程氏遗书》卷二十二下）

这段话的前半段并不太受人们注重，因为程颐是将男女双方放在同等位置谈论的，失节对双方同样适用。问题在于后半段只说女性。怕寒、饿死是讲人的物质生存，维持生命则为人的最大欲求，但从孟子开始，儒家历来把信义的价值看得比生命宝贵。所谓“生亦我所欲也，义亦我所欲也；二者不可得兼，舍生而取义者也。生亦我所欲，所欲有甚于生者，故不为苟得也；死亦我所恶，所恶有甚于死者，故患有所不辟也”（《孟子·告子上》）。“夫妇之道”在儒家看来是一切人伦道德的根本，尽管这个根本有丰富的内涵，但夫妻结合的信义应当是内容之一。现在如果只是因为怕寒、饿死，便背弃了夫妻当年相守的诺言，那么在程颐看来自然是比牺牲生命更为重大的损失。

作为道德理想主义的提倡者和实践者，二程的观点在当时的具体环境下有无存在的合理性，是一个值得讨论的问题。但后来的社会发展将“饿死事极小，失节事极大”拔高到道德审判的原则，寡妇再嫁成为罪恶，这应当不是二程的本意。二程的存理灭欲主要是灭私欲而非灭一般的人欲。南宋朱熹以后，私欲与人欲趋于等同，天理与人欲的对立变得更加绝对化。朱熹虽然不一般地否定人欲，认可生理欲求的必要，道心与人心的对立亦可通过“必使道心常为一身之主，而人心每听命焉”（《中庸章句序》）的道心主导人心的方式实现双方的统一，但天理与人欲的对立却不适用这一原则，所谓“人之一心，天理存，则人欲亡；人欲胜，则天理灭。未有天理人欲夹杂者”（《朱子语类》卷十三）。事实上，正是这一绝对化的存天理灭人欲之说后来成了理学的主流，在中国社会产生了深远影响。

第二节　朱熹

二程洛学的传承最重要的一支在闽地：先是杨时（1053—1135）带洛学入闽，罗从彦（1072—1135）师事杨时又授学给李侗（1093—1163），再由李侗传至朱熹（1130—1200），是为四传。朱熹作为二程的四传弟子，不但将二程学术发扬光大，而且创立了他自己“综罗百代”的体系，成为中国古代社会后期最负盛名的哲学家。

朱熹，字元晦，一字仲晦，号晦庵，祖籍徽州婺源（今属江西）。朱熹出生于闽地的南剑州尤溪（今属福建），又长期在闽地讲学著述，故其学派统称为“闽学”；又因其晚年居住和讲学之地被称为考亭，后人也以“考亭学派”称之。元明以后，濂、洛、关、闽成为理学也是整个中国学术的主流和正统。

朱熹年少时拜“武夷三先生”（籍溪胡宪、白水刘勉之、屏山刘子翚）为师，三十一岁时正式拜李侗为师。朱熹一生，虽早年便登仕途，但实际历职时间不过十年，大半生精力都用在了讲学、著述上。朱熹的著作非常丰富，主要代表作有《四书章句集注》《周易本义》《诗集传》《太极图说解》《通书解》《西铭解》《伊洛渊源录》等。后人集朱熹平时与弟子答问讨论之言，汇编为《朱子语类》一百四十卷；集朱熹所作诗文和杂著汇编为《朱文公文集》（全名《晦庵先生朱文公文集》，亦称《朱子大全》。一百卷，续集十一卷，别集十一卷）。这两部书对于从整体上把握朱熹的思想具有重要的学术价值。朱熹的著作有多个版本问世，今最全者为上海古籍出版社、安徽教育出版社合作出版的《朱子全书》。

一、理气道器

二程哲学的重点在于强调天理的本体地位，朱熹不但继承了二程的理，也吸纳了张载的气，重点讨论了理气关系问题，从而使理本论的体系得以充实、完善。

形而上下说并不直接涉及宇宙生成从本原到现实的过程。但中国哲学家面对对象世界，总是希望找到一个最后的根源，以便使自己的理论体系得以圆满，所以，他们在思考“本体”问题并将其与传统的形而“上下”说相衔接时，总是习惯将存在论的“上下”与宇宙生成论的“先后”问题联系在一起，并通过前者为后者做出论证。朱熹就是一个典型代表。

形而上下说的理论价值，在朱熹这里首先是利用形上之本与形下之具的耦合来解释世界万物生成的缘由。

> 天地之间，有理有气，理也者，形而上之道也，生物之本也；气也者，形而下之器也，生物之具也。（《朱文公文集·答黄道夫》）
>
> 五行阴阳，七者滚合，便是生物底材料。（《朱子语类》卷九十四）

那么，本体与材料的“上下”耦合就是解释世界存在的一般理论模型。接下来，这种“上下”耦合的模型又是有先后安排的。就是说，在理与气之间存在着时间和逻辑的先后考量。

一方面，理是气化世界和一切具体事物存在的必要前提。有理而后有气，这就如同有种子才能生出草木一样。种子先于草木，未有物也就先有物之理。

> 有是理后生是气，自“一阴一阳之谓道”推来。（同上书，卷一）
>
> 有是理，方有这物事。如草木有个种子，方生出草木。（同上书，卷十三）

理在时间上的先在性对朱熹建构理本论的体系是必不可少的，否则，不足以解释气化世界的生生不息和有序流行。这就好像没有种子，如何能生出草木，种子在时间上必须先在于草木一样。至于从“一阴一阳之谓道”推来，是说道虽然通过阴阳的对立、变化来展现自己的存在，但正是因为先有了道作为原因、根据，才有表现道的存在的阴阳运动。推广开来，天地万物之所以生生不息，毁灭又再生，就是因为作为生成原因的理常在。

另一方面，所谓理先气后，又着重是一种逻辑的设定，因为“上下”的结构在朱熹这里就意味着理论上的先后次序。

> 未有天地之先，毕竟也只是理。有此理，便有此天地；若无此理，便亦无天

> 地，无人无物，都无该载了！有理，便有气流行，发育万物。(《朱子语类》卷一)
>
> 理未尝离乎气。然理形而上者，气形而下者。自形而上下言，岂无先后！理无形，气便粗，有渣滓。(同上)

作为理本论的宇宙观是一定要强调理的先在性的，不然，便难以揭示气化世界的生育流行。但显然，此种先在性主要是基于理论的必要，而非时间的现实。当然，朱熹在这里也借用了上在下先、无在有先的思维定式，肯定精微无形之理必然先在于有形粗糙之气。张载的“太虚”说其实已言明，无形者永恒不动，气化渣滓只是暂时。

但是，朱熹此语同时也暗示，如果不是专门考究“上”和“下”的问题，而是着眼于现实的气化世界，则理气双方又无所谓先后。所以，他力戒弟子不要将理先气后的规定绝对化和普遍化：

> 或问：“必有是理，然后有是气，如何?”曰：“此本无先后之可言。然必欲推其所从来，则须说先有是理。然理又非别为一物，即存乎是气之中；无是气，则是理亦无挂搭处。”(同上)
>
> 以本体言之，则有是理，然后有是气，而理之所以行，又必因气以为质也。(《四书或问·孟子或问》)

“本体”范畴在朱熹这里指与流动变化的形而下世界相对应的形而上的真实本性。它无形迹、无情意，不可感知，但作为事物变化的原因、根据又无处不在。因而，如果一定要推究气化世界最初的根源，理本体的先在性就是必需的。但气化世界一旦生成，理气之间便是相互依赖的，理只能生存于气化世界之中，理的运作必然依于气而行，故无气亦无理。

其实，形上之本与形下之具的结构本来也说明，若没有“具”则本已不成其为本。合起来，就是从“本体”看是理先气后，从现实看则是理气不分先后。如此一种理本论结构，最简单的概括就是，“既有理，便有气；既有气，则理又在乎气之中”(《朱子语类》卷九十四)。理生气又寓于气之中，便是朱熹理气先后说的基本格局。

理作为“净洁空阔底世界”(同上书，卷一)即形而上的本体，属于隐而不显的存在，它只能通过气化世界的流行才能“显著”出来。理对气的依赖主要有两个方面：一是上文已提及的“无是气，则是理亦无挂搭处”，理在现实世界缺乏立足之处；二是理只能通过气的活动才能为人所认识，从而体现出理对阴阳气化的决定作用。例如：

> 理不可见，因阴阳而后知。理搭在阴阳上，如人跨马相似。(同上书，卷九十四)
>
> 问：“屈伸往来，气也，程子云‘只是理’，何也?”曰：“其所以屈伸往来者，是理必如此。‘一阴一阳之谓道。’阴阳气也，其所以一阴一阳循环而不已者，乃道也。”(同上书，卷九十五)

通过屈伸往来的阴阳变化，人能够由显入微，认识作为屈伸往来之决定者的理。理决定阴阳的变化，就如同人支配马的走动一样。正因为如此，道与阴阳、理与气虽结合在一起而相互依赖，但内在原因与外在表现、支配者与被支配者是必须要区分开来的。所以，他十分赞同友人所说的“气之所聚，理即在焉，然理终为主”（《朱文公文集·答王子合》）。

在这里，阴阳与所以阴阳是理气结合的一种类型，人跨马则是另一种类型。在前者，理气之间是典型的体用不二关系，说理就不能离气，说气则带着理，二者在任何时候都是一个整体，不可分割。又如：“才说太极，便带著阴阳；才说性，便带著气。不带著阴阳与气，太极与性那里收附？然要得分明，又不可不拆开说。”（《朱子语类》卷九十四）就是说，只是因为要说明太极与阴阳不同的性质、地位，才不得不分开说；但概念上的分析绝不意味着现实中的分离，在现实中体用一致，是无法分割的。

然而，在人跨马的这种类型中，理气之间始终是界限分明的关系，二者是凑合在一块的。

> 理在气中，如一个明珠在水里。理在清底气中，如珠在那清底水里面，透底都明；理在浊底气中，如珠在那浊底水里面，外面更不见光明处。（同上书，卷四）

珠与水同他上面讲人和马结合而构成的形而“上下”的关系一样，说明理气双方的联系不是内在性的有机整合，而是外在性的机械“凑泊”。对于此种关系，朱熹有一个系统说明：

> 所谓理与气，此决是二物。但在物上看，则二物浑沦，不可分开各在一处，然不害二物之各为一物也。若在理上看，则虽未有物，而已有物之理。然亦但有其理而已，未尝实有是物也。大凡看此等处，须认得分明，又兼始终，方是不错。（《朱文公文集·答刘叔文》）

理与气“决是二物”。对此二物，有从物出发和从理出发这两重看问题的角度。从物出发，目的在解释现实世界，由于无气不有理、无阴阳不有所以然，所以理气浑沦而不可分离。当然，在概念上二者仍然是可以分析的。从理出发，目的在辨认宇宙的根源和形而上的本体，这就必须坚守理的先在性。当然，理此时实为独立存在，故只有一而无二也。所以，看待理气关系必须全面：理与气既要“认得分明”，“决是二物”；又要“兼始终”，从理生气到理气浑沦是一个前后衔接而顺序流行的整体。

但比较而言，朱熹更强调理上看而不是物上看，他非常注意理与气之间的分界。不仅对天地宇宙要如此看，就是人之一身，理气、性形也必须区分开来：“是以人物之生，必禀此理，然后有性；必禀此气，然后有形。其性其形，虽不外乎一身，然其道器之间，分际甚明，不可乱也。”（《朱文公文集·答黄道夫》）理气“二物”的观点在朱熹这里具有普遍意义，从天地宇宙到人身人世，莫不如此，这是朱熹理本论坚持理的至上地位的必然结果。“此义理之原，学者不可不察”（同上）也。朱熹如此分理气为二，成为后来王守仁心学反对朱熹道学的一个重要理由。

此外，还有动静问题。理动还是不动的问题渊源于朱熹关于太极与阴阳动静关系的解释。朱熹注周敦颐《太极图说》，将周敦颐的太极动静而生阴阳之说发挥为“太极之有动静，是天命之流行也”，“盖太极者，本然之妙也；动静者，所乘之机也”（《太极图说解》），等等。那么，太极在这里就是自身能够活动的范畴。然在《朱子语类》所记载的朱熹和弟子对此的讨论中，朱熹除了数次重申类似的言说外，还有一段后来引起争议的话：

> 太极理也，动静气也，气行则理亦行，二者常相依而未尝相离也。太极犹人，动静犹马，马所以载人，人所以乘马，马之一出一入，人亦与之一出一入。盖一动一静，而太极之妙未尝不在焉。(《朱子语类》卷九十四)

在这段话中，太极动静也就是理气关系。朱熹用过“人马之喻”多次，目的在于辅助说明理气“在物上看”是一个整体，马之出入就是人之出入，反之，人之出入也是马之出入。理虽不可见，但作为所以阴阳者，能够（事实上也正是）通过阴阳动静来表现自己的活动的。因此，人马的一动一静是不能分割的，这也正是朱熹强调“二者常相依而未尝相离”的用意之所在。

《朱子语类》这段话对于《太极图说解》的思想有进一步阐释之效，二者之间并不存在互相矛盾的问题。然而，两百多年以后，明代初年继承朱熹学术的曹端对此却提出了质疑而作《辨戾》，批评《朱子语类》中的相关记载。

> 及观《语录》，却谓“太极不会自动静，乘阴阳之动静而动静”耳，遂谓“理之乘气犹人之乘马，马之一出一入，而人亦与之一出一入”，以喻气之一动一静，而理亦与之一动一静。若然，则人为死人，而不足以为万物之灵，理为死理，而不足以为万化之原，理何足尚而人何足贵哉？今使活人乘马，则其出入、行止、疾徐，一由乎人驭之何如耳。活理亦然。(《太极图说述解·辨戾》)

曹端肯定朱熹《太极图说解》所说的太极是动的，指斥《朱子语类》中有关太极不会自动静之说歪曲了朱熹的思想，提出了后来颇有影响的“死人乘活马”的诘难。但不知何故，他引用了朱熹关于理气、人马之一出一入、一动一静的比喻，却忽略了同一段话中朱熹谓理气“常相依而未尝相离”所提供的至关紧要的信息。道理很简单，“相依”（而且是“常相依”）只能是人与马双方互动的产物。设想一下，如果是“死人乘活马”，那么人就不可能驾驭马，马又怎能“常依”于人，甚至连“常乘”于马都不可能！

因此，综合来看，朱熹既然要表述人随马之动静而动静的思想，那么人是活人本来就不应成为问题。他之比喻的用意不过是想说，内在的原因、根据只有通过外在的现实气化、形而上只有寓于形而下，才能得以显现并为人所知。而且，理乘气、人乘马之一出一入、一动一静，显示双方的互动完全协调，中间没有任何的扞格或冲突，这也正是朱熹所要强调的“太极之妙”的妙处之所在。理或太极的主动性和活动性是十分明确的。这在他与弟子就张栻所持的相反观点的商讨中也可以看得很清楚：

> 问：“动静，是太极动静，是阴阳动静？”曰：“是理动静。”问：“如此，则太极有模样？”曰：“无。”问：“南轩云‘太极之体至静’，如何？”曰：“不是。”问：“又云‘所谓至静者，贯乎已发未发而言’，如何？”曰：“如此，则却成一不正当尖斜太极！”(《朱子语类》卷九十四)

显然，一方面，仅就动静而言，朱熹坚持了理之动静的原则。太极作为道体，净洁空阔而无模样，所以只能通过有模样的气化流行来表现自身。另一方面，就太极活动与否而言，朱熹通过对太极之体不活动性的否定，从反面确认了理之活动的品性。要想不成

“不正当尖斜太极”，就必须以活动性和主动性作为基本的规定。

其实，在一般意义上，本体之静与动都是必要的，静指本体的先天未发，其存在的价值在于保证本体的纯粹性质，更为人生修养提供了理想的至善境界，所以老子讲“归根曰静”，儒家亦称“人生而静，天之性也”；动则为生动活泼的现实世界提供永恒的动力，如果本体不具有活动的性能，在排除了造物者之后，现实万物的生生流行又从哪里获得最初的推动呢？正因为如此，放之于宇宙的生育流行，道体的创生活动性是非常明显的。朱熹感知到“道之流行发现于天地之间，无所不在”（《四书或问·中庸或问》），鸢飞鱼跃，人伦日用，无不是道之流行。道体在这里即是创生的实体，流注作用不已，并体现在世间万物的生育流行之中：“道不可见，因从那上流出来。……如水之流而不息，便见得道体之自然。”（《朱子语类》卷三十六）从水流不息之“模样”，可以见得道体或太极之自然，不可见之道或理在川流不息的宇宙过程中体现出自身的存在价值。可以说，朱熹理本论的前提是“理生气”，尽管他始终没有也不可能讲清楚理如何产生气，但既然要“生”，不可能静止不动就是无疑的。

二、理一分殊

程颐在概括张载《西铭》的主旨时提出了“理一分殊”命题。张载《西铭》依据气性一源的本体论基础，构建了“爱必兼爱”的新的仁爱观，并提出了在哲学史上影响深远的“民胞物与”说。但张载将自己的普遍之爱概括为兼爱，却引起了杨时的质疑，杨时觉得只讲体而不及用会与墨家的兼爱相混。程颐为此专门写了有名的《答杨时论西铭书》，来阐明“《西铭》明理一而分殊，墨氏则二本而无分”。《西铭》的民胞物与与墨子兼爱的区别，关键不在于理一而在于分殊：墨子讲普遍之爱不错，因为公天下只有一个仁理，但墨子不讲人际差别，普遍之爱面对社会的现实无法落实，从而导致“爱无差等，施由亲始”的“二本”窘境；程颐概括张载的兼爱为“理一分殊”，一方面继承了孟子以后重视爱有等差的仁爱传统，另一方面则继承了从墨子到张载的普遍之爱思想，正面肯定了兼爱的价值，双方在“万理归于一理”（《河南程氏遗书》卷十八）的基础上统一了起来。

朱熹接过了“理一分殊”思想，但却将来源上溯到先秦儒学，认为孔子告曾子之“吾道一以贯之”和曾子领会的“忠恕”就是典型的发明。

> 若曾子元不曾理会得万殊之理，则所谓“一贯”者，贯个什么？盖曾子知万事各有一理，而未知万理本乎一理，故圣人指以语之。曾子是以言下有得，发出“忠恕”二字，太煞分明。（《朱子语类》卷二十七）

按朱熹的推断，曾子已能知晓分殊各别的具体事物之理，所缺乏者在于不能将差别万殊之理统一起来，由万理返归到一理，故孔子有针对性地予以指言，曾子则能言下有悟，以“忠恕”回应孔子的“吾道一以贯之”。那么，理一分殊的要旨就是，在理会万事万物之理的前提下，最终概括出将万事万理总合起来的本体之一理。这刚好就体现在“忠恕”二字上。所谓“忠者，一理也，恕便是条贯，万殊皆自此出来。虽万殊，却只一理，所谓贯也”（同上）。比方，人伦日用之理分殊各别，如君臣之义、父子之亲、兄弟之和、夫妇之别等，但这殊别又能够“一贯”起来，原因即在于它们出于同一个“忠”

心。可以说，自先秦孟子讲“五伦”和爱有差等以来，理一分殊的架构最恰当地揭示了儒家伦理的这种统一性与多样性的复杂关系。

朱熹注重从伦理纲常的意义上讲理一分殊，这确实也是理一分殊理论的重心之所在。他在《读大纪》中读出了“宇宙之间，一理而已”，此理“其张之为三纲，其纪之为五常，盖皆此理之流行，无所适而不在”（《朱文公文集·读大纪》）。“一理”是从三纲五常的分殊中概括出来并落实下去的。三纲五常作为最根本的政治伦理原则和道德规范，构成了天理的核心价值，天理的普遍必然性是为三纲五常原则和规范的落实做论证的。那么，现象世界的任何存在都没有背弃和违反纲常天理的理由，因为它们本来就是“一贯”天理在差别万殊的人伦日用中的具体落实。

不过，由于“理一”不能凭空获得，只能从“分殊”的现实中去归纳，所以从李侗到朱熹又多言分殊：“盖能于分殊中事事物物，头头项项，理会得其当然，然后方知理本一贯。”（《朱子语类》卷二十七）这在朱熹这里是通过格物穷理的实践而来。如果不是如此，“若概以理一而不察乎其分之殊，此学者所以流于疑似乱真之说而不自知也”（《朱文公文集·延平先生李公行状》）。所谓“疑似乱真”，就是混同于佛老，三教都讲博爱，在“理一”方面便难以区分，所以朱熹要更多地强调分殊。而且，理一在他这里属于目的和结果，分殊却是发端，本体需要从工夫中来。

> 圣人未尝言理一，多只言分殊。盖能于分殊中事事物物、头头项项，理会得其当然，然后方知理本一贯。不知万殊各有一理，而徒言理一，不知理一在何处。圣人千言万语教人，学者终身从事，只是理会这个。（《朱子语类》卷二十七）

“理本一贯”是从分殊之事事物物中概括出来的，想走捷径直通本体是不可能的。曾子之所以能明白孔子的“一贯”，是因为有曾子自己理会万殊之理的基础，此乃圣人教人和学者终身从事的根本症结。

由此，“理一分殊”虽概括于伦理观，但因其命题的普遍适应性在朱熹这里已被推广为一般的理论构造方法。从形式的层面说，“理一分殊”与通常所谓的整体与部分、一般与个别、同一与差别等对偶范畴有相近的一面，但又不能等同。因为在理一分殊的结构中，任何个体所含之理都不是一般天理的个别、片面，而是天理的全体，是一个统一完整的天理。周敦颐当年在描述宇宙生成的过程时提出了“一实万分，万一各正”的观点，这可以说是宇宙论上的理一分殊说。朱熹对此进行了发挥：

> 周子谓：“五殊二实，二本则一。一实万分，万一各正，小大有定。”自下推而上去，五行只是二气，二气又只是一理。自上推而下来，只是此一个理，万物分之以为体，万物之中又各有一理。（同上书，卷九十四）

朱熹认为，周敦颐之言可以从万物到一实的“推而上”和一实到万物的“推而下”两个方面来理解。“推而上”的由万归一，解决的是从杂多的事物、现象中追溯其共同源头即“理一”的问题；“推而下”的从一至万，解决的是唯一的理本体如何产生并进而存在于杂多的事物、现象之中即“理万”的问题。朱熹还将《乾·彖传》的“乾道变化，各正性命”引了进来，认为天道（乾道）生生，万物各得其相符之性命（理）以自立，讲的正是理一分殊。如此一种“上下”“一万”相互推演的结构，就如同一粒谷种同它所衍生的千百粒稻谷的关系一样，尽管生生不已，但“初间只是这一粒分去。物物各有理，总只是一个理”（《朱子语类》卷九十四）。一句话，“‘一实万分，万一各正’，便是‘理一分殊’处”（同上）。

宇宙的生成过程是理一分殊，儒家的理论概括自然要遵循这一原则。《中庸》有“小德川流，大德敦化”之语，朱熹认为这便是“理一分殊”模式的现实概括。他说：“小德者，全体之分；大德者，万殊之本。川流者，如川之流，脉络分明而往不息也。敦化者，敦厚其化，根本盛大而出无穷也。”（《中庸章句》）就是说，脉络分明的不息川流是讲分殊，根本盛大的敦厚讲的就是理一。所以，要从小德川流入手概括出大德之全体。如果不能恰当理解“小”与“大”的关系，从分殊中总结出理一，像“礼仪三百，威仪三千”就只不过是许多事，还需要理会它做什么呢？可惜的是，“千五百年间，不知人如何读这个，都似不理会得这道理”（《朱子语类》卷九十四）。

不但需要恰当理解“小”与“大”的关系，对于理一分殊的“分”字也需要恰当把握，因为它与通常所谓的“分割”“分切”或朱熹所说的“割成片去”的分是不同的。在后者，无论对象的内容如何，凡有一物就可以割去一片（半），一分为二也。但理一分殊之分不是“不是割成片去，只如月印万川相似”（同上）。“月印万川”的比喻出自禅宗僧侣玄觉，朱熹亦承认佛教对此问题的认识。按朱熹的解释，在“理一”一方的太极好比天上的月亮，“万物各有禀受”（同上）的太极则好比江湖中的千万个月亮。但“各有禀受”的说法，并不意味着各自割取了天上月亮的一片，这里不存在一分为二似的现实分割，而是万千江湖的每一处所映照的都是天上月亮的完整体现，一月与众月之间是完全等值的，这是理一分殊理论最重要的特点。道理在于，理或太极作为形而上的本体不容有亏欠。从伦理观来说，每个人心中所存有的不是三纲五常的一部分，而是包含整个纲常的完整天理。理一分殊的架构不仅恰当地沟通了天理的唯一性与儒家伦理原则和规范的多样性之间的关系，也为朱熹论证以理为本的理论体系提供了最有效的方法。

三、闻见之知与德性之知

朱熹十分关注人如何求“知”或获取“知识”的问题，这包括了闻见之知与德性之知。但这一问题发端于张载、二程。

张载论人的知识主要是指闻见之知，他并由此看待知识的合内外之道。

> 人谓己有知，由耳目有受也；人之有受，由内外之合也。知合内外于耳目之外，则其知也过人远矣。（《正蒙·大心篇》）
>
> 闻见不足以尽物，然又须要他。耳目不得则是木石，要他便合得内外之道。若不闻不见，又何验？（《张子语录上》）

知识源于耳目闻见即接触外物，但人之“受”并不是被动地接收，而是人心与外物相“合”即加工的结果。闻见固然只能获取有限的经验，不能“尽物”，但没有闻见则如木石一般，人心也不可能发挥任何统合的作用，合内外之道亦无从谈起。在此意义上，可以说经验是知识的来源。不过，什么是“合内外于耳目之外”且远过人的“知”呢？张载语焉不详，后人多以为指超越于耳目闻见之外的德性之知，因其克服了耳目闻见的束缚和局限，又能充分体现德性之知作为“天德良知”（《正蒙·诚明篇》）的良善天性的价值，所以说是在闻见所受之“外”而有知。

张载划分闻见之知与德性之知，肯定了一切通过与物交接而从外获得的知识，包括感性知识和理性知识，都属于闻见之知的范畴，但其中最重要的规定还是德性之知“不萌于见闻”，正所谓“见闻之知，乃物交而知，非德性所知；德性所知，不萌于见闻”（《正蒙·大心篇》）。张载的划分得到二程的充分响应，程颐曰：“闻见之知，非德性之知。物交物则知之，非内也，今之所谓博物多能者是也。德性之知，不假闻见。”（《河南程氏遗书》卷二十五）这说明闻见与德性的知识二分在当时不是孤立的看法。

相对于张载的规定，程颐所述更明白地强调了两点：一是闻见之知物交物的“非内”性质，知识是从外来的，而有“非内”自然也有“内”，后者即属于天赋而不需要借助闻见的德性本体，“德性谓天赋天资，才之美者也”（同上书，卷二上）；二是闻见之知指博物多能那样的由外入内的一般知识，它不限于由闻见而来的直接经验，也包括在此经验基础上理性活动的过程及结果，例如对自然事物的本质和规律等物理方面的认识。当然，德性之知也需要理性，但理性只是德性的证明手段，德性之知的实质是先天必然的道德原则，它不能由闻见之知归纳而来。

程颐在发明自己的格物穷理观时已说明人所格之物既有外物，也包括“内物”即“性分中物”。外物、内物各有其理，格物的目的就是穷理，由“性分中物”穷来的是维系君臣、父子关系的天德良知，由外物穷来的则是水火所以寒热的自然知识。所以，知识的所谓内外，既指来源也包括性质，二者关联起来就是，闻见的自然知识源于外而德性良知本于内，至于“合内外”则显然跟双方有关，并跟“诚明”问题关联了起来。“自其外者学之，而得于内者，谓之明。自其内者得之，而兼于外者，谓之诚。诚与明一也。”（同上书，卷二十五）《中庸》中的明诚互动关系用在这里，说明德性之知也存在兼合内外的问题，只是“合”在这里不是指合而后才有知，而是指内在德性外化为德行实践，使内外之善一贯充实的过程；闻见之知的合内外则不同，它是实在的外物进入内心的结果，科学知识就是在此基础上产生的。

那么，坚守德性之知不萌于闻见的道理在何处？最直接的一点就是维护德性（仁义）的先天必然。在此视域下，若接受德性源于经验，则“天生德于予”“天命之谓性”的性理学基石便会动摇，人之道德实践便可能缺乏内在动力或不具有充分理由，与此相应，“善”亦会变成没有多少说服力的习俗说教。在实际论证中，坚守仁义或善的先天必然与设定德性之知不萌于闻见，就成为一个互相发明的原则的两面。

继承张载、二程学术的朱熹，在闻见与德性的关系上有自己的看法。在他这里，“合内外”的格物致知活动，既在于增进人对周围世界的了解，也在于提高人的道德境界，故闻见与德性都为人所需要，双方不应被截然割裂。那么，朱熹又是如何论证的？这需要先从格物致知的活动开始。

首先，人与对象或心与物的主宾之分是格致活动可能的前提。在这里，作为宾客一方的物，并不限于闻见经验所及的外物，也包括作为意识内容的内物（德性）。程颐的诚明一致其实已内在含有这一观念，朱熹这里则更为明晰。

朱熹在与友人江德功的讨论中，江氏简单地以穷理训释致知，朱熹便不同意，以为

“于主宾之分有所未安”，因为“知者，吾心之知；理者，事物之理。以此知彼，自有主宾之辨，不当以此字训彼字也”（《朱文公文集·答江德功》）。就是说，此方的我心用知觉能力去认知彼方的事物之理，自然就形成了此彼、主宾之辨，二者的区分是不应混淆的。所以，径自以“理”字训“知”字便不妥。当然，从知识求取的最终结果来说，双方又可以统一起来，所谓“格尽物理，则知尽”（《朱子语类》卷十五）也。主宾之辨指向的是双方的相须互动，这正是合内外之功。

> 人之所以为学，心与理而已矣。心虽主乎一身，而其体之虚灵，足以管乎天下之理；理虽散在万物，而其用之微妙，实不外乎一人之心，初不可以内外精粗而论也。（《四书或问·大学或问下》）

心知与物理构成认识活动的主宾双方，心因其虚灵，具备收归、管束天下之理的性能和作用；理作为事物的本质、规律和至善德性，又能通过心的意识活动被体贴和彰显出来。因此，不能执着于内外、主宾之分的前提而将双方分隔开来。“分”是承认认识的可能和条件，“合”才是认识期待的结果。对此，朱熹在《大学章句》中概括为：

> 所谓致知在格物者，言欲致吾之知，在即物而穷其理也。盖人心之灵莫不有知，而天下之物莫不有理，惟于理有未穷，故其知有不尽也。是以大学始教，必使学者即凡天下之物，莫不因其已知之理而益穷之，以求至乎其极，至于用力之久，而一旦豁然贯通焉，则众物之表里精粗无不到，而吾心之全体大用无不明矣。此谓物格，此谓知之至也。

朱熹撰写的这段文字，在确认致知即是格物穷理后，指明认识可能的前提是心物、主宾双方各自的特性：“人心之灵莫不有知”，是出于对人心灵觉的不怀疑而断定它一定能有——占有知（知识）；“天下之物莫不有理”，则是依赖前置经验和当下直观而做出的肯定判断；物理尽管可能是客观实在——仍然是基于既有经验，但作为意识的实在内容，却表现为一个人心不断逼近它的究竟或真相（真理）的过程；最终，在不断逼近中走向“豁然贯通”，物理作为整全的知识被吾心纳入，吾心因为这种究竟知识的纳入而通体明晰，从认识开始时的能够占有知识走向结束时的实际占有知识，而且是充实完满，没有任何的欠缺或不清晰。

在这里，朱熹所设定的致知或认识活动的开始，是现实人之活动的任一横截面，而非整个人类意识的最初始发，即不是从零开始。在此情形下，人认识对象或体贴物理都建立在既有经验（“莫不有知”）的基础上。同时，由于天赋德性确立的道德基石，人心与物理互动的走向是成就完善的圣贤人格，这就要求自然物理的穷究必须与道德伦理的明晰打通。一旦达到这一阶段即“物格”“知至”，人便最终进入了圣贤之域。所谓“《大学》物格、知至处，便是凡圣之关。物未格，知未至，如何杀也是凡人。须是物格、知至，方能循循不已，而入于圣贤之域”（《朱子语类》卷十五）。自然，达不到物格、知至，过不了凡圣关，也就做不得圣贤。

其次，接下来需要解决的问题就是闻见之知能否通向德性。与张载、二程明确断言德性之知不萌于闻见有别，朱熹并不刻意区分“外物”与“内物”，他通常持整体的

“知”的观点，而且往往借自然物理引出德性伦理。这样，实际导致的就是经由格物理来明本心的格物致知道路，后来阳明格竹子之理的问题实际也由于此。换句话说，能否借由把握外在事物的本质和规律这一知识形态，进入内在德性的自我觉醒和彰显，从而打破竹子的自然之理（如生理）与伦理（至善）之理之间的障壁，以养成完善的圣贤人格呢？朱熹的回答是肯定的，因为只有这样才有助于物理与天理的打通，从而实现体贴天理的问学目的。对于朱熹的理论建构和为学工夫来说，体贴天理是一个至关重要的步骤，一旦真切地体贴到天理，人就超越了个体经验而享有普遍必然的知识，所以“真知”的问题就随之而来。

> 闻见之知与德性之知，皆知也。只是要知得到，信得及。如君之仁，子之孝之类，人所共知而多不能尽者，非真知故也。（《朱子语类》卷六十四）

闻见与德性，一是后天经验之知与先天必然之知的关系，二是自然事物之知与道德天理之知的关系，但它们又整体上统属于一个“知”的范畴。朱熹言谈中关心的显然不是区分闻见与德性，而只在乎是不是“真知”。真知是指能真切“知到”“信得”其理，比方君之仁爱百姓、子之孝顺父母，都是要实实在在地落实，知体现于行中。他以为，许多道理人们似乎都知晓，但因不能真切地做到和确信，也就不是真知。朱熹强调真知有“尽”的要求，就是说，只知不行不是真知，只闻见表面而不能穷究内涵即“尽知”，同样不是真知。所谓“致知所以求为真知，真知，是要彻骨都见得透”（同上书，卷十五）。从而，“真”就不仅是质，而且包括量，即“彻骨都见得透”，而非只进入皮肉或骨头表面。朱熹论格物穷理，常常强调不能“穷得三两分”，而是要“穷尽得到十分”（同上书，卷十五），发明的正是这一道理。

同时，“真”明显属于知识的进路和理性的要求，而非属于德性和伦理的要求。朱熹不提倡区分闻见与德性，还因为二者本来存在关联而不应截然分割，所以对学生据张载、二程观点而发之问，他并没有简单地判定孰是孰非。

> 问：“张子所谓‘德性之知不萌于闻见’，是如何？”曰：“此亦只是说心中自晓会得后，又信得及耳。”（同上书，卷二十八）
>
> 问：“闻见之知，非德性之知。他便把博物多能作闻见之知。若如学者穷理，岂不由此至德性之知？”曰：“自有不由闻见而知者。”（同上书，卷九十九）
>
> 问横渠“耳目知，德性知”。曰：“便是差了。虽在闻见，亦同此理。不知他资质如此，何故如此差！”（同上书，卷九十九）

就以上前两条而论，闻见是可以通向理的，此理实际包容了博物多能类的自然事物之理与归属于德性的道德天理。朱熹承认有不由于闻见的知的存在，但又并不肯定德性之知不萌于闻见的绝对化观点，而是尽量折中其说。第一条的“只是说心中自晓”云云，明显是限制性的表述，因为心中自然明白，无论顿悟还是直观，都未否定其材料可能源于闻见；结合第二条的“自有不由闻见而知者”，作为一特称判断，它与“自有由闻见而知者”完全可以共存。至于第三条，学生问话过于简略，朱熹回答亦不甚详尽。大致是学生想知道张载将“知”划分为耳目与德性的理由及恰当性，朱熹显然不认可对双方的割裂，强调闻见并不与德性相悖，二者的目的均在于明理，并发出了张载如此杰出的资质，何以会对“知”做出如此不恰当的规定的感叹。

当然，闻见如何关联德性，外物与内心究竟如何打通，朱熹并没有讲清楚，但他显然意识到了这一问题，也企图予以解决。他提出的方案是，借助于格物穷理而来的对人的本心即内在德性的“警觉”，即他所谓的“唤醒”工夫。

> 人之本心不明，一如睡人都昏了，不知有此身。须是唤醒，方知。恰如磕睡，强自唤醒，唤之不已，终会醒。某看来，大要工夫只在唤醒上。然如此等处，须是体验教自分明。
>
> 人有此心，便知有此身。人昏昧不知有此心，便如人困睡不知有此身。人虽困睡，得人唤觉，则此身自在。心亦如此，方其昏蔽，得人警觉，则此心便在这里。（《朱子语类》卷十二）

朱熹的“本心”是“全德”，也就是天理（《论语集注·颜渊》），如此道德天理既然心中纯全，理论上就不需要外在物理来填充，即非如黄宗羲所概括的“全靠外来闻见以填补其灵明”（《明儒学案·姚江学案》）。那么，外物（经由闻见）对本心德性的作用就不是直接提供经验材料，而是这种由经验材料上升为理性的格物穷理过程，或曰对象性活动本身对天赋德性的触发。这一过程并不容易，尽管“此身”“此心”本在，然人困睡昏蔽而不能觉知，所以需要“强自”唤之的外力和持续不已的工夫——这些都统归于格物活动，才能使人觉醒。如此的“唤醒”工夫，既不离闻见，又超越于闻见，它保留了天赋德性的必然性质，又容纳了闻见的经验活动及对德性的唤醒，从而将闻见与德性贯通起来。

四、性即理

朱熹哲学以理为本，但他的理本论体系的建立与如何规定和“安顿”性的范畴密不可分，“性即理”的观点成为朱熹哲学也是整个程朱道学最突出的标识。

程颐曾讲：“性即理也，所谓理，性是也。天下之理，原其所自，未有不善。”（《河南程氏遗书》卷二十二上）在理本论的框架下，性即理可以简单地理解为人性即天理，善的普遍天理通过人性的确立而得以具体实现。因此，理本论与人性论得以打通，解决了儒家性善论长期以来缺乏本体论基础而立论不稳的问题。所以，朱熹称赞：“程先生论性，只云‘性即理也’，岂不是见得明？是真有功于圣门！”（《朱子语类》卷九十五）

朱熹认为，天理在人身的存在是与生俱生的，理气和合而生人物。

> 性，即理也。天以阴阳五行化生万物，气以成形，而理亦赋焉，犹命令也。于是人物之生，因各得其所赋之理，以为健顺五常之德，所谓性也。（《中庸章句》）

理构成性而气聚为形，朱熹将《中庸》“天命之谓性”和二程“性即理”的思想结合了起来，认为在天通过阴阳五行之气产生人物形体的同时，理亦被命于其中，人们能够生存，实有赖于天赋之理构成其性。人之性善正是天理流行和作用于人生的结果。仁义五常在人的先天性，既保证了善的形上根据，又从根本上提供了人通过自觉的道德锻炼以实现天理的可能。

因此，“性即理”说之所以必要，就在于性、理都是为善准备理论基础的。所谓“性即天理，未有不善者也”（《孟子集注》）。性与善的关系，传统儒家只在人性论范围内探讨，宋代新儒家则将这一问题引入了本体论领域。这也正是朱熹性理学说要维护的核心“道理”。所谓“性只是一个至善‘道理’，万善总名”（《朱子语类》卷一百零一）也。性是万善总名，也就是理之总名，故而仁义礼智的客观性和必然性得以说明：“性是理之总名，仁义礼智，皆性中一理之名。”（同上书，卷五）朱熹的“道理”思辨需要“性即理”的支持，性理关系是朱熹理论体系中最根本的关系之一。当然，道理、性理又都存在于气化流行之中，故而又有性一于气、性为大本和性即理等不同学派的走向。

第十九章

湖湘性学

两宋之际，湖湘学一派最先推动相对沉寂的理学走向繁荣，宋代哲学迎来了一个新的发展时期。

二程之后，洛学由“道南”而广播。《宋史·杨时传》载：“[杨时]以师礼见颢于颍昌，相得甚欢。其归也，颢目送之曰：‘吾道南矣。’”后人遂将由二程兄弟开创并经杨时传承而下的学派，总称为“道南”学派。随着学术兴趣的差异和理论走向的不同，逐步形成闽学和湖湘学两系。道南学派的承前启后，杨时、罗从彦、胡安国、胡宏等都是重要人物，而二程著作的搜集、《春秋》《中庸》等儒学经典的研究与心性思辨的展开，则成为两系学者相互交流的直接纽带。从罗从彦到李侗的“静中体认未发”思想，对道南学派的承传及闽学与湖湘学双方在未发已发问题上的交流切磋影响深远；而从胡安国到胡宏、张栻的湖湘学术群体的兴起及胡宏以性为本的性学思想体系的形成，则意味着以道南学派为代表的理学发展过渡期的结束和新的高潮的到来。

作为宋代的著名学派，湖湘学成果甚丰，胡安国的《春秋传》，胡寅的《崇正辩》《读史管见》，胡宏的《知言》《皇王大纪》，张栻的《易说》《论语解》《孟子说》，以及各自的文集等，是其中的主要代表。目前除《皇王大纪》外，其他著作已分别由中华书局和岳麓书社编辑出版。

第一节 胡宏

胡宏（1106—1162），字仁仲，因后半生长期在衡山五峰下居住和讲学，学者称“五峰先生”。胡宏不但深受其父胡安国影响，还从学杨时、侯仲良，是二程的再传弟子。胡宏与其父、兄（胡寅）一起创立了湖湘学派。在理学史上，胡宏首先将周敦颐、邵雍、张载和二程等“五子”总括为一个学术群体，并以周敦颐为“道学”之“发端”，直接影响了后来理学学术道统的认定。

一、善恶不足以言性

胡宏哲学以性为本，故他创立的新的思想体系被称为性学。性学的创立，需要定义性范畴的地位，处理好性与理的关系。对此，胡宏是以“万理具于性”的“理即性”模式来进行建构的。

> 大哉性乎！万理具焉，天地由此而立矣。世儒之言性者，类指一理而言之尔，未有见天命之全体者也。万物皆性所有也。（《知言·一气》）

“万物皆性所有”，作为胡宏的典型语言，与先前张载的“性者万物之一源”和二程的“性外无物”无疑具有前后的联系，然而性学终究又不能还原到气学或道学。

张载讲“性者万物之一源”，只是说明性为万物共具，其结构是按虚性内在于实气的模式建立起来的，并非以性为最高范畴和哲学本体，而且张载的性气结构也没有从天地性命全体的意义上进行整合。他的以气为本，虽说太虚即气，但作为“本体”的太虚只能解释无形，而无法直接说明气学体系的“全体”。

二程虽然讲“性外无物”，但性范畴的重心还是人性自身，理才是整个宇宙的普遍和一般。不同个体所禀之性均源于同一天理本体，“性即理”也。胡宏性学虽然源于程氏一脉，但他明显不赞同这一立场。他针对将性个别化为具体之理而非“全体”所提出的批评，同时也是为他“万理”“万物”都具于性的构架做论证的。

性学的创立所面临的不仅是性与理的关系，还有性与气（物）的问题。胡宏对此提出了“非性无物，非气无形。性，其气之本乎”（《知言·事物》）的重要观点。在性、气、形、物所组成的结构中，物泛指成形之气，气是形的基础，性则是最后的根据，是气的本体。性为气之本，与他“性立天下之有”（同上）的基本观点是互相呼应的。

性学理论体系的构造，参照胡宏给其外甥的题词中所称“一见天地之全、古人之大体，庶几学有成立”（《胡宏集·题大学》）的要求，特色在于抓住了天命“全体”和古人为学之“大体”。这种“全体”“大体”意识可以说是湖湘性学“学成有立”的最重要的标志。这一标志的意义在于，最终使“理学”与作为其对立面的“世儒”和佛老之学区别开来。传统儒学沉溺于章句、寥落斯文而不能提举出儒学的“大体”，佛老之学则违背纲常、别谈精妙而割裂性命之“全体”。胡宏要坚守以“性命理”为旗帜的“儒门大业”，它们二者就都成为必须要超越的对象。在理学学术已经兴起的情况下，只有强化“全体”“大体”意识，才能使以性为本的思想不但成为性学一系的理论基石，而且成为会通理、气、心各家而构成整体理学的中介和枢纽。因此，胡宏讲性命的“全体”，就总是与抓“大体”的思维相互发明的。

> 列圣诸经，千言万语，必有大体，必有要妙。……君若不在于的，苟欲玩其辞而已，是谓口耳之学，曾何足云！（《知言·大学》）

圣贤千言万语，关键在于天命全体，而全体中又有大体、有要妙，这在胡宏这里就是超越习于辞章的狭隘口耳之学，抓住具有最大普遍必然性的性范畴，从而确立起性作为哲学本体和最高范畴的地位。

胡宏以为，性作为形而上的本体，它与形而下的具体气物的关系是一种“性一分殊”的结构，与前述“理一分殊”在结构上是相似的。

> 形而在上者谓之性，形而在下者谓之物。性有大体，人尽之矣。一人之性，万物备之矣。论其体，则浑沦乎天地，博浃于万物，虽圣人，无得而名焉；论其生，则散而万殊，善恶吉凶百行俱载，不可掩遏。论至于是，则知物有定性，而性无定体矣。（《释疑孟·辨》）

由于性体是形而上，所以圣人亦不能给它以确定的称谓；然而，性体通过其所作用的万事万物、善恶百行的生成、变化，又无处不在地显示着自身的存在。那么，性物关系的奥妙就是，凡物都有自己的确定之性，但性却没有固定不变之体，而是相应表现为不同事物的具体规定性，如火热水寒、父慈子孝等。性一分殊的结构集中解释了性本体与它存在于其中的万事万物的关系。由于性本体“不可掩遏”，所以人们就能从万殊之中充分体验性之“大体”。

正因为如此，抓“大体”的同时也要关注“全体”，二者本来是相互发明的。但人们习惯于抓住一点便自以为是，结果就出了问题。他云：“天命之谓性，流行发见于日用之间。患在学道者未见全体，窥见一斑半点而执认己意，以为至诚之道。如是，如是，欲发而中节，与天地相似也，难矣哉！”（《知言·复义》）天命性体流行有不同的表现，但不能拘泥于日用万殊的具体存在而丢掉了性命全体，一叶障目而不见泰山。《中庸》要求“发而中节”，《易传》强调“与天地相似”，“天地”在这里就是性命全体，“中节”不限于符合具体的礼节，而应当在根本上符合天命这一全体，这才是真正的“至诚”之道，也才是学道者应当具备的素质。

胡宏强调贯彻性本体的“全体”“大体”意识，一方面是利用讲“大体”突出性本体的独立价值，确立起一种新兴的“理即性”的义理间架，从而使他创立的性学区别于既有的气学和道学；另一方面是通过讲“全体”以揭示各派理论之统合，从而又连接起张载与二程的气、理本体，最终构成作为总体的“理学”。那么，以性为本的意义就不仅在于创立性学本身，也在于通过性范畴的枢纽地位总括、融通北宋各家。

胡宏性本论的理论建构，在形式上一方面使“不可得而闻”之性变成了可言可闻，另一方面又容易与人性善恶问题相牵连。要想恰当阐明性范畴的形上本体地位，就需要解释性可否言说的问题，并破除将性与人性善恶捆绑在一起的观念，由此形成了湖湘性学最具特色的“善恶不足以言性”说。

按胡宏的总结，告子当年因不知“天性”而讲“生之谓性”，所以遭到孟子的批评。胡宏总体上维护孟子，但也承认孟子的观点确有“未能从容中道”之处，所以后来才有荀子主张性恶，需要通过“化性起伪”的工夫走向仁义；又有扬雄主张性善恶混，需要通过修其气禀才能使人去恶就善。荀、扬二人主张的一致性在于，他们都认为仁义是可以由后天培养、教化而来的。进入宋代，司马光作《疑孟》而主张扬雄的性善恶混，却不明白本性与善恶的究竟，将形而上的先天同一本性与形而下的后天善恶百行混为一谈，所以胡宏要作《释疑孟》而与之辩。

胡宏不赞成司马光的性说，有针对性地为孟子实乃为他自己的性学进行辩护。所以，胡宏的理论目的不在于论证孟子的“性善”，而在于将性与善相对剥离，发明“善恶不足以言性”，论证湖湘学的以性为本。

从思想渊源来说，宋儒大都推尊自《礼记·乐记》以来的“人生而静”以上事，二程的“‘人生而静’以上不容说，才说性时，便已不是性也”（《河南程氏遗书》卷一）就是典型的代表。意思是，先天本性或性体的本来状态是无法言说的，一旦言之，就已进入后天现实的人性善恶了。理学家的这一思维定式是建立在他们对“性与天道不可得而闻”的本体论诠释和发挥基础之上的，亦符合“本体”概念自身的要求。

由此，对孟子以来儒家的“性善”观念，二程换从赞美性之美好的角度予以解释。也就是说，“善”在二程那里并非意味着实在的德性，而是一种虚指，“以性之善如此，故谓之性善”（同上书，卷二十五），善是作为形容词使用的。二程对“性善”的新解被胡氏父子进一步发挥为“叹美之辞”。《知言疑义》记载：

> 或问性。曰：“性也者，天地之所以立也。”曰：“然则孟轲氏、荀卿氏、扬雄氏之以善恶言性也，非欤？”曰：“性也者，天地鬼神之奥也，善不足以言之，况恶乎？”或者问曰：“何谓也？”曰：“宏闻之先君子曰：‘孟子所以独出诸儒之表者，以其知性也。’宏请曰：‘何谓也？’先君子曰：‘孟子道性善云者，叹美之辞也，不与恶对。’”

性作为“天地之所以立”的根据和哲学本体，从逻辑上可以判定其与善恶的道德评价不在同一层次，而应当是超越善恶的，不然就做不得本体。胡安国肯定孟子“独出诸儒之表”而“知性”，但这里的“知性”者已不是孟子而是胡氏父子。性作为哲学本体，已是最高范畴，除了赞叹其美好外，连圣人也“无得而名焉”。而以性善为“叹美之辞”的架构，就可以解决性体“难名”而又不得不名的问题，即利用“善”的名号去补充“性不容说”之缺失。

但是，湖湘学以性为“叹美之辞”的观点后来遭到朱熹的严厉批评，被斥为佛教的“性无善恶”。因为朱熹始终坚守的是孟子性善的基本原则。在朱熹那里，“若善底非本然之性，却那处得这善来！”（《朱子语类》卷一百零一），这可以说是朱熹反对“叹美之辞”说的最根本的理由。由于“性即理”的基础，朱熹确立天理本体的意义实在于为人生、人世提供最后的价值基础。如果性不是本然为善，至善天理的存在地位就会动摇，人心也会失去最为可靠的道德根基。从而，不但性范畴对人生和社会的价值效用会随之丧失，而且会从根本上瓦解儒家道德教化的可能，所以朱熹始终坚持本性善的立场。

但是，朱熹的立论和批评是基于理本论的立场，与湖相学的原意颇有偏差。因为湖湘学讲善恶不足以言性，是善恶作为后天的道德评价不足以言说先天本性，并不能简单倒过来说性不可言善，因为无论讲“叹美之辞”还是赞美性为“天地鬼神之奥”，本身都可以是对性之“善”的阐发。

在胡宏这里，性与理、善的关系是，性为万理之总体，善则是现实之理的规定和后天的道德评价。换句话说，要强调性的至上性，就有必要通过叹美之辞的手段将性本体与善相对分割，从而构成性无善恶（性无法言善恶）说。结合现实的评价活动来看，善恶评价当然可以言说，但却不应与性本体混为一谈。胡宏认为，圣人与众人的区别关键在于本性的发现有中节不中节或正或邪的不同，由此便有“正者为善，邪者为恶”的评价，但却不应将此评价追溯到本体，故“世儒乃以善恶言性，邈乎辽哉”（《知言疑义》）！“节”属于社会的价值标准，后天人性或中节而正，或不中节而邪，于是善恶的评价施加于其上。若将后天的善恶评价直接用来规定先天本性，则既动摇了性本体的地位，也不了解人的语言能力和范畴系统都有无法跨越的限制。

由此，孟子以来儒家的性善之说，就可以在赞叹性本体的宏大深奥以至无语言可以形容的立场上去理解。在此前提下，与善相应的哲学范畴层次就有二：一是作为“叹美之辞”的善“不与恶对”，只是形容赞叹的虚词，它要表明的是超越善恶而为“天地鬼神之奥”的性体；二是作为后天价值评价标准的善，是与恶相对之善，它要表明的是善恶百行的性相，其与本然之性即哲学本体已经处于不同的理论层次。

湖湘学与闽学的区别，按照朱熹的概括，便是湖湘学的叹美之善（性本体）与善恶相对之善（道德评价）的“二性”说，与闽学的自天理而下基于“性即理”构架的“一性”说的不同。双方虽然都强调性的本然或形上的规定，从而使双方具备了相互联系而共组为统一学派——理学的可能；但分别以性和以理为本，又使双方不得不区分为不同的理论体系。

二、性体心用

胡宏的性本论是在对心性关系的阐发中建立起来的，但心性关系在胡宏这里包括不同的层面，从客观性方面讲是性体心用，这从结构的角度保证了性范畴的根本地位和决定作用。但是，作为胡宏性学基本范畴的性心双方，不是只在客观性的意义上被阐发。心不是被动消极的范畴，而是积极主动并直接担负着性体实现的使命。

性体心用的观点是胡宏在讨论道与万物的关系时提出来的。按照他的比喻，万物能够“著见”，是因为有道作为根源，这就如同子女能够出生，是因为有父母作为根源一样。万物对道的现实证明是客观自然的过程，而并非它们主观上赋予了道什么规定。由此，“有父母则有子矣，有子则有父母矣，此万物之所以著见、道之所以名也。非圣人能明道也，有是道则有是名也。圣人指明其体曰性，指明其用曰心。性不能不动，动则心矣。圣人传心，教天下以仁也”（同上）。道之体曰性，道之用为心，性体既然存在，就必然要活动作用，而心作为活动作用者就是性的现实。这就如同“父母”只能在子女中存在，子女就是父母的现实一样。性体与心用相互发明，互不可缺。

正因为如此，圣人教化天下而传道，就不是传性而是传心。性作为本体实不可传，如同道非圣人而名一样。道既然有体有用，就只能于用中见体，于心中见性。圣人传心正是性体的彰显，它表现于圣人弘扬仁德、教化天下的轨迹之中。

对于此一特定的性体心用的关系，胡宏以为还必须要继续发明：

> “天命之谓性。”性，天下之大本也。尧、舜、禹、汤、文王、仲尼六君子先后相诏，必曰心而不曰性，何也？曰：心也者，知天地，宰万物，以成性者也。六君子，尽心者也，故能立天下之大本。人至于今赖焉。（《知言疑义》）

性作为天下大本，是宇宙的本体，但儒家道统前后传承，圣人间叮嘱的都是“心”而不是“性”，道理就在于性体只能通过心之活动作用去实现和证实。既然如此，心之活动作用就不是被动地表现性，而是主动地实现性，它体现为人的主体意识自觉地“知天地，宰万物”以“成性”。孟子当年讲“尽其心者，知其性也”（《孟子·尽心上》），在胡宏看来，“六君子”正是这样实践的，所以能够挺立起天下之大本，人们至今有赖于他们尽心传心的现身说法。

不过，性虽然不能不动而动发为心，但动毕竟是相对于不动而言的，《礼记·乐记》由静而不动到因物感动的人性，可以关联到《中庸》论心的未发和已发，结合到性体心用，它们表现为一个本体与作用、静与动、未发与已发等诸范畴构成的多层次、多侧面的心性关系综合体。但胡宏的基本观点是，“未发只可言性，已发乃可言心”（《胡宏集·与僧吉甫书三首》）。本静之性是未发，动而发之心为已发。体用虽是相互发明，但概念的区分仍有必要。在文本的层面讨论心性动与不动的问题，除了《礼记·乐记》，还有《中庸》和《易传》。

> 某愚谓方喜怒哀乐未发，冲漠无朕，同此大本，虽庸与圣，无以异也；而无思无为，寂然不动，乃是指“易”而言，“易”则发矣。故无思无为，寂然不动圣人之所独，而非庸人所及也。惟无思无为，寂然不动，故感而遂通天下之故，更不用拟议也。（同上）

《中庸》提出的未发、已发概念，按照胡宏的理解，是未发时圣人庸人同存共享天性“大本”，并无区别。但《中庸》讲“大本”立足于普遍性而未及特殊个别，所以需要《易传》的补充。《易传》之“易”，本来就指已发活动。已发之心的存在状态便有圣人与庸人之别。圣人由于至高的修养境界，能够使心保持在“无思无为，寂然不动”的静态，无须人为用力便能自然与天下万物相感通。

胡宏实际用《易传》的思路修改了《礼记·乐记》的“感物而动”说。“夫圣人尽性，故感物而静，无有远近幽深，遂知来物；众生不能尽性，故感物而动，然后朋从尔思，而不得其正矣。”（同上）《礼记·乐记》讲“感物而动”，其实只是就众生而言，众生受外物的引诱和蛊惑，心躁动不已，而不能保持中正不偏。圣人由于已经“尽性”，故能够“感物而静”，心沉静专一而与物相通。不过，圣人庸人之心的状态虽然有别，但在都属于已发上却是一致的，而不能将此与喜怒哀乐未发的性本身混同起来。

以未发已发论心性，从胡安国、胡宏到张栻，是湖湘学者始终坚守的，而与以朱熹为代表的闽学一系形成对立。双方的分歧集中在，《中庸》的“未发之中”与《易传》的“寂然不动”是同一的范畴还是有差别的存在这一问题上。闽学所持是前者，立足点在心对未发（性）已发（情）的统一；湖湘学所持是后者，故以未发之中为性，寂然不动为心。

胡宏肯定心性“义各不同”（《胡宏集·与僧吉甫书三首》）而要求区分心性，但这并不意味着二者的割裂。事实上，区分是为了更好的统一。他在论及心性的不同含义时说：“寂然不动感而遂通天下之故，与未发已发不同。体用一源，不于已发未发而分也。宜深思之。”（《胡宏集·与彪德美》）也就是说，一方面，“不动”与“感通”是心自身的阶段之分，未发、已发是性心之分，二者不属于同一层次，不应混同；另一方面，在性心双方，讲未发、已发在逻辑上有“先后”之别，但从体用的角度又不能把它们分割为二。心的不动和感通作为性体的活动作用，本身就是性之存在的现实证明。没有心之用，就没有性之体，双方表现为由体达用的统一。

第二节 张栻

张栻（1133—1180），字敬夫，号南轩，与朱熹、吕祖谦三人在当时被推为“东南三贤”。张栻是胡宏的学生，出道甚早，是胡宏之后湖湘学派的领袖。由于他的学术贡献和个人魅力，“湖南一派在当时为最盛”（黄宗羲语）。

一、道器不离

自《周易》提出“形而上者谓之道，形而下者谓之器”以来，道器关系一直是中国哲学本体论的基本论域。引起湖湘学者兴趣的是程颢所讲的“阴阳亦形而下者也，而曰道者，惟此语截得上下最分明，元来只此是道，要在人默而识之也”（《河南程氏遗书》卷十一）。胡宏对此有过思考，并启发弟子自己去“通贯”阴阳与道的关系。但他自己的观点没有明说，他的基本立场是“道不能无物而自道，物不能无道而自物。道之有物，犹风之有动，犹水之有流也，夫孰能间之?”（《知言·修身》）道与物（阴阳）是相依互发、一体共存的关系，不能简单地将阴阳限定于形而下。

张栻继承并进一步推进了胡宏的思想，着重突出了“形”在形而上下论中的地位。

> 道不离形，特形而上者也；器异于道，以形而下者也。试以天地论之：阴阳者，形而上者也，至于穹窿磅礴者，乃形而下者欤？离形以求道，则失之恍惚，不可为象，此老庄所谓道也，非《易》之所谓道也。《易》之论道器，特以一形上下而言之也。然道虽非器，礼乐刑赏，是治天下之道也。礼虽非玉帛，而礼不可以虚拘；乐虽非钟鼓，而乐不可以徒作。刑本遏恶也。（《南轩易说》卷一）

张栻的这一长段论述是很有特色的。从“道不离形”出发，道不过就是形而上，器仅仅就是形而下，“形”的意义得到凸显。天地之间，阴阳气化流行，无形不可见，属于形而上；天之拱圆形和天空的宏大，则有形可感，属于形而下。张栻实际改变了二程直接以阴阳为形而下的看法，认为阴阳无论作为气化还是作为天地间相互对立和作用的性质，都属于不可见之“上”的范畴；而且，如此的阴阳“上下”区分是相对的，双方事迹相互发明，形象的存在变化就是道的现实。

“上下”既然只能依形而判，那么否定了形也就根本无从谈上下之分。离开形象去求道，所得就只能是老庄的虚无恍惚之道，而不可能是《周易》亦即儒家的实在确定之道。他以为，《周易》论道器，专门立足于“形”来谈上下，道理就在于儒家之道从来就是依凭丰富、充实的形象之器的。

道与器这两个概念固然有别，但“礼乐刑赏”之“器”发挥的正是治理天下之道。孔子当年曾感叹：“礼云礼云，玉帛云乎哉？乐云乐云，钟鼓云乎哉？”（《论语·阳货》）对忽视礼乐内容而只追求华美形式的做法提出了批评。孔子此言当然有他的现实考虑，但对于南宋时期的张栻来说，面对的问题已是脱离人伦日常形迹的心性空谈。在他这里，道虽然不等于器，但它却不能“虚拘”“徒作”，礼乐刑赏就是道的现实。“刑本遏恶”思想是张栻对《论语》以来儒家形而上下说的一个重要调整。人们创造的具体器物就服务于确定的目的，直接就具有规范人的行为的道的意义。“玉帛固所以行礼也，钟鼓固所以为乐也。谓玉帛、钟鼓为非礼乐，则不可。”（《论语解·阳货篇》）因为倘若如此，它们便没有存在的价值。

当然，张栻也看到，由于道不可见而器可见，人们就容易被或无或有的僵硬框架束缚而割裂道器。因此，完整、全面地理解道器关系是十分必要的。

> 是故形而上者之道，托于器而后行；形而下者之器，得其道而无弊。圣人悟《易》于心，觉《易》于性，在道不泥于无，在器不堕于有，徼妙并观，有无一致。故化而裁之者明乎道器，穷而能变也；推而行之者察乎道器，变而能通也。（《南轩易说》卷一）

《周易》在提出“形而上者谓之道，形而下者谓之器”之后，接着陈述了所谓“变”“通”之说。但是，《周易》本身并未明确上道下器与变通之间到底是何关系，张栻则将双方统一了起来，根本点就在于上与下、无与有的一致性。道与器二者中的任何一方都不可能孤立存在并发生作用，都以对方的存在为自己存在的前提。也正因为如此，以无与有这两个概念分别规定道与器本身就不合理。因为道既然只能托于器而行，就不应以无去限定；器既然有道才无弊，就不应以有来归结。那么，张栻的“徼妙并观，有无一致”就不是一般地注重双方的统一，而是始终将双方视作为一个不可分割的整体。

所以，接下来的“变”“通”，张栻都是将道器作为一个整体予以发明的。人之辅助化裁，只有明察道器一体的道理，才可能在穷中求变；人之推广施行，也只有明察道器一体的道理，才可能在变中求通。张栻归结说：

> 盖语近而其远者未尝不具焉，语卑而其高者未尝不存焉。形而上曰道，形而下曰器，而道与器非异体也。圣人有隐乎尔哉？在学者体之何如耳！（《论语解·子罕篇》）

《论语·子罕》中有“子曰：‘吾有知乎哉？无知也。有鄙夫问于我，空空如也，我叩其两端而竭焉’”这样一段话，学者对此可能会产生疑问：孔子怎么会无知且空空如也？

或许是圣道高远而孔子有意隐而不发吧？张栻之言便是要回答这样的疑问。他认为孔子叩其两端而无不竭尽，其教诲已全在日用之中，只是二三子不能明白罢了，所以孔子不得不向其学生表白“吾无隐乎尔”（《论语·述而》）。在张栻这里，远在近中，高在卑中，圣道就在两端形器中。虽然有形而上下言辞的不同，但道与器是同体共在的，圣人绝没有隐藏什么，关键在于学者如何体会。

张栻“道与器非异体”的观点，在形而上下说的发展史上具有重要意义。道与器虽可以从无与有、体与用等层面分别做出认识，但道器的一体不二无疑是道器关系中最基本的规定。明清之际，王夫之批评朱熹分离道器，强调形而上下其实“初无定界，从乎所拟议而施之谓也。然则上下无殊畛，而道器无易体，明矣。天下惟器而已矣”（《周易外传·系辞上传第十二章》）。他通过礼乐之道寓于“牢醴璧币、钟磬管弦”的礼器、乐器之中等例证，阐明了“无其器则无其道”“尽器则道无不贯”（同上）的道理。王夫之作为岳麓书院的学生，无疑继承了自张栻主教岳麓书院开始而倡导的道器一体学风，从张栻的“道与器非异体”到王夫之的“道器无易体”，不难发现湖湘学术前后发展的承接关系。

二、性之大本

由于“性与天道不可得而闻”，“性”就不是可以“指言”的范畴。《论语·子罕》载有“子罕言利，与命，与仁”的语录，张栻以为，孔子所言无不在彰显“命与仁”之理，但又始终未直接“指言”“命与仁”为何，所以说是“罕言”。（《论语解·子罕篇》）这一观点体现了张栻擅长的本体论思维方法，对南宋地区的理学发展产生了很大影响。

胡宏《知言》由于“论性特详”，与《论语》“未尝明言性”的传统不甚相合，使不少学者产生了是否“与圣贤异”的疑虑。（《张栻集·胡子知言序》）对此，张栻回答说：

> 夫子虽未尝指言性，而子贡盖尝识之，曰：“夫子之文章，可得而闻也；夫子之言性与天道，不可得而闻也。”是岂真不可得而闻哉？盖夫子之文章，无非性与天道之流行也。（同上）

从性物一体观出发，子贡之“性与天道不可得而闻”被解释为是子贡“识”性后的感悟。本体层面的“性与天道”虽然不能直接闻见，但并不妨碍学者从孔子一生的言行举止即“文章”诸物中去优游涵泳、体会感通。

按照张栻的梳理，孔子之后对于性与天道问题的表述实际有两种方式：一是明确“指言”，譬如“天命之谓性”；另一则是“未尝指言”，因为孔子的全部“文章”无非性命之奥，无非天命之流行发现。在此意义上可以说，《论语》的立言本来就是为了展现孔子想要表达的天道性命。到了孟子，由于辟杨墨等异端的需要，不得不“指示大本而极言之”（同上），正面阐发其心性之学，天命之性的全体融进了孟子论性的大体。

当然，从纯理论的角度说，名言概念对形而上本体的表达往往十分勉强。老子当年便有“强名”之说。那么，胡宏的“论性特详”就不如程颢的“性不容说”在理论上站得住脚。但是，张栻阐明了胡宏提出性学的理论背景，认为在当时只有直接揭示性之大本，才能符合理论发展的客观要求，才能挽救“丧其本心，万事隳弛”的儒家“高明之士”（同上）的沉溺，建立起儒家自己的心性之学。

与此相关，“性善”问题也有必要进一步讨论。

大抵性固难名，而惟善可得而名之，此孟子之言所以为有根柢也。但所谓善者，要人能名之耳。若曰“难言”而遂不可言，曰“不容说”而遂不可说，却恐渺茫而无所止也。《知言》之说，究极精微，故是要发明向上事，第恐未免有弊，不若程子之言为完全的确也。（《张栻集·答胡伯逢》）

张栻认为，性之“难言”或“不容说”，并不等于性不能说，“善”字附着在“性”上，使性能够被发明，善也才有“根柢”。胡宏因要发明“向上事”即形而上的先天本性，所以“究极精微”而认为无法以善言性。但是，性不仅有先天性还有后天性即现实人性，程颢讲了先天性与后天性两面，既有性“不容说”也有“人性善”之说，故比之胡宏只讲“善不足以言性”一面来说要“完全的确”。

张栻与朱熹、吕祖谦围绕《知言》进行了专题讨论，不但涉及“善不足以言性”，还关联到程颢的“善固性也，恶亦不可不谓之性也”的论点。张栻解释说：

《遗书》中所谓“善固性也，恶亦不可不谓之性也”，则如之何？譬之水，澄清者，其本然者也。其或浑然，则以夫泥滓之杂也。方其浑也，亦不可不谓之水也。夫专善而无恶者，性也，而其动则为情。情之发，有正有不正焉。其正者，性之常也；而其不正者，物欲乱之也。于是而有恶焉，是岂性之本哉！其曰“恶亦不可不谓之性”者，盖言其流如此，而性之本然者，亦未尝不在也。故善学者，化其滓以澄其初而已。（《知言疑义》）

按照张栻的比喻，虽然清水受外来因素影响而由清变浑，但这并不能改变水体本来的澄清性质；而且更重要的是，要看到浑浊之水仍然是水。前者是纯善无恶之性，后者则是有善有恶之情。由于水流浑浊的事实难以避免，性被物欲扰动也相应具有必然的意味，所以恶也不能不叫作性。但即便在此时，精微纯粹的本然之性仍常在不泯，这也是人自觉进行道德修养的最根本的依据。所谓“化其滓以澄其初”，可以联系到程颢所说的人通过自觉用力的“澄治之功”而复归到澄清的“元初水”的功夫（《河南程氏遗书》卷一）。

张栻认同性本善的观点，但认为此“本”同样可以从“叹美之辞”的意义上理解。程颢而来的所谓善，仍归属于“继之者善也”和“孟子言人性善”的范畴，并非直接言说先天本性，本性在程颢那里是“不容说”的。在张栻这里，性作为本体是如此精微纯粹，亟须一个恰当的词去形容，遂有以善“名”性的必要。正因为如此，“善”同样可做修饰语用，属于虚指，实质上维护的仍是师门以性善为“叹美之辞”的立场。故他虽然也讲胡宏“善不足以言性”说“未当”，但并非完全否定，只是以为不够全面。朱熹晚年（当时张栻已去世多年）与学生有讨论：

又问：“胡氏说‘性不可以善恶名’，似只要形容得性如此之大。”曰：“不是要形容，只是见不明。若见得明，则自不如此。敬夫向亦执此说。”（《朱子语类》卷九十五）

问：“南轩与先生书，说‘性善者，叹美之辞’，如何？”曰：“不必如此说。善只是自然纯粹之理。今人多以善与恶对说，便不是。”（同上书，卷一百零三）

从以上引文可见，当时湖湘学之“性善”是对性本体这一“大体”的“形容”的观点仍然在发生影响，而且表明，在“善”是实词（理之实体）还是虚词（修饰性体）这一根本问题上，张栻仍坚守了性本论哲学的基本立场。

明清之际，颜元总结批评理学，对张栻所采撷的程颢之说做出了较为中肯的评判。颜元说：

> 张南轩答人曰：“程子之言，谓‘人生而静以上更不容说，才说性时便已不是性’。继之曰：‘凡人说性，只是说继之者善也。’”玩程子云“凡人说性，只是说继之者善也”，盖以《易》“继善”句作已落人身言，谓落人身便不是性耳。夫“性”字从“生心”，正指人生以后而言。若“人生而静”以上，则天道矣，何以谓之性哉？（《颜元集·存性编·性理评》）

张栻认为程颢的性不容说不等于性不能说，关键看如何恰当地说，其实最好的途径就是以“善”为“叹美之辞”去说。在此语境下，说性善就不仅可以讲性之现实，也可以描绘性之本然。颜元推论，从《易传》作者到程颢，“继之者善也”的落脚点都是现实人身，既然是现实人身，那么就离开了性之本然。而且，从“性”字的构造上讲，性是“生心”而成，这就只能在人生之后。“人生而静”以上或以前，则属于天道本身，又何能以“性”称之？颜元的评说又回到了程颢和胡氏父子的性不容说的立场。张栻在若干具体观点上认同朱熹的意见，并与其同门多有争论，但在以性为本等核心观念上仍然坚守了湖湘学的基本立场。

第二十章

事功学派

南宋是理学繁荣的时代，其他一些非理学学派虽然并不直接关注理气心性的本体论思辨，但仍以某种形式参与了进来，或认同或批判，从而与理学各派保持着不同程度的关系。其中，以陈亮、叶適为主要代表的浙东事功之学在以性理、心性之学为主导的学术氛围中独树一帜，为丰富多彩的中国学术思想增添了新的内容。

事功学派，或称“功利学派”，与南宋占主导地位的理学派相对立，主要兴起于浙东地区，有广义与狭义之分。广义泛指整个浙东之学，包括以吕祖谦为代表的金华学派（婺学），以薛季宣、陈傅良、叶適为先后代表的永嘉学派和以陈亮为代表的永康学派。金华学派首倡经世致用，对朱熹道学和陆九渊心学的争辩采取折中调和的态度；永嘉、永康两派则反对理学家空谈性命义理，为学注重事功或功利，并以实际功用和效果作为判断思想与业绩之正当性的基本理由。陈亮批评道：“书生之智，知议论之当正，而不知事功之为何物。”（《陈亮集·戊申再上孝宗皇帝书》）叶適亦称：“既无功利，则道义者乃无用之虚语尔。”（《习学记言序目·汉书三·列传》）

第一节　陈亮

按《宋元学案》作者的看法，永康、永嘉之学“俱以读书经济为事”而贬黜空疏，但永嘉之学“以经制言事功”，最终可以上溯到二程，而永康陈亮的学术“则专言事功而无所承，其学更粗莽抡魁”（《宋元学案》卷五十六《龙川学案》），表现得比永嘉学术更为粗犷和张扬。

陈亮（1143—1194），字同甫，号龙川，婺州永康（今属浙江）人。陈亮少年时便很有才气，读书谈兵，倡言改革，深得时任郡守（后为参知政事）的周葵的赏识，被请为上宾。陈亮初从周葵处受《大学》《中庸》，但后感到如此空言心性于事无补。面对南宋偏安一隅的窘迫形势，陈亮要求开大有为之略，决大有为之机，做大有为的英雄豪杰，反对朱熹基于道学立场而提出的做正心诚意的“醇儒”的主张，并与朱熹就王霸义利等问题展开了激烈的争辩。陈亮与张栻、吕祖谦、朱熹交往都颇多，与吕祖谦关系尤为密切，因为他们二人同为浙东人且在主张事功上较为接近。但就学术性质而言，“三贤”的学术都属于理学，与陈亮的事功之学形成并立的态势。陈亮的著作由其子编为《龙川文集》，叶適为之作序，今汇编为《陈亮集》出版。

一、道在物中

“道在物中”是陈亮道物观的基本主张，他据此批评朱熹等道学家“玩心于无形之表”，把道说成先于事物、超乎形体而又主宰万物的实体的观点。

> 夫道，非出于形气之表，而常行于事物之间者也。……天下固无道外之事也。（《陈亮集·勉强行道大有功》）
>
> 天地之间，何物非道！赫日当空，处处光明，闭眼之人，开眼即是。岂举世皆盲，便不可与共此光明乎？（《陈亮集·又乙巳秋书》）

“何物非道”在陈亮这里是一个普遍性的命题，他曾多次强调，其根据就在于道绝不可能外在于形气，而只能存在和运行于事物之中。因此，宇宙间的一切事物、活动都可以说是道。由物验证道，就如同有眼就可以验证光明一样。人只要有正常的感官本能，就必须承认这一事实。正因为道物一体，“何物非道”也可以从反面去看，即表述为“天下固无道外之事”。

当然，道与物并不完全等同，道虽然依存于事物，但其意义在于作为事物存在活动的“则”，所谓“夫道之在天下，何物非道，千涂万辙，因事作则”（《陈亮集·与应仲实》）。就此区分来说，物是有形的事物现象，道是无形的抽象法则，它可以由人们在“千涂万辙”的实践活动中随时体验。

对于“物”与“则”双方的地位来说，《诗经》言“天生烝民，有物有则”，朱熹以此支持天理本体的绝对地位，宣称“宇宙之间，一理而已”。但陈亮更强调事物一方的普遍意义：“夫盈宇宙者无非物，日用之间无非事。”（《陈亮集·六经发题·书》）理学家强调的道德性命无论具有多么大的普遍性，都不能脱离其所依存的具体器物。

道在物中的观点，在陈亮这里不仅用于解释自然器物，也用于说明人类活动。无处不有的道并非超越于社会人世之上的绝对。

> 人之所以与天地并立为三者，非天地常独运而人为有息也。人不立则天地不能以独运，舍天地则无以为道矣。夫“不为尧存，不为桀亡”者，非谓其舍人而为道也。若谓道之存亡非人所能与，则舍人可以为道，而释氏之言不诬矣。（《陈亮集·又乙巳春书之一》）

荀子当年揭示了“不为尧存，不为桀亡”的天道运行的客观普遍性，后来深远影响。但对此应当辩证地看。因为儒家所说的天地是与人构成现实的价值关系的。《易传》《中庸》讲人与天地并立为三，都在强调人与天地的互动关系，其“兼三才而两之”已经将天地之道与人道紧密联系在一起，人“顶天立地”，离开人也就无所谓天地，道的客观普遍性本来也是由人揭示和确立起来的。

不可以舍人而为道，是陈亮道不离物思想在社会历史观中的反映，也可以看作对荀子强调天道客观普遍性原则的一种补充。事实上，张载讲人“为天地立心”，也可以理解为陈亮这一思想的预先表述。但朱熹对此不予认同，以为：“夫谓道之存亡在人，而不可舍人以为道者，正以道未尝亡，而人之所以体之者有至有不至耳，非谓苟有是身则道自存，必无是身然后道乃亡也。”（《陈亮集》附《寄陈同甫书八》）如果仅仅主张人之体道“有至有不至”，突出人的境界和主体意识，无疑有其道理，但朱熹的根本目的是否定陈亮的道物一体观念，认为传道者只能是圣王或如他自身一般的贤哲，故一旦有桀、纣恶人，道便断离了，历史就只是牵补度日。自孟子以至理学家千五百年，“道”便“未尝一日得行于天地之间”（同上）。陈亮坚持道物（身）一体，在此意义上正是“苟有是身则道自存”，决不同意如此分隔身与道而割断历史，以为倘若此，则“使千五百年之间成一大空缺”，并申明：“人道泯息而不害天地之常运，而我独卓然而有见，无乃甚高而孤乎！宜亮之不能心服也。”（《陈亮集·又乙巳春书之二》）“甚高而孤”者无论是人还是道，在陈亮这里都是不成立的。

二、王霸之辨

王霸之辨源于先秦时期，但在后来人们关注不多，直到宋代才又成为一个争论的问题。南宋中期，朱熹与陈亮围绕着王霸义利的关系展开了激烈的争辩。

从历史上看，王，即王道，指以仁义治天下；霸，指霸道，谓用强权、实力治天下。儒家对王道与霸道的认识开始于先秦孔孟，孔孟主张王道政治，是与其理想的政治蓝图密切相关的。但是，孔子并没有关于王霸关系的明确论述，王霸之辨的直接动力是战国中期各家学派关于如何实现“天下”一统的争论。孟子主张王道而批评霸道，以为“以德行仁者王”，“以力假仁者霸”（《孟子·公孙丑上》）；荀子的态度则不同，称“君人者隆礼尊贤而王，重法爱民而霸”（《荀子·天论篇》），霸道也是值得肯定的。

汉以后，统治者大都采用了王霸并用、德刑兼施的政策。汉宣帝说：“汉家自有制度，本以霸王道杂之，奈何纯任德教，用周政乎?”（《汉书·元帝纪》）汉宣帝的这一立场事实上为后来的统治者所坚守。宋代理学兴起，国家的治理与统治者的心理动机和效果问题被联系起来考虑，促使王霸之辨得以展开，这尤其体现在朱熹与陈亮的争论中。

朱陈王霸之辨的实质集中在评判历史是退化的还是进步的。朱熹认为，三代时天理流行，是王道政治；三代以下人欲横流，是霸道政治。陈亮不赞同朱熹的历史退化论，指出：道既然无处不在，亘古长存，则无论三代还是汉唐，都体现了道。

> 本朝伊洛诸公辨析天理人欲，而王霸义利之说于是大明。然谓三代以道治天下，汉唐以智力把持天下，其说固已不能使人心服；而近世诸儒遂谓三代专以天理行，汉唐专以人欲行，其间有与天理暗合者，是以亦能久长。信斯言也，千五百年之间，天地亦是架漏过时，而人心亦是牵补度日，万物何以阜蕃，而道何以长存

> 乎？故亮以为汉唐诸君本领非不洪大开廓，故能以其国与天地并立，而人物赖以生息。(《陈亮集·又甲辰秋书》)

陈亮提出历史人物的“本领”及其客观效果作为评价历史的标准，以此为据，就不能说汉唐远不如三代。王道事实上只能通过霸道实现，这本身就体现了历史的必然。“国与天地并”“人物赖以生息”的历史功绩证明，正确的观点只应是“王霸并用”，故从三代到汉唐，历史是进化的。

朱熹从三代“上下”出发区分王道与霸道，其根据是《尚书·虞书·大禹谟》中尧、舜、禹转相告诫的“人心惟危，道心惟微，惟精惟一，允执厥中”的十六字“心法”。如此的“心法”是理学道统论最根本的理论依据。从此出发，传道的真实意义就在于“传心”，“传心”成为评价历史合理性的基本标准。“然自孟子既没，而世不复知有此学。一时英雄豪杰之士，或以资质之美、计虑之精，一言一行偶合于道者，盖亦有之，而其所以为田地根本者，则固未免乎利欲之私也。”(《朱文公文集·答陈同甫》)孟子之后的汉唐历史，由于种种原因而可能与道碰巧暗合，但在根本上天理与私欲是无法合而为一的。所以，三代以上是社会的盛世，后来的汉唐则完全陷入了人欲的窠臼。

陈亮不同意朱熹的辩说，认为三代相传的“心法”并不是到孟子而止，而是传了下来，汉唐也可以说是王道政治。因为霸道本来就包括王道，汉唐之君与汤、武“初心”无异而又有“大功大德”；反之，三代也有谋位和征伐之举，王道要通过霸道才能得以实现，没有霸道，哪能凭空出现王道呢？实际上，三代、汉唐都是王霸并用的。

朱熹与陈亮的争论涉及价值评价上的动机与效果之争。朱熹是主张“正其谊”“明其道”的动机论者，客观效果的好坏可以不顾，也不需要效果来检验动机。如果动机是好的，像三代顺天理而行，就一切都好；如果动机是坏的，像汉唐以人欲而行，就一切都坏。在朱熹那里，存在所谓毫厘之差、千里之谬的问题。他举例说，像管仲当年所取得的功劳，自商之伊尹、周之吕尚以下，无人能及，“但其心乃利欲之心，迹乃利欲之迹，是以圣人虽称其功，而孟子、董子皆秉法义以裁之，不少（稍）假借”（同上）。管仲之功曾经得到孔子的称许，以为若无管仲之举，则华夏已沦为夷狄，但朱熹认定其动机是出于利欲，所以认为从根本上说是不值得肯定的。朱熹认为，这也正是孟子、董仲舒不肯稍微加以援用的道理之所在。

与朱熹不同，陈亮考虑问题是从“谋其利”“计其功”的效果论出发的。

> 诸儒自处者曰义曰王，汉唐做得成者曰利曰霸。一头自如此说，一头自如彼做；说得虽甚好，做得亦不恶。如此却是义利双行，王霸并用。(《陈亮集·又甲辰秋书》)

以朱熹为代表的理学家强化王霸义利之辨的立足点就是动机论，这“说”得虽然好，但汉唐之君“做”得亦不坏；“做得成”者尽管被理学家评价为出于利欲霸道，但国家富强和人民幸福的效果证明了霸道的优长。所以，王霸义利完全可以结合起来，根本没有必要像朱熹所认为的那样完全对立。

当然，陈亮在强调效果的意义时也表现出以效果决定动机的倾向。陈傅良曾对陈亮与朱熹双方的观点做了一个集中的概括：

> “功到成处，便是有德；事到济初，便是有理”，此老兄（陈亮）之说也。……“功有适成，何必有德；事有偶济，何必有理”，此朱丈（朱熹）之说也。（《陈亮集》附《致陈同甫书》）

陈傅良自己是站在陈亮一边的。事功学派这种以事、功（效果）来判定理、德（动机）的效果论观点，在理论上虽不比朱熹的动机论和偶然论更能说服人，但其强调以实践及其效果来检验道德和知识，反映了历史发展的进步趋势。

第二节　叶適

叶適所属的永嘉学派，在学脉上属于二程洛学的一支。薛季宣的老师袁溉是二程的学生，故薛氏属于洛学的再传。然而，薛季宣的治学兴趣和用功却不在理学的理气性心而在事功，要求学问能够得到实用。陈傅良从薛季宣和永嘉另一学者郑伯熊学，又与张栻、吕祖谦关系友善。陈傅良治学长于历史和制度的考究。从薛季宣到陈傅良而初具规模的永嘉“功利之学”，其宗旨按后来者叶適的概括就是：明古人之治可措于今之治，总括各家而落实于经世致用。

叶適（1150—1223），字正则，人称“水心先生”。叶適与薛季宣、陈傅良二人都有师生关系，但薛季宣早亡，他从陈傅良学习和交游的时间按他自己所说则长达四十年。叶適对朱熹的道学进行了多方面的批驳，然而，当朱熹的政敌、兵部侍郎林栗罗列罪名弹劾朱熹时，叶適却挺身为朱熹辩诬，表现了高尚的人品。叶適在长期的官宦生涯中为理论研究做了大量的资料“辑录”工作，晚年被罢官后，回到永嘉城外的水心村，潜心于理论著述。他推进薛陈，驳难程朱，弘扬事功。叶適学术在南宋中后期具有较大的影响。他的主要著作是《习学记言序目》，其《水心文集》《水心别集》被今人统一整理为《叶適集》出版。

一、对理学的批判

事功学派与理学的对立表现在多个方面，叶適通过追本溯源的方法，对理学理论中的一些重要观点进行了系统的批判，并根据自己对思想史的总结提出了新的解释。

首先，对理学“太极”观的批判。“太极”自宋以后成为理学理论的一个中心概念，自周敦颐以来被认为是宇宙的本原和哲学本体。叶適首先考察了《易传》所载的“太极”概念的出处，认为“易有太极”的说法并非出于孔子，而是习《易传》者后来加上去的。在《易传》各篇中，为孔子所作仅《彖传》《象传》而已，而其所指乃为“明卦爻之指，黜异说之妄，以示道德之归”（《习学记言序目·皇朝文鉴·序》），牵涉不到“太极”的问题。那么，“太极”之说又是从何而来？

> 自老聃为虚无之祖，然犹不敢放言，曰“无，名天地之始；有，名万物之母”而已。至庄、列始妄为名字，不胜其多，故有“太始”“太素”“未始有夫未始有无”茫昧广远之说，传《易》者将以本原圣人，扶立世教，而亦为“太极”以骇异

> 后学。后学鼓而从之，失其会归，而道日以离矣。（《习学记言序目·周易·系辞上》）

叶適所述的根本意义在于，理学家以“易有太极”为孔门的宗旨秘义，把太极推为宇宙本体和最高原则，其实是站不住脚的。这对于讲究道统和以儒学正宗自居的理学家而言，不能不说是一个严峻的挑战。因为太极及其学说如果真非孔子之言，那么以此为根基的理学自然就是非正统的。

叶適进一步考察了被理学家神化了的“极”的含义，指出“极”其实是普遍存在的：“极之于天下……无不有也。天地之内，六合之外，何不在焉?”（《叶適集·进卷·皇极》）小有一人一身之极，大有天下国家之极，极与不极是相对而言的。从客观上看，极就是一定事物的度，超越了这一度的界限，一事物就变成了他事物；从主观上讲，极也就是“备”，人们的任何活动都应当充分准备，例如“室人之为室”“车人之为车”，“无不备也。有一不备，是不极也，不极则不居矣”（同上）。叶適把十分抽象的“极”变成了具体物质、活动的尺度，从而极与物相比，就是从属的、第二序的东西，不可离物而言极。

> 夫极非有物，而所以建是极者则有物也。君子必将即其所以建者而言之，自有适无，而后皇极乃可得而论也。（同上）

“皇极”就是“太极”，建极必须有物。联系道在物中之说，事功学派在本体论上所持的基本观点可以在以物为本的立场上做出解释。

其次，对理学道统论的批判。道统论是理学创立的最重要的基本理论之一。叶適并未直接否认道统本身，他否认的是孔子—曾子—子思—孟子的传道世系，更不认同理学家的遥接孟子。就是说，叶適所争辩的不是道统的有无问题，而是曾子、思孟和理学家是否继承了孔子之道的问题，这是叶適批判理学道统论的基本出发点。

曾子以“忠恕”解读孔子的“一以贯之”之道，只是他自己的理解并不等于孔子的原意。对于所谓曾子亲传孔子之道的传说，叶適通过自己的考证断然予以否定。因为这没有任何可信的证据。叶適推倒了曾子的首传地位，在方法论上就使曾子以后的整个理学道统说失去了源头。他遂强调说：“传之有无，道之大事也。世以曾子为能传，而余以为不能，余岂与曾子辨哉？不本诸古人之源流，而以浅心狭志自为窥测者，学者之患也。”（《习学记言序目·论语·泰伯》）

接下来，他认为思、孟尤其是孟子的心性奇谈更与孔子之道无关，指出孟子的很多“新说奇论”，如对性、命、仁、天等的解说，都不符合孔子的原意，而推尊心性更是孟子的杰作：“古之圣贤无独指心者。至孟子，始有尽心知性、心官贱耳目之说。”（《习学记言序目·荀子·解蔽》）据此，叶適对自孟子至理学滑向内在心性一边的认识道路提出了尖锐的批评：

> 盖以心为官，出孔子之后，以性为善，自孟子始。然后学者尽废古人入德之条目，而专以心性为宗主，至虚意多，实力少，测知广，凝聚狭，而尧舜以来内外交相成之道废矣。（《习学记言序目·孟子·告子》）

叶適的批评在史实上应当是准确的。儒家心性论在典型的意义上的确是从孟子开始的，但这是否违背了孔子开创的实践儒学的道路，则取决于事功学派立足事物与理学家突出心性的不同认知。

叶適对曾子“能传”、孟子“能嗣”孔子的抨击和否定，对自称千载之后遥接孔孟的程朱道统论是一个根本性的打击。叶適批判理学的矛头所指，还包括作为理学思想来源的《易传》（《彖传》《象传》除外）诸篇、老庄和禅学等各家，所谓“自孔子之外，古今百家，随其浅深，咸有遗论，无得免者”（《习学记言序目》附《陈振孙直斋书录解题》），这是需要极大的理论勇气和广阔的学术视野的。

二、义利之辨

义利之辨与王霸之辨关系密切，王霸之辨是中国古代治理国家的两种社会政治主张及其相互关系的争辩，但这主要是从历史观上看问题，如果进入伦理观，则表现为义利之辨，即关于道义（道德仁义）与功利以及物质利益之关系的讨论。

在道义与功利之间，功利指眼前的、实际的功效利益，譬如《庄子·天地》篇所提及的“功利”是与“机巧”联系在一起，所谓“功利机巧，必忘夫人之心”，与人的心志是相违背的；道义则指道德仁义，《易传·系辞上传》有“成性存存，道义之门”的说法，以为人不息不止地继天成性的过程便是道义的成就过程。

从孔孟开始，绵延两千多年，儒家判断个人和社会、国家行为正当与否的一个根本准则就是重义轻利的义利观。与儒家不同，道家反对儒家积极有为的仁义，墨子主张义与利的统一，仁义必须以“利人”为内容，韩非则只讲利而不讲义，以利为人际关系的核心，这些学派都不赞同儒家的主张。不过，秦汉以后由于儒家占据了主导地位，在中国社会流行的主要就是儒家重义轻利的思想。特别是在古代社会后期，由于宋明理学的兴起，理学家们将此义利之辨提升到一个前所未有的高度，从而也在不同程度上引起了更广泛的争论。

从王霸之辨可知，朱熹认为三代的王道是内本天理、外行仁政，汉唐的霸道则内外都是人欲、私意，“其心乃利欲之心，迹乃利欲之迹”。之所以如此，是因为义利的不同“心”造就了王霸的不同“迹”，故应当把视线从迹收回到心。他“尝谓‘天理’‘人欲’二字，不必求之于古今王伯之迹，但反之于吾心义利邪正之间”，而反之吾心的结果便是汉唐之君“假仁借义以行其私”，“无一念之不出于人欲”（《朱文公文集·答陈同甫》）。因此，朱熹在称颂王道、贬斥霸道之时，必然主张崇义黜利、存天理去人欲。他说：“至若论其本然之妙，则惟有天理，而无人欲。是以圣人之教，必欲其尽去人欲，而复全天理也。”（同上）朱熹这里所说的人欲，包括人的物质生活需求以及事功学派的功利学说。而他强调义利之辨的重要理论支柱，是董仲舒的“正其谊（义）不谋其利，明其道不计其功”，他把这定位为他所主持的白鹿洞书院的学规，要学生照着做，坚持把“正义”与“谋利”、“明道”与“计功”对立起来。叶適对此进行了针锋相对的批评：

> “仁人正谊不谋利，明道不计功”，此语初看极好，细看全疏阔。古人以利与人而不自居其功，故道义光明。后世儒者行仲舒之论，既无功利，则道义者乃无用之虚语尔。（《习学记言序目·汉书三·列传》）

“道义”不是光讲义而不及利，而是君子给人以利而不自居其功，道义的光明也真正体现在这里。如果不能满足人民的物质利益需求，则所称颂的道义就只能是无用的空谈。

三国曹魏时，因曹操倡导节俭，大臣选拔官吏时都以节俭为条件，以至朝廷官员为节俭而节俭，不敢穿新衣、乘好车，甚至有“自挈壶餐以入官寺”的行为。当时名臣和洽，为官清贫俭约，以至卖田宅以自给，但他却对如此风气提出了批评，以为：“俭素过中，自以处身则可，以此节格物，所失或多。……夫立教观俗，贵处中庸，为可继也。今崇一概难堪之行以检殊涂，勉而为之，必有疲瘁。古之大教，务在通人情而已。凡激诡之行，则容隐伪矣。”（《三国志・魏书・和洽传》）叶適非常赞赏和洽的观点和品行：

> 和洽贫至卖田宅，而言“古之大教在通人情”，所谓不以格物者也。又言“勉而行之，必有疲悴”。“疲悴”二字，深得其要。故古人以利和义，不以义抑利。世道虽降，其行未尝不过中，孰谓曹操建国能使大吏自挈壶餐乎？（《习学记言序目・魏志》）

和洽清醒地意识到，个人可以选择过分节俭，但绝不能以此作为规范吏治和选拔人才的标准，格物（正人）的标准只能是“中庸”。不然，人们即使勉强行之，也不能持久，还容易作伪。在叶適看来，人们的行为“过中”固然是世道使然，但它并非统治者提倡的政策。和洽要求“通人情”，就是呼吁义与利的结合，而不能以义抑利，国家大政和教化必须以此为基础。

因此，“以利和义”还是“以义抑利”，不仅仅是理论之争，更重要的是它的现实意义。“以利和义”与叶適倡导改革南宋弊政、富国强兵、制定切实可行的抗金和边防方案是分不开的。如果像空谈“义理性命”的道学家那样，“空谈者远述性命，而以功业为可略；精论者妄推天意，而以夷夏为无辨”（《叶適集・上殿札子》），结果就只能是民困兵弱、财竭势衰，最终导致亡国。这表明了义利之辨在当时所反映的深刻的社会政治背景。

进入公与私之间，叶適认为，为天下造福谋利，本身就是出于公心的表现。他解释说，善于治理国家的人，总是努力务实而不务空谈，他们为国家、民众谋取福利而避开灾祸，事先就做好行动计划并以此来检验实践的效果，“斯所谓公心矣”（《叶適集・奏札》）。是否出于“公心”，就看是否取得利国利民的实际效果。这样的观点无疑是与执着于性命义理而强调“正心诚意”的朱熹等理学家的观点相对立的。

第二十一章

陆王心学

“心学”概念在陆九渊之前便已出现，它有自身发生、发展的历史。最初它是一个指称正统儒学的普遍概念，后来才特指以陆九渊和王守仁为代表的陆王心学。陆王心学学派的形成，是一个随着理学发展而逐步明晰化的过程。陆九渊、王守仁二人的思想并不完全相同，但王守仁的确是以自觉的姿态与使命感去恢复和发扬陆九渊以来的心学学术的。

第一节　陆九渊

陆九渊（1139—1193），字子静，号存斋，抚州金溪（今属江西）人，因中年以后曾在贵溪象山居住和讲学，世称“象山先生”，由他创立的学派遂称陆学或象山学派。陆九渊学术没有明确的师承，按他自己所说是“因读《孟子》而自得之”（《陆九渊集·语录下》）。

陆九渊一生，从政时间不长，主要精力都放在了讲学授徒、培养人才上。陆九渊学术区别于其他各家的一个重要特点是不喜著书。学生于此发问，他回答说：“六经注我，我注六经。”（《陆九渊集·语录上》）陆九渊的思想保留在他的语录、书信和少量诗文之中，今人汇编为《陆九渊集》出版。

一、心即理

陆九渊自幼悟性甚高，正是基于此，他对心性内省方面的古人言说更感兴趣，而不喜欢从人伦物理的日常实践中积累知识的治学之道。相传有一天他读古书，当读到人解“宇宙”词义为“四方上下曰宇，往古今来曰宙”时，忽然醒悟到“宇宙内事乃己分内事，己分内事乃宇宙内事”(《陆九渊集·年谱》)，从而推动他走上了心学的道路。

以心为本的哲学体系和“心即理”命题是陆九渊学术“自得”于心的代表性成果。陆九渊接过了孟子“心之官则思，思则得之”的说法，肯定人的意识活动是人之为人而非木石的根本性标准。但从孟子到陆九渊，议论心的重点并不在于思维器官或一般意识活动，而在于作为道德实体的仁义本心。所谓“仁义者，人之本心也”(《陆九渊集·与赵监》)。有了仁义本心，人就能具备与表现出判断是非和践履道德的能力，故称：“苟此心之存，则此理自明。当恻隐处自恻隐，当羞恶、当辞逊，是非在前，自能辨之。”(《陆九渊集·语录上》)故道德本心与主体意识又是相互发明的关系。

陆九渊对心有多种规定，但“宇宙便是吾心，吾心即是宇宙”(《陆九渊集·年谱》)一句最能体现他的心学特色。心学的基本立场，可以说是一心含摄宇宙。如此之心自然不能是个体的知觉意识，而只能是一般普遍的宇宙本体。

> 心只是一个心，某之心，吾友之心，上而千百载圣贤之心，下而千百载复有一圣贤，其心亦只如此。心之体甚大，若能尽我之心，便与天同。(《陆九渊集·语录下》)

孟子当年讲过，尽心便能知性知天，此心只指我心，故有“万物皆备于我”之言。到陆九渊，则出现了我心与他心的关系问题：我心与他心是同一心。心体甚大是由于吾心即是宇宙，宇宙只在我心中才体现出它的状貌，这里的出发点固然是我，但换作任一圣贤之心，结果都是一样。所以，只要穷尽心体，就穷尽了宇宙，穷尽了天体，自然就是心天同一了。陆九渊引入“天”或“宇宙”概念来发明心体，为本来属于主观自我的心体添加了客观普遍性的内容。

同时，由于“天”或“宇宙”概念在程朱那里已经“理”化改造，这对陆九渊实际是有影响的。如其“塞宇宙一理耳，学者之所以学，欲明此理耳。此理之大，岂有限量?”(《陆九渊集·与赵咏道四》)的说法，放在朱熹的框架中没有任何问题。陆九渊的特点是将此理合并于心，即塞宇宙一理就是塞宇宙一心，理大无限量与心之体甚大互相呼应，最后的落脚点是一心流转的心理同一的价值。至于讲心与讲理的名言之差，并不影响问题的实质。

> 东海有圣人出焉，此心同也，此理同也。西海有圣人出焉，此心同也，此理同也。南海、北海有圣人出焉，此心同也，此理同也。千百世之上至千百世之下，有圣人出焉，此心此理，亦莫不同也。(《陆九渊集·年谱》)

心同理同不受任何时空条件的影响，具有绝对和必然的性质。陆九渊如此强调心、理的同一，可能具有多方面的考量，譬如为本来是主观性范畴的心添加客观性的内容，利用理的世界统一性说明无处不是心体的流行等，但更重要的还是将理合并于心，为确立心的“一本”论做论证，所以他又说：

> 盖心，一心也；理，一理也。至当归一，精义无二，此心此理，实不容有二。

故夫子曰："吾道一以贯之。"(《陆九渊集·与曾宅之》)

此心此理就是一心一理，就是同心同理。"同"说的是质，"一"讲的是量，质与量和合互动，共同发明吾心之一理。陆九渊说这一结构是"至当归一"，心、理实质上只是一个，所以叫"吾道一以贯之"。在此前提下，"人皆有是心，心皆具是理，心即理也"(《陆九渊集·与李宰二》)就是必然的结论。

在这里，如果仅仅谈"心具理"，心学特色尚显现不出来。因为心作为思维主体，原本具有认识和统管天下之理的功能，朱熹心"管乎"理的模式便是如此。但"心即理"的架构却不一样，这是从存在的角度认定心和理是同一实体，而非内外相交而成的主客观活动之后的结果。从"心具理"走到"心即理"，是陆九渊心学成立的典型标志。

同时，既然心与理的关系是"至当归一"而不容有二，那么只强调"心即理"就还不够，因为这还不能明确谁是最高范畴和宇宙的最后根据，故还必须讲以心为本。可以说，心理同一是为反对朱熹的心外有理，而以心为本则是心学自身的特质。所以，要了解心学一脉，就既要知道心理同一的"理学"，更要了解发明本心、自作主宰、"满心而发，充塞宇宙，无非此理"(《陆九渊集·语录上》)的"心学"，理是由心发散、扩展而来的。因此，理在量上虽然可以充塞整个宇宙——"塞宇宙一理耳"，但这个塞宇宙之理的源头却离不开心。以此为据，可以将陆九渊论心说理的诸观点统一起来：因为心发之理充塞宇宙，所以宇宙便是吾心，塞宇宙不外此心之理耳。

二、先立乎其大

陆九渊承认"吾之学问"的典型特征就是"先立乎其大"(同上)。"先立乎其大"源于孟子，但孟子并未直接指明这个"大"或"大体"的内涵。陆九渊在陈述理的地位和作用时对此语有一个解答：

> 此理在宇宙间，未尝有所隐遁。天地之所以为天地者，顺此理而无私焉耳。人与天地并立而为三极，安得自私而不顺此理哉？孟子曰："先立乎其大者，则其小者不能夺也。"人惟不立乎大者，故为小者所夺，以叛乎此理，而与天地不相似。诚能立乎其大者，则区区时文之习，何足以汩没尊兄乎。(《陆九渊集·与朱济道》)

陆九渊阐扬心学，但从来没有反对"理"学，"理"在他这里明显具有客观性。"大"在这里，实际指心中所具之理，他因之十分强调理的决定性地位和根据作用。"大者"与"小者"之间的关系，是遍在于天地宇宙的"公理"与个人私心的关系。如此理解他的"先立乎其大"，就应当首先在吾心中确立起宇宙之理的概念，一旦体贴到东西南北、古今上下理无处不在，就从根本上实现了心理的同一。

理在心中得立，就意味着本心的觉醒，意味着能修仁义天爵。但要修仁义天爵，得先有知觉；而所谓知觉，已经是修身行为的展开，意识觉醒之真与德行践履之善实际已融为一体。

> 仁即此心也，此理也。求则得之，得此理也；先知者，知此理也；先觉者，觉此理也；爱其亲者，此理也；敬其兄者，此理也；见孺子将入井而有怵惕恻隐之心者，此理也。可羞之事则羞之，可恶之事则恶之者，此理也；是知其为是，非知其为非，此理也；……此吾之本心也。(《陆九渊集·与曾宅之》)

仁、心、理在他这里是同一的范畴，三者实际统一于吾心。人的先知先觉、爱亲敬兄是心中之理彰显、发散的结果，它与“先立乎其大”是一种相互发明的关系。因为所谓“立”者，正是顺其显现而自我挺立也，具体表现在道德意识的觉醒之中。由此，觉醒的本心自动肩负起了当羞即羞、当恶即恶、知是知非的职能。那么，知识、学问的多少与是否明白本心之理就没有实际的关系。因为发明本心并不在于增加知识，相反，还应当减少知识。“今之论学者只务添人底；自家只是减他底，此所以不同。”（《陆九渊集·语录上》）向外求取知识反倒会蒙蔽本心，只有“减他底”，才能从支离琐碎的格物中解脱出来，所以陆九渊自诩自己的工夫是“易简”。

陆九渊在方法上虽然要求去芜求简，主张“减他底”，但也申明自己并不反对读书，而只是在读书的要求和方法上有不同。譬如他告诉求教者要读《尚书》《孟子》中的一些篇章便是例证，区别表现在“只是比他人读得别些子”（《陆九渊集·语录下》）而已。这个“别些子”，他虽没有明言，但核心应该在“知本”，一旦“学苟知本，六经皆我注脚”（《陆九渊集·语录上》）。文献的繁杂及其对人的束缚就在无形中被化解了。

不过，陆九渊的“立大”“易简”，也可以从他提倡的涵养工夫去看。在这一方面，他并不以二程以来的读书穷理之方为然。《语录》中记载：

> 伯敏云：“无个下手处。”先生云：“……格物是下手处。”伯敏云：“如何样格物？”先生云：“研究物理。”伯敏云：“天下万物不胜其繁，如何尽研究得？”先生云：“万物皆备于我，只要明理。然理不解自明，须是隆师亲友。”（《陆九渊集·语录下》）

他前面要求求理、知理，这里亦认可格物需要“研究物理”，但具体方式却不是理学流行的格物穷理。在“万物皆备于我”的前提下，无论明理还是格物，所要做的都不是在外积累经验知识，而是在“隆师亲友”的日常生活实践中体贴本心，如此，万物之理便能“不解自明”。

如此的工夫在朱熹眼中则是禅学。禅者，不立文字，不读书穷理而闭目打坐，故“今金溪学问真正是禅”（《朱子语类》卷一百二十四）。陆九渊之学当然不是专事打坐，而是强调投身于人伦日用的社会实践，但打坐践履的确是陆学的重要方法。《语录》中记述了学生的打坐践履：

> 先生谓曰：“学者能常闭目亦佳。”某因此无事则安坐瞑目，用力操存，夜以继日。如此者半月，一日下楼，忽觉此心已复澄莹。中立窃异之，遂见先生。先生目逆而视之曰：“此理已显也。”某问先生：“何以知之？”曰：“占之眸子而已。”（《陆九渊集·语录上》）

学生按陆九渊的教导闭目打坐，半个月本心得以显现；陆九渊则从弟子闭目操存后眼神的变化判断出工夫已达何种境界，这与禅宗打坐修行的直觉顿悟在方法上已无原则性的区别。

三、存心寡欲

陆九渊要求的明理就是发明本心，具体表现为如何存心养心。存心养心在陆九渊这里是与寡欲去欲分不开的。陆九渊不赞同天理人欲之分，但他并不反对寡欲去欲的主张，他具体倡导的是存心去欲。

人之所以需要存心，是因为心不但有发明光大的问题，还有可能被损害丢失的问题。孟子当年已经指明，人心有可能像鸡犬一样被“放失”，所以学问的根本就在于“求放心”。陆九渊接续孟子，认同人的本心可能放失这一预设：“人孰无心，道不外索，患在戕贼之耳，放失之耳。”（《陆九渊集·与舒西美》）吾心即是宇宙，理就在心中，道不外求。人如果无心，就可能自我“放失”而被外在物欲引诱，所以“求放心”需要与去物欲联系起来。

> 将以保吾心之良，必有以去吾心之害。……夫所以害吾心者何也？欲也。欲之多，则心之存者必寡；欲之寡，则心之存者必多。故君子不患夫心之不存，而患夫欲之不寡，欲去则心自存矣。（《陆九渊集·养心莫善于寡欲》）

“保吾心之良”与“去吾心之害”同在“一心”上做，但二者在性质上却不可兼容，它们是正相反对的。从根本上说，正面存心养心并不是问题的关键，关键在于如何防止外在物欲对良心的戕害。作为君子，不害怕不能存心，而害怕不能去欲，欲望是修养的大敌，所以存心养心必然围绕着去欲来进行。

儒家自孟子开始倡导寡欲，但这还只是一般地要求减损欲望，而并未要求无欲。但周敦颐之后，儒家亦开始倡导无欲，进而有灭私欲、灭人欲的主张。陆九渊虽不赞成程朱的天理人欲之分，但那主要是在动静观上，认为《礼记·乐记》讲静为天性乃是源于老子。

就具体方法而言，在陆九渊以前，儒家对如何“寡欲”并没有形成明晰的看法。陆九渊曾根据他自己对人心之病的诊断，提出了一个相对有操作性的“剥落”之方。

> 人心有病，须是剥落。剥落得一番，即一番清明。后随起来，又剥落，又清明，须是剥落得净尽方是。（《陆九渊集·语录下》）

陆九渊没有明确此“病”为何，但联系到气禀清浊和“逐物”追求，可以理解为指人受物欲浸染而泯灭了本来的善心，所以必须剥落物欲障蔽以彰显本心。剥落去欲可以看作从反面来讲的发明本心，二者本来是互动的关系，目的在于通过去除物欲对本心的戕害而找回“放失”的本心。而从剥落之方来说，其可行性是基于吾心的先天至善，这既是对儒家性善论传统的继承，更体现了陆九渊吾心即是宇宙、何必别言格物的心本论的特征。无论“欲去则心自存”还是要求“剥落得净尽”，都说明其主张实际已与佛老的禁欲说趋于一致。

四、朱陆之辨

陆九渊与朱熹之间开展的学术争论，宋以后在相当程度上左右着儒家心性论哲学的发展，心学与道学两家的后学几乎无人不论及“朱陆之辨”。朱陆之辨围绕多方面的问题展开，例如为学之方问题、无极太极问题、阴阳道器问题等，但贯串其中的核心以及在后来影响最大的问题则是“尊德性”与“道问学”之辨。黄宗羲总结说：

> 先生（陆九渊）之学以尊德性为宗，谓“先立乎其大，而后天之所以与我者，不为小者所夺。夫苟本体不明，而徒致功于外索，是无源之水也”。同时紫阳之学，

则以道问学为主，谓“格物穷理乃吾人入圣之阶梯。夫苟信心自是，而惟从事于覃思，是师心之用也”。(《宋元学案·象山学案·案》)

那么，“尊德性”就是陆九渊“先立乎其大”的心本论的典型发明，“道问学”则是正相对立的朱熹面向外部世界的格物穷理之方。“尊德性”与“道问学”简洁概括了朱陆两家哲学在性质上的对立，后人遂相沿袭而据此看待两家之争。

“[君子] 尊德性而道问学”原来是《中庸》中的一句话，长期以来并没有得到人们的特别关注，但到宋代以后，朱熹注重穷理致知，偏重“道问学”，陆九渊强调明心践履，偏重“尊德性”，故而产生了对立。但这只具有相对的意义，他们双方主要是立场和出发点不同，故而采取的态度不一样。

首先，朱熹在主观上并无只关注一方之意。他在《中庸章句》中解释说：“尊德性，所以存心而极乎道体之大也。道问学，所以致知而近乎道体之细也。二者修德凝道之大端也。”就是说，“尊德性”是为了存养本心而充分体验整体的道体（天理），“道问学”则是在穷理求知之中实现对道体的具体把握。双方各有侧重而共同构成德行修养和道德进步的基石，这里看不出双方有确定的先后轻重之别。用今天的话说，“尊德性”约相当于人的信仰、觉悟及坚守的意志，“道问学”约相当于人的理性能力和知识水平。前者离不开后者的理解，后者本来是为了前者的自觉，双方是相互促进的关系。

其次，朱陆之间在实践中各有偏重于一方的情形。朱熹曾自我总结说：

大抵子思以来教人之法，惟以尊德性、道问学两事为用力之要。今子静所说专是尊德性事，而熹平日所论却是问学上多了。所以为彼学者，多持守可观，而看得义理全不子细，又别说一种杜撰道理遮盖，不肯放下。而熹自觉虽于义理上不敢乱说，却于紧要为己为人上多不得力。今当反身用力，去短集长，庶几不堕一边耳。(《朱文公文集·答项平父》)

朱熹的总结应当是比较中肯的，他看到自己偏重道问学虽然在知识（义理）求取上比较谨严，学有成效，但在道德涵养和德行坚守上则有不足。所以，他虽然批评陆九渊一方短于问学，但却愿意取对方之长来补己之短，实现“两事”的并进互促。

最后，朱熹的这一番自我批评并未获得陆九渊的认可，陆九渊在得知朱熹的评价后发表了自己的看法，从根本上否定了朱熹的去短集长之说。

朱元晦曾作书与学者云：“陆子静专以尊德性诲人，故游其门者多践履之士，然于道问学处欠了。某教人岂不是道问学处多了些子？故游某之门者践履多不及之。”观此，则是元晦欲去两短、合两长，然吾以为不可。既不知尊德性，焉有所谓道问学？(《陆九渊集·语录上》)

显然，陆九渊并不认为强调尊德性是自己的短处，因为凡事都有个先后轻重，德性的道德基础是必须首先确立的，根本就不存在朱熹要求的去短集长问题。而且，“短”只是朱熹之短，并非他与朱熹各有所短，所以他将朱熹之语概括为“欲去两短”[既短于践履（尊德性），又过度于道问学]、“合两长”（陆学长于践履，朱学长于道问学）。这在陆九渊看来，本身就是是非不清：如果不能先尊德性，道问学去问学什么？陆九渊当然就不需要向朱熹学习什么了。

从心学的道理来说，强调先尊德性：一是从心本体出发得出的必然结论。由于心性本善，人当下应做的就是在实践中扩充、弘扬它，然后才会涉及读书明理的问题。发明本心、自作主宰是陆九渊学说的宗旨之所在，所以他理所当然地要予以维护。二是从做人来讲，道德素质方面本来就更重要。确立了道德本心，自然就能为善去恶，至于读书明理，则只是确立主宰之后的添加文采，所以只能位于其次位置。

朱陆之间的对立，还可以从南宋淳熙二年（1175 年）发生在江西信州（治今江西上饶市西北）鹅湖寺的学术争论来看。这一年，金华学者吕祖谦为了调和朱陆的分歧，主动邀集双方进行学术讨论，史称“鹅湖之会”。但由于朱陆双方各自坚守自己的立场，会议不欢而散，不但未能达到会议主持者吕祖谦“欲令归一”的目的，反而加重了双方的分歧，正式拉开了理学史上著名的“朱陆异同”之辨的序幕。如果将朱陆之辨集中到“尊德性”与“道问学”方面来说，那么按陆学弟子的归结就是：

> 鹅湖之会，论及教人，元晦（朱熹）之意，欲令人泛观博览，而后归之约。二陆（陆九龄、陆九渊兄弟）之意，欲先发明人之本心，而后使之博览。朱以陆之教人为太简，陆以朱之教人为支离，此颇不合。先生更欲与元晦辩，以为尧舜之前何书可读？复斋（陆九龄）止之。（《陆九渊集·年谱》）

简单说来，朱熹的方法是归纳，即从格物穷理的一般认识活动中归纳出贯串其中的天理，但如此的认识活动有可能被外物迷惑而散漫无归，所以陆氏贬之为“支离”；陆九渊的方法则是先发明本心再向外推广，简易明快，所以自诩为“易简”。陆九渊以“易简工夫”与“支离事业”对举和针砭朱陆两家学说之短长，在后来有长期的影响。然而，如果从朱学的角度看，陆学则变成了不读书穷理而专事瞑目打坐的禅学。因为走向至诚或圣人之性，总得有个阶梯，不可能一悟本心便顿悟成圣。

所以，黄宗羲总结这段公案，便认为陆学的问题在于不格物穷理而“师心自用”，朱学的问题在于本体不明而成“无源之水”。当然，朱陆两家在总体上还是能够双方兼顾的，并非只专务于一方，只是在指示学者的入门工夫上各有先后罢了。而从道统的意义上说，朱陆之辨更没有根本性的区别。黄宗羲说：

> 二先生同植纲常，同扶名教，同宗孔孟。即使意见终于不合，亦不过仁者见仁，知者见知，所谓“学焉而得其性之所近”，原无有背于圣人，矧夫晚年又志同道合乎！（《宋元学案·象山学案·案》）

黄宗羲的观点源出元代郑玉，即儒家的纲常名教才是判定是否同属于儒学正统的最根本的标准。的确，如果从伦理纲常和孔孟源头的角度看问题，那么所有的理学派别以至非理学的儒学都可以统一起来。事实上，就在朱陆激烈争辩的年代，朱熹在其主持的白鹿洞书院讲学时，也曾邀请来访的陆九渊做演讲。陆九渊讲《论语》“君子喻于义，小人喻于利”一章，当时天气尚冷，而听者却汗出挥扇，“至有流涕者”，获得了朱熹的高度评价。朱熹将陆九渊的讲义铭刻于石，以期师生共勉。（《陆九渊集·年谱》）这不但体现了朱陆在学术论争中表现出的相互尊重包容和一丝不苟的品格，而且说明双方学术具有共同维护和遵守的儒家伦理基础。

第二节　元代理学的“和会朱陆”

元代是理学的传播、推广和官学化时期，程朱道学占据支配地位。朱陆两家虽仍对立，但调和折中之风颇为流行，并形成了“和会朱陆”的一般趋势。元代理学流派，朱学一系主要包括经由赵复北传，以许衡、刘因为代表的北方之学和由宋入元，以吴澄、许谦为代表的南方之学两大系统；陆学一系则主要以郑玉等人为代表。元代理学虽然在理论上的建树不多，但它对宋儒创立的理学的传播、推广和官学化改造，成为理学自宋至明过渡并在明清时期成为统治思想的不可或缺的中介和环节。

“和会朱陆”之风是元代理学的重要特色。当时主要的思想家多不赞同强化两家对立的做法，而是肯定朱陆各有所长，注意对朱陆各自的学术风格、为学重点等方面进行分析，以为双方可以取长补短而“和会”为一。这一思潮与朱学上升为官学的趋势可以说是并行不悖，为明代学术的多样性发展打下了重要的基础。吴澄和郑玉便是主张兼采两家的典型代表。

一、吴澄的兼采两家

吴澄（1249—1333），字幼清，抚州崇仁（今属江西）人，因其所居草屋为同门程钜夫题曰“草庐”，故人称“草庐先生”。吴澄年少时生活在南宋，自幼受理学熏陶。十六岁在科场中认识饶鲁弟子程若庸，遂拜为师，即他在学统上可由饶鲁经黄榦上接朱熹，属于朱熹的四传弟子。吴澄的年龄远小于北方的许衡，但却被后人推为南学的主要代表而与许衡媲美，时有“南吴北许”之称。二人比较，许衡系由经学章句而转向程朱学统，故他虽私淑朱熹，但其学术仍粗；吴澄则本来成长于理学的氛围，故其学术更为纯正和系统。不过，吴澄作为朱学之嫡裔，其学术立场却不尽守朱学，他算得上是元代理学中一位“和会朱陆”的代表人物，其思想的心学色彩比许衡的更加浓厚。吴澄的著作主要有《五经纂言》和《吴文正公集》。

吴澄作为元代著作最丰的理学大家，尽管在学脉上属于朱学嫡传，但他并不拘泥于此，而是注意兼采陆学，从而使得他的学术视野能够打破朱陆门户的壁垒。全祖望说：“草庐出于双峰，固朱学也，其后亦兼主陆学。盖草庐又师程氏绍开，程氏尝筑道一书院，思和会两家。然草庐之著书，则终近乎朱。”（《宋元学案·草庐学案·序录》）吴澄由饶鲁上溯到朱熹，本来属于朱学，但他又曾拜师程绍开，程绍开主张“合朱陆两家之说”，其所筑“道一书院”最明白地体现了这种“和会朱陆”的主张。

吴澄曾任国子司业，在给学生讲课时说：

> 朱子于道问学之功居多，而陆子以尊德性为主。问学不本于德性，则其弊必偏于语言训释之末，故学必以德性为本，庶几得之。（《宋元学案·草庐学案·吴澄传》）

吴澄之论当时便被学生认为是陆氏之学。但吴澄的目的主要还是想把“尊德性”与“道问学”结合起来，以求学问做到实处，这本身便是和会朱陆的一种表现，并不必然走向陆学。因为德性仍属于性理范畴，说到底仍是从天理来的，本于德性也可以说就是本于天理，所以他反复强调“性即天理”，强调“程子‘性即理也’一语，正是针砭世俗错认性字之非，所以为有大功”（《吴文正公集·答人问性理》）。那么，他推崇的“尊德性”与他讲“性理之学”的知性养性其实是同一的工夫。

由此出发，吴澄十分注意“尊德性”与“道问学”工夫的相须互发，以纠正流于辞章训释的经学流弊。

> 若曰徒求之五经而不反之吾心，是买椟而弃珠，此则至论。不肖一生，切切然惟恐堕此窠臼。学者来此讲问，每先令其主一持敬，以尊德性；然后令其读书穷理，以道问学。有数条自警省之语，又拣择数件书，以开学者格致之端。……是盖欲如异卿之说，先反之吾心，而后求之五经也。（《吴文正公集·答田副使第三书》）

从吴澄的叙述中其实已经可以看出，他的先反之吾心再求五经的尊德性之方，名义是陆学的，实际仍是朱学的。因为无论讲“主一持敬”，还是从读“自警省之语”和“数件书”入手去开格致之端，它们作为尊德性与反之吾心的内容，都是利用朱学去规范陆学，或者反过来说是利用陆学去引导朱学，双方总体上刚好相互补充。

朱陆之学能够相互补充，前提自然是双方存在差别，吴澄对此并不隐讳。世人当时便谓陆学为本心之学，作为其对立面的当然就是程朱的天理之学。吴澄对此的解释的确表现出他所具有的“右陆”倾向，只是他将这一倾向又扩展为前圣后圣数千年一贯的共识。

> 以心而学，非特陆子为然，尧、舜、禹、汤、文、武、周、孔、颜、曾、思、孟，以逮邵、周、张、程诸子，盖莫不然。故独指陆子之学为本心之学者，非知圣人之道者也。圣人之道应接酬酢，千变万化，无一而非本心之发现，于此而见天理之当然，是之谓不失其本心，非专离去事物，寂然不动，以固守其心而已也。（《吴文正公集·仙城本心楼记》）

吴澄有意无意地只讲到邵、周、张、程为止而不及朱，说明他知道于本心发现而见天理当然的为学之道是属于陆学的。但是，他反对离去事物的安坐瞑目、固守本心，实际对陆学又有批评，而并非一概维护，因为他的根本宗旨是朱陆和会为一。

所以，读书、明理与存心，在他这里是一个顺序跟进的过程：“所贵乎读书者，欲其因古圣贤之言，以明此理存此心而已。此心之不存，此理之不明，而口圣贤之言，其与街谈巷议、涂歌里谣等之为无益。”（《宋元学案·草庐学案·草庐精语》）这里开出的因读书而明理、存心的序列，不但与他前面所言格致读书的道理完全一致，而且可以看作对朱熹那里“由”问学而尊德性之方的再发明。读书、明理与存心之间既是手段和目的的关系，也是前提和结果的关系，所以双方互不可缺。由此来看朱陆两家之对峙，其实就是门人意气用事的产物，所以应当切实地予以纠正。从而，吴澄强调说：

> 朱陆二师之为教，一也。而二家庸劣之门人，各立标榜，互相诋訾，至于今，学者犹惑。呜呼，甚矣！道之无传而人之易惑难晓也。为人子孙者，思自立而已矣。族姓之或微或著，何算焉？能自立欤，虽微而浸著；不能自立欤，虽著而浸

微。盛衰兴替亦何常之有，惟自立之为贵！（《宋元学案·草庐学案·草庐精语》）

朱陆为教本一，但门人后学各执其一面而互相诋毁，不但造成了学者思想的极大混乱，而且使圣人之道无人传承。其实，道统的传承就如同宗族的传承一样，作为门人后学或子孙，要光耀门楣，重要的不是抓住祖先的只言片语不放，而是在继承先辈学脉的基础上有所创新，能够自立其说。朱陆后人如果只知互相攻讦而不能有自己的创见，那么尽管现时轰轰烈烈，谁知几代后不会像那些世家大族一样衰微呢？

吴澄在这里不仅强调了朱陆学术的一致，指明了执守门户之见对于学派传承可能带来的危害，而且对于学派传承提出了一个十分重要的方法论原则，那就是真正继承先师的遗教，不在于固守门户，而在于学术自立和学术创新，学术前辈之望于后人，这才是最可贵的品格。事实上，宋元时期若干学派没有传承下来，这或许可以说是最根本的原因。吴澄的和会朱陆而兼采两家，便可以看作他学术自立而不偏倚一方的最直接的发明。

二、郑玉的“和会朱陆”

郑玉（约1298—1357），字子美，徽州歙县（今属安徽）人，世称“师山先生”。元代理学就陆学系统来看，主要以陆九渊高弟杨简一脉传下的郑玉为代表。郑玉的一生都在元代度过，自幼受到家庭的良好教育，但由于连续两次科举不第和随后举荐之途不顺，他彻底打消了走仕途之路的念头而隐居乡野，将精力全部投到了讲学、著述之中。郑玉晚年尽管名气很大，却既不愿仕元又坚拒明军的应召，最终自缢以保全自己的名节。

郑玉虽然属于陆学的后学，但也吸收了不少朱学的思想，与吴澄等从朱学出发会通陆学相反，他是从陆学出发去融通朱学，并成为元代和会朱陆的一名主要代表。当然，从历史的层面说，从接受陆学到和会朱陆，也反映了他青少年时期和中年以后的不同学术倾向。郑玉的著作主要有《春秋经传阙疑》《周易纂注》等。

如果说吴澄是从朱学出发而会通陆学的话，郑玉则与此相反，他是从陆学出发而和会朱学。所以，全祖望说：“继草庐而和会朱陆之学者，郑师山也。草庐多右陆，而师山则右朱，斯其所以不同。”（《宋元学案·师山学案·序录》）但二人方向的不同却正好映衬着治学指导思想的相同，即都认为朱陆两家各有所长而可以互补。

郑玉作为陆氏后学的“右朱”，一个明显的标志是他肯定和维护周、程、张、朱的道统传承世系，而朱熹则是集诸儒大成，与孔孟同科，“使吾道在宇宙如青天白日，万象灿然，莫不毕见”（《师山遗文·与汪真卿书》），其功可谓大矣。但是，在学术基本观点上，郑玉的主张仍然与朱学有区别。例如，从对周敦颐、张载思想的诠解来看，他认为周敦颐的太极之说是“即理以名气”，张载的《西铭》之作则是“即气以明理”，所以既不存在“理外之气”，也没有所谓的“气外之理”：“然则天地之大，人物之繁，孰能出于理气之外哉？”（《师山遗文·跋太极图西铭解后》）如此一种理气一体的结构，与朱学的理本论体系显然存在较大的差别，当然也不同于后来气学倡导的理根于气说。不过，无论心学还是气学，都不认同朱熹理先气后的理气二分说。

在这里，郑玉对朱熹的称赞与对其后学的批评是联系在一起的。他认为，“天地之秘、圣贤之妙发挥无余韵”的朱学，在后来流行中产生了不少弊病，以至造成“三尺之童，即谈忠恕；目未识丁，亦闻性与天道，一变而为口耳之弊”（《师山遗文·与汪真卿书》）也。忠恕、性与天道等抽象概念成为街谈巷议的热门话题，绝不意味着社会的道德风尚和哲学素质有了多么大的改善、提高，而是人人竞相以谈此问题为时尚而互相标榜、互相夸耀，结果导致严谨的学术流于浮夸，离实用实效越来越远。

相对于对朱学流弊的批评，郑玉对陆九渊学术提出了公正、全面地评价其学识气象的要求，强调不能只抓住一点而不及其余。

> 陆子静高明不及明道，缜密不及晦庵，然其简易光明之说，亦未始为无见之言也。故其徒传之久远，施于政事卓然可观，而无颓堕不振之习。但其教尽是略下工夫，而无先后之序；而其所见，又不免有知者过之之失。故以自修虽有余，而学之者有弊。学者自当学朱子之学，然亦不必谤象山也。（《宋元学案·师山学案·与汪真卿书》）

陆九渊比程颢、朱熹有所不足，但亦有自己的优长，其简易直接的教人之方能够取得实际效果，这又特别反映在学者的自省自修上。当然问题又有另外一面，只强调简易光明便忽略了循序笃实的下学工夫，所以用于自律有余，用于求学问道则嫌不足。

郑玉对陆九渊的批评，从量上看较朱熹为多。之所以如此，是因为在他的视域中，朱学为常法而陆学为特出，陆学的理论建构不如朱学缜密也就是自然的。

> 朱子之说，教人为学之常也；陆子之说，高才独得之妙也。二家之学，亦各不能无弊焉。陆氏之学，其流弊也，如释子之谈空说妙，至于鲁莽灭裂而不能尽夫致知之功；朱氏之学，其流弊也，如俗儒之寻行数墨，至于颓惰委靡而无以收其力行之效。然岂二先生立言垂教之罪哉？盖后之学者之流弊云尔。（《师山集·送葛子熙之武昌学录序》）

按照郑玉的分析，朱陆之异主要包括两个方面：一是二人自身治学趋向和重心有别。指明这一点在方法论上是十分重要的。因为朱、陆之学既然各有侧重，就等于说各有所缺，从而就不能由此判定谁优谁劣。朱陆之异在这里实际成为维护朱、陆双方学术权威不可动摇的重要论证手段。二是两家后学各自造成的流弊有别。如此流弊的造成，在陆氏一方是谈空说妙而无致知之功，在朱氏一方则是寻行数墨而无力行之效。简言之，陆氏后学导致的是无知，朱氏后学造成的是不行。无知则学无所得而贻误后学，不行则沉溺于诗书而无实用之效。郑玉将如此的流弊归于朱陆后学，目的非常明显，那就是强调二先生学术本来是互补而合一的。

正因为如此，世风学术颓坏就既不是朱学造成的，也不是陆学造成的，而是朱陆异同说带来的互相诋毁：“近时学者未知本领所在，先立异同，宗朱则毁陆，党陆则非朱，此等皆是学术风俗之坏，殊非好气象也。”（《宋元学案·师山学案·与汪真卿书》）所以，郑玉要全力辟之。但郑玉反对朱陆异同说而主张两家和会，并不仅仅从其理论具有的相似性着眼，道理很简单，其相似性的方面并不能遮盖其不相似的方面，即便割裂其早晚先后而牵强比附也罢。郑玉的创见在于他具有更加宏大的视野，要求从儒家之大本达道的最高原则上来看双方的异同。

以予观之，陆子之质高明，故好简易；朱熹之质笃实，故好邃密。盖各因其质之所近而为学，故所入之途有不同尔。及其至也，三纲五常，仁义道德，岂有不同者哉？况同是尧舜，同非桀纣，同尊周孔，同排释老，同以天理为公，同以人欲为私，大本达道，无有不同者乎！(《师山集·送葛子熙之武昌学录序》)

郑玉一口气列出了朱陆的“八同”，而这“八同”远比其性格、趋向等更具有决定性的意义。郑玉的陈述在方法论上具有经典的意义，它促使人们从狭隘的门户之见中解脱出来，从根本上改换了看问题的视角。讨论朱陆异同，看到各自有别的入德教人之途固然是需要的，但更要看到双方产生于同样的社会条件和思想基础，同倡天理而同辟佛老异端，继承的是儒家自尧、舜、周、孔而下的同一命脉，这些才是判定是否同属于儒家正统的最重要的标准和条件。

因此，两家后学浅薄的门户之见不能遮蔽朱陆共同扶持的纲常大本。事实上，唐宋以来儒家复性的使命正是，在排除佛老的基础上回归到作为儒家根基的周孔之道上，这是朱陆双方唯一的动机和目的。一句话，朱陆两家都“以倡明道学为己任”。所以，和会朱陆在郑玉这里就是必然的方向和结论。

第三节　王守仁

王守仁（1472—1529），字伯安，余姚（今属浙江）人，因曾筑室于会稽阳明洞，世称“阳明先生”。王守仁年少时豪迈不羁，十二岁时曾问私塾老师曰：“何为第一等事?”老师回答：“惟读书登第耳。”王守仁却颇为怀疑，以为“登第恐未为第一等事，或读书学圣贤耳”(《王阳明全集·年谱一》)。“学圣贤”，即以程朱为榜样，他的整个青少年时代实际都是以此作为自身的砥砺的。他“遍求考亭遗书读之”，信奉朱熹的“一草一木皆涵至理”而须逐件“穷格”的做圣贤的方法，并身体力行，以父亲官署里的竹子为对象，尽心竭力“穷格”竹子之理，不过最后不但未能悟出竹子之理，人反因“劳思致疾”而病倒。格物穷理的失败，使他逐步意识到如此的格物和做圣贤之路很可能走不通的。多年后，他被贬到贵州龙场做驿丞，对这一问题有了清醒的认识。他在艰苦恶劣的生存环境中“日夜端居澄默，以求静一”，终于“大悟格物致知之旨”，“始知圣人之道，吾性自足，向之求理于事物者误也”(同上)。“龙场悟道”是王阳明学术生涯的一个根本转折点，从此他逐步形成了自己的心学体系，其基本观点有心理为一、知行合一、致良知、“四句教”与性无善恶等。

王守仁继承了陆九渊以来以心为本的思辨哲学，将心学学术发扬光大，成为宋明理学心学一派的总结者。因为他完成了心学理论的系统化，故后人将其学与陆学合称为陆王心学；又因为王守仁乃这一派的最大代表，故又将这一派简称为王学或阳明学。在王守仁生活的时代，朱学是国家的统治思想，王守仁心学首先便是以反朱学正统的面目出现于世的，并由此而促使明代学术发生了根本性的变化。到晚明，王学已流行于天下并在学术领域占据了支配地位，对后世影响深远。由于王守仁长期讲学授徒、弟子众多，弟子们因对老师的学术宗旨理解不同而各有解读，最终导致了王学的分化。

王守仁的著作经后人不断收集、整理，汇刻为《王文成公全书》，今有上海古籍出版社《王阳明全集》本刊行。

一、心理为一

“心即理”命题与“性即理”命题，向来被作为心学与道学对立的一个基本标识。宋以来的朱陆异同之辨，也说明朱陆两家的确存在差别。但是，承认差别并不意味着就要抹杀双方的联系，“心即理”与“性即理”的标识本身便具有相对的性质，朱学与陆学在一定情况下是可以沟通的，双方之冰炭水火主要还是宗派门户意义上的。事实上，陆九渊学术虽然是以心为本，但对于性、理并不排斥，这些都给王守仁以深刻的影响。

王守仁以心学为基础去总结、统一朱陆各家，而被统一进来的朱学本身又是朱熹当年从理本论出发集成先前各派思想的结果。所以，不同的哲学派别及其思想，通过相互间或同或异的争论，在互相折中吸取的互动中向前发展。不论王守仁作《朱子晚年定论》的初衷究竟如何，他事实上都是如此实践的。因此，说王守仁继承和发展了南宋陆学并无问题，问题在于这一说法并不全面。王守仁对心学的推进，并不是限于心学的圈子来进行的，他是从明代理学发展的整体高度来张扬其学术的，于是他对道学、气学、性学各家的总结也就顺理成章了。

王守仁总结前人的指导思想是他提出的“心之体，性也，性即理也”[《王阳明全集·书诸阳伯卷（甲申）》] 的基本原则。心、性、理三家，在这里已连通为一体。从王守仁的思想逻辑来说，性即理的结论是从心即理的前提推导出来的，因而心即理的问题必须要辨析清楚。陆九渊虽然已具有“人皆有是心，心皆具是理，心即理也”的心学经典推论，但这一推论在逻辑上是有漏洞的，站在“心具理”的立场上谈“心即理”，朱熹完全可以接受，因为它可由“主宾之辨”的方式来实现，所以是区分不开心学与道学的。王守仁要把“心即理”奠定为心学的“立言宗旨”，就必须对朱学的“心具理”观进行清理。

> 晦庵谓“人之所以为学者，心与理而已。心虽主乎一身，而实管乎天下之理；理虽散在万事，而实不外乎一人之心”。是其一分一合之间，而未免已启学者心理为二之弊，此后世所以有专求本心、遂遗物理之患，正由不知心即理耳。（《王阳明全集·答顾东桥书》）

“专求本心、遂遗物理”是顾东桥对王学可能出现的后果的担忧，但这一担忧只能来自朱学的立场。因为在朱熹“心主管理”的主宾之辨模式下，心与理的统一是通过即物穷理的认识过程实现的，这同样可以叫作“心具理”。但认识论模式的心理统一，其前提是心、理主宾双方的分置，所以如果“专求本心”，便会带来“遂遗物理”的后果。而在王守仁这里，由于“物理不外于吾心”，“心、理是一个”，所以求心便是求理，这可以说是本体论上的心理为一，“专求本心、遂遗物理”的担忧也就根本不存在了。

王守仁进一步认为，朱熹不仅是“心具理”的“主管”模式有误，而且这段话一开端就有问题。有学者问：“晦庵先生曰：‘人之所以为学者，心与理而已。’此语如何？”

(《王阳明全集・语录一》) 王守仁回答:"心即性,性即理,下一'与'字,恐未免为二。此在学者善观。"(同上) 在王守仁这里,只有心即理而没有心"与"理,"心与理"的说法从文字表述上就已是明明白白地分心与理为二了。朱熹"心具理"的一分一合,可以说是实践这种心理为二观的必然结果。

当然,无论是道学的"心具理",还是心学的"心即理",心与理之间都是可以也能够顺利过渡的。之所以能如此,其实不在于心与理之本身,而在于位居心与理之间的不可或缺的性这个中介。王学心即理模式的实现,离不开心即性和性即理。而在朱学,"心具理"实际表明的是心具性:"盖心之所以具是理者,以有性故也","性是理,心是包含该载、敷施发用底"(《朱子语类》卷五)。可以说,所谓心理关系,实际都是心性理关系。性作为枢纽的地位,促使王守仁向杨简看齐,也从性范畴下手来宣扬自己的"一"论,只是他的"性一"说同时又吸纳了程颐以来以不同所指来划分诸范畴的逻辑方法。

> 性一而已,自其形体也谓之天,主宰也谓之帝,流行也谓之命,赋予人也谓之性,主于身也谓之心;心之发也,遇父便谓之孝,遇君便谓之忠,自此以往,名至于无穷,只一性而已。……人只要在性上用功,看得一性字分明,即万理灿然。(《王阳明全集・语录一》)

一切只"一性而已",说明王守仁对先前学术的总结是以性为基础的。但是,以性为基础,不等于放弃了心,王守仁提出"性一"说的目的在于为心理相通铺设一条坦途:因为性为心之体而性即是理,所以明性即是明理。但是王守仁的明性明理,不是指程朱的对象性活动,而是心遇事而发。尽管其具体之理的名称可以无数,但中心都是同一个性理的彰显。

王守仁这里强调在性上用功,突出了心于事上磨炼的工夫。要树立心即理的"立言宗旨",只信守先验原则是不够的,它需要通过现实的心性磨炼才能得以实现。"故我说个心即理,要使知心理是一个,便来心上做工夫。"(《王阳明全集・语录三》) 这种磨炼而来的心性理的一体性,是王守仁心即理说的最重要的特征。

> 理,一而已矣;心,一而已矣。故圣人无二教,而学者无二学。……天命之性具于吾心,其浑然全体之中,而条理节目森然毕具,是故谓之天理。[《王阳明全集・博约说(乙酉)》]

圣学只有一个,就是心理为一。但心理为一之理,实为浑然全体之性,因其条理森然毕具又谓之天理,即由性一而实现了理一心一。王守仁继承了杨简将性与"一"组合而论其学的方法,但其着眼点则不完全是杨简的我心,而是放在了心理之间、心理为一之上。从心到性到理,又是一个顺序生成:"所谓汝心,却是那能视听言动的,这个便是性,便是天理。有这个性才能生,这性之生理便谓之仁。"(《王阳明全集・语录一》) 从性之生理的角度论证心性理仁的统一,则显然又将张栻、朱熹的思想统合了进来。

回首当年,宗密批评儒、道两家不能穷理尽性,着眼点在虚;后来胡宏批评佛教只见理见性而不能穷理尽性,着眼点在实;现在王守仁从总体上认定诸般论性者均不能见性,着眼点又走向虚——各本体性范畴的相通合一,强调的是性、理、心、天等的本来一体。所以，“今之论性者纷纷异同，皆是说性，非见性也。见性者无异同之可言矣”（《王阳明全集·语录三》）。显然，王守仁总结各家而论证“心即理”的心学基本立场，是必须要有性范畴的枢纽作用才能确立起来的。王氏作为“见性者”要发明的基本道理，就是性无异同或性一说。虽说对性作为心之本体的界定，湖湘学的以性为本和朱熹的以理为本可以相通，但二学注意心、性的区分却不为王守仁所赞同。

王学以心体与性体为同一体，目的在于说明心之所发便是性理流行。那么，“心之本体即是性，性即是理”（《王阳明全集·语录一》）的逻辑推导，也可以表述为心之所发便是性，性便是理。从此推开去，“千变万化至不可穷竭，而莫非发于吾之一心”[《王阳明全集·书诸阳伯卷（甲申）》]。王守仁的以心为本，通常不是强调心比性、理等重要——在这个方面他着重讲的是心性理的一体；而是在肯定心性理一体的前提下，通过心作为主体的无所不该来发明万理万事均不在心外。在此意义上，王守仁的心本体论实际也可叫作心总体论。

> 夫在物为理，处物为义，在性为善，因所指而异其名，实皆吾之心也。心外无物，心外无事，心外无理，心外无义，心外无善。[《王阳明全集·与王纯甫（癸酉）》]

一方面，理学诸范畴可以因其所指而被给予不同之名，但从其实来说，都不过是同一之心。因为所谓心本身就既是理，又是性、义等。人不可能外心以求理，固然也等于不能外性以求理、外物以求义。但问题的关键在于，作为本体的心性理之义虽然同一不二，但作为主体的却只有一心。所以，孝悌忠信、端庄静一、学问思辨等一切道德实践和知识求索活动，最终都只能统一于人之一心。王守仁以融本体于主体的形式实现了他对心本论、性本论和理本论的三论归一。

另一方面，物、理、义、善等概念虽然有各自确定的意涵而相互区别，但这些区别只是“吾之心”相对于关联者的具体表现，所以并不具有实质性的意义。换句话说，指称的“异名”并不会动摇心的最终本体地位。这与二程以来理学的主流发展趋势相比，既有吻合也有差异。吻合在于异名而同指，差异在于最后的归结是“吾之心”。所谓无物、无事、无理、无义、无善等，集中揭示了王守仁心学的基本原则：一切都不超出心的范围。

同时，在中国哲学中，“事”概念或“物”概念往往不指与人无涉的客观事物，而是突出了以人为主导的实践过程。例如，格“物”本来就是穷“理”的另说，所以心外“无理”与心外“无物”的含义实际相同。王守仁说：“心外无物。如吾心发一念孝亲，即孝亲便是物。”（《王阳明全集·语录一》）“物”在这里指吾心发现并触及对象的道德践履，如此的践履因为是孝顺之心的实现过程，所以孝顺父母的活动（物）就不在心外。

但是，王守仁的“心外无物”观点因为与常识冲突，在当时引起了不少的争议。王守仁为此进行了辩护，下面参看两个典型事例。例一：

> 先生游南镇，一友指岩中花树问曰：“天下无心外之物：如此花树，在深山中自开自落，于我心亦何相关?”先生曰：“你未看此花时，此花与汝心同归于寂；你

来看此花时，则此花颜色一时明白起来；便知此花不在你的心外。”（《王阳明全集·语录三》）

友人的这一诘问非常尖锐。他的出发点是深山花树乃是客观实在，其花开花落并不以王守仁个人的主观观念为转移。但是，王守仁的回答却避开了花树是否实际存在的问题，或者说他所关心的并不是花树实际存在与否，而是吾心与花树有无发生关联。按他所说，我未去看花时，此花与我心同归于“寂”，我没有关于此花存在的感受；我看见此花时，花的颜色在我心中一下“明白”起来，所以此花不在我心之外。在这里，王守仁使用“寂”这个中国传统哲学的名词而不是通常所谓的“存在”，是很有讲究的。“寂”只是表明花没有“明白”表现出来，没有被我体验到，而并不涉及花的实际存在问题。

换句话说，我们通常讨论的事物的有无实际具有两重含义：一是它客观上有没有，存在还是不存在，这属于科学认识的问题，比方我们居住的地球，它什么时候存在或不存在。二是从主体的感知或主客观关系来考虑，客观存在与否便不是我要关心的问题，我关心的是我心中呈现了什么，“心中花树”例便正是此意。例二：

“我的灵明便是天地鬼神的主宰。天没有我的灵明，谁去仰他高？地没有我的灵明，谁去俯他深？鬼神没有我的灵明，谁去辩他吉凶灾祥？天地鬼神万物离却我的灵明便没有天地鬼神万物了；我的灵明，离却天地鬼神万物，亦没有我的灵明。如此，便是一气流通的，如何与他间隔得？”又问：“天地鬼神万物千古见在，何没了我的灵明便俱无了？”曰：“今看死的人，他这些精灵游散了，他的天地万物尚在何处？”（同上）

“灵明”指本心或良知，如果心外无物、无理，如何看待天地、鬼神、万物千古见在的问题？显然，弟子所问仍然执着于客观存在，只是问题更尖锐。的确，“天地鬼神万物千古见在”是不容置疑的，如同我们的地球早就存在一样，它并不因为王守仁的灵明而有所生灭。但是，这样的反驳与王守仁所要表述的思想不属于同一类型。在例二中，王守仁在讲天地、鬼神、万物正是因我的灵明（本心、良知）才有它们的“高”、“深”和“吉凶灾祥”时，对于弟子从客观存在的角度提出的诘难——天地、鬼神、万物千古见在，如何没有我的灵明便都“无了”，依旧坚持从主客观关系的角度去回答：去看死的人，他的精灵游散了，他的天地万物在何处？

可以说，每个人对天地、鬼神、万物的高、深、吉凶灾祥的感受和体验是不同的，即每个人心中都有自己的天地万物，一个人死去，他的天地万物也就不存在了。与人构成实际价值关系的人心中的天地万物，事实上须以特定人的去留为转移，这与天地万物客观存在与否讨论的不是同一个问题。中国哲学家善于在“通天地一气”的前提下考虑宇宙和人生，注重主客体之间的相互联系，二者之间可以说是一寂俱寂、一现俱现，已经超出了单纯存在论思维所涉及的领域，这可以说是中国哲学的特点和优点。

二、知行合一

知行合一是王守仁知行观也是王守仁整个哲学的代表性观点。但它之得来，却是宋代理学流行的知行相须互发思想发展的结果。就“知行合一”命题本身而言，在王守仁之前，吴与弼的弟子谢复就已提出这个命题，并以此为治学之要。（《明儒学案·崇仁学案二·谢复传》）但是，作为一种思想体系来说，知行合一是从王守仁开始的。

“知行合一”是王守仁知行观的典型命题，也是王守仁整个哲学的代表性观点。在王守仁的思想体系中，知行合一是心理为一观点的继续和展开。作为他理论的对立面，程朱之学既然分心理为二，就必然地导向分知行为二。他说：“外心以求理，此知行之所以二也。求理于吾心，此圣门知行合一之教，吾子又何疑乎？”（《王阳明全集·答顾东桥书》）外心以求理是分心理为二，求理于吾心则是心理合一，但王守仁分别以知行分二、知行合一的思想来解释，说明知与行的实质在于心与理，理不在心外，行亦不在心外，即心理为一、知行合一都是以心来承担的。其具体含义，概括起来有以下四点：

一是知行“两个字”说“一个工夫”。知、行这“两个字”与“一个工夫”在王守仁这里是相互发明的关系。王守仁说：“知行原是两个字说一个工夫，这一个工夫须著此两个字，方说得完全无弊病。若头脑处见得分明，见得原是一个头脑，则虽把知行分作两个说，毕竟将来做那一个工夫，则始或未便融会，终所谓百虑而一致矣。”［《王阳明全集·答友人问（丙戌）》］在这里，“头脑”即心“见得分明”是最要紧的，做到了这一点，知行合一与知行分二就可以统一起来。就是说，“合一”并不意味着否定知行有分，反之，必须有分，“著此两个字”，阐明知行各自的特点、作用、关系等，知行合一才能真正落到实处，“所谓百虑而一致也”。

二是“知行本体”是知之即行。“知行本体”，即知行的本来状态。就其本来状态而言，“未有知而不行者，知而不行，只是未知，圣贤教人知行，正是安复那本体”（《王阳明全集·语录一》）。知了不行，不能算知；知之即行，才是真知行。王守仁认为，《大学》所谓“如好好色，恶恶臭”便是真知行的恰当表述。即见好色、闻恶臭属于知，好好色、恶恶臭则属于行。但这只是最初浅的理解，实际上，一见好色、一闻恶臭，同时就产生了好、恶的情感，二者一生俱生；反之，如鼻塞而不辨香臭，也就无好、恶可言。在这里，人的心理感受和意志行为成了知行合一实现的桥梁。所以说，“知行如何分得开？此便是知行的本体，不曾有私意隔断的”（同上）。

三是知行双方本相互发明。王守仁论知行关系，更多是从知行双方的相互依赖、相互发明着手的，他谓此为他的“立言宗旨”。双方的关系是，“知是行的主意，行是知的工夫；知是行之始，行是知之成。若会得时，只说一个知已自有行在，只说一个行已自有知在”（同上）。从认识活动的过程来说，主意与行动、始发与终成本就不可分离，知行双方互以对方为自己的存在前提，其区别只在于不同的认识角度。所以，知一定带着行，行一定包含知：“知之真切笃实处，即是行；行之明觉精察处，即是知；知行工夫本不可离。只为后世学者分作两截用功，失却知行本体，故有合一并进之说。真知即所以为行，不行不足谓之知。”（《王阳明全集·答顾东桥书》）知行工夫本不可离，只是因为宋儒分裂知行，先后“两截用功”，所以他才要强调“合一并进”之说。王守仁观点的实质就在于，真知是以行为内容的，不行就不能叫作知：“食味之美恶必待入口而后知，岂有不待入口而已先知食味之美恶者邪？……路岐之险夷必待身亲履历而后知，岂有不待身亲履历而已先知路岐之险夷者邪？”（同上）相形之下，知先行后说的最大弊病就是将导致终生只知不行。重行是王守仁知行合一说的显著特点。

四是“一念发动处便即是行”的社会政治需要。王守仁提出知行合一说，有克服程朱偏失和补偏救弊的理论需要，也有遏止产生不善行为的社会政治需要，后者同样是他的“立言宗旨”。他说：“我今说个知行合一，正要人晓得一念发动处便即是行了。发动处有不善，就将这不善的念克倒了，须要彻根彻底，不使那一念不善潜伏在胸中，此是我立言宗旨。”(《王阳明全集·语录三》) 只要一有不善之念便就是行，这是王守仁为了全力解救世风日下的社会从知行观上做出的努力。他认为，犯上作乱现象之所以层出不穷，乃是因为人们分知行为二，以为不善之念未付诸行动而不用克服，故往往因此放任而酿成大患。所以，必须以“一念发动处”为行，在一念之差上下功夫，方能从根本上禁绝祸患。

也正因为如此，虽说“人之善恶，由于一念之间”，“一念”对善恶是均等的，但主要针对的还是不善之念，故“尔一念而恶，即恶人矣”(《王阳明全集·南赣乡约》)。而善念之为善人则还需要切实的修身工夫：“彼一念而善，即善人矣，毋自恃为良民而不修其身。”(同上)“善人”的造就不但需要善念，而且需要落实于修身实践，后者显然不可能一蹴而就，而是需要长期的持之以恒。

三、致良知

二程尤其是朱熹大力倡导的格物穷理方法，王守仁在通过自身经验和艰苦思索予以否定后，最终引向的道路是“乃知天下之物本无可格者，其格物之功，只在身心上做”(《王阳明全集·语录三》)。按照王守仁的分析，朱熹即物穷理的要害“是以吾心而求理于事事物物之中”(《王阳明全集·答顾东桥书》)。就是说，要求孝之理、求恻隐之理等，就只能到对象身上去求，但这样必然会带来深刻的矛盾：如果孝之理在父母之身，那父母亡故之后，我心中就没有孝之理了吗？同理，恻隐之理是在孺子之身还是出于我心中的良知呢？“以是例之，万事万物之理，莫不皆然”(同上)，即都出于我心。王守仁的反诘应当说有他的道理。道德观念的形成固然离不开外部环境和人伦日用的实践，但它既经形成就具有相对的独立性，并不以特定对象的去留为转移。

然而，王守仁对朱熹的批评也不完全恰当，因为双方的预设本来并不相同。就是说，朱熹之所以要求格物穷理，前提当然是不知晓此理，从而才要格物以求；而王守仁的反诘是心中已具此理（良知）——在朱熹那里就是先前格物的结果，自然不需要再向外寻求。

在这里，问题的关键其实仍在于以什么范畴作为自己理论的基础。朱熹以客观天理为本，人心中之理在参与人伦日用的实践中概括（格物）而出；王守仁以本心、良知为本，所以天理不是从外事外物中概括而出，而是将本心所有之理推广到外事外物中，故与朱熹的过程正好相反：不是先穷得事物之理（格物）再去推广（致知），而是先推广我心中所知（致知）到外事外物中（格物）。这就是他“致知格物”的“致良知”说：

> 若鄙人所谓致知格物者，致吾心之良知于事事物物也。吾心之良知，即所谓天理也。致吾心良知之天理于事事物物，则事事物物皆得其理矣。致吾心之良知者，致知也。事事物物皆得其理者，格物也。是合心与理而为一者也。(同上)

可以看出，王守仁的目的是论证心理为一原则。既然心理为一，天理不出我心，相应的工夫自然只要由心出发向外推广，朱熹所要求的格物穷理就根本没有存在的必要了。

王守仁既按自己的特定需要将格物致知颠倒为致知格物，也按正常顺序讲格物致知。在此场合下，在“心外无物”的本体论前提下，格物实际就是“正心”，正心之不正以归于正，即祛除物欲而复归天理的工夫。王守仁的学说后来流行，与儒家道德实践重在自身体验而非单纯的知识求索关系密切。因为按照朱熹的模式，有可能使人陷入一种为穷天理而穷天理、围绕着天理做学问的情形。尽管这可能有助于透彻地认识天理，但对于人的真实道德水准却没有实际的促进作用，所以王守仁强调“致良知”，从自我身心良知着手推广。这样，就不会出现格竹子之理而不得的困境——理本来就在我心，也不存在以我心求物理而将心与理分割为二的情形。

所以，王守仁晚年便称：“吾平生讲学，只是致良知三字。”（《王阳明全集·寄正宪男手墨二卷》）“致良知”之所以能作为王守仁一生的理论总结，是因为它最恰当地总括了心理为一、知行合一等基本观点。一方面，“致”是推致之义，与“致知”之致含义相同，但这推致本是“行”的过程，故“致”已将行含摄于内；另一方面，良知作为心中之天理，自然是知。“致良知”既然将心中之理推致于事事物物、使事事物物皆得其理，也就是通过行而实现了心理为一，并证实了知行的统一。所以，王守仁晚年虽然不再谈知行合一，但知行合一思想实际已被包含在“致良知”之中。可以说，王守仁所主张的心理为一（心即理）、知行合一和致良知三个基本观点，虽然文字表述有异，但在实质上却并无差别。

四、“四句教”与性无善恶

王守仁晚年留给弟子四句“为学宗旨”，通称“王门四句教”。其四句按《传习录》记载为：“无善无恶是心之体，有善有恶是意之动，知善知恶的是良知，为善去恶是格物。”（《王阳明全集·语录三》）这四句话中，第一句直点本体，后几句显然属于发用和工夫。此本体虽是说心体，但由于“心之本体即是性”，心体无善无恶，同时就是性无善恶，这在逻辑上是成立的。如此的性无善恶说在后来引起了不小的争议，他的两大弟子王畿和钱德洪因为对“四句教”首句与后三句的含义及其关系理解不同，引出了明代理学史上有名的所谓“四无”“四有”的争辩，也使本性、善恶和相应工夫诸问题获得了它们前所未有的意义。

王守仁的性无善恶说，简单地讲，就是性本体无善恶而其发用流行有善恶。这与湖湘性学的善恶不足以言性和因其发用正邪而有善恶的观点具有一定的相容性。事实上，王守仁本来强调：

> 性之本体原是无善无恶的，发用上也原是可以为善、可以为不善的，其流弊也原是一定善、一定恶的。（同上）

从通常的意思来看，王守仁性无善恶说的主要内容集中在论述如何理解心、性本体的特性及其存在状态，其间也涉及与儒家天理、至善的范畴及与佛老哲学的关系；而其最主要的特点是突出了本体无物而静的存在状态，将善恶的产生与理气动静、本体发用之当否等问题密切联系了起来。他又说：

> 然不知心之本体原无一物，一向着意去好善恶恶，便又多了这分意思，便不是

廓然大公。《书》所谓无有作好作恶，方是本体。所以说“有所忿懥好乐，则不得其正”。(《王阳明全集·语录一》)

无善无恶者理之静，有善有恶者气之动。不动于气，即无善无恶，是谓至善。(同上)

性本体之所以“原是”无善无恶，是在于心（性）之空灵而不着一物，心一旦着意而好善恶恶，有了意气情感，便是人心也即私心发动，从而产生偏斜，不再是廓然大公的本体状态了。所以，只有不着善恶才是本体。结合理气和动静的因素来看，心中无物的原初状态为理之静，静即意味着发用流行以前；着意有物（善恶）的状态则属于气之动，动即指发用流行本身，所以动与善恶是联系在一起的。那么，不被气所动而保持本体原初的无善无恶状态也就成为最高的理想，故可用至善来称之。

在王守仁这里，由于心、性、理具有一致性，至善境界亦可与理关联，但此理明显不是朱熹意下的实体性天理，而只指心中无物而不着意的空灵状态。如果执着于实体之理并以其为追求，那么不但达不到至善，反而会成为“理障”。故他对弟子关于“难寻个稳当快乐处”之疑问的答案便是，“尔却去心上寻个天理，此正所谓理障”(《王阳明全集·语录三》)。把天理当作一个实体来追寻，其实刚好断送了天理作为至善境界的意义。

与此相联系，善在王守仁这里同样不是实体之性，没有一个实体性的至善本体。善与不善是从正当与否的意义上讲的，它表现为一种正或当的尺度，过当或过此尺度便是恶。所以，对于学生不理解他的“善恶只是一物”，而有“善恶两端，如冰炭相反，如何谓只一物”的疑惑，他解释说：

至善者，心之本体。本体上才过当些子，便是恶了。不是有一个善，却又有一个恶来相对也。故善恶只是一物。(同上)

“至善者，心之本体”一类的话，王守仁讲过多次。但从此句可以看出，他肯定“至善”与性善论并不是一回事。他的“至善”本体论实际是“正当”本体论，从正当与否出发就很好解释“善恶只是一物”，即或者正当而为善，或者偏斜不当而为恶，所以只是一物。在此意义上，王守仁认同程颢的“善恶皆可谓性”和“善恶皆天理”也就变得容易理解了。(同上）意思是，不是说善恶二者都是性、都是天理，而只是说同一心体的发用或者当（善）或者过当（恶），并没有所谓善恶二物并列为天理的情形。

那么，王守仁关于性本体无善恶、发用流行上有善恶的观点，如果换一种表达方式，就是不能以发动流行态的善恶去规定原初态的性本体。王守仁如此阐释与胡宏当年反对以善恶言性存在一定程度的相似性。

王守仁性无善恶说的一大特点是突出了心本体的虚无空灵。在这一点上，王守仁与宋儒有些不同。比如，胡宏的“性无善恶”是“人生而静以上不容说”之意，与心中“原无一物”而肯定心之空虚有别。但后者在王守仁这里却是一个根本性的立场。有学生问：“心无恶念时，此心空空荡荡的，不知亦须存个善念否?”王守仁回答说：

既去恶念，便是善念，便复心之本体矣。譬如日光，被云来遮蔽，云去，光已

> 复矣。若恶念既去，又要存个善念，即是日光之中添燃一灯。（《王阳明全集·语录三》）

善恶既是一物，故去恶便是善，云去便见光，便复本体，根本不存在“存个善念”的问题。王守仁强调心本体的无物，反对理障，反对存善念，体现了王守仁对孟子以来的存心养性说的某种颠覆。王守仁的本体论可以说是一种去实体化的本体论，故他主张的无善无恶说是以无念不着意的虚静空灵为特色的。王守仁在评说钱德洪的“有”论时说：

> 有只是你自有，良知本体原来无有，本体只是太虚。太虚之中，日月星辰，风雨露雷，阴霾饐气，何物不有？而又何一物得为太虚之障？人心本体亦复如是。太虚无形，一过而化，亦何费纤毫气力？（《王阳明全集·年谱三》）

在这里，张载“清则无碍”、“湛一无形”而又容纳气感聚散、风雨雪霜、万品流行的“太虚”论，惠能禅宗的“虚空能含日月星辰、大地山河、一切草木、恶人善人、恶法善法”的“性空”说，都给王守仁的良知或“太虚”本体以深刻影响。因为“心量广大，犹如虚空”，所以“原来无有”或无善恶的性又能生有、含藏善恶万法。这既没有任何障碍，也不需要花任何气力。而钱德洪的“自有”说显然已是本体之后的动作，它作为人心本体或良知发用流行的产物，是着意费力而得来的。所以，王守仁特别指明需要“合得”本体。

王守仁的虚无本体说与佛老相关，佛老的虚无说在他看来确有儒家圣人不及之长，但这并不是说佛老的理论就很完善了，它们同样也有不足。

> 仙家说到虚，圣人岂能虚上加得一毫实？佛氏说到无，圣人岂能无上加得一毫有？但仙家说虚，从养生上来；佛氏说无，从出离生死苦海上来；却于本体上加却这些子意思在，便不是他虚无的本色了，便于本体有障碍。圣人只是还他良知的本色，更不着些子意在。（《王阳明全集·语录三》）

宋代理学家以实气、实理、实性批判佛老的虚无，但在王守仁看来，对于虚无本体，实际不可能以实、有作为添加物或取而代之；佛老学说也有不彻底性，因为它们服务于养生和脱离生死苦海的目的，结果使虚无本体产生了障碍。圣人有觉于此，所以不着“一毫”的“子意”，以还良知本体的虚无本色。

从此角度看王守仁的无善无恶，善恶实际已成为一种符号、一种代称。因为不只是善恶，王守仁意下的心性本体也是一切“子意”都不沾“一毫”。如此虚无空灵的本体，“太虚”（最虚）二字倒是最能形容，并因此而能容纳、含藏一切。“日月风雷山川民物，凡有貌象形色，皆在太虚无形中发用流行。”（同上）如此的太虚就是王守仁的良知，太虚本体就是良知本体。无一物能超越于良知之外，本体自然不会有任何“障碍”，从而本体的至上地位和作用得到了更充分的显现。虚无本体与“貌象形色”之间体用相须、有无互发，为以心为本在体用有无关系上打下了更坚实的基础。

当然，讲无善无恶、不着一毫子意，并不等于放任一切而不作为，在这里表现出儒家与佛老的一个重要区别。故当弟子发问“佛氏亦无善恶，何以异”时，王守仁的答复是：

> 佛氏着在无善无恶上，便一切都不管，不可以治天下。圣人无善无恶，只是“无有作好”，“无有作恶”，不动于气。然“遵王之道”，“会其有极”，便自“一循天理”，便有个“裁成辅相”。(《王阳明全集·语录一》)

佛氏的性无善恶带来的是现实的虚无态度和不作为，儒家讲的无善恶则是虚而能容、尊王循理。“谓之不作者，只是好恶一循于理，不去又着一分意思。如此，即是不曾好恶一般。”（同上）循理便是不着意，不着意便是不累心，不累心便是不曾好恶。尽管王守仁说要将儒与佛区分开来，但他如此讲述不着意、不累心，实际与禅学的无念、无心说已相当接近。所以，要真想在儒与佛之间划界，天理的标准实际是不可离的。一讲循天理而“裁成辅相”，理学各派之间的差异就迅速缩小了。

就心学的立场而言，无善无恶表述的是理之静的状况，它与气之动是正相对立的，循理的要求实际走向了气之动否：“不动于气，即无善无恶，是谓至善。”（同上）就此来说，如果只讲不动于气是谓至善，那么尚可以孟子性善论的思路去解答；但将无善无恶联系在一起，则是在禅学虚空观的影响下，以心（性）空而原无一物的规定修饰本心或性体的结果。

王守仁心学的兴起是明代心学兴盛的标志。但明代心学并非只有王学一家。陈献章的嫡传弟子湛若水推进了陈献章的学术，并与阳明多有切磋，他所在的江门之学是与王学并立的心学派别，对心学的发展亦起了重要的推动作用。到明代后期，程朱道学作为国家统治思想的地位仍没有变化，但从民间学术的流传来说，心学逐渐风行天下，支配了学术思想的发展。

心学的发展是与学派的分化并行的。王阳明去世后，王门后学分化为不同的学派，黄宗羲的《明儒学案》将王门弟子按地域归类，划分出浙中、江右、南中、楚中、北方、粤闽王门等不同分支，其中以浙中和江右王门为主要代表。泰州学派亦源出阳明，但因其学术思想与阳明有违异，故自黄宗羲以来被单独列为一派。浙中学派以钱德洪和王畿为主要代表。二人在王门的地位居于一般弟子之上，但钱德洪的学术成就不如王畿。江右学派以邹守益、聂豹、罗洪先等为主要代表。与浙中学派特别是王畿的“通禅”有别，江右学派代表多能笃守王守仁的学统，虽然其学亦不尽相同。邹守益以“弘师旨之法”为己任，致力于维护和发明阳明的“致良知”说，但主要致力于戒慎恐惧而“主敬”。聂豹“初好王守仁良知之说”，但到晚年又因提出“归寂”之说而与王学“颇有异同”，即他认为“良知本寂”应当于“未发”之中去体认，学者求道即求于心之寂然。罗洪先以“主静”为“致良知”之门径，认为“致良知”就是“致吾心之虚静而寂焉”。聂、罗二人思想与其师说之异主要体现在发挥和补正，以救阳明后学流于一偏之弊，故在总体上维护的仍是王学“正学”的传统。

第二十二章

气学的复兴

气学兴起于北宋，但张载去世后其弟子大都归于二程门下，后继乏人，故其学派实际已经瓦解。同时，从《伊洛渊源录》到《宋史·道学传》，都将张载之学并入濂、洛、关、闽的系统之中而以朱学为其集成，原有的学派特性趋于消失，张载气学只是作为朱熹理气论的一个组成部分而被后人认识。这一情况到明代才有了改变。

明初刘基开始吸纳气学的因素，其学表现出与道学、心学等不同的特色。至明代中叶，气学的独特价值日渐受到注重，并逐步成为与程朱、陆王之学相抗衡的力量。在罗钦顺、王廷相等大批思想家的推动下，以气为本的思想流行起来，气学在经历了五百年的沉寂后终于得以复兴。

第一节　罗钦顺

罗钦顺（1465—1547），字允升，号整庵，泰和（今属江西）人。罗钦顺与王守仁是同时代的人，二人同朝为官，关系友善，自幼接受的也都是朱学系统的教育。但罗钦顺不像王守仁那样曾经是朱学的坚定信仰者，他说自己年少时虽读圣贤书，但亦是“知有圣贤之训而已”（《困知记》卷下），并没有深入研究。起初引起他兴趣的是佛学，他潜心钻研，“为之精思达旦”，以为佛学所说“至奇至妙，天下之理莫或加焉”（同上）。直到三十八岁开始担任南京国子监司业时，他才静下心来认真研读圣贤之书，潜玩久之，“始知前所见者，乃此心虚灵之妙，而非性之理也”（《困知记》

卷下）。自此之后，以几十年之精力反复研讨，终于确立起自己的学术。而且，在“自信”对理学的心性理论有了真切体验的前提下，他认为已能清楚分辨宋以来流行的“朱陆之学”了。罗钦顺的主要著作是《困知记》。

一、理只是气之理

理气关系自宋以来一直是理学的一个中心问题，朱熹建立在理本论基础上的理先气后又理气不离说成为主导性的见解，这一见解的核心是理气二物说。罗钦顺对此提出了不同意见：

> 盖通天地，亘古今，无非一气而已。气本一也，而一动一静，一往一来，一阖一辟，一升一降，循环无已。……千条万绪，纷纭胶辐而卒不可乱，有莫知其所以然而然，是即所谓理也。初非别有一物，依于气而立，附于气以行也。（《困知记》卷上）

整个宇宙，并非如朱熹所说是一理而已，而是一气而已。气作为本体，乃是一元的结构，它动静往来，循环无端，条理纷纭而不乱，尽管其中的原因、根据人们可能不知，但这并不影响它们是按自身内在的规律亦即理在运动、变化。理与气就绝不可能分割为二，那么，朱熹以为理是依托、挂搭在气运动中的独立实体的观点便站不住脚。

万物变化“有莫知其所以然而然”本来是程朱的观点，以突出理本体的主宰和决定作用，但这并不意味着理就能独立存在。

> 理只是气之理，当于气之转折处观之。往而来，来而往，便是转折处也。夫往而不能不来，来而不能不往，有莫知其所以然而然，若有一物主宰乎其间而使之然者，此理之所以名也。“易有太极”，此之谓也。若于转折处看得分明，自然头头皆合。（《困知记》续卷上）

客观世界的生成运动和往来变化，的确就像有一物在其中主宰一样，但这不过是对理作为内在根据和规律的一种比喻。其实，“理”概念的必要正是为了发明这一道理。气化流行虽然永不停息，但观察其往来升降如何转折便能把握到其中所含之理。“易有太极”，就是说明气化变易中有理，如果弄清楚了如何往如何复、如何感如何应等，理气合一的运动便容易被认识。

在罗钦顺这里，强调理不能离气并不等于说气就是理：“理须就气上认取，然认气为理便不是。此处间不容发，最为难言，要在人善观而默识之。‘只就气认理’与‘认气为理’，两言明有分别，若于此看不透，多说亦无用也。”（《困知记》卷下）理作为气之流行变化的根据和规律，自然只能在气上认取，离气则无理。但理既然是气上所认者，那么就不等于气，气也不等于理。这对坚持理气统一观来说是十分要紧的问题。如果将理与气、规律与实体完全混同为一，理之名亦不必立了。

当然，混淆理气之间的区别并不是问题的要害，问题的要害仍然是理气二物，而它的起因就是对“易有太极”的认识。这一问题，自宋以后变得十分神秘，故罗钦顺认为有必要再加分辨。

> 或者因“易有太极”一言，乃疑阴阳之变易，类有一物主宰乎其间者，是不然。夫“易”乃两仪、四象、八卦之总名，太极则众理之总名也。云“易有太极”，明万殊之原于一本也，因而推其生生之序，明一本之散为万殊也。斯固自然之机，不宰之宰，夫岂可以形迹求哉！（《困知记》卷上）

对“易有太极”最常见的误解就是，执着于太极为实体而主宰随后生成的两仪、四象、八卦等所象征的万物，在朱学的系统中就是太极生阴阳五行万物。罗钦顺的看法则显然不同。在他这里，“易”是气运动之总名，太极则是理之总名；“万殊之原于一本”或“一本之散为万殊”的说法，不是指天地万物源于太极，而是从生生的过程来看，一本之气分散为两仪、四象、八卦乃至天地万物，而所有这些循序生成的阶段中都有相应的根据和规律即理在发挥作用，换句话说，就是生生（变易）之中有太极也。如此，太极的作用就体现了宇宙变化的必然自然过程，绝非有理之实体存在的余地。

这样，他与朱熹的分歧就凸显了出来：“所谓朱熹小有未合者，盖其言有云‘理与气决是二物’，又云‘气强理弱’，又云‘若无此气，则此理如何顿放?’似此类颇多。惟《答柯国材》一书有云：‘一阴一阳，往来不息，即是道之全体。’此语最为直截，深有合于程伯子之言，然不多见，不知竟以何者为定论也。”（同上）朱熹在理气论上的一个基本主张就是理气二物，以此坚守理的本体地位和主宰作用。气作为理的安顿和落脚处，在朱熹那里必不可少，但气相对于理总是弱者和被支配者，这本身便是理气二物的一个重要表现。当然，朱熹也讲阴阳不息即是道之全体。不过在罗钦顺看来，后者便是与程颢一致，也与他所持相同的理气一物说。他认为朱熹的这两种说法是互相矛盾的。何为朱说的“定论”？罗钦顺心里其实是很明白的，那就是理气二物说。

不过，换一个角度看问题，无论是程颢的“元来只此（一阴一阳）是道”还是朱熹的“一阴一阳”之道，都并非不可与朱熹的体系相容，因为理气二物说的目的是维护理的本体地位，不能将理混同于气，而不是要把理从气中分离出来。所以，从现实的气化世界来说，往来不息的阴阳运动所表现的正是理气和合的道之全体。程颢并非只讲一而不讲分，他在要求将形而上下“截得”分明上是毫不含糊的。

从源头来看，周敦颐的《太极图说》讲无极太极与二气五行之关系的“妙合而凝”，就已开启理气为二之端。

> 凡物必两而后可以言合，太极与阴阳果二物乎？其为物也果二，则方其未合之先各安在耶？朱熹终身认理气为二物，其源盖出于此。……尝考朱子之言有云：“气强理弱”，“理管摄他不得”。若然，则所谓太极者，又安能为造化之枢纽，品物之根柢耶！（《困知记》卷下）

罗钦顺与朱熹的分歧在于基本的理论构架不同。朱熹的构架是太极生阴阳又复在阴阳之中，在前者只有太极而无阴阳——阴阳未生；在后者双方并存且合而不离。所以，“未合之先各安在耶”的质疑其实并不存在，朱熹的问题出现在太极生阴阳之后。在这里，既然是气强理弱而理又管摄气不得，那理又如何能成为“造化之枢纽”“品物之根柢”？这一诘问应该是深刻的。它说明朱熹既要强调理的本体地位，又要发明气凝聚生物的活泼性质，气并不服理管辖，这实际是实体的二元，所以出现了矛盾而不能自洽。罗钦顺说他积数十年潜玩之功也无法认同朱熹的观点，应当说是合乎事实的。

由于朱熹和朱学的特殊地位，当时也有从朱熹的理气二物说不是“判然为二”去为之辩解者。但在罗钦顺看来，其迁就未必恰当，因为“既有强有弱，难说不是判然。夫朱熹百世之师，岂容立异？顾其言论间有未归一处，必须审求其是，乃为善学朱熹，而有益于持循践履之实耳”（《困知记附录·答林正郎贞孚》）。就是说，综合朱熹所言，其“定论”就是理气二物。王守仁出于理论所需而自撰朱熹晚年“定论”，罗钦顺对其不实之处提出了明确的批评。因此，从罗钦顺自己的角度讲，必须实事求是地对待朱熹和朱学，其理论未归一处就是未归一处，“善学朱熹”不能曲解或回避朱熹言论的矛盾，只有如此，才能为自己的立身实践提供正确的指南。

二、天命气质为一

罗钦顺在理气论上坚持理气为一，批评朱熹分理气为二。表现在人性论上，他同样要求人性的统一。因此，他对宋以来的天命之性与气质之性的二性之分提出了明确的批评。

> 程、张本思、孟以言性，既专主乎理，复推气质之说，则分之殊者诚亦尽之。但曰“天命之性”，固已就气质而言之矣；曰“气质之性”，性非天命之谓乎？一性而两名，且以气质与天命对言，语终未莹。朱子尤恐人之视为二物也，乃曰“气质之性，即太极全体堕在气质之中”。夫既以堕言，理气不容无罅缝矣。惟以理一分殊蔽之，自无往而不通，而所谓“天下无性外之物”，岂不亶其然乎！（《困知记》卷上）

思、孟言性善，二程、张载继之，性善是讲理之一，即普遍性的一面，但二程、张载以理性为主又提出特殊性的气质之说，至此，既有理一的普遍性之善，又有分殊的性善恶不等，理一与分殊、普遍与特殊相互发明，问题就应当说完了。那么，再提出天命之性与气质之性的二性说就是没有道理的。因为天命之性本来就在气质之中，理只是气之理也。反之，既然叫气质之“性”，“性”难道不是天命吗——“天命之谓性”也。所以，同一个人性一定要分割出二性，即一个天命之性、一个气质之性，道理怎能说得通？

罗钦顺自己的道理是，“天命之谓性”是理一，即性善，“率性之谓道”是分殊，因为人各自循性而有自己的特殊规定和差异，这就是说性有善有不善。普遍性体现在特殊性之中，不可能存在天命之性与气质之性的对立。在这里，朱熹本来是强调天命之性与气质之性不能分的，但他既然说天命“堕在”气质之中，即理“顿放”在气之中，就仍然是理气二物的路子。所以，最恰当的表述就是理一分殊：讲理一（性善），则人皆可以为尧舜；语分殊（有性善有性不善），其极端便是上智与下愚不移。在此意义上就很好地理解二程以来“天下无性外之物”的名言了。

比较起来，罗钦顺虽对二程、张载和朱熹都提出了批评，但在性气观上他对张载的批评更多一些。因为从根本上讲，张载之学的特点都在分二：在本体论上分太虚与气化为二，这在罗钦顺看来就是分理（太虚）气为二；在人性论上则是分天地之性与气质之性为二，罗钦顺对此显然不能认同。

“天地之性”“气质之性”，宋诸君子始有此言。自知性者观之，固可默识；在初学观之，有能免于鹘突者几希。何也？夫性一而已矣，苟如张子所言“气质之性，君子有弗性”，不几于二之乎？此一性而两名，仆所以疑其词之未莹也。若以理一分殊言性，较似分明，学者较易于体认，且于诸君子大意亦未尝不合也。（《困知记·附录·答林正郎贞孚》）

仅就“天地之性”与“气质之性”这两个概念来说，并不是不可以提，但必须以对性的深刻认识为前提，即讲天地之性是从本然、本原的角度讲，讲气质之性是从分殊、现实的角度讲，实则都是同一之性。但初学者显然不能认识到这一点，从而把“二性”实体化了。其实，张载就是这样看待的，所谓“气质之性，君子有弗性”，不就是说存在一个君子认作性的性即天地之性和一个君子不认作性的性即气质之性吗？严格说来，以天地之性与气质之性的不同名义去称谓同一内容，本来就是不恰当的。唯一恰当的做法是，站在理一分殊的普遍性与特殊性相结合的立场上，只有如此，才能得出正确的结论。而且，这不但容易为人所理解，也符合要对性做不同层面的分析这一诸儒的“大意”。

三、性体心用

罗钦顺在人性论上坚持了他的理气为一说，但在心性关系上他的观点则有些不同。譬如，罗钦顺对性与心的关系进行过自觉的区分：

盖天性之真，乃其本体，明觉自然，乃其妙用。天性正于受生之初，明觉发于既生之后。有体必有用，而用不可以为体也。（《困知记·附录·答欧阳少司成崇一》）

在罗钦顺这里，天性为体而“明觉”即心为用，性与心之间不仅有体用关系，也有先后关系，因而不能以心代性、以用为体。罗钦顺自以为这一架构是从《礼记·乐记》引过来的，即所谓“‘人生而静，天之性’，即天性之真也；‘感物而动，性之欲’，即明觉之自然也”（同上）。他以为自孔子以降历代圣贤都是如此看问题的，如孟子的“知性”“知天”是将明觉之心（知）与天性本体区分开来的，程颢则进一步讲明“知是知此事，觉是觉此理”，知觉作用与内在于事之理是在主客对置框架下的体用两方，故混淆体用、虚实就是不恰当的：“虚实既别，体用自明，以用为体，未之前闻也。”（同上）

后代先贤罗钦顺引到程颢为止，但这一观点的典型概括其实在胡宏。胡宏当年建构“性”学，首先亦是从《礼记·乐记》的框架出发，即将天性之静与人心之动区分开来，并认为司马光之不明性学正缘由于此。但同时，胡宏也主张性动为心、心以成性，肯定了心与性的密切联系，而这是罗钦顺没有注意到的。罗钦顺论心性关系的统一，主要是立足于体用的角度，而体用的合一就是道。所谓“道心，性也，性者道之体；人心，情也，情者道之用。其体一而已矣，用则有千变万化之殊，然而莫非道也”（《困知记·附录·答黄筠谿亚卿》）。朱熹主张心统性情，性体情用，但在人心与道心之间，则道心听命于人心与人心听命于道心都是可能的。罗钦顺的体系显然与此有别，因为在他这里，情用无疑是不能统一性体的。因此，心与性的间隔就仍然存在。

后来，黄宗羲评论说，罗钦顺的“性体心用”说是受朱熹理先气后的理生气说影响的结果，从而造成理气论上主张理气一致而理统一于气，与心性论上主张性体心用、性先心后而性心为二的矛盾。黄宗羲的批评实际有鉴于其师刘宗周对阳明后学空虚的理论缺失的批评，而要求心性为一，认为“无心外之性”。“是故性者心之性，舍明觉自然、自有条理之心，而别求所谓性，亦犹舍屈伸往来之气，而别求所谓理矣。”（《明儒学案·诸儒学案中一·罗钦顺传》）。就是说，性在心中，离心无性，离开心去求性就如同离开气去求理一样荒谬。黄宗羲的批评无论是否恰当，揭示出理气论与心性论之间存在相应关系都是有意义的。

在理论建构的其他方面，罗钦顺有不少时候是站在朱学的客观性立场说事的。如在格物致知论上，他坚决反对王学的以良知为天理，因为遍观山河大地，“吾未见其有良知也”（《困知记·附录·答欧阳少司成崇一》）。王守仁欲“致吾心良知于事事物物”的“致良知”说，在罗钦顺眼中尤为不通，他认为倘若如此，“则是道理全在人安排出，事物无复本然之则矣”（同上）。天理在罗钦顺这里是客观的法则，而非主观可以任意“安排”之物。“欲见得此理分明，非用程朱格物工夫不可”。程朱的格物工夫，就是在肯定主客体相互作用的前提下，“见得天人物我原是一理”（《困知记·附录·答刘贰守焕吾》），所以王守仁“专以格物为格此心则不可”（《困知记·附录·答允恕弟》）。

第二节　王廷相

王廷相（1474—1544），字子衡，号浚川，河南仪封（今河南兰考东）人。王廷相二十九岁登进士第，此后四十余年从政不辍，但因主张改革弊政，反对宦官权臣的专横跋扈，曾先后两次被罢官治罪。王廷相与王守仁是同时代的人，在王守仁从心学出发责难程朱道学而在理学内部掀起轩然大波之时，王廷相却继承了张载的气学，从元气论出发对程朱的理本论体系提出了系统的批评，是明代气学最主要的代表。

王廷相治学重在实效、实用。从实用出发，王廷相的学术兴趣十分广泛，在天文学、律历学等方面都有重要贡献，而在文学上亦是当时的“前七子”之一。按照《明史》的说法，“廷相博学好议论，以经术称。于星历、舆图、乐律、《河图》、《洛书》及周、邵、程、张之书皆有所论驳，然其说颇乖僻”（《明史·王廷相传》）。“博学”之中，以“经术”即儒学的造诣最为时人所称道。宋儒的理学在他这里受到批判性的审查，当然这在清人眼中属于悖理的一方。王廷相的哲学著作主要有《慎言》《雅述》《横渠理气辩》等，今人汇编为《王廷相集》出版。

一、理根于气

王廷相将张载的太虚概念与元气结合起来，明确以元气解释太虚。认为：“元气浑涵，茫昧无朕。不可以象求，故曰太虚。”（《王廷相集·答天问九十五首》）太虚，指宇宙本始之时浑沌茫昧的无形无象之气。如此的太虚之气并不仅仅被用来描述宇宙的初始状态，宇宙的现实存在无不是气的样态，气是绵亘于宇宙间的最为普遍必然的存在。正是基于此气的生生不息，才有天地万物和人世道德生命的产生。

> 两仪未判，太虚固气也；天地既生，中虚亦气也，是天地万物不越乎气机聚散而已。是故太虚无形，气之本体，清通而不可为象也；太和氤氲，万物化醇，生生而不容以息也，其性命之本原乎！（《王廷相集·慎言·乾运篇》）

宇宙整体上是一个“气机聚散”的变化过程，只是其“清通而不可为象者”是本体的太虚，其氤氲化醇者属于太和之流行。王廷相将张载揭示宇宙存在状态的“太虚”概念与解释大化流行的“太和”概念贯通起来，人伦物理事实上都建立在这一气化流行的基础之上。

张载讲“太虚即气”，但对于“即”的含义并没有给予说明，王廷相明确以“不离”为解，阐明“虚不离气，气不离虚”（《王廷相集·慎言·道体篇》），虚气一体，并特别指出了元气即是道体，强调：“有虚即有气，有气即有道。气有变化，是道有变化。气即道，道即气，不得以离合论者。”（《王廷相集·雅述·上篇》）在这里，王廷相打通了两个关节，即虚与气、气与道。虚能与道相通，在于它原本是气，而不是离气之外的独立虚体。从此出发，王廷相将张载批判过的老子的“虚能生气”与朱熹的“理能生气”联系了起来，因为二者都肯定道或理的世界存在于气化世界出现之前，走的是同一条道路。

> 天内外皆气，地中亦气，物虚实皆气，通极上下，造化之实体也。是故虚受乎气，非能生气也；理载于气，非能始气也。世儒谓“理能生气”，即老氏“道生天地”矣。（《王廷相集·慎言·道体篇》）

“虚实皆气”，“虚”能成立，乃在于有气，虚气一体，故虚绝无独立先在于气之可能。进一步，王廷相指出张载所批评的佛教隔离形、性而尊其“真性”的做法，正是朱熹关于“本然之性超乎形气之外，太极为理而生动静阴阳”的“谬幽诬怪”（同上）之论的理论来源。在王廷相这里，世界的真实情况就是“元气之上无物、无道、无理”（《王廷相集·雅述·上篇》），一切统一于元气。

在王廷相看来，气既然是“通极上下，造化之实体”，无疑也就贯通于形上之道与形下之器。

> 有形亦是气，无形亦是气，道寓其中矣。有形，生气也；无形，元气也。元气无息，故道亦无息。是故无形者，道之氐也；有形者，道之显也。（《王廷相集·慎言·道体篇》）

王廷相对宋代理学的道器观进行了重要的改造，他将有形、无形都统一于器中，而以气自身之形态和阶段来区分形的有无，道则贯串于有无上下。有形无形皆道，其区别只在于显与不显。进一步，王廷相的观点不只是对理学的改造，也是对整个传统儒学的改造。自孔子开始，礼乐对玉帛钟鼓、性与天道对“文章”言行、君子之道对洒扫应对，上道下器一直是由不同的存在物来充当的。不止如此，道家、玄学、佛教与儒家之间虽有若干的差别和冲突，但在道器、体用问题上却自觉不自觉地都采纳了与儒家同样的思维模式。这一模式最根本的特点就是，坚持一切具体有形的事物之中都包含一个抽象无形的道体，后者作为决定事物生存、发展的原因和本质，与事物具有不同的存在性质，因而也就与事物属于不同的实体。

在王廷相看来，宇宙间的一切或为气所生成之物，或为气所具备之性，绝没有超越于气之“上”的理、性的存在。故又说：“气，物之原也。理，气之具也。器，气之成也。《易》曰：‘形而上者为道，形而下者为器。’然谓之形，以气言之矣。故曰‘神与性乃气所固有’者，此也。”（《王廷相集·慎言·道体篇》）作为张载气学的自觉继承者，王廷相认为正是从气出发才能有“形”的称谓。张载的“神与性乃气所固有”，在王廷相看来就是“神与性”这个“上”不可能离开形，上道下器在王廷相这里的意义便是气所具有之性与因气成形之物的关系。性或理是器物的构成要件，故凡有器物均有性或理。因为无论器物还是性或理，都根源于同一“元气”，形而“上下”都为一气所贯。

如此之气在王廷相这里是永恒不灭的实在。张载当年曾从气之聚散循环和“形聚为物，形溃反原”（《正蒙·乾称篇》）出发批驳了佛老的虚无观，但对此却缺乏进一步的论证。故二程、朱熹对此观点做出了否证，认为气是生生不息的，旧的灭了新的又生，而气的新生根本不需要找寻什么“既毙之形，既返之气”（《河南程氏遗书》卷十五）作为基础，因为气之生生不息的原因在于有理，有理为据，气自然会生生而无穷。那么，王廷相要证明气的永恒性，只是一般地断定“造化自有入无，自无入有，此气常在，未尝澌灭”（《王廷相集·太极辩》）就是不够的，因为它必须要有实践经验的支持。王廷相通过对气化循环运动的观察，提出了“气有聚散无灭息”（《王廷相集·慎言·道体篇》）的著名观点。他举例说，气凝成雨水降下，得火之炎又复蒸发为气，气聚而生草木，草木焚又复化为烟，这些都是气自身的形态变化，并非由谁决定和生成，故“以形观之，若有有无之分矣；而气之出入于太虚者，初未尝减也”（同上）。气之总量不减，是从质量守恒的角度对气之永恒性的最有力的证明。这就如同冰虽在大海中融结聚散，但海水的重量并无损益一样。具体气化形态的变迁并不影响一般之气或气本体的存在地位。

气既然永恒不灭，也就不需要由理来生成。相反，理作为气运动的规律和道理，反倒离不开气的存在。如水得火炎而不得不转化为水蒸气，草木得火灼而不得不转化为烟，这种转化的法则是依存于气化而不能独立的。而且，更重要的是，一物转化为他物，这一物原有的法则便不再起作用，也可以说朽坏了。正所谓“行于前者不能行于后，宜于古者不能宜于今。理因时致宜，逝者皆刍狗矣，不亦朽敝乎哉!”（《王廷相集·雅述·下篇》）理自身都会朽坏，又怎能成为不灭之气生生不息的根源？理既不能独存，也就不能生气，王廷相的这一论证是具有逻辑力量的。

二、性理之分

从宋到明，“性即理”命题对于道学、性学和心学三家来说，在各自的理论设定下都是认可的，但这在气学代表王廷相这里则成了必须要加以清理的错误论断。

> 或曰：“子以生之理释性，不亦异诸儒乎?”曰：“诸儒避告子之说，止以理言性，使性之实不明于天下，而分辨于后世，亦夫人启之也。”曰：“子何以异?”曰：“吾有所据焉尔。《易》曰‘穷理尽性’，谓尽理可乎?《孝经》曰‘毁不灭性’，谓

> 不灭理可乎？明道《定性书》之云，谓定理可乎？故曰气之灵能而生之理也。仁义礼智，性所成之名而已矣。”（《王廷相集·慎言·问成性篇》）

王廷相肯定自己的论说是有经典依据的。他立说的一个基本点就是将历来诸儒联系在一起的性与理区分开，而重回到告子的生之谓性。《周易》的“穷理尽性”，一般认为是一体互发的过程，但王廷相却以为“穷”与“尽”之间是有讲究的，“理”之区别于“性”，就在于对于人的生存来说，它既无法“尽”又不能“定”，也不可以说灭与不灭。换句话说，人可以充分扩充、弘扬自己的性，却不能照此去扩充、弘扬外在的理；同理，人也只能安定自己的性而不能去安定外在的理。至于性、理之可否灭来讲，人可能因哀痛过度而伤身，所以《孝经》有“毁不灭性”之劝诫，但对于一般之理，则不存在灭与不灭的问题，所以《孝经》中只言性而不言理。

程颢的《定性书》讲静心定性而忘情的心性修养，性学和道学对此都十分重视。王廷相亦给予了肯定的评价，但引出的结论却与前者不同。他以为：“明道先生亦有定性之旨矣，盖谓心性静定而后能应事尔。若只以理为性，则谓之定理矣，可乎哉?”（《王廷相集·答薛君采论性书》）王廷相巧妙地利用了程颢谓“定性”而非“定理”的说法，来阐明自己不能以理为性的基本观点。“以理为性”既是性学也是道学的基本观点，当然在王廷相这里，朱熹的“性即理”说是首当其冲的批评对象。

性不是理，那是什么？王廷相认为这就是实实在在的“生”之事，它表现的是气的“灵能而生之理”（《王廷相集·慎言·问成性篇》）。“生理”概念在朱熹那里有较多的阐发，但朱熹的“生理”重在心性体用的发现，王廷相的“生理”则主要讲气化自然的性质。后者与告子的“生之谓性”有近似之处，但王廷相毕竟处在理学充分发育的时代，所以与告子又有不同，他需要强调仁义礼智为性之“成名”，从而与程朱以仁义礼智说性表现出一定程度的相容。

王廷相反对“性即理”说不是一种偶然作为，而是深思熟虑的结果。他后来曾对他区分性与理立场的形成过程有过回顾，以为“程子以性为理，余思之累年，不相契入。故尝以《大易》‘穷理尽性’以证其性、理不可以为一，《孝经》‘毁不灭性’以见古人论性类出于气，固不敢以己私意自别于先儒矣”（《王廷相集·答薛君采论性书》）。由此，性与理就是二而不是一，而性则是由气而来。对此圣人的“公”论，王廷相自然不应再有自己的“私”解。与此相应，程朱的“性即理”正是背离公论的“私意”，故应当破除。

王廷相拆分性、理合一架构，目的在于以性属气，形成与程朱相颠倒的气理关系构架，确立起他对以理或以性为本观的批判立场。

> 理根于气，不能独存也，故曰“神与性皆气所固有”。若曰“气根于理而生”，不知理是何物？有何种子，便能生气？不然，不几于谈虚架空之论乎？（《王廷相集·横渠理气辩》）

朱熹曾将理生气说比为种子生草木，但理如何能过渡为种子以及它如何能生气，却是没有也不可能说明的。既然不能说明气如何根于理而生，那么朱熹的理生气说就只能成为纯粹的虚浮空谈。神、性与理为气所固有，从张载到王廷相，可以说是一以贯之的。

在确立性理根于气的基础上，王廷相重点批驳了宋以来将性区分为本然（天命）之性与气质之性的二性观，认为此乃“儒者之大惑”（《王廷相集·性辩》）。他称：“人有生，斯有性可言；无生则性灭矣，恶乎取而言之？故离气言性，则性无处所，与虚同归；离性论气，则气非生动，与死同涂。是性之与气可以相有而不可相离之道也。是故天下之性莫不于气焉载之。”（同上）人生而有性，性气不离，这并不是新观点。王廷相此说的特点有二：一是将性气一物贯彻到底，肯定“性之有无，缘于气之聚散”（《王廷相集·横渠理气辩》）。而在先前学者那里，本然之性是不存在有无生灭问题的。王廷相将性与气融合为一体，从人生气禀有灭推定性亦有灭。二是借助性气不离的桥梁，否定“超然形气之外，复有所谓本然之性者”的“支离虚无之见”（《王廷相集·性辩》），最终确立了性统于气的以气为本说。

> 是性也者，乃气之生理，一本之道也。信如诸儒之论，则气自为气，性自为性，形、性二本，不相待而立矣。韩子所谓“今之言性者，杂佛老而言”者是也。（《王廷相集·答薛君采论性书》）

“一本之道”，也就是性依于气之道。气自气，性自性，气（形）性不相待而有，是张载当年对陷泥于释氏的儒者观点的概括，然而后来的朱熹却走向了与释氏分割形、性同样的道路，认定未有气而已有性，气有不存而性常在，所以，性虽在气之中，“然气自气，性自性，亦自不相夹杂”（《朱文公文集·答刘叔文》）。当然，朱熹也曾主张性气不离，但朱熹的性气不离只是二者凑合在一起，双方的界限可以说泾渭分明。而且，由于其“性即理”的架构，性独立于气外，不随气之聚散而存亡，这本身就是对其坚持的气有聚散生死，“若理，则初不为聚散而有无也”（《王廷相集·横渠理气辩》）的理本体的绝对性的发明。所以，王廷相要专门予以揭露和批判，回到张载气有聚散、无生灭的道路上，强调“‘聚亦吾体，散亦吾体，知死之不亡者，可与言性矣。’横渠此论，阐造化之秘，明人性之源，开示后学之功大矣”（同上）。

但是，王廷相论证他的性气“一本”观，又不仅仅是对张载思想的继承与弘扬，他认为程颢论性气关系也持同样的主张，而且讲得清晰明白，所以也值得高度称赞。

> 明道先生曰：“性即气，气即性，生之谓也。”又曰：“论性不论气，不备；论气不论性，不明。二之，便不是。”又曰：“恶亦不可不谓之性。”此三言者，于性极为明尽，而后之学者，梏于朱子本然气质二性之说，而不致思，悲哉！（《王廷相集·雅述·上篇》）

在王廷相所引的三段话中，“论性不论气，不备；论气不论性，不明。二之，便不是”这段，对后来理学性气观的影响尤为重大，但人们一般将它视作程颐的观点，王廷相如此归类的理由不得而知。如果暂时撇开它的归属而只看它的含义，则它在王廷相这里是在强调性气一体而不可分的意义上进行解读的，可以看作对“性即气，气即性”意义的具体发明。而所谓“性即气，气即性”，就是性不离气、气不离性之义，说明的就是“生”之本身。而且，在“气即性”的前提下，属于气的“恶”当然亦可谓之性。朱熹截然分性为本然之性与气质之性，实际已经背离了张载和二程之学。

三、知行兼举

王廷相在知行关系上注重“思与见闻之会”（同上），要求“知行兼举”，特别强调见闻与实践在人的认识活动中的决定地位和作用。他的知行观已开始与道德观相分离，具有了一般知识论的意义。

首先，王廷相强调“见闻”“接物”对于人的认识的极端重要性，坚持“接物”为知之始。他推论说，如果让“赤子”生而幽闭之，在孩提时代便与世隔绝，不让他“接习”人间礼仪，那么成人后就会连牛马都分不清，“而况君臣、父子、夫妇、长幼、朋友之节度乎？而况万事万物几微变化，不可以常理执乎？”（《王廷相集·石龙书院学辩》）即便“圣哲”，“亦不能索而知之”（《王廷相集·雅述·上篇》），知识只能由人与外物接触而来。按照他的分析，程朱和陆王虽然在对待外在“物理”的认识方面有所差别，但在内在的道德良知方面却是完全一致的，都认为纲常人伦是天赋的，是内在于人心的。其实，接物、接习是人获得知识的必要条件，无论对于自然事物还是对于人伦日用，可以说都是如此。无论宋代理学家所推崇的不依赖见闻的“德性之知”，还是王守仁所谓的本然良知，都是说不通的。脱离社会实践，根本就不可能获得对外部世界的正确认识。

王廷相强调见闻之知的重要性，但同时也认为见闻应当与思维结合起来，“夫圣贤之所以为知者，不过思与见闻之会而已”（同上）。见闻获取的只是材料，材料要上升为理论知识，必须要通过思维的加工。如果否定思维的作用，见闻就不仅不能增进和扩充人的知识，反而会束缚人的心胸。所以，“夫心固虚灵，而应者必藉视听聪明，会于人事，而后灵能长焉”（《王廷相集·石龙书院学辩》）。人的智慧是在见闻与思虑双方的互动中得以增进的。

进一步，王廷相对张载、二程将德性之知与见闻之知区别开来的主张提出了尖锐的批评。他认为，人世间根本就不可能存在天赋的德性之知。儒家圣贤所说的“知”，只能是来自见闻并经思维加工而在头脑中形成的结果，见闻与思虑对于知识的获得是缺一不可的。宋儒贬低“有知”（见闻之知）为小知，推崇“无知”（不假见闻）为大知、为知之至，是完全错误的。因为即便见闻之知也是心神活动的产物，也是内外相须的结果，并不是单纯被动的感官反映。不萌于见闻的德性之知，说到底只能是一种主观臆断；没有见闻，事实上根本谈不上德行。譬如，“使父母生之，孩提而乞诸他人养之，长而惟知所养者为亲耳。涂而遇诸父母，视之则常人焉耳，可以侮，可以詈也，此可谓天性之知乎？”（《王廷相集·雅述·上篇》）就是说，没有见闻，连基于自然血缘的爱敬之心都不能产生，又何况是超越见闻的所谓德性之知？王廷相通过自己的亲身考察，深刻批判了主张“天性之知”的天赋观念论，特别强调了见闻与实践在认识活动中的决定地位和作用。

王廷相依据长期积累的实践经验的支持，对人的大脑中是否存在“不假见闻”的德性之知问题做出了否定的回答。虽然这在理论上并不容易证明，但他对天赋道德观念的反驳还是具有积极意义的。

其次，王廷相强调亲身实践是认识的源泉和检验认识真理性的标准。人即使有聪慧的头脑，但若缺乏实践和感性的基础，同样也不能获得正确的知识。王廷相以“闭户而学操舟之术者”为例，说明脱离实践，关起门来学操舟、掌舵、摇橹、张帆之术，或许可以讲得头头是道，然一旦实际进入江河之中，由于不能恰当因应江河水流的风险，就没有不失败的，正所谓“虚讲而臆度，不足以擅其功矣”（《王廷相集·石龙书院学辩》）。从实践论出发，王廷相对道学和心学两派理论都提出了批评，认为它们的问题“一则徒为泛然讲说，一则务为虚静以守其心，皆不于实践处用功、人事上体验”（《王廷相集·与薛君采二首之二》）。程朱之学“徒为讲说”，陆王之学“崇好虚静”，“皆于道有害”（同上）。因为二者在王廷相看来，都是脱离实践之学，都不能获得真正的知识。王廷相提倡亲身实践，认为这样才能获得常人所不能及的真正的知识。“如人知越在南，必亲至越而后知越之故。江山、风土、道路、城域，可以指掌而说，与不至越而想像以言越者大不侔矣。”（同上）

实践出“真知”。王廷相通过亲身实践，纠正了不少相沿成习的知识性错误。例如，长期以来人们以为春天的雪花是五瓣，不像冬天的雪花是六瓣，由于是前代儒者所说，后来者从未想应当验证一下是否属实。王廷相则通过自己的多年观察，证明这个说法是错误的：“每遇春雪，以袖承观，并皆六出。云五出者久矣，附之妄谈矣。”（《王廷相集·答孟望之论〈慎言〉》）

又如，《诗经·小雅·小宛》中有“螟蛉有子，蜾蠃负之”之言。螟蛉是一种食桑叶的绿色小虫，蜾蠃指一种寄生土蜂。朱熹在《诗经集传》中解释说：土蜂“取桑虫负之于木空中，七日而化为其子”。就是说，土蜂将桑虫（螟蛉幼子）背到树洞中，再经过七天，桑虫就变成土蜂的后代了。由于朱熹的权威，大家对这种解释深信不疑。但王廷相经过多年对土蜂（蜾蠃）生活习性的观察，从根本上纠正了这一以讹传讹的谬误。

> 《小雅》“冥蛉有子，果赢负之”，《诗笺》云：“土蜂负桑虫入木孔中，七日而化为其子。”予田居时，年年取土蜂之窠验之。每作完一窠，先生一子在底，如蜂蜜一点，却将桑上青虫及草上花知蛛衔入窠内填满。数日后其子即成形而生。即以次食前所蓄青虫知蛛，食尽则成一蛹，数日即蜕而为蜂，啮孔而出。累年观之，无不皆然。（《王廷相集·雅述·下篇》）

就是说，王廷相发现，真实的情形是土蜂每筑巢后，就先在巢中产下卵，然后将桑虫、花蜘蛛幼虫等衔入巢内，以充作土蜂卵化为幼虫后的食物。土蜂幼虫在吃完为它们准备的桑虫、花蜘蛛幼虫后便化为蛹，蛹再变为成虫，接着成虫咬破蜂巢钻出飞走。王廷相实际描述了土蜂完整一生的变化过程。

王廷相实事求是的科学考察活动和认真负责的科学精神在明代社会是很突出的。科学可以说正是源于观察。通过持之以恒的观察，王廷相用事实纠正了朱熹等大儒想当然的观点，在自然哲学和中国科技史上都意味着重大的进步。他因而总结说：“始知古人未尝观物，踵讹立论者多矣。‘无稽之言勿信’，其此类乎？”（同上）“无稽之言勿信”是实践论的重要结论，对传统学术以圣贤之是非为是非的盲从和不做实际考察、崇尚空谈的缺陷提出了深刻的批评。王廷相提倡的是“讲得一事即行一事，行得一事即知一事，所谓真知矣”（《王廷相集·与薛君采二首之二》）。“真知”是理论和实践相结合的产物。王廷相身体力行，通过亲身的考察、验证，纠正了不少人们袭自“前言”、书本的知识性错误，在王廷相身上已经朦胧地体现出一种新的实证科学色彩。

王廷相之后，气学在吴廷翰等人的推动下继续向前发展，而在王廷相身上已露端倪的哲学与科学结盟的倾向到明代后期表现得更为明显。与以李时珍、宋应星等为代表的自然科学家相呼应，不少学者都自觉采取了气本论的哲学立场，都肯定理是寓于物、寓于气之中的，并通过他们注重实地、实事考察的科学研究精神，合力推动了儒家学术从“实理”之学向“实用”“实事”之学的转变。

第二十三章

明末理学的折中与总结

明万历（1573—1619）以后，明朝政治的诸多弊端日益暴露出来，作为儒家学术之根本特点的学以致用、密切联系社会现实的传统，已在相当程度上被王门后学空谈心性的空疏学风所误。顾宪成揭露当时的情况说："官辇毂，念头不在君父上；官封疆，念头不在百姓上；至于水间林下，三三两两，相与讲求性命，切磨德义，念头不在世道上。"（《明儒学案·东林学案一·顾宪成传》）在朝与在野之士子都不以百姓世道为务，国家政治就没有前途。高攀龙描述说："某人见地最好，与之言亦相入。但考之躬行，便内外不合，是以知虚见无益。"（《东林书院志·东林论学语上》）故"不齿"这种空洞的学术，而要求面向社会实践，认为"必须躬行实践方有益"（同上）。高攀龙、刘宗周便是明末致力于矫正和修补王学的两位主要代表。黄宗羲评论说："今日知学者，大概以高、刘二先生并称为大儒，可以无疑矣。"（《明儒学案·蕺山学案序》）其后，参与抗清失败而隐居著述的王夫之，作为明清之际最重要的思想大家，从气本论出发对宋明理学做出了自己的总结。

第一节　刘宗周

刘宗周（1578—1645），字起东，号念台，山阴（今浙江绍兴）人，因讲学于山阴蕺山，学者称"蕺山先生"。刘宗周不属于东林学派，但他仰慕东林人士的气节，参与了高攀龙、邹元标、冯从吾一辈人士的讲习活动，并能在其遭受打击时为之仗义执言。从自身学术的形成来说，刘宗周先师从湛若水后学许孚远，后又认同阳明心学，然按黄宗羲的概括，刘宗周于阳明心学“凡三变，始而疑，中而信，终而辨难不遗余力”（《刘子全书·刘宗周行状》）。这不仅因为他的学术宗旨植根“慎独”而与阳明有别，亦因为他对阳明后学的日杂于禅甚为不满。他筑证人书院而“集同志讲肄”（《明史·刘宗周》），也正出于纠王学之偏的目的。刘宗周的学术虽然呈现出多样化的特点，但从基本性质上讲仍属于心学一系。

理气、心性问题作为理学的核心话题，刘宗周对之进行了自觉的探讨。刘宗周立足于心学，但道学的以理为本、气学的以气为本和性学的以性为本在他这里都留下了印迹。也正因为如此，可以说刘宗周的体系建构本身就是对宋明理学的总结。刘宗周的著作汇编为《刘子全书》，今有浙江古籍出版社《刘宗周全集》出版。

一、理气心性一体

刘宗周哲学受明中期以后气学的影响，十分注重气的统一性和理气一体。

> 天地之间，一气而已。非有理而后有气，乃气立而理因之寓也。（《刘子全书·圣学宗要》）
>
> 有是气，方有是理。无是气，则理于何丽？但既有是理，则此理尊而无上，遂足以为气之主宰，气若其所以从出者，非理能生气也。（《刘子全书·学言中》）

强调理不离气和否定理能生气是明代气学的重要成果，刘宗周予以继承，主张有气即有理，理寓于气中。但他又不是只继承气学，而是也将道学的形而上之理主宰气的观点融入其中，强调理的至尊无上性。从理主宰气的角度看问题，气就好像由理而产生，但这绝不意味着理真正能生气。其实，道学家主张理能生气，失误也正在这里，即把理的主宰作用当作气的生成原因了。

王廷相当年已将张载批判过的老子的“虚能生气”与朱熹的“理能生气”联系起来考虑，因为二者都肯定道或理的世界存在于气化世界出现之前。刘宗周亦是如此，并继承张载而继续抨击“虚能生气”之说，指出：“或曰：‘虚生气。’夫虚即气也，何生之有？吾溯之未始有气之先，亦无往而非气也。”（同上）既然虚不离气，“生气”之说又何从谈起？其实，在任一个时空截面，“亦无往而非气也”。刘宗周还根据自己对《大戴礼记·曾子天圆》篇所述气化运动的理解，认为与易道相发明的《天圆》篇是《中庸》《太极图说》《正蒙》的理论鼻祖。（《刘子全书·曾子章句》）所以，不管是张载的气之虚还是程朱的理之虚，均不可能离开气而存在。

联系到《周易》提出的“形而上者谓之道，形而下者谓之器”之说，刘宗周特别强调道不离气原则。

> 形即象也，象立而道、器分，一上一下之谓也。上者即其下者也，器外无道也。（《刘子全书·周易古文钞下·系辞下传》）

“象”无论是卦象还是物象，都属于有形的范畴，形象的成立便有了道、器的分界，其上之无形谓道，下之有形谓器。由于所谓“上下”都是依于“下”之形象而言，所以“上”是绝不可能离开“下”的，“器外无道也”。在此意义上，说“盈天地间，一气也，气即理也”（《刘子全书·学言中》），在刘宗周这里就是十分自然的结论。刘宗周的这一观点，与后来王夫之的“天下无象外之道”说是完全一致的。这说明到明末清初，道器、理气的统一已成为思想家们的共识。

理气为一，心性也应当为一。从理气推进到心性，中心仍然是说形而上下的问题。刘宗周言：

> 夫心，囿于形者也。形而上者谓之道，形而下者谓之器也。上与下一体而两分，而性若踞于形骸之表，则已分有常尊矣。故将自其分者而观之，灿然四端，物物一太极；又将自其合者而观之，浑然一理，统体一太极。此性之所以为上，而心其形之者与！即形而观，无不上也；离心而观，上在何所？悬想而已。我故曰“告子不知性”，以其外心也。(《刘子全书·原性》)

心总是人之心，因而不能脱离形，但这并不等于说心就是形而下的范畴。心与性一样，“无不上也”。但刘宗周此处之“形”并不都是形象之形，而是具有后人所概括的“形著”的意义，即心通过自身的活动使性体呈现出来。事实上，如果离开心的形著作用，所谓“上”又在哪里呢？性之形而上无从得知，就只能是臆测玄想。所以，告子虽与孟子辩，但其实他并不知性，这是因为他是离开心而谈性。

扩展开来说，“一体”的道器又有“两分”，性（或太极、理）作为形而上之道，是因其“分”而超越于形器之上而享有“常尊”的。所以，不论何物，都有各自的性体或太极。从其“合”来看，则宇宙整体为一性（或太极、理），无处不是理的世界。如此的理气、心性关系，构成一种“上”需要“形”而著、离“形”则无所谓“上”的理论模型。归结起来，无论分说还是合说，都离不开心与性的相互发明关系，同时也与气的活动、变化分不开，正所谓“盈天地间，一气而已矣。气聚而有形，形载而有质，质具而有体，体列而有官，官呈而性著焉”（同上）。性有微而不著的问题，但却没有离气而在的问题。性在气中，随气形之成列而有不同的表现。气聚而有心官，心官的知觉活动最终使性体得以著现。

二、心性合一

刘宗周讨论理气心性关系，通常是立足于心体与性体互发、理体与气体互训的角度进行的，重在揭示各个范畴间的具体联系和差别。但这并不意味着他的哲学没有最后的根据，心因其作为主体所具的“管摄”功能，地位最重要。

> 一元生生之理……天得之以为命，人得之以为性，性率而为道，道修而为教，一而已矣，而实管摄于吾之一心。此心在人，亦与之无始无终，不以生存，不以死亡。故曰：“尧、舜其心至今在。”(《刘子全书·学言上》)

刘宗周此说接过了程颐之在天为命、在人为性、主于身为心的范畴命名相对性的思维。但是比之程颐，刘宗周强化了心的本体地位及绝对的存在价值。“尧、舜其心至今在”的断语与陆九渊的上下千百载、东西南北海圣人之心属于同一性质，是刘宗周心本论哲学的典型表现。

刘宗周主张以心为本，但同时也倡导心性合一，反对将二者割裂开来。他说：

> 然则性果无性乎？夫性，因心而名者也。盈天地间一性也，而在人则专以心

言。性者，心之性也。心之所同然者，理也。生而有此理之谓性，非性为心之理也。如谓“心，但一物而已，得性之理以贮之而后灵”。则心之与性，断然不能为一物矣。(《刘子全书·原性》)

“盈天地间一性”，性作为形而上依存于天地之“下”，自身无法表现，只能由心来概括和命名，所以性本无性，因心而名，“性者，心之性也”。在心、性、理三个范畴之间，理是人心共同认可的伦理准则，人生而具备此准则就叫作性，而绝不能理解为心中存有一实体的理（性）。倘真若此，本来合一的心与性就被分割为二了。

刘宗周曾专门对他自己辨析心性关系的心路历程进行过总结，说他是经过一番甘苦最终才将心确立为最高范畴的：

向之妄意以为性者，孰知即此心是；而其共指以为心者，非心也，气血之属也。向也以气血为心，几至仇视其心而不可迩；今也以性为心，又以非心者分之为血气之属，而心之体乃见其至尊而无以尚，且如是其洁净精微，纯粹至善，而一物莫之或撄也。(《刘子全书·原学中》)

心体并非指人们通常认识的血气之心，而是指他自己先前以为的性体。在把血气之心分隔出去后，洁净精微、至尊无上的心体就彰显出来了。这是他经由学问探索的曲折和甘苦，最后得出的结论。

以心为本和心性合一在刘宗周这里是一个问题的两面。他强调心性合一，一个重要理由是王守仁离性而言心，导致了后来学术的蹈虚空谈，故必须予以矫正。

予请一言以进之，曰：“天下无心外之性。”惟天下无心外之性，所以天下无心外之理也。惟天下无心外之理，所以天下无心外之学也。而千古传心之统可归于一，于是天下始有还心之人矣。(同上)

王守仁为发明他的心理为一之说，提出了心外无理、心外无事、心外无物等命题，但却唯独没有讲到心外无性，而这一点在刘宗周这里恰恰正是所有其他命题的基础。“天下无心外之性”的意义在刘宗周这里是双重的：它既讲心不是空无而是对性的著现，从而区别于佛老；也说明性非为独立的客观必然，从而又与程朱和胡宏的思想体系表现出明显的差别。

王守仁曾讲：“心之体，性也，性即理也。天下宁有心外之性、宁有性外之理乎！宁有理外之心乎！”[《王阳明全集·书诸阳伯卷（甲申）》] 这里“天下宁有心外之性”的反问，本来也可以看作对“天下无心外之性”的一种表述，刘宗周认为王守仁“于性犹未辨也”(《刘子全书·原学中》)，可以理解为王守仁之性只是作为心与理之过渡而非必要，故其地位实际被虚化了，于是造成了于性“未辨”的结果。

王守仁主张心理为一，理一旦从程朱的外在客观性转变为心中本有，其理论建构本来需要的客观基础的一面便很难从心与理的关系中概括出来，故性作为中介和枢纽的意义由此得以显现，天下之理相应成为本心之性的扩充与发散。那么，性的地位就不应该被虚化，刘宗周的改造便是，针对性地以心性归一的“全举”去完善王守仁有心无性的“专举”，将“天下无心外之性”奠定为天下无心外之理、无心外之学的前提，以性为心的真实内容，从而使心性一体的宗旨落到实处。

在刘宗周这里，性体或客观性是当然的存在，但从价值层面说，心体与性体、主观性与客观性又是一存俱存、一损俱损的关系。缺乏客观性体的底蕴，心体终将流于虚浮；缺乏主观性的形著，客观性体无法得以实现。事实上，作为阳明心学之核心的“致良知”说，刘宗周认为有问题：“岂知阳明立言之病，正是以《大学》合《孟子》，终属牵强。”（《刘子全书·答韩参夫》）“致良知”是将《大学》的“致知”与《孟子》的“良知”捏合在一起的产物，并非一种十分恰当的心性哲学理论。进一步讲，“致良知”对主体自我的依赖使它缺乏外在的客观参照与验证，以至“悬空期个悟，终成玩弄光景”（《明儒学案·师说·王龙溪畿》），从而走向了自己的否定面，故批判、总结和折中王学已成为明末清初思想家们的共识。

刘宗周看到了阳明后学空虚的理论缺失，强调无心外之性，重点就在于维护性理不外于吾心这一“吾道”的根本原则。所以，当学生问“心性两字是一是二”时，刘宗周明确地回答说：“只是此心。言心而性在，天下无心外之理。”（《刘子全书·会录》）性在心中，心、性、理一体。

三、慎独

刘宗周坚守心性合一，对于只侧重于心或性之一面的理学经典《大学》和《中庸》，便有一个如何恰当理解的问题。刘宗周以为，《大学》和《中庸》虽然最终讲的是同一道理，但双方切入的角度和理论范型却有不同。

> 《大学》言心不言性，心外无性也；《中庸》言性不言心，性即心之所以为心也。有说乎？曰善非性乎？天非心乎？故以之归宗于慎独，一也。（《刘子全书·学言下》）

《大学》言心不言性，贯彻的是心外无性原则；《中庸》言性不言心，则是反过来讲性外无心。不过，它们在根本上心性一致，都归宗于“一”即“慎独”。

“慎独”说包含着天、性、心等不同的称谓，性与心的关系同时也是天与人的关系。

> 至哉独乎！隐乎！微乎！穆穆乎不已者乎！盖曰心之所以为心也，则心一天也。……夫性，本天者也；心，本人者也。天非人不尽，性非心不体也。（《刘子全书·易衍》）
>
> 意根最微，诚体本天；本天者，至善者也。（《刘子全书·学言下》）

“独”体亦即“意根”，隐微难现而又深远流动不已，心体便是如此之存在。“诚体”即性体，但突出了“实”的特性。性“本天”而心“本人”，天人之间是一体互发的关系，“天非人不尽，性非心不体也”，这与他前面所称天地一性而在人则专以心言是一致的。人尽心便与天同，独体的“穆穆不已”只在主体的自觉活动中才具有现实性，所以可以说心即天也。

《大学》和《中庸》在慎独上的区别，可以看作性体与心体、客体与主体的不同视角的区别。

> 《中庸》之慎独与《大学》之慎独不同。《中庸》从不睹不闻说来，《大学》从

意根上说来。(《刘子全书·学言上》)

独是虚位。从性体看来，则曰莫见莫显，是思虑未起，鬼神莫知时也。从心体看来，则曰十目十手，思虑既起，吾心独知时也。然性体即在心体中看出。(同上)

《中庸》的不睹不闻、莫见莫显，是从天命之性作为形上存在的客观本然上讲；《大学》的意根、十目十手，则是从心作为思虑发动、慎微知性的主体活动上讲。前者属于未发而后者即是已发，但未发、已发体用一源，显微无间，所以君子必须慎其独也。性体与心体都是“体”，从“体用”角度分析只是一种方便说法。“性体即在心体中看出”，可以理解为心体因其特有的功用而著现性体。

在名言上，“独”作为慎之对象，本应为实在的内容，但刘宗周却认为“独”是“虚位”即名号，可以装入不同的内容，故而有形上性体与心体独知的不同。但这主要还是由于文本和侧重点的不同，不能离性言心或离心言性。正因为如此，薛瑄当年的“明性”“行性”之说便遭到了刘宗周的尖锐批评，因为他“外心言性”而导致了“心与性两病”(《刘子全书·原性》)。自孟子以来，“言性而不要诸天，性无是处；言天而不要诸心，天无是处”，性、天都著现于一心，舍性、天而求心就好比“舍京师别求长安”(《刘子全书·答叶润山民部》)一样，断无可能。

第二节　王夫之

王夫之(1619—1692)，字而农，号薑斋，湖南衡阳人，晚年隐居衡阳石船山，世称“船山先生”。王夫之年少时向往的是求取功名，但道路并不平坦，历经十二年四次乡试才考中举人。随后剧烈的社会动荡从根本上击碎了他的科举之梦，从而转向了长期的抗清斗争。然而，王夫之呼吁团结一致、共同抗敌的主张并未得到认可，连自身的性命亦险些丢在南明派系的党争之中。清军占领他的家乡后，王夫之改名化装为傜(瑶)人，隐身傜洞，往行于山野之间。清顺治十四年(1657 年)，王夫之结束三年的山居生活，回到家乡衡阳。后遇“三藩之乱”，又迁居石船山新筑草舍“湘西草堂”，潜心著述十七载。康熙三十一年(1692 年)，王夫之病逝于“湘西草堂”。

王夫之作为明清之际的一位思想大家，从气本论出发对宋明理学做出了自己的总结。他自称张载事业的继承者，事实上也的确推进和完善了气学的体系。对宋以来理学发展中提出的理、气、性、心等本体性范畴和相关的哲学命题，王夫之进行了全面的梳理。从历史的角度说，这表明王夫之对自己所处的学术环境及可能承担的使命已有清醒的认识，即重心已不在于提出新的范畴和命题，而在于对既有学说及其思想体系的系统反思和重新诠释。

王夫之一生著作宏富，内容广及经、史、子、集各部，主要哲学著作有《周易外传》《读四书大全说》《尚书引义》《张子正蒙注》《思问录》《读通鉴论》《宋论》等，今有岳麓书社汇编出版的《船山全书》。

一、天下惟器

道器论或形而上下说是中国古代哲学本体论的主要表现形式之一，宋以来讨论虚与气、理与气之间的关系更多就是在这一层面展开的。王夫之主张虚气的统一和理在气中，与他在道器关系中讲一体不二是相呼应的，但他的学说之更重要的特色是他提出和阐发的“天下惟器”的基本思想。

首先，“天下惟器”是王夫之道器论的基本主张。王夫之申明：“天下惟器而已矣。道者器之道，器者不可谓之道之器也。”（《周易外传·系辞上传第十二章》）天地间只存在着唯一的实体即器，道器的统一不是统一于道，而是统一于器。

王夫之指出，在朱学的影响下，人们实际接受了“无其道则无其器”的思想，并将之默认为自己理论的出发点，从而妨碍了他们做出“无其器则无其道”（同上）这一更为重要的结论。王夫之依据历史事实，重点批驳了朱熹关于道之先在和以道为器之本、气之根的观点，认为事实正相反，器才是道之基，“苟有其器矣，岂患无道哉！”（同上）

“无其器则无其道”在王夫之这里又被表述为“天下无象外之道”。道器的统一虽然为理学家们普遍承认，但在谁是基础的问题上却存在尊道与重器这两种完全不同的立场。王夫之对此进行了深入的分析：

> 天下无象外之道。何也？有外，则相与为两，即甚亲，而亦如父之于子也；无外，则相与为一，虽有异名，而亦若耳目之于聪明也。父生子而各自有形，父死而子继；不曰道生象，而各自为体，道逝而象留？然则象外无道，欲详道而略象，奚可哉？（《周易外传·系辞下传第三章》）

道器的统一有两种不同的情形：一是父子之先后型，如朱熹之理生气，即使双方关系甚亲，也是理气各自有体，故可以一死一存，如此则事实上走向了道器相分；二是体用之共时型，如王夫之所举的耳目之于聪明，耳目与聪明虽然异名且有体用之不同，但却只能一存俱存，而不能如父生子一般各自为体，这才真正坚守了道器的统一。

如果醉心于道而忽略象、器，则不但不能恰当地认识器，而且其所谓道体亦是空虚不实。“故善言道者，由用以得体；不善言道者，妄立一体而消用以从之。‘人生而静’以上，既非彼所得见矣，偶乘其聪明之变，施丹垩于空虚，而强命之曰体。”（《周易外传·大有》）“善言道”者需要首先明确用，再由用以得体。宋儒大都推尊“人生而静以上”事，二程的“人生而静以上不容说，才说性时，便已不是性也”就是其中的典型代表。这是说性体的本来或先天状态是无法体察、言说的，一旦言说便已属于器用即后天现实状态了。理学家们的这一思维定式是建立在他们对“性与天道不可得而闻”的本体论诠释和发挥基础之上的，亦符合“本体”概念自身的要求。但在王夫之看来，既言道体不可得见，其存在无法证实，却又要描绘和执着于它，这不是乘其聪明施丹垩于空虚，不是妄立一“体”又是什么？所以，可将之归于佛老消实用以从虚体之列。

同时，王夫之也从文献上为自己的理论寻找根据。《礼记·乐记》和《周易·系辞传》虽同为儒家经典，但他不取《乐记》之“人生而静”而取《系辞传》之“感而遂通”，强调只有“感”器才能“通”道。如云：“则何如求之‘感而遂通’者，日观化而渐得其原也哉？故执孙子而问其祖考，则本支不乱。过宗庙墟墓而求孙子之名氏，其有能亿中之者哉？此亦言道者之大辨也。”（《周易外传·大有》）显然，道体无论时间先在还是空间外在，在王夫之“象外无道”的前提下都是不能成立的。“人生而静以上”事在他这里可以“观化而得渐得其原”，感器而通其道，犹如从孙子上溯到祖考，代代清晰可知；反之，立体消用，“聪明给于所求”（同上），犹如从祖考臆测孙子，连名字都无法获知。那么，即便单从尊崇道而言，程朱理学的道路也是走不通的。

其次，形而“上下”无定界是王夫人道器论的重要观点。道器体用问题始终是与形而上下的思辨密不可分的。这一问题之所以长期使人迷惑，关键就在于人们误以为形“上”是区别于形“下”的不同实体，这在王夫之看来是完全不正确的。他从“形而上者谓之道，形而下者谓之器”的“谓之”入手，分析说：

> “谓之”者，从其谓而立之名也。“上下”者，初无定界，从乎所拟议而施之谓也。然则上下无殊畛，而道器无易体，明矣。（《周易外传·系辞上传第十二章》）

无论“谓之”道还是“谓之”器，都是根据人们自己所说而拟定的名称。“上下”这样的称谓，最初并没有一个确定的分界。道与器，在本来的意义上是无所谓“上”与“下”的。作为岳麓书院的学生，王夫之无疑继承了自南宋张栻主教岳麓书院以来倡导的道器一体学风。从张栻的“道器非异体”注重“体”的同一，到王夫之讲“道器无易体”强调“体”的不变，无论在思想内容上还是在行文风格上，都有着明显的前后继承关系。

但是，王夫之毕竟生活在明清之际，他借鉴了明代气学反对以无形有形区分上下的做法，正面阐述了自己的观点：

> 形而上者，非无形之谓。既有形矣，有形而后有形而上。无形之上，亘古今，通万变，穷天穷地，穷人穷物，皆所未有也。故曰：“惟圣人然后可以践形。”践其下，非践其上也。（同上）

王夫之提出“有形而后有形而上”，强调“形”在“形上”之前，没有“形”就没有“上”。“践形”原是孟子提出的概念，指只有圣人才能将内在的仁义本性在其形色中彰显出来。王夫之加以引申，认为仁义本性之“上”是在践“下”的活动中体现出来的。人只能践下而无法践上，但只要践下（形）就必然获其上，所以“上”只能因形而有。故又称：“器而后有形，形而后有上。无形无下，人所言也。无形无上，显然易见之理，而邪说者淫曼以衍之而不知惭，则君子之所深鉴其愚而恶其妄也。”（同上）王夫之将形与器这两个概念再做区分，并将“形”置于器之后考虑，形是器之形，是对器之状态、样貌等的形象化。换句话说，器是一般的形，形则是具体的器，形而上即是在此具体的形器之“上”，无此形器就根本谈不上“上”。基于这一法则，洪荒时代不可能有揖让之道，唐虞时代不可能有吊伐之道，礼器乐器未出现，也就没有礼乐之道，这是人所共知的事实，也是王夫之道器同体观最重要的依据。

二、理、性、气为一

贯串于中国哲学的道器之辨，在宋明理学中特别表现为理气、性气之辨。由于“性即理”的思维定向和在理气关系的架构中思考人性问题，使得人们对理、性、气关系的认识往往是言理气必涉及性、言性气必关乎理，并因而有天命之性与气质之性的论辩。

王夫之的总结是在以气为本的基础上力求将理、性、气整合为一。他并不反对宋儒“性即理”的命题，但他的性或理都是不能离开气的，是气的本质。“夫性即理也，理者理乎气而为气之理也，是岂于气之外别有一理以游行于气中者乎？”（《读四书大全说·孟子·告子上》）与朱熹的“性即理”说不一样，王夫之论证的是以气为本，性、理不是本体，不是独立于气外且能随意游动的存在。但是，结合人的生成来看，王夫之与朱熹也有相似的一面。

> 天以阴阳五行之气生人，理即寓焉，而凝之为性。故有声色臭味以厚其生，有仁义礼智以正其德，莫非理之所宜。（《张子正蒙注·诚明篇》）

天以气生人而理寓于其中，“人”的生成是气与理结合的结果，这是与朱熹一致的方面。但接下来，王夫之主张气与理相凝为性，又与朱熹有区别。因为朱熹的模式是气与理同在并存，故性有二；王夫之却认为气与理融合而凝，故性是一。同一人性，既有声色臭味，也有仁义礼智的要求，它们各自适应于厚生和正德的需要，双方是相互促发而非相互冲突的关系：“知声色臭味之则与仁义礼智之体合一于当然之理。当然而然，则正德非以伤生，而厚生者期于正德。”（同上）王夫之已将在朱学那里通常被归为气质之性的厚生欲求与被归为天命之性的正德准则统一起来，重在表现同一的当然之理。

王夫之与朱熹二人观点的区别，说到底是气本论与理本论的区别。朱熹的“性即理”是以理为本的直接发明，是第一义的；王夫之的“性即理”却处于以气为本的大前提下，是第二义的。王夫之“性即理”的“理”，不是作为整个气化世界的原因、根据的天理本体，而是存在于气化流行之中的属性或条理，即通称为气质之性的“气质之理”，所以他又有“盖性即理也，即此气质之理”（《读四书大全说·论语·阳货》）的说法。这一说法的重点在于强化性气或理气是“一件物事”而非其他，后者在王夫之看来正是朱熹的性“寓于”气质之中而以性、气为二物之说。所以，王夫之对宋以来流行的“气质之性”概念进行了改造，认为不可言“性在气中”而只可言“气质中之性”。

> 所谓“气质之性”者，犹言气质中之性也。质是人之形质，范围著者生理在内；形质之内，则气充之。而盈天地间，人身以内，人身以外，无非气者，故亦无非理者。理，行乎气之中，而与气为主持分剂者也。故质以函气，而气以函理。质以函气，故一人有一人之生；气以函理，一人有一人之性也。若当其未函时，则且是天地之理气，盖未有人者是也。乃其既有质以居气，而气必有理，自人言之，则一人之生，一人之性；而其为天之流行者，初不以人故阻隔，而非复天之有。是气质中之性，依然一本然之性也。（同上）

王夫之将气质之性解释为气质中之性，与宋以来流行的“气质之性”概念有明显的不同：其一，质是人之形质，而其内容则是气，从而形成一种质函气、气函理的逻辑结构；其二，人身内外皆气，人身内之气即形质之气，人身外之气即天地之气，但无论身内还是身外，理均活动于气中，而没有独立之理；其三，理虽被函于气中，但又在气中起着主导和调节的作用；其四，人虽都有自己特定的形质和理，但又共同参与天地之理气的普遍流行；其五，气质中之性，无论是具体的人性还是普遍的气性，都是同一的本然之性。王夫之并不排斥“本然之性”这个范畴，但由于本然之性与气质之性在他这里可以直接过渡，所以实际消解了作为独立先在的理本体代表的本然之性的价值。

三、性日生日成

天命与人性的关系是宋明理学的一个重要论题，思想家们对此通常是按照《中庸》“天命之谓性”的模式予以处理的，王夫之也不例外。但他对这一命题却有自己的解释，这就是他站在气化流行的基础上提出的性日生日成说：

> 夫性者生理也，日生则日成也，则夫天命者，岂但初生之顷命之哉！（《尚书引义·太甲二》）

以性为生理，是宋儒先前已有的思想，即强调性的生生不息的本性或功能。但就人性而言，生理实际被限制在天命一次性赋予人且终生不变的意义上。王夫之完全不同意这样的看法。他自己讲生理，除了一般性的生生功能外，还赋予了它新的含义。

天命对于王夫之而言，包括“初生之顷命”（胎孕）和后来的“长养”之命两大部分。这先后所受之命，他认为在内容上是完全一致的：“二气之运，五行之实，始以为胎孕，后以为长养，取精用物，一受于天产地产之精英，无以异也。”（同上）在王夫之这里天就是气，而气运乃不息的过程，“天之生物，其化不息”（同上）。那么，天命授予人就不可能是一次性完成的过程，而是“形日以养，气日以滋，理日以成，方生而受之，一日生而一日受之。受之者有所自授，岂非天哉？故天日命于人，而人日受命于天。故曰：性者生也，日生而日成之也”（同上）。“方生而受之”之性同“一日生而一日受之”之性共同构成天命之性，前者为一次性的，后者则贯串于人之终生，“是人之自幼讫老，无一日而非此以生者也，而可不谓之性哉！”（同上）性日生日成，就从根本上动摇了在宋儒那里作为不变本体而存在的性的地位。同时，由于“天命，太和细缊之气”（《张子正蒙注·大心篇》）的规定，把天命解释为细缊不息的气化，又使天命的绝对权威受到影响。王夫之的“天命”不重实体，而重过程。天命不再是高高在上的神秘主宰，而只是每天都在生成的气的运动罢了。

王夫之认为，对于初生之“顷命”来说，人是没有选择的自由的，“生之初，人未有权也，不能自取而自用也”；但人在已生之后，人的意识开始发生作用，情况就起了变化，“生以后，人既有权也，能自取而自用也”（《尚书引义·太甲二》）。所谓“自取自用”，即按照人自身的需要对天所命之性进行选择。这种选择虽说受人的意志、情感和习惯的支配，但由于活动的对象和内容都不出二气五行的范围，所以仍然属于天地所施所化，同样具有天命的属性，这即是他所说：

> 自取自用，则因乎习之所贯，为其情之所歆，于是而纯疵莫择矣。乃其所取者与所用者，非他取别用，而于二殊五实之外亦无所取用，一禀受于天地之施生，则又可不谓之命哉！（同上）

“纯疵莫择”本是应当否定的方面，但在王夫之这里却具有存在的合理性，因为它们都出自人的自然本性。不过，王夫之的主要目的还在于表明，性日生日成，实际是性先天不足，需要人们通过自己的努力而不断地加以补充。补充的结果便是："目日生视，耳日生听，心日生思"，这是讲生理本能；在社会属性方面，人们"取之多，用之宏而壮；取之纯，用之粹而善；取之驳，用之杂而恶"（《尚书引义·太甲二》）。那么，无论在自然方面还是在伦理方面，人性都是一个在量上不断扩充、在质上不断更新的过程："是以君子自强不息、日乾夕惕，而择之、守之，以养性也。"（同上）

王夫之强调人为对于本性的作用，关键在于他的性是在气化流行的框架中生存的，不承认有一成不变之物。他虽然也相信先天所命的仁义礼智的道德属性，但更注重后天对它们的补充和更新，不然，即便是先天的东西，也会走向消亡。

> 夫天之生物，其化不息。初生之顷，非无所命也。何以知其有所命？无所命，则仁义礼智无其根也。幼而少，少而壮，壮而老，亦非无所命也。何以知其有所命？不更有所命，则年逝而性亦日忘也。（同上）

为了确保仁义道德的至上地位和权威，王夫之同样必须把它们归于先天。对于理学家来说，先天的本性，特别是仁义道德本性，是不可变动的。人由善趋恶，不过是本性被物欲蒙蔽而得不到显现的缘故。但在王夫之看来，天命的消逝却是一个自然过程，人从幼到少，从少到壮，从壮到老，先天之命日趋枯竭，故需要人为造就的后天之命不断地予以补充和更新，由此保证人性的不逝而长存。那么，就必须充分强调人为的积极意义，人性的现实状况实际是受人为左右的。"未成可成，已成可革。性也者，岂一受成侀，不受损益也哉？"（同上）人为不但可以补充天命，而且可以变革天命，充分肯定了人为在人性生成和发展中的作用。

那么，天人双方在性的生成、变化问题上就应是各有所长、互为补充。

> 有在人之几，有在天之几。成之者性，天之几也。初生之造，生后之积，俱有之也。取精用物而性与成焉，人之几也。初生所无，少壮日增也。（同上）

"在天之几"属于天命，"在人之几"属于人为，天命造性，人为成性。"初生所无，少壮日增"，天命与人为在量上是一个日减、日增的互补关系。天命对人不再是纯客观的必然，而是被打上了主体自由的烙印。人在有意识活动之前虽然属于被动，但在此之后，则能根据自己的意志、情感和习惯对天命进行选择，以最大限度地满足自身的需要。人对天命之性不但有损益和择守的权利，而且有补充和改造的能力，人的感觉和思维是否灵巧，道德行为是善是恶，实际受主体意志活动的制约。人性中先天所命的部分会逐渐消失，后天人为的部分则将不断增长，照此推论，人为的作用最终将取代天命的作用。当然，王夫之并没有做出这一与正统伦常明显冲突的结论。

王夫之赋予人为极其重要的意义，不是说他已完全认识到人在改造对象世界中的决定作用，在很大程度上这是与他对人性与人为的特定理解即所谓习与性的关系分不开的。

人为在王夫之这里又被称为"习"，"习与性成者，习成而性与成也"（同上）。《古文尚书·太甲》中有"习与性成"的说法，王夫之认为他的解释是对古往今来论性者的"折中"，即习能够培养与变更人的品质和性格。人习于善则善，习于恶则恶，故善恶"可移"。如果某人已失之于习但仍妄求先天之善，那他就实在是愚不可及。儒家预设的性善原则并不等于现实的客观必然，它是经由人之习来体现和完成的。

王夫之利用孔子的“性相近也，习相远也”（《论语·阳货》）作为根据，认为人先天所具的那一点本性是一致的，但后天的人为却因人而异，所以人性的差别就愈加扩大，既可能趋善，也可能趋恶，故人道比天道更应该是人关注的重点。

> 孟子言性，孔子言习。性者天道，习者人道。《鲁论》二十篇皆言习，故曰“性与天道不可得而闻也”。已失之习而欲求之性，虽见性且不能救其习，况不能见乎？（《船山全书·俟解》）

王夫之采取的是尊孔抑孟的传统手法，但他意在说明“性”跟“习”比是次一等的东西，没有习就不可能有性。而且，习这一活动之所以能代表人道，就在于它作为人们的日常生活践履，是人的能动性的直接实现过程，是人的全部活动的最后根据：“乃所以养其气而使为功者何恃乎？此人之能也，则习是也。是故气随习易，而习且与性成也。”（《读四书大全说·论语·阳货》）按照王夫之的气本论，性不过是气之理，故气既然随习而易，性当然就是循习而成，“则言气而早已与习相摄矣”（同上）。

那么，要真正明了性或理，就需要在习的过程中对气加以具体的剖析，全部问题的关键仍集中于气。“气日生，故性亦日生。性本气之理而即存乎气，故言性必言气，而始得其所藏。”（同上）言性必言气，但凝聚成性的不是泛泛的游散之气，而只是太虚之气最和谐精秀的那一部分，所谓“秉太虚和气健顺相涵之实，而合五行之秀以成乎人之秉彝，此人之所以有性也”（《张子正蒙注·太和篇》）。用张载的话说，就是“合虚与气有性之名”（同上）。只是“虚”为和气充盈，“气”为五行之灵秀，虚气和合而构成人性的实质即人所秉持的常法。

人性的生成，一方面属于生生流行的气化必然性，另一方面则在于人通过习而来的自觉作用。但自觉作用需要担当者和践履者，这在王夫之这里就是心。心是性的实际依托处，对性所体现的“五常百行之理”（同上）发挥着认识和统一的职能。“人之有性，函之于心而感物以通。象著而数陈，名立而义起，习其故而心喻之。”（同上）性在心中由感物而发，从而开启了人的智慧进程。但如此的智慧进程不是人心的凭空臆想，而是在“习其故”的见闻实践中为其所喻知的。没有习之实践，就没有心的喻知，正如他所说：“心之情才虽无形无象，而必依所尝见闻者以为影质，见闻所不习者，心不能现其象。”（《张子正蒙注·诚明篇》）情才统属于心，通过见闻感触的对象性活动而得以显现。由见闻所习带来的经验，是心把握、概括认识对象的基本前提。

因而，《周易》讲“蒙以养正，圣功也”，正在于强调“养其习于童蒙，则作圣之基立于此”（《船山全书·俟解》）。善德圣功只有在不懈之“习”中才能养成。不然，心习于恶、染于污而不能自觉，终其身就只能立于下愚而不移了。

四、知行相辅相成

在明末清初学者对理学的反思和总结中，知行观的问题占据了十分重要的地位。王夫之、颜元是其中的主要代表。就王夫之而言，他主要是从知行的分合与先后、孰高孰低以及孰难孰易三个方面入手总结的，中心是强调行先知后。

王守仁曾以知行合一批驳朱熹的知先行后，王夫之则对双方进行了折中取舍，提出了他自己的差别统一的观点。

> 盖云知行者，致知力行之谓也。唯其为致知力行，故功可得而分。功可得而分，则可立先后之序。可立先后之序，而先后又互相为成。则繇知而知所行，繇行而行则知之，亦可云并进而有功。（《读四书大全说·论语·为政》）

知行双方本来是两个有着不同功用的范畴，正因为如此，它们就可以进行区分而有先后之序。但这一先后之序在认识的全过程中又是相互促进、相互转化的，没有哪一方绝对在先，故肯定知行的相分并不排斥知行的统一，知行双方是有分有合、并进有功的。这就既有别于朱熹的知先行后，也不同于王守仁的知行合一。当然，王夫之面临的是明末王学泛滥、学术空疏的流弊，所以他的主要矛头还是针对王守仁的知行合一的。

知与行既然是两个概念，就不能等同，双方是各有所长：知在于为行提供指导，行在于能够产生知识。知与行互补共济，所以才需要统一起来。王守仁的知行合一之所以不对，原因就在于它实际是“销行归知”“以知为行”，结果就造成以不行为行。所以，讲知行的并进互成不能代替对双方各自地位、特性的分析，“知其必分”与“相知以为用”是相互发明的关系。

朱熹提出了行重知轻的知行观，王夫之继承了这一思路而加以扩展。他认为，行之所以重于知，关键就在于它能取得知所不能取得的功效。

> 且夫知也者，固以行为功者也；行也者，不以知为功者也。行焉可以得知之效也，知焉未可以得行之效也。将为格物穷理之学，抑必勉勉孜孜，而后择之精，语之详，是知必以行为功也。（《尚书引义·说命中二》）

知的存在价值在于指导行，脱离了行的知不会带来任何实际的功效；但行却不同，行不但能取得知所不能取得的功效，而且能实现知本身的价值并丰富知识。譬如格物穷理的求知活动，是在“勉勉孜孜”的践行中“择之精，语之详”的。知只有在行之中，只有通过行才能得到深化和提高。王夫之从“行焉可以得知之效”中还引出了一个重要结论，即“行可兼知，而知不可兼行。下学而上达，岂达焉而始学乎？君子之学，未尝离行以为知也必矣”（同上）。“兼”有兼具、包容等义，即行可以包容知，但知却不能包容行。因为知可能是“瞑目据梧，消心而绝物”（同上）的臆测空想，如果它不以行为基础的话。那么，比较知行双方的品格，行就显然高于知。他认为，儒家下学上达的一贯之道，正是发明这一行中出知的道理，离行就不可能有知。

行不仅可以兼知，而且可以检验知。“言发于先，行成于后。知其中，乃以验其外；考其成，乃以印其先。”（《宋论·神宗》）知指导行，行检验知。人们依据实践的成效，可以验证先前知识的正误。一种知识是否正确，凭它自身是无法判断的。知行关系的理想状态就是，一个认识过程的完成是心中原有计划、方案等与实践效果的完美契合，从而给人带来无比的快乐，正如他所说：“知之尽，则实践之而已。实践之，乃心所素知。行焉皆顺，故乐莫大焉。”（《张子正蒙注·至当篇》）快乐就来自知行双方的真正统一，知的价值亦通过实践得到了最充分的体现。

在王夫之看来，快乐之为快乐，乃是就收获来说的，而收获只能来自辛勤的耕作，行先、行难是不言而喻的。对于自古以来的知行难易之争，他的解答是与“行难知易”相联系的“先难后易”。

“行难知易”观点最早源于《尚书·商书·说命中》。王夫之对《尚书》“非知之艰，行之惟艰”的解释是，“艰者先，先难也；非艰者后，后获也”（《尚书引义·说命中二》）。王夫之以辛苦的耕作在先、相对轻松的收获在后这样的关系鉴定先难后易，将知行难易与先后的问题结合在一起。孔子当年讲过“仁者先难而后获”（《论语·雍也》）、“先事后得，非崇德与”（《论语·颜渊》）等语，这些是王夫之如此解释《尚书》观点的依据。作为他观点的对立面的，便是宋以来的因行难而畏难之说。他称：“惮行之艰，利知之易，以托足焉，朱门后学之失，与陆、杨之徒异尚而同归。志于君子之道者，非所敢安也。”（《尚书引义·说命中二》）王夫之以为陆九渊、杨简师徒也和王守仁一样是主张知行合一的，故而有此说。但先知后行和以知为行的共同症结是“惮行之艰，利知之易”，即害怕践行之艰难。他认为，知行难易之序自古以来之所以争讼不已，就在于学者们大都以意计推度，而并未亲身尝其甘苦。也就是说，正确的先后之序只能从亲尝甘苦的实践中总结出来。这便是他要阐发的先难后易之说。

王夫之以“先难后获”解释行难知易，认为这绝不是附说一人之私言，而是前圣后圣，“千圣合符”，一以贯之。因此，与人们通常从贵在落实、实施的意义上理解知易行难，进而默认知先行后不同，王夫之的看法是行难知易本来是说行先知后。

> 夫人，近取之而自喻其甘苦者也。子曰“仁者先难”，明艰者必先也。先其难，而易者从之易矣。先其易，而难者在后，力弱于中衰，情疑于未艾，气骄于已得，矜觉悟以遗下学，其不倒行逆施于修涂者鲜矣。（同上）

一般言难易问题，先易后难是常识性的经验，老子的“图难于其易”（《老子》六十三章）便是其中的典型代表。王夫之讲“先难后易”，除了有孔子之语为据外，更多源于他自己的“甘苦”。王夫之认为，先易后难的弊病在于人的惰性和劣根性，做了易的便或因力之不济或因志之不坚而丢弃难的，结果半途而废，更有矜其一知半解而排斥日常生产生活实践，如此倒行逆施之学是完全不可接受的。他要强调的是，行难知易，就要从难下手；知从行来，故要知行结合。

王夫之的行难知易、先难后易、行先知后等观点，是需要在知行的相资并进中理解的，知与行的先后之序并不能主观地先定，正确的态度是：“知非先，行非后，行有余力而求知，圣言决矣。而孰与易之乎？”（《尚书引义·说命中二》）从孔子到王夫之，这种“行有余力而求知”的学风所发明的，不仅是一种理论的要求，也是行先知后、知行互发的历史实践的反映。

五、理势合一

处在明清巨变时代背景下的王夫之哲学是在动荡流离的背景中生成的，紧迫的社会责任感和前人所不具备的生活阅历，使王夫之对社会发展和历史进化的问题有了更多的思考。他不再以道德的遐想取代历史的真实，而是从社会的自然演化和理势合一的角度重新揭示了历史发展的内在规律。

人类历史是如何发展而来的，从先秦的商鞅、韩非到唐代的柳宗元，他们已经进行了分析。他们从社会国家起源的角度讲明了历史是不断进化的，人类从最初的不能自卫到假物以为用，再到结成社会和组织为国家，是历史的进步。但宋以后理学成为思想界的主流，理学家们立足于他们的王霸义利之辨，以抽象的道德标准去评价和剪裁历史，认为三代以上是天理流行，三代以下是人欲横流，故自远古圣人以来，历史是节节倒退的。王夫之正是在这种理论背景下开始自己的学术创造的。

王夫之通过阅读大量的历史文献，尤其是根据自己在少数民族聚居区的实地生活经历，对理学家鼓吹的退化主义历史观进行了认真的清理，肯定上古社会是野蛮的，后世社会是文明的，人类历史是由野蛮到文明的不断进化的过程。

> 唐、虞以前，无得而详考也。然衣裳未正，五品未清，昏姻未别，丧祭未修，狉狉獉獉，人之异于禽兽无几也。……若夫三代之季，犹历历可征焉。当纣之世，朝歌之沉酗，南国之淫奔，亦孔丑矣。……至于春秋之世，弑君者三十三，弑父者三，卿大夫之父子相夷、兄弟相杀、姻党相灭……日盛于朝野。(《读通鉴论·唐太宗》)

遥看上古三代至春秋的历史，史书上的斑斑记载完全可以剥去披在外表的美丽面纱。与此相对，汉唐以后是什么情景呢？那是“伦已明、礼已定、法已正之余，民且愿得一日之平康，以复其性情之便，故非唐、虞以前茹毛饮血、茫然于人道者比也”，所以王夫之的结论便是：“泥古过高，而菲薄方今以蔑生人之性……君子奚取焉？”（同上）厚古薄今的历史观从根本上说是蔑视人性和人类的进步的。

王夫之的历史评价也不是不要道德标准，事实上他正是利用道德仁义的尺度来肯定汉唐社会的，因为道德仁义本来也是历史的产物。唐初“以太宗为君、魏徵为相，聊修仁义之文，而天下已帖然受治”（同上）。当然更多的时候，王夫之还是从历史自身的发展和社会政治经济状况出发来阐明他今胜于古的历史观。他对比三代与当时少数民族的生活状况说：“三代沿上古之封建，国小而君多……而暴君横取，无异于今川、广之土司，吸龁其部民，使鹄面鸠形，衣百结而食草木。”（《读通鉴论·唐高祖》）当时少数民族部落的社会状况就如同三代时的中原国家一样，有什么值得仰慕的？

从经济制度层面说，远古之民都是“择地而治，唯力是营……田无定主，而国无恒赋”（《宋论·太宗》）。这种制度有不能满足社会发展的方面，“故三代之王者，不容不画井分疆，定取民之则，使不得损益焉。……故屈天子之尊，下为编氓作主伯之计，诚有不得已也”（同上）。再从起初的分封制到后来的中央集权制来看，“及汉以后，天下统于一王，上无分土逾额之征，下有世业相因之土，民自有其经界，而无烦上之区分”（同上），社会是越来越文明、越来越进步。而且，社会的进步与人本身的开化发展是相协调的，人类由“植立之兽”进化而来。

> 故吾所知者，中国之天下，轩辕以前，其犹夷狄乎！太昊以上，其犹禽兽乎！禽兽不能全其质，夷狄不能备其文。文之不备，渐至于无文，则前无与识，后无与传，是非无恒，取舍无据，所谓饥则呴呴，饱则弃余者，亦植立之兽而已矣。(《思问录·外篇》)

王夫之根据自己的知识推论，人类的进化是从“植立之兽”开始的，首先需要解决“质”（物质生活资料）的问题，进而需要解决“文”（文饰与文字等）的问题，最后形成了质与文共备且相互促进的人类文明。这可以说是从人类起源的角度论证他的今胜于古的历史观。

在王夫之以前，关于历史发展有无必然性和规律性的问题有两种不同的观点：一种是理学家们的观点，他们从理出发，认为社会的发展应当受天理支配，否定历史本身具有必然性和规律性；另一种是柳宗元的观点，他从势出发，认为社会的发展受势支配，肯定历史发展具有自身的客观必然性和规律性。王夫之继承了柳宗元的观点，但又吸取了理学家们的理，构成了他理势合一的进化历史观。

王夫之将理势关系放在他的整体理气关系架构中予以展开。正如理与气是不可分离的一样，理与势是相互依存并由势见理的。

> 言理势者，犹言理之势也，犹凡言理气者，谓理之气也。理本非一成可执之物，不可得而见；气之条绪节文，乃理之可见者也。故其始之有理，即于气上见理；迨已得理，则自然成势，又只在势之必然处见理。（《读四书大全说·孟子·离娄上》）

理绝非如理学家们所认为的那样是一个独立的实体，它是依存于势之中的，并在势的必然展开中显现出来，这与理通过气化流行展示出自己的存在是同一道理。然而，历史观的问题终究有它的特殊性，所以还必须从理与势的相对关系出发做进一步的认识。因此，王夫之又说：“凡言势者，皆顺而不逆之谓也；从高趋卑，从大包小，不容违阻之谓也。夫然，又安往而非理乎？”（同上）势指事物发展的必然趋势，这一趋势是不可阻挡的；而这一趋势之所以不可阻挡，正在于它本身是事物发展的客观规律，也就是理。

那么，与理气之重在气、道器之重在器不同，对于理势双方王夫之并没有明确地偏重于一方之意，他更多是强调双方的互相发明和互不可离。“理当然而然则成乎势矣”，“势既然而不得不然则即此为理矣”（同上）。理是应当这样而又确实这样（“当然而然”）的存在，势是已经这样而又不得不这样（“既然而不得不然”）的存在。因此，从确实这样来看，理也就是势；从不得不这样来看，势也就是理。所以，最后的结论就是“知理势不可以两截沟分”（同上）也。

王夫之强调历史发展有自己的必然趋势和客观规律，但并未因此而否认偶然性的存在。他说：“推其所以然之由，辨其不尽然之实，均于善而醇疵分，均于恶而轻重别，因其时，度其势，察其心，穷其效。”（《读通鉴论·叙论二》）意思是说，评价历史既要抓住历史发展的必然缘由，也要注意分辨历史发展中的偶然因素。这就像同为善而有醇与不醇，同为恶而有程度之分一样。所以，只有进行全面的考察，因时度势，察心穷效，才能对历史事变做出正确的评价。例如，在认识历史上封建制的产生及其向郡县制的变革时，就应当采取这样的立场和态度。

柳宗元当年在解释封建制的产生时，提出了“封建非圣人意也，势也”（《柳河东全集·封建论》）的著名观点。后来封建制被郡县制代替，同样也不例外。虽然秦行郡县从其动机来看是为了一己之私——“私其一己之威也，私其尽臣畜于我也”（《柳河东全集·封建论》），具有偶然性的因素，但柳宗元指出，因为这符合了“公天下”之势的要求并促成了其实现，所以从效果来看，秦的做法是“公之大者也”（同上），体现了历史的必然。

王夫之没有直接评价柳宗元的学说，他从租税负担等角度进行了论证，肯定“封建不可复行于后世，民力之所不堪，而势在必革也”（《读通鉴论·汉文帝》）。同时，他结合公私之辨发挥说：“秦以私天下之心而罢侯置守，而天假其私而行其大公，存乎神者之不测，有如是夫!”（《读通鉴论·秦始皇》）偶然性与必然性是相互发明的，“天”所代表的历史必然性实际支配着秦始皇的行动，公天下之势通过私天下之心表现了出来。所以，秦虽短命而亡，但郡县制却因顺应了历史发展的趋势和客观规律，“垂二千年而弗能改矣。合古今上下皆安之，势之所趋，岂非理而能然哉!”（同上）两千年的实践可以证明，合理势为一的历史发展是不以人的意志为转移的，它不仅表明郡县制的实行是历史的必然，同时也说明王夫之以理势合一的历史观解释历史具有合理性和科学性。

第二十四章

清代的理学批判

中国哲学的发展自清初以后，整体进入总结时期。随着社会对王学空疏的批判，程朱理学重新受到重视，并受到统治者的大力提倡。康熙授意编纂《朱子全书》和《性理精义》并颁行全国，力求以之统一国民的思想。但由于社会形势和学术环境的变化，以及相应而来的学者兴趣的转移，曾经繁荣的理学逐步走向衰微。一些具有独立思想倾向的哲学家开始正面批判理学，颜元和戴震便是其中的代表。

第一节　颜元

颜元（1635—1704），字易直，又字浑然，号习斋，博野（今属河北）人。颜元年轻时兴趣广泛，曾学神仙方术，又读史、学医和习武。一生不仕，以教书、行医为业。四十五岁时得李塨为弟子，二人共同创立了注重习学、习行的颜李学派。康熙三十五年（1696 年），六十二岁的颜元应邀主教漳南书院。颜元的著作主要有《四存编》《四书正误》《朱子语类评》《习斋记餘》等，今中华书局汇编为《颜元集》出版。

颜元的哲学通称为实学，因为他注重实行实事，强调实体实用。在他看来体用一致是儒学与禅学之间的关键区别："盖吾儒起手便与禅异者，正在彻始彻终总是体用一致耳。"（《颜元集·存学编·性理评》）体用一致的重心在事在用，废事废用必然废体，理学之理走向空虚不实也就是必然的。因此，他按照体用一致原则构筑起了自己的哲学体系。

一、理气一致

颜元关于理气一致有一个颇具特色的观点，这就是他的“理气融为一片”说。他作有《浑天地间二气四德化生万物之图》，此为一天圆地方之图，循元亨利贞的顺序运动构成一圆周，中间则由“交斜之画”和“满面小点”充塞。

> ［各方各处］莫不交通，莫不化生也，无非是气是理也。知理气融为一片，则知阴阳二气，天道之良能也；元亨利贞四德，阴阳二气之良能也；化生万物，元亨利贞四德之良能也。知天道之二气，二气之四德，四德之生万物莫非良能，则可以观此图矣。(《颜元集·存性编·性图》)

天地万物的交通、化生最终要落实到理气的存在上。理即元亨利贞四德，气即阴阳二气，四德为二气之良能，万物的化生是四德作用的发挥，而四德的作用又依存于二气流行之中，所以是“理气融为一片”。

在颜元这里，这个融为一片的理气是绝不可分离的。他反问说：“噫！天下有无理之气乎？有无气之理乎？有二气四德外之理气乎？”（同上）天下未有无理之气，亦未有无气之理，这是朱熹已有的观点，但朱熹的理气终究是二物，颜元的理气却始终是一物。而且，他还将理明确规定为元亨利贞四德而不能出其外，从而彻底否定了理独立存在的可能性。

在理与气的相互关系中，颜元有时又加进数这个范畴，所谓“为寒热风雨、生成万物者，气也；其往来代谢、流行不已者，数也；而所以然者，理也”（《颜元集·颜习斋先生言行录·齐家第三》）。气是构成寒热风雨和生成万物的气化运动，数是这一运动的必然趋势，理则是必然流行的气化运动的内在原因和规律，这实际是将元亨利贞四德的必然流行具体化了。

颜元在理气关系问题上还提出了一些别致的哲学命题，尽管他往往解释不多。如他曾在概括其《存性编》的宗旨时说：“理气俱是天道，性形俱是天命。”（《颜元集·存学编·上太仓陆桴亭先生书》）他的弟子在后来则将其表述为“理气一致，俱是天命”（《颜元集·颜习斋先生年谱卷上》）。显然，天道、天命在颜元及其弟子那里被认为是同一的范畴，而以“一致”来修饰的“俱是”云云，一方面说明天道、天命本身是理气融为一片的产物，既不能单是气（如张载），也不能只是理（如程朱）；另一方面则强调无论理与气还是性与形，都不是二元并立的范畴，任何一方如果独立出来便会与天道、天命无涉。在程朱理学中，天道、天命这类范畴往往只是就理或性而言，气与形作为形而下，是与形而上的理、性无缘的。颜元对此则缺乏必要的论述，他的重点只在于统一理气，通常并不关注形而上下和究竟以谁为本的问题。

理气的统一表现在人之上，则是性形的合一。

> 形，性之形也；性，形之性也。舍形则无性矣，舍性则无形矣。失性者据形求之，尽性者于形尽之，贼其形则贼其性矣。(《颜元集·存人编·第二唤》)

颜元对形的地位和性形一体不二的强调可以说已到了极致。在理论上，其尽性在尽形的论说可以与王夫之的尽道在尽器说相互呼应。因此，虽说“若无气质，理将安附”（《颜元集·存性编·棉桃喻性》）之类的言语在朱熹那里也可以找到，但朱熹终究认为理气、性形是“分际甚明”而不可融合为一的，颜元的性形一致仍具有自己的思想意义。

颜元认为性只能在形气上说，“性即是气质之性”（《颜元集·存性编·明明德》），所以天命之性与气质之性的区分实在没有必要。他以人的眼睛为喻说：

> 譬之目矣：眶、皰、睛，气质也；其中光明能见物者，性也。……余谓光明之理固是天命，眶、皰、睛皆是天命，更不必分何者是天命之性，何者是气质之性。只宜言天命人以目之性，光明能视即目之性善，其视之也则情之善，其视之详略远近则才之强弱，皆不可以恶言。（《颜元集·存性编·驳气质性恶》）

人眼是一个统一体，可以说都是天命之性，也可以说都是气质之性，不存在谁为天命、谁为气质的问题。如果一定要区分的话，也只能从性、情、才的角度进行，即能够看物的视觉官能叫性，实际运用视觉去看物叫情，而能够看多远和能否分辨清晰则叫才。换句话说，性属于体的方面，情、才则属于用的方面，用不能没有体，体则只能通过用去表现。但总括起来，性、情、才三方都依托于气质之性，“非气质无以为性，非气质无以见性也”（《颜元集·存学编·性理评》）。

颜元将性统一在气质之性上，目的还在于引出气质之性为善的结论。宋儒论人性善恶的一个基本点就是，天命之性（理）为善，气质之性则有善有恶。君子应当通过养气、修身等道德锻炼变化气质，去恶从善，以复归于人的先天善性。而这一理论却是颜元所绝不认同的，他花费了极大的气力对此予以批驳。

他认为，程朱气质之性有恶的理论实际是佛教人的感性欲求会泯灭佛性（善性）之说的翻版。颜元既然主张理气一致，就必然会否定单挑气质言恶的学说。

> 若谓气恶，则理亦恶；若谓理善，则气亦善。盖气即理之气，理即气之理，乌得谓理纯一善而气质偏有恶哉！（《颜元集·存性编·驳气质性恶》）

颜元以他彻底的理气一致论批驳程朱的理气有分说。他不否认程朱也讲理气的统一，但他们却不能将之贯彻到底，所谓“一口两舌而不自觉”（同上）！颜元这一批评应当是合乎实情的。事实上，在颜元之前，王守仁心学一派就是以理气为一批驳朱熹的理气为二的。当然王守仁是理气统一于心，颜元则是理气统一于气。

以气质之性为善，不等于世上的人都是善人。颜元为解释恶的形成，搬来了先秦儒家的“引蔽习染”说。他指出，宋儒“遂以恶归之气质而求变化之，岂不思气质即二气四德所结聚者，乌得谓之恶？其恶者，引蔽习染也”（《颜元集·存性编·明明德》）。以气质为恶，等于以积聚于气质的二气四德为恶，这怎么可能？张载的变化气质在根本上是说不通的。当然，孔孟讲修身养性还是必要的，但那只是发挥气质本有的光明德性，使人不受“邪色淫声”的蒙蔽污染而已，根本谈不上转化气质之恶的问题。

因此，对于“变化气质”这一理学的根本修身之道，颜元既否定了它的前提（气质有恶），也否定了它去恶复性的内容，而只是在把它视为养性的效验、结果的意义上才给予了承认。

> 故谓变化气质为养性之效则可，如德润身，睟面盎背，施于四体之类是也；谓变化气质之恶以复性则不可，以其问罪于兵而责染于丝也。知此，则宋儒之言性气

> 皆不亲切。(《颜元集·存性编·明明德》)

就是说，如果将人通过养性从而使气质之性从内（性）向外（气）彰显出来叫作变化气质，那是可以的；但若以为气质之性本身需要变化和改造，则是说不通的。所以，宋儒关于性气的论说只是不着边际的空谈。

二、实习实行

颜元讲究实习、实行、实用的“实学”，在人的知识求取上表现得尤为突出。他认为一切知识都源于人的亲身实践和直接经验，由此展开了他对格物致知问题的探讨。

格物致知是理学知识论的一个中心论题，但由于对它的理解不同，古往今来的学者围绕它发生了多种多样的争论。颜元在总结前人观点的基础上，对格物致知提出了自己的新见解。

首先，何为“格”？要准确理解格物致知的命题，如何解释格物的“格”字是问题的关键。颜元说：

> 按格物之“格”，王门训“正”，朱门训“至”，汉儒训“来”，似皆未稳。……元谓当如史书“手格猛兽”之“格”、“手格杀之”之“格”，乃犯手捶打搓弄之义，即孔门六艺之教是也。(《颜元集·习斋记餘·阅张氏王学质疑评》)

颜元对格物之“格”的理论总结是符合哲学史的实际的。王守仁的物不在心外，解格为“正”，格物就是正心，正心之不正以归于正；朱熹的物实质在理，解格为“至”，格物就是至物穷理；汉儒如郑玄的物就是事，解格为“来”，格物就是来事，即会“来”与格物活动相呼应的善恶事物。这些解释颜元都不赞成。他从《史记·殷本纪》《后汉书·刘盆子传》这些史籍中搬来了“手格猛兽”和“格杀”等说法，认为“此‘格’字乃‘手格猛兽’之格，‘格物’谓犯手实做其事”(《颜元集·颜习斋先行言行录·刚峰》)，格物就是亲自动手捶打搓弄的直接实践，孔子门下礼、乐、射、御、书、数的六艺之学可以说都是如此。

颜元认为，前人对格物或“知”的解释有一个通病，那就是只从“知”自身去理解，而不从“做”的动手实践中去理解，所以是不对的。颜元就要立足于“做”来阐发他自己的格物致知说。他的学生李植秀问如何理解“格物致知”，颜元回答说：

> 知无体，以物为体；犹之目无体，以形色为体也。故人目虽明，非视黑视白，明无由用也；人心虽灵，非玩东玩西，灵无由施也。(《颜元集·四书正误·戴本大学》)

人的知觉是通过实际施加于对象来证明自身价值的。如人的眼睛，无论多么明亮，也只有在实际分辨黑白时才能证明自己是否敏锐。人心也不例外，只有在实际思考对象时才能证明自己是否灵巧。颜元“知以物为体”的思想站在对象优先和实际效用的立场上，否定了本心之知存在的可能。

其次，从格物到致知，颜元继续强调的仍然是他的直接实践观。他以人学礼乐的实际过程为例发挥说：

> 今之言“致知”者，不过读书、讲问、思辨耳，不知致吾知者，皆不在此也。譬如欲知礼，任读几百遍书，讲问几十次，思辨几十层，总不算知。直须跪拜周

旋，捧玉爵，执币帛，亲下手一番，方知礼是如此，知礼者斯至矣。譬如欲知乐，任读乐谱几百遍，讲问、思辨几十层，总不能知。直须搏拊击吹，口歌身舞，亲下手一番，方知乐是如此，知乐者斯至矣。是谓“物格而后知至”。(《颜元集·四书正误·戴本大学》)

在颜元这里，像程朱那样读书、讲问、思辨是不可能获得真正的知识的，更不用说陆王的只求本心了。只有“亲下手一番”，亲自操作，只有通过身为周旋、手为吹打的直接实践，才能获得关于礼乐的知识。这就叫作“物格（动手实做）而后知至（获得真知）”。

颜元的批判有他的实际针对性和社会合理性，但从理论层面说，也有明显的不足。后来章炳麟评论说，颜元讥讽程朱以“讲读为求道”不过是以习琴谱代替学琴，无疑是对的，但若由此“舍琴谱以学琴”(《訄书·颜学》)，舍弃抽象而滞于有形也是学不好的。“独恨其学在物，物物习之，而概念抽象之用少。”(同上）章氏的评价是合乎历史事实的，当然这并不影响颜元思想的价值。

颜元强调，即使是极其聪颖（上智）而又有经验的人，对于新的事物，也必须经实践后才能有知。他举例道：“如此菔蔬（萝卜），虽上智老圃，不知为可食之物也。虽从形色料为可食之物，亦不知味之如何辛也。必箸取而纳之口，乃知如此味辛。故曰‘手格其物，而后知至’。”(《颜元集·四书正误·戴本大学》）聪颖而又有经验的老农，比之常人有更多关于蔬菜的知识，但既有的知识只能作为认识新事物的引导和参照，要真正认识新事物如萝卜的口味，就必须用筷子夹入口中品尝，只有如此才能实际判断其味如何。直接经验是知识的来源，这是颜元得出的重要结论，也是他格物致知论的核心之所在。

颜元的格物致知论是建立在他的习行实践观基础上的，书本知识在他看来往往是靠不住的，这也是他自号为“习斋”的目的之所在。

习与行这两个概念都不是颜元首先提出的，但它们直到颜元经过“习行”框架的整合，才被真正讲透彻了，具有了与言语讲读对应的直接实践的意义。

吾辈只向习行上做工夫，不可向言语文字上著力。孔子之书名《论语》矣，试观门人所记，却句句是行。“学而时习之”“有朋自远方来”“人不知不愠”“其为人也孝弟”“节用爱人”等，言乎？行乎？(《颜元集·颜习斋先生言行录·王次亭第十二》)

颜元鲜明地指出，“向习行上做工夫”是自孔子开始的儒家既有传统。《论语》的“论语”二字，其实并非“论”言语，而是论习行，从《论语》开篇所述来看，记载的都是习行实践，而非学文读书。颜元这里确实观察到了儒学究竟当在何处下功夫这样至关紧要的问题。从功用的角度说，只是口头讲读是派不上用场的。比方，只是“心上思过，口上讲过，书上见过，都不得力，临事时依旧是所习者出”(《颜元集·存学编·学辨二》)，这在人们的生活实践中是有充分的事实根据的。没有经过习行的间接知识，缺乏亲身感受，理解不深，把握不准，用起来就力不从心，遇到具体事变就应付不了，最终必然误事。

那么，对于增进人的智慧来说，读书问学的作用到底有多大？他与学生李植秀有一段对话可以解答。李植秀以为“多读可以破愚”，故主张“好学近乎智”，颜元不同意这种看法。他说：“子试观今天下秀才晓事否？读书人便愚，多读更愚，但书生必自智，其愚却益深。”（《颜元集·四书正误·中庸》）为什么会如此？颜元的道理是，人是否有智慧，不在于读书，而在于亲身实践，他以工匠技艺的学习和增长为例，说明其生来未必巧，学艺而后心目聪明，“凡匠莫不而何疑于君子乎？”（同上）

颜元如此强调直接实践，重在反对脱离实际的空谈：“且书本上所穷之理，十之七分舛谬不实，朱熹却自认甚真，天下书生遂奉为不易之理，甚可异也。”（《颜元集·习斋记餘·阅张氏王学质疑评》）。颜元之话虽然比较极端，但也有合理之处。宋以后中国社会往往以朱熹之是非为是非，不关心实际，结果有不少是空话连篇，于事无补。先前东林学派的社会批判在一定程度上证明了颜元所说。

在当时，明末王学的空疏已为时人所公认，而朱学的静坐读书同样是远离实际。读死书、死读书，使人深受其害。颜元针对双方的弊病指出：

> 虽致良知者见吾心真足以统万物，主敬著读者认吾学真足以达万理，终是画饼望梅。画饼倍肖，望梅倍真，无补于身也，况将饮食一世哉！（同上）

在一定程度上可以说，颜元所指是当时的实情。他进而奋力抨击读死书、死读书造成的社会时弊，痛心疾首地声称：“千余年来率天下人入故纸堆中，耗尽身心气力，作弱人、病人、无用人者，皆晦庵为之。”（《颜元集·朱子语类评》）从朱熹到颜元的时代只有五百年，颜元的千余年说是一种肆意的放大，但他的目的是很清楚的，就是希望儒者“垂意于习之一字，使为学为教，用力于讲读者一二，加工于习行者八九”，于是“生民幸甚，吾道幸甚！”（《颜元集·存学编·总论诸儒讲学》）

颜元所讲的“吾道”，就是孔孟以来的六艺、习行之道。以此道为标准，他批判了程朱陆王，赞扬了勇于改革与倡导事功的王安石和陈亮。对于传统儒学，他对董仲舒提出的又被后儒视为正统的“正其谊不谋其利，明其道不计其功”的学说，进行了尖锐的批判。他分析说，如果讲“正谊”就在谋利，“明道”即要计功，做的固然是欲速不达、拔苗助长的蠢事；但若走到另一极端，“全不谋利计功”，则就“是空寂，是腐儒”。他理直气壮地质问：“世有耕种，而不谋收获者乎？世有荷网持钩，而不计得鱼者乎？”（《颜元集·颜习斋先生言行录·教及门第十四》）在他眼中，“不谋”“不计”中的“不”字危害最大，老氏之“无”、释氏之“空”，可以说都是由这个“不”字生出来的。由此可见，颜元思想中已具有了一定的近代气息，主导中国思想界数百年的理学思潮开始逐步退出历史舞台。

第二节　戴震

戴震（1724—1777），字东原，安徽休宁人。戴震是中国古代哲学史上最后一位著名代表，也是乾嘉汉学的开创者之一。在他身上体现了承前启后、继往开来的特色。

戴震年少时就勤学好问，养成了一种不迷信权威、好刨根究底的良好品性。相传他二十岁即能通晓五经，随后从婺源的江永学习，师生间质疑问难，互有所发。然而，戴震的科举之途却极为不顺，四十岁方中举人，后屡次会试均不中。直到五十三岁时，他才因卓越的学术成就以及众多弟子、学者的推荐，被乾隆赐为同进士出身，授翰林院庶吉士。乾隆三十八年（1773年）开四库全书馆，作为汉学大家的戴震，在纪昀等人的推荐下被召为四库全书纂修官，直至四年后病逝。

戴震留下的著作甚多，今人编有《戴震全书》。戴震的哲学代表作是《原善》和《孟子字义疏证》。《孟子字义疏证》通过名言考辨阐发其哲学思想，具有汉学和哲学的双重色彩，集中体现了他反思批判理学、总结传统学术的治学精神。

一、气化即道

宋明理学气学一派的理论，从张载到王夫之已臻于完善。戴震的学说通常被归为气学，但他并不是单纯地继承气学，而是以气化流行为基础，从总体上对理学的基本概念重新进行阐释。

道是宋明理学的基础性范畴，戴震继承了张载以来以气化流行解释道的传统，将形而上下统一于一气之中，重点发挥了他的气化即道思想。他说：

> 道，犹行也；气化流行，生生不息，是故谓之道。《易》曰："一阴一阳之谓道。"（《孟子字义疏证卷中·天道》）

道不是静止而是动态的范畴，所以以行来揭示。但行有行的主体，这个主体就是阴阳，《周易》的"一阴一阳之谓道"便是从阴阳的对立运动或曰行的角度规定道的。阴阳的对立运动常在，气化流行也就生生不息。

阴阳气化作为主体，首先必须是实体，"阴阳五行，道之实体也"（同上）。但戴震的实体主要指人可以把握并实际运用的事物，而非像程朱所说的那样是可以独立于气外的绝对存在物。"故语道于天地，举其实体实事而道自见；……故语道于人，人伦日用，咸道之实事"，一句话，道是"指其实体实事之名"（《孟子字义疏证卷下·道》）。从天地和人事这两大类事物来看，举出天地，就知道是阴阳刚柔的气化流行；举出人事，就知道是仁义中正的修身践履。所以，道是绝不能离开具体事物而活动的。

以实体实事解释道，又如何看待形而上下的问题？戴震的办法是将气化与"形"概念分开处理。他说："气化之于品物，则形而上下之分也。形乃品物之谓，非气化之谓。"（《孟子字义疏证卷中·天道》）就是说，"形而上下"不过是对无形气化和有形万物所做的区分。"形"概念只涉及各种具体事物，而并不包括气化本身在内。那么，如此以无形气和有形物来划分的形而上下，是一种本体的存在还是生成的序列？戴震选择的不是前者而是后者。

> 形谓已成形质，形而上犹曰形以前，形而下犹曰形以后。阴阳之未成形质，是谓形而上者也，非形而下明矣。器言乎一成而不变，道言乎体物而不可遗。不徒阴阳非形而下，如五行水火木金土，有质可见，固形而下也，器也；其五行之气，人

物咸禀受于此，则形而上者也。(《孟子字义疏证卷中·天道》)

“形质”的未成、已成是区分形而上下的关键，由此可以导出两个方面的结论：一是从时间即前后来看，成形之前是形而上，成形之后是形而下，这是最为根本的原则；二是从存在形态即气与形来看，阴阳五行之气是形而上，有形质的具体器物是形而下。二者结合起来，就是“前气”而“后形”。再联系到道器的划分，器是就气形成固定形质而言，道则指气之运行依存于物而不可离。

戴震的形而上下划分，比之前人显然具有自己的特色。但是，他仍遵守了两千多年来以无形和有形来区分形而上下的这一共性。就其以一气流行作为认识形而上下问题的基础来说，他的划分是对王廷相以来气学逻辑的继承。同时，在治学方法上，王夫之曾利用“形而上者谓之道，形而下者谓之器”的“谓之”二字来做文章，戴震继续了这一思辨。但是，作为考据学的大家，戴震在这方面下的功夫比王夫之更深。

凡曰“之谓”，以上所称解下……凡曰“谓之”者，以下所称之名辨上之实。如《中庸》“自诚明谓之性，自明诚谓之教”，此非为性、教言之，以性、教区别“自诚明”“自明诚”二者耳。《易》“形而上者谓之道，形而下者谓之器”，本非为道、器言之，以道、器区别其形而上、形而下耳。(同上)

戴震通过自己的考证认为，古语中“谓之”与“之谓”是不同的：“之谓”是“以上所称解下”，即用前语解释后语，如“一阴一阳之谓道”，便是以“一阴一阳”的气化流行去解释什么是道，这就如同说，道也者，一阴一阳也；“谓之”则与此相反，它是“以下所称之名辨上之实”，即用后语解释前语，如《中庸》的“自诚明谓之性，自明诚谓之教”，不是拿“自诚明”“自明诚”去解释什么是性、什么是教，而是反过来，以性、教去区别什么是“自诚明”、什么是“自明诚”。联系到道与器，就是拿“道”和“器”去解释什么是形而上与形而下，而不是相反。人们历来以前所称之形而上下去解释后所称之道器的做法，实际全都错了。

戴震对形而上下问题的重新规定，是以道器论为典型代表的中国古代哲学本体论的最后成果。虽然两千多年形而上下说的主导倾向是上道下器的统一，但这统一本身又是由众多差异性的主张构成的，比起单纯地研究本体现象间的关系，中国古代哲学本体论的思考更加丰富多彩。

二、理存于欲

道器上下能得以说明，在于人有认识能力。但这种能力的发挥依赖于主体的生理心理状况及相关的意识活动过程，戴震因之有血气心知和精爽神明的区分，但总体上这又是统一而不可割裂的过程。在此基础上，戴震力求辨明道德与知识、意见与天理的关系，从而使他的“字义”疏证具有了更强的“说理”特色。

戴震通过“字义”疏证去“说理”，对被理学家搞得十分玄妙的“理”的字义进行了认真的剖析，否定有主宰气的孤立高悬之理存在，认为理其实就是事物中之“则”，是具体事物运动、变化的必然性和规律性。

天地、人物、事为，不闻无可言之理者也，《诗》曰“有物有则”是也。物者，指其实体实事之名；则者，称其纯粹中正之名。实体实事，罔非自然，而归于必

> 然，天地、人物、事为之理得矣。(《孟子字义疏证卷上·理》)

天地间的一切事物、活动，都有可以言说之理存在于其中。这就如同《诗经》中说有一物就有一物的法则一样。“物”在戴震这里就是实体实事，即实际存在的具体事物，“则”则是存在于事物中的最完美恰当的名言，也就是理。具体事物都是循其本来的状态存在、变化，但人却能从中总结出存在、变化的必然准则。正因为如此，天地、人物、事为之理就能为人所把握。可以说，这正是人之为人最重要的特性，正所谓“夫人之异于物者，人能明于必然，百物之生各遂其自然也”(同上)。人虽然也在“自然”中生活，但由于能够把握必然(理)，故而不再像物一样被动地受自然摆布。

戴震所引以为据的“有物有则”说，本来是朱熹经常运用之语，借以强调天理的无处不在和无处不发生作用。但朱熹之“则”乃天所给予，其与物、与器、与形只是凑泊、借寓的关系，与戴震之“则”指事物运动、变化的必然性和规律性具有明显的差别。

戴震不仅从必然的角度规定理，也从分理、条理的层面认识理。

> 理者，察之而几微必区以别之名也，是故谓之分理；在事物之质，曰肌理，曰腠理，曰文理；得其分则有条而不紊，谓之条理。(同上)

就是说，理是考察事物到极细微之处时一定能将此事物与他事物区分开来的名称(规定性)，由于此名称或规定性的确立便意味着事物之间的区分，所以叫作分理；一旦事物得以区分，就能清楚明白地认识事物的层次、结构和特性等方面从而有条不紊，于是又叫作条理；同时，事物既然都是实体实事，从其质体来分析，还可以有肌理(皮肤的纹理)、腠理(皮下肌肉之间的空隙和纹理)或文理(物体表面的花纹)等多种称谓。戴震对理的这些规定看似随意，其实有他深刻的内涵，那就是把在理学家那里高高在上的绝对实体从根本上予以消解，使之成为人们日见日为的具体事物的区别性和规定性。

其实，认识分理、条理，本来是人们认识的目的。即便是天地之大、人物之蕃，事也为之委曲条分，“苟得其理矣，如直者之中悬，平者之中水，圆者之中规，方者之中矩，然后推诸天下万世而准”(同上)。理的价值不在于充当宇宙的本体，而在于充当标志事物规定性的尺度和准绳。抓住了理，就从根本上把握了事物的规定性和规律性，人们的认识就能立于不败之地。

戴震重新认定“理”的性质，进一步提出“意见”作为理的对偶范畴，从根本上打破了“以意见为理，自宋以来莫敢致斥者”(同上)的僵化框架。普遍天理变形为个人意见，从根本上颠覆了理学家以为是天经地义的神圣天理观。

首先，轻率地认为理是由天赋予而具于心的实体(性)，本身就是一种个人意见。他说：“昔人知在己之意见不可以理名，而今人轻言之。夫以理为‘如有物焉，得于天而具于心’，未有不以意见当之者也。”(同上)“理”在理学家那里既然被认作公天下的普遍必然，就不能以个人意见充当之。然而，所谓理“如有物焉，得于天而具于心”，事实上都出于他们个人的看法，是十分轻率的个人意见，完全不能被证实。那么，这在逻辑上就不能等值于天下之公理。

其次，舍弃情欲才能求得理，这样的看法也只能是个人意见。在戴震这里，理这个概念的蕴涵就是指情欲的适当满足，所谓“理也者，情之不爽失也；未有情不得而理得者也”（《孟子字义疏证卷上·理》）。无论理学家讲的天理，还是戴震认为只是将事物区别开来的分理，只要能做到从我之情出发去推度他人之情，理就自然在其中了。他强调，只有这样看待和处理事情，才能从意见中解脱出来。“惟以情絜情，故其于事也，非心出一意见以处之。苟舍情求理，其所谓理，无非意见也。未有任其意见而不祸斯民者。”（同上）按“以情絜情”的原则处事，结果不但公平而且具有普遍的意义。反之，舍弃情所得来的理，由于背离了通常的人情世故，就只能是个人意见。而且，如果将个人的主观意见强加于民众，则必然造成极大的祸害。

最后，只有为众人认同者才是理，反之就只是个人意见。戴震认为，判断一种观点是否正确的一个十分重要的标准就是由孟子而来的“心之所同然”。

> 心之所同然始谓之理，谓之义；则未至于同然，存乎其人之意见，非理也，非义也。凡一人以为然，天下万世皆曰“是不可易也”，此之谓同然。（同上）

个人心中的意见与“天下万世”的普遍认同是有不小的距离的。对于认识而言，虽然不能说只要社会公认的就是真理，但至少公众的认同比个人意见具有更大程度的合理性。

戴震以社会公认的看法为理，将未被公认的看法贬斥为个人意见，既有经典上的依据——《孟子》所说，也有功利上的方便，因为理学家无论多么强调天理、公理，都无法得出“天下万世”和所有民众都认同他们的观点的结论。其实，反过来说，天理如果真的是公理，那么它本来就应当具有被普遍认可的价值。从而，他就可以理所当然地把理学家高高在上的天理和存理灭欲的谬说斥为个人意见，这是戴震批判理学最实际也最切用的手法。他以为，“人莫患乎蔽而自智，任其意见，执之为理义。吾惧求理义者以意见当之，孰之民受其祸之所终极也哉！”（同上）理学家被蒙蔽还自以为聪明，执着于意见以为理义，这一点实际是最令人忧惧的。因为将他们绝灭情欲的个人意志、信念等当作天理要人们服从，就无疑从根本上断绝了民众的生计，由此造成的祸害实在是太大了。戴震将理学家自以为是的天理（真理）还原为个人意见，为他最终揭露和批判理学摧残人性的灭欲存理主张奠定了基础。

戴震认为，由天之生物到血气心知和精爽神明，是因气化而有性，有性而又有知的一元流行。他把这叫作“一本”，“天之生物，使之一本”也：“有血气，则有心知；有心知，则学以进于神明，一本然也。”（同上）神明作为意识活动的最高阶段，意味着认识对象已完全被人把握，而不会出现任何谬误。在这里，主体自身的资质条件如火光的大小强弱是至关重要的。“心之神明，于事物咸足以知其不易之则，譬有光皆能照，而中理者，乃其光盛，其照不谬也。”（同上）对象在神明阶段已没有意义，“光盛”是认识正确性的唯一保障。从早年荀子的“大清明”到戴震的神明，儒家学者的一般见解是，承认理性自身能够保证认识的不误。

但是，神明并不能依靠人性而自然生成，它其实建立在自觉学习的主观努力基础之上。如果将神明自身能够保证认识不误的观点贯彻到底，那么就会出现或者神明是人永远不能到达的，或者人的认识终究会有错误的两难困境。所以，戴震还需要对其理论进行修补和限定，先秦荀子的“解蔽”说便成为消除这一困境的思想资源。他说：“夫事至而应者，心也；心有所蔽，则于事情未之能得，又安能得理乎！”（《孟子字义疏证卷上·理》）心知反映对象本来是完整、准确的，但人心若受到蒙蔽，其感知事情的外部表象便会出现误差，就不可能深入事情的内部去获取其理了。可是，这个蔽到底是什么？那就是“自以为得理，而所执之实谬，乃蔽而不明”（同上）。那么，他实际修正了他前面说的理性自身能够保证认识不误的观点。自我所执之物与外部的真实存在物之间并不能简单地画等号。

戴震如此的修正突出显示了他的特点，即重新梳理了在理学家那里被搞得很乱的“私”与“蔽”的问题，强调“私生于欲之失，蔽生于知之失；欲生于血气，知生于心”（同上）。“私”由欲望过当所致，“蔽”由心知的反映不符合物造成，一个是道德观的问题，另一个是知识论的问题，不应混为一谈。其实，这不只是理学家的问题，中国哲学的道德观和知识论长期以来都是联系在一起的，戴震在不自觉的情况下也仍然是如此来处理双方之关系的。但是，他毕竟开始意识到这样做的弊端，从而预示着中国哲学发展的一个新的起点。

从知识应当有自己的独立论域出发，戴震对宋以来理学家认为人的认识不明乃在于“人欲所蔽”的观点进行了批判。他提出：“凡出于欲，无非以生以养之事，欲之失为私，不为蔽。”（同上）人的物质生活欲求的过当只能归咎于人的私心，而不能算作认识的错误。而且，反过来说，人“有生而愚者，虽无欲，亦愚也”（同上），可见愚绝非由私欲造成。所谓下愚不移，只是因为“自绝于学，是以不移”，而“加之以学，则日进于智矣”（《孟子字义疏证卷中·性》）。所以，有私只能归咎于欲，有蔽才能归咎于知。朱熹所屡言的“人欲所蔽”也就根本站不住脚。一句话，程朱“皆以为无欲则无蔽，非《中庸》‘虽愚必明’之道也”（《孟子字义疏证卷上·理》）。戴震坚持“虽愚必明”的经典言论，以此为据，阐明了愚可以通过学而去蔽走向明智、无欲却并不可能无蔽的道理。

进而，戴震深入探讨了天理与人欲的关系问题。天理与人欲这对范畴，自最早提出它们的《礼记·乐记》时起，中国思想家对二者关系的处理就大都采取了对立的形式，认为穷人欲则灭天理，明天理则灭人欲。但这一问题直至唐末五代，并没有受到特别的关注。北宋以后，随着理学的兴起和存天理灭人欲的道德修养原则日渐被强化，理欲之辨才成为儒家伦理观的一个中心论题。

存天理灭人欲的理欲观自宋儒提出至戴震生活的年代，已有六七百年，其间，有不少思想家对此表示了不同的意见，如胡宏讲“天理人欲同体而异用，同行而异情”（《知言疑义》），李贽申明“穿衣吃饭即是人伦物理”（《焚书·答邓石阳》），王夫之主张“私欲之中，天理所寓”（《四书训义·孟子·梁惠王下》）和“礼虽纯为天理之节文，而必寓于人欲以见”（《读四书大全说·孟子·梁惠王下》），等等，但他们都未能恰当地界定天理与人欲究竟是何关系，而这却是戴震反思和批判理学的一个基本出发点。

作为一代经学大家，戴震对于经典字义的疏证是颇下功夫的。他界定欲、情、理三者的内涵及其关系说：

欲者，有生则愿遂其生而备其休嘉者也。情者，有亲疏、长幼、尊卑感而发于自然者也。理者，尽夫情欲之微而区以别焉。使顺而达，各如其分寸毫厘之谓也。（《答彭进士允初书》）

“欲”讲的是民众为满足生计而要求充分的物质生活资料，“情”是基于血缘远近而生发的亲疏长幼的自然情感，“理”则指能明确区分不同的情欲诉求的尺度和在此尺度下情欲的适当满足。那么，情欲过当固然不合理，但“不备”同样不符合人的天性，其思想渊源是释老的无欲之说。

情欲由人生而带来，天理作为基于人的这种自然属性而生发的区分和评价尺度，作用在于维护建立在情欲的适当满足基础上的社会公平。“天理云者，言乎自然之分理也；自然之分理，以我之情絜人之情，而无不得其平是也。”（《孟子字义疏证卷上·理》）人的自然情欲同时就是天理的要求，事实上不存在天理与人欲的两极对立。情并非如理学家所说是私心私欲，“在己与人皆谓之情”（同上），它本身便具有普遍的意义。天理作为社会评价的尺度，自然只能在情欲之中而不是之外。“情得其平，是为好恶之节，是为依乎天理。”（同上）只有情得才有理得。

戴震通过对情的普遍必然地位的论定，阐明了他在物质生活需要上人人平等的主张。传统儒家所强调的道德自律，在他这里变成了以情契情的公平推度：“凡有所施于人，反躬而静思之：‘人以此施于我，能受之乎？’凡有所责于人，反躬而静思之：‘人以此责于我，能尽之乎？’以我契之人，则理明。”（同上）戴震接过传统儒家“推己及人”的思想诉求，但改换了空洞的道德说教内容，以情欲的适当满足作为社会公平的基础，体现出新的时代气息。

戴震在肯定情欲之合理地位的基础上，从存理灭欲的社会本质和天理对人性的压迫的高度入手，对流行数百年的“理欲之辨”进行了历史的总结。

在戴震这里，规范人之行为的道德标准与满足人之物质生活需要的生理欲求是不能分开的，不存在孤立高悬而脱离情欲的至上天理。然而，理学家却讲“不出于理则出于欲，不出于欲则出于理”（《孟子字义疏证卷下·权》），将天理与人欲绝对对立起来，高扬天理而否定人欲。戴震认为，“此理欲之辨，适成忍而残杀之具，为祸又如是也”（同上）。

他分析说，在理学家“辨乎理欲”的流行话语下，“举凡饥寒愁怨、饮食男女、常情隐曲之感，则名之曰‘人欲’……其所谓‘存理’，空有理之名，究不过绝情欲之感耳”（同上）。理学家置民众的生死不顾，把人的物质生活需要都归于人欲而声称要“灭欲”，但实际上，绝灭了人欲，其所谓理就只是一个空名。“存天理”的主张就是要把如此漠视民之生计的天理存之于心并以之应事，结果“小之一人受其祸，大之天下国家受其祸，徒以不出于欲，遂莫之或寤也”（同上）。小之一人饿死、大之天下国家破碎，面对如此惨况，却认为是遵循了心中天理的要求，超脱了人欲的纠缠，至死都没有觉悟。存理灭欲说带给人们心灵的桎梏真是太沉重了。

然而，由于理学的传播和理学家的影响，人们“于宋儒，则信以为同于圣人；理欲之分，人人能言之”（《孟子字义疏证卷上·理》），是否合于理，成为社会评价人和人的行为的唯一标准，成为社会批判的基本武器。戴震满怀悲愤地控诉说：

> 尊者以理责卑，长者以理责幼，贵者以理责贱，虽失，谓之顺；卑者、幼者、贱者以理争之，虽得，谓之逆。于是下之人不能以天下之同情、天下所同欲达之于上；上以理责其下，而在下之罪，人人不胜指数。人死于法，犹有怜之者；死于理，其谁怜之！（《孟子字义疏证卷上·理》）

之所以如此，就在于维护尊卑、长幼、贵贱之序是天理最根本的要求，在理不在理，并不在于卑者、幼者、贱者本身是否把握了理，而在于他们所处的地位宣告了他们没有理，故其据理力争不过是抗辩犯上的徒劳，根本不会得到世人的同情。儒家虽然历来都讲尊卑、长幼、贵贱之序，但同时也遵奉“仁民爱物”和“泛爱众”的准则。可是，经过理学存理灭欲说的改造，再加上清代特殊的社会政治环境，仁爱的关怀已难见踪影，生命的价值遭到了前所未有的蔑视和践踏。

戴震为卑者、幼者、贱者的饥寒哀怨呼号，集中体现了他的人道精神和对理学“以理杀人”社会本质的深刻揭露与批判，这可以说是他的哲学在社会实践层面做出的最重要的贡献。

> 圣人之道，使天下无不达之情，求遂其欲而天下治。后儒不知情之至于纤微无憾是谓理，而其所谓理者，同于酷吏之所谓法。酷吏以法杀人，后儒以理杀人，浸浸乎舍法而论理，死矣！更无可救矣！（《与某书》）

在先秦儒家那里，“黎民不饥不寒”和“养生丧死无憾”是“王道之始”（《孟子·梁惠王上》），故只有达情遂欲才能叫作理。然而，在天理已成为统治手段的清代社会，民本精神已遭到抛弃。比之于国家“以法杀人”的硬刀子，已凝固为社会习俗的“以理杀人”的软刀子更令人心悸，它集中反映了天理对人之精神的奴役及其所带来的极大的社会危害。

戴震以他敏锐的眼光和卓越的思想见识，深刻揭露与批判了理学官方化以后“以理杀人”的社会本质。从历史的角度讲，这实际宣告了存理灭欲的正统价值体系的终结，预示着个性、人性在经历了长期的压抑之后终于开始觉醒。

第四编

近代哲学

第二十五章

中国哲学新动向

1840 年鸦片战争伊始，中国社会发展到了近代时期。中国近代社会与古代相比，在政治生活、经济生活等各个方面都有很大的变化，中国社会经历着急剧的转型。在这种社会背景下，“中国向何处去”成了中国近代的中心问题。特别是中日甲午战争之后，面对着内忧外患，对这一问题做出思考与回答就变得更加迫切，大多数思想家都自觉地将这一问题作为自己思考问题、创建学说的出发点。在近代，中国哲学开始走向世界，西方哲学走入中国，中国哲学发展迈入中西哲学会通的新阶段，哲学家们关注的哲学问题有很大的变化，哲学思维模式也有很大的变化。

第一节　历史观变迁

中国哲学的近代转型是一项浩大的思想理论工程。这项工程首先从历史观开始，逐渐推进到本体论、知行观、人学观等论域。

中国古代哲学崇尚健动，以动态的眼光看待世界，把世界视为生生不息、流迁不止的运动过程，不赞成那种把世界看成为静态存在的观点。在中国古代哲学家看来，宇宙是生生不息、流迁不止的运动过程，不存在任何一成不变的事物。孔子曾站在河边，面对奔流的河水发出感慨：“逝者如斯夫，不舍昼夜!”（《论语・子罕》）他认为任何事物都像流水一样，永远处在发生、发展的过程中，旧的事物消亡了，新的事物又产生出来，宇宙永远保持着生生不息的活力。有西方哲学家曾说“太阳底下没有新东西”，中国古代哲学家的看法恰恰与此相反，认为太阳底下总会出现新东西，他们将此叫作“变化日新”。《易传·系辞下传》中说：“天地之大德曰生。”一个“生”字最能体现中国古代哲学的特有风格。《易传·乾·象传》中说：“天行健，君子以自强不息。”这句话最能体现中国古代哲学的积极进取意识。与这种动态的、有机的宇宙观一致，中国古代哲学家具有较强的历史意识，形成了崇尚变易的历史观。孔子很重视历史研究，用很大精力整理、修订《春秋》。经他修订的《春秋》，被后世学者视为六经之一。司马迁说“究天人之际，通古今之变，成一家之言”（《汉书·司马迁传》），把“通古今之变”与“究天人之际”相提并论，对历史观表示出高度的重视。他用了毕生精力，克服重重困难，终于撰写出史学名著《史记》。在司马迁之后，尽管朝代不断更迭，可为前朝修史的传统却一直沿袭下来，为我们留下了卷帙浩繁的史书，这在世界文化史上堪称奇观。世界上恐怕没有哪个国家会像中国这样珍视自己的历史。

可是，中国古代哲学中的变易史观毕竟是在自然经济条件下形成的，不可避免地带有前近代的局限性。中国古代社会以农耕经济为主，而农耕经济同四时交替的关系十分密切，由此决定传统的变易史观不可避免地带有循环论的色彩。《易传》把历史变易过程区分为“穷”与“通”两种状态，强调二者相互转化，未能跳出循环论的怪圈；“天下大事分久必合，合久必分”“三十年河东，三十年河西”等说法几乎得到人们的普遍认同。在农耕经济这种自然经济形态中，人们从事生产的主要目的是满足最基本的生活需求，而不是进行商品交换。大多数生产者比较看重使用价值，而不甚看重交换价值。由于生产力水平比较低、生产规模小，故而只能维持简单的再生产，无力于扩大再生产。与这种情况相适应，社会的主流价值导向就不会是求发展，而只能是求稳定、求秩序。孔子说“不患寡而患不均”，《大学》中讲“修身、齐家、治国、平天下”，都反映出求稳定的价值导向。中国古代社会实行大一统的政治体制，可以集中相当可观的财富。可是，这些财富并不是用于扩大再生产，而是用于建筑豪华的宫殿、园林、陵墓，大都被挥霍掉了。传统的变易史观在理论上并不排斥发展，但对发展的认识停留在直观猜测的水平上，往往用神秘莫测、无法证实的“数”或“运”来解释发展。历史已经证明，变易史观无力指导人们自觉地认识和把握社会发展的规律。

在中国传统文化同西方近代文化发生碰撞以前，中国人不可能意识到变易史观的局限性。鸦片战争以后，中国屡屡失败的教训迫使人们不能不对变易史观加以反省。中国的先进之士逐步意识到，变易史观已无法满足中国近代社会发展的理论需求，必须加以改造和发展，使之由直观型转向实证型。

我们指陈变易史观的时代局限性，绝不意味着它一无是处。这种历史观承认发展的可能性与无限性，在古代社会常常被改革家们当成变法的理论依据。我们从王安石“祖宗不足法”的呼声中可以深刻地感受到变易史观的理论活力。在中国社会迈入近代的前夕，龚自珍依据变易史观提出了“更法”的主张，他说：“自古及今，法无不改，势无不积，事例无不变迁，风气无不移易。”（《龚自珍全集·上大学士书》）这反映出变易史观对于推动社会形态转型并非构成阻力，而是依旧具有积极意义。问题是，仅靠这种历史观还不能满足社会形态变革的理论需求，必须从西方引进新的思想资源，这就是进化论思想。进化论起初主要是一种自然科学理论，但是经过中国的先进之士结合变革社会现实的需求逐步加以改造、提升，已经摆脱了生物科学的特殊形态，成为一种具有普遍意义的哲学世界观、历史观和方法论。中国近代思想家一方面继承变易史观中“生化不已”的说法，一方面引进达尔文的进化论以及由此而形成的西方进化论哲学思潮，把二者融会贯通，创立了有中国特色的进化发展观。康有为的“三世进化”说、严复的“天演论”、章太炎的“俱分进化论”、孙中山的“突驾”进化论，都是思考进化发展这一主题而获得的理论成果。在这些思想家中，章太炎尽管不像其他人那样高扬进化的正面价值，而是试图揭示其负面价值，但仍旧没有离开进化发展这一主题，这恰恰表现出他善于独立思考的思想家品格。中国近代思想家之所以在西方诸多哲学理论中选择了进化论，有一个更重要的原因，就是进化论可以为当时中国的社会变革提供强大的理论支持。他们对进化论的探讨前后相继，不断深化，在中国近代哲学史上形成了一个极具影响力的进化论思潮。

来自西方的进化论等先进理论为中国近代思想家提供了必要的思想资料，为他们顺利完成历史观的转型、提出体现时代精神的新观念提供了便利。中国近代思想家以西方的科学和哲学为参照系，以一种不同于前人的视角来看待这个发展着的大千世界，形成了新的进化发展观。这种进化发展观的特色是：从古代哲学侧重于讲“化”转向侧重于讲“进”，跳出循环论的怪圈，表现出强烈的发展意识和赶超西方发达国家的意向。

第二节　本体论变迁

西方近代哲学与中世纪哲学相比有着明显的区别，在西方哲学史上实现了一次成功的转型。西方哲学的近代转型，首先表现为从宗教创世说到哲学本体论的转型。自近代以来，哲学在西方人的精神世界中所扮演的角色发生了变化，不再充当神学的婢女。西方近代哲学家已经走出了“黑暗的中世纪”。他们的学术话语不再受神学的限制，已经成为独立的话语系统。他们创立的哲学理论对于教会来说具有挑战性：世界是上帝创造的，还是从来就有的？哲学家们选择的答案自然是后者而不是前者。既然世界从来就有，那么就必须找到世界何以有的理由。于是，哲学家们提出各种各样的本体论学说，试图用哲学的话语对世界做出理性的解释。笛卡尔“我思故我在”的说法代表了近代哲学家的理性诉求；斯宾诺莎的实体观念对上帝的权威发起了挑战；爱尔维修、狄德罗举起唯物主义的旗帜，把世界看成物体的总和，反对任何关于世界的神秘解释；黑格尔高扬“绝对精神”观念，把世界解释为“绝对精神”的发展历程。他们提出的本体论观念各不相同，大体可以分为唯物主义和唯心主义两种类型，但有一点是共同的，即都把如何解释世界看成哲学的一项重要任务，都摒弃了以创世说为核心的宗教世界观，力图用一种哲学世界观取而代之。

中国哲学在近代也发生了本体论的转型。不过，这种转型并不是西方哲学的近代转型在中国的翻版，而是中国哲学自身合乎逻辑的发展，并且转型的情形亦有别于西方。在西方中世纪，基督教神学掌握着主流话语权，创世说是一种普遍的世界观。在这种情况下，西方哲学的近代转型自然是相对于创世说而言的。在中国古代，神学并没有掌握主流话语权，几乎无人相信创世说，因而中国哲学的近代转型就不可能像西方那样以推翻创世说为目的。中国哲学的近代本体论转型，不是从宗教世界观到哲学世界观的转型，而是从古代哲学到近代哲学的转型，以突破古代哲学中天人合一的哲学思维模式为逻辑起点。

中国古代哲学家天人合一的哲学思维模式涉及本体论问题，但没有把解释世界当成哲学的一项主要任务，因而同近代哲学家运用主客二分的哲学思维模式研究本体论问题有明显的不同。基于天人合一的哲学思维模式，大多数中国古代哲学家不像近代哲学家那样重视本体的存在意义，而是特别重视本体的价值意义，都试图用本体论为价值观奠立哲学基础。在指导人生实践方面，中国古代哲学的本体论具有积极意义，有助于人们培养道德意识，有助于人们树立奋发向上的人生观。在指导政治实践方面，它既具有积极意义，也具有消极意义。其积极意义在于，为维系社会秩序和政治稳定提供了理论基础；其消极意义在于，容易被统治者用作维护其专制统治的工具。例如，在中国古代社会后期，朱熹的天理本体论受到皇帝们的重视，成为一种官方哲学。在古代中国，哲学的主要功能不是解释世界，而是解释价值。毋庸讳言，在以认识自然和认识社会现实为目的的科学研究方面，中国哲学的指导作用十分有限。近代中国社会发生巨变，遭受列强侵略，民族危机日益加深，如何认识极其复杂的社会现实、寻找中国的出路成为十分紧迫的问题。中国古代哲学的本体论已无力解决这一问题，故而必须在理论上有所突破，从关注价值的视角转向关注存在的视角，尤其是关注社会存在的视角。由于这个缘故，中国近代思想家突破了天人合一的哲学思维模式，开始选择主客二分的哲学思维模式，使中国哲学有了近代哲学的特征。

中国哲学在近代实现本体论转型与实现历史观转型具有密切的相关性。由于中国近代思想家在历史观方面实现了由变易史观到进化史观的转型，与此相关，就必然要求在本体论方面实现从关注价值到关注现实的转型，由天人合一哲学思维模式到主客二分哲学思维模式的转型。在进化论的理论视野中，世界不再是人生价值的体现者，而是一种不以人的意志为转移的客观过程。如何对世界的客观性做出令人信服的哲学解释，这是近代思想家不能回避的问题。可是，在天人合一的哲学思维模式中，这个问题不可能得到解决。在天人合一模式中，“天”并非指存在的世界，而是指意义的世界或价值的世界；“人”并非指解释世界的主体，而是指体现价值的主体；天人合一所表征的精神境界并非一种知识构成，而是一种理想追求。运用天人合一的哲学思维模式可以解释价值，却难以解释世界，因为它既没有预设能解释的主体，也没有预设被解释的客体。这种思维模式显然不能满足近代哲学解释世界的诉求，所以必须另辟蹊径。这个被另外开辟出来的途径就是主客二分的哲学思维模式。

中国近代思想家之所以选择主客二分的哲学思维模式，无疑同他们受西方哲学的影响有关，但不能由此得出结论说：主客二分模式是从西方引进的。他们选择这种模式的根本原因在于中国哲学自身发展的理论需求。有人以为主客二分是西方特有的哲学思维模式，其实这是一种误解。在西方历史上，中世纪长达千年以上，那时人们的观念是上帝创造一切，无论人还是世界，都是上帝的创造物，怎么可能允许主客二分哲学思维模式存在？主客二分应该说是西方近代哲学实现本体论转型之后才出现的哲学思维模式，是一种解释世界的哲学思维模式。中国近代思想家是从近代意义上选择这种思维模式的，而不是从西方意义上选择这种模式的。主客二分模式并不是西方人的专利，只要关注如何解释世界的哲学问题，就必然选择这种模式。

西方哲学的近代转型是对宗教世界观的颠覆，而中国哲学的近代转型则是对古代哲学的突破。所谓“突破”，就是拓宽论域，把关注点移向古代哲学家不够重视的论域，探讨如何解释世界的哲学问题，而不是否定古代哲学的优良传统。中国近代思想家只是在解释世界的问题上选择了主客二分的哲学思维模式，而在解释价值的问题上仍旧沿用天人合一的哲学思维模式。他们试图把两种模式结合起来，努力学习、吸收、引进西方近代自然科学知识，克服中国古代哲学的局限性，促使其向近代转型。在中国近代思想家那里，本体论获得了新的形态：由过去重在探究人生之“理”转向探讨世界变化之“元”。面对内忧外患的严峻形势，中国近代思想家探讨哲学本体不是出于纯粹的自然哲学的兴趣，而是为了解决“中国向何处去”的问题，为了更好地服务于社会变革的迫切需要。因此，他们对本体论的思考虽然受到西方哲学的影响，但仍旧具有自己的特色。我们研究中国近代哲学必须注意到这一点，不能简单地套用研究西方哲学的模式。例如，西方近代哲学家在建构哲学本体论时，或者选择唯物主义路线，或者选择唯心主义路线，形成两大阵营的对峙，但中国近代却没有出现这种情形。

第三节　知行观变迁

中国近代思想家从进化发展的维度看历史，从关注现实的维度看世界，其知识论态度随之发生了变化。他们适应时代发展的需要，重视工具理性，渴望获得实用知识，完成了知行观的更新。

西方近代哲学采用主客二分的哲学思维模式，实现了本体论转型，同时也实现了知识论转型。知识论转型的力度到后来超过了本体论转型的力度，以至于在西方哲学界流行着“哲学就是知识论”的说法。

西方哲学的近代知识论转型是相对于基督教的神学知识论而言的。在基督教的话语系统中，所谓知识特指关于《圣经》教义的知识。这种知识来自上帝，来自神启，同主体与客体皆没有关系。获得这种知识，不必通过主体与客体的相互作用，而是通过对《圣经》教义的体验。在这种语境中，不可能展开关于知识论的哲学研究。直到西方近代，这种知识论态度才被哲学家改变了。他们所说的知识不再是关于《圣经》教义的知识，而是关于事实的知识。这种知识只能在主体与客体相互作用的过程中得到，与神启没有关系。早期哲学家采取划界的办法为哲学知识论争取地盘，强调“神启的真理”与“事实的真理”有区别；后来的哲学家则不再理会“神启的真理”，而只追问“事实的真理从哪里来”，于是哲学知识论便成为哲学家研究的主要问题。有些哲学家强调知识来源于客体，强调经验在知识形成中的作用，被称为经验论者；有些哲学家认为知识不完全取决于客体，同主体也有密切关系，强调理性在知识形成中的作用，被称为唯理论者。无论经验论者还是唯理论者，都是西方哲学近代知识论转型的推动者。

中国哲学史上没有出现西方中世纪那样的神学知识论，也没有出现西方那种只追问“知识是从哪里来的”哲学知识论。不过，中国古代哲学中有与西方哲学知识论类似的知行观。知行观所探讨的问题包括知识论，但不限于知识论，因为这是一种关于知识和实践的综合考察。在中国古代哲学中，“行”的原义是脚踏实地、走在路上。许慎在《说文解字》中对“行”的解释是：“行，人之步趋也。从彳，从亍。凡行之属，皆从行。”从“行”的原义可以引申出践履、行动、探索、活动等多种含义，用现代哲学术语概括，就是实践。行包含着目的性，对目的的清楚了解和准确定位就是中国古代哲学中的知。所以，中国古代哲学中的知并不是那种为学术而学术的纯知识，而是与行、与实践密切相关的实用知识。这种知识来自实践并指导实践，故而中国古代哲学家往往把知与行相提并论，强调知必须落实到行动中，形成了重行的传统。

中国古代哲学中的知行观有别于西方的神学知识论，但仍旧不能避免前近代的局限性，那就是轻视关于事实的知识，并且也没有紧紧抓住主体与客体之间的关系，没有深入考察知识的来源、形成过程、实际效用、检验标准等专门的知识论问题。在中国古代哲学中，正统知行观认为，“知”大体可以分为两种：一种叫“闻见之知”，即人们通过感官获得的关于事实的知识；另一种叫“天德良知”，即关于道德价值的知识。“天德良知”发自本心，通过修身的途径得到，与“闻见之知”不属于同一类型。相比较而言，天德良知高于闻见之知，因关乎做人的原则而成为哲学家关注的重点；至于闻见之知，不过是雕虫小技而已，登不得大雅之堂，并不为哲学家所重视。按照正统知行观的说法，“行”亦可以分为两种：一种是广义的，泛指人的一切行为；另一种是狭义的，特指道德践履。在正统知行观中，所谓知行合一是指天德良知与道德践履具有一致性，而并非现代哲学中认识论意义上的认识与实践相统一。正统知行观的特点是：重视天德良知，轻视闻见之知；重视道德践履，轻视人的其他行为。这种知行观有助于人们提升道德境界、人格素质，但不能为人们获得关于事实的知识提供认识工具；它可以满足古代人安顿价值的精神需求，但不能满足近代人获取实用知识的精神需求。

西方哲学的近代知识论转型可以说是对神学知识论的颠覆，而中国哲学的近代知行观转型则是对正统知行观的改造。对于正统知行观，中国近代思想家既有超越，也有继承。他们对正统知行观的超越主要表现为三点。第一，转移了关注的重点。他们不再过分关注天德良知，而把目光移向关于事实的知识。第二，扩大了“知”的内涵。他们所说的“知”，不再局限于天德良知，并且超出了闻见之知的范围，引入了科学知识的内容。第三，扩大了“行”的内涵。他们所说的“行”，不再专指狭义的道德践履，而指人的所有行为，尤其指改造中国社会、挽救民族危亡的政治实践。他们对正统知行观的继承表现在仍旧保持知行合一的传统，综合地考察知行关系，而没有像西方近代哲学家那样单独从学理角度追问“知识是从哪里来的”理论问题，因而也就没有形成经验论与唯理论的对立。所以，我们在此采用的提法是“知行观转型”，而不是“知识论转型”。

推动知行观转型的动因是中国社会发展的需要。近代思想家从中国近代以来屡屡遭到失败的教训中深切感受到了中国与西方列强之间的差距，其中包括科学知识水平上的差距，也包括技术能力方面的差距。要想清除这些差距，就必须对正统知行观加以调整。正统知行观无法指导人们把握近代中国急剧变化的社会现实，改弦更张势在必行。换句话说，严峻的社会现实要求知行观必须从价值型转向知识型。这种转型是围绕救亡图存这一时代主题而展开的。中国近代思想家对知行观的探讨选择了两个新的取向：一是在社会政治实践向度上，高扬意志的作用，寻求民族独立和国家富强的精神动力；二是在科学认识向度上，要求摆脱中国因科学技术落后而被动挨打的局面，寻求繁荣科学的理论支撑。他们受西方科学和哲学的影响，试图克服传统知行观的局限，建立新型的知行观。

第四节 人学观变迁

中国哲学的近代转型以人性观转型为归宿。中国近代思想家努力探寻、发现新人的途径，最终完成了人性观念的更新。

在西方中世纪，基督教控制着人们的精神世界。那时，人们只能在基督教的语境中解读"人"的意涵。"人"是什么？按照《圣经》教义的说法，人是上帝的创造物，人自然应当以上帝为主人，皈依上帝是人的宿命。在上帝面前，人是被动的存在物，并且是不完美的存在物。人的祖先夏娃与亚当原本是生活在伊甸园中的神，因为偷吃智慧果而被上帝赶出伊甸园，不得不做人。换言之，人对于神来说，不啻是一种堕落。因此，人生来就有罪。人生就是赎罪，等待着得到上帝的拯救，重新返回伊甸园。

西方迈入近代的门槛以后，人性观念发生了变化，人本主义逐渐取代了神本主义。罗素在《西方哲学史》中写道："通常谓之'近代'的这段历史时期，人的思想见解和中古时期的思想见解有许多不同。其中有两点最重要，即教会的威信衰落下去，科学的威信逐步上升。旁的分歧和这两点全有连带关系。近代的文化宁可说是一种世俗文化而不是僧侣文化。"① 西方近代哲学可以说是世俗文化的一个重要组成部分，它推动了人性观念从神本主义向人本主义的转型。在西方近代哲学家眼中，人不再是上帝的附属物，而是理性的主体。笛卡尔对此的经典表述就是"我思故我在"，旗帜鲜明地把"我"即主体摆在了首要位置。费尔巴哈把自己的哲学称为"人本学"，对宗教神学做了深刻的批判。西方哲学在实现本体论转型和知识论转型的同时，也实现了人性观念的转型。从这个意义上说，西方近代哲学是思想解放运动的产物，并且为启蒙思潮的兴起奠定了理论基础。

总的来看，在中国古代僧侣文化不占主导地位。中国古代文化主要由儒、释、道三大派构成，尽管释、道极具影响力，但不能改变儒家的主导地位。在古代社会后期，儒

---

① 罗素．西方哲学史：下册．北京：商务印书馆，1976：3.

家的优势尤为明显，释、道已经不能同儒家相抗衡了。所以，在中国人的精神世界中，以儒家为代表的世俗文化掌控着主流话语权。在中国古代，没有形成西方那种神本主义的精神传统，哲学没有沦为神学的婢女，始终保持着强大的精神影响力。在这种特定的语境中，中国古代哲学家对人性的认识本来就具有人本主义色彩，这是西方中世纪所缺少的。中国古代哲学特别重视对人性、人际关系、处世之道等问题的探究，倡导“以人为本”的精神。“以人为本”的精神包含着尊重他人、尊重民意、与人为善、利群利他、忧国忧民、严于律己、推己及人、向往高尚人格等合理思想，曾对中华民族的形成、发展产生了极大的影响。但是，也不能不承认，中国古代哲学的人性观念毕竟不是建立在商品经济基础之上的，而是同自然经济相联系的，因而不可避免地落有封建主义灰尘。例如，中国古代的人本主义着眼的是群体而不是个体，忽视人的主体性，因而缺乏近代的人权意识；着眼的是人与人之间上下尊卑的伦理关系，而不是平等的社会关系。在中国古代哲学中，对“人”的解释包含着人身依附观念和“子民”意识。因此，推进人性观念的近代转型是中国近代哲学的一项重要任务。

中国近代思想家一方面继承中国古代哲学“以人为本”的优良传统，另一方面利用西方近代人本主义的思想资源，力图克服传统人性观念的局限，清除封建主义灰尘，站在现时代的视角重新认识人自身。为了拯救中华民族，以康有为、梁启超等为代表的维新派发起了变法维新运动。在与守旧派的斗争中，维新派的思想家们认识到，对社会的改造首先必须是对人的改造，只有首先深刻地理解人的本质，了解新时代所需要的新人格，才能更好地推动维新变法，推动中国社会进步。继维新派之后，以孙中山为代表的革命派也十分重视研究人的问题，提出了“国民”等新观念。近代先进思想家都对旧的人性观抱着批判的态度，试图重新发现人的本质。对于他们来说，建立新的人格理论是哲学近代变革的主要任务之一。

在处理人性观转型的问题上，中国近代哲学与西方近代哲学既有共同之处，也有不同之处。共同之处在于，它们都努力高扬主体性原则，改变自然经济时代的人性观念，适应商品经济发展的精神需求，倡导自由、平等、博爱等新观念。不同之处主要有两点。第一，西方哲学的近代人性观转型主要表现为走出神本主义、宗教蒙昧主义的阴影，高扬人本主义和理性主义。中国哲学的近代人性观转型主要表现为走出理性专制主义的阴影，突出人性的具体性，重新诠释理欲关系。在中国古代社会后期，正统理学中“存天理灭人欲”的说法可以说是理性专制主义的典型表达。“灭人欲”对人提出了过苛的要求，扭曲了人性的真实，背离了具体性原则，把人抽象化了。以“灭人欲”为前提的“存天理”被描述为无人身的理性，把理性专制化了。于是，天理成了敌视人欲的异己，成为强势者手中杀人的工具。这样的人性观不可能调动人的积极性，不可能为社会经济发展提供精神动力，显然已经不适应近代社会发展的精神需求，必须使之转型。中国近代思想家看清楚了这一点，他们力图纠正对人性的抽象理解，突出具体性原则，再现人性的真实。

第二，西方哲学的近代人性观转型是在没有受到外部干扰、商品经济有一定发展的情况下进行的，故而比较重视个体性原则。西方近代哲学家所说的人一般指作为个体的人，主张尊重个人的权利、个人的尊严、个人的财产。正如罗素所说：“从教会的威信中解放出来，结果使个人主义得到了发展，甚至发展到无政府状态的地步。”① 中国哲学的近代人性观转型是在国家受到西方列强的宰割、民族危机日益加深、商品经济刚刚起步的情况下进行的，因而不可能像西方近代哲学那样凸显个体性原则。在西方近代，启蒙思潮针对个体而言；而在中国近代，启蒙思潮则针对整个民族而言。为了抵御外辱，必须唤起全民族的觉醒，必须凝聚全民族的力量。由于这个缘故，中国近代思想家虽然意识到个体性原则，但没有把重点放在这个方面；相比较而言，他们更重视群体性原则。

中国近代哲学家一方面继承了古代哲学“以人为本”的传统，十分重视人的问题；另一方面又力图吸收时代精神的精华，更新人格观念，以中国哲学特有的方式完成了对人的新发现。

① 罗素. 西方哲学史：下册. 北京：商务印书馆，1976：5.

第二十六章

历史观向度

中国近代遇到了“千年未有之大变局”，面临着被列强瓜分豆剖的危机，如何改变现状以救亡图存，成为这个时代的中心课题。早期士大夫阶层的改革派代表人物龚自珍、魏源等积极宣传传统的变易观，试图从传统文化中为求变的主张寻找理论依据。甲午战争的惨败和洋务运动的失败，标志着传统的观念体系已经无法应对这个变局。于是，中国的先进之士开始从西方国家寻找救国救民的真理，最终找到了进化论这个思想武器。进化论起初主要是一种自然科学理论，但经过中国的先进之士结合变革社会现实的需要逐步加以改造、提升，已经摆脱了具体科学的特殊形态，而成为一种哲学世界观和方法论。康有为、严复、章太炎、孙中山等无不把进化论作为思考问题的重要立足点，并基于此来探索挽救中国的道路，建立他们的哲学理论。他们对进化论的探讨前后相继，不断深化，在中国近代哲学史上形成了一个极具影响力的进化论思潮。

第一节　康有为：“三世进化”说

在近代中国，首先把进化论思想引入历史观领域的思想家，当数维新派领袖康有为。康有为（1858—1927），原名祖诒，字广厦，号长素，又号更生，广东南海丹灶（今属佛山市南海区）人。他出身当地的名门望族。高祖康辉曾任广西布政使，以后康氏家族世代为官。父亲康达初官至江西候补知县。康氏家族以理学传家，康有为自幼受正统教育，选择科举之路。十岁时父亲去世，他随祖父康赞修在连州读书，十分勤奋。他的阅读范围很广，除了经、史、子、集，还有《瀛环志略》《地球图》等西方地理学方面的译著。他以传统的变易史观作为引进西方进化论的桥梁，并把二者结合起来，构建了“三世进化”说。

康有为是近代著名的政论家和维新派领袖。1888—1889 年，他七次上书光绪帝，提出变法主张。1895 年，正在北京应试的康有为发动十八省应试举人一千二百多人，联名上书，主张拒签和约、迁都抗战、变法图强，轰动一时，史称“公车上书”。同年，他考中进士第八名，授工部主事。他又以官员的身份多次上书，终于打动了光绪帝。1898 年 6 月 11 日，光绪帝下诏“明定国是”，宣布实行变法。变法失败后，康有为流亡海外，直到辛亥革命后才回国。

康有为是一位有原创力的思想家。他不囿于成说，敢于标新立异，突破原有的学术范式，创建了新的学术范式。他试图重新解释儒家经典，把今文经学变成宣传新思想、新文化的工具。在今文经学方面，他的主要著作有《新学伪经考》《孔子改制考》《春秋董氏学》《礼运注》《中庸注》《论语注》《孟子微》《春秋笔削大义微言考》《长兴学记》等。后人编有《康有为全集》，由中国人民大学出版社出版。

一、从进化审视历史

康有为最突出的理论贡献在于，率先把“进化”“发展”等新观念引入历史观，突破了循环论的旧思路，提出了“三世进化”说，从而确立了中国近代哲学的基本方向。

康有为“三世进化”说中的“三世”二字不是舶来品，而是来自中国固有哲学，具体地说，来自东汉公羊学家何休的思想。按照《春秋公羊传》的说法，孔子在《春秋》上记载的二百四十二年历史事实存在着三种情形。第一种是孔子亲身经历或亲眼看到的事情，叫作“所见之世”；第二种是孔子听当事人或亲见者介绍的事情，叫作“所闻之世”；第三种是孔子听别人说而说者也未经历或亲见的事情，叫作“所传闻之世”。何休在为《春秋公羊传》作注时，把“三世”连缀成一种历史观。他解释说：

> 所见者，谓昭定哀，己与父时事也；所闻者，谓文宣成襄，王父时事也；所传闻者，谓隐桓庄闵僖，高祖曾祖时事也。……于所传闻之世，见治起于衰乱之中，用心尚粗粗，故内其国而外诸夏；……于所闻之世，见治升平，内诸夏而外夷狄；……至所见之世，著治大平，夷狄进至于爵，天下远近大小若一。（《春秋公羊经传解诂·隐公元年》）

三世的划分可能寓有孔子的微言大义：“所传闻之世”表征孔子心目中的衰乱世，“所闻之世”表征孔子心目中的升平世，“所见之世”表征孔子心目中的太平世。至于为什么如此说，他并未做任何论证。何休所表述的“公羊三世”历史观的合理内核在于，以公羊学的方式阐述了变易观念，强调历史是一个永恒的演化过程，不可能一成不变；而局限性在于，仍落入了循环论的俗套，认为历史的演化跳不出由治到乱再由乱到治的怪圈。这种历史观没有明确地给出进化或发展的观念，只不过是关于历史进程的一种猜测而已。

公羊三世历史观无疑对康有为有所启发，可他并没有照着这种历史观讲。倘若“照着讲”，他就讲不出“进化”或“发展”之类的新观念。在历史观方面，康有为的进化观念主要来自他对时代精神的感悟。面对中国屡屡战败、民族危亡日益加深的现实，他强烈地感受到：落后必然挨打，谋求发展才是中国唯一的出路。正是出于这种感悟，他在接触到来自西方建立在近代科学基础上的进化论时，就自然会产生强烈的共鸣，并且立即表示认同。在中国哲学史上，他第一次把进化或发展的观念引入了历史观。可是，他要把这种观念表述出来、推广开来，就必须在学理上找到一个支点。他选定的支点是公羊三世说。他利用公羊三世的思想形式表达了进化史观的内容。

在何休三世说的基础上，康有为进一步指出：

> 世有三：曰乱世，曰升平世，曰太平世。必拨乱世，反之正，升于平世，而后能仁。盖太平世行大同之政，乃为大仁，小康之世犹未也。(《论语注》)

康有为把《春秋公羊传》中的“三世”观念与《礼记·礼运》中的“大同”“小康”观念结合起来，认为“所传闻世托据乱，所闻世托升平，所见世托太平”(《春秋董氏学》)。经过这样的解释，他的“三世进化”说便摆脱了《春秋公羊传》中的治乱循环往复思路，强调从“据乱世”到“升平世”(小康社会)，进而到“太平世”(大同社会)，是一个层级递进的进化过程，并且将此进化过程视为人类社会历史发展的普遍规律。按照康有为的说法，后一阶段都高于前一阶段，不会再出现太平世返回据乱世的情形。

康有为把人类社会进化的动力归结为两点：一是人有求乐免苦的本能，二是人有“不忍人之心”。他认为，求乐免苦是人的本性，“普天之下，有生之徒，皆以求乐免苦而已，无他道矣”(《大同书》)。评判社会制度是否良善，就看其是否符合人的这种本性，“能令生人乐益加乐，苦益少苦者，是进化者也，其道善；其与生人乐无所加而苦尤甚者，是退化者也，其道不善”(同上)。他不但肯定了人欲的正当性，而且将能否满足人们求乐免苦的欲望作为评价社会制度是否进步的标准。社会进化的动力，一方面来自每个社会成员求乐免苦的欲望，另一方面也来自所有社会成员对群体的关切。基于此，康有为表示赞同孟子“人皆有不忍人之心”的说法。他认为，“不忍人之心”——“仁”是“一切根，一切源”，是人“可以为善”的根基。历史的进化正是由“不忍人之心”的不断扩充所致。“一切仁政皆从不忍之心生。……一核而成参天之树，一滴而成大海之水。人道之仁爱，人道之文明，人道之进化，至于太平大同，皆从此出。”(《孟子微》)不断推扩仁爱之心，就能使人类社会由野蛮进化到文明，最后达到大同世界。由此可见，康有为把人类历史进化的可能性，一方面建立在人的感性欲望动机之上，另一方面建立在抽象的人性假设之上。

康有为提出“三世进化”说，直接目的在于为变法维新提供理论支持。“三世之义立，则以进化之理释经世之志。”(梁启超：《论中国学术思想变迁之大势》)他把人类社会政治制度的沿革与“三世进化”说联系起来，证明变法维新势在必行。他指出，在据乱世，“以君为一国之主”(《春秋笔削大义微言考》)，应当实行君主制；到了升平世，则“政在大夫，盖君主立宪”(《论语注》)，应当实行君主立宪制；至于到了太平世，君主立宪制也将被废除，“贬天子”行共和就可以了。换句话说，君主立宪制取代君主专制、共和制取代君主立宪制乃是历史进化的大趋势。康有为认为，当时中国正处在由据乱世到升平世的转变中，顺应这一历史趋势，就要实行君主立宪制，以取代君主专制。

康有为认为进化是人类社会的普遍规律，不过这种规律的具体表现则是“进化有渐，因革有由”。他说：“人道进化各有定位。……盖自据乱世进而为升平，升平进而为太平，进化有渐，因革有由，验之万国，莫不同风。”（《论语注》）历史的进化是有阶段性的，进化过程有一定的原因，并遵循一定的秩序。“凡世有进化……未至其时，不可强为。孔子非不欲在拨乱之世遽行平等、大同、戒杀之义，而实不能强也。可行者乃谓之道，故立此三等以待世之进化焉。”（《孟子微》）他认为当时中国仍处于据乱之世，“虽默想太平，世犹未升，乱犹未拨，不能不盈科乃进，循序而行”（《礼运注》）。因此，当时中国维新变法的方向只能选择君主立宪制，而不能选择民主共和制。可见，康有为对进化论的理解具有明显的机械性。在历史进化的程序上，他只承认进化有渐变，不承认在特殊历史条件下还可能出现突变。这就为他后来坚持君主立宪、反对革命“突变”政治观点在思想上埋下了伏笔。

二、从进化展望大同

康有为“三世进化”说有两个闪光点：一个是阐发了进化的新观念；另一个则是重新诠释大同理想，描绘了人类社会发展进化的美好前景。

大同是儒家构想的理想社会。《礼记·礼运》载：“大道之行也，天下为公，选贤与能，讲信修睦。故人不独亲其亲，不独子其子，使老有所终，壮有所用，幼有所长，矜寡孤独废疾者皆有所养，男有分，女有归。货恶其弃于地也，不必藏于己。力恶其不出于身也，不必为己。是故谋闭而不兴，盗窃乱贼而不作，故外户而不闭。是谓大同。”有论者认为这里是对中国古代原始共产主义社会的历史回忆，也有论者认为这里是在虚构空想社会主义的乌托邦，这些恐怕都是误解。其实，这里讲的是道德意义上或价值意义上的社会理想，而并非某种社会制度。如果说是“乌托邦”的话，那么，讲的是道德意义上的乌托邦，而并非制度意义上的乌托邦。大同说的主旨在于倡导合群的价值观念，而并非在设计制度模式，因此，是围绕着价值理想展开论述的。第一句话讲的不是所有制问题，而是倡导群体意识至上，不赞成把个体意识摆在首位；第二句话讲的是社会群体的价值导向问题，倡导社会和谐；第三句话和第四句话讲的是所有社会成员对社会群体应该持有的态度，强调的是社会成员对于社会群体应有的奉献精神；第五句话是对理想社会图景的描述：人人都具有高尚人格，精神文明高度发达，关心他人、关心社会群体蔚然成风，人际关系高度和谐，完全消灭了争斗、盗窃等丑恶的社会现象。这是在自然经济条件下，人们可以想象的一幅美好的社会图景，并没有同社会的发展程度联系在一起。

康有为接受传统的大同理念，但依据进化史观做了新的解释，提出了新的大同理念。对大同的思考，可以说康有为投入了毕生的精力。在他早年的著作《礼运注》和《人类公理》中，新的大同理念已具雏形；戊戌变法后他流亡海外，又反复加以斟酌、修改和补充，直到1913年，才在《不忍》杂志上发变《大同书》的甲、乙两个部分。1935年，他去世已经八年，他的弟子才整理出版了全书。《大同书》由甲、乙、丙、丁、戊、己、庚、辛、壬、癸十个部分组成，对大同之世做了极其详尽的描述。康有为指出，进入大同之世的途径就是破除九界：去国界合大地、去级界平民族、去种界同人类、去形界保独立、去家界为天民、去产界公生业、去乱界治太平、去类界爱众生、去苦界至极乐。

康有为的大同理念与传统的大同理念有很大差异。第一，传统的大同理念建立在变易史观的基础上，只论及道德文明的理想状态，没有谈物质文明和精神文明的发达程度；康有为的大同理念则建立在进化史观的基础上，把大同之世描述为一个物质文明、精神文明皆高度发达的理想社会。按照他的想象，在大同之世，国家已经消亡，民族已经消亡，甚至家庭已经消亡；人与人之间没有尊卑贵贱之分，一律平等；民主制得到普遍实行，世袭制被取消，从元首到各级官员都由选举产生。康有为心目中的大同之世实质是一种理想化的近代民主社会。在这里，他把平等、民主、博爱等近代理念注入大同理想之中，对于消解封建社会人身依附的等级观念具有积极意义。第二，传统的大同理念把远古时代理想化，没有体现出历史主义的诉求；康有为的大同理念则是对人类社会未来的展望，贯彻了历史主义原则。他坚信，人类社会经过若干年的发展，一定会走向大同之世。

总的来看，康有为提出"三世进化"说，突破了历史循环论和历史倒退论，旗帜鲜明地向在中国绵延了近两千年的君主专制制度提出了挑战，努力论证君主立宪制代替君主专制为历史进化的必然，这就为近代维新变法提供了理论根据。他描绘的"大同"理想蓝图，表明人类的理想社会不存在于过去，而存在于未来，对于唤醒国人为实现美好理想而奋斗具有积极作用。这一理论无疑给当时中国的思想界带来了巨大活力，对近代中国历史的发展产生了积极影响。康有为以变易史观为底色，把近代西方进化论引进中国，改造中国传统哲学，揭开了中国近代进化思潮发展的序幕。

第二节　严复："天演论"

康有为虽然把进化论引入了历史观领域，但由于时代和思想的局限，他并未把进化论提升到一般哲学理论的高度。这项任务落在了严复肩上。康有为没有经过系统的西方学术训练，还不能熟练地运用自然科学知识来阐发进化论思想，只能借用公羊三世说的框架来倡导进化论思想。在科学学养方面，严复拥有康有为不可比拟的优势。康有为讲进化论，在内容上是新的，可在形式上却是旧的，傍依着今文经学的权威，傍依着孔子的权威；严复讲进化论，无论在形式上还是在内容上，都是新的，他不再傍依任何权威，完全凭科学研究成果和理论思维成果说话。

严复（1854—1921），字又陵，又字幾道，出生在福建侯官（今福州）的一个山村。1866 年考入马尾船政学堂，1876 年被朝廷选派赴英留学深造，学习海军。三年后，学成回国，到北洋水师学堂任职，先后任总教习、会办、总办。1895 年，他连续发表《论世变之亟》《原强》《辟韩》《原强续篇》《救亡决论》五篇政论文章，对中西文教、政治、道德做了比较，鼓吹变法自强。其间，社会影响最大的还是他翻译出版的《天演论》一书。这本译著向中国输入了"物竞天择，适者生存"的新观念，为近代中国思想史的发展树起了一座里程碑。著有《瘉壄堂诗集》《严幾道诗文钞》等，译著编为《侯官严氏丛刊》《严译名著丛刊》，今人辑有《严复全集》。

一、进化的哲学意涵

严复第一个系统地把西方的进化论学说引进中国，并且把进化论提升到哲学理论的高度，从而使之深入人心。他的译注《天演论》在当时产生广泛的社会影响，以至于成为激励几代中国人寻求救国救民真理的精神动力。严复以“天演哲学家”自许，并自称其学为“天演之学”。他所提出的“天演”二字，并不能被简单地看成进化论的中文译名，而是一种理论创造。严复翻译的《天演论》，不能被简单地视为赫胥黎《进化与伦理》的中译本，因为严复在该书中加入了大量“按语”，表达了严复本人的哲学观点，已经超出了翻译的范围。在“天演论”中，“演”是“进化”的意思，而“天”则是“世界总体”的意思，其中也包括人。严复的论域显然没有局限在自然科学的范围内，而是提升到了世界观、历史观和人生观的高度。

在严复眼中，进化论既是一种科学理论，也是一种世界观、历史观和人生观。

> 西人有言，十八期民智大进步，以知地为行星，而非居中恒静，与天为配之大物，如古所云云者。十九期民智大进步，以知人道，为生类中天演之一境，而非笃生特造，中天地为三才，如古所云云者。(《天演论·人群》按语)

严复指出，自然科学的发展已经改变了人们的世界观、历史观和人生观，特别是达尔文进化论的出现使人们“知人为天演中一境，且演且进”，打破了“古者以人类为首出庶物，肖天而生，与万物绝异”(《天演论·察变》按语)的观念，改变了历来的看法，认识到人也是进化过程中的一物。严复还认为，科学的进步也带来了政治和观念的进步。近代科学导致了自由和民主观念的流行，使整个人类社会步入一个弃旧谋新的时代。严复在这里所涉及的话题不再是生物科学意义上的进化论，而是奠基于近代自然科学之上的、具有实证特色的哲学理论。在中国近代哲学史上，利用自然科学的成果进行哲学思考，可以说严复是第一人。

严复利用西方近代科学提供的材料进行哲学思考，着重论述了自然界演化过程的客观性。他指出，“物竞天择”乃是不以人的意志为转移的客观规律。在进化的过程中，任何生物都逃脱不了生存竞争和自然选择的法则。

> 物竞者，物争自存也；天择者，存其宜种也。(《〈原强〉修订稿》)

所谓“物竞”，就是生存竞争；所谓“天择”，就是经过自然选择，适者生存。“物竞”的范围，开始时是种与种之间的竞争，后来就是同一物种中的不同群体之间的竞争。竞争的结果便是弱肉强食、优胜劣汰。只有那些最能适应环境的物种才能生存、繁衍。

严复还把进化法则引入人类社会，形成“恃人力”的进化史观。他指出，从生物学角度说，进化规律同样适用于人类，因为“民人者，固动物之类也”(同上)。人同其他动物一样，处在“天演之一境”中，必然遵循物竞天择、优胜劣汰的生物进化规律。不过，他并没有因此而陷入社会达尔文主义的误区。在他看来，人类的进化与动物进化有相同的地方，也有不同的地方。不同的地方在于，人能借助于文化观念结合成群体、组织社会，能在进化过程中发挥主观能动性，从而在自然界处于主动位置，而不再像动物那样，只能被动地适应自然界。严复把中国古代哲学家荀子“能群”的观点和斯宾塞的社会有机体学说结合起来，论述了“群”对人类社会进化的重要性：“夫民相生相养，易事通功，推以至于刑政礼乐之大，皆自能群之以相生。”（《〈原强〉修订稿》）严复批评了那种“任天为治”的思想，认为在优胜劣汰规律面前，人并不是完全被动地顺天待命。他相信，人只要通过各种方式结合起来，组成社会群体，就能“恃人力”以“与天争胜”。他指出，人要想在“天演”过程中求得生存，就一定要团结起来，自立、自强，发挥人的主观能动性。他说：“以尚力为天行，尚德为人治，争且乱则天胜，安且治则人胜。”（《天演论·群治》按语）在自然界，进化是力的较量；而在人类社会，社会成员只要以德成群，就能胜天。可见，严复已经找到主导历史发展的现实力量，那就是“人力”。严复的这种看法，较之康有为、谭嗣同把历史进步的希望寄托在个体性的“不忍人之心”或“心力”上，已经有了突破性的进步。

二、以天演论醒世

站在进化哲学的立场上，严复对中国国情做了深入的考察。他指出，中国当时的“积贫积弱”状况并非由中国人人种低劣造成的。那么，究竟是什么原因使中国落后了？严复通过中西之间的比较，找到了两个方面的原因。

首先，从思想方面来看，中国的落后同保守的历史观有关。

> 尝谓中西事理，其最不同而断乎不可合者，莫大于中之人好古而忽今，西之人力今以胜古；中之人以一治一乱、一盛一衰为天行人事之自然，西之人以日进无疆，既盛不可复衰，既治不可复乱，为学术政化之极则。（《论世变之亟》）

他认为中西历史观最大的不同就是：中国人“好古而忽今”，而西方人则“力今以胜古”；中国人把历史看成“一治一乱、一盛一衰”的循环，而西方人则把历史看成一个“日进无疆”的进化过程。这就导致了中西方在历史发展面前的不同态度：“中国委天数，而西人恃人力。”（同上）中国人安于天命，以为天命决定一切；而西方人则依靠自己的力量积极改变现实。久而久之，中国便逐渐落后于西方，以至于陷入被动挨打的局面。

其次，从现实方面来看，中国的落后同社会制度有关。严复认为，西方之所以处在先进位置，根本原因在于“苟扼要而谈，不外于学术则黜伪而崇真，于刑政则屈私以为公”（同上），追求实效的学术制度和屈私申公的民主制度是西方比中国先进的地方。他认为中国传统的考据、义理、辞章之学不但“无用”，而且“无实”，尤其是科举制度，更是禁锢民众的智慧，致使中国在学术方面落后于西方；至于中国实行的尊君而抑民的君主专制制度，则颠倒了君和民的地位，压抑了民众的主动性，从而导致中国的民力不振，使中国在社会制度方面落后于西方。所以，要改变中国落后的局面，必须从学术和制度两个方面入手。

根据优胜劣汰的进化规律，严复向国人敲响了危亡的警钟：“岁月悠悠，四邻眈眈，恐未及有为，已先作印度、波兰之续，将斯宾塞尔之术未施，而达尔文之理先信。”（《〈原强〉修订稿》）积贫积弱的中国面临着被列强瓜分的危险，国人如果还不知奋发、不思进取，恐怕难以逃脱亡国灭种的命运。严复呼吁国人奋发图强，实行维新变法，避免落入亡国灭种的困境。他大声疾呼："今者外力逼迫，为我权借，变率至疾，方在此时，智者慎守力劝，勿任旁守，则天下事正于此乎而大可为也。即彼西洋之克有今日者，其变动之速，远之亦不过二百年，近之亦不过五十年已耳，则我何为而不奋发也耶！"（《〈原强〉修订稿》）中国要想摆脱落后挨打的局面，就要"尽去吾国之旧，以谋西人之新"（《与〈外交报〉主人书》），改变保守的学术和落后的制度。他主张在政治制度方面进行维新变法，实行君主立宪，为最后实行民主制度创造条件。

严复结合中国变法自强、保国保种的现实需要，介绍西方的进化论学说，把进化论作为救亡启蒙的理论武器，希冀以此改造国人的世界观、历史观和人生观，以"优胜劣汰"促使国人觉醒，以"与天争胜"激励国人奋发，革新旧的制度和文化，以图自强、自立、保国、保种。他凭借对西学的切身体会，把进化哲学建立在更为丰富和坚实的近代科学基础之上，使"天演之学"具有了实证哲学的意味，在相当大的程度上摆脱了传统思想形式的束缚，体现出更为鲜明的近代意义。

第三节 章太炎："俱分进化论"

在中国近代，思想家大都对社会进化发展抱着乐观的态度，对进化论坚信不疑，但章太炎也许是个例外。对于进化论，章太炎既从时代需求的角度表示认同，也从学术的角度加以反思，敢于批评盲目乐观的直线进化论观点。他认为，应该对进化论的双重效应进行深入的理论思考。一方面，他发展了近代以来的进化论传统，把革命和进化论融为一体，宣传革命的进化论思想，为民主革命摇旗呐喊；另一方面，他又深刻地反省进化史观在解释人类社会历史时的局限性，在理论上有所创新，提出了有独立见解的"俱分进化论"。

章炳麟（1869—1936），初名学乘，字枚叔，及长，因仰慕明清之际朴学大师顾炎武，改名绛，学名炳麟，号太炎，以号行世。他出身于浙江余杭（今杭州市余杭区）的一个耕读传家的书香门第家庭，祖辈和父辈都是有造诣的读书人，为他接受传统教育提供了良好的学习环境。他入诂经精舍，师从清代著名朴学家俞樾，接受了古文经学的学术训练和传统文化教育。在学术上，章太炎堂庑甚广，在经学、哲学、文学、语言学、文字学、音韵学、逻辑学等方面均有造诣。他独辟蹊径，著述宏富，但文字古奥难解。主要著作由后人编入《章氏丛书》《章氏丛书续编》《章氏丛书三编》，今人辑有《章太炎全集》。

一、进化与革命兼容

章太炎同其他新式学人一样，是进化论的信奉者。他认为，从无机界到有机界乃至人类社会，无不处在进化的大过程之中。进化就是世界万物之间的普遍联系，万物以进化为纽带，构成一个整体。从进化的视角看，"人之始也，皆一尺之鳞也"（《訄书·原人》）。世界万物之间的差别其实就在于进化程度的不同。无机界的进化程度最低，依次为藻类、鱼类、猿类，到人类达到最高阶段。至于为什么会有进化程度的差异，据章太炎分析，大概有两点原因。第一，取决于客观环境。他认为拉马克的用进废退理论是有道理的，并找到一些具体实例来说明。例如，在寒冷的古代，动物必须长着厚厚的毛发，后来气候变暖了，长毛自然就退化了；鲸原本生有四肢，可是由于长久生活在海洋中，长期不用，久而久之，也就退化了；鸵鸟长着翅膀却不能飞；有的羊长着角却不会用来抵触。第二，取决于有机体自身的努力，他称之为“以思致其力而自造者”（《菌说》）。他找到的例证是，鸟为了梳理自己的羽毛，脖子和喙都长得长长的；鸟担心自己的蛋被其他动物发现后偷走，便想出各种对策，比如有的鸟把蛋产在地上，蛋的颜色为灰色，有的鸟把蛋产在芦苇丛中，蛋的颜色为绿色。他由此得出结论：“由鸟思护其卵，积精专思，而遂变其形色，所谓以思自造者也。”（同上）这意味着有机体在进化过程中不完全是被动的，也有主动因素。这种主动因素在人类身上得到了更充分的体现。“夫自诸异物而渐化为人者，此亦以思自造者也。”（同上）

章太炎关于进化程度有差异之原因的第二点分析，其实已经超出了生物进化论的范围，而试图把进化论转变为一种积极向上的世界观和人生观。他指出，尽管人类已经进入进化的高级阶段，但并不能因此而停止下来，他对人类进化提出了更高的要求。人类必须以积极进取的态度应对进化，而不能用消极等待的态度顺应进化。如果人“怠用其智力”（《訄书·原变》），那么非但不能进化，反而会退化为低等动物，退化为猿猴。通过这样的解释，他把革命与进化联系在一起，认为革命是体现人类智力、促进进化必不可少的手段。

章太炎认为，人类社会的进化虽然遵循生物进化的规律，但人类毕竟不是一般的动物，因此，人类社会的进化又具有不同于一般生物进化的特征。章太炎把人类社会进化的特征归结为两点，即“竞以器”和“人能群”。首先，章太炎认为，“人之相竞也，以器。……石也，铜也，铁也”（同上）。人类学会使用工具、武器，掌握了竞争利器，故而能把自己同其他动物区别开来，形成人类的特点。随着工具从石器到铜器进而到铁器的演变，人类的竞争能力在不断增强。其次，像严复一样，章太炎继承了荀子“明分使群”的学说，指出人之所以能战胜动物，是因为人能合群，即结合起来抗击敌人、保护自己。

> 彼人之自保则奈何？曰：合群明分而已矣。苟能此，则无不自立。譬之蜜蜂，虽细不败。苟不能此，则无不受侮。（《菌说》）

群体团结，即便弱小的蜜蜂也能自保；群体不团结，任何民族都将无法自立。可见，章太炎试图从人的社会性和工具的革新来说明人类历史的进化，已经接触到历史发展的内在客观规律。

章太炎同革命派的思想家一样，特别强调进化与革命构成兼容关系，反对改良派以庸俗进化论为口实抵制暴力革命。他赞同邹容“革命为天演之公例”的说法，把进化论看成从事革命事业的理论依据。历史进化的道理要通过革命来明晓，旧的风俗制度也要靠革命去改造。只有竞争和革命才能促进人心的进化。他说：“人心之智慧，自竞争而后发生。今日之民智，不必恃他事以开之，而但恃革命以开之。”（《驳康有为论革命书》）他由此得出的结论是：“竞争出智慧，革命开民智。”（同上）据此，他批判了天命说和宿命论，认为“拨乱反正，不在天命之有无，而在人力之难易”（《驳康有为论革命书》）。革命全靠人力，与天命无关。章太炎非常重视意志在革命中的作用，强调“夫欲自强其国种者……惟恃所有之精神”（同上）。他驳斥了保皇派不准革命的论调，鼓舞了革命党人的斗志。

二、进化的二向度

由于看到西方发达国家的现实矛盾，特别是感受到战争带来的破坏，章太炎开始反思进化论的负面效应。源于自然科学的进化论，在解释自然界与人类科技的进步时具有相当的科学性和解释力，但是当它被不适当地从自然律引申为历史律乃至道德律的时候，其本身的机械性和片面性便日益凸显出来。孙中山对此已有所察觉，试图用互助原则来纠正竞争原则，但是他的反省还不够深刻。章太炎则明确地指出进化论学说的局限性，创立了“俱分进化论”。他强调，进化的向度不是一个而是两个，主张在社会历史领域限制进化论的适用范围。

1906年，他在《民报》第七期发表《俱分进化论》一文，对直线式进化论模式提出了诘难，对于进化的终极目标——“必达于尽美醇善之区”，他表示怀疑：

> 进化之所以为进化者，非有一方直进，而必由双方并进。专举一方，惟言智识进化可尔。若以道德言，则善亦进化，恶亦进化；若以生计言，则乐亦进化，苦亦进化。双方并进，如影之随形，如罔两之逐影。

人类的科学知识一直是随着历史的发展而进化的，这是不争的事实；可是，从人们的道德生活和幸福感受来看，则是善与恶、苦与乐“双方并进”。知识的发展并不一定能促进社会风气趋向于善，也不一定能带来人们生活的快乐。事实上，情况恰恰相反，随着人类社会的发展和知识的进步，人们为善和为恶的能力都增强了，求乐和造苦的能力也随之增长。他以人类战争为例来说明“俱分进化”的道理：在上古时代，人类的战争只能以“手足之能，土丸之用，相抵相射而止。国家未立，社会未形，其杀伤犹不能甚大”，但到了近代，随着武器的进步，战争手段更残酷，战争规模更大，以至于“一战而伏尸百万，喋血千里”（《俱分进化论》），与古人相比，现代人似乎变得更残忍了。

对于造成“俱分进化”的原因，他企图用佛教唯识宗的理论来解释。他指出，“熏习”使人所禀赋的阿赖耶识中的种子染上了善、恶的性质，因而人的行为便有善有恶。就人性来说，既有真、善、美的趋向，也有好胜心的趋向。这样，反映在社会历史的进化中，自然就出现善恶“双方并进”的情况。章太炎的“俱分进化论”认为，社会的进化必然导致罪恶的扩大和痛苦的加深，人类社会永远不可能到达尽善至乐的境地。为了彻底摆脱进化给人类社会带来的罪恶和痛苦，章太炎提出“五无论”，主张无政府、无聚落、无人类、无众生、无世界。他认为，政府、聚落、人类、众生、世界的存在都是战争和罪恶的根源，在未来都将被消灭掉。章太炎的“俱分进化”思想尽管有虚无主义倾向，但他从价值层面反思直线式进化论的局限性，揭示了人类社会发展的复杂性，对于人们辩证地认识世界的进化发展具有积极意义。

第四节　孙中山："突驾"进化论

由于康有为和严复皆站在维新派的立场上阐发进化论思想，所以他们对进化论的理解有明显的庸俗化倾向。康有为认为，进化是缓慢的积累过程，必须一点一点地来；严复的近代意识虽然比康有为强，但仍未超出渐进进化论的范围。突破渐进进化论之思想局限的思想家，乃是伟大的民主革命先行者孙中山。他站在革命派的立场上阐发进化论，把进化论思想与革命实践结合起来，创造性地提出"突驾"的进化发展观。

孙中山（1866—1925），幼名帝象，后改为文，字德明，号日新，改号为逸仙（粤语"日新"的谐音），因化名中山樵，故以"中山"行世。他出身于广东香山县（今中山市）翠亨村一个贫苦农民家庭。伟大的民主革命先行者孙中山既是一位实践家，也是一位思想家。尤其到了晚年，他特别重视"心理建设"，提出了许多原创性的观点。他留下的著作被后人编为《中山全书》《总理全集》等多种版本。1956 年，人民出版社出版《孙中山选集》，共二册。从 1981 年到 2006 年，中华书局出版了《孙中山全集》，共十一册。

一、进化与天然力

在近代，无论维新派还是革命派，都是进化论的信奉者，不过，两派的理论侧重点不一样，从进化论引申出来的诉求也不一样。维新派以进化论证明君主立宪的合理性，主张慢慢地进化；革命派以进化论证明革命发生的必然性，证明暴力斗争的正当性。对于进化论这本"经"，维新派与革命派有不同的读法。自诩为"革命军中马前卒"的邹容，豪迈地宣称："革命者，天演之公例也；革命者，世界之公理也。"（《革命军》）他的这种看法可以说是革命派的共识，孙中山亦作如是观。孙中山把"进化"与"天然力"紧密联系在一起。他所说的"天然力"，用现代哲学术语来说，就是"客观必然性"。

具有深厚西学学养的孙中山从科学的角度接受达尔文的生物进化论，相信客观必然性的存在。他说："至达文氏则从事于动物之实察，费二十年勤求探讨之功，而始成其《物种来由》一书，以发明物竞天择之理。自达尔文之书出后，则进化之学，一旦豁然开朗，大放光明，而世界思想为之一变。从此各种学术，皆依归于进化矣。"（《建国方略·孙文学说》）在他看来，进化作为一种自然力，适用的范围不局限于生物界，同样适用于人类社会。进化不仅是宇宙和生物界发展所遵循的客观规律，而且是人类社会发展所遵循的客观规律，宇宙、地球、生物、人类都是自然不断进化发展的产物。孙中山特别强调，人类历史发展必须遵循客观的进化规律。人类社会历史发展的客观趋势，谁都无法阻挡。

> 世界潮流的趋势，好比长江、黄河的流水一样，水流的方向或者有许多曲折，向北流或向南流的，但是流到最后，一定是向东的，无论是怎么样都阻止不住的。所以，世界的潮流，由神权流到君权，由君权流到民权；现在流到了民权，便没有

方法可以反抗。(《三民主义·民权主义》)

世界潮流，浩浩荡荡，顺之者昌，逆之者亡。清朝皇帝、袁世凯、张勋都被这一潮流淹没了。这样，孙中山就在进化论中，为他反对封建专制主义、反对帝制复辟、从事建立民主共和国的革命事业找到了理论依据。

二、进化与人为力

同维新派相比，孙中山对进化论的理解有独到之处，那就是他深入探讨了人类社会进化过程中如何发挥"人为力"的作用这一重大理论问题，对客观规律性与主观能动性之间的关系有比较正确的认识。

孙中山一方面强调人类社会进化的客观规律，另一方面也十分重视"人为力"在进化过程中的主动作用。

> 世界中的进化力，不止一种天然力，是天然力和人为力凑合而成。人为的力量，可以巧夺天工，所谓人事胜天。(《三民主义·民族主义》)

所谓"天然力"，指物竞天择、适者生存的天然淘汰力。孙中山不否认，这种力可以促成人类社会"天然的进步"，但不认为这是人类社会进步的全部原因。他说："大凡社会现象，总不能全听其自然，好像树木由它自然生长，定然支蔓，社会问题亦是如此。"(《在东京〈民报〉创刊周年庆祝大会的演说》)在人类社会发展过程中，"人为的力量"起到了关键作用；只有发挥"人为的力量"，才能解决社会发展过程中出现的种种问题，否则将一事无成。他还对"人为力"进行了深入的探索，看到了民众力量在历史发展中的重要性："一国之趋势，为万众之心理所造成，若其势已成，则断非一二因利乘便之人之智力所可以转移也。"(《建国方略·孙文学说》)他说："夫国者人之积也，人者心之器也，而国事者一人群心理之现象也。是故政治之隆污，系乎人心之振靡。"(《建国方略·自序》)他认为，只要把民众的革命精神振奋起来，就会产生众志成城的力量，从而促成中国社会的进步。推翻朝廷统治，靠的是民众的力量；以后进入建设阶段，也要靠民众的力量。

基于对"人为力"在历史发展中所起作用的信念，孙中山提出了著名的"突驾"说。

> 夫人类之进化，当然踵事增华，变本加厉而后来居上也。(《建国方略·孙文学说》)
>
> 若中国以其固有之文明，转而用之，突驾日本，无可疑也。(《在东京中国留学生欢迎会的演说》)

根据对当时中国革命形势和世界潮流的把握，他指出，中国的进步不能仅仅依靠自然力的进化，倘若消极等待，无所作为，必将遭遇被淘汰的结局。孙中山批驳了改良派拘泥于天演之顺序的庸俗进化论思想，批驳了他们"中国的改革最适宜于君主立宪，万不能共和"的论调。他指出，中国人如果能发挥"人为力"作用，"取法西人的文明而用之，亦不难转弱为强、易旧为新"，中国不但可以"凌驾"于日本，甚至能"凌驾全球，也是不可预料的"(《中国决不会沦亡》)。他对中华民族的发展前景充满了信心："夫事有顺乎天理，应乎人情，适乎世界之潮流，合乎人群之需要，而为先知先决者所决志行之，则断无不成者也，此古今之革命维新，兴邦建国等事业是也。”（《建国方略·孙文学说》）革命者应当遵循人类社会历史进化规律，根据国情和人民的需要，积极促成革命建国大业早日成功，而不能无所作为，一味听凭“自然力”的摆布。孙中山的“突驾”说主张把“自然力”与“人为力”结合起来，将进化论与革命理论结合起来，既承认天演的顺序，又强调“人为力”促成飞跃的作用，有力地批判了改良派所坚持的渐进庸俗进化论，为他领导的推翻满清专制王朝的革命事业提供了强有力的理论支持。

总之，孙中山继承并发展了近代以来的进化史观，克服了把进化限制在渐进范围内的改良派的庸俗进化论，使进化论成为指导民主革命的理论武器。另外，他已经意识到，把源于自然科学的进化论原封不动地搬到社会历史领域，将会带来人性的扭曲、蛮横霸道的社会达尔文主义的流行、强权政治话语的流行等严重后果。他已经走出社会达尔文主义的误区，试图用“互助”说来弥补“竞争”论的理论缺陷。他对进化论的理解达到了一个新的高度。康有为的理论贡献在于，用进化史观突破变易史观的局限性；严复的理论贡献在于，阐述了进化论的实证科学基础；而孙中山的理论贡献则在于，排除了社会达尔文主义的谬见，以中国学者独到的眼光审视进化论学说。

综上所述，随着革命形势的发展，中国近代思想家对进化论学说的探讨不断深化。他们首先认同自然科学进化规律，然后试图把进化原则提升到历史观、世界观和人生观的高度，以作为维新或革命的理论依据。康有为第一个把进化论引入历史观领域，提出了他的“三世进化”说，改造和批判了传统的历史循环论。严复结合中国救亡图存的现实需要，把“天演之学”提升到哲学理论的高度加以阐发，使进化论学说产生了极其广泛的影响。但是，康、严主张渐进的进化观，最终都陷入了渐进进化论的泥沼。章太炎前期积极宣传革命的进化论思想，为民主革命摇旗呐喊，后来又对进化论在解释人类社会历史时的局限性进行了深刻的反省，提出了“俱分进化论”，批评了直线式进化论，引导人们辩证地看待人类社会的发展。孙中山突破渐进进化论的局限，提出“突驾”进化论学说，把进化论学说与革命实践结合起来，使进化论成为指导民主革命的理论武器。近代以来，中国先进之士对进化论的探讨是一个时间上前后相继、理论上不断深化的过程，他们阐发和宣传的进化论哲学迎合了中国近代追求变革的时代需要，成为马克思主义传入中国之前指导中国人救亡图存的主要思想武器。

第二十七章

本体论向度

由于中国近代思想家在历史观方面把目光转向了进化发展，与此相应，他们在本体论方面就把目光转向了客观世界。他们突破了天人合一的哲学思维模式，选择了主客二分的哲学思维模式，试图建构有近代色彩的本体论学说，对世界的客观性做出了哲学上的解释。

第一节　康有为：元学

康有为的哲学思想来源非常庞杂，正如他自己所表述的那样："合经子之奥言，探儒佛之微旨，参中西之新理，穷天人之赜变。"（《康南海自编年谱》）但就康有为的主要思想来源而言，他接受了中国儒家今文经学和佛学思想，同时又吸收了西方近代自然科学和社会科学的知识。

康有为早年就开始致力于对天地万物之本体的探讨，并且将对本体的探讨建立在自然观的基础上。总体而言，其本体论基本还是受中国传统"气"一元论的支配，认为宇宙万物都是由"气"产生的。但是，他已经试图把西方近代自然科学的某些知识引进自己的思想，从而使自己具有了一些近代的宇宙演化观念。

> 夫天之始，吾不得而知也。若积气而成为天，摩励之久，热、重之力生矣，光、电生矣，原质变化而成焉，于是生日，日生地，地生物。（《康子内外篇·理气篇》）

康有为深受汉代今文经学家董仲舒“元者，为万物之本”（《春秋董氏学》卷四）思想的影响，同时将今文经学的旧形式和西方近代的自然观结合起来，形成了一种“以元为体”的宇宙观。

> 其道以元为体，以阴阳为用，理皆有阴阳，则气之有冷热，力之有拒吸，质之有凝流，形之有方圆，光之有白黑，声之有清浊，体之有雌雄，神之有魂魄，以此八统物理焉，以诸天界、诸星界、地界、身界、魂界、血轮界，统世界焉。（《康南海自编年谱》）

“元”是康有为哲学体系中最高、最基本的范畴，它是宇宙的本原、万物的本体，同时又是康有为哲学体系和学说的基石。

一、“元”的地位

康有为强调“元”是根本的，它是宇宙的本原、万物的本体，而“阴阳”则是本原、本体的表现。他指出，“元”是天地万物产生的根源，是唯一的、绝对的本体，“元者，为万物之本”。

康有为一方面认为“元”是天地万物的根本，另一方面也认为“元”是人的根本。

> 元为万物之本，人与天同本于元，犹波涛与沤同起于海，人与天实同起也。然天地自元而分别为有形象之物矣。人之性命虽变化于天道，实不知几经百千万变化而来，其神气之本，由于元。溯其未分，则在天地之前矣。（《春秋董氏学》卷六）

这就把人看作天地万物中的一物，“天地者，生之本，万物分天地之气而生。人处万物之中，得天地之一分焉”，“凡众生繁殖皆吾同气也，必思仁而爱之，使一民一物得其所焉”（《中庸注》）。

在康有为看来，“元”不仅是天地万物（包括人类）产生的根源，而且是天地万物发展、变化的根源。他说：“天地、阴阳、四时、鬼神，皆元之分转变化，万物资始也。”（《礼运注》）又说：“万物而统之元以立其一，又散元以为天地、阴阳、五行与人，以之共十，而后万物生焉。”（《春秋董氏学》卷六）

由“散元”而产生天地万物，包括天地、阴阳、五行、人与鬼神，它们都从“元”分转变化而来，又同归于“元”。在这里，康有为以“元”概括自己的全部学说，认为“元”是宇宙之本、万物之始，“元”的分转变化产生出天地万物。总之，世界上的一切事物和现象都可以用“元”来概括与解释。他用“元”本论取代传统哲学中的元气论，为推动中国哲学的近代本体论转型做出了努力。

二、“元”的实质

上文已经提及，康有为早期曾持“气”本论，并且将这种作为万物之本的气称为“元气”。他说：“万物之生皆本于元气，人于元气中，但动物之一种耳。”（《大同书》）这样，他就面临着一个如何对待“元”与“气”之关系的难题。尽管后来他曾努力将二者区分开来，强调“元，气之始”（《万木草堂口说》），认为“元”比“气”更具根本性，“元”才是一个本体论的范畴，但在更多的时候他还是混淆了“元”与“元气”。“元”既然为“气”，就不可避免地具有物质的客观存在属性。康有为没有强调“元”的物质属性，而是强调“元气”“知气”“精气”等概念与“太极”“太一”都是同一范畴。

是“以太”之用，这不是把“仁”与“以太”简单地相加，而是运用中国传统哲学的体用观巧妙地将二者融为一体，赋予本体伦理的、价值的属性。谭嗣同还把“以太”看作与“仁”一样的东西，从而否定了“以太”的物质性。他说：“以太也，电也，粗浅之具也，借其名以质心力”（《仁学界说》），“精而言之，夫亦曰‘仁’而已矣”（《以太说》）。他甚至还说：“以太者，亦唯识之相分，谓无以太可也”（《仁学》上），“仁为天地万物之源，故唯心，故唯识”（《仁学界说》），“天地间亦仁而已矣”（《仁学》上）。把宇宙万物的本原归结为“仁”，这明显地反映出，谭嗣同采用“以太说”乃是用西方近代自然科学知识来重新诠释中国传统哲学，力求建立具有新的时代特色的“仁学”思想体系。

二、以太—仁—通—平等

谭嗣同为什么要构造上述这种“以太-仁”的哲学本体论？这与其“冲决网罗”的反封建思想有什么关系？在考察其本体论思想时，我们应该认识到，谭嗣同不是书斋里的学者，而是积极参加现实斗争的维新派勇士。他的“以太-仁”的哲学本体论是为了解决当时中国面临的现实问题而锻造出来的思想武器。我们可以从他的《仁学》中清楚地看到其思想贯串着一个清晰的逻辑结构：“以太—仁—通—平等”。其立论目的就是宣传西方近代的自由、平等、民主等新观念。

谭嗣同有感于当时中国社会的黑暗腐败，认识到封建君主专制制度及维护这一制度的封建纲常名教是造成中国社会落后、贫穷的根源，也是维新运动的最大障碍。他用一个“塞”字来概括封建君主专制制度下人与人之间的关系。他发愿“别开一种冲决网罗之学”，就是为了打破这一“否塞不通”的局面。正是从现实斗争的需要出发，谭嗣同构造了他的“以太-仁”的哲学体系。按照这种哲学，宇宙万物都是由“以太”形成的，“以太”具有“仁”的作用和功能，而“仁”的本义是“通”，“仁以通为第一义”（《仁学界说》）。谭嗣同针对程朱理学把封建纲常名教视为“天理”的做法，指出“通之象为平等”（同上）。《仁学》上卷通过阐发“以太—仁—通—平等”的道理，鼓吹“中外通”“上下通”“男女内外通”“人我通”，宣传资产阶级自由、平等、民主等思想；下卷通过对封建纲常名教、君主专制制度的深刻揭露和激烈抨击，提出变法维新、改造社会的主张。这无疑具有进步的时代意义。

谭嗣同的哲学思想充满着矛盾。一方面，以西方近代的自由、平等、民主等观念来解释中国传统思想中的“仁”，从而赋予其时代意义，对封建纲常名教、君主专制制度进行了尖锐的批判，为维新运动提供了理论基础；同时，又试图将西方自然科学知识引进自己的思想体系，这突破了传统意义上的本体论模式。另一方面，在残酷的现实面前，他又感到无助，于是最终企图凭借“心力”来解决当时的社会问题，这显然是不可能的。无论康有为还是谭嗣同，他们所受的教育都主要是传统的，对西方思想尚缺乏深入的体会和了解，故而思想上不能不带有强烈的传统色彩。出于变法维新与思想启蒙的需要，他们的本体论仍然保留了价值形态的痕迹。但是，我们可以清楚地看到，与康有为相比，谭嗣同思想中的传统色彩明显减弱，他在摆脱传统本体论的思维模式方面向前迈进了一步。

第三节 严复："质力相推"说

西学传入中国不是始于近代，明朝末年西方传教士陆续来华，带来了一些零星的西方知识，徐光启等翻译《几何原本》揭开了西学来华的序幕。但那时西学的传入并不具有救亡图存的意义，把西学作为救亡自强的武器大量介绍到中国则是近代的事。近代将西学介绍到中国的，第一重要的人物就是严复。

严复适应近代中国社会变革的需要，热心传播西方文化，是最早在中国系统地传播、介绍西方近代自然科学和社会政治学的启蒙思想家。他在自己的大量译著与著作中公开举起了西学的旗帜，起到了思想启蒙的重要作用。在本体论方面，严复受西方哲学影响的程度较康有为、谭嗣同等人更深，这集中体现在他提出了"质力相推"说。

一、非质无以见力

严复大力宣传和介绍西方近代自然科学的成就，强调中国要富强就必须学习西方近代自然科学，力图把自然观建立在西方近代自然科学基础之上。他用自己接触到的西方近代自然科学知识，对世界的起源、天体的形成、生命的产生等做了唯物主义的解释。

> 通天地人禽兽昆虫草木以为言，以求其会通之理，始于一气，演成万物。(《〈原强〉修订稿》)

万物都是由"气"演化而成，"气"生成万物的说法来自古代朴素唯物主义，然而严复对"气"做了与朴素唯物主义完全不同的解释。他说"最清气名伊脱（Ether)"(《天演论·真幻》按语)，这是把"气"作为物理学上的"以太"来理解；有时他又说"气"就是星云，就是极微质点。无论"以太"还是星云或质点，都说明严复是用西方近代的物理学、天文学、化学的知识来说明世界的物质统一性，这就高出中国古代哲学家对"气"所做的直观、猜测的解释。

以太、星云是怎样"演"成万物的？严复说：

> 大宇之内，质力相推，非质无以见力，非力无以呈质。(《译〈天演论〉自序》)

严复不再用中国传统哲学中的"气"范畴来解释，而是引入西方哲学中的"质"和"力"这两个新范畴，分别用以说明宇宙演化的质料因和动力因。

在严复这里，"质"指质点，泛指自然科学的物质；"力"既指质点具有的化合力、吸引力，又指机械运动产生的能量，可以说泛指运动。严复强调物质和运动不可分割，整个宇宙处于"质力杂糅，相剂为变"(《天演论·广义》按语）的过程中。他用"翕以聚质""辟以散力"来说明这个变化。所谓"翕以聚质"，指质点在相互吸引力的作用下集聚起来形成物；所谓"辟以散力"，指质点集聚后在持续进行的热、光、声与运动中不断消耗能量。宇宙间的万物都在"翕"与"辟"的过程中"由纯而之杂""由流而之凝""由浑而之画"(同上)，愈变愈复杂。此外，严复还指出宇宙是无限的，他说："有实而无夫处者宇，有长而无本剽者宙。"(《救亡决论》）宇宙间的万物虽处于不停的聚散变化之中，但质、力的总量是不增不减的，他说："两间内质，无有成亏；六合中力，不经增减。此自造物以来不变者也。"（《救亡决论》）这样的解释使严复的自然观带有机械论色彩。

二、非力无以呈质

严复用"质"和"力"这两个哲学范畴来解释宇宙的生成、变化，但他没有把侧重点放在"质"上，而是放在了"力"上。因此，尽管他的自然观带有机械论色彩，但他没有选择机械论路向，而是选择了进化论路向。在他看来，宇宙间万事的进化发展都是一种自然历史过程。他认为，宇宙间质、力之间的相互作用构成了宇宙万物进化的原动力，这种"质力相推"的过程永远不会结束，所以宇宙万物的进化是一个永恒的过程。每一事物都是进化过程中的一种暂时形态，"有生之物，始于同，终于异，造物立其一本，以大力运之"（《天演论·察变》按语）。现存的生物物种繁多，各不相同，但起初都是一个本原。后来逐渐分化，是由于宇宙间"质力相推"的作用，各种生物体对自然环境的适应性不同所致。

严复的"质力相推"说看到了万物生成、变化过程中质点及其运动的相互作用，并以这种相互作用，而不是单单以"质"或"力"中的任何一个因素，来说明万物的生成、变化。这种本体论是一种进化形态的本体论，这种以"质"与"力"二者为基点的本体，较之纯粹的实体性本体，在说明万物的生成、变化上更深刻，因而具有更大的说服力。

第四节　章太炎：本体分途论

章太炎一生中学术思想变化较大。在社会政治思想方面，他前期积极宣传社会改良，参加维新运动，后来对自己之前的改良观点进行了批判，晚年思想转向保守。这种社会政治思想的转变不可避免地影响到其本体论思想。章太炎的本体论思考大体可以分为两个时期。

一、前期的"阿屯"说

中国近代思想家普遍认识到，要进行社会变革，就必须推翻"天不变，道亦不变"的成说，所以都比较重视"天"的理论，章太炎也是如此。他早期的本体论思考以对存在的考察为主，《訄书》《菌说》《视天论》为其代表作。

章太炎重新评定了中国古代的浑天说、盖天说及宣夜说等宇宙理论，将它们与西方近代宇宙理论做比较，认为西方近代宇宙理论"其说近于宣夜"（《视天论》）。"以新旧说相较，新者轨合，而旧者辄差。"（同上）在他看来，中国古代的宣夜说是以直观经验为基础的，缺乏近代科学依据，于是对之加以扬弃，吸收了其合理成分，并将之同西方近代天文学提供的新的宇宙观念结合起来，建立了"视天论"的宇宙理论。

他认为，天就是环绕地球的大气层和弥漫于太空中的原子、以太等在人的目光中形成的"苍苍然者"，而并不是青石板、水晶球之类的有形物体。他也不同意中国古代"积气成天"的说法。既然有形质的天是不存在的，那么人们仰视所见的"苍苍然者"

是什么？章太炎说：“恒星皆日，日皆有地，地皆有蒙气。自蒙气中视物，溟涬若氛云之薄积。京垓之地，蒙气坌萃，鱼鳞杂沓，而望之若苍苍矣。”（《訄书·天论》）地球周围的大气，看上去如苍苍的颜色，但实际大气“在地曰气，仰瞻则曰天，犹之云与雨也，非有二质，顾其所见异尔”（同上）。人们常把所见到的“苍苍者”叫作“天”，其实它不是一种有形质的实体，而不过是大气的显现而已。

章太炎以哥白尼创立的西方近代天文学理论为基础，对“视天说”做了进一步的阐发。他认为宇宙是由无数星系构成的，而且每个星系都有自己的恒星。他还肯定了整个宇宙是不断运动的，不但地球在运动，太阳也在运动，这就比哥白尼进了一步。他说：“夫体成圆球者，未或不动，动则浑沦四转，无待于覆。”（《视天论》）他认为整个宇宙处于永恒的运动过程之中，而运动的原因就是天体有“体质”而“相摄”，即各个星体因有体积和质量而相互吸引。他认为宇宙就是一个无数星体互相吸引而永恒运动的力学系统。章太炎的这种以西方近代科学知识为基础的宇宙观，有力地打击了“天不变，道亦不变”的说法，对于人们的思想解放有着重要的启蒙意义。他还认为宇宙不但在时间上是无限的，而且在空间上是无穷无尽的。地球属于太阳系，太阳系属于银河系，“而天河大群之外，又有星群，散处无所纪者”（同上）。总之，天外有天，宇宙是无限的。

那么，无限宇宙间的万物是由什么构成的？事物的变化是由什么引起的？为了回答这些问题，章太炎接受了“阿屯”说。

> 盖凡物之初，只有阿屯，而其中万殊。（《菌说》）

宇宙间的万事万物“皆内蒙于空气，外蒙于阿屯、以太，而成是形”（《视天论》）。所谓“阿屯”，即 atom（原子）的音译。他认为，“以太”尽管充满于宇宙空间，是传递引力、电磁波的媒介，但并不是质料因，因为“以太”为“阿屯”所规定。归根结底，宇宙间的万事万物虽然纷纭复杂，但都起源于“阿屯”，统一于“阿屯”。他还很注意吸收当时西方自然科学的最新成果来充实自己的哲学理论。他认为作为万物基始的“阿屯”不是一成不变的，各种原子内部的构成不同，“其中万殊”，这种观点无疑接近于西方近代自然科学的原子论。

维新派的谭嗣同、康有为等人虽然也把“以太”作为宇宙的本原、万物的本体，但他们又把“以太”附会为孔子的“仁”、佛教的“性海”、基督教的“灵魂”，这样，就把客观存在的“以太”视为精神性的存在，抽掉了这一概念中的物质性内容。章太炎说：“或谓‘性海为以太’。然以太即传光气，能过玻璃实质，而其动亦因光之色而分迟速。……则不得谓之无体。”（《菌说》）他认为“以太”振动可以传播光波或电磁波，光的波长因为“以太”振动的快慢而不等，所以光的颜色也不同。“以太”振动有快慢，“阿屯”大小可以量度，所以不能说无体。而精神性的仁、性海、灵魂是无法度量的，才可以说是无体。这就把“以太”“阿屯”看作了纯物质概念，这种判断基于自然科学的度量原则，具有科学色彩。章太炎把世界的物质本原看作可以度量的实体，就使他的本体论带有机械论的特征。而且，相比于严复把“以太”看成“清气”的含混不清的观点，章太炎的认识更加明确、具体，具有更多的合理性。

作为宇宙本原的“阿屯”是怎样构成万物的？章太炎说：

> 各原质皆有欲恶去就，欲就为爱力、吸力，恶去为离心力、驱力。有此故诸原质不能不散为各体，而散后又不能不相和合。(《菌说》)

原质（元素）间的排斥与吸引、分散与聚合构成了物质世界的现实图景。这一点与严复“翕以聚质”“辟以散力”“质力相推”的说法有很大的相似性。

不过，章太炎并没有成为机械唯物论者，没有用原子解释精神现象。他认为：“夫然，则空气金铁虽顽，亦有极微之知。今人徒以植物为有知者，益失之矣。”（同上）由此可见，他认为单以生物为有知者是不够的，万物皆有知。

> 盖与之则可曰有知，奋之则可曰无知。彼其知则欲恶去就而已。不如是不能自成原质，亦不能相引而成草木。夫其桥起而相引也，则于是有雌雄片合，而种类成矣。有种类，则又有其欲恶去就，而相易相生相摩，渐以化为异物。(同上)

“与之”，就是吸引；“奋之”，就是排斥；所谓“知”，就是“欲恶去就”的能力。章太炎把事物的变化之因归结为原质之间的吸引与排斥，虽然具有机械性，但考虑到他所处的时代，仍具有一定的合理性；但是，他进而把事物所具有的“欲恶去就”的能力解释为万物皆有知，就不可避免地使他的理论带有泛神论色彩。事实上，他自己对泛神论是持肯定态度的，他说：“近世斯比诺莎所立泛神之说，以为万物皆有本质，本质即神。”（《无神论》）“若其不立一神，而以神为寓于万物，发蒙叫旦，如鸡后鸣，瞻顾东方，渐有精色矣。”（同上）他认为万物皆有神的观点正是无神论的前奏，“泛神者，即无神之逊词耳”（《答铁铮》）。章太炎以泛神论否定了上帝的本体地位，认为“夫非有上帝之造之，而物则自造之”（《菌说》），这是进步的；但无论如何，视万物为有知都是一种不科学的说法，这为他后来思想的转变埋下了伏笔。

二、后期的“真如”说

章太炎于1903年因“苏报案”被捕入狱，1906年出狱去日本后开始反思自己的前期思想，着力点由对存在的考察转到对价值意义的关注。在思考究竟什么是发动人民投入革命的最有效的理论武器这一问题的过程中，他选择了佛教，特别是法相宗的唯识论，认为这才是对人民“发起信心”最理想的哲学武器，认为“用宗教发起信心，增进国民的道德”与“用国粹激动种性，增进爱国的热肠”（《东京留学生欢迎会演说录》）是唤起人民的革命情感、取得革命胜利的两个重要因素。基于这种看法，他主张依照法相唯识宗建立新宗教。

> 今之立教，惟以自识为宗。识者云何？真如即是惟识实性，所谓圆成实也。(《建立宗教论》)

应该说，他的这种主观愿望与其革命的政治主张是一致的，但却与他前期的哲学思想相矛盾。

“真如”是什么？他的看法是：“《成唯识论》云：真如即是唯识实性。以识之实性不可言状，故强名之曰如。”（《辨性》）“真如”就是“唯识实性”，他把“识”（精神、观念）看成唯一真实的存在，把物质世界看成“识”变现出来的假象：“一切众生，同此真如，同此阿赖耶识。”（《建立宗教论》）阿赖耶识是唯识宗“八识”中的第八识，是种子识，是世界万有的本原，从这个意义上讲，真如和阿赖耶识是相同的本体论范畴。

章太炎从这种观点出发，对与此相左的理论逐一加以批判，甚至连自己早年坚持过的“阿屯”说、“以太”说、泛神论也不放过。

> 说物质者，欧洲以为实有阿屯，印度以为实有钵罗摩怒，执为极细。而从此细者剖之，则其细至于无穷，名家所谓“一尺之捶，日取其半，万世不竭”者，彼不能辞其过矣。(《建立宗教论》)

章太炎之所以后期转向宗教，是因为他认识到从事革命活动需要发挥个人的力量，需要倡导自尊无畏的勇敢精神。正是在这个意义上，他强调“自贵其心，不援鬼神”(《答铁铮》)，这是具有进步意义的。但是，他由这种“一切唯识”的唯心主义出发，主张取消主观与客观的对立，化解一切差别与矛盾，消泯彼与此、是与非、大与小、文明与野蛮的界限，最终走向了“万物齐一”的相对主义与“一切唯心”的虚无主义。

第五节　孙中山：进化本体论

中国近代哲学的本体论，经过康有为、谭嗣同、严复、章太炎的发展，到孙中山那里达到了巅峰。康有为、谭嗣同的本体论学说尚嫌幼稚，对西方近代自然科学只是粗浅地涉及，没有加以深切领会；严复虽然深谙西学，但其着力点主要在于进化论及社会政治学说；章太炎因为深受佛教影响，故而没能充分利用自然科学提供的思想资料思考本体论问题。在本体论方面，孙中山吸取他们的理论思维成果和教训，抓住物质与精神的关系问题，基本上完成了由古代哲学形态到近代哲学形态的转型。

一、进化的物质过程

孙中山的本体论思想涉及西方近代自然科学理论的各个方面，特别是进化论、星云假说和细胞学说。他由这些理论出发，并对之加以哲学诠释，将其同中国传统哲学结合起来，使之更容易为国人所接受。他不只是单纯地接受达尔文的进化论思想，还将其与近代以太说、星云假说、地质学等自然科学理论结合起来，用以说明进化的物质过程。他将世界进化过程分为“物质进化”、“物种进化”和“人类进化”三个时期，认为生物进化只是物质进化过程中的一个阶段。

关于物质进化时期，他说：

> 元始之时，太极（此用以译西名“伊太”也）动而生电子，电子凝而成元素，元素合而成物质，物质聚而成地球，此世界进化之第一时期也。今太空诸天体多尚在此期进化之中。而物质之进化，以成地球为目的。(《建国方略·孙文学说》)

在这里，孙中山用中国传统哲学中的本体论范畴“太极”翻译西方“以太”一词，使西方自然科学的概念更容易被国人接受、认同。这种做法与康、谭等人将“以太”附会为“仁”的做法不同，它以西方近代自然科学的积极成果充实这一概念的含义，赋予了古老的“太极”概念全新的时代内涵。他从“太极”或“以太”这一本体论观念出发解释宇宙的进化过程：由“太极”或“以太”的运动而产生电子，由电子而有元素，由元素而成物质，由于物质的进化发展，最后形成地球。孙中山将近代物理学、化学等方面的知识结合起来，说明了世界本原的物质性。1924 年，孙中山依据星云假说和地质学等自然科学理论，再次肯定了世界本原的物质性。

> 照进化哲学的道理讲，地球本来是气体，和太阳本是一体的。始初太阳和气体都是在空中，成一团星云，到太阳收缩的时候，分开许多气体，日久凝结成液体，再由液体固结成石头。(《三民主义·民权主义》)

根据这种思想，他指斥中国古代的盖天说“大谬”，强调“人类发生以前，土地已自然存在，人类消灭以后，土地必长此存留”(《在上海中国社会党的演说》)。孙中山把具有物质属性的“太极”看成宇宙进化的哲学基础，表现出明显的唯物主义倾向，但他没有着重论证宇宙的物质性，而是强调宇宙的进化性。因此，他在提出“物质进化”的论断之后，便深入探讨了“物种进化”和“人类进化”问题。

关于物种进化时期，他认为，地球形成后产生了“生元”(细胞)。

> 由生元之始生而至于成人，则为第二期之进化。物种由微而显，由简而繁，本物竞天择之原则，经几许优胜劣败，生存淘汰，新陈代谢，千百万年，而人类乃成。(《建国方略·孙文学说》)

就是说，物种进化时期包括从“生元”产生到人类出现这一漫长的过程。在这里，孙中山把“物种进化”看成宇宙进化的初级阶段，而把“人类进化”看成宇宙进化的高级阶段。他指出，人类的出现是“生元”演进的结果，但不是“生元”的直接产物，在这一过程中，“极简单的动物，慢慢变成复杂的动物，以至于猩猩，更进而成人”(《在广州全国青年联合会的演说》)。更多的时候，孙中山把人类的起源问题与地球的形成联系起来，“因为讲地球的来源，便由此可以推究到人类的来源”(《三民主义·民权主义》)。

孙中山把进化看成自然界发展、万物产生、人类社会进步的本体论依据，已超出了达尔文生物进化论的范围。他的这一思想告诉人们：世界原初只有无生命的“物质”，经过长期的“物质”进化才产生了有生命的“物种”，再经过长时间的“物种进化”才出现了人类，整个世界的发展都是物质进化的结果。这就说明了世界的本原是物质，而不是精神，生物、人类是物质进化的结果，而不是神或上帝的创造。

孙中山对世界进化的三个时期进行了详细的考察，认为世界万事万物，包括生物与人类，其形成与变化都来自“太极”或“以太”的运动。孙中山关于世界进化的三个时期的思想，较为详细地用自然科学的有关知识说明了世界的客观形成过程，比起在他之前的思想家的论述来说，更加系统，更加具有说服力。但是，不能把孙中山的进化本体论归结为唯物论，因为在他看来，进化过程除了体现在物质层面以外，还体现在精神层面。

二、进化的精神层面

孙中山在论述世界进化的三个时期的过程中已接触到物质与精神的关系问题。为了回答这一问题，他提出了“生元有知”说。

> 生元之为物也，乃有知觉灵明者也，乃有动作思为者也，乃有主意计划者也。(《建国方略·孙文学说》)

所谓“知”，指“知觉灵明”“动作思为”“主意计划”等精神现象。“知”从属于“生元”。孙中山把“生元”看作构成生物机体的细胞，就意味着他把“知”这种精神现象看作有生命的物质形态所独有的，这比章太炎的泛神论前进了一大步。当然，在这一问题上，孙中山也没有认识到精神现象是人所特有的。但是，在具体论述中，他主要是针对人类的认识能力而言的。他说：“人性之聪明知觉者，生元发之也。”（《建国方略·孙文学说》）他还具体说明了人体各个部分的“生元”有着不同的“知”的作用。

孙中山认为“物质”与“精神”是两个最基本的哲学范畴：世界上的各种具体物体都叫“物质”，而“凡非物质者，即为精神”（《在桂林对滇赣粤军的演说》）。这说明他看到了物质与精神的区别，没有混淆二者之间的界限。在此基础上，他强调了二者之间的联系。

> 总括宇宙现象，要不外物质与精神二者。精神虽为物质之对，然实相辅为用。考从前科学未发达时代，往往以精神与物质为绝对分离，而不知二者本合为一。（同上）

孙中山这样处理物质与精神的关系，反映出他的进化本体论的哲学视角，而不是实体本体论的哲学视角。他反对旧哲学中那种把物质或精神看成实体的观点，强调物质与精神是进化过程的两个方面，“二者本合为一”，不可以截然分离。从进化本体论出发，他既不认同唯物论，也不认同唯心论。有的学者也看到了这一点，但他们把孙中山哲学定性为“二元论”，其实也不妥当，因为这还是从实体本体论的视角立论，并不符合孙中山思想的实际。我们认为进化本体论是孙中山哲学的基本特色，无论唯物论还是唯心论，抑或二元论，对于孙中山来说都不合适。

孙中山有时运用中国传统哲学中的“体用”范畴来说明物质与精神的关系。

> 在中国学者，亦恒言有体有用。何谓体？即物质。何谓用？即精神。譬如人之一身，五官百骸皆为体，属于物质；其能言语动作者，即为用，由人之精神为之。二者相辅，不可分离。（同上）

承认物质为体，精神为物质之用，这既是对传统体用论的发展，也透露出物质决定精神的意思，不过他并没有强调这一点。他在这里强调的仍旧是“二者相辅，不可分离”。因此，不能用此证明孙中山是唯物论者。有时为了强调人的主体能动性的重要，孙中山特别强调精神的作用。他为了鼓舞士气，曾以武器和精神为例说：“两相比较，精神能力实具其九，物质能力仅得其一。”（同上）他甚至说：“革命精神者，革命事业之所由产出也。”（同上）“夫心也者，万事之本源也。”（《建国方略·孙文学说》）这些言论也不能证明孙中山是唯心论者。以往的研究者认为孙中山哲学在处理物质与精神的关系问题时存在着矛盾，其实是一种误解。如果不从实体本体论的视角看，而从进化本体论的视角看，就会发现强调物质与精神是进化过程的两个方面是孙中山的一贯思想，其思想并不存在物质与精神的矛盾。

第二十八章

知行观向度

知行关系问题一直都是中国哲学史上备受关注的问题。近代的民族危机促使许多思想家开始反思传统知行观的弊病。针对中华民族面临的新的时代和境域，调整传统知行观的理论趋向以经世致用，适应挽救民族危机的时代要求，构成了近代知行观的动力源泉。谭嗣同、严复、章太炎等都结合时代需要，对知行观做了新的探索，为孙中山知行学说的提出准备了思想上的条件；孙中山提出的“知难行易”说是近代关于知行观的最高理论成果。

第一节　谭嗣同：“贵知”说

谭嗣同杂糅华梵中西各家，建立了一个内容庞杂的“仁学”思想体系。他借用西方近代自然科学中流行的“以太”概念标识儒家的“仁”，认为“仁”“以太”“灵魂”都具有本体的意义。在他建构的“以太-仁”的哲学本体论中，“以太”的客体意味较强，而“仁”的主体意味较强，然而，他并没有把主体与客体明确地区分开来。由于这个原因，他没有从主体与客体之相互关系的角度深入研究知识论问题。他在知行观转型方面的贡献在于，更新了“知”与“行”的内涵，做出了有别于古代哲学的界定，提出了有特色的“贵知”说。

一、贵知不贵行

谭嗣同借用西方近代自然科学中流行的“以太”概念标识儒家的

“仁”，认为“仁”“以太”“灵魂”都具有本体的意义。据此，他得出结论：“智慧生于仁”（《仁学界说》），“知则出于以太”，而“灵魂者，即其不生不灭之知也”（《仁学》上）。基于这样的论断，他主张：“吾贵知，不贵行也。知者，灵魂之事也；行者，体魄之事也。”（《仁学》下）

谭嗣同的知行观是一种抽象的知行观。所谓“抽象”，有两层意思。一是说他对“知”“行”的界定并没有建立在对人的认识和实践的具体考察的基础上，而是从其本体论学说中演绎出来的。在“以太-仁”的本体论视域中，人既是精神的存在，也是肉体的存在。人作为精神的存在，表现为“知”；人作为肉体的存在，表现为“行”。这就是他赋予知行观念的新内涵。二是说他对以往正统的知行观做了泛化的处理。他不像前人那么看重天德良知，对闻见之知亦不再轻视；不像前人那么看重道德践履，而是把人的所有行为都纳入“行”的范围。尽管他仍旧沿用传统的知行范畴，但毕竟努力避开伦理化倾向，为更新其内涵做准备，已跨入近代的门槛。

谭嗣同并不否认感觉是人接触现实世界的桥梁，他说：“耳目之所构接，口鼻之所摄受，手足之所持循，无所往而非实者。”（《壮飞楼治事十篇·治事篇第二　辨实》）但是，他又指出了感官认识的局限性。

> 眼、耳、鼻、舌、身所及接者，曰色、声、香、触、味五而已。以法界、虚空界、众生界之无量无边，其间所有，必不止五也明矣。仅凭我所有之五，以妄度无量无边，而臆断其有无，奚可哉！（《仁学》上）

在他看来，人的五官直接接触的外界事物仅仅是色、声、香、触、味而已，人的感觉范围是有限的，不可能从根本上认识无限的宇宙。他看到了感觉的局限性，进而否认人的感觉能够认识世界总体。他说：“眼耳之果足恃耶否耶？鼻依香之逝，舌依味之逝，身依触之逝，其不足恃，均也。”（同上）五官感觉的有限性导致了人的感觉的不确定性。

既然感性认识具有不确定性，不足以依赖，那么，人们如何认识世界？谭嗣同根据佛教唯识宗的理论，提出了“转识成智”说。

二、转业识而成智慧

谭嗣同对“业识”和“智慧”做了比较，得出的结论是后者高于前者。

> 手足之所接，必不及耳目之远；记性之所至，必不及悟性之广；权尺之所量，必不及测量之确；实事之所肇，必不及空理之精。（《仁学》下）

业识建立在感性经验的基础上，具有不确定性，不足以依赖，不能帮助人们树立正确的世界观。那么，人们如何把握世界总体？谭嗣同根据佛教唯识宗的理论提出了“转识成智”说。他说：“苟不以眼见，不以耳闻，不以鼻嗅，不以舌尝，不以身触，乃至不以心思，转业识而成智慧。”（《仁学》上）在他看来，只有抛弃感性甚至理性认识（“心思”），才能获得“一多相容”“三世一时”的“真理”。（同上）他认同佛教的“转识成智”说，把“智慧”定性为不依靠感觉和理性的纯粹意志、宗教性的直观或道德修养。他没有把大脑看作认识的主体，而强调佛教唯识宗所说的“藏识”才是认识赖以形成的本体。

唯识宗认为，“藏识”不但是人的意识的本体，而且是天地万物的根源。谭嗣同接受了这一观点，把“藏识”与“心”等同起来，认为“佛之所谓藏，孔子所谓心”。人内心本来就具备了一切的“仁”，只要据此发挥，就能产生一切智慧，产生勇敢以及礼、义、信等道德品质和观念。因为不相信感性认识，谭嗣同也就轻视行在认识中的作用。他把知和行割裂开来，把抽象的“知”置于更高的地位，强调它属于“灵魂之事”，可以不生不灭，通天地万物人我为一身；而行属于“体魄之事”，必然受到人的生死和各种条件的限制。行是依赖于知的，不知不能行，能知必能行。因此，他主张向内求助于“心力”，认为：

> 人力或做不到，心当无有做不到者。……心之力量，虽天地不能比拟，虽天地之大，可以由心成之、毁之、改造之，无不如意。（《书简·上欧阳中鹄书》）

通过一系列的论述，谭嗣同最终把行消解于知之中。他把“知”的含义与意志等同起来，无限夸大“心力”的作用，得出了“以心挽劫”的结论。在知行观方面，谭嗣同开启了从注重伦理价值到宣扬意志作用的转向。在一个民智未开且极端专制的国家进行维新变法，本来就是一项极其艰辛的事业，中国的这些先进之士在找不到现实的力量之前，不能没有这种一往无前的大无畏精神作为支撑。这正是谭嗣同的知行观在近代思想史上的积极意义之所在。

第二节　严复：“实测”说

严复是中国系统地翻译和介绍西方学说的第一人。早年留学英国的经历使他切身感受到西方科技的发达以及中国与西方的差距，他开始思索造成这种差距的原因。在比较中学与西学不同特征的基础上，他提出了带有近代实证论色彩的认识论学说。

一、从“夸多识”到“尊新知”

严复是中国第一位从学术特征的角度对中西之学加以比较的学人。他认为，中学和西学的明显区别在于：“中国夸多识，而西人尊新知。”（《论世变之亟》）中国传统学术以“夸多识”为基本特征，遂以读书穷理为基本方法；西方近代学术以“尊新知”为基本特征，遂以经验实证为基本方法。由于各自采取的方法不同，二者的学术风格也不同：中学务虚玄思，西学务致实用。由于各自采取的方法不同，二者所取得的实际效果也不同：中国越来越衰弱，西方越来越强盛。严复认为，中国要想改变积贫积弱的状况，就必须改变知识论态度，从“夸多识”转向“尊新知”。

严复介绍说，在西方“其学绝驯实，不可顿悟，必层累阶级，而后有以通其微”（《与长子严璩书》）。西方学者重视致实求理的过程，做学问的路数与中国学者不一样。

> 西学格致，则其道与是适相反。一理之明，一法之立，必验之物物事事而皆然，而后定之为不易。其所验也贵多，故博大；其收效也恒，故悠久；其穷极也，必道通为一，左右逢原，故高明。方其治之也，成见必不可居，饰词必不可用，不

> 敢丝毫主张，不得稍行武断，必勤必耐，必公必虚，而后有以造其至精之域，践其至实之途。(《救亡决论》)

严复注意到，“且其为事也，又一一皆本之学术；其为学术也，又一一求之实事实理，层累阶级，以造于至大至精之域，盖寡一事焉可坐论而不可起行者也”(《原强》)。在严复看来，西方学术以充分说理为特色，“持一理论一事也，必根柢物理，征引人事，推其端于至真之原，究其极于不遁之效而后已”(同上)。中国人做学问则远没有西方学者那么讲究说理，常常是语焉不详。严复拿中国的《大学》与斯宾塞的《群学肄言》做比较，他发现《群学肄言》涉及的内容同《大学》“所谓诚正修齐治平之事有不期而合”，可《大学》的表达方式却是“引而未发，语而不详”，而斯宾塞的《群学肄言》则“精深微妙，繁富奥衍”(同上)。严复引用赫胥黎的话说：“读书得智，是第二手事，唯能以宇宙为我简编，民物为我文字者，斯真学耳。”(《〈原强〉修订稿》) 严复很欣赏西方人做学问的这种方法，因为这种方法把观物察变的能力看成获得“真学”的关键手段，有如钓鱼所用的鱼竿、捕兔所用的夹子。相比之下，中国传统学者做学问的路数过于看重书本，实际把“第二手事”当成了“第一手事”，缺少向自然和社会“求真学”的精神。“中土之学，必求古训。古人之非，既不能明，即古人之是，亦不知其所以是。”(同上) 这种做学问的方法已不适用于当时中国社会的需要，必须改弦更张。不光要除掉破坏人才的八股制，就连宋学、汉学、辞章等也应该束之高阁。严复有一位朋友痛切地指出：“华风之敝，八字尽之：始于作伪，终于无耻。”(《救亡决论》) 严复颇有同感。他毫不掩饰自己对蹈虚而作、不顾事实的旧学风的厌弃，宁肯背负发狂之名，也不愿重蹈“作伪”和“无耻”的故辙。

在中西学术的对比中，他痛陈中国变革学风的必要性，主张引入西方治学的实证方法。他羡慕西方那种“求真学”的精神，强调这种精神的实质就是向自然、向社会学习，而不是仅仅向书本学习。所谓“真学”也就是“新知”，即不断地向人类的知识宝库添加新的珍宝。以“真学”的标准来衡量，旧学显然不够格，因为按照旧学的方法做学问，得到的是“多识”，而不是“新知”，充其量不过是重复前人的见识，不可能增加人类知识的总量。在严复看来，这大概就是中国越来越衰弱、西方越来越强盛的原因之所在。中国要想赶上西方，就不能再沿袭“夸多识”的老路，而必须转入“尊新知”的轨道。

严复指出，中国学人由于做学问的路数不对头，不可避免地造成种种弊端，落在了西方人的后面。他对旧学的评判是：“一言以蔽之，曰：无用。非真无用也，凡此皆富强而后物阜民康，以为怡情遣日之用，而非今日救弱救贫之切用也。”(同上)“吾又得一言以蔽之，曰：无实。非果无实也，救死不赡，宏愿长赊。所托愈高，去实滋远。徒多伪道，何裨民生也哉!”(同上)“由后而言，其高过于西学而无实；由前而言，其事繁于西学而无用。均之无救危亡而已矣。”(同上) 他把改革学风提到救亡图存的高度，大声呼吁：中国不能再沉湎于“无用”“无实”的旧学风之中了，而必须开启“有用”“有实”的新学风，力求走出困境，迎头赶上。

严复指出，中国原有做学问的路数不可取，选拔人才的科举制度更不可取。饱尝科举之苦的严复，痛陈科举制度的种种弊端。他说：“夫科举之事，为国求才也，劝人为学也。求才、为学二者，皆必以有用为宗。而有用之效，征之富强；富强之基，本诸格致。不本格致，将无所往而不荒虚，所谓‘蒸砂千载，成饭无期’者矣。”（《救亡决论》）他指出，科举制度有三大害处：滋游手、坏心术、锢智慧。科举制度造就了一大批闭塞视听的无用之辈，不仅达不到培养人才的目的，反而成了扼杀人才、毁灭人才的陷阱。

在严复看来，中国原有治学方法的最大毛病就是务虚而不务实，没有像西学那样贯彻实证原则。他批评旧式的治学方法“师心自用”“向壁虚造”（同上），不讲究可操作性。用这种方法做出来的学问往往于事无补；用这种方法做这样学问的人好像骊山博士说瓜一样，“不问瓜之有无，议论先行蜂起”（同上）。在他看来，这种人不仅可笑而且可恨，即便像骊山博士那样被秦始皇杀掉，也不过分。反观西学，绝不如中国旧学这般务虚。西方人治学重在实证，“凡学之事，不仅求知未知，求能不能已也。学测算者，不终身以窥天行也；学化学者，不随在而验物质也；讲植物者，不必耕桑；讲动物者，不必牧畜。其绝大妙用，在于有以炼智虑而操心思，使习于沉者不至为浮，习于诚者不能为妄。是故一理来前，当机立剖，昭昭白黑，莫使听荧”（同上）。中西学者由于采取的治学方法不同，做出来的学问就不同。比如面对竹子，西方的植物学家可以讲出一番科学的道理，而中国的王阳明格了七天竹子却格出一场病，仅得出“以道眼观一切物”（同上）的感慨。相比之下，中西治学方法的优劣不言自明。

二、经验原则和逻辑原则

关于西学的治学方法，严复概括为三条。他说：“大抵学以穷理，常分三际。一曰考订，聚列同类事物而各著其实。二曰贯通，类异观同，道通为一。考订或谓之观察，或谓之演验。”（《西学门径功用》）“近世格致家乃救之以第三层，谓之试验。试验愈周，理愈靠实矣，此其大要也。”（同上）观察、推理、试验是西方人“求真学”的主要手段，严复主要阐发了第一条和第二条，没有更多论及第三条。他把观察的方法叫作“内导”，由事及理，由个别到一般，从事事物物中归纳出其规律；他把推论的方法叫作“外导”，由理及事，由一般到个别，由已知的规律推演出未知的新规律。这样，严复就把西方的实证方法分解为两条原则：一条是经验原则，另一条是逻辑原则。严复对这两条原则大加倡导，并且做了比较深刻的阐发。

首先，严复非常重视经验在求“真知”中的重要性。他把近代自然科学产生的实证方法叫作“实测内籀”。所谓“实测”，就是实地观察，收集第一手资料，掌握研究对象的方方面面；所谓“内籀”，指从经验出发的归纳法。严复用中国传统的“格物致知”来诠释“实测内籀”，认为“夫格物致知之事……方其始也，必为其察验，继乃有其内籀、外籀之功，而其终乃为其印证，此不易之涂术也”（《论今日教育应以物理科学为当务之急》）。他把“格物”看成观察，把“致知”看成归纳，以“格物”为认识之始，充分肯定了经验在认识中的基础地位。

其次，严复还注意到逻辑原则在科学认识中的重要性。

观西人名学，则见其于格物致知之事，有内籀之术焉，有外籀之术焉。内籀云者，察其曲而知其全者也，执其微以会其通者也。外籀云者，据公理以断众事者也，设定数以逆未然者也。（《译〈天演论〉自序》）

"内籀"是从个别上升到一般，对大量的经验事实加以归纳，从而得出具有普遍性的结论。"外籀"则是以一般指导个别，从确定的前提出发推导出正确的结论。严复非常重视逻辑原则，认为逻辑"为一切法之法，一切学之学"（《穆勒名学》按语）。西方人正是恰当地运用了归纳和演绎这两种逻辑方法，才在自然科学方面取得了重大发展。在归纳和演绎的关系上，严复以归纳为"本基"，认为归纳是演绎的基础，反映出经验主义对他的影响。

严复以归纳为演绎的基础，又以观察为归纳的基础，把经验置于认识的最基本的地位。他说："必有外因，始生内果。"（《天演论·真幻》按语）他认为外因是认识的基础，认识是外物作用的结果。他又说："盖我虽意主，而物为意因，不即因而言果，则其意必不诚。"（《穆勒名学》按语）即是说，"物"是"意"的原因，"意"必须符合"物"才是真实的，"人之知识，止于意验相符"（《天演论·真幻》按语）。人的认识只有与经验事实相符合，才能形成科学的知识。他根据"意验相符"的观点，批评了陆王心学"师心自用"的先验论观点："夫陆王之学，质而言之，则直师心自用而已。自以为不出户可以知天下，而天下事与其所谓知者，果相合否？不径庭否？不复问也。"（《救亡决论》）在严复看来，这是一种知行脱节的知行观。他力图扭转这种知行脱节的学风，要求做到学问和事功相统一，相资以为用。他说："今夫尚学问者则后事功，而急功名者则轻学问。二者交失，其实则相资而不可偏废也。"（《〈原强〉修订稿》）

严复对知与行的理解显然已经突破了传统的人伦日用和道德践履的范围，具有了近代实证科学的认识论色彩。他把学问和事功统一起来，弘扬了近代以来的经世致用传统，在当时产生了很大影响。他的知行观开启了近代知行观的另一个转向，即从传统的伦理型知行观转向知识型的知行观。

第三节　章太炎："贵行"说

推动知行观由传统向近代转型，这是维新派和革命派的共同目标。相比较而言，维新派侧重于更新"知"的观念，有重知轻行的倾向。对于维新派来说，这也是无可奈何的事情，因为维新变法的主张在中国根本得不到实施的机会，戊戌变法只维持了百余日，便被慈禧的屠刀断送了。维新派无法把美好的想法变成现实，只能停留在说法的层面。戊戌变法失败后，维新派人士仍旧抱着改良主义不放，期待着光绪帝有出头之日。他们宁肯继续做制度设计的思考者，也不做推翻清廷的行动者，被人们改称为改良派或保皇派。他们不但自己不做行动者，还反对别人做行动者。于是，新式学人形成了观点对立的两大派：一派是以康有为、梁启超为首的改良派，另一派是以孙中山为首的革命派。孙中山曾同严复谈过话，动员他同革命派联手，共同致力于推翻清廷的事业，遭到了拒绝。革命派试图扭转维新派重知轻行的倾向，侧重于更新"行"的观念，以便为推动革命事业扫除思想障碍。针对改良派"贵知不贵行"的倾向，章太炎提出了"贵行"说。

一、恃革命开民智

章太炎早年是改良派的支持者，戊戌变法失败后，他毅然和改良派决裂，选择了反对清廷的革命立场。他以“所向披靡，令人神往”（毛泽东语）的犀利文笔讨伐改良派，宣传民主革命思想。在同改良派的论辩中，他提出了“恃革命开民智”的观点。

改良派之所以极力维护改良主义主张，理由之一是：中国当时尚处在公理未明、旧俗俱在、民智未开的阶段，故而不能贸然发动革命，只能慢慢地做一点“开民智”的工作，等待时机，实行君主立宪。理由之二是：进化得一步一步来，不能超越阶段；第一步是君主立宪，第二步才是民主共和。总而言之，中国当时还不到发动民主革命的时候。

在《驳康有为论革命书》一文中，章太炎依据达尔文生物进化论学说中的“用进废退、生存竞争”思想，强调“由竞争生智慧”，认为投身革命才是开启民智的必要步骤。章太炎在驳斥改良派的观点时指出：“人心之智慧，自竞争而后发生。今日之民智，不必恃他事以开之，而但恃革命以开之。”（《驳康有为论革命书》）他不认同改良派的庸俗进化论，主张革命的进化论。他强调，人在进化面前不能一味地消极等待，而应当积极应对，主动为推动进化发展创造条件。在进化过程中，动物是被动的适应者，而人则是主动的推动者。“拨乱反正，不在天命之有无，而在人力之难易。”（同上）通俗地讲，就是“谋事在人，成事在天”。人应当积极地有所作为，而不能消极地等待天的恩赐。

章太炎指出，革命实践是提高人们觉悟的最有效的途径，应当在革命斗争中启发民智。他列举了大量的历史事实，说明往往不是先有革命观念然后才发生革命运动，相反，革命观念常常是从实际的革命斗争中产生的。例如李自成起义，“自声势稍增，而革命之念起”，而义和团运动也在反帝斗争中从“惟言‘扶清灭洋’”发展到“而知‘埽清灭洋’”（同上）。这些历史事实足以说明：人们的认识是随着革命实践的发展而不断发展的。在对改良派的批判中，章太炎已经表明了先行后知的立场，强调了革命实践对于改造人心和社会的重要作用，认为生存竞争才是认识形成和发展的推动力。

二、先行后知说

章太炎把革命正当合理的论断提升到知行观层面，便形成了先行后知说。他说：“有先行而后知者。人身百体九窍，皆有司存；然婴儿之生，不以目听，不以耳食。彼岂知听必以耳、食必以口哉？稍长乃知其故耳。然则自由之境，知后行先，必至之涂。知在行后。”（《訄书・王学》）他通过批评王阳明的知行合一说，阐发了行先知后的道理。他指出，王学知行合一说的根本错误在于“立义至单”（同上），即只是从一个“良知”出发来看待纷繁复杂的具体事物，故而同贵分析、重参验的科学方法格格不入。时至当时，如果仍旧沿袭知行合一说，不树立先行后知的新观念，势必阻碍科学的发展，阻碍社会的发展，阻碍革命事业的成功。他指出，不能把知行等同起来，因为二者“各有兆域”（同上），不是一回事。知和行在时间上存在着先后顺序，不可能“合流同起”（同上）。即使看起来似乎是同时发生的直觉之知和本能之行，也是行先知后。

章太炎把西方近代哲学中的经验论学说引入知行观，对行先知后说做了进一步的论述。他赞成英国近代哲学家洛克的“白板”说，谓“人之精神如白纸”，不承认有天赋观念和生而知之的圣人。他认为，人的知识不是先天具有的，而是后天获得的，是在生存竞争中形成和发展起来的。章太炎运用西方近代自然科学知识来说明感觉来源于客观物质世界，认为人的认识来自感觉器官与外界事物的接触，外界事物是感觉的基础，不能依据感觉的有无或真假来判定外物是否存在。章太炎还指出，仅仅依靠耳目闻见的感性认识是不够的，因为人的感觉器官所能接触和认识的外界事物是有限的，还必须将感性认识提升到理性认识阶段，从而获得关于规律的知识。他举例说，人们的耳朵不能听到超声波和次声波，太阳和闪电的光热辐射也不是凭肉眼所能看到的。由此可见，章太炎已经意识到理性认识的重要性。他说：

> 夫物各缘天官所合以为言，则又譬称之以期至于不合，然后为大共名也。虽然，其已可譬称者，其必非无成极，而可恣膺腹以为拟议者也。(《訄书·公言》)

人们的认识首先是依靠感官（“天官”）获得与外物相符合的感觉，然后再通过推理（“譬称”）抽象出普遍概念（“大共名”）。这种普遍概念虽然不同于具体感觉，但仍然有共同的标准（“成极”）。正是凭借理性认识，人们才可以更深刻地认识客观事物，从而有效地指导自身的活动。他这种推崇理性认识而贬低感性认识的倾向既有积极的一面，也有消极的一面，为他后期转向“唯识论”、转向无神论的新宗教埋下了逻辑上的种子。

在知行观方面，章太炎主张先行后知，批判了改良派的知贵行贱说，为推动民主革命的深入开展提供了理论上的支持。不过，在知识论方面，由于他着重申明理性在认识中的重要性，故而表现出唯理论倾向。他弥补了严复过分注重经验的偏向，进一步推动了传统伦理型知行观向近代知识型知行观的转向，为孙中山建立真正具有近代意义的知行观提供了理论准备。

第四节　孙中山：“知难行易”说

孙中山对知行关系问题的探讨是由民主革命的现实需要促成的。多次失败的教训使他认识到革命理论对革命实践具有重大的指导意义。辛亥革命失败后，他结合多年革命斗争的经验、教训，对革命实践和革命理论的关系问题进行了深入的理论思考，提出了著名的“知难行易”说，并在1918年写出了专门探讨知行问题的哲学著作——《心理建设》(又名《孙文学说》)。孙中山赋予知行观民主和科学的崭新内容，这标志着近代知识型知行观的最终形成。

孙中山倡导的“知难行易”说具有很强的针对性，也有深远的历史根源。“知易行难”本是中国古代的一个流行观念，《尚书·商书·说命中》就明确提出了“非知之艰，行之惟艰”的命题，认为知道一件事或一个道理很容易，但将之付诸实践却很困难。孙中山认为这种学说颠倒了知行难易的次序，过分强调“行难”，容易使人产生畏行的心理，使人遇事踌躇审顾，畏难而不敢行，此其一；其二，由于强调“知易”，则容易使人产生轻知的心理，使人们把极难知的事看得太容易，不去深求，往往成为安于现状、逃避改革的借口。孙中山认为“知易行难”说具有很大的危害性，“夫中国近代之积弱不振、奄奄待毙者，实为‘知之非艰，行之惟艰’一说误之也”（《建国方略·孙文学说》）。孙中山创立“知难行易”说把行摆在首要位置，就是要批判历史上的“知易行难”说所造成的不思进取局面，在革命党人和中国人民中造成一种奋发有为、勇于实践的精神状态，使他们提高认识，通过共同奋斗，改变中国的落后面貌。

一、知行的新内涵

孙中山在知行观方面的一个突出贡献是扩大了知行的内涵，丰富了知行的内容。他结合民主革命的实践经验和丰富的近代科学知识，赋予知行崭新的时代内容，突破了古代哲学家把知行问题主要局限于道德修养问题的狭隘范围，使之与近代科学认识论和中国革命运动密切联系起来，真正实现了知行观从一个传统伦理命题向近代认识论命题的转型。

孙中山首先赋予“行”新的含义。他认为“行”有四个门径：“夫习练也，试验也，探索也，冒险也，之四事者，乃文明之动机也。”（同上）他把生徒之习练、科学家之试验、探索家之探索、伟人杰士之冒险等活动理解为“行”的主要内容。这四个门径实际可以概括为三个方面，即技术习练、科学试验和革命实践。中国传统哲学所说的行，一般指个人的行为和日常生活、道德修养等活动，基本不涉及科学试验、社会生产和政治活动。孙中山所说的行显然已经超越了古代的范围，含有社会实践的意思。

第一，他把近代自然科学认识世界的主要方法和途径——科学试验作为行的一种形式，引入“行”的范畴之中，在他这里行已经包含一切经过试验的思想因素。他说：“科学家之试验也，即行其所不知以致其所知也。”（同上）首先，他把试验看成获得知识的“必要之门径”（同上）。其次，他把试验看成检验认识对错的标准，一个新的观点、新的学说提出来，只有“经过试验才晓得对与不对”（《三民主义·民生主义》）。例如我们制订一个建设计划、实业计划，就必须经过专家调查和科学试验之审定，然后才可以从事。最后，他还把试验看成检验和改进“人为的机器”的途径。他把国家行政机关和法律、政策等社会政治现象称为“人为的机器”，认为这些东西的设置是否适当、制定是否正确，也需要用试验来检验。物质的机器制造出来，比较容易试验，也容易查漏补缺进行改进，但“人为的机器”的矫正就没有这么简单了，其改进更需要重视科学试验，以在不断的实践中改进。

第二，他在讲到行的“四个门径”时，把“生徒之习练”放在首位，说明他已初步认识到生产实践的重要性。“生徒”包括工业（手工业）、商业、医学和行政机关的学徒、练习生等。在孙中山看来，古人用农业方法生产五谷，“改良物种”，“化野兽为家畜”等都是行，人民群众的筑长城、开运河、造船舶、建房屋、制陶瓷等也都是行；到了近代，“种种之化学工业”，“层出不穷之电机”以及“发展我之生产事业”等也是行。（《建国方略·孙文学说》）可见，孙中山界定之行涉及了生产实践的各个方面。

第三，他把革命实践作为一种重要的“行”来看待。在孙中山看来，“伟人杰士之冒险，即行其所不知以建其功业也”（同上）当然是“行”的题中应有之义。他特别把

“国民革命”看作最要紧的行，认为救国救民，除去官吏贪污、政治腐败，打倒帝国主义，推翻封建军阀的统治，把中国建设成“世界最文明进步之中华民国”（《建国方略·孙文学说》），是每个关心国计民瘼的优秀中国人都应该参加的政治行动。

孙中山也扩大了“知”的范围。他所说的“知”不局限于身边的琐事，也不局限于个人的道德意识。他认为，认识的范围无比宽广，宇宙的范围就是认识的范围。宇宙的无限性决定了认识的无限性。无限的宇宙以及宇宙中的事物，对于人来说都是可以知的，即使现在不能知，随着科学的进步，最终也会为人所知。“惟是人类的知识，是天天进步的。今日人类的知识，和古时大不相同。”（《在广州全国青年联欢会的演说》）他从进化论的观点出发，坚持人类认识是不断发展的。在孙中山这里，知不仅包括“以肉眼骤察之”的感性认识，而且包括“惟以科学之统系考之”，“加以理则（逻辑）之观察”（《建国方略·孙文学说》）而获得的理性认识。概括说来，孙中山所谓的知主要包括两个方面的内容：一是自然科学知识，即他说的“真知特识”，这是他搞经济建设的科学武器；二是社会革命的理论，即他所谓“革命的知识”，主要指三民主义和五权宪法等社会政治学说，这是他领导革命的思想武器。

二、知行关系新探

知行关系问题是中国哲学史上的一个公案，历来是聚讼纷纭之地。但是，古代哲学家对知和行的理解主要局限在伦理范围内（即使涉及认识论的内容，也将之认作次要方面），所以不可能正确解决知行关系问题。孙中山给传统的知行观输入了具有近代意义的崭新思想，才有可能把知行关系辩证地统一起来。

孙中山在用进化论考察人类认识发展史时，得出了人类认识发展分为三个阶段的结论。他说：

> 世界人类之进化，当分为三时期：第一由草昧进文明，为不知而行之时期；第二由文明再进文明，为行而后知之时期；第三自科学发明而后，为知而后行之时期。（同上）

前两个阶段统称为“先行后知”时期，第三个阶段为“先知后行”时期。他认为“先行后知”是进化的初级阶段，而“先知后行”则是进化的高级阶段。虽然这种对人类知识的起源和发展过程的划分有些简单，但它却表述了孙中山对人的认识过程的基本判断。可以将他理解的知行的先后顺序概括为“知—行—知”这样一个公式，既肯定了行在知先，即实践在认识中的基础作用，也肯定了知对行的能动作用，肯定科学的认识对经济建设和社会革命的促进作用。关于知行关系，孙中山提出了以下新观点。

第一，他强调以行求知，重视实践在认识中的基础作用。孙中山非常重视“行”的作用，在他看来，“行”不但是“知”的来源，还是科学发明、国家富强的基础。人类进步就是从“行”开始的。“古人进步的最大的理由，是在能实行。能实行便能知，到了能知，便能进步。”（《在桂林学界欢迎会的演说》）他举了许多事例来说明这个道理，譬如后稷知道百姓饥饿，就发明适用的农业方法教民稼穑生产五谷；禹见到百姓受洪水的痛苦，就用疏导的方法泄去高地之水，疏通了各大河流；燧人氏在钻木时发明了火；神农氏通过尝百草发明医药。这些事例都说明了知对于行的依赖关系。

孙中山还把“不知而行”当作人类文明进化的一个重要阶段，这种说法虽然有忽略知和行具体的、历史的统一之嫌，但就每个认识的具体过程而言，确实存在着“先行而后知”“行其所不知以致其知”的情形。

首先，人们对客观世界的正确认识，必须通过科学的观察和试验才能获得。孙中山认为，科学的知识不同于盲从迷信，对于一件事必须用观察和试验的方法仔细地、反复地研究，之后才能将自己所获认定为知识。他认为，近代以来建立在科学昌明基础上的物质文明正是 17、18 世纪以来科学家观察和试验的结果。其次，关于社会历史方面的知识，必须通过革命斗争和其他社会实践活动来“致其知”。他在总结辛亥革命推翻清朝之统治的历史时指出，“至于实行革命，大家都是各自为战去干，实在是不知而行，做到后来能够推翻满清，且免去列强瓜分，都是无意中做出来的，预先毫没有料到”（《欢迎国民党各省代表及蒙古代表的演说》）。至于美国实业的发达，他认为也是由于“其进行则多由冒险试验，而少出于计划统筹”（《建国方略·孙文学说》）。总之，经济发展和革命进步的理论不是在书斋中空想出来的，而是在长期的社会实践中摸索出来的。

孙中山还把以行求知的思想概括为“先有事实，后有言论”这一命题。他说：“宇宙间的道理，都是先有事实然后才发生言论，并不是先有言论然后才发生事实。”（《三民主义·民权主义》）无论从各种科学理论、学说的形成来看，还是从社会革命理论的发展来看，都是“先有事实，后有言论”。因此，孙中山强调只有参加革命斗争，才能懂得革命成败的道理及其原因。他说：“维新变法，国之大事也，多有不能前知者，必待行之成之而后乃能知之也。”（《建国方略·孙文学说》）他强调革命的理论只有在革命的实践中才能形成，从而否定了维新派思想家先宣传再变法的做法。

第二，他主张“因知以进行”，重视理论对实践的指导作用。一方面，孙中山强调行是获得知的必由之路，是人类文明进化的动力，以破除人们畏难不敢行的心理，鼓励人们黾勉力行；另一方面，他非常重视知对行的指导作用，鼓励人们努力探求、学习科学知识和革命理论，强调科学知识、理论、主义对人的实践活动的重要作用，提出要“因知以进行”（同上）。他的“因知以进行”命题包含两个方面的意义：一是科学知识对于人们改造自然和发展经济的促进作用，二是革命理论对革命实践的指导作用。

孙中山极力强调，在科学昌明的时代，人类进入知而后行的发展阶段，一切文明进步都离不开科学知识的指导。“当今科学昌明之世，凡造作事物者，必先求知而后乃敢从事于行，所以然者，盖欲免错误而防费时失事，以冀收事半功倍之效也。”（同上）虽然“不知而行”和“知而后行”对于人类文明都是必不可少的，但二者的效果不同，前者是事倍功半，后者则是事半功倍。不知固然也能行，知之则更有益于行，能够更好地促进行。孙中山认为，整个近代文明就是建立在科学进步的基础上的，欧洲的“突飞速率”、日本的迅猛崛起，“此皆科学为之也”（同上）。孙中山也十分重视革命理论对革命实践的指导作用。在总结以往革命奋斗的经验、教训时，他认识到革命队伍中存在的以知为易、轻视革命理论的错误倾向对革命事业造成了严重危害，革命党中有些人由于“重实行而轻理想”（同上），常常在暂时的困难和挫折面前动摇革命的信心。他认为革命的思想是革命的精神武器，只有用革命的思想武装国民，树立正确的“主义”信仰，革命才会成功。因此，他非常注重革命的理论建设，专门撰写了《建国方略》《三民主义》等著作，不断地向各界宣讲他的革命理论和主张。孙中山充分肯定知对于行的巨大反作用，反对把知和行割裂开来、对立起来。

第三，他主张行以验知，承认实践是检验真理的最终标准。孙中山对知行统一的认识还表现在把行作为检验知的标准上。他认为，任何理论或学问都必须经过实践的检验，才能被判定为对或者错。“因为学理有真的有假的，要经过试验才晓得对与不对。好像科学上发明一种学理，究竟是对与不对，一定要做成事实，能够实行，才可以说是真学理。”（《三民主义·民生主义》）是不是“真学问”，只有经过行的检验才可以断定。不经过实际的检验，就不能证明所求学问的对与不对；不实际运用，所求学问即使是对的也没有实际意义。显然，孙中山把行摆到了整个认识的中心位置，行不但是认识的源泉，而且是检验认识正确与否的最终标准。他以行作为检验知的标准虽然尚具有浓厚的实用主义和机械进化论色彩，但依旧闪耀着近代科学的光辉，包含着合理的内核。

三、“知行分任”说

孙中山把人类的文明进化史机械地划分为不知而行、行而后知、知而后行三个阶段，导致他得出了“知行分任”的结论。他根据天赋把人分为三大类：“其一先知先觉者，为创造发明；其二后知后觉者，为仿效推行；其三不知不觉者，为竭力乐成。”（《建国方略·孙文学说》）“其一先知先觉者即发明家也，其二后知后觉者即鼓吹家也，其三不知不觉者即实行家也。”（同上）对于社会文明进步来说，这三类人都是不可缺少的，世界上的事情都是由这三类人“互相为用，协力进行”（《三民主义·民权主义》）而得以成功的。

孙中山认识到，在科学昌明的时代，知行统一不再表现在单个人身上，而是表现为社会范围内的具体的、历史的统一。发明、鼓吹、实行往往分别由不同的人完成，这是现代科学日益专业化和现代社会分工的必然结果。孙中山举例说，要盖一栋大洋楼，“做洋楼的工人，都是不能够看图样的，只有照工头的吩咐，听工头的指挥……工头又是不能够通盘计算去绘图的，只有照工程师所绘的图，吩咐工人去砌砖盖瓦”（同上）。总之，一栋大洋楼的建筑是由工程师、工头和工人分工协作完成的。这三类人在社会分工中的地位和作用显然不同，用孙中山的话说，工程师是先知先觉的“理想家”、“计划家”或“发明家”，他的任务是绘图设计，而不必“躬亲实行其建设之事”（《建国方略·孙文学说》）；工头是后知后觉的“鼓吹家”，他的任务是向工人鼓吹、宣传工程师的设计方案；工人则是不知不觉的“实行家”。

孙中山把人们在社会劳动中的分工看成知行的分工，并且把这种分工当作知行可以相互分离的根据。他说：“上海租界之洋房，其绘图设计者为外国之工师，而结垣架栋者为中国之苦力。是知之者为外国工师，而行之者为中国苦力，此知行分任而造成一屋者也。”（同上）他把“知行分任”说成科学发达时代的一大特点、一种越来越明显的趋势，现代分工使“知者不必自行，行者不必自知”（同上），使“分知分行”成为现实。他说：“以科学愈明，则一人之知行相去愈远，不独知者不必自行，行者不必自知，即同为一知一行，而以经济学分工专职之理施之，亦有分知分行者也。”（《建国方略·孙文学说》）他依据“知行分任”说批评王阳明的“知行合一”说。他认为，王阳明讲知行合一，就“一时代一事业”而言还能讲得通，如果“合知行于一人之身”，在当时就“殊不通”了。因为科学文明的高度发展使社会分工越来越细，知和行也就“愈益分任”，以至于在同一知、同一行里面还有所谓的“分知分行”。譬如科学家完成一项发明，还可以把试验制作之行和概括原理之知分开，把试验制作之行的功夫交给别人去做。

孙中山的“知行分任”说认识到了在现代分工条件下知行统一不再表现为单个人的“知行合一”，而是在社会群体中表现为具体的、历史的统一，具有一定的科学性。但是，他的这个理论简单地把社会劳动中的分工等同于知行的分工，是缺乏科学的分析和论证的；另外，“分知分行”说否定知行之间可以相互转化，认为工人“凡事虽有人指教他，他也不能知，只能去行”（《三民主义·民权主义》），具有重知轻行的倾向，从而被打上了英雄史观的烙印。片面强调少数革命家的先知先觉，轻视人民群众的革命实践，这正是孙中山领导的革命运动没有成功的原因之一。

孙中山的知行学说揭示了人类“因行以求知，因知以进行”，以求“真知特识”的认识过程，反映了近代以来中国人在革命斗争中寻求救国救民真理的探索过程，在中国近代哲学史尤其是认识论发展史上占有重要地位。

首先，孙中山的“知难行易”说是他在总结中国民主革命的经验、教训的基础上提出的，具有重要的革命意义。辛亥革命失败后，孙中山对失败的教训进行深刻的反省，认为必须从知行观上进行总结，建立一种既重视行动又重视认识的知行观，并用革命的理论武装革命党人的头脑，才能取得革命的胜利。因此，对孙中山的“知难行易”说必须结合当时他领导的旧民主主义革命的实践来理解。

其次，孙中山的知行学说是他在对中国历史上特别是近代知行观进行总结的基础上提出的，突破了中国传统知行观的局限，具有重要的哲学史的意义。他赋予知和行崭新的时代内涵，他所说的“知”突破了传统知行观的伦理局限，包括科学知识和革命理论的广阔内容；他所说的“行”不再局限于道德践履和日常行为，而包括了技术习练、科学试验和革命活动等崭新内容。他对知行问题的研究，从伦理价值的视角转换到近代认识论的视角，这是此前任何一个哲学家都无法比拟的。

当然，由于具体历史条件的限制，孙中山的知行观还有一定的局限性。例如，他把人类的文明进化史划分为不知而行、行而后知和知而后行三个阶段，这种划分有见于分，无见于合。实际上，人类的认识和实践的分别总是相对的，并不存在只有行而没有知的阶段，也没有纯粹的知而后行的阶段。另外，他的“知难行易”说容易滑向重知轻行的一端，最终将导致抬高知者、贬低行者。这样，他又有见于知之难而忽略了行之难。

第二十九章

人学观向度

中国近代哲学家一方面继承传统哲学“以人为本”的传统，十分重视人的问题，另一方面又力图吸收时代精神的精华，更新人的观念，以中国哲学特有的方式完成了对于人的新发现。在这一哲学思考过程中，康有为、谭嗣同、严复、梁启超、孙中山都做出了杰出贡献。

第一节　康有为：人的新发现

康有为是戊戌维新运动的领袖，也是使中国哲学真正具有近代性的第一人。他的思想披着经学的外衣，通过对传统儒家经典的解释来宣传西方近代资产阶级的思想主张。他在中国近代思想史上率先开启了构建新人学的风气。他从改造中国传统元气说出发，建构起一种新的人生哲学——博爱哲学。

康有为依据“以元为本”的本体论，在人学方面得出了“以仁为本”的结论。在康有为这里，所谓“仁”就是“不忍人之心”，由此出发，他提出了“重仁而爱人”的博爱哲学。正如他的学生梁启超所说：

> 先生之哲学，博爱派哲学也。先生之论理，以“仁”字为唯一之宗旨，以为世界之所以立，众生之所以生，家国之所以存，礼仪之所以起，无一不本于仁。苟无爱力，则乾坤应时而灭矣。……故先生之论政论学，皆发于不忍人之心。人人有不忍人之心，则其救国救天下也，欲已而不能自已。……其哲学之大本，盖在于是。(《南海康先生传》)

康有为的博爱哲学对于人的观念的更新，具有以下三点意义：

第一，康有为不再谈论抽象的人，而是关注现实的人，从而突破传统哲学的抽象人性论，将人性论问题推进到一个新的水平，其思想处处显露出人道主义的光辉和人本主义的特质。他说："人在天地中，为万物之至灵，可以参赞天地"，"超然贵于万物"（《礼运注》）。那么，在康有为看来，什么是人性？他说："人性之自然，食色也，是无待于学也；人情之自然，喜、怒、哀、乐无节也，是不待于学也。"（《康子内外篇·性学篇》）"人禀阴阳之气而生也，能食味、别声、被色，质为之也。"（《康子内外篇·爱恶篇》）这就直截了当地肯定了人欲的合理性和正当性，向存理禁欲的理欲观发起了挑战。他说："人生而有欲，天之性哉!"（《大同书》）

因此，对于人的欲求，"不能禁而去之，只有因而行之"（《礼运注》）。康有为认为，正是由于人生而有欲，要不断地"求乐免苦"，不断地为满足欲望而努力奋斗，社会才得以前进。所谓"人道"，就是"去苦以求乐而已，无他道矣"（《大同书》）。"道不离人，故圣人一切皆因人情以为教。"（《礼运注》）在他看来，一切伦理道德、政治教化都不应是压制人之天性的工具，而应是使人"求乐免苦"的工具。可见，他将人欲提高到了前所未有的高度，大力倡导具有现实色彩的新人格，而不再推崇传统儒学中灭绝人欲、不食人间烟火的"君子"。

第二，从上述现实的人性论出发，康有为突破传统的人学观念，不再关注人的依附性而强调人的主体性，凸显了个人的价值和尊严。中国传统儒家将人视为封建伦理大网上的纽结，康有为突破了这种根深蒂固的人伦观念，转而将人视为有个性的具体存在。康有为认为，从人的天性来说，同是视听，同是食味、别声、被色，故人人平等，这就将西方近代资产阶级的平等观念引入了他的思想。康有为认为天性平等的人都有"不忍人之心"——仁，通过对儒家"仁"这一范畴的重新解释与改造，他提出了"博爱"的主张。他说："仁者，在天为生生之理，在人为博爱之德。"（《中庸注》）"仁，从二人，人道相偶，有吸引之意，即爱力也……而道本于身，施由亲始，故爱亲最大焉。……盖仁者无所不爱，而行之不能无断限。"（同上）他也承认爱有差等，但是他以历史进化论的观点来看待社会的发展，认为随着社会的发展，"爱有差等"会变为"爱无差等"。他强调人类社会是按照据乱世、升平世、太平世的级次发展进化的。"据乱世"是"亲亲"的时代，人们之间不平等；到了"升平世"，进入"仁民"的时代，人与人之间逐渐平等；到了"太平世"，就真正实现了爱无差等，实现了仁的目标，"太平之世，人人平等，无有臣妾奴隶，无有君主统领，无有教主教皇，孔子所谓'见群龙无首'天下治之世也"，"人类既平等之后，大仁盎盎矣"（《大同书》）。康有为的"爱无差等"其实就是近代的平等、博爱。由此可见，他的博爱哲学是针对封建主义的等级观念而发的。

第三，康有为基于这种对人性及社会发展的认识，提出了大同社会的理想。在他看来，现实世界尤其是他所处的黑暗时代充满了种种痛苦。唯因如此，才迫切地需要求乐免苦，才迫切地需要实现平等。那么，人间痛苦的根源何在？他回答说："总诸苦之根源，皆因九界而已。"（同上）所谓九界，即国界、级界、种界、形界、家界、业界、乱界、类界、苦界。"吾救苦之道，即在破除九界而已。"（同上）破除九界之后，就可以实现大同社会的理想。对于大同社会，他说："大同之道，至平也，至公也，至仁也，治之至也。”（《大同书》）康有为对大同社会的政治、经济、文化、道德等方面做了具体规划。总的说来，他所向往的大同社会是一个与充满苦难的现实社会相对立的，没有阶级、国家，没有私人财产，只有平等和富裕的乌托邦，其实就是一个资产阶级的理想王国。这虽然只是康有为的空想，但体现了康有为一贯提倡的仁爱、平等观念，反映出他对人生目标的追求。由此看来，康有为的大同说是对传统人学观的猛烈冲击，具有时代的进步意义，在当时起到了重要的启蒙作用。

第二节　谭嗣同："冲决网罗"说

谭嗣同是戊戌维新运动中激进派的代表人物，他一生努力学习西方“新学”，并试图将它同中国的传统思想加以融合，勇敢地向封建纲常名教发起挑战，否认封建纲常名教的神圣性，发出了“冲决网罗”的时代最强音。

谭嗣同对封建纲常名教的抨击是从其“仁学”的思想体系出发的。其“仁学”以“仁”为核心，以“仁—通—平等”为基本框架。在他看来，所谓“仁”就是西方近代自然科学中“以太”这一范畴的作用和功能。谭嗣同在本体论方面把“以太”作为世界统一性的根源，而在人学方面则将“仁”与“以太”等量齐观，得出了“天地间亦仁而已矣”（《仁学》上）、“仁为天地万物之源”（《仁学界说》）的结论。

那么，什么是“仁”？谭嗣同指出：“仁以通为第一义”（同上），即“仁”的根本属性是通；而“通之象为平等”（同上），所谓“通”其实就指人与人之间能够自由交往、平等相待、互相沟通。这就不同于“仁者爱人”“克己复礼为仁”的传统儒家思想，而将着重点置于人与人之间的关系上，凸显人与人之间自由、平等的交往关系。“通”是谭嗣同向往的社会状态，他由此进一步提出了“四通”说：

> 通有四义：中外通，多取其义于《春秋》，以太平世远近大小若一故也；上下通，男女内外通，多取其义于《易》，以阳下阴吉、阴下阳吝、《泰》《否》之类故也；人我通，多取其义于佛经，以“无人相，无我相”故也。（同上）

谭嗣同主张取消封建纲常、中外关系甚至自然界的一切等级、差别、对立，要求达到完全的平等。在他眼中，“仁—通—平等”是宇宙的普遍规则，是社会的终极标准。

基于“以太—仁—通—平等”的思想体系，谭嗣同喊出了“冲决名教之网罗”的口号。谭嗣同已经认识到，封建君主专制制度和维护这一制度的封建纲常名教是压迫与钳制民众的沉重枷锁，是中国贫弱的根源，也是当时中国实行维新变法的最大障碍。可是，这一制度及纲常名教却被宋明理学家从理论上赋予了合法性和合理性，因此，要批判和否定它，就要从哲学上着手，“别开一种冲决网罗之学”（《报唐佛尘书》）。谭嗣同用一个“塞”字来概括封建社会人与人之间的等级关系。在他看来，当时中国社会，上下、中外、男女、内外、人我各个方面都“否塞不通”，以至造成“君以名桎臣，官以名轭民，父以名压子，夫以名困妻，兄弟朋友各挟一名以相抗拒”（《仁学》上）的不人道局面。要想改变这一局面，唯一的办法就是冲决网罗：

> 初当冲决利禄之网罗，次冲决俗学若考据、若词章之网罗，次冲决全球群学之网罗，次冲决君主之网罗，此冲决伦常之网罗，次冲决天之网罗，次冲决全球群教之网罗，终将冲决佛法之网罗。(《仁学自叙》)

宋明道学家将天理与人欲对立起来，认为天理善、人欲恶。针对这种说法，谭嗣同批评说："世俗小儒，以天理为善，以人欲为恶，不知无人欲，尚安得有天理？吾故悲夫世之妄生分别也！天理，善也；人欲，亦善也。"（《仁学》上）在他看来，不仅天理为善，而且人欲亦善。按照道学家的说法，人欲不是性，而是情；性是善的，情是恶的。谭嗣同驳斥了这种观点，认为性与情不能分开，人欲就算属于情，那也是善的。他说："言性善，斯情亦善。"（同上）不仅性善，而且情亦善。很显然，谭嗣同的这种看法与道学家的"存理灭欲"说是针锋相对的。

由于纲常名教是与君主专制紧密结合在一起的，所以谭嗣同把批判的锋芒集中指向了封建君主专制制度，他说："二千年来君臣一伦，尤为黑暗否塞，无复人理，沿及今兹，方愈剧矣。"（同上）在封建君主专制制度下，君主居于封建等级的顶端，正是由于有了"君为臣纲"，才产生了其他种种罪恶。他还否定了"君权神授"说，以社会契约论的观点来解释国家、君主的起源以及君、臣、民的关系，提出了"君末民本""君者，公位也"（同上）的进步思想，要求回到以民为本的社会，这种思想反映了新兴资产阶级的民主、平等要求。在父子关系、夫妇关系上，传统儒家伦理也造成了父虐杀子、姑虐杀妇、夫虐杀妇的罪恶现象。在他看来，五伦中只有朋友一伦有益，因为它体现了"仁—通—平等"的自然平等原则，应以其"为四伦之圭臬"，其余四伦"咸以朋友之道贯之"（同上）。只有这样，才能建立起新型的人际关系。要建立这种新的人际关系，就必须向西方人学习。他指出，"西人最讲究伦常"，而且较中国"更精更实在"（《论学者不当骄人》）。在西方，"君臣朋友也；父子异宫异财，父子朋友也；夫妇择偶判妻，皆由两情相愿，而成婚于教堂，夫妇朋友也；至于兄弟，更无论矣"（《仁学》下）。

由此可见，谭嗣同"冲决重重网罗"的呼喊中洋溢着反对封建纲常名教的批判精神。他引进近代的民主、平等等观念，赋予"仁"新的规定，在当时起到了解放思想、鼓舞精神的作用。

第三节　严复：进化人学

严复适应近代中国变革的需要，较系统地向国人介绍了西方近代的自然科学、社会政治学、哲学、逻辑方法等方面的知识，成为近代中国传播西学成绩最大的思想家。他翻译了大量西学论著，其中以《天演论》最负盛名。他从进化论的角度看待人、看待伦理，建立了动态的人学观。

首先，严复不仅认为自然界是不断进化的，而且还用进化论的观点考察社会历史问题，肯定人类社会也是不断向前发展的。他在《救亡决论》中明确地反对“天不变，道亦不变”的传统思想，认为“吾党生于今日，所可知者，世道必进，后胜于今而已。至极盛之秋，当见何象，千世之后，有能言者，犹旦暮遇之也”（《天演论·新反》按语）。他认为物竞天择原理具有普遍的适用性，“动植如此，民人亦然。民人者，固动物之类也”（《〈原强〉修订稿》）。同样，人性、人伦等也都不是一成不变的，而是在进化中发展的。另外，他认为人类社会的进化固然是一个客观的过程，但人为的努力也起着重要作用，因而反对斯宾塞的“任天为治”说，而赞同赫胥黎的“任人为治”说，并将其与儒家传统的人治思想结合起来。他说：“赫胥黎氏此书之旨，本以救斯宾塞任天为治之末流，其中所论，与吾古人有甚合者，且于自强保种之事，反复三致意焉。”（《译〈天演论〉自序》）在当时的特定历史时代，为了“自强保种”，严复强调人的主观能动性，强调人的创造性，突出人在历史发展中的地位与作用，把救亡和启蒙紧密地结合起来了。

其次，严复认为在人类社会的进化过程中，人类的“能群”有着重要的作用。严复认为，人虽然属于动物中的一类，与动物一样受生存竞争、自然选择规律的支配，但人与其他动物也有区别，“能群”就是人类区别于其他动物的一个突出特点，是人类优越于其他动物之处。能否善于合群，不但是人类能否在与其他动物的斗争中取胜的根本条件，而且是人类相互之间在生存竞争中胜败的重要因素。比如，英国之所以变得强大，“此不仅习海擅商，狡黠坚毅为之也，亦其民能自制治，知合群之道胜耳”（《天演论·善败》按语）。而中国之所以落后，就因为“其群将涣”（《天演论·蜂群》）。

最后，严复着重探讨了怎样才能使民众合群的问题。他认为，要使民众合群、社会进化，首先必须实现自由、平等，去除封建的束缚，同时还要实行有效的法制。他以西方国家为例说：

> 自其自由、平等观之，则捐忌讳、去烦苛、决壅敝，人人得以行其意、申其言，上下之势不相悬，君不甚尊，民不甚贱，而联若一体者，是无法之胜也。自其官工商贾章程明备观之，则人知其职，不督而办，事至纤悉，莫不备举，进退作息，未或失节，无间远迩，朝令夕改，而人不以为烦，则是以有法胜也。（《原强》）

西方国家之所以强大，正是因为它们在政治上“以自由为体，从民主为用”（同上）。所谓自由，意思就是“不为外物拘牵”“自主而无罣碍”（《〈群己权界论〉译凡例》），这种自由乃是天赋人权，“民之自由，天之所畀也”（《辟韩》）。当然，这种天赋人权并不是毫无节制，“人得自由而必以他人之自由为界”（《群己权界论》）。一旦有了自由的保证，群体内的个人之间就会展开竞争，从而促进社会不断进化。可见，严复的“合群”主张其实就是要求改造封建君主专制制度，代之以自由的资本主义制度。

严复也认识到，社会群体是由个人组成的，社会群体以个人为基础。因此，要把社会群体搞好，最根本的还是要提高群体中每个成员的素质。正是在这个意义上，他提出教育救国的主张，通过向民众灌输近代的民主、自由、平等、博爱等观念，以提高民众的素质，塑造新人格。

> 政欲利民，必自民各能自利始。民各能自利，尤必自皆得自由始；欲听其皆得

自由，尤必自其各能自治始；反是且乱。……是以今日要政，统于三端：一曰鼓民力，二曰开民智，三曰新民德。（《〈原强〉修订稿》）

这里的民力、民智、民德指什么？他说："盖生民之大要三，而强弱存亡莫不视此：一曰血气体力之强，二曰聪明智虑之强，三曰德行仁义之强。"（同上）在这三者之中，"开民智"最急，"新民德"最重要并且最困难。因此，严复将自己事业的重点放在启蒙工作上，注重对旧国民性的改造，克服国民的"奴性"，培养民众的爱国心和公德心，振奋民族精神，从而使中国走向富强。

第四节　梁启超：新民说

严复由于是第一位论及近代新式人格的思想家，所以首先得把注意力放在解构旧式人格方面，对于何谓新式人格、如何培育新式人格等话题还来不及展开论述，来不及建构比较系统的人格理论。梁启超接过严复的话题，从改良派的立场出发，完成了一种新人格理论的建构，这就是新民说。

梁启超（1873—1929），字卓如，号任公，别号饮冰室主人，广东新会（今江门市新会区）人。1895年，梁启超随康有为到北京应试，联合参加会试的举人"公车上书"，要求实行维新变法，戊戌变法失败后继续鼓吹变法，主张保皇，坚持改良主义立场。梁启超是一位接受力极强的思想家，在"学问饥荒"的年代扮演着开风气的角色。近代以来的许多新思想、新观念，他都是最早的接受者之一、最有影响的宣传者之一。梁启超以思想善变著称，典型地表现出社会大变革时期的时代特征。他见解独特，才华横溢，学识渊博，著作等身。他的研究领域颇广，涵盖哲学、佛学、史学、文学、政治、法律等诸多方面。他的著述被编为《饮冰室合集》，长达一百四十八卷，约一千四百万字。今人辑有《梁启超全集》。

梁启超在哲学上的成就，不如康、严等人，但其新民说却明确地对如何培养与造就近代理想的人格这一紧要问题做出了一个原创性的解答。这一解答标志着启蒙思潮在他这里达到了一个新的水平。新民说是梁启超思想的一个亮点，是近代中国人学思想史上的一项重要成果。

一、从维新吾民做起

梁启超在反省戊戌变法失败的原因时发现了一个道理："维新吾国"应当从"维新吾民"做起。他意识到，要在中国建立新制度、新政府、新国家，必须以"新民"为社会基础。"苟有新民，何患无新制度、无新政府、无新国家？"（《新民说·论新民为今日中国第一急务》）在梁启超这里，"新民"具有双重含义：第一，从反面说，指对民众做启蒙工作，用近代的新思想、新道德教育民众，帮助他们清除身上从旧时代带来的习染；第二，从正面说，指造就有新道德、新思想的新型公民。

梁启超从两个方面论证"新民"的必要性和紧迫性。第一，从立国的根本来说，就是建立广泛的社会基础。他把国家比喻为一个有机的整体：

> 国也者，积民而成。国之有民，犹身之有四肢、五脏、筋脉、血轮也。未有四肢已断，五脏已瘵，筋脉已伤，血轮已涸，而身犹能存者；则亦未有其民愚陋、怯弱、涣散、混浊，而国犹能立者。（《新民说·叙论》）

由此可见，国民素质的高低关系到国家的强弱，乃是立国之根本。从这一点来看，中国贫穷落后的根本原因就在于国民素质低下，所以，“欲其国之安富尊荣，则新民之道不可不讲”（同上）。

第二，从解决当时“内治”和“外交”等问题的需要来讲，“新民”也十分迫切：从“内治”而言，要改变国家政治，必须从“新”民入手，只要有了新民，自然就会有新制度、新政府、新国家。他总结中国近代的经验、教训说：“夫吾国言新法数十年，而效不睹者何也？则于新民之道未有留意焉者也。”（《新民说·论新民为今日中国第一急务》）再从“外交”来看，当时中国面临着列强侵略的严重威胁，唯有造就新民来抵抗它们的侵略，中国才有出路。总之，变旧人为新人，方才是中国走向独立、富强的根本之路。他在《新民丛报章程》中明确提出“欲维新吾国，当先维新吾民”，把新民视为“今日中国第一急务”。

梁启超认为，要想拯救、改造中国，首先必须对中国的“病源”有正确的认识。“善医者，必先审病源”（《中国积弱溯源论》），医一国之疾也是如此。按照梁启超的诊断，在戊戌变法以前，洋务运动失败的根本原因就在于洋务派“知有兵事而不知有民权，知有外交而不知有内治，知有朝廷而不知有国民，知有洋务而不知有国务”（《李鸿章》）。梁启超分析说，仅靠“变事”，并不能改变中国的落后状况；要改变中国的落后状况，关键在于“变法”，即从“体”入手，改变中国不合理的政治体制乃至整个社会管理体制。他开出的医国药方是：“伸民权……以广民智为第一义”（《论湖南应办之事》）。戊戌变法失败后，梁启超只身流亡日本。在此期间，他开始接触大量的西方资产阶级思想家有关政治、经济、历史、社会及思想文化方面的著作，眼界大开，使他有可能在更广阔的范围内进行思考与探索。梁启超认识到，“凡一国之强弱兴废，全系乎国民之智识与能力；而智识、能力之进退增减，全系乎国民之思想；思想之高下通塞，全系乎国民之所习惯与所信仰”（《论支那宗教改革》），而国民之思想、习惯、信仰，则源在于封建的政治体制。“中国积弱之故，盖导源于数千年以前。”（《中国积弱溯源论》）“吾国之受病，盖政府与人民各皆有罪焉。其驯致之也非一时，酿成之也非一人，其败坏之也非一事。”（同上）在各种复杂的原因中，“其总因之重大者，在国民全体；其分因之重大者，在那拉一人。其远因在数千年之上”（同上）。新民说的提出，可以说是梁启超反封建主义思想在理论上的升华。

二、破除心奴

梁启超认为，“奴性”是中国民众的千年顽疾，是中国社会发展进步的一大障碍，而封建君主专制制度则是造成“奴性”的根本原因。由于在政治上实行“服一王之制”，君主对民众役之如奴隶、防之如盗贼，久而久之，民众就认同了奴隶或盗贼的身份；由于在文化上实行“守一先生之言”（《保教非所以尊孔论》），久而久之，思想界就变成一潭死水，容不得不同声音。这两个方面的综合效应就是形成了“专制久而民性漓”“学说隘而思想窒”（《新民说·论进步》）的局面。由此造成了人格的扭曲，具体表现为以下八点：

第一，奴隶根性。在封建君主专制制度的统治下，人们形成了安分、柔顺、依赖、卑怯的顺民性格和安于奴隶地位的奴才意识。这种性格和意识具有可怕的消极性，“举国之人，他无所学，而惟以学为奴隶为事……不以为耻，反以为荣”（《中国积弱溯源论》）。对于这种弊陋的人格，梁启超哀其不幸，怒其不争。他的感慨是：“辱莫大于心奴，而身奴斯为末矣。”（《新民说·论自由》）

第二，依赖性。由于心奴作祟，民众缺乏主人翁意识，造成“我责人，人亦责我；我望人，人亦望我”（《新民说·论新民为今日中国第一急务》）的局面，人们相互依赖，没有人愿意出头。在梁启超看来，这种指望别人不指望自己的依赖心态乃是没有血性的表现，在国难当头之时简直就是犯罪。

第三，爱国心薄弱。由于心奴作祟，爱国主义精神无法得到弘扬。他说：“爱国之心薄弱，实为积弱之最大根原。”（《中国积弱溯源论》）尤其令他气愤的是，面对国家危亡，一些人依然歌舞升平，袖手而作壁上观，这不能说不是“灭损国民体面的行为”（《呵旁观者文》）。

第四，缺乏公德意识。由于心奴作祟，民众道德素质低下、公德意识缺乏。他说：“我国民所最缺者，公德其一端也。”（《新民说·论公德》）他认为，儒学过度推崇束身寡过主义，是导致公德意识缺乏的一个重要原因，以至形成了“终不免一盘散沙之诮者，则以无合群之德”（《十种德性相反相成义》）的现状。

第五，缺乏进取精神。由于心奴作祟，政治体制缺乏应有的活力，致使民众丧失创造性和主动性。大多数人墨守成规、不思进取，弄得中国死气沉沉，以至“有女德而无男德，有病者而无健者，有暮气而无朝气，甚者乃至有鬼道而无人道”（《新民说·论进取冒险》）。

第六，愚昧无知。由于心奴作祟，民众文化素质低下，知识水平不高。他指出，国民的文化素质和创新能力是立国之本，因而西方各国无不高度重视发展教育事业，培养有用之才，想方设法“美人性质，长人志趣，浚人识见”（《中国积弱溯源论》），而中国则不然，士子学非所用、用非所学，弄得人才匮乏、国将不国。

第七，柔弱不武。由于心奴作祟，民众身体素质低下，难以抵御外辱。他指出，当时是强者的舞台，“立国者苟无尚武之国民，铁血之主义……必无以自立于竞争剧烈之舞台”（《新民说·论尚武》）。在此种形势下，中国人仍旧处于柔弱不武的状态，此实中国历史上一大污点。

第八，虚伪成风。由于心奴作祟，人们沉溺在虚伪的社会风气之中而不察觉。梁启超气愤地说：“好伪之极，至于如今日之中国人，真天下所希闻，古今所未有也。”（《中国积弱溯源论》）虚伪风气在全国蔓延，为官者欺下瞒上，为士者不务实学，人人尔虞我诈，中国简直成了虚幻泡影的世界。

针对上述人格扭曲现象，梁启超提出了“破心奴”的主张。他把人的自由分为两种，即人身自由和精神自由。二者相比较，精神自由更重要。他还形象地把人身的不自由比作“身奴”，把精神的不自由比作“心奴”。“身奴”通过斗争或借助外力就可以获得解放，而“心奴”则难以借助外力而获得解脱，“如蚕在茧，著著自缚；如膏在釜，日日自煎”（《新民说·论自由》）。所以，“心奴”比“身奴”更可怕、更可悲。国民欲求得真正自由，必须破除“心奴”。怎样才能“破心奴”？梁启超提出的办法是：在任何事物和言论面前，都遵循“以公理为衡”（《新民说·论自由》）的原则，善于独立思考，绝不盲从，发扬自由精神，做一个堂堂正正的新人。在他看来，只有去除奴性，造就“自主、自立、自治”的新国民，才能建立一个新中国。梁启超发出的“破心奴”的呼喊，开启了五四时期关于国民性讨论的先河。

三、树立公德意识

为了克服当时中国社会中存在的人格扭曲现象，梁启超向人们勾勒出他心目中的“新民”形象。他指出，新民与旧式人格相比，第一个特点就是具有公德意识。他为公德下的定义是：“人人相善其群者，谓之公德。”（《新民说·论公德》）在他看来，能否做到利群，乃是评判善恶的标准。“是故公德者，诸德之源也。有益于群者为善，无益于群者为恶，此理放诸四海而准。”（同上）从这个意义上说，公德意识与近代的国家意识是一致的。梁启超认为，利群的公德意识是新民必须具备的道德素质。“知有公德，而新道德出焉矣！而新民出焉矣！”（同上）他把公德视为新道德的核心，视为维系“群”与“国”的必不可少的黏合剂。“公德者何？人群之所以为群，国家之所以为国，赖此德焉以成立者也”，“人人相善其群者谓之公德”（同上）。梁启超强调，新民的诸多品质“皆可以‘利群’二字为纲以一贯之者也”（同上）。具有公德意识的新民能够处理好群己、公私、人我关系，懂得个人利益总是同群体利益紧密联系在一起的。

梁启超指出，人不但有独立自由之性，而且有合群之性，这些都是天赋予人的本性。一方面，梁启超看到了“群”必须以独立自由的个人为基础，认为“凡一群之中，必其人皆有可以自立之道……斯其群乃强有力。不然，则群虽众而所倚赖者不过一二人，则仍只能谓之一二人，不能谓之群也”（《新民说·论自尊》）。另一方面，他又根据进化论的道理，强调独立自由的人为了生存的需要又非实行合群之道不可。他说：“凡人之所以不得不群者，以一身之所需求所欲望，非独力所能给也。以一身之所苦痛所急难，非独力所能捍也，于是乎必相引相倚，然后可以自存。”（《新民说·论合群》）群体的形成实则出自个人的生存需要。那么，如何处理个体与群体之间的关系？梁启超认为，关键是坚持有利于合群的原则，做到先公后私。他说：“善能利己者，必先利其群，而后己之利亦从而进焉。”（《十种德性相反相成义》）梁启超认为，中国人有一个大缺点，就是缺乏公德意识。针对这种情况，他十分强调新民必须具有“利群”的公德意识，做到“以一身对于一群，常肯绌身而就群；以小群对于大群，常肯绌小群而就大群”（同上）。由于在现今世界国家是最大的群体，所以梁启超呼吁人们应当树立“国家思想”，培养爱国意识，而“言爱国，必自兴民权始”（《爱国论》）。他指出，由于“我国国民，习为奴隶于专制政体之下，视国家为帝王之私产，非吾侪所与有。故于国家之盛衰兴败，如秦人视越人之肥瘠，膜然不少动于心”（《论中国国民之品格》）。只有改变专制政体，使民众真正成为国家的主体，才能培养出民众之爱国的公德意识。梁启超也认识到，爱国必须以维护国家的独立自主权为前提，而当务之急就是以民族主义抵抗外国帝国主义的侵略。

梁启超大力倡导公德，并非否定私德的重要性。他认为二者处于同等重要的地位，相辅相成，相得益彰，都是新民不可缺少的品德。一方面，“无私德则不能立，合无量数卑污、虚伪、残忍、愚懦之人，无以为国也”；另一方面，“无公德则不能团，虽有无量数束身自好、廉谨良愿之人，仍无以为国也”（《新民说·论公德》）。道德起于人与人的交往，无论与少数人交涉还是与多数人交涉，无论与私人交涉还是与团体交涉，其客体虽然不同，但其主体都是相同的。只是由于所交涉的客体的不同，才有公德与私德的差异。无论公德还是私德，道德判断的标准都只有一个：凡“有赞于公安公益者”，就是合乎道德的行为；反之，凡“有戕于公安公益者”（《新民说·论私德》），就是不合乎道德的行为。尽管视公德与私德具有同等重要的地位，梁启超鉴于近代中国的社会现状，还是强调培养国民的公德意识是最为迫切的任务。他认为，在中国文化中，私德比较受重视，而公德则相对不受重视。“我国民所最缺者，公德其一端也。”（《新民说·论公德》）在他看来，中国之“积弱”，理想、风俗、政术、近事四个方面的问题不过是分因，国民缺乏公德才是总因。他说：“今世士夫谈维新者，诸事皆敢言新，惟不敢言新道德，此由学界之奴性未去，爱群、爱国、爱真理之心未诚也。”（同上）把“爱群、爱国、爱真理”作为最高的道德境界提出来，应该说是梁启超伦理思想的一大特色。梁启超对公德、私德及其相互关系的认识固然算不得高明，但对于激励国民树立爱群、爱国、爱真理的观念，对于提升国民“报群报国”的责任感，无疑具有积极的意义。

四、养成自由独立人格

梁启超指出，与旧式人格相比，新民的第二个特点就是具有自由独立人格。

> 一身自由云者，我之自由也。虽然，人莫不有两我焉：其一，与众生对待之我，昂昂七尺立于人间者是也；其二，则与七尺对待之我，莹莹一点存于灵台者是也。（《新民说·论自由》）

也就是说，他强调的是身体与精神的双重自由，且尤重人的精神自由。鉴于中国几千年来的封建君主专制，有感于中国国民根深蒂固的奴性，他在写给康有为的一封信中说：“弟子之言自由者，非对于压力而言之，对于奴隶性而言之。压力属于施者，奴隶性属于受者。”（《致康有为书》）中国几千年的封建君主专制统治，使人们麻木不仁，养成了一种奴隶性，甘心受奴役、受束缚、受钳制。梁启超认识到，奴隶性是妨碍新人格建立的最大障碍，所以说：“若有欲求真自由者乎，其必自除心中之奴隶始。”（《新民说·论自由》）他呼吁人们珍视自己自由独立之本性，“勿为古人之奴隶”“勿为世俗之奴隶”“勿为境遇之奴隶”“勿为情欲之奴隶”（同上）。梁启超反对形形色色的奴隶思想，实质是要求人们摆脱传统封建思想的束缚，摆脱本国封建专制主义和外国帝国主义的压迫，勇敢地追求个性的独立和解放。

梁启超认为，独立自主意识是人异于禽兽、文明异于野蛮的标界。

> 独立者何？不借他力之扶助而屹然自立于世界者也。人而不能独立，时曰奴隶，于民法上不认为公民。国而不能独立，时曰附庸，于公法上不认为公国。嗟乎！独立之不可以已如是也。（《国民十大元气论》）

梁启超指出，国家、种族、个人都应该具有独立性。倘若丧失了独立性，就意味着地球上已经没有这个国家、这个种族、这个人。由此说来，“独立”二字实在是关于国家、种族、个人的本质规定。只有每个人都养成独立意识，才能为国家独立打下基础。因为国家是由人民组成的，没有独立的人格，就不可能有独立的国家，“故今日救治之策，惟有提倡独立”（《十种德性相反相成义》）。

梁启超主张从独立自主原则出发，摆正个体与群体之间的关系。他对“独立”的理解是：不依赖于他力，昂然独往于世界之上。用《中庸》中的话说，即所谓“中立而不倚”。但个人独立并不能脱离群体，独立与合群是统一的。群体的基础是独立的个体，由具有独立品格的个体所构成的。梁启超说：“独与群，对待之名词也。人人断绝依赖，是倚群毋乃可耻；常绌身而就群，是主独无乃可羞。”（同上）意思是说，独立与合群是相辅相成的关系，不能把二者截然对立起来。“独立”与“合群”、“自由”与“服从”之类的政治学范畴，在梁启超这里同时也是伦理学范畴。他把这些都作为文明人类的道德品质来看待，提倡既要有“独立之德”“自由之德”，又要有“合群之德”“服从之德”。他认为，中国之所以不成为独立的国家，就是因为国民缺乏“独立之德”。他甚至不担心“中国不为独立之国”，而只担心“中国今无独立之民”（同上）。梁启超提倡“独立之德”，主要目的还在于“以独扶群”。他把爱国主义视为最高的道德准则，大声疾呼：“天下之盛德大业，孰有过于爱国者乎！”（《意大利建国三杰传》）他从批判封建专制主义、倡导民权和培养独立的自由人格入手，大力倡导爱国主义，这无疑是梁启超新民说的光彩之所在。

五、发扬冒险尚武精神

梁启超指出，与旧式人格相比，新民的第三个特点就是富有冒险尚武精神，敢作敢为，奋发图强，能够承担起改造旧中国、建立新中国的大任。

首先，新民应该具有进取冒险精神，敢于走前人没有走过的路。梁启超在《新民说》中指出整个世界都处于不断进步之中，因此，应该树立一种进化发展的宇宙观与不断进取的人生观。可是，中国人的性格却偏于保守、怯懦，这种精神状态与世界的发展很不适应，必须予以改变。为此，他的《新民说》中有“论进取冒险”一节，强调新民必须具有一种进取冒险的人生观，认为“天下无中立之事，不猛进斯倒退矣！”中国人应当学习西方人的进取冒险精神，“欧洲民族所以优强于中国者，原因非一，而其富于进取冒险之精神，殆其尤要者也”（《新民说·论进取冒险》）。因此，中国人要改变保守、偷安的心理状态，要敢于冒险，积极进取，勇于克服重重障碍，为实现自己的理想而奋斗。

其次，新民应该有强健的体魄。梁启超在《新民说》中专设“论尚武”一节，阐述体育锻炼的重要性。他指出，早在春秋时期，孔子授徒所开课程中就有“射”“御”等尚武内容，可惜被后世抛弃了，以至造成中国人的体质不断下降，在近代甚至被人讥为“东亚病夫”。他认为，培育尚武精神应从以下三个方面着手：一是提升心力，树立民族自信心，不能认为己不如人；二是提升胆力，排除畏惧心理，树立担当意识；三是提升体力，积极参加体育运动，练就强健的体魄。

至于如何造就新民，梁启超认为：

> 新民云者，非欲吾民尽弃其旧以从人也。新之义有二：一曰淬厉其所本有而新之，二曰采补其所本无而新之。二者缺一，时乃无功。（《新民说·释新民之义》）
>
> 所谓新民者，必非如心醉西风者流，蔑弃吾数千年之道德、学术、风俗，以求

伍于他人；亦非如墨守故纸者流，谓仅抱此数千年之道德、学术、风俗，遂足以立于大地也。（《新民说·释新民之义》）

按照他的看法，培育“新民”并非倡导民族文化虚无主义，一味地模仿西方。他主张在批判地继承本国优秀传统文化的基础上，从西方文化中“采补”中国缺乏而又急需的要素，以造就一种适合于中国社会发展的全新国民品格。他还强调，“新民”是一种自新：“新民云者，非新者一人，而新之者又一人也，则在吾民之各自新而已。”（《新民说·论新民为今日中国第一急务》）在这里，他提出了三条原则。一是主体性原则。新民是一种自我觉悟、自我提高，不能依靠外力。二是民族性原则。新民是整个民族的大业，必须发掘本民族固有的思想文化资源，不可能从西方引进。三是开放性原则。新民乃是顺应时代之民，抱残守缺无济于事，必须善于学习其他民族的优长。他关于造就新民的构想，虽然有些简单，但在原则上无疑是正确的。

总的来看，梁启超倡导新民说，根本宗旨在于通过启蒙教育，使人们去掉身上的旧习染，自觉地树立起新的行为准则和道德风尚，从而造就独立自主、利群爱国、富有进取冒险精神的一代新人。梁启超的新民说是中国近代人学思想史上的一个重要环节。

第五节　孙中山：国民说

孙中山依据三民主义来阐发新人学观，提出了“国民”这一近代的人学观念。他将人放在历史发展进程中加以考察，重视历史发展过程中人的力量与作用，将人看作历史发展的动力，塑造了他心目中的“国民”人格形象。

首先，孙中山认为人类社会处于一个不断发展的过程之中，国民是社会发展的产物。他曾形象地说：

> 世界潮流的趋势，好比长江、黄河的流水一样，水流的方向或者有许多曲折，向北流或向南流的，但是流到最后，一定是向东的，无论是怎么样都阻止不住的。所以，世界的潮流，由神权流到君权，由君权流到民权；现在流到了民权，便没有方法可以反抗。（《三民主义·民权主义》）

这是一种以“社会国家”来划分历史的历史发展观。尽管他还曾提出过人类社会划分的其他方法与原则，使他关于历史分期的说法前后不尽一致，但重要的是，他始终把人类社会看成由低级阶段向高级阶段不断进化的动态过程，仅此一点，就显示出孙中山的革命立场相比于他之前的思想家的进步性。对于人类社会的进化，这表现了他革命的乐观主义精神和对革命必胜的信心。孙中山把人类社会的进化过程分为四个时期：一为“人同兽争”的洪荒时代，二为“人同天争”的神权时代，三为“人同人争”的君权时代，四为“人民同君主相争”的民权时代（同上）。在当今的民权时代，社会成员不再是对君主俯首帖耳的子民，而应当成为具有独立人格的国民。

其次，孙中山认为社会成员之间的关系是互助关系，而不完全是竞争关系。我们知道，严复认为，人类社会的进化和生物界的进化一样，遵循“物竞天择”“优胜劣汰”的原则。在这个问题上，孙中山与严复不同，他明确地指出了物种进化原则与人类社会进化原则的不同，认为二者的区别在于一个是“竞争”，一个是“互助”。他明确地说：“人类进化之主动力，在于互助，不在于竞争。”（《建国方略·实业计划》）并说：“社会国家者，互助之体也；道德仁义者，互助之用也。人类顺此原则则昌，不顺此原则则亡。”（《建国方略·孙文学说》）在他看来，人类与动物的根本区别是人性与兽性的不同，但由于人类由动物进化而来，动物的兽性会不可避免地遗传给人类，所以由动物进化为人类是一个不断“减少兽性，增多人性”的过程，而人性一旦形成，人类社会的进化就不再有竞争，只需靠互助来维系社会，所以说人类社会的进化“以互助为原则”（同上）。他认为，人类的本性是趋向“互助”的，但现在人类进化“为时尚浅，而一切物种遗传之性尚未能悉行化除”（同上），所以尚存在竞争现象。但竞争并不是出于人的本性，而是因为外在因素的影响；一旦外在物质条件充足，人类社会就会完全消除相互斗争的现象。要培养高尚的人格，就在于彻底消除兽性。

> 我们要人类进步，是在造就高尚人格。要人类有高尚人格，就在减少兽性，增多人性。没有兽性，自然不至于作恶。完全是人性，自然道德高尚……是故欲造成人格，必当消灭兽性，发生神性，那么，才算是人类进步到了极点。（《人格救国与地方自治——在广州欢迎中华基督教青年会第九次全国大会代表的演说》）

在孙中山看来，人性不是兽性的延伸，而是对兽性的否定。国民应当奉行互助、合群的人性原则，而不是尔虞我诈的兽性原则。孙中山特别强调国民的社会性和群体性，其“国民”有别于梁启超注重个人素质的“新民”。

最后，孙中山基于其进步的历史观提出了“天下为公”的社会理想，为国民设定了共同的价值目标。孙中山主张通过资产阶级革命推翻封建专制统治，建立资产阶级民主共和国，但这不是他的最高理想，他革命的最终目的是实现世界大同，是“天下为公”。他说：“将来世界上总有和平之望，总有大同之一日，此吾人无穷之希望，最伟大之思想。”（《在东京中国留学生欢迎会的演说》）孙中山的这个社会理想不同于洪秀全的“天朝田亩制度”思想，也不同于康有为的“大同”学说，而是在“三民主义”的基础上，继承中国古代大同思想，吸收近代西方各种社会主义学说而建立起来的一种较为先进的社会学说。

孙中山从政治、经济、教育等各个方面对“天下为公”的理想社会做出了具体勾画。在政治上，就是要把政权公之天下，人人平等，没有尊卑、贵贱之分，也没有阶级之别；在经济上，国家用国有资源发展各种社会福利事业，人人都是生产者，自食其力，分业操作，劳动所得平均分配，以求达到“贫富均等”，基本消除历史上“人与人之争”的现象；在教育上，兴办各种学校，教育平等，不论贫富子女都可入校学习。孙中山“天下为公”的社会理想强调的就是“平等”，他认为不仅要达到中国大同，最终还要消灭国家和阶级，达到世界大同。所谓世界大同，就是人人尚道德、明公理，“泯除国界”，“使全世界合为一大国家”（《在北京五族共和合进会与西北协进会的演说》）。

在孙中山看来，这个“大同”世界就是所谓的“社会主义”“共产主义”。他说：“仆之宗旨在提倡实业，实行民生主义，而以社会主义为归宿。”（《在上海中华实业联合会欢迎会的演说》）“我今天来分别共产主义和民生主义，可以说共产主义是民生的理想，民生主义是共产的实行。”（《三民主义・民生主义》）应当承认，孙中山的社会理想确实带有一些社会主义、共产主义色彩，但并不是科学的社会主义、共产主义。实际上，他对社会主义、共产主义、大同世界与其三民主义之间的界限并不是很清楚，经常把它们混淆起来。我们不必过分考究孙中山设想的“天下为公”的社会发展目标能否实现，这并不是问题的关键之所在，而关键在于，孙中山倡导“天下为公”的新观念是要解决“一盘散沙”的现实问题，把国民凝聚为一个有机的整体。

综上所述，康有为、谭嗣同、严复、梁启超、孙中山等几位思想家在中西之学、新旧之学交汇之际，为了回答历史的课题，将理论思考的重点放在“人”的观念的革新上，并以此为切入点，以各自不同的方式回答了“中国向何处去”的时代考题。他们利用从西方拿来的思想武器批判专制制度、纲常伦理，批判旧人格，设立新的价值尺度，提倡新思想、新道德、新人格，传达出强烈的时代精神，在当时起到了思想启蒙、促进社会变革的作用。其中，康有为首先举起启蒙的大旗，为新人学开辟了道路；谭嗣同大声疾呼，猛烈抨击封建纲常伦理，公开向传统人学观念发起挑战；严复不懈地寻求西学，对思想变革起到了极大的促进作用；梁启超倡导启蒙教育，呼唤“新民”早日问世；孙中山立足于革命立场，极力强调人在历史进化发展中的重要作用，在更高的层次上考察人，提出了“国民”的新观念。他们前后相继、一脉相承，为近代中国重新发现人、认识人做出了不懈的努力。

诚然，由于历史的局限性，他们的思想显得庞杂混乱，前后多有冲突之处，而且很多观点颇为幼稚、流于空想，对于当时救亡图存的紧迫性而言还显得不实用。但是，他们对国家命运的担当意识以及基于此所做出的努力思考却是值得肯定的。他们通过对传统人学的批判与改造，通过对西学的不断吸收与学习，逐渐确立起了一种近代意义上的新的人学观念。他们用新人学代替了腐朽的旧人学，使传统的理想人格让位于具有近代意识的新国民形象，从而宣告旧时代即将结束，新时代即将到来。他们的努力所取得的理论成果，构成了中国近代思想史中的重要内容。

后　记

《中国哲学史教程》是中国人民大学第三版中国哲学史教材。中国人民大学第一版中国哲学史教材是1980年代由杨宪邦教授主编的《中国哲学通史》，第二版中国哲学史教材是2007年由张立文教授主编的《中国哲学史新编》。《中国哲学史教程》在这两版教材的基础上编写而成，但体例与内容均有较大的改进。本教材的写作历时数年，张立文教授组织有关人员对体例进行过多次讨论，并对初稿提出了修改意见。本教材采用分编负责制，具体分工如下：

第一编先秦哲学，由杨庆中撰写；

第二编秦汉南北朝隋唐哲学，由罗安宪撰写；

第三编宋元明清哲学，由向世陵撰写；

第四编近代哲学，由宋志明撰写；

最后由罗安宪对全书进行统稿。

《中国哲学史教程》作为中国人民大学“十三五”本科规划教材-哲学系列教材，得到了学校教务处、科研处、哲学院以及中国人民大学出版社的大力支持，在此一并表示感谢！

罗安宪

2020年2月20日

图书在版编目（CIP）数据

中国哲学史教程/张立文，罗安宪主编. --北京：中国人民大学出版社，2021.1
新编21世纪哲学系列教材
ISBN 978-7-300-28979-3

Ⅰ.①中… Ⅱ.①张… ②罗… Ⅲ.①哲学史-中国-高等学校-教材 Ⅳ.①B2

中国版本图书馆CIP数据核字（2021）第022593号

中国人民大学“十三五”本科规划教材-哲学系列
新编21世纪哲学系列教材
中国哲学史教程
张立文　罗安宪　主编
Zhongguo Zhexue Shi Jiaocheng

出版发行　中国人民大学出版社
社　　址　北京中关村大街31号　　　**邮政编码**　100080
电　　话　010－62511242（总编室）　　010－62511770（质管部）
　　　　　　010－82501766（邮购部）　　010－62514148（门市部）
　　　　　　010－62515195（发行公司）　　010－62515275（盗版举报）
网　　址　http://www.crup.com.cn
经　　销　新华书店
印　　刷　北京玺诚印务有限公司
规　　格　185 mm×260 mm　16开本　　**版　　次**　2021年1月第1版
印　　张　31.5　　　　　　　　　　　**印　　次**　2021年1月第1次印刷
字　　数　705 000　　　　　　　　　　**定　　价**　68.00元
